Biography of
Zhang Xueliang

张学良
全传（上）

张永滨　著

团结出版社
UNITY PRESS

© 团结出版社，2016 年

图书在版编目（ＣＩＰ）数据

张学良全传 / 张永滨著 . -- 北京：团结出版社，
2016.1（2024.8 重印）
ISBN 978-7-5126-3306-3

Ⅰ . ①张… Ⅱ . ①张… Ⅲ . ①张学良（1901 ~ 2001）
—传记 Ⅳ . ① K827=7

中国版本图书馆 CIP 数据核字 (2015) 第 290724 号

责任编辑：张　阳
封面设计：阳洪燕

出　版：团结出版社
　　　　（北京市东城区东皇城根南街 84 号　邮编：100006）
电　话：(010) 65228880　65244790
　　　　(010) 65238766　85113874　65133603（发行部）
　　　　(010) 65133603（邮购）
网　址：http://www.tjpress.com
E-mail：zb05244790@vip.163.com
经　销：全国新华书店
印　装：三河市东方印刷有限公司

开　本：170mm×240mm　　16 开
印　张：59.25　　　　　　字　数：610 千字
版　次：2016 年 1 月 第 1 版　　印　次：2024 年 8 月 第 5 次印刷

书　号：978-7-5126-3306-3
定　价：159.00 元
　　　　（版权所属，盗版必究）

张学良是怎么样的一个人（代序）

赵一荻

这几年来，各书报杂志常常登载有关张学良的文章，但是却没有人知道他是怎么样的一个人。一个与他共处了 60 年的人是应该知道的。我现在就要简明地来讲一讲。

张学良是一个非常爱他的国家和他的同胞的人。他诚实而认真，从不欺骗人，而且对他自己所做的事负责，绝不推诿。他原来是希望学医救人，但是事与愿违，他 19 岁就入了讲武堂，毕业之后就入伍从军。他之所以参加内战，不是为名，也不是为利，更不是为争地盘。他开始是为了遵行父亲的意愿，后来是服从中央的命令，实在是不得已而为之。

日本帝国主义对东北的不断压迫和无理要求，暴露了它侵略中国的野心，亦更加激起他抗日的情绪。他不愿看见自己的国家灭亡，人民被奴役，但是单靠东北自己的力量，是不能抵抗日本侵略的，所以当他的父亲在皇姑屯被日本人谋杀之后，他就放弃他的地位和权力，毅然易帜与中央合作，使国家能够统一，希望全国能够团结起来，一致抗日。

九一八事变之后，日本占领了东北，他就不忍再看到自己的同胞互相残杀，削减国家抗日的力量，所以他就主张停止内战，团结抗日。他并不爱哪一党，亦不爱哪一派，他所爱的就是他的国家和他的同胞，因为任何对国家有益的事，他都心甘情愿地牺牲自己去做。

今天是他 90 岁生日，真是感谢上帝在过去的岁月中这样看顾他，赐给他健康的身体，又赐给他属灵的智慧，使他因信耶稣基督而得永生。他自己从来没有想到他会活得这么久，亦没有想到他会成为一个基督徒。这完全都是上帝的恩典和他的奇妙的安排。他知道上帝既要他活在世上，他就应该尽心尽意尽性尽力地完成上帝所给他的使命。他要在他有生之年为上帝做证，传讲耶稣基督的福音，把上帝赐给他的恩典与大家分享。

目录

第五编 幽禁岁月

张学良全传

Biography of Zhang Xueliang

第一编

从童年到少帅

家世及父亲张作霖

> 我们是河北大城人。我们本来姓李，不姓张。我们是姓张的姑娘嫁给姓李的，姓张家的没男孩，把这姓李的孩子，把姑娘的孩子抱一个来，所以我们姓张。
>
> ——张学良

张学良的祖籍是河北省河间府大城县。清道光初年，他的曾祖父张永贵因难以谋生，挑着儿子张有财来到辽宁省海城县西小洼村落户种地。后来，又先后搬迁到海城家（驾）掌寺村、叶家铺、栾家铺等处居住。张有财成年后，无正当职业，时常出入赌场，但为人侠义，敢作敢当，路遇不平，拔刀助弱。其先妻邵氏早亡，他又续娶王氏为妻，生长子作泰、次子作孚。

1875年（光绪元年），王氏生第三个儿子张作霖，字雨亭，乳名为"张老疙瘩"。

张作霖十来岁时，父亲张有财托人为其在赌场谋得"打杂儿"活，给赌客装烟倒水、跑腿学舌，从中捞点赏钱。

在张作霖14岁那年，其父张有财向栾家铺子王氏赌徒逼要欠债，王氏怀恨在心。一天夜里，张有财在地头纳凉，被王氏用镐头打死。时值夏季，乡里管事人栾凤泰恐尸体腐烂，用盐水将尸体腌上，赶到海城县报案。两天后，知县率仵作衙役等来乡验尸：张有财全身无伤，只是脑后被钝器打破致死。知县下令通缉凶手，但王氏赌徒已远逃无踪影，无法捕获归案。于是，乡里集资买一口薄板棺材，将张有财尸体葬于乱坟之中。

张作泰早逝。张作孚和张作霖决心誓报王氏杀父之仇，经长年寻觅，终于发现王氏赌徒住处。一天夜里，张作孚、张作霖兄弟，持一土枪，潜入王氏宅院，准备为父报仇，但被王氏邻居老太婆发现。老太婆见势不妙，怕摊人命官司，便上前阻拦张氏兄弟。由于黑夜，张作霖不慎土枪走火，误将老太婆击中致死。他们父仇未报反误伤人命。王氏赌徒未死，控告张作孚兄弟抢劫杀人。官府将张作孚抓捕，而张作霖却逃跑他乡。张作孚申辩：并非抢劫杀人，而是为报王氏杀父之仇，误伤人致死。最后，官府以张作孚误伤人命，判罪入狱。

此后，张作霖跟着母亲逃到镇安县小黑山附近的外公家。母亲靠为人做针线活，挣钱供养全家，生活极苦。

这年张作霖常常在私塾窗外偷偷听塾师讲课。有一次，他被塾师杨辅庆（字景镇）秀才发现。

杨辅庆问："你在窗外做什么？"

张作霖答："我在此处听老师讲课。"

杨辅庆见他如此好学，让他入学。张作霖却说，家中无钱读书。杨辅庆当即表示：免学费收他读书。就这样张作霖在私塾读了三个月书，而后因家中需要他拾柴、做杂活，不得不辍学。后来，他到村中大车店做了佣人，挣点钱为母解忧。

张作霖当佣人品味到人间苦涩，他不甘心，便弃工跑到营江县的大高坎镇找活儿干。然而，他的挣钱糊口想法破灭了。于是，他浪迹街头与无业游民、二流子混在一起。

有一天，张作霖因输钱不给，被赌徒绑在其表舅赵发门前大树上毒打。他面对毒打毫不示弱，不住地破口大骂。这情景被有钱富户赵占元看到，觉得张作霖是个奇人，加之二女儿赵春桂对他有好感，于是赵占元便想把二女儿许配给张作霖，但由于妻子及春桂姐妹的坚决反对，这桩婚事便没有成。

1894年，中日甲午战争爆发，日本侵入中国东北地区。这时，在营口街头游荡的张作霖感到无路可走，到田庄台投入毅军宋庆部下当兵。由于军中无余额不能补正兵，他就先当一名伙夫。时值甲午中日战争之际，清军要招募一名谍报员深入日军后方探听军情，张作霖应募前往，获得了不少情报，多次建功，获得功牌，被提升为哨长。

这时，张作霖得知二哥张作孚因讼事被羁押在省城，便请假前往奉天营救。他获悉盛京将军依克唐阿的爱马正在患病，许多兽医都无法治愈。这正是个好机会。他以前曾当过兽医，就试请为马治病，不过数日，马病便被治愈。依克唐阿将军大喜，乃以巨金酬谢。张作霖拒绝接受巨金，只求将军将其兄作孚释放就行。于是张作孚才得以释放回家。

1895年，张作霖21岁，被晋升为戈什。他想起当初，赵占元老先生看中自己，欲把次女许配为妻，然而赵占元妻及其弟不同意，这件婚事就搁止了。此时，张作霖感到时机成熟了，赵家女与自己的亲事，只要赵女母亲和舅舅不反对，婚事就能成功。于是，他请了两个月假，带着功牌和礼物到了赵家，称说是来串门。在谈话中，赵女母亲和舅舅知道他在军中的职务和多次获得功牌之后，都称赞他年少有为。

张作霖回到自家后，借机趁热打铁，托人向赵家女春桂求婚，获得同意。于是当年5月，张作霖和21岁的赵春桂定亲结婚。

张作霖结婚后，没有再回到清军队伍当官，而是在营口附近大高坎镇设了

甲午中日战争之际，清军要招募一名谍报员深入日军后方探听军情，张作霖应募前往，获得了不少情报，多次建功，获得功牌，被提升为哨长。此图为清军巡防营统领时的张作霖。

个兽医桩子，重操旧业，当上了兽医。后来，张作霖干脆放弃了兽医行当，像他父亲那样，结交了好些江湖朋友，一起经营"保险"行当。

赵氏春桂对张作霖听之任之，明知丈夫是闯江湖的绿林草莽，身无长物。她在地方无赖与各路豪杰时聚时散的争雄喋血中，随张作霖在中安、八角台、新民等地颠沛流离，无定居之所，周旋于各难兄难弟之间，排难解纷，独撑于苦厄之中，不愧是女中人杰。

1897年春天，张作霖一次赌钱大输，无钱还赌债，便去邻村偷猪，被人抓住，遭受毒打，抬不起头来，终日待在家中。后来，他悄然离家去找"绿林"头目冯麟阁，由其介绍，在广宁加入了董大虎队伍，从此开始了"绿林"生涯。

有一天，张作霖见村中塾师卢某之女卢寿莹天生丽质，美貌动人，便找卢女舅父帮助提亲，卢女舅父说："你已有妻，我外甥女岂能给人做二房？"

张作霖答应两头为大，绝不是二房。卢某得知此信，心想女儿若不嫁张作霖，恐怕他不会善罢甘休，于是便同意了张作霖的求婚。

马车上出生的男孩儿

　　我不是在任何房子里出生的，我是在马车上出生的。当时我头上受了伤。你看，现在我的头上还有疤痕。

　　我的母亲身体不好，奶水不足，我小时候是喝高粱米汤长大的，后来，我稍大一点儿，就由大人把煮熟的高粱米嚼碎喂我吃。我就是这么活下来的。

——张学良

张作霖婚后，日子虽苦但亦甜蜜。

1896年（光绪二十二年）秋，张作霖之妻赵春桂生一子（未起名）。不久，黑山大雨，酿成洪荒。张氏一家居住的马架屋被洪水冲毁。此时，张作霖正在距家六里之外的赵家庙赌博，来不及回家救灾。赵春桂抱着儿子逃难，双双跌在洪水中呛了水。不日，这孩子即夭折。赵春桂痛断肝肠，数日不思饮食。

张作霖面对失子之痛，看着妻子之苦，从此发誓不再与人赌博。隔年，赵春桂又生一女，起名为"首芳"，即张冠英。

1900年秋，张作霖娶卢女。操办婚礼时，大夫人赵氏已怀孕三个月。此时正值清末，义和团运动兴起，但很快被八国联军所镇压，沙皇俄国以镇压义和团的反帝运动为名，派兵侵占了中国东北。清政府既不能维持朝廷的政令，又不能保境安民。辽河下游，地方官极其腐败，民怨沸腾；胡匪式的"绿林"到处称雄，可谓群盗如毛。此时，冯麟阁、杜立三就是这些"绿林"、"群盗"中的著名匪首。

辽河沿岸的地主绅商为了护卫自家财产，便勾结"绿林"建立"保险队"或"民团"之类的武装。张作霖在董大虎民团里，主要充当"揽把子"，负责看守绑来的"人质"。但是他不甘心寄人篱下，不久就脱离了这股武装队伍，自己网罗散兵、游勇近三十人，办起了"保险队"；继而又在黑山赵家庙、中安堡拉帮组织"大团"，在兵荒马乱的年月里为富商绅士保镖。随着兵马增多，他的"保险区"逐渐扩大到二十几个村子。

这时，张作霖驻守北镇中安堡，手下拥有多号人马，以新民府管辖的台安县八角台为据点。当时时局极不稳定，他几乎每天都处在杀机四伏的紧张氛围之中。

1901年2月18日，正值大年三十，辽西一大马贼金寿山在沙俄操纵下袭击了张作霖。此时，张作霖正带着团兵在镇安县（今黑山县）赵家庙休息。危急之中，张作霖命令他的部下孙福山背着赵春桂，汤玉麟背着他的女儿首芳，自己负责掩护，在硝烟弥漫中冲出重围。此时，张作霖本打算东渡辽河投奔冯麟阁，以便东山再起。可是，当他逃到姜屯，抢夺了几匹蒙古马和一辆卖盐大车后，又改变了主意，转往八角台（现台安县）。途中，为了行动方便，摆脱后面的追兵，张作霖先将妻女藏在八角台西北的胡家窝堡张景惠家，而后又转送到桑林镇以东的张家窝堡赵明德家。

6月3日（农历四月十七日），身怀六甲的赵春桂，在辗转途中，由于马车在乡村土路上颠簸，生一男婴。赵氏抱着男婴尽力减缓颠簸之害，但男婴的头还是碰上车梆，头被撞伤出血。

赵春桂抱着儿子到叔伯侄赵明德家后，被安置在五间大草房的东屋里匿居。此时，张作霖拥有两百多号人马武装，在前方打了胜仗，又得了儿子，乃认为是双喜临门。他就给刚刚问世的男婴取乳名为"双喜"。然而，有谁能想到这个名叫"双喜"的男孩，后来竟成为中国近代政治舞台上举世瞩目的风云人物张学良呢！

阴历四月的东北天气，仍然是寒冷的。赵氏在生产中，饱受惊恐、饥饿、疲倦、风寒袭扰，加之产前营养不良，产后又没得到调养，致使她一直饱受疾病之苦。

对此，张作霖后来曾对儿子张学良说："要不是你舅妈帮助，你们早就饿死了。"张学良也曾回忆说："如果不是舅母，偷着时常接济送些粮食，我母亲时常是一两天没饭吃！"

赵春桂因为强硬的傲骨，始终不肯向娘家要求援手，更何况是其他亲朋呢？张学良出生后，她没有奶水，望着饿得直叫的儿子双喜，心如刀扎，她就用高粱米煮粥，以米汤为儿子充饥。

张学良回忆说："后来，我稍大一点儿，就由大人把煮熟的高粱米嚼碎喂我吃。我就是这么活下来的。那时，我家不是有钱人家，穷得不得了。"

由于张作霖忙于战事，常不在家，赵氏便通过张景惠联系雇了一个奶妈。奶妈是邻屯一位四十多岁的王氏妇女，赵春桂花了一块银圆雇了她。从此，张学良与生母赵氏、姐姐首芳在这里居住了五个春秋。

由于张作霖在危难之际得到张景惠的相助，所以两人情意格外深厚，进而结为兄弟，携手雄踞一方。后来，张作霖与镇安县桑林子的汤玉麟和张作相合伙击毙了当地大股马贼首领回回项昭子，收容了他的残部，扩充了自己的人马，在当地有了立足之地。从此，他摆脱了被人追杀吃掉的厄运，开始了吃掉别人扩大自己势力的厮杀。他杀了巨富的匪首杜天义，征服了海沙子的匪团，成为辽西一带赫赫有名的"绿林"之雄。

张作霖是个有远见、有野心的人。他的势力巩固后，一面扩大实力，积极勾结地主绅商，攀权结贵；一面又筹划怎样争取官府招抚，以达到升大官发大财的目的。正巧，奉天增祺将军的老婆在护卫的保护下，乘马车由沟帮子向奉天赶路，张作霖闻讯，感到这是个机会，便命令弟兄们在新立屯附近将增祺夫人一行人马一并拦截到屯街上。

张作霖摆上美酒佳肴，宴请增祺夫人及随行官员。宴后，他又陪着随行官员吸鸦片烟，一再解释：现在路上不太平，这次举动是为了保护夫人和随身财产的安全，并没有别的企图，请把这个意思转告给夫人。他还把自己的身世说出来，希望有机会为国家效命。

增祺夫人听了随行官员的报告后大悦，决定和张作霖面谈。她叫来张作霖说："只要你能保证我们一行人平安到达奉天，我一定保证向将军建议收编你的队伍，你可为奉天地方效劳。"

张作霖感激道："假使我能带众弟兄投到将军麾下，为国效命，有生之年，绝不忘夫人的大恩。"就这样，张作霖亲自带队伍于翌日护送增祺夫人一行到奉天。

1902年9月，张作霖由商绅张紫云等人作保，被增祺收编。从此，他由大团头领摇身变为新民府巡防营的管带（相当于营长）。他的把兄弟张景惠、张作相、汤玉麟等人也都当上了巡防营的哨官（相当于连长）。张作霖做官了，但并未结束血腥生涯，还要和往日的仇敌厮杀，更要和占领东北的沙俄军队拼命。

赵春桂没受过学校教育，却在悠久的礼教传统中熏陶长大，她生性要强，脾气暴烈，恨铁不成钢，对孩子的管教尤其严格。为此，小张学良时常挨母亲惩罚。

在这样的环境里，张学良长到三岁时，父亲请算卦先生为他算命。算命先生说：卦曰，双喜是个大福大贵的孩子，但是命太硬了，克父克母。张作霖和夫人赵氏听了，心中顿时生忧，乃拜算命先生，求其化解办法，以免灾祸临身。

赵春桂对自己这"命根子"双喜的爱护，求神问卜、烧香许愿，到了近乎癫狂的程度。她对算命先生说的"孩子命硬！'克'母"很上心。于是，按照指点，赵氏四出找人，想把"硬命"的儿子寄在一位无血缘的义母名下，希望借义母的福分，解除自己的灾难。但当时竟没有人肯收认小学良。赵氏不得已，在路旁选了一棵马兰，叫双喜对这棵草磕头行礼认干妈。然而，事与愿违，没过多久，马兰株黄叶枯而死。对此，赵春桂急得不知如何是好。

张作霖得知，认为"马兰之死，是不祥之兆"。于是，他找来有名望的算命先生消灾解祸。算命先生说，可把孩子许愿给庙上，换得个名字以消灾解祸。按照算命先生的指点，到还愿时，将双喜头发剃成光头，并拍打其背，让他跳越板凳，跑出庙门到大街上。当听到街上人叫的第一个名字，就取来给双喜做名字。在大街上，忽听村子里有人在喊："小六子，回家吃饭了。"于是，赵春桂力主"小六子"为儿子乳名。张作霖也同意了，就把儿子"双喜"这个乳名改叫为"小六子"。从此，"小六子"就成了张学良的乳名及其另一个真身，也完成了"跳墙和尚"的指点，即从此消灾解祸。

对"小六子"这个名，张学良在晚年曾自嘲地对人说："如果那时候，在街上有人喊'王八蛋'，那我就叫'王八蛋'了！"

那么，"张学良"这个名字是怎么来的呢？原来，此名是张作霖的恩师、奉天老将冯麟阁给起的。张学良三个字的意思是：学习西汉开国元勋张良。张作霖对儿子的这个名字非常满意，重谢了冯麟阁。

后来，吴佩孚到张作霖府上作客，见张学良聪明伶俐，十分讨人喜欢，就对张作霖说："张学良这名字不错，能学张良，志向不小，要是有个别号就更好了！"

张作霖急忙道："不知仁兄能否给小六子起个别号？"

这对素有儒将之称的吴佩孚来说是小菜一碟，他脱口而出："张子房乃汉朝大臣，臣者卿也。依我看，学良的别号就叫'汉卿'如何？"

张作霖对"汉卿"为长子名号非常满意，连连称"好"。

1903年，张作霖擢升为清政府地方部队骑兵营管带，率兵驻屯新民。三岁的张学良便随父迁入新民府新民镇居住。

1904年2月至翌年9月，日本和俄国为了分割满洲和朝鲜地盘争执不下，在辽东爆发了日俄战争。张作霖首先是反对沙俄的，因而不断和俄军小部队冲突。当俄军在奉天一带被日军驱走之后，张作霖带部队又和日军发生摩擦，有时，他还"帮助"俄军找日军的麻烦。为此，日军对张作霖恨之入骨，下令以俄军间谍之嫌将张作霖抓捕到手。日军总参谋长玉源太郎决定将张作霖处死，后经新民屯民政署长井户川辰和中佐参谋田中义一的说和，张作霖才幸免于死。为此，张作霖率部协助日军外围"征讨义勇队"，在俄军后方从事一些游击活动。日俄战争结束后，张作霖的人马又壮大了。

1905年，张作霖的官职由管带晋升为巡防五营统带（相当于团长），防地由新民府移到郑家屯。在这个防区，张作霖率部围剿了蒙古马贼队，除掉了蒙匪头目白音，捉住了牙什，赶走了蒙匪首领陶什陶。于是，张作霖声威远扬，升任奉天前路巡防营统领（相当于旅长），兵力扩充到七个营，拥兵3500余人。

张学良在自述中写道：

　　迨拳匪乱平，我父亲部众，经官府收编，委我父亲为巡防营之管带，驻扎新民府。当时的知府为增韫，我父亲已经到了民国，对增从来礼敬之。后来蒙匪陶什陶、牙什，猖狂肆虐，东三省及热河等四省会剿，皆未有功。我父亲被调至洮辽，加入剿匪。

陶什陶被我父击散，逃至外蒙。将牙什拿获献贡，以功升为巡防前路统领，我亦因此得荫了一个小小功名，我祖母得到诰封，在那个年代，可谓光耀已极。

此时，年幼的张学良和生母赵氏居住在新民县杏核店胡同。在旧社会，富豪显贵以多妻炫耀自己的财富与权势。张作霖也不例外，相继娶了二、三、四夫人后，又在风月场中获娶了有花名绰号的暗娼王老太太的女儿。王老太太将女儿送进张家时，正应该是大夫人赵春桂挺胸抬头的黄金时代，然而她却被张作霖留在新民府旧居。这位初嫁时的坚强女人，却变成了发迹后张作霖家的弱者。以前赵氏没有回避过刀锋喋血，而今却溃退于大家庭人与人之间的钩心斗角、炎凉、紧张的对立。在大夫人赵春桂平静的背后，是宗法观念与旧式女性逆来顺受的压力。这位母亲，前有苦海，后无靠山。在这种家庭环境里，在任何人面前，赵氏从没掉过一滴眼泪，被人认为是少见的铁石心肠。

斥退蓝天蔚，兼任奉天省长

> 我父亲时在主席台上，坐于蓝天蔚之旁，突然立起，抽出手枪，力拍主席桌案，大声疾呼，我张某反对，请（问）何人敢再言此议者。会场则哑然无声，蓝天蔚悄然退出会场。
>
> ——张学良

1911年10月10日，武昌起义爆发，全国各省纷纷响应。奉天省革命党人张榕、新军协统蓝天蔚等人决定东北宣布独立，驱逐东三省都督赵尔巽。

这时，在奉天的赵尔巽已发觉驻防奉天的新军和奉天省咨议局议长等人有响应革命的企图，于是，他想秘密调动驻防通辽的后路巡防营统领吴俊升，率部队开进奉天以防万一。这消息首先被张作霖派驻省城的张景惠知道，当即报告给张作霖。张作霖认为，这是他抢夺权力的千载难逢的好机会，如若放弃将悔之晚矣。于是，张作霖当机立断，擅自调动九个营二千多人马，由洮南星夜兼程，越过通辽直奔奉天。当张作霖率部进城时，吴俊升才刚刚收到赵尔巽的入城命令。张作霖一到省城，立即去见赵尔巽，解释擅自离防率部进省的原因：恐总督身边危险，故火速率兵保驾。此时，正处在危急关头的赵尔巽只好默认张作霖捷足先登这个事实。他火速向吴俊升发出了不要再来的命令，又为张作霖补发了调防入卫的命令。

由此，张作霖走进了东三省政治军事中枢奉天的官场，兼管了铁岭中路巡防营，兵力扩展到十五个营以上，俨然已是奉天的军事首领了。

袁世凯当上"大总统"后，张作霖拥护其做总统，张作霖所部改编为中华民国陆军二十七师，张作霖为中将师长。

1912年1月，张作霖与袁世凯密谋杀害了革命党人张榕。6月间，张作霖又派兵镇压了蓝天蔚部下的"哗变"。至此，张作霖掌握了省城军权。袁世凯当上"大总统"后，张作霖拥护其做总统。

9月，张作霖所部改编为中华民国陆军二十七师，张作霖为中将师长。张作霖的部下张景惠、汤玉麟、张作相、孙烈臣等人，分别被任命为旅长、团长驻防省城。这样，张作霖一伙又由清朝武弁变为民国新贵。而后，张作霖又兼任奉天省省长。

对蓝天蔚之哗变，张学良在给蒋介石的《杂忆随感漫录》中写道：

彼时我父亲之部属，只有三十几人，在省城讲武堂受训，部队皆驻防洮辽一带，距省城近者五六百里，远者千里。遂请赵次帅，急调军队进省，令受训三十几人出堂，发给枪支。彼时蓝天蔚于省城北大营之军队则在一标以上。翌日在沈阳南门外咨询局开会，军队林立，气象森严。蓝天蔚当众宣布，东三省应当独立，拟推选赵尔巽为都督，征询有无意见。我父亲时在主席台上，坐于蓝天蔚之旁，突然立起，抽出手枪，力拍主席桌案，大声疾呼，我张某反对，请（问）何人敢再言此议者。会场则哑然无声，蓝天蔚悄然退出会场。我父亲急返入城，告赵次帅速令城门关闭，以防万一。赵次帅乃命我父亲为城防司令指挥警察以及赵之卫队，并急调辽北军队，星夜进省。我曾记得，曾为当时的老军官，告诉我说，他们曾日夜行军，多至一百余里！

四天的工夫，达到沈阳。而蓝天蔚亦未曾有何动作，蓝之内幕，我未闻之其详。我想当时参与蓝之事者，应该有个真实记载也。

我父亲后来扩编为陆军二十四镇，被任为统制，再改编为陆军二十七师师长。而后升任为武将军管理奉天军务事宜，再兼任奉天省长。

与老师思想大相径庭

民主国之害甚于君主，此乃三村愚夫愚妇之谈也……所叹息民主国之害甚于君主者，昧于不明世界大势，不悉世界古今历史，正所谓坐井观天者也……处事接物，但凭一己之小聪明和良心直觉，关于中国之礼教殊少承受，热情豪放，浪漫狂爽……

——张学良

1912年，是张作霖飞黄腾达之年，张学良跟着父亲来到了政治、经济、文化中心的省城——奉天。这时，张作霖有九个子女，到了就学年龄的有五个：长女冠英、长子学良、次子学铭（均赵氏生）、次女怀英（卢氏生）、三女怀瞳（许氏生）。张作霖深知自己年轻时没上学的遗憾，决心让子女多读书，希望子女都成为文武双全的人。他便请来家庭教师，在自家中办起了私塾馆。

在请教书先生时，张作霖不忘少年时杨景震先生曾免费让他学习的恩情，所以特意从海城将杨先生请到家里教子女读书。

在私塾中，张学良和姐妹们先从《三字经》《百家姓》学起，后读《论语》《孟子》，直到《史记》等。开始，张学良学习认真，很快就能写文章、填诗词，书法也不错。不久，他对老师教的这些有厌倦之感。张学良生性顽皮，常戏弄杨老师。为此，张学良常遭杨先生捶笞。

杨景震为人顽固守旧。时值民国成立已十余年，但他仍保留头上的辫子。他不但不剪，还禁止张学良剪辫子。为此，少年张学良时时心中引为奇耻大辱！

这一年，杨景震回家度假。张学良乘机把自己的辫子剪掉了。当杨先生回来时，见张学良剪了辫子，大为不悦。

杨景震申斥说："身体发肤，受之于父母，不可任意毁伤。"

张学良不服说："先生，那么你是应该留全发的，你那一半岂不是毁伤了吗？"

杨先生说："这是皇上的旨意。"

张学良反驳说："皇上已经完蛋了！剪辫子才是政府的法令啊！"

杨景震怒气大发地说："你听着，这个没有皇帝的朝廷，不能长久的！"

张学良与老师的思想大相径庭，所以对先生自然不会悦服。因之，杨先生，在诸生之中，也是最不喜欢张学良。

张学良很聪慧，可是不好好地用心读杨先生教的书。他自幼就对于时事关心，喜欢观察人物。

张作霖常常会宴请中外名人，设宴征妓，高谈阔论，载歌载酒。有时，张学良常深夜不眠，观听父辈们之畅叙，钦羡那些人物。有时，张学良观听行为被杨老师发现了，就会遭到训斥。然后，他就罚张学良背诵古书文言章节。张学良对于这种读书生活，十分厌倦，可是他父亲很信任这位守旧的老夫子。

有一次，杨先生给学生出了作文题，名为《民主国之害甚于君主》。张学良在作文中写道：

> 民主国之害甚于君主，此乃三村愚夫愚妇之谈也。引证法、美、瑞等大小强国民主之现状，又引希腊、罗马，古代民主之事实，申言目下中国不良之状况，非由于民主之弊，乃由于帝制余孽，不解民主为何之老朽昏庸作祟所致，待余孽死绝，民主之光自显。所叹息民主国之害甚于君主者，昧于不明世界大势，不悉世界古今历史，正所谓坐井观天者也……

杨景震看了张学良的作文后，不仅对文章发火，而且还向张作霖告辞回家，声称从此不再为师。

张作霖一听大怒，俗语所谓"天地君亲师"，乃认为是张学良大逆不道，准备痛加责罚。对此，张学良也没争辩，决定待父亲息怒后，再痛切陈述个人读书之志愿，摆脱这苦恼私塾生活。

当天，张作霖在批阅公牍时怒形于色。秘书长袁金凯（即袁洁珊）问张作霖为何如此盛怒？

张作霖说："'小六子'不听教训，违抗先生，不惩罚他还不上天啊！"接着，把杨先生辞职的事说了。

袁金凯听了，给张作霖讲述了一段年羹尧的故事。张作霖听后怒气才稍息。袁又问杨先生是为了什么辞职呢？张作霖说，是为了作文事而起。

袁金凯说："学生作文反抗先生，我们应该看他写的是些什么内容。"

张作霖叫人把张学良的作文簿拿来，给袁金凯看。袁金凯看后，便到秘书厅给大家阅读张学良的作文。

众秘书看过作文之后，均对张作霖说："这是个有思想的学生，这位先生是不能再教这位学生了，作文论点无错，应当鼓励表扬这个学生才对！"

张作霖听了众秘书对张学良的赞美之言，认为冤枉了儿子。于是，他接受了杨景震的辞职请求，对儿子刮目相看了。张作霖遂请袁金凯给张学良再选一位先生。张学良对此虽不同意，但是也未敢陈述不愿再在自家私塾读书的愿望。

"冻死迎风站"的生母赵春桂

> 我妈妈这个人很厉害的，我想我的个性一半是随我的父亲，一半是随她。如果我爹当时没有那样的社会地位，相信他和我妈妈是绝不会决裂的。他们的关系就是只能患难而不能同甘的那种，所以我说有权势的人家不一定就有幸福。
>
> ——张学良

1907年前后，张作霖的夫人卢氏连生女儿怀英、怀瞳。张学良又有了两个同父异母的妹妹。这时，张作霖家已是子女满堂，出入差弁，声势显赫了。

七岁的张学良开始从师学习。张作霖为儿子精心选聘了台安县八角台的崔名耀担任家庭塾师，讲授四书五经。

崔名耀字骏声，是光绪末年的秀才。因学识渊博，又孚众望，张作霖在八角台当团练长时即识得此人，对他十分器重。崔名耀在张作霖身边，既从事办理文件的公务，又兼家庭塾师，教张学良和张首芳读书识字，是张学良的第一位启蒙教师。

这年，张作霖元配夫人赵春桂又给张学良生了弟弟张学铭。张学铭出生时，张家的看门人老薛正在午睡，这时一位小喇嘛冲进门，将老薛惊醒。老薛生气起身就追，正巧与张作霖相遇。

"你跑来干什么？"张作霖问。

"我见一小喇嘛闯进院里，正在追他。"

张作霖骂老薛："胡说，你在做梦吧。"

这时，大夫人赵春桂刚好生下张学铭。张作霖突然想起办团练时，在团内有一个小喇嘛被他枪杀的事。此时，他又听到婴孩的啼哭声，骂道："这小子，找我算账来了！"为这件事，张作霖总是耿耿于怀，对张学铭产生厌恶之感。

1909年夏，张作霖在剿灭陶克陶胡残兵于索伦山谷后，统军驻防在松辽古城兆南。赵春桂因小事不时与张作霖发生口角，加之她不服辽北水土，张作霖只好派人护送赵春桂母子回了新民县城居住。

1910年冬，张作霖回到奉天帅府。赵氏春桂带着二儿子张学铭从新民来到奉天帅府，找丈夫要生活费。张作霖的几位夫人相继来拜见，唯独五夫人没尊重她"正室"的身份，不来请安立规矩。赵氏感到传统礼法留给她仅有的这点儿尊严被动摇了。令她更感悲哀的是，五夫人竟让"老鸨"母亲王老太太前来问好。王老太太以对自己女儿的称呼，直呼赵氏为"姑奶奶"。王老鸨这举动严重地伤害了赵春桂人品高洁的卓然自爱心理，打破了不屑与王氏母女为伍的矜持。

晚上，赵氏和儿子学铭住外间，张作霖住里屋。夜深时，张学铭哭啼起来，吵醒了张作霖。他气急败坏地把学铭痛打了一顿。赵氏见儿子被打，很心疼，便和丈夫争吵起来。她气愤地说："我的儿子我自己管，不由别人打……"

翌日清晨，赵春桂便带着学铭回新民杏核店胡同家中。此后不久，赵春桂患了重病。在心肝欲摧之下，她胃病加剧，意气更见消沉。赵氏原来赖以止痛的鸦片烟瘾，竟自己发狠在一天之内戒除。

赵春桂在张作霖落草的艰难岁月，始终是在丈夫身边的支持者。然而她一旦看到丈夫跻身官场，并在省城奉天手握重权，成为威震一方的诸侯时，表现出乎平凡女人鲜见的骨气，她不羡慕豪门华府，不肯和强权为伴，宁愿"冻死迎风站"。

在赵春桂病重时，张学良闻讯后，对父亲说去新民看望母亲。然而，父亲张作霖林却说："你妈是装病，她总想用病来压咱爷俩，不要当真！"

张学良不赞同父亲的偏见，但又不能当面反驳。他开始厌恶官场政界的淡薄人情。一天，他趁父不在奉天之机，冒雪偷偷去新民杏核店家看望病母。当赵春桂见到儿子张学良站在眼前，却不悦地说："你好没出息，我让你到奉天和你爹在一起，就是为你将来有好前程，你怎么因我有一点病就跑回来了？你回去，连夜回奉天，好好学习，不然我就不认你！"

张学良跪地求母，允许他守护在妈妈病榻前尽孝。但是，赵春桂坚决地对儿子说："汉卿，你是个男子汉，你要有出息，就不要守在妈身边。我的病不重，放心回奉天学习去，不然，妈绝不依你！"

张学良含泪答应了母亲，表示要在妈妈身边睡一宿，保证翌日返回奉天学习。母亲答应了儿子的请求。

赵春桂病重时，张作霖曾乘专车来新民府探视。赵夫人病卧床上，见到丈夫出现在床前，不由双眼盈出泪花，但她不肯首先开口说话。由于两人关系疏远，互相间似乎没更多的话可说。

赵春桂在张作霖回奉天前夜，对丈夫说："我死后，小六子他们就交西屋妈抚养吧。"

张作霖听了，并不在意地说："你不要胡思乱想了，我回去，会派军医来给你治病的。"

其实，赵春桂已经感到自己的

时间不多了。她说的"西屋妈"就是张作霖的二夫人卢氏，因住在西屋，故人称她"西屋太太"。赵春桂之所以信任卢夫人，是因为卢氏性情温和，待人宽厚，平日对张学良姐弟三人照料细心周到。她的举止言行对张学良的影响较大。卢夫人很尊重她正室夫人地位。赵春桂不能忘，在病重期间，卢氏受张作霖委托来看望，并守护在病榻前，须臾不敢马虎大意地真心实意照看……

1912年4月15日，张学良生母赵春桂因病情恶化，医治无效去世，年仅38岁。举丧之日，张学良随父亲张作霖乘专车，从奉天赶到新民。车站冠盖如云，各级官员都为赵春桂戴孝哀悼。

张学良跪拜在母亲灵前，痛不欲生。他甚至痛恨父亲：把他带到奉天，在他身边身不由己，以致失去和生母最后告别的机会，成终生最大的憾事！

寒食节，张学良约盟兄弟周大文到郊外，买了香纸，到生母的坟头焚香烧纸，拜祭生母的养育之恩。祭毕，张学良仍留坟头忘返，哀伤之情不能自持。后经同来拜祭的周大文百般劝解，张学良的情绪才恢复平静。

张学良晚年回忆生母时，常对采访记者说："我妈妈这个人很厉害的，我想我的个性一半是随我的父亲，一半是随她"，"我母亲没享过一天福"，"如果我爹当时没有那样的社会地位，相信他和我妈妈是绝不会决裂的。他们的关系就是只能患难而不能同甘的那种，所以我说有权势的人家不一定就有幸福。"

张学良（左）与母亲赵春桂（右）、姐姐张怀英（中）合影。

欲学医救人却遭父亲反对

我的志向是学医，想去美国。父亲不让我学医，也不让我去美国。他非让我当军人。

——张学良

奉天城是东三省的军政中心，也是个复杂的国际都市。这里有日本、英国、法国、美国、俄国的租界及领事馆和商务代办机构。特别是日本，不仅有总领事馆，还有警察署、独立守备队、特务机关等。张学良在这样混乱复杂的环境里，开始了他的新的生活。

1913年10月，张学良的祖母王氏因病去世。在丧时，其父张作霖从北京请来能工巧匠，在奉天南大门内，用白布蓝布架起大布棚为礼堂，流苏四垂，素彩耀目，可谓"高棚跨路"、"广幕凌云"。

一天，众人惊慌地指点高棚上，只见一少年在攀爬棚顶，把一白布弄回原位，然后安全回到地面。尽管他做了好事，但爱子心切的张作霖还是痛责道："你爬那么高，不要命了！"

这年10月，张学良与姐姐从师进士出身、曾任过御史的金梁（又称金息侯）学习。金先生对人赞叹说："汉卿虽年十三四，但初学为文，即下笔千言，尤嗜文艺，锐意革新。"

1914年，袁金凯向张作霖推荐了新教师辽阳名儒白永贞（字佩珩），到奉天张府为张学良等讲授古典文学。

白永贞先生是一位孝廉公，曾任过知府。由其生活不充裕，可见其持身廉正。他对张学良从未有过怒言谴责，还允许张学良行动自由。他对张学良有了相当认识，在读书时加以劝诱指导。张学良从白老师那里学到许多知识。

白永贞为了对张学良负责，曾多次对袁金凯和张作霖谈过：张学良是不宜于再在自家书房读书了，应当到社会受教育。最后，张作霖同意了。

这年，张学良经同学周大文和医师杜泽先介绍与奉天基督教青年会干事阎宝航、萧树军、张国栋、贾连山等人相识，参与支持该会的活动。此后，张学良又与该会的美籍干事普赖德、丹麦籍干事华茂山结识，往来极为密切。

在杜泽先医师的引见下，张学良又与王少源、刘玉棠、刘进之、刘仲宜等医师相识，结为密友。同年，张学良又结识了一些西方教士及教育人士，如文汇书院派克尔夫妇和在奉天西方人中声望最高的惠特先生等人。

张学良交往的外国友人多是品学兼优的人才，所以在同他们的交往中，他学到了许多知识，受到了极大的影响。他看到西方国家的富强，深感祖国的贫弱，爱国思想开始萌生。在同医师的交往中，张学良曾立志学医药，他想为中国百姓治病救人，以洗"东亚病夫"之耻辱。那时，奉天有个南满医学校，张学良对它很熟悉，想去学医。他把自己的打算告诉父亲，张作霖听了没有支持他。

张学良为了学医，与父亲闹了别扭。他心情不好，突然，他想到外国朋友普赖德，便到基督教青年会，请他想办法出主意。

张学良见到普赖德开门见山地说："我的志向是学医，我想去美国。"

普赖德非常赞成："你的志向很好！"

"好什么呀！"张学良失望地说，"我父亲不让我学医，也不让我去美国。你说我怎么办？我也没那么多钱出国呀！"

普赖德说："到美国，钱倒不多，70美元就可以买一张到美国的三等舱船票，关键是要自己下决心，最好让你父亲同意。"

张学良说："我父亲不同意，我就偷偷走！"

普赖德说："如果你到美国志向定了，我给你买船票！"他还说，"你到美国去的时候我给你介绍一个教会人家，你可以住在他们家里，每天给人家擦玻璃、扫扫地，他们就会免你的房租，你尽可以去念书，他们一定会支持你。"

张学良为了实现自己出国学医的志向，开始刻苦学习英语。他从师密友陈英（又称陈蕙生）。

陈英是德国留学生，在奉天当过测量局局长和奉天测电流表学校校长。在基督教青年会也是他教张学良学英语。

陈英对张学良说："你光学英文不行，还得学好数理化。我教你，晚上你就在我车里睡觉。"就这样，张学良抓紧时间向陈英学习数理化课程。

有一次，陈英劝张学良说："你这个人啊，傻乎乎的，干嘛要与你爸爸闹别扭啊？你爸爸那么喜欢你，多伤他的心啊！你为什么不顺着他呢？"

张学良说："他非让我当军人，我不干！我不愿学军，不愿干那玩意儿！"

陈英说："你可以顺着父亲说，'我愿学军'。他同意了。你再说，'我愿到美国学军'，你父亲肯定高兴。你到了美国，你愿学啥就学啥，你父亲就管不着了。"

张学良听了，欣喜地说："哎呀，你说得对！这个主意好！"

此时，张作霖正处在飞黄腾达的时期。按理说，张学良应当将父亲的荣耀引以为豪，但他却不然。他从小过的是朝夕不宁、动荡不安的兵马生活，少年丧母，父亲热衷于权力争斗的官场，对家庭子女虽有抚育照顾之心，却分不出多少时间照料。张氏家族门前，虽然每天车水马龙，熙熙攘攘，但是他的心灵却是孤单与空虚的。所以，他厌恶暴力、动荡，希冀安定、和平。他不想做称霸一方的强人，也不想当什么将军。他希望能过普通人的生活，学习一门知识，做一名学者。为此，张学良在北京国立大学报名登记。但是，他的这个想法被父亲无情地扼杀了。因为张作霖要为儿子选择军旅之路。

张学良见父亲不同意他上大学，就改学英文，而没有选择学日语，因为他知道父亲想送他到日本学军事。张学良在奉天城与同龄的中国学生不太相合。他交上了一批英、美朋友，对西方的生活方式发生了浓厚的兴趣。他经常参加基督教青年会举办的讲演及各种球赛活动。从此，他开始接触西方生活方式，深受西方文化的熏陶，享受到一些在家里所得不到的乐趣，呼吸到传统式的中国家庭中所缺乏的气息。后来，他学会了打网球、乒乓球和高尔夫球；再后来，又学会了开汽车、驾驶飞机……

这天，张作霖对张学良甚不高兴地问："你是到底打算做什么？"

张学良说："我想学医救人。"

"不行！"张作霖说，"我想把你送到日本去留学，我联系了，日本方面表示欢迎你入学。"

"我不愿意！"这是张学良有生第一次向敬畏的父亲说"不"，他说，"因为我十分厌恶日本，我很想去美国或者是英国，因为我学英文。"他还想说理由，如接近的多数为英美人士等，但是被父亲严厉拒绝了。

郑家屯"小六子"无心插柳

"凤至"二字使父亲眼睛一亮。父亲满意地看着她，自言自语地说："凤至，好吉祥的名字啊。"

那时，人家对我父亲都敬而远之，都叫土匪军队，都怕我父亲。但辽源的商会会长于文斗，后来就是我岳父，对我父亲非常好，他慧眼看中了我父亲。

——张学良

1908年1月，张学良仅八岁时，奉父命与于文斗长女于凤至订婚。张学良对父亲为他选定的比自己大三岁的郑家屯姑娘为妻，心里非常不满，但他毕竟年幼，也没把订婚当回事，不久，便把订婚的事忘在脑后。

时光荏苒，转眼四年过去了，张学良长成少年。他在考虑婚姻大事上是个早熟的少年，他的脑海里充满了西方婚姻自由的想法，对中国的"父母之命，媒妁之言"持反对态度。在奉天，多少风流少女的追求，他都不动心。此时，父亲张作霖又催张学良到郑家屯看看未婚妻。张学良想，难道郑家屯的姑娘竟有让他倾倒的才貌吗？他不相信接连娶进好几房姨太太的父亲能为他选个称心如意的妻子。

张学良憧憬婚姻自由，坚决反对父亲强加给他的婚姻。张作霖对此虽然很生气，但也不能逼迫儿子就范。张作霖看不上奉天城里那些浓妆艳抹的女子，更不会同意任性果敢的儿子再找个时髦妖冶的女人做媳妇。张作霖是个讲信义、说到做到的人，他早就对郑家屯的把兄弟于文斗说过"娶于姑娘做儿媳"的话。他选中于家姑娘，有两个原因：一是人称"八爷"的大富豪于文斗早年对自己曾有破金相救之恩，正因为此，两人才结为金兰兄弟，现在自己发达了，在选择亲家的时候，自然就想到了这位故交；二是这位于家姑娘名凤至，字翔舟，据传是"凤命千金"，有"娘娘"之尊。张作霖是认定了这门亲事，可儿子却不愿意。最后，他采取了折中的办法，对张学良说："小六子，你的正室元配夫人，非听我的不可！"他盯着儿子说，"这门亲事定了！你如果不同意这婚事，和于家姑娘成亲后，就叫她跟你妈（卢夫人）好了。你在外面找不找女人，我可以不管，这总行了吧？"张学良见事情已到如此地步，也只好屈从了。因为张作霖毕竟是他敬畏的父亲，年少的他也只能遵从父亲的安排。

关于和张学良的婚姻，于凤至在晚年回忆录中说：

> 我出生在吉林省怀德县大泉眼村，我父亲在郑家屯开粮店，我从小在郑家屯上学、长大。当时的驻军一度住在粮店，驻军统领张作霖和我父亲结识，相交很好拜了把兄弟。张作霖看我读书很用功，常夸我是女秀才。后来，他向我父亲提亲，说他大儿子汉卿很听话，肯上进，将来也要在军队发展，需要我这样女秀才帮助。那时代的婚姻是父母包办决定，我爹娘疼爱我，认为当官的都三妻四妾，会受委屈，拒绝了这提亲，说我的婚姻需我自己同意才行。张作霖竟然同意这说法。

按照东北农村的习俗，张学良要到郑家屯给未来的岳丈送聘礼，然后才能正式举行结婚典礼。

1913年12月29日，正值农历正月初三。十三岁的张学良顶不住父亲的再三催促，愁肠百结地起程到郑家屯相亲。临行前，父亲叮嘱他：在向于家行聘礼前，他作为女婿要亲自到岳父家去"拜岳丈"，农村一般称其为"相门户"。

郑家屯是一座古镇，坐落在东辽河口岸的西北角上，方圆不过数十里，在当时是一个比较出名的水旱码头。东北西部的各种土特产都在这个镇集散；北部草原的牛羊肉、木材，黑龙江的瓜果，也都从这个镇运销到奉天和关内。为此，郑家屯这个古镇又有"沙荒宝路"之称。

然而，张学良一到郑家屯却住进了父亲挚友吴俊升的公馆里。此时，他对未婚妻于凤至是陌生的、毫无兴趣的。他终日闷在吴公馆里，闭门谢客，根本没有去于家相亲的念头。

于凤至听说张学良来到郑家屯，心如池水泛起层层涟漪。她躲在闺房里，无心读书，注视着窗外。她看到家人在扫雪布灯，庭院收拾得干干净净，心里很欣悦。然而，一天、两天、三天过去了，于凤至还是不见张学良登门。她在心里犯疑：专程来拜见岳丈的张学良，为什么不露面？她满怀惆怅，看来自己憧憬的婚姻很可能是南柯一梦。

于凤至是一个刚强的姑娘。她不想高攀名门权贵，只求得到一个才识广博、品德俱佳的好男儿。此时，她冷静地考虑到，自己比他大三岁，两家门第悬殊；自己是郑家屯的姑娘，没有见过大世面，连汽车还不曾见过，而他是大城市的将门虎子，终日被那些时髦女郎追逐包围，他怎能选自己这样不善交际的姑娘为妻子呢！

这时，于凤至的母亲轻轻掀开门帘，走进屋来。于凤至扶母亲就座。

于夫人笑着说："孩子，吴（俊升）夫人来了，她要看看你，还说明天让张学良来过礼。"

于凤至听了，请求说："好妈妈，求你告诉吴夫人，我觉得明天过聘礼，为时尚早。"

"孩子，你不要瞎说！"

"妈，我是认真的！"于凤至解释说，"我想，最好还是与张学良先见见面，然后再决定是否过礼。婚姻是人生大事，我不想让人家勉强，否则两人都痛苦。"

于夫人听了女儿的话，默默不语。于凤至见母亲有些为难，便扶着老人家去见吴夫人，向她说明了自己的想法。吴夫人听了，从心里称赞凤至姑娘处世考虑得周到。

吴夫人回到吴公馆，想把于凤至的意思立即告诉张学良，可是张学良没在公馆里。据仆人说，张学良出去了。吴夫人只好等张学良回来再说。

原来，这天是张学良在吴公馆苦苦煎熬的第五天。在前四天里，他想得太多了。他想到父亲的专横，家规的威严，特别是父亲包办他的终身大事……他气得不愿再为此事而烦恼，索性走出吴公馆。此时，他正在小镇上蛮有兴致地游玩呢。张学良虽然身居奉天闹市，但眼前这个自古有"水旱码头"之称的郑家屯风情，使他大开眼界。他逛市场，看戏听书，累了到茶馆休息，然后到街上看拉洋片、说大鼓、打把式、变戏法、演驴皮影等节目。就这样，他在小镇上游逛了一整天，直到夜幕垂落下来，才回到吴公馆。

吴俊升见张学良回来了，就向他夸起于凤至来："汉卿，明儿个去于家看看吧。唔，凤至姑娘可是样样都行啊！你说哪一宗吧？炕上的、地下的，做饭炒菜……唔，她哪样都行啊！"

顿时，张学良那好心情像是打翻了五味瓶似的，不是个滋味。他想："凭我张学良大老远地来这郑家屯，就是相个能做炕上地下活的女人？！"

这时，吴俊升的夫人鲍氏进屋来，委婉地劝说："汉卿，你来这儿好几天了，郑家屯这小地方，今儿个你也逛够了。我看，明天你该到于家去吧。"

"那好吧。"学良带着不情愿的口气说，"反正是父帅之命，我明天去就是了。"

"汉卿，明天去先不过礼……"

"为什么？"

"这是凤至姑娘的意思。"鲍氏把上午到于家的经过说了一遍。没等她说完，张学良就高兴地说："太好了！我正盼她说这话呢！"此时，张学良"大少爷"的倔脾气又上来了，决定翌日即回奉天。

初相会，于凤至让狂少年出丑

她父亲同我父亲是最好的朋友，我九岁她十二岁时，由于父母之命就订了婚。就这样，我们两家定了亲，成为亲家。

她十七岁那年，我的岳丈不幸去世了，辽源地方正值二十一条之后，日本军队因强修四洮铁路问题，进占辽源。到处滋事，人心惶惶，我的岳母孤孀弱女，催促我家早日接亲。

——张学良

1915年端午节，于文斗为一批商货来到奉天。于凤至也随父进城，一则是为了探望亲友；二则是顺便买些文房四宝、书籍字画。她和父亲住进奉天中街路南的天益堂药房。

吴俊升得知于文斗带凤至姑娘进城的消息后，非常高兴。他认为这是张学良与于凤至见面的极好机会。他想到正月间张学良没有见到于凤至就回了奉天，没能促成他俩的婚姻，不好向张作霖交代，所以，总是耿耿于怀，想找机会作媒以博张作霖的欢心。于是，吴俊升便匆匆从古镇郑家屯来到奉天，到帅府向张作霖通报了这一消息。

张作霖听了这消息，果然眉开眼笑。此前，他正对张学良竟敢违抗他包办下来的婚事大动肝火、大伤脑筋呢。他托吴俊升去探探凤至姑娘的意思。吴俊升便两次到天益堂药房劝说于凤至到张大帅府与张学良见面。然而，于凤至就是不肯放弃自己的想法，谢绝了吴俊升的劝说。于文斗出于对张作霖"把兄弟"的情分，想劝劝女儿凤至，可是她坚决不允。吴俊升面对此景也只好表示无能为力了。

张作霖得知吴俊升这两天的尴尬处境，很是过意不去。他以父亲的威严，命令张学良去天益堂药房。张学良开始有些不情愿，但见父亲态度很强硬，只好提出折中的办法：见于凤至可以，但最好不公开身份，万一不成，对双方都有好处。吴俊升见张学良总算答应去天益堂了，忽想到凤至姑娘到奉天是为了买古画真迹的，便计上心头：让张学良以画店掌柜的身份送画上门，与凤至见面。对此，张学良也表示赞同。

这一天，张学良按计划充当画店"掌柜"。吴俊升为张学良带路去于凤至下榻的天益堂药房。两人见面时，张学良发现于凤至皮肤白皙，蛾眉凤眼，身段苗条，脚步轻盈，神态端庄，举止大方，这些与张学良想象中的样子真是判若两人。他感到郑家屯一行，不登于家的门，有些不合情理。此时，他简直不敢直视于凤至，内心也颇为慌乱。

于凤至把这一切都看在眼里，以自己聪颖过人的敏感，判断出眼前的年轻"掌柜"有几分蹊跷。她看到吴俊升对年轻"掌柜"的举止神态，猜出这"掌柜"定是在郑家屯冷落自己的张学良。想到这儿，她自己也陷入了尴尬的境地。

吴俊升面对这情景，立即打圆场说："凤至姑娘，你不是要买古画真迹吗？张掌柜带来了。"张学良听到这儿，随即把一幅古画展开，说道："于小姐，这幅画是《竹兰图》，你看怎么样？"

于凤至娴静地凝视着《竹兰图》，认为这是一幅清淡幽雅的古画，上面的一丛浓墨泼洒的翠竹，生机盎然，几叶幽兰间杂其中，显得浓淡相宜。

此时，张学良见于凤至赏画入神的样子，心里不由升起一股自负的喜悦。原来，他在接受吴俊升安排的这次见面时，就有了自己的打算：他要以古画的真伪考考于凤至的眼力、学识。她若没有真才实学，当着吴俊升面出了丑，那么回绝这门亲事就有了借口。张学良出于这样的动机，把帅府珍藏的古画真迹拿了几幅来考于凤至。

这时，于凤至从画面上已得出结论。她说："这《竹兰图》画得不错！"

"岂止是不错，"张学良显得十分内行地说，"这画可是地道的珍品，出自扬州八怪之一郑板桥之手。"

"掌柜的，果真是这样，你要多少钱？"

张学良见此情景，神秘地伸出三个手指，出了画的价钱。

"啊，三十，这价不贵，我……"于凤至还没说出"要"字，张学良就截断话说："这画少说也得三千。"

于凤至听了价，不由笑了，用嘲讽的口气说："掌柜的，别吓唬人了，这画要是真迹嘛，三千不多。怎么这赝品你也要三千？依我看三十都不值！"

张学良听了于凤至嘲讽的话，弄得不知说什么是好。他在内心里暗暗叫苦：她的嘴好厉害！眼睛好毒啊！但为了挽回面子，他强词道："你不买也罢，何苦贬低这珍品呢？"

"画掌柜，你若是行家，不会不知道，板桥画竹挥挥洒洒，初看轻俗，再观意味横生，三赏则见暗藏风骨。而这幅画，徒有空架，实无神韵，定是后人伪造之赝品。"

"于小姐，你的结论是错的，"张学良肯定地说，"你看，这画是绢本，有后代名人题跋，怎么会是赝品？"

"怎么不是赝品！"于凤至肯定地说，"古往今来，伪制赝品高手比比皆是，上乘赝品乱真时有发生，不过那只能糊弄外行而已！"

此时，吴俊升见势不妙，急忙解围道："掌柜的，既然人家看不中，再拿出一张给她看看。"张学良借机下了台阶，又拿出一轴画卷展开。

于凤至面对这幅字画，立即认出：这字画是大书法家苏轼的真迹。她高兴极了！因为她特别欣赏苏轼的书法，决心买下这幅字画。她不动声色地问："这幅字画卖什么价？"

"你有意买，我有意卖，八百块怎么样？"

"八百？好吧，我买了。"于凤至欣喜地拿出一沓钱说，"这是一千，不用找钱了。"

张学良万万没有想到，于凤至买这幅字画如此果断慷慨。他从心里不想卖这幅字画，但又感到"君子一言，驷马难追"，只好落个哑巴吃黄连，有苦说不出。此时，张学良十分尴尬，只好以收卷字画掩盖内心的不安。

于凤至似乎觉察出张学良慌乱的心情，暗想：这个在郑家屯狂妄的少爷，恐怕做梦也想不到会有今天这窘态吧！这时，于凤至要回报一下张学良在郑家屯的非礼之举，试探一下这个阔少的学识。她上前说："掌柜的，在古画真迹上，你是内行，我想请你鉴定一下我买到的两幅画，可以吗？"

"可以，当然可以。"还没有摆脱窘境的张学良，只有硬着头皮答应于凤至的请求。这时，他眼前展现的画面是《钟馗捉鬼图》。对这幅画，他早有耳闻，只是未见真迹。此刻，他面对这幅画称赞说："这幅画是真迹！是出自唐代著名画家吴道子之手！"

"掌柜的，你说的不全对。"于凤至纠正道，"确切地说，这画是出自吴道子门生黄筌之手。"

吴俊升见凤至姑娘如此让张学良出丑，有些急了。他把于凤至拉到一边，低声说："凤至姑娘，你知道他是谁吗？"于凤至假作不知道，摇了摇头。吴俊升说："他就是张学良啊！"此时，于凤至感到自己的满腔愤懑也发泄了，不能再让眼前这个帅府的少爷尴尬下去。于是，她满面笑容地解释："真是对不住，请您别……"

"不，不用客气。"张学良急忙借梯下台阶，"鉴别古画真迹是门学问，彼此争辩是不可避免的。"

于凤至晚年在回忆录中写道：

> 他（张作霖）叫汉卿来郑家屯住住，让我们两人相处、相熟，自行决定，汉卿处处依着我，听我的话，他（学良）这种态度使我很满意。

自从和于凤至见面后，张学良的脑海里总是不断地浮现出于凤至那温文尔雅的神态、矜持得体的举止。他羡慕她有学识，自愧在郑家屯时的非礼。他的心里常常涌起一股与于凤至相见恨晚的情感。此间，张学良曾两次到天益堂看望于凤至，但由于于凤至以种种借口避而不见，使张学良未能如愿。

洞房花烛夜，称新娘为大姐

我们的结婚，我娘提出汉卿的母亲已故世，婚礼要在郑家屯举办，张作霖也同意了。婚礼后去沈阳，住进张作霖的宅院。

——于凤至

我跟太太说，你嫁错了人。为什么呢？我跟你说说这个理，我是上战场的人，那打起仗来，真不知道谁能回来谁不能回来……

——张学良

1916年春，张作霖看到袁世凯的帝制梦行将破灭，立时转舵。他打出了"奉天人治奉天"的旗号，从奉天驱逐了帝制祸首奉天大头目——袁世凯的亲信段芝贵。此时，袁世凯正处在四面楚歌之际，哪还敢得罪张作霖？他只好任命张作霖为盛京武将军，督理奉天军务兼巡按使。至此，张作霖实现了攫取奉天军政大权的夙愿。

这年6月袁世凯死后，黎元洪与段祺瑞掌握了北京政权。张作霖被任命为奉天督军兼省长。他开始效仿那些封建士大夫，附庸风雅，重视起门面来了。他治家素严，讲究规矩礼法，常常绷起面孔训斥子女："不要当败家子儿！"他对儿女要求很苛刻，把子女管束得服服帖帖。他让四个夫人各占一套房间，平日彼此很少来往。他命令各房的老妈、丫环不能乱走乱串，学舌传话。在这个家族中，张作霖是最尊严的统治者，一切人都要按他的脸色行事。

张学良是张作霖的长子，深受父亲宠爱。他敢于冲破家里的一些禁令，常常带领弟妹们在张帅府里捉迷藏、堆雪人、打雪仗，还把高尔夫球之类的"洋玩意儿"引进大帅府和弟妹们一起玩。因此，弟妹们对大哥张学良的感情特

张学良遵父命前往郑家屯和于凤至完婚。于凤至的母亲怕女儿被张学良小看，决定陪送两座银行。这两座银行，一处在沈阳，叫"富裕祥"；另一处在锦州，曰"庆泰祥"。这是于凤至在1920年的留影。

别深。

张作霖独揽了奉天军政大权后，又开始为称霸全东北做准备。他在与对手的角逐中，因文盲吃尽了苦头，深感文化知识在实现个人野心过程中的作用非同小可。他不愿意看见自己遭受的痛苦在儿女身上重演，望子成龙之心迫使他一心想把儿子培养成文武全才。为此，他对培养子女倾尽心血，尤其对长子张学良，更是全力栽培。这年，他把张学良送进奉天督军署学习军事，并师从英文科科长徐名东学习英语。

这年秋，张学良遵父命前往郑家屯和于凤至完婚。此时，驻防郑家屯的后路统领官吴俊升闻知婚期已定，急命家人将自己的三进套院全部清扫，悬灯结彩，披上红绸。将里进小四合院粉饰一新，作为张学良和于凤至的新房。于凤至的母亲怕女儿被张家小看，决定陪送两家银行。这两家银行，一处在沈阳，叫"富裕祥"；另一处在锦州，曰"庆泰祥"。

1916年8月8日（阴历七月初十日）是张学良和于凤至结婚的喜庆吉日。郑家屯整个东街鼓乐齐鸣，爆竹震天，花轿缀彩，骏马披红，笙歌盈耳，迎亲场面非常壮观。

洞房花烛之夜，张学良面对含羞端坐帐前的于凤至，徘徊良久，踌躇再三，他居然不敢去揭新娘的盖头。自从去年在天益堂药房见过于凤至后，张学良看出她不但品貌端庄，而且心性纯正，非同一般等闲女子。几经周折，他们终在今日结成伉俪。张学良想到这儿，乐陶陶地去挑开于凤至的盖头，只见她满月般的姿容和明丽的目光，使张学良面呈羞涩。窘迫之中的张学良，竟情不自禁地脱口叫出"大姐"二字。

在郑家屯小度蜜月之后，新婚燕尔的张学良和于凤至返回了奉天城。于凤至对坐落在大南门里的张公馆感到处处新奇。她看到：张帅府是一所三进四合院，王府式的门屋显得威严。大门两侧有石雕抱鼓石和栩栩如生的一对石狮。朱红的廊柱，青石垫铺的门阶，翘檐起脊、雕梁画栋的房舍，处处显得富丽堂皇。

于凤至作为刚进张帅府的少奶奶，处处谨慎，和悦对待府内的人。她不肯多说一句话，也不多行一步路。她以自己的才学和为人，很快在帅府内获得赞誉。

张作霖因为宠爱长子张学良，加上珍视与儿媳之父于文斗的友情，更为了显示自己的权威，所以在张学良偕妻回府后，又在帅府内重新为他们补行了一次隆重的仪式。

这天，张作霖的部下旧交张作相、张景惠、杨宇霆和汤玉麟等，纷纷赶来致贺，场面十分热闹。

张学良和于凤至婚后生活得非常幸福。于凤至晚年在自述中写道：

> 我是在家务之外，尽量抽时间去沈阳的大学听课，我要补充自己的知识，好有助汉卿。我们两人互相勉励，有事共同商量。婚后生活美满，孩子们陆续诞生，我们两人充满了幸福，这是我一生最幸福、美好的时光。

张学良晚年评价他和于凤至婚后生活时，回忆说：

> 她生第四个孩子时，得了一场很重的病，都爬不动了。那时，她母亲还在世，我岳母就和我姨妈商量，说我太太有一个侄女，就要我娶她这个侄女，以便照料她的孩子。我跟她们说，她现在病得这么厉害，我要是真娶了

33

她侄女，那我不是这边结婚，那边催她死吗？那叫她多难过。我说这样吧，这事我答应，如果她真的死了，我一定娶她侄女给她带孩子。后来，她没有死，所以她后来放纵我，不管我，与这件事多少有一点关系……

聆听张伯苓演讲：《中国前途之希望》

很久以前，我在辽宁的时候，有一次听到南开校长张伯苓先生讲演，题目是《中国前途之希望》。他劈头就说："中国是不会亡的！"当时我很诧异他的自信心太大，仿佛对于"中国不会亡"具有什么绝对把握。他继续说："中国何以不会亡呢？"当时听讲的人都聚精会神来静听他这"中国不会亡"的主论，他很快地用力地回答三个字："有我在！"

——张学良

张学良十六岁那年，身体不太好，患了肺病，有时还吐血。他心情忧郁，感到自己的读书和生活环境不如自己意愿。张学良的爱国心很强，日本强加给中国的"二十一条"之后，便为国家前途担忧，认为东北人已经走向亡国奴之途。为此，张学良大病数月不起。后经他父亲的军医处王少源（即王宗承）处长医治，才日见好转。

王少源热情关爱着张学良，为他讲国家大事，帮他排解忧愁，对他的影响很大。

王少源不但医治好了张学良身患的肺病，还医治了他的心灵。

王少源是一位诚笃的基督徒，他担任奉天基督教青年会的会长，他看明白了张学良心中的忧闷，劝他可以到外边走动走动，散一散心，不要一天尽在床上看小说。

张学良的回答是："国家前途无望，活着将来也是给人家做奴隶，不过是朝鲜人第二而已。"

王少源在想：怎样才能帮助张学良转变呢？

这天，朋友给王少源送来一张演讲入场券，演讲的题目是《中国前途之希望》，演讲人是天津南开校长张伯苓先生。王少源感到眼前一亮：把这张演讲券给张学良，让他去听听，或许对其转变有帮助。

王少源把票给张学良说："你去听听，肯定会有教益的。对了，地点是基督教青年会。"

张学良接过票后，穿好衣服，到青年会去了。途中，张学良在想：张伯苓是谁啊？他能讲出啥呀？他满脑子疑问。然而，这个演讲的题目却使张学良动心。因为张学良心目中，认为中国前途是没有希望的。

张学良想："这个张伯苓能讲出什么希望来呢？我倒是感觉兴趣的，所以我就去听他的讲演。"

这时，基督教青年会就在眼前。张学良走进教会，在演讲大厅落坐。在演讲中，张伯苓自问自答：

"中国的前途、希望是什么？"

"中国前途是很有希望的，中国前途的希望，是有我！"

张伯苓说到这儿，停了停，向大厅的人巡视了一遍，全场人都睁大眼睛，用探索的目光看着他。接着，张伯苓又满怀豪情地演讲起为什么"中国前途、希望……有我。"

此时，张学良感到十分紧张，豪门公子哥的脾气，几乎让他站起来质问张伯苓：你有什么资格？敢口出狂言？

然而，当张学良听到"中国前途、希望是你！"这话毕竟是张学良首次亲耳听到，他的心澎湃不已……

张学良在谈"张伯苓对自己影响"时，在自述中写道：

张伯苓先生讲：大家对于国家失望悲观，自暴自弃，你也认为没办法，

我也认为没办法。大家都坐视着没办法，那么，中国岂不是真完了吗！如果

南开大学校长张伯苓

大家都奋勉图强，自己勉励自己，牺牲一切，为国家为大众服务，把国家兴亡的责任，放到自己的肩上。自己坚定信念，中国的前途就是我。中国亡不了——有我。你也如此，我也如此，万众一心，哪怕中国不强哪！假如大家你怨我，我怨你，可是谁也不想牺牲努力，认为我是一个无关紧要的人，那么大家都是如此的想法，只希望坐享强国的光荣，国家它自己会强的吗？那是要得人去做，若是我们多数人，自暴自弃，都想坐享其成，那才真是会招来亡国之祸。也就是今日国家不强之原因也。愿大家从今日起，决心立志，说中国不亡有我！这一番的演讲，给我的刺激太大了！

张学良听张伯苓演讲之后，把自己的感受告诉了王少源。王少源听了很是欣慰。他为张学良牵线搭桥，给张介绍认识了基督教青年会的总干事普赖德。然后，由赖普德介绍张学良同张伯苓先生去会面谈话。

张学良和张伯苓面谈后，受益颇深。从此，他更加热衷于参与青年会的体、德、智、群的集会。关于这方面，张学良在自述中说：

我皆竭力去参加。对于我的思想行动，影响不小，我当时对于青年会的征求会友和募捐，无不热心帮助。每次我都是得到最好的成绩。为奉天青年会建筑会所的募捐，我个人曾募捐七万余元，创青年会在中国募捐的最高数字。因为这一宗事，和诸位中外人士过去给我的鼓励、教诲，启发了我的一个信念——我是可以做些事。确比一般人容易，这不是我的能力过人，是我的机遇好。人家走两步或数步的路，我一步就可达到，这是我依靠我父亲的富贵权势。我为什么不凭借着这个来献身于社会国家哪？！这是使我决心抛弃那安享的公子哥的生活，投身走上了为人群服务的途径。

1917年，年仅16岁的张学良为"投身为人群服务"，与人发起成立了"奉天储蓄接济会"。此会的目的是，对贫困者实施接济，帮助其从事正当工作，或从事对社会有益的事业。该会对接济者按月息二分向外借贷，以抵制外国人放高利贷剥削。

这时，远在四川故居的邹子方获悉学生张学良发起了"奉天储蓄接济会"，很兴奋，并表示支持。

这年12月7日，张学良收到老师邹子方的"大札"后，欣然回信。他在信中说：

子方先生伟鉴：

七日接奉大札，敬悉一是。并荷认购股十分及代券二十五分，核小洋四百二十元，钧经收到，唯此会内容狭小，不能提倡事业而无发达之一日，现在宣告停止。然青年人智育决不能由此而衰。好在本署监印惠霖于春间组织一储蓄公会，范围大，呈请立案，批准试办，设于省城大西门里路北。照前奉上章则不同，然与入股者殊多利益，而与地方商民亦有便当的很。兹将尊股及代券各股，尽数送交该会收账注册。另，所有收款票据随函奉上，至祈查收，分给为荷。良仍为此会发起人，务望分神多募为感。附各规章，望查核即知其详也。专此。复请升安！

张学良谨启

12月7日

考进了讲武堂

入讲武堂也是给我父亲激的，他说你甭去了，去了怕不给我丢人。我就是受不得激，乃一定要去并好好表现，卒以前茅毕业。在校中我已经是少校队长，出来后就作团长。

——张学良

普赖德是美国朋友会的教徒，鼓励张学良到美国去留学，很赞成张自立的观念，启发张救人救世的思想，认为张是个有为的青年，将来可以对社会有大的贡献。

陈蕙生是浙江省青田人，曾留学德国学习军事。他希望张学良学习军事。可是当他知道张学良不想当军人的时候，却巧妙地促成张走上从军之路。

一天，陈蕙生对张学良说："你不应该使你父亲不愉快，你应当博得老人家的欢心，然后再想法实现你的愿望。你的身体状况不好，到美国去不适合，你应当先在国内读军事学校，不过是一年的时间。这样既迎合了你父亲的心理，又锻炼了自己的身体。军校毕业后，你再去英美学习军事，你父亲一定会高兴的。到了国外之后，你再改学你喜欢的学科，那还不是由你吗？你不是想将来要对社会有所贡献吗？那你就应当依借你父亲的财富和权势，那是很容易实现的。所以，你听我的，不会错的。"

张学良觉得陈蕙生的话很有道理，便向父亲请求投考保定军官学校。正如陈蕙生所料，张作霖听了儿子话，甚为欣悦，立即给北京陆军长段芝贵打电话，请其帮助。

此时，军校已考试完毕，考生正等待发榜。

张学良进京谒见段陆军长。段芝贵立即下手谕给军学司长，然后，张学良表面上履行了入军校的手续，就被军校录取了。

军校发榜之后，张学良被分在奉天入伍。在入伍期间，奉天为训练在职军官，重新开办讲武堂。张作霖亲自兼堂长，熙洽为教育长。熙洽又是陈蕙生的好友，所以张学良就从陈蕙生学理、算。陈蕙生劝张不必远去保定进军校，进奉天讲武堂不更好吗？他们就近还可为其补习。

讲武堂是张作霖为培养奉系集团的军事人才而专门设立的军事学校。张作霖知道：要想儿子张学良在以后能接自己的班，必须给儿子创造条件，当大头兵，在资历、等级森严的奉军往上晋升是不可能的，最好的办法是进军校，军校毕业后再出来当军官。一来，军校可以使张学良接受初步的军事教育；二来，为将来奉军的改头换面做准备。

张作霖得知张学良愿意进东北讲武堂，便郑重地说："小六子，东北讲武堂要开学了，你想好了，要去学习就得学好，可别给我丢人啊！"

张学良被激得热血沸腾，对父亲张作霖说："父亲，你看着，如果人家都干不了的事，那我也干不了，这不算丢人。如果人家都干得了的事，而我干不了，那是我无能，我给你丢人，怎么样？"

张作霖听儿子这么一说，脸上露出笑容说："好样的，咱们一言为定！"

1919年3月，讲武堂开学了。张作霖的伙伴张作相、汤玉麟、阙朝玺等人都被送进东北讲武堂学习军事理论。与此同时，张学良从北京返奉，考入讲武堂，在第一期炮兵科学习。

张学良在进讲武堂前，认真准备功课，迎接入学考试，最终以四科考试第一的成绩考入东北讲武堂。张学良在讲武堂，头一个月考了第一名，第二个月又考了第一名，第三个月也考了第一名，期末还是考第一名。有人对张学良四次月考都第一的成绩有怀疑，向讲武堂告状，要求重新考试。于是，由教育长熙洽亲自监考，且重新编排了考生座位。考试结果公布，张学良仍然考第一名。

这就轰动了整个讲武堂，大家都以为张学良和老师做手脚，在考试前得到了试题。原来，大家都认为张学良的父亲是张作霖，是东北王，讲武堂的教务长熙洽自然偏向张学良了。其实，这是大家误会了。张学良的四个第一，连熙洽也认为奇怪。有一天，熙洽突然走进讲堂，向学员宣布：现在重考。他要求大家重新到外面排队，逐一进入座位。监考老师对每个学生进行检查，不许带任何东西。然后，熙洽临时出了四道考题，其中，有两道题是张学良没有学过的。这四道题是步兵、骑兵、炮兵、空军四类题。结果，张学良还是第一个答完这四道题。而其他学生还望着试题在苦思苦想呢！

这次考试后，熙洽向大家宣布说："张学良是不会作弊的，你们看他的卷子，唯有他的卷答的是百分之百正确！"

对此，张学良在回忆录中说："其实并不是自己多么聪明，而是入讲武堂的学生多系行伍出身，是从军队中选来的，大字识不了几个，而自己从小受到较好教育的结果。我算是一个念书分子，虽然读书不多，但要比他们读的多得多。"

1920年3月，张学良在讲武堂，以炮兵科第一名的成绩毕业。军校毕业后，张作霖并没急着让张学良去当什么奉军高官，而是特设了"监督"一职，让张学良参与到讲武堂的日常事务管理中。

张学良在掌管东北讲武堂期间，对讲武堂的师生人品、才能可以说是了如指掌。这是一个领袖人物成长的开始，也是日后接班的基础。这一切全都在张作霖的计划之中。后来事情的发展也果如张作霖所料。随着奉军的不断扩军，东北讲武堂的毕业生被充实到奉军各级部队中。日后比较著名的东北军将领如黄显声、许庚扬、牛元峰，甚至开国上将吕正操、万毅都与张学良有师生情谊。而当时在讲武堂任教官的郭松龄、何柱国等人也恰是在此时与张学良建立了特殊的友情。这样，张学良就以东北讲武堂的教官和毕业生为基础，初步建立了自己的团队。

张作相（字辅忱），是张作霖重臣之一，可称左右手。他是锦西人，与张作霖虽同姓但不同宗，且与其名字巧合，也有个"作"字，使人误会他是张作霖兄弟。张作相为人诚厚，能力虽然不太强，可是他的忠义，是今世少有。张学良晚年回忆自身成长时，念念不忘张作相之辅佐。他在晚年接受访谈时回忆说："张作相是我长官，他大力提拔并且一切由我作主，人事皆由我推荐，从团、旅、师皆如此，郭松龄乃得而起。到老帅被炸，我推张作相继之但他不就，他说：如果老帅安去，我可以继位，但今天老帅殉国，我必推你继之。张作相并说，你做主，公开我一切都服从你，但你要好好干，否则到后房间我会拧你耳朵摔耳刮子。"

张作相任命张学良为奉天巡阅使署卫队第三混成旅第二团团长，使其崭露头角。

1920年4月24日，任东北巡阅使署卫队混成旅旅长的张作相，向张作霖辞职，推荐张学良替补其旅长空位。张作霖同意张作相的推荐，将张学良晋升资料上报待批。

时值直皖战争爆发，张学良便参加了战争。战前，奉军组成东路军司令部，由张景惠任总司令，率奉军入关。直皖战争打响后，张学良除了执行"近卫"的任务之外，还参加了总司令部工作，他是东路奉军的重要指挥人员之一。奉军在东线向皖系发动猛攻。经过十日激战，皖系大败。在这场战争中，张学良虽是初次参加战争，但是在战争中却显露锋芒。他统率的卫队旅，除留一部分驻沈阳城之外，主力悉交郭松龄率领入关，参加东路战斗。在天津小站，张学良所部以一团兵力击败皖系龙济光两个旅之众。由此，张学良和郭松龄声名鹊

1919年张学良进入东三省陆军讲武堂炮兵第一科学习，1920年以第一名成绩毕业。

起。但是，张学良也时常感到人际关系之束缚。

对此，他在自述中写道：

> 我毕业之后，就任团长，只20岁，人家给我起了一个绰号，称我为"黄嘴牙子团长"。当时我属下的一员营长，他本是我父亲的一位老号兵。我童年时代，他常背抱提携一起玩耍。现在我成了他的团长，我方新任军官，庄严自重。他对我是相当的爱护，可是他常常仍然把我看做小孩子，有时使我非常的难堪。到后来我是一直受着这种情形的束缚。这些个老前辈们，多系眼看着我长大成人，对于我幼小时抚慰戏耍，既是长辈也提携爱护。使我对于他们，深了也不是，浅了也不是。他们多系守旧、顽固、腐败，一向为东北改革上之障碍。当我负东北政治上责任之时，就是在地方行政上，也深受到这种影响的苦痛。

这年6月，张学良得到了徐世昌的赏识，当他看到张学良晋升的报批材料时，欣然批准。张学良被任命为奉天省巡阅使署卫队第三混成旅旅长。这时，张学良年仅20岁。

张学良任旅长后，开始着手对旧军队进行改革，以提高部队战斗力。这时他想到了讲武堂教官郭松龄。

郭松龄，1882年生于奉天，毕业于奉天武备学堂。1910年，他参加了中国同盟会，从事革命活动。辛亥革命时，他在奉天被捕，后经营救而出狱，到广东政府任韶关讲武堂教官，后回东北任奉天督军署少校参谋。当张学良在讲武堂学习期间，郭松龄为张学良的教官。

张学良对郭松龄的为人正直、博学多识、严于律己、好学深思、志在改革的思想作风深为敬重，视其为良师益友。特别是郭松龄遇事冷静、刚正凛然的气质和精通军事理论的才华，使张学良尤为钦佩。

于是，张学良向父帅张作霖推荐郭松龄做他的旅部参谋长。此时，张作霖正渴望长子能尽早成熟，以便日后成为自己大业的继承人。所以，张作霖欣然应允了张学良的请求，调郭松龄到张学良身边，辅佐军务。从此，张学良与郭松龄携手治理部队。当时，张学良看不惯军队的种种恶习，想进行改革，又没有经验，便依靠郭松龄出谋献策。他在部队中重用学生出身的军人，使部队素质有了很大提高。在短短的时间里，他的旅便名冠奉军之首，成为公认的奉军劲旅。

剿匪获胜被晋升为陆军少将

吉林土匪猖獗，曾袭破珲春，杀死日本副领事，惹起外交问题。

……民国九年冬我被派率第三旅赴吉剿匪，进驻于一面坡附近，兼哈沈路护路事宜。我到那里剿抚兼施，曾剿灭袭破珲春之大股土匪"占中华"等二千余人；收抚江东一股一千余人，改编为"山林警备队"，由我兼代总队长。这一次调吉剿匪，在我的生活上，有很大的影响和变迁。

——张学良

1920年夏天，吉林、黑龙江两省土匪十分猖獗，盘踞佳木斯城，并以此为据点四出扰乱社会秩序，百姓痛苦不堪，怨声载道。加之东北的铁路也深受胡匪之害，防卫交通十分吃紧。为此，张作霖令各地驻军注意剿匪，以安定民心。

10月9日，张作霖就从装备最好、战斗力最强的东三省巡阅使卫队旅中挑选了一个团的士兵，配备骑兵、炮兵、机关枪各一连，工兵、辎重各一排，组成一个超强的加强团让张学良率领去剿匪。张学良即奉命率部开赴剿匪战场。军列车经过长春站稍事休息后，继续开往剿匪前线，于14日到达一面坡地区。根据对当地匪情的初步了解，张学良才知道东北胡匪十分猖獗，人数超过两万，而且火力猛烈，装备充分。他感到自己带来的兵力不足，没有必胜的把握，于是于15日、16日，连续急电张作霖，要求增派第二十七团和装备、物资等备用。

19日，张学良指挥军队与匪军交火，经五次非常激烈的战斗，一些士兵和多名连排长战死沙场。于是，张学良把第二团编为一个支队，交郭松龄指挥，被称为"郭松龄支队"。他又急调卫队旅马团第一、第二、第三各营及炮兵营第三连作后备。

10月30日，在一面坡地区，卫队旅一团二营携带大炮进山，与胡匪作战达一昼夜，擒获胡匪头目八十余名，并就地正法，缴获马匹三十有余。然后，追击残匪至七道沟，毙胡匪300多名，取得了很大战果。

张学良带队剿匪过程中，尤其注重军容军纪。在同郭松龄一道带队前往佳木斯剿匪时，一路上对百姓秋毫无犯，颇受当地人士好评。宾县商会给张作霖打电报说："张郭所带混成旅途经宾县境，所雇辎重车辆，均按时价付款；入城住店，各自埋锅造饭，所用食物草料柴炭，均照市价，公平交易；在城一宿，未见有士兵三五联肩混游街市者；次日开拔，号令一响，迅速整齐因而感颂之。"

一天，大部队剿匪去了，山上指挥部只留下一排兵力。土匪探听到后，乘虚进攻剿匪总部。张学良命令部下，不要惊慌，效仿《三国演义》中的"滚木擂石"战术，从山上往下扔石头滚木头，把进攻总部的土匪砸得屁滚尿流。在与土匪的战斗中，全旅官兵都称张学良为"剿匪司令"。

这时，吉林剿匪司令是阚韩玺，他在当地不分青红皂白，有疑就杀，当地百姓惊恐万状，送他外号"阚大铡刀"。然而，张学良到此后，采取了剿抚并重的政策，消除了百姓恐慌的情绪。吉林边地，山路崎岖，丛林茂密，匪徒凭借山高坡险，出没无常。

张学良与郭松龄身先士卒，与官兵同甘共苦，徒步日行百余里，剿匪官兵对张学良、郭松龄无不佩服。在攻打佳木斯城时，一股土匪死守城防与剿匪部队激战。张学良、郭松龄冒着枪林弹雨，率部攻城，首先攻占了城门楼，为大部队进城打通道路，减少了伤亡。

11月20日，张学良率本旅官兵经过数月对胡匪的艰苦追剿，大小战斗数十次，终于攻克了匪徒的最大据点佳木斯城，大获全胜。

佳木斯城攻克后，被捕的土匪头子说："我不是土匪！"

张学良说："那你说说理由！"

土匪头子说："我原来是本分的地主，因官逼民反才走上了这条路，专向有钱的人弄些钱财，向百姓要饭给弟兄们填饱肚子……"

"好了，我明白了！"张学良截断土匪头子的话，严厉斥责，"你烧杀掠抢，无恶不作，不是土匪是什么？来人，把他就地正法！"

张学良杀了土匪头子，佳木斯百姓无不称快。这时，郭松龄率兵绑来一个连长，此连长入城后抢掠财物私吞，在百姓中影响极坏。

郭松龄问连长为何这么做？连长称："所有财物均是土匪遗留的。"

张学良听罢，厉声说："匪遗私取，亦违军法！"然后下令，将连长推到剿匪部长前枪毙。全军官兵见此情景怵然。

张学良在佳木斯整顿军法，维持治安，详查各地驻军军官，有功必赏，有罪必罚。在检查中，他发现所属一团副营长王奎前往坡东一道地方剿匪时，临阵退缩，延误军机，所属警备连长傅景山又在东路一带强奸妇女。张学良为维护军法威严，将王、傅就地枪决。

当张学良得知有两个翻译官，到妓院嫖妓，且白吃白嫖，妓院来人告状时，张学良立即下令，将两个翻译官绑到妓院院中，就地枪决，以正军法。

这天，张学良和郭松龄正在研究剿匪方案，卫兵进来报告："有一位朝鲜青年要求见旅长，说有要事。"张学良听后，命令卫兵把朝鲜青年请进来。朝鲜青年用不流利的汉语说："我是朝鲜独立军的成员，为了抗日复国，我们和日本鬼子作过英勇的斗争，结果被残酷地镇压了，不少独立军的成员英勇牺牲了。为了保全实力，我们不得不躲进中国边境，积蓄力量，准备回国和日本鬼子战斗。"

朝鲜青年为了证明自己说的话，打开随身带来的木匣子给张学良看。张学良对匣子里面盛的"东西"很震惊。原来里面装的是人的手指头。

朝鲜青年说："这是我们独立军成员剁下来的手指头，我把他带来给你们看看，我们独立军决心复国与日本鬼子战斗到底。我请求你能支持我们的抗日斗争。"

张学良被朝鲜独立军的抗日精神感动得热泪盈眶，激动地说："中朝两国，一江之隔，如今你的国家被日本侵占了，我的国家也正面临被侵略的危险，我们是唇亡齿寒啊！我们应当携手共同对付日本侵略者。你回去转告独立军的同伴，我一定支援你们的抗日斗争。"

张学良对部队官兵说："日本已经侵占了朝鲜，不一定哪一天，也要对中国下手，我们绝不能做朝鲜第二。我们支援朝鲜抗日，就是保卫东三省的安全。"

随后，张学良派郭松龄率一个团兵力进山，以剿匪为名，实为山里的朝鲜抗日独立军送枪支弹药，支援朝鲜人民的抗日斗争。

这次率部剿匪大获全胜，使张学良深深地感到：在讲武堂的学习和生活，是他成长道路上非常重要的一环。在校期间，张学良从不摆帅府公子的架子，以一个普通学员的身份要求自己，勤奋学习，刻苦训练。正是在讲武堂，张学良不仅系统地学习和掌握了战术、军制、兵器、地形、交通、筑城等六大军事科目的全部内容，而且还学到了数学、物理、化学方面的基础知识和高等军事学等专门知识，为他以后统帅奉军征战沙场奠定了坚实的基础。

张学良说："赴吉林、黑龙江剿匪是我实地战争之始，也是我'剿抚并用'从事和谈之始。"他感受到土匪全部被肃清，剿匪任务胜利完成的喜悦。

张学良经过直皖战争和吉黑剿匪，在奉军将领中显露锋芒，声名鹊起。

1920年11月25日，张学良被晋升为陆军少将军衔。从此，张学良在东北政治、军事等各项事务中，逐渐担负起越来越重要的职责，开始进入东北军决策圈。

抬着棺材督战的指挥官

日本人总是想以势压人，反而促使我反抗。……对奉军进行全面整治，整顿军纪，选拔军官，加强训练，决心赶超日本。

——张学良

1921年12月6日，张学良与张作相应日本军方邀请，东渡赴日观秋操。到日当天，张学良发现：中国留学生学费甚微，生活困难。他当即与驻日公使会商，并电请张作霖允即拨款救济。翌日，张作霖同意批准张学良接济留学生的电请，拨款10万元。

在本庄繁（后任日关东军司令）陪同下，张学良和张作相参观了日军兵工厂、舰队后，他们亲眼看到日本以四岛弹丸之地称霸东南亚，感慨万千。特别是日本人对张学良展示的军事实力，使他的民族自尊心受到了极大的伤害。为此，张学良对张作相说："日本人在向我示威，日本人总是想以势压人，反而促使我反抗。"

当本庄繁面带淫威地问张学良有何观感时，张学良回答："你们日本能做到的，我们中国也能做到；你们日本不能做到的，我们中国也能做到，请君等拭目以待。"

访问期间，除晋见日摄政皇太子外，张学良还单独地晋见过日军重镇萨派的上原元帅、常派的田中大将以及皇室等人。由于张学良长相与日天皇酷似，当其出现时，乐队误以天皇到而奏起乐来。

12月22日，张学良接到张作霖从北京发来的电报，令其即日回京。

临行时，日政府赠授张学良二等瑞宝勋章。虽然仅短短的一个多月的工夫，走马看花的游览，可是，因为种种接触，使他感觉到日本图谋中国之险恶，用心之深远，令人不寒而栗。同时他也认识了日本之国力，中国人如果不愿做奴隶，必须奋起图强，绝不是空言可以抵御日本侵略的。

归国后，张学良向父亲提议："对奉军进行全面整治，整顿军纪，选拔军官，加强训练，决心赶超日本。"张作霖采纳了儿子的建议。然而，张学良还没来得及实行建议，直奉战争便迫在眉睫了。

直系军阀和奉系军阀在争夺地盘和中央政权问题上成为敌人。张作霖先以"征蒙"之名赴京，迫使亲直的靳云鹏内阁于1921年12月17日辞职。此后，张作霖便推荐梁士诒为总理，重新组织内阁。梁士诒上台后，以奉系军阀为靠山，重新任用曹汝霖，准备向日本借款一千万元，同时克扣直系军饷等，引起直系不满。特别是梁士诒的卖国行为被直系抓住后，吴佩孚随即通电反梁说："害莫大于卖国，奸莫甚于媚外。"于是，吴佩孚率领鲁、豫、陕、苏、鄂、赣六省直系军阀通电反梁士诒，宣布与内阁脱离关系。梁士诒被迫托病请假，悄悄地躲到天津去了。

1922年1月30日，张作霖通电反击吴佩孚，声称以拳对拳血战到底。经过一段时间的准备后，张作霖自任总司令，指挥东中西三路奉军于4月9日开始陆续入关。张学良、郭松龄任正副司令，率东路军四万余众，集中在天津附近，随时准备向保定方向的直系军进攻。

4月26日，直系军不宣而战，对奉军驻南苑部队发动突然袭击。张作霖组织"镇威军"，自任总司令，坐镇天津附近的军粮城。29日，"镇威军"分东西两路向直系军发起全面进攻。

张学良指挥东路军第二梯队、第三和第八两个旅及第十混成旅开赴前线，与吴佩孚所部激战于北京附近的信安、唐家铺一带。有一次，直系军骑兵袭来，情况十分危急，张学良跳到司令部房顶上指挥战斗。

当部下劝他下房时，他说："战争危急，我能退吗！宁死于此，也不后撤。"士兵见张学良如此不怕死，个个奋勇杀敌，终于将直系军精锐部队击溃。

5月初，张学良指挥第三和第八旅坚守山海关石门寨，阻止了直系军的追杀。3日，张学良、郭松龄设伏兵于唐家铺左右伏击直系军，攻下胜芳、崔庄，使直系军溃散。在战争中，张学良命手下人为他准备了一口棺材，司令部移到哪里，棺材就运到哪里。这是他奉父帅之命学习古人，效仿三国时庞德战关公的办法，抬着棺材督战。在战况极不利时，他亲身在第一线战壕内，鼓动士兵坚守阵地，誓与大家共存亡。士兵们感动地一致要张学良回到指挥部去，并自动用身体排成一道人墙，以挡住子弹，掩护其回指挥部。见此景，张学良心情激动，泪水夺眶而出。

然而，正当张学良指挥东线激战时，5月4日，奉军张景惠所部第十六师在西线倒戈，长辛店被直系军占领，从而导致奉军在西线的全线失败。此时，唯有张学良、郭松龄所率第三、四混成旅退至山海关，不仅没有造成损失，还帮助兄弟部队脱离险境，有秩序撤退。

5月5日，大总统徐世昌下令："奉军即日退出关外，直系军退回原防，均应静候中央命令解决。"

6月15日直奉停战。17日，张学良和孙烈臣作为奉军代表与直系军代表王承斌、杨清臣在秦皇岛海面上的英舰"克尔"号上签订停战和约。和约指定以山海关为直奉两军的分界线。于是，双方于19日起撤退各自军队，从而宣告第一次直奉战争结束。

此次战争，张学良在奉军中博得美誉及声望。然而在事实上：冲锋陷阵，率军引退，皆为郭松龄之功；运筹帷幄，多为韩麟春之谋；张学良不过是承受其名而已。

第一次直奉战争时，张学良指挥第三和第八旅坚守山海关石门寨，阻止了直系军的追杀。张学良命手下人为他准备了一口棺材，司令部移到哪里，棺材就运到哪里。这是他奉父帅之命学习古人，效仿三国时庞德战关公的办法，抬着棺材督战。

中国第一支空军的创立者

从日本回国，我向父亲说明自己的想法，立志建设强大的东北空军……

我想主要的事情应该是培养和提高军事人才，训练精兵，整编庞杂的旧队伍……

——张学良

第一次直奉战争后，张作霖败回奉天，为报失败之仇，决心整顿军队，扩充军备，以图再战。他立即召开了东北三省各界会议，宣布将东三省巡阅使署与奉天督军署合并，组成东北保安司令部。张作霖被推举为东三省保安总司令，并宣布东三省实行"联省自治"。尽管如此，他还是因被直系军打败而恼火。

这天，张作霖把张学良叫到卧室说："小六子，我跟你核计一件要紧的

张学良试驾飞机，起飞前留影。

事……这仗咱们输得太暴了！十几万人的队伍，只在长辛店打了七天，就全花搭了。要是没有你和郭松龄两个旅打了几场阻击战，只怕我撤也撤不下来了。唉！真他妈拉巴子窝火！"

张学良知道在父亲恼火时，说话要谨慎，便安慰说："父亲，胜败乃是兵家常事……"

张作霖一摆手说："你别送'宽心丸子'了！我今儿个为啥找你？不就是听你说个实话。咱爷俩靠什么？

不就是枪杆子嘛！队伍不弄好，就得垮台！我反复琢磨着，队伍非改改不行，可眼下又拿不准怎么个改法。这场仗，我看出来了，你和郭松龄的新派军队确实不错，打起仗来能进能退。这回你就多想想改改队伍的主意吧。"

张学良沉思了片刻，说："父亲，我想主要的事情应该是培养和提高军事人才，训练精兵，整编庞杂的旧队伍……"接着，他提出了全面加强东北三省武力的意见，主要是整顿队伍，扩充讲武堂培养人才，加强空军，筹建海军等等。

张作霖对儿子提出的各项意见都很满意，增强了整军练武的决心。他采纳了张学良等人的建议，于同年7月31日成立了"东北陆军整理处"（后改为整训处）。孙烈臣任总监，姜登选、韩麟春为副监，张学良为参谋长负整编之责。在整顿、改革东北军中，凡是部队的整编以及人员的部署和迁升等均由这个处主办。

张学良在"陆军整理处"负责部队整编、整训的过程中，十分重视培养新干部，重用新人。他找在讲武堂学习时那些成绩优良、才干出众的师生谈话，选拔他们担当重任。这样，东北军内便容纳了日本陆军士官学校、保定陆军学校、陆军大学和讲武堂等许多地方培养的人才，使东北军的素质大大增强。他原所辖的第三、第八两个旅改编为第二、第六旅，由于部队素质增强，成为奉军劲旅。从此，奉吉黑三省军队不再以省区分，而是统一改组为东北军。此外，还设立了沈阳兵工厂、迫击炮厂和航空处等，极力扩充军事实力。

张作霖开始称雄东北之时便着手筹办空军。

1920年7月，张作霖在东三省巡阅使公署内成立了航空处。翌年10月，张学良和张作相一行到日本参观秋季军事演习（简称秋操）。在秋操中，日本航空队装备精良，训练有素，使张学良大为赞佩。他下决心要在奉军内建立一支强大的空军。回国后，他向父亲说明自己的想法，立志建设强大的东北空军。1923年初，张作霖任命张学良为东北航空处总办。从此，张学良掌管了东北空军的建设发展大权。

这年3月，航空处又附设了航空学校，张学良亲自担任校长。为了建设发展空军，张学良从国内外聘请了十几名教官，从陆军中选拔了一百名学员，学习驾驶飞机技术。他为了培养航空干部人才，还选派了28名有才干的青年分两次赴法国航空学校受训。

1924年，张学良派人出国考察，先后从法国、德国、英国、意大利等国购进各类新式飞机一百二十余架。其中，英制"受佛楼"式、法国"高德隆"式和"布莱克"式等飞机数十架。张学良把这些飞机编成五个飞行队——飞鹏队、飞龙队、飞虎队、飞鹰队、飞豹队。这五支飞行队组成了东北空军，张学良任东北空军司令。他亲自下令任命各飞行队队长。

张学良在建设发展东北空军时，注意吸引人才，以优厚的待遇吸引北京南苑航空学校毕业生、飞行员和技术人员，还用高薪聘请英法籍教官。与此同时，他还加强管理，任姚锡九为总务处长，任邢契莘为飞机修理厂厂长，任杨传久为军械科科长，充实航空队的技术力量。

1924年夏，张学良批准的东北空军建设的5760平方米的飞机库竣工。同时，原有的修理工厂又扩大了面积，增加设备，提高了飞机维修及零部件制造能力，使航空工厂具备了一定规模。

1924年，张学良派人出国考察，先后从法国、德国、英国、意大利等国购进各类新式飞机一百二十余架，组成了东北空军，张学良任东北空军司令。

1925年秋，东北空军司令部正式成立。张学良任命冯庸为参谋长。此时，东北空军拥有130架飞机。其中，日、英、法制侦察机、轰炸机、驱逐机五十余架。

1926年，奉军进攻北京后，张学良把东北空军司令部改为航空司令部，亲自任司令。此后，他加快了空军的扩充速度，组建了水上飞机队。

1929年，张学良为了进一步提高现有飞行员的素质，采纳了留法回国的徐世英、陈洪露的建议：把飞鹏、飞龙、飞虎、飞鹰、飞豹五支航空队合并为一个教练大队，任命徐世英为空军大队队长。这年年底，张学良对东北空军进行了第二次改组以后，成立了东北边防军航空司令部。他继续兼任司令。张学良对改组后的空军，注重提高飞行员的技术，把航空大队改组为航空教导队，飞行员全部参加新式的航空教育。随后，张学良还成立了航空研究班。

张学良还在奉天北陵开辟新的飞机场，作为初级飞行训练基地，而东塔飞机场，则是空军的高级飞行训练基地。张学良把初级培养和高级深造相结合，运用在东北空军的教育训练中，极大地提高了空军飞行员的素质和实际操作能力。另外，他又不惜巨金，购置了空军先进的设备，使东北空军迅速崛起，成为当时中国的空军之最。

与民国元老章太炎的忘年交

> 惊闻太炎先生忽归道山，哲人其萎，倚梁栋以何从；经术方衰，抚简编而往！尚唯勉戢哀思，用襄大事。
>
> ——张学良

章太炎（1869—1936），原名章炳麟，字太炎。1895年参加政治维新运动，从事推翻腐朽的清王朝革命运动。他是著名的民主革命思想家、宣传家和国学大师。张学良与章太炎相差33岁。

第一次直奉战争使直系军阀曹锟和吴佩孚掌握了北京政权。曹锟为了对抗孙中山的"护法运动"和抑制吴佩孚势力的壮大，抬出了黎元洪，以"恢复法统"，挟黎自重。面对曹锟的威胁，章太炎深为孙中山的广州护法军政府担忧，于1923年4月15日致函张学良，时值孙中山与西南各省领袖联合通电后的第二天。

张学良与章太炎的忘年交往，是从章太炎任"东三省筹边使"开始的。章太炎作为民国后第一任东三省最高长官，任职不久，被袁世凯暗杀宋教仁的枪声惊醒，辞官与袁世凯决裂。虽任职仅三个月，却同张作霖、张学良父子结下了不解之缘。第一次直奉战争以奉军惨败告终，张学良秘密联络皖系段祺瑞、卢永祥及广州护法军孙中山先生，又暗中策动直系冯玉祥反戈，结成了"反直三角同盟"。而章太炎则促进西南各省联合在孙中山先生军政府旗帜之下，对抗曹锟的威胁。经其全力周旋，西南各省领袖唐继尧、刘成勋、熊克武、赵恒惕、谭延闿、刘显世等相继同意与孙中山合作，公推章太炎草拟联合通电，宣布"西南各省，决以推诚相见，共议图存，弃前事之小嫌，开新元之结合"，共同对抗曹锟和吴佩孚。所以，张学良与章太炎的忘年交往既有政治上的默契，又有感情上的融洽。

1923年4月16日，章太炎在致函张学良的信首写道：

汉卿世兄执事：

前由成君济安赍致尊容，不意衰颓伏枥之躯，得君小骥引为同志也。

此时，章太炎55岁，张学良仅22岁。章太炎为什么称张学良为同志？原来此前，张学良为表示崇敬之意，于1923年初，亲派成济安，把自己的照片送给章太炎。章太炎对张学良千里迢迢送照片的礼节和诚意很感动，便在信首这样称呼张学良。

章太炎为了表达自己对孙中山事业

的匡助，表明自己对张学良"反直三角同盟"的支持，在信里写道：

> 西南、东北，休戚是同。中山先生与各省领，现已结合巩固，待关东出师以后，亦能急起直追，相为犄角。唯湖南一省，自十年战败以后，子弹缺乏，前卢子嘉（卢永祥）允与接济，犹恐浙江一省力不足供。贵省如能量与补助，湘军岂肯端坐待毙？好在海军独立，运输之事，较前为便。以上望致尊公力为扶助，是则老病夫所馨香顶礼以求之者也。

1923年，曹锟用贿赂手段当上了大总统，孙中山立即发出《讨曹令》。11月27日，川军总司令刘成勋派杨芳毓到上海，面见章太炎，陈述讨曹战事，呼吁给予援助。于是章太炎决定再次给张学良写信。

11月30日，章太炎在致张学良的信中说，"半岁以来，天地否塞。直系僭窃，已阅旬余。东南兵弱，殆无进取之望。贵省待时而动，亦审时察势者所应有，所幸川、滇合作，已下重庆，夔、万亦指日可破"，"贵军尔时与之犄角，或不以孤军挺进为忧耳"。章太炎还是力图巩固"反直三角同盟"，同时努力为西南国民党争取援助，对张学良写道："民军纪律或不如正式军队，然倡勇敢死，不惮牺牲，则有胜于正军者，值此群情观望之时，此种奋身直前之民军，断不可少。唯饷糈多取之地方，不可长久，军行在即，执事能代启尊公，量与补助，裨益实多。"由于章太炎扶助张学良建立"反直三角同盟"，以及冯玉祥反戈，曹锟在第二次直奉战争中被赶走，使孙中山得以北上共商国是。

1936年6月4日，章太炎接到蒋介石来函。蒋向章请教抗日之策。章太炎在病中即复函蒋介石说：共产党"对于日军，必不肯俯首驯服"，建议将察哈尔一省"付之共党"，要是共产党"能受我委托则上也；不能，亦姑以民视之"。这样可集中力量保卫南京，又可以发挥共产党的抗日作用。然而，谁也没有想到：章太炎这封敢与蒋介石直率而言的信，竟成为他的绝笔。

十天后，即6月14日，张学良得悉章太炎在苏州病逝之噩耗，于15日，请齐岳英、龚振鹏转致章太炎家属唁电：

惊闻太炎先生忽归道山，哲人其萎，倚梁栋以何从？经术方衰，抚简编
而往！尚惟勉戢哀思，用襄大事。

特电致唁，并颂礼安。

张学良

不久，张学良又亲自直接致唁电一份：

章夫人及哲嗣礼鉴：

惊闻章太炎先生逝世，天丧斯人，朴学谁续，瞻言国故，悼悲极深，继
志为先，尚希抑节，特唁。

张学良

不日，张学良作两幅挽联，挽章太炎：

一曰：

哲人其萎，倚梁栋以何从；

经术既衰，抚简编而空往。

二曰：

天丧斯人，朴学难续；

瞻言国故，悼悲极深。

张学良以个人名义两次唁电、两幅挽联与章太炎，实属罕见。此举不难看

出张学良对章太炎的深厚感情。他俩谱写出的忘年交情谊，在中国近代史上留下一段动人心扉的佳话。

与孙中山合作倒直

> 总理曾先后派李石曾、汪兆铭、伍朝枢为代表莅沈，我皆被派为招待，得与往还。尤以李石曾先生，因彭济群、胡若愚的关系，更为亲近。因此种种机缘，使我早岁已同国民党神往矣。父亲曾以经济力量协助总理回粤。
>
> ——张学良

张作霖自从第一次直奉战争失败后，"日以复仇为念"。他一方面设立"东北陆军整理处"，整军经武；另一方面在军事上积极经营，狠抓战备工作，并在政治上广结外援。

1921年4月，非常国会在广州召开，选举孙中山为大总统。为了进行北伐统一中国，他的革命策略是乘直皖两系的利害冲突，分化北方军阀，联合皖系首领段祺瑞，与东北实力派张作霖进行合作，打倒曹锟、吴佩孚。这就是史称的"三角联盟"。

1922年1月，在奉军支持下，叶恭绰出任北京政府交通总长。翌年年初，孙中山在广州重建大元帅府，叶恭绰应邀就任财政部部长。

1922年秋，张作霖派韩春麟到广州拜见孙中山。张学良托韩春麟将写好的信捎给孙中山，表明自己观点。9月22日，孙中山寄希望于张学良，亲笔给他回信：

汉卿仁兄惠鉴：

项诵手书，借悉一切。所论奉省暂时持冷静态度，以俟时机，实为特识。文顷致书尊公，述此后军事进行，宜由西南发难，据险与敌相持，使彼欲进不得，欲退不可。然后尊公以大兵直捣北京，略定津保，以覆其巢穴，绝其归路，敌必可灭，正与高明之见不谋而合。望力持定见，他日运筹决胜，可为预期也。韩芳辰君来，连日讨论，悉东三省整军经武，养锐待发，曷胜忻慰。兹特请汪精卫先来谒，一切代述。希赐接洽为荷。

专复　　敬颂　　台绥

孙　文

九月二十二日

孙中山为了进行北伐统一中国，乘直皖两系的利害冲突，分化北方军阀，联合皖系首领段祺瑞，与东北实力派张作霖进行合作，打倒曹锟、吴佩孚。这就是史称的"三角联盟"。

1923年秋，孙中山派汪精卫到奉天。张学良和父亲张作霖及杨宇霆、韩麟春、姜登选等人接待了他。汪精卫同张氏父子商议讨伐曹锟、吴佩孚大计。汪精卫提出军事方案，由南方革命政府下令出兵讨伐曹、吴，东北军进军关内直捣北京。张学良与父亲完全同意"南北夹击"的这个方案。与此同时，为从直系内部打开缺口，在冯玉祥与李德全女士结婚时，张学良派人前往致贺，并表示愿与其合作。经过反复磋商，冯玉祥用一张毛头纸写了一个很大的"成"字，并在下款署名"玉祥"。这样，张学良与冯玉祥联合倒直系军的盟约就确定下来了。他们俩还约定："两军相遇，均应向天鸣枪，互不相击。"

这年年底，叶恭绰持孙中山亲笔信到沈阳联络奉系，就"国奉合作"与张学良父子会晤。此时，张学良因公务外出，故叶恭绰未与张学良谋面。

1924年1月8日，张学良给回广州的叶恭绰回信说：

> 手书敬悉。中山先生为当代人豪，世所共仰，家君钦服之余，辄有景行行止之叹，权利已早拟退让矣，宁能言此，而相争耶！合作精神，愿各推诚作去，则大局幸甚。此次莅沈来沈，以公出未遇为歉。诸希原照，不备。
>
> 此颂近祉
>
> 毅庵　八日

张学良的回信，表达了他对孙中山的崇敬之情，称孙中山为"当代人豪，世所共仰"。他在信中披露了父亲张作霖拟"退让权利"，服从孙中山，以实现国奉合作。

1924年初夏，孙中山派伍朝枢来东北与张学良父子联系有关讨伐曹锟、吴佩孚的具体步骤，考察奉军的军事实力。不久，张学良派人到广州拜会孙中山，并带去一封他的亲笔信。

当蒋介石要求张学良写回忆录时，张在《杂忆随感漫录》中，对与孙中山合作写道：

> 奉军退出关外，我父亲被举为东三省保安总司令，同北京政府脱离关系。整军经武，创设航空处，兴建兵工厂，改善军事教育，训练青年干部，派遣东西洋留学生。
>
> 迨至曹锟贿选，同总理中山先生及皖系之浙江督军卢子嘉（即军阀卢永祥）结为三角同盟，反对曹之贿选政府。
>
> 总理曾先后派李石曾、汪兆铭、伍朝枢为代表莅沈，我皆被派为招待，得与往还。尤以李石曾先生，因彭济群、胡若愚的关系，更为亲近。因此种种机缘，使我早岁已同国民党神往矣。父亲曾以经济力量协助总理回粤。
>
> 迨至江苏之齐燮元突向江浙进兵，卢子嘉向总理及我父亲呼吁求援。彼

时东北之整军计划，尚未完成。我父亲召开会议，我们都说："军备整理尚未如计划的完成。"我父亲力主即刻行动，向关内进攻。他的理由是：一则应援江浙配合广东，不失盟言；二则如待直派在全国得手，而东北孤立，虽军备完成，亦无用武之地。如他日之败，则不如今日之冒险，败则全信义，力言我已坚定决心，成败不计，汝等为我计划准备行动可也。我等再三请问说："你老既下决心，我等即当遵命计划矣？！"

我父亲答曰："然！军贵神速，一切越快越妙。"我等彼此面面相觑，怆然退下。因为皆知实无可胜利之把握。当时之东北军全力动员只能七万人，而曹吴对东北用兵，我等预计他可以调动20万人以上。到后来确切证实，直军到战场上的兵力，共计21万余人，正是我军之三倍。而我方还是要

大總統賜覽

張學良謹呈

采取攻势。我们虽无胜利把握，但大家是一条心，愿以死赴之。古人云："两军作战，哀者胜也！"当吴佩孚到北京寓所于四照堂，"举趾高"之气概，可相对照。当我们出发时，到我父亲前齐集请训后，都含泪而别。因为不知此一去是否再能相见。但皆同下决心，誓死一战。

当时，张学良在东北军陆军整理处刊行的军事杂志上发表了《革命》一文。他所说的"革命"，虽然只是为了推翻曹锟，但这思想在当时还是令人赞赏的。

张学良送给孙中山的签名照

在第二次奉直战争中

第二次奉直战起，我被任为第三方面军的军团长，担任进攻山海关之任务。姜登选被任为第四方面军的军团长，为指挥方便，合组第三、第四方面联合军团。苦战月余，最后大获全胜。

——张学良

这年9月3日，皖系的浙江督军卢永祥与直系的江苏督军齐燮元发生争夺上海地盘的"江浙之战"。翌日，张作霖致电曹锟：

弟尝进言讨浙之不可，足下亦有力主和平之回答；然墨迹未干，战令已发，同时又进兵奉天，扣留山海关列车，杜绝交通，是果何意者？……弟本拟再行遣使前来，徒以列车之交通已断，不克入京。因此将由飞机以问足下之起居，枕戈以待最后之回答……

随后，张作霖集中几十万军队，海陆空齐出动，由山海关到古北口，在几百里长的战线上部署军队。9月15日，张作霖自任镇威军总司令，出兵讨直。曹锟则命吴佩孚为讨逆军总司令，分三路出兵。于是，9月17日，第二次直奉战争爆发了。

这时，张学良被任命为奉军第三军军长，郭松龄任副军长。他们率军与第一军合组成联军，于山海关、九门口一线和直系军激战。此时张学良与冯玉祥联系反直，并答应给冯军军费支援，这正中冯玉祥下怀。原来，冯玉祥在孙中山思想影响下，与直系的两名步兵将领胡景翼、孙岳密约，在战争中推翻直系的北京政府。于是，冯玉祥欣然同意张学良的要求——倒戈反直，命军队从前

61

线开往北京。

1924年10月，在向吴佩孚发动进攻前，张学良同姜登选、韩麟春、郭松龄三位军长在石门寨会谈，商议组织军队出击秦皇岛吴佩孚总部，截断敌军归路，一举歼灭吴军的军事部署。

首先张学良说明前方情况和段祺瑞电告冯玉祥倒戈之事。三位军长决定由郭松龄副军长担任出击秦皇岛的任务。

郭松龄听了很高兴，但韩麟春军长却多说了一句："这样使你也好露脸，大家也可以立功。"没想到这句话使郭松龄脸色大变，愤然地说："我从来不沾人家的光，我还是从山海关正面打过去！"他说完怒气冲冲出门，率部撤退。

郭松龄的举动使大家很难堪。他们面面相觑，好长时间不知说什么好，最后还是张学良说："我把郭松龄找回来。"当天晚上，张学良策马加鞭追赶郭松龄，一路上看到郭的部队，就命令他们原地待命。张学良在一个小店里找到了郭松龄。郭松龄见张学良出现在眼前大为吃惊。

张学良看了看郭的部下，说："走，咱们到后面谈去。"于是，他们到店后院，坐在一条凳子上谈起来。

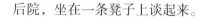

张学良说："茂宸，你这是做什么？我视你为我的老师、兄长、朋友，我最尊重你；但你别忘了，现在我是你长官，你要听我命令，否则，你拿枪把我给打死吧。"张说到这儿，拍拍自己的腰间，打开衣襟，表示无枪，又说："不然你听我命令，给我回去！"

郭松龄被张学良的肺腑之言感动得流泪，说："我的一切都是你所赐，但我实在做不下去，但求一死。"

第二次直奉战争时期的张学良

"要死，还不容易？"张学良截话道，"你到前面去拼死，死得其所，死得漂亮！"

经过张学良的劝说，郭松龄同意率部回九门口，按原定计划行动。10月中旬，张学良所辖奉军突入九门口，向秦皇岛的吴佩孚总部进攻。吴佩孚电令各军急赴前线增援。冯玉祥接到电报，料定吴佩孚败局已定。10月21日，冯玉祥命令在古北口前线部队倒戈，于是，部队后路为前路，以昼夜二百里左右速度急行军回到北京，把贿选总统曹锟监视起来，成功地发动了"北京政变"，赶逊清小皇帝宣统出故宫。

这时，奉军借冯玉祥倒戈之势，迫使直系军全线溃退。吴佩孚走投无路，带着残兵败将登上"华甲运输舰"，从海上向南逃窜。这样，第二次直奉战争以直系军失败宣告结束。

有关第二次直奉战争，张学良在《杂忆随感漫录》中写道：

> 第二次奉直战起，我被任为第三方面军的军团长，担任进攻山海关之任务。姜登选被任为第四方面军的军团长，为指挥方便，合组第三、第四方面联合军团。苦战月余，最后大获全胜。前后击溃敌军共计约八个混成旅（计直军第十三军、第十四军、第二十三军、第二十四军、第二十五军、第二十六军，陕军第一等师；直军第十三军、第十四军、第十五军，陕军第二、豫军第一混成旅），夺获步枪四万余支，炮一百余门，俘虏三万余人。彼时我的联合军团兵力约三万五千余人，敌之总兵力比我军高于两倍以上。
>
> 概举此役胜利有关敌我之原因：吴佩孚实非大将之才，徒任妄大言，而不深明战略战术，又不能善用人才。山海关直军之败，实非败于兵力，直军数量不但倍于我，其士兵战斗力亦甚坚强。由于交通运输繁乱，直军虽有京奉铁路及海运之便，但运用不灵，没有指挥系统，运输军队的车辆拥挤堵塞，给养补充缺乏，援军不能按预定到达，致军队逐次使用，被我军各个击破。彼总兵力虽厚于我，但每一度的会战，我皆为优势。吴佩孚只知严令山

海关的直军，死守待援，而增援的军队，不能按时到达，亦不知集结使用，每次的援军，逐次加入战场，皆被我军各个击破。迨至我军攻入九门口向秦皇岛迂回包围之时，我山海关正面甚为薄弱，彼不知利用时机，出击反攻，亦不知而后集结，仍死守阵地，坐以待毙。我军达至南戴河秦皇岛之线，将直军迫至海滨狭窄地区而歼灭之。所谓历史上的北洋练军之精华，被吴子玉将军此一役断送丧尽矣。

在北京大学演讲

今与诸君相聚，不觉有所畏惧，此良一无学识，二无经验，三无功劳，以良此三才与诸君较，仅足供诸君奔走之役，何敢与诸君同座。

中国唯一希望在青年，青年之根本，在教育。

——张学良

1924年11月14日，张作霖率部进入北京。翌日，张作霖与冯玉祥、卢永祥等联合，控制了北京，推举段祺瑞为"中华民国临时总执政"，执掌北京政权。此前，冯玉祥曾电请孙中山北上，拥孙中山主政。孙中山应冯玉祥电请于11月4日启程北上，发表《北上宣言》，主张废除不平等条约和召开国民会议。而段祺瑞和张作霖则提出"外崇国信"和召开"善后会议"，以此主张与孙中山的主张对抗。尔后，张作霖把军队分派到指定战略要地驻防。

12月1日，张学良在北京大学讲话时，宣称：

今日幸得与诸君共聚一堂。良素无所畏，即吴佩孚之大敌当前，良亦不觉有何可畏，此为诸君亦深知。但今与诸君相聚，不觉有所畏惧，此良一无学识，二无经验，三无功劳，以良此三才与诸君较，仅足供诸君奔走之役，何敢与诸君同座。良不过一军人，自己但知军事，他无所学。良绝不愿为军阀。军人所以成阀，因不仅问分内事，且干预分外诸政。良意但做苦事，不争权利，以免为大军阀。望诸君对良多教训，良不愿受他人之推戴，诸君皆学者，良虽欲有言，实不敢以贡献于诸君。良知教育界年来甚苦，自己当尽力为诸君财政之友。转为段执政、总司令等言之。此本个人良心之主张，非为求名，亦非为诸君欢迎故。良私意以为军人与教育界皆当各问自己分内事，各尽其职，勿问政事，国事或可有望。吴佩孚为一好军人，唯以干政故，致失败。中国唯一希望在青年，青年之根本，在教育。不出风头，各尽其职，良所愿与诸君共勉者，青年求学时代，最好不必干涉政治。此良之愚见。此言或诸君不爱听者。此皆良本诸良心之言，诸君爱听与否，所不敢计。

后来他接任国民大学校长，在对学生、教师讲话时说："中国地大物博，人民众多，本应为世界强国，而我们自己不振，困难重重，我辈青年均须负起救国爱国的责任，而我个人责任尤重。"

孙中山绝笔——天下为公

总理曾于民国十二年，亲笔书一横幅，题"汉卿世兄"的上款赐给我，并有给我的函件，我皆珍藏。

总理之对于我父亲，我父亲之对于总理，互相尊重。凡涉东北问题，对内对外，总理皆以我父亲的意见为依归。对于国家问题，我父亲认为应当征询总理意见。

我心里想，假如总理不死，我父亲能同协作，中华民国史须另辟一页，亦未可知？

——张学良

1924年12月4日，孙中山先生抵达天津。此行，孙中山在宋庆龄等人陪同下，抱病北上。他是在日本作短暂休息后，乘海轮到天津的。此时，张学良同父亲正驻守天津，听说孙中山抵达，立即率领各界人士前往港口迎接孙中山一行。

孙中山为了感谢张氏父子，决定前往张宅会晤。随员怕张作霖设鸿门宴，让汪精卫、邵元冲、孙科及李烈钧四人陪同孙中山前往。

张作霖听说孙中山等人来张府做客，立即上前迎接，让孙总理于上座。孙中山起身对张作霖说："昨天抵埠，承派军警迎接，盛意可感，特来申谢。"他又说："此次直奉之战，赖贵军之力，击破吴佩孚，实可为奉军贺。"

张作霖说："孙公过奖了，自家人打自家人，何足为贺！"

李烈钧听了张作霖的话，便站起身来，先向孙中山和张作霖点头施礼，然后说："事虽如此，若不将国家之障碍，如吴子玉诸人者铲除，则欲求国家之进步与人民之幸福，终属无望。总理孙公之贺，实有价值，亦唯公能当之也。"

张作霖听了这话后，"哈哈"大笑起来。这时，孙中山慢慢说道："协和之言是也，自民国成立以来得我之贺词者，亦唯雨亭（即张作霖）兄一人耳。"

大家听了这话，不禁欢悦起来。张作霖高兴得举杯请茶，孙中山与他互相握手。

会谈中，孙中山详谈召开国民会议，订立建国大纲，废除不平等条约等谋求国家统一之道。张作霖对孙中山的主张只是淡淡地说："孙先生这许多主张，请与'合肥'（段祺瑞）商量吧，只要他同意，作霖当然服从。"对此，孙中山只好说："那就请雨亭日后进京再商量吧。"会谈后，张作霖举行了盛大宴会，为孙中山一行人接风洗尘。

孙中山与张作霖会晤之后，张学良出于对孙中山先生的敬仰之情，请孙先生挥毫留言。孙中山为赞扬在军阀混战中首先倡弭兵、鼓吹息内争、御外侮的青年将领张学良，欣然挥毫书写了"天下为公"四个大字的条幅。张学良向孙中山表达了自己热切希望先生此行对中国统一问题有所贡献。

张学良对孙中山之墨宝及往复信函视为珍宝，他在晚年自述中写道：

> 惜我珍藏之具有现代史的宝贵文献一批，包括总理赐给我的文字，和同我父亲往还的信札。还有徐东海、段芝泉、梁任公等要人同我父亲往还的亲笔文件。统于九一八事变，在沈阳失落。不管现在到了任何人之手，我谨祝此批文物，尚在人间。

孙中山赠给张学良的墨宝

当孙中山告辞时，张学良把准备好的戎装全身照片赠送给孙中山留念。孙中山接过照片端详，只见青年张学良，头戴大檐帽，身穿军装马裤，腰束武装带，脚穿高至膝盖乌亮皮马靴；照片上款张学良亲笔写着"大总统赐览"，下款为"张学良谨呈"，下面盖有张学良的朱红印章两枚。

孙中山看后，面带微笑，称赞张学良说："年轻英俊，必有作为！"

孙中山将张学良照片递给宋庆龄，叮嘱身旁夫人，一定要珍藏好这张照片。宋庆龄遵照孙中山先生的话，毕生珍藏好这张照片。后来，在宋庆龄去世后，在整理其遗物时，发现了这张照片，这是孙中山和宋庆龄所有遗物中唯一的有张学良赠言的照片。

1924年12月31日，孙中山病情加重，扶病入京，受到北京十万余众热烈欢迎。随后，他被送进北京协和医院住院治疗。

有关张氏父子与孙中山先生的交往，张学良在给蒋介石的《杂忆随感漫录》中写道：

迨至曹、吴战败，我父亲同冯焕章联名欢迎总理北上，共商国是。我父亲同总理在天津初次会面，相见甚欢。先是我父亲到张园拜访总理，二人密谈甚久，而后总理到曹家花园答拜我父亲，二人又密谈时间甚长。……不幸，总理就是在拜访我父亲那次，感受风寒，致一病不起。总理之对于我父亲，我父亲之对于总理，互相尊重。凡涉东北问题，对内对外，总理皆以我父亲的意见为依归。对于国家问题，我父亲认为应当征询总理意见。所以战事方束，立即敦请总理北上，相见之下，尤为欢洽。言念及此，我心里想，假如总理不死，我父亲能同协作，中华民国史须另辟一页，亦未可知？因而止笔三叹焉！

总理曾于民国十二年，亲笔书一横幅，题"汉卿世兄"的上款赐给我，并有给我的函件，我皆珍藏。我于民国十三年冬，由孔庸之引领，曾进谒总理于天津张园，彼时，总理卧病在床，进谒之时，总理嘱我坐于床侧，对我的训诲的大旨："中国今后的前途，是在你辈们的青年的肩上。尤其是你们东北的青年，责任更重大，贪残的强邻，虎视眈眈，目下的日本，侵略的野心，有朝不误夕之势。你是个有为的青年，我对你们存有厚望，愿你勉之。"

总理说话之时，气力微弱，仍令我多坐一时，我请总理休息，待痊愈之后，当再为瞻奉。同时拜见了孙夫人，遂即辞去。殊不知，此一见后，与斯伟人则为永别矣；我书至此，止笔三叹！自然，像总理这样的伟大人物，其生也有自来，其去也关气运，非人力所可强者也。总理乾元行健，富有日新，扩充无己。何天不假年，召去过早，使世人丧此导师，此诚人间最大的损失和不幸也！

率军赴沪，初识宋美龄小姐

五卅惨案发生后，我曾奉命率军至上海维持治安，纪律修整，为当时中外人士所共许。

当年我认识她（宋美龄）的时候，我们是在上海，有人请客，那时候我也不知道她是谁。有人介绍说，她是孙中山先生的小姨子。后来，蒋先生在请我们吃饭喝茶时，我见到了蒋夫人。她说："汉卿，你好！"蒋先生很奇怪："你怎么认识他？"她说："我认识他比认识你（蒋介石）还早。"

——张学良

1925年5月30日，五卅惨案发生。上海学生市民万余人举行反帝示威游行，被巡警逮捕百余人。示威群众拥到老闸区捕房，要求释放被捕群众。然而，英籍捕头爱活生竟下令开枪，当场枪杀一名示威者，致八人受重伤、十余人受轻伤。全国学生总会即通电全国，报告惨案经过，呼吁国人援助。于是，全国各地群众纷纷罢工罢课声援。

6月4日，张学良读报得知上海五卅惨案后，即发表《致上海五卅爱国学生电》。6月9日，天津《大公报》全文刊发电文：

上海西藏路二马路角平乐里日报

第二次直奉战争胜利后的张学良

公会转全国学生会鉴：

报载上海学生因援助失业工人，为英租界巡捕开枪轰击，死伤多名。展诵之余，曷胜悲悼。痛我莘莘学子，竟被摧残，莽莽神州，天道何在？积弱之国，现象如斯，凡我国人，宜知奋勉。以廉俸所入，捐助二千元。即日由中国银行汇上，慰藉死伤。宵烛寒光，力难远及，聊以尽心而已。临颖雪涕，不尽欲言。

张学良 豪印

6月13日，风流倜傥的陆军中将张学良奉北京政府之命，偕卢小嘉率卫队千余人沿津浦路南下，到达江南重镇上海，驻军上海华洋交界闸北本部处，执行保护华人和视察沪宁线驻军任务。

翌日，张学良接见了华侨学生会等各界代表。他说："我此次来沪，一则因沪军官冲突案；二则因西捕惨杀案。我亦属国民一分子，很愿以个人的资格，据理力争。对于带兵来沪一事，因在天津听说沪案发生后，外国纷纷征调海军陆战队登岸保护治安。我认为，在我国领土上，我不得不带兵来沪，保卫华人生命财产安全。"

张学良欣然接受了《大公报》记者访问。他说：

今日自晨起之后，见客未息，舌敝唇焦。适有数团体代表以最后手段做外交后盾为请。学良曾语之云：爱国之心，余自问与各界无异，但处此时局艰难之际，眼光当放远，步骤当严整，国人向痛诟军阀黩武，学良亦军阀一，且自承认为坏军阀，然私意实酷爱和平。去岁奉直之战，实不得已，到今念及，尸横遍野犹有余痛。此时并非怯于对外，实际上实不得不慎重考虑。学良军人，苟利于国，万死不辞。今交涉正在进行，如何解决，虽未可料，但是非曲直，已为各友邦所明了。主张公道表同情于我国者，不乏其人，不患不能正当交涉，以伸公理于天下。国民当谨守秩序，忍一时之愤，静候政府交涉。学良来沪，以维护治安保卫国民为唯一责任。对于交涉绝对不能干预，然私心窃愿交涉之能得公平解决，恢复国际友谊，维护世界和平。要知国际战争其祸甚烈。譬如欧战，法虽获胜，而国家元气今犹未复。明乎此，则世界上无论何人，为视战争唯有害无益之举。学良年幼，且寡学识，窃敢一言以勉国人，并以自勉，其言唯何，即牢记国耻，发愤图强，人人从修养人格入手，工商学界各以发展其业为职志，则二十年后，所谓十年生聚，十年教训，谁敢再以侮辱临我。譬如现在我国已如日本之地位，英国讵得以此次之行为施诸于我哉？学良曾忆十余岁时，闻天津南开校长张君演说《中国前途之希望》，谓人人当有此责任云。余深服其说，迄今不忘，愿与国人共勉之。

记者问：张将军曾与英国领事晤谈，其态度如何？

张学良答：曾见面。英领个人甚悼惜五卅以来惨死者。但其责任系外交官，为大英帝国主义所笼罩，其言不能令吾人满意，好在有此案无关系国之委员居间，其强硬终不能坚持耳。

记者问：张将军对于罢学、罢工、罢市之感想如何？

张学良答：余绝对不赞成国人自己牺牲过大。罢学，令学生荒弃求学光阴，对手方面，正希望我国人无知无识。罢市则华商日损三百万，对手则不及十分之一。倘能速即开市，以三百之一成，维持对手行厂之罢工华人，其效力如何伟大。罢工仅华商雇工，而对手雇用华工，则反无一致举动，实等于自杀。且我国正宜一致力起，抵御经济侵略。今此现象，实非国家之福。

记者问：贵部军队通过租界无碍否？

张学良答：英领曾言，余部如能负责入租界维持治安，外人甚为欢迎，但租界近甚安谧，实无派兵之必要。今日经遣一营驻防曹家渡，于万一时，可随时入租界。余此来所带军队，皆系学生，仅千余人。如需用军队，沿沪宁路驻者皆可借用。

记者问：帅节何日可北返？

张学良答：今日家父曾有电来令余速返津，以便随家父回奉，但蔡、曾诸公留余，俟交涉解决后离沪。

记者问：张将军之伟论可否尽载报端，以告瞩望少帅者。

张学良笑云：学良本性率直，言必由衷，不善敷衍，学良言行愿受国人督责。

当天晚上，张学良应邀出席了美国驻上海领事馆举行的宴会。他向来宾发表了即席演讲。他用炯炯目光扫视了众宾。突然，他的目光停在眼前一位气质出众的女子身上，她就是白天为他热烈鼓掌的似熟非熟的小姐，她有乌黑的秀发，姣美的面孔，身穿红色旗袍，全神贯注地在听他的讲演。此时，张学良还不知道这位小姐就是后来保护他一生的宋美龄。

这时，张学良大声说："我张汉卿是个军人，这次来沪以调停双方冲突及维护秩序为天职。我的军队在大上海尽力保护国人，如有人胆敢违犯军纪，我一定对其军法从事。"宋美龄对张学良的话又报以热烈的掌声。

在酒会上，张学良问身边的胡汉民："那位美貌的小姐是谁？"

胡汉民说："汉卿，她可是上海无人不晓的宋氏家族的三小姐宋美龄啊！"

"宋……美……龄……"

"对，她姐姐是孙中山夫人宋庆龄！"

"哎呀，她是孙先生的妻妹啊！怪不得眼熟，姐妹长得很像啊！"

张学良说到这儿，不由想起不久前，在天津他和孙中山夫妇的接触，没想到眼下在上海竟然见到了孙夫人的妹妹宋美龄。

张学良从座位上起身，往高脚杯里斟满红酒，请胡汉民陪同到宋美龄桌前祝酒："宋小姐，我在天津和中山先生相见，我内人和孙夫人成了好朋友，今天听汉民兄说，宋小姐是孙夫人的妹妹，汉卿真是三生有幸，不知宋小姐是否能与我干杯？"

"张将军言过了，还是将军拥兵上海，为国为民的言行令我钦佩，为今天能有幸见到将军干杯！"于是，两人将杯中红酒一饮而尽。

宋美龄的这句祝酒词，是她的心里话。在张学良率兵来上海前，她就在报纸上看到了张学良在天津发表的《致上海五卅爱国学生电》，从心里对张学良产生了良好的印象。她特别欣赏张学良的爱国爱民之心。

胡汉民看出张学良、宋美龄彼此皆心存好感，在旁介绍说："汉卿，宋小姐从小就在美国读书生活，她的学业良好，还获得了荣誉学位呢！"

张学良听后，端起酒杯又为宋美龄敬酒道："宋小姐，汉卿此次赴沪，能结识你，真是不虚此行啊！"

宋美龄对张学良如此倾心自己，深为激动，盛情难却，又陪他饮了一杯红酒。而后，他们两人如朋友般交谈起来。

晚宴散后，美国领事又在舞厅举办舞会，供与会来宾尽兴。张学良欣喜地邀请宋美龄跳舞。宋美龄欣然接受邀请。于是，他们共进舞厅，伴随美妙的音乐旋律翩翩起舞。他们那协调优雅的舞姿引起全场宾客的注目和赞叹。这使宋美龄颇为惊讶，她没想到一身戎装的少帅竟有如此娴熟的舞步。

这时的宋美龄，还不曾认识蒋介石，然而与张学良的邂逅，在她的心里留下了难忘的美好印迹。张学良、宋美龄谁也没有想到，正是这次邂逅，为他们此后的友谊播下了种子。

6月22日，张学良任命邢士廉旅长为淞沪戒严司令，命

五卅惨案发生后，张学良奉命率军至上海维持治安，初识宋美龄。

警察厅厅长常之英为副司令，并即日宣布："为保全地方安宁秩序起见，华界戒严。"

张学良在沪期间，与上海名门闺秀宋美龄的几次交往，深为宋美龄的出众气质、才华所倾倒。在接到家父张作霖命他速返的电令后，张学良请宋美龄当翻译，向上海各界作离沪讲话并答中外记者问。

在张学良回答外国记者提问时，宋美龄翻译得非常小心谨慎，生怕由于一不严谨会给张学良带来麻烦。有些记者向张学良提问时，使用了一些尖刻的字眼，令宋美龄都感到尴尬，然而张学良对外国记者的提问对答如流，面不改色。而经宋美龄的翻译，使外国记者对张学良的讲话有了深层的理解。记者不禁对年轻的张少帅和貌美才女宋美龄两人天衣无缝的配合，发出赞叹。

突然，一名英国记者却向张学良发出嘲弄的提问："张将军，你是否在说大话？据悉，你这次到上海，带的不是东北军，只是军校的学生，他们没打过仗，人数又不多，大约有两千多人，而英国在上海就有一万多人的海军陆战队，请问张将军怎么可能控制上海的局势呢？"

英国记者问话刚落，宋美龄就将英语译成汉语。张学良听罢，拍案道："是的，我带的是学生军！我要告诉这位记者，我张汉卿带学生军就足以对付英国军队了！为什么？因为东北军刚刚结束直奉大战，东北军20万大军都驻扎在津浦铁路一带，只要我一声令下，20万东北军就会在一天内到达上海。请问，20万东北军，还怕一万英军吗？！所以，我说，我带学生军来上海足矣！"

那个提问的英国记者，对张学良的回答，心服口服。这时，宋美龄把赞佩的目光投向她敬重的年轻将领张学良。她不由在心里赞叹："青年张学良，真是个了不起的将才啊！"

这天下午，宋美龄约请张学良前往她供职的上海儿童劳工委员会视察。这是张学良遵父命离沪返津前与宋美龄小姐的最后一次接触，留给他最深的印象是：她的容貌如花似玉，身体颀长，目光沁人心脾，气质优雅高贵，衣着雅致合体，举止杉杉有礼；她受到美国文明的熏陶，又出身名门，她的风采把张学良迷住了！对此，张学良在晚年时曾调侃说："当年若不是已有夫人于凤至，就要追求宋美龄了。"

宋庆龄回国赴国葬，途中赴沈谢汉卿

我有幸得以见过中山先生，先生给了我亲切的教诲，我一定遵照中山先生的教导，不计个人得失，而为建设我们的国家尽心竭力。

中山先生为救国救民而鞠躬尽瘁的伟大一生，我们是要永远崇敬的。

——张学良

1925年3月12日，孙中山因病情恶化而逝世。孙先生的遗体盛殓在楠木棺内，暂厝西山碧云寺，中外人士，多往瞻仰。

翌年，北伐战争开始，北洋军阀节节溃败，其中张宗昌部也被北伐军打垮。

1927年秋末，张宗昌滞留京门。一天，他带侍从数人突然闯入碧云寺安厝孙中山遗体的大殿，指着棺木恨恨地说道："中山！中山！昔日你一再讲革命！革命！如今革得老子的地盘也没有了，看我哪天不带着枪杆子来敲碎你这棺材，解我心头之恨！"

守卫碧云寺的孙中山生前的卫士谭惠全，见此情景，不知如何对付张宗昌。他忽然想到张宗昌曾投靠过张作霖，此时张学良正在北京驻军。谭惠全知道张学良对孙中山先生十分敬重且与孙科交情甚笃，就把张宗昌在碧云寺胡闹的事，火速报告给张学良。

张学良听到汇报后，气愤至极，让部下把张宗昌叫到跟前，当面怒斥道："如果你再到碧云寺去乱说乱动，我就命令那边的卫士对你不客气！"

此后，张宗昌再没敢到碧云寺胡闹。这样，一场可能损毁孙中山先生遗体

的恶行被张学良及时地制止了。对此,张学良在生前口述历史中说:

> 张宗昌逃到日本,后来钱花光了,他就回到北京。那么,我就劝他,我说你呀,好好在这儿待着。那时我也没太多钱,我一个月给他三万块钱,……我说你好好在这儿待着,总有一天用着你的,中国和日本总有一天会打的,打起来你最好的用武之地是到东北组织游击队,这是你最好的出路。

1929年3月,宋庆龄在德国访问时接到国民政府的电报:南京中山陵已建成,请她回国参加孙中山先生国葬仪式。于是,宋庆龄取消了赴美国计划,改道回国。她将决定到沈阳张学良帅府做客的打算通知了张学良。

5月17日中午,宋庆龄到达沈阳。一下火车,就受到了张学良夫人于凤至的热情欢迎。此时,张学良已在帅府门前恭候宋庆龄的到来。当于凤至陪宋庆龄下车后,张学良在门前举行隆重欢迎仪式。而后,宋庆龄被张学良让到帅府大青楼会客厅,受到热情款待。

1929年3月,宋庆龄回国参加孙中山先生国葬仪式,曾到沈阳张学良帅府做客。

在会客厅里,张学良与宋庆龄进行了亲切会谈。张学良向宋庆龄讲述了东北易帜、枪毙杨常的经过。张学良指着墙上挂着的孙中山写给他的墨宝"天下为公"说:"我有幸得以见过中山先生,先生给了我亲切的教诲,我一定遵照中山先生的教导,不计个人得失,而为建设我们的国家尽心竭力。"

当宋庆龄感谢张学良保护了中山先生的灵柩时,张学良站起来说:"那是我应该做的,夫人不该谢。"

他犹含余愤地说："张宗昌这号人胡作非为，中山先生为救国救民而鞠躬尽瘁的伟大一生，我们是要永远崇敬的。"

张学良与宋庆龄在十分融洽的气氛中进行会谈，他们对中国目前形势交换了意见。会谈后，于凤至把三个孩子闾瑛、闾珣、闾琪领进来，一一见了宋庆龄，屋里充满了欢乐的气氛。稍后，张学良夫妇在大青楼的宴会厅里，为宋庆龄举办了盛宴，参加宴席作陪的有张作霖的夫人。

当天晚上7时许，宋庆龄由帅府起程赴北平。张学良偕夫人于凤至送宋庆龄到奉天火车站，沿途派卫兵登车护送。张学良送走宋庆龄后，回帅府立即拍电给在北平的吴铁城，通报宋庆龄行程。

生平最苦恼的一仗

后来到了兴隆店，在巨流河布阵与郭军决战。好似冥中注定，巨流河一带地形我很熟，以前与郭松龄就在这里演习过，现在就让学生与老师比画一下，看谁行吧！这时候郭松龄已不用我军团长名义发电，郭部下一看我不在内，很多人不打了。不久郭败走，被捕，写了"汉卿老弟"……这是他第一次以弟呼我，以前都是尊称，说"吾但求速死"，很可惜，这封绝笔信我已遗失了。

——张学良

1925年3月23日，张作霖召开军事会议，取消了奉军混合旅的名义。张学良任东北三省国防军所编的十八个师的第四师师长。而后，他又被任命为奉军津榆驻军司令和第三军军团长。总司令部设在天津蔡花园。

这时，北洋各界的遗老政客都围着张作霖转，他便领衔通知国会议员及各省督军团，在北京召开善后会议，公推段祺瑞为临时执政，组织新内阁。这样奉系与皖系又联合起来，于5月逼迫冯玉祥的军队退出北京。于是，段祺瑞政府成立，张作霖便成了这个政府中有实权的人物。

这年，张学良仅24岁。他肩负奉军津榆驻军司令要职，人们由张作霖大帅想到其长子张学良，于是"少帅"这个美誉就逐渐被传扬于世。

同年8月，他奉命检阅秦皇岛的渤海舰队，同时收编渤海舰队为东北舰队的一部分，扩大了他的海军力量。

第二次直奉战争结束后，奉系军阀内部发生了明显的派系斗争。其中，张作霖支持的杨宇霆派和少帅张学良支持的奉军第一军军长郭松龄派之间的斗争最为激烈。

杨宇霆是奉军总参议，战后张作霖为他升官晋级。他飞扬跋扈，对郭松龄极为嫉视，经常在大帅面前进言，压制郭松龄。郭松龄无论是为奉军训练，还是为大帅东征西杀、扩充实力，特别是对直系军作战，功劳都是很大的。然而，张作霖对他有功而不赏。郭松龄最不满意的是，杨宇霆热衷于军阀混战，鼓动张作霖再次举兵进攻冯玉祥部的国民军。所以，他视杨宇霆为奉系奸雄，决心改变东北的现状。

在郭松龄与杨宇霆的尖锐斗争中，张学良支持、重用郭松龄，并将奉军精兵让他统帅。此时，郭松龄在全国反帝反奉运动的影响下，再不愿为奉系与军阀的混战卖命。

这年10月，他便开始积极筹划反奉。早在1924年11月12日，张学良持父帅手令让郭松龄进攻冯玉祥时，他就直言不讳地表示：绝不再参加军阀战争，绝不替大帅、杨宇霆卖命。郭松龄的这个想法和张学良一致。于是，张学良劝郭松龄回奉向大帅张作霖陈见。郭松龄坦率地和张学良说："上将军脑筋太旧，受群小包围，恐已无可挽回，我要推你继任东北首脑，改革三省局面。"年仅24岁的张学良听了，不禁骇然失色，因为他同情、信任郭松龄，却无违背父命之意，更不想大义灭亲。他对郭松龄的话既未反对，也没有声张。

不久，郭松龄到日本"观秋操"——参观日军的军事演习。这次秋操，日本约请中国的国民军和东北军前来参观。冯玉祥的国民军以韩复榘为首一行人和东北军以郭松龄为首一行人，同住东京一处。

这天，郭松龄找韩复榘说他遇到一件稀奇特别的事：日前，日本参谋本部有一位重要职员访问，问他这次来日本是否还兼有代表张作霖与日本签订密约的任务。对这个问题，郭松龄茫然不解。那位日本要员见此情景，便不敢再问，只好讪讪而去。此后，郭松龄一直把这件奇怪之事放在心上，百般探听，才知道最近奉方拟以承认二十一条为条件，商由日方供给奉军军火，进攻国民军。这个密约已经完全商洽成熟，最近奉方致电日方，说签字代表已动身，即日可到东京，正式立约云云。

这时恰巧郭松龄到东京参观秋操，日方误以为郭松龄就是奉方派来的签字代表，而泄露了这一天机。郭松龄了解到奉方派来的签字代表是于冲汉，对其与日本人搞的祸国殃民的阴谋非常愤慨，便把全部密约条文对韩复榘坦诚相告。他愤慨地说："国家危殆到今日这个地步，张作霖还不惜为个人权利出卖国家。他这种做法，我无论如何也不能苟同，我是国家的军人，不是某一个私人的走狗，他若真打国民军，我就打他！"

郭松龄回国后，以养病为名，住进了天津法国医院，秘密策划讨伐张作霖的事宜。此时，韩复榘正在包头，向冯玉祥报告了张作霖与日本人签订二十一条密约的阴谋，并说了郭松龄的反奉主张。冯玉祥听后说："这事情关系太大，不要轻率地乱做主张，最好请郭先生写个亲笔的什么东西，派两个亲信送来，两下从长商酌一下，方显得郑重其事。"韩复榘衔命来到天津法国医院，会见了郭松龄，转达了冯玉祥的意图。不久，郭松龄就派他

郭松龄1925年起兵反奉，张学良感到为郭松龄与父亲张作霖兵戎相见，竟到了你死我活的地步而苦恼。

的参谋长和弟弟郭大鸣到包头，会见了冯玉祥。他们带来了郭松龄拟具的亲笔条款，大意是：一、张作霖勾结日本，擅订祸国条约，以图进攻国民军，此事他誓死反对；二、张作霖进攻国民军时，他即进攻奉军，他的部队改用"国民军第四军"或"东北国民军"番号；三、他愿率部出兵，专门开发东北，决不与问关内之事；四、河北、热河，拟请划归李景林。在这个条文后面，郭松龄签上了他的名字。冯玉祥看后，向郭松龄的代表建议：除郭部改称"东北国民军"外，其余条款都予赞成。另外，冯玉祥写给郭松龄一句话："严军纪，爱百姓，就是真同志。"

1925年11月21日，郭松龄在医院里看到了弟弟郭大鸣和参谋长带回来的冯玉祥同意他计划的签字，认为自己再不需要住在医院里了，便立即出了院。他赶到滦州，在火车站一个停业已久的火柴公司楼上，召集了上校以上军官的百人紧急军事会议。

这时，会场四周戒备森严，十步一岗，五步一哨，荷枪实弹，如临大敌。会场上，郭松龄一身戎装，身披黑色呢大衣，偕夫人韩素秀，使气氛十分紧张。他用目光巡视了与会军官，说："自民十（1921）以来，兵连祸结，民生十分穷困，长此以往，国将不国。今又无故兴戎，吾辈军人实在苦于再战。在老将（张作霖）面前专与我们作对的是杨宇霆。此人骄纵专横、长君之恶；妒贤嫉能、排斥异己。权臣在内，大将焉能立功于外。我们打仗打到头发白了，仍然是个我们打出地盘，杨宇霆、姜登选当督办。现在他们被江苏、安徽的人民赶出来了，又叫我们为他们收复地盘。为他们卖命，我是不干的。我主意已定，此后绝不参加国内战争。东北土地辽阔，物产丰富，我们从事农业开垦，岂不远胜于阋墙的战争吗？"接着，郭松龄又讲了"外御日本侵略"、"讨伐张作霖"、"推举张学良统治东北"等主张。

会上，有几个高级将领对郭松龄的举动表示异议。郭松龄当即命人将他们逮捕，交李景林负责拘押。这时，有人报告：曾任皖督的姜登选专车经由滦州车站回奉。郭松龄立即命人将姜登选骗下火车，将其秘密处决掩埋。22日，郭松龄以东北国民军的名义向全国发出了反戈讨奉的通电。

当天晚上，张学良乘专车匆匆返奉，在经过山海关时，通知张廷枢团长迅速采取应变措施。随后，张学良专车开到连葫支线，开抵葫芦岛，登上"镇海"军舰，驶往秦皇岛。在军舰上，他看到郭松龄部一列列兵车在秦皇岛铁桥上向东开去。

这时，军舰炮长向他报告："我舰上主炮可以有效地射击铁桥上的兵车，请示是否可以开炮？"

张学良对炮长摇摇手说："不能开炮，他们都是我的部下。"

11月23日，郭松龄拥兵七万，在滦州誓师倒戈，反对张作霖。张学良在前线要求与郭通电话。郭松龄让其夫人韩素秀接。

韩素秀说："我们没有别的意思，只是拥护你接管东北。"

11月27日，郭松龄部队至昌黎。张学良托郭的日本医生守田转给郭松龄一封信。信中首先向郭松龄问候病情，然后写了几句悲痛之词句："倘吾沦为天涯孤客，必无后会之期。"信的末尾"向夫人致意"。郭松龄看完信，满面悲情，静坐无言，眼中含泪，瞑目良久。守田见此情景，乘机上前劝郭不可起事。郭松龄反驳一两句后，终于默默无语了。

翌日早晨，郭松龄对守田说："此次举兵是经过深思熟虑的，现在再不能中止。我已经42岁，这样的病躯，也许活不了多久了。如果张上将军（张作霖）痛改前非而下野的话，请学良到日本去留学三四年，自己的经纶抱负实现一部分之后，就将位置让给张学良君，自己愿意下野，静度闲云野鹤的余生。这不是假的是真的。为此，请吉田总领事、白川司令官等做保证人。"

同日，郭松龄在滦州《晨报》上发表了《致张学良信》：

汉卿军长钧鉴：

松龄自受知遇，以至今日，一身所有，皆公之赐。故夙夜策励，欲有所建立，以报大德，况老而无嗣，独夫终身，功名事业，悉无所用。凡所希之功名，皆为公而求。万万望之事业，皆为公而立。自矢此身早为公有，区区之心天日可鉴。

……然龄仍为公事业计，为东三省幸福计，以为此时尚不能即死，现在已知不能回奉，故拼将此身，仍以效忠于公为职志。已约束部下，分途前进，以清君侧，而驱群小，另造三省之新局面。成则公之事业，败则龄之末局。如蒙鉴谅，即请暂移租界，稍待数日。如以为不可，即请指示以善后办法。披诚旨陈，不尽欲言。

郭松龄 叩

张学良回到奉天，一进帅府就遭到父亲张作霖的责骂。张作霖在盛怒之下，竟发出处死张学良的命令。这时，张作霖的部将老友再三恳求老帅饶恕张学良，让他戴罪立功，才使张学良免于一死。

郭松龄倒戈后，张作霖以为若使杨宇霆出走，同时令张学良进行安抚，或许使郭松龄回心转意而能顺利解决问题。张学良即派员安抚郭军，发现郭松龄态度坚决，绝无回旋余地，张作霖遂于当日发布讨伐令，实行军事解决，并悬赏八万元捉拿郭松龄、一万元捉拿其主要干将。

绿林出身的张作霖处理事情一向都是用绿林方式。他看着儿子张学良，在心里谋划着说："郭鬼子"（松龄）不是拥护"小六子"吗？我就叫"小六子"带兵打你，看你们谁是真正的好汉！此时，幸免于死的张学良只好接受父命，于1925年11月26日乘"镇海舰"前往秦皇岛劝郭松龄息兵。

张学良派飞机投传单，斥责郭松龄策动官兵倒戈，要求与其面谈。然而，郭松龄却拒绝与张学良会面，以长信述说倒戈原因。他在写给张学良的信中说："松龄此次举动，纯为消除乱源，拥我公为首领，改良东北政治，不事内争，休养人民。所发命令，均署我公之名，使部下不忘我公也。乃前日接天津电话，上将军（张作霖）派我公前来查办，已抵秦皇岛，并谓松龄将有严重之处置。是我公对松龄最后之通告，故敢尽慎披陈，唯我公详查焉。松龄自受知遇七八年矣。公待松龄以恩遇，龄报公以忠诚，患难之交，讵忍相违。唯龄主张班师，诚出于不得已，而公所责龄，似犹未能谅解……"郭松龄在信中，还以恳切的心情，劝张学良切不可"愚忠愚孝"，盲从"老子"，指出："若徒以服从为孝而长其骄盈侈大之心，是陷亲于不义，委亲于自危。"他在信的结尾殷切期望张学良"为新世界之伟人"，恶"旧时代之枭雄"，愿张学良"为平民所讴歌"，不为"政客所崇拜"。最后，郭松龄表示："暂时相违，终当相聚"，待举事成功，仍拥张学良"主持一切"。

张学良看罢信，对郭松龄的披肝沥胆、赤诚忠心很是感慨。他理解郭松龄起兵之因，但也恨郭松龄陷自己于今日不忠不孝的尴尬境地。于是，张学良乃复信郭松龄："承兄厚意，拥良上台，阶谊足感。唯良对于朋友主义，尚不能背，安肯见利忘义，背叛父亲……"最后，他劝郭松龄，只要偃旗息鼓，放弃军事行动，一切要求均可磋商解决。然而，郭松龄志向已定，无可更改。张学良劝和之举，毫无结果，不得已，于28日乘军舰回到大连，与逃到此地的杨宇霆黯然返回奉天，向张作霖复命。

此间，张学良感到为郭松龄与父亲张作霖兵戎相见，竟到了你死我活的地步而苦恼。郭松龄不仅曾是张学良的战术教官，而且还是他仕途晋升的得力之人。郭松龄征战数年，有丰富的实战经验，精通军事理论。张学良佩服他博学多才、遇事冷静、刚正凛然的英雄气质，特别是他在辅佐自己时，从不计较个人得失，令他不能忘怀。然而，现在他的密友、师长郭松龄却兴兵征讨自己父亲，而父亲又命令他捉拿郭立功赎罪，这叫他张学良帮助谁好呢？为此，他左右为难而失眠了。

这时，奉军总参议杨宇霆看到张学良痛苦不堪的样子，心怀叵测地说："汉卿啊，大丈夫做人的第一条便是精神不能垮。你的苦衷我知道。我叫人给你送来一套烟具，苦恼的时候呷几下，管用。"此后，集忧虑感慨和痛心悲愤于一身的张学良，见到杨宇霆送来的精致的烟具，迫不及待地拿起烟具吸起来。他要求助于鸦片达到精神上的解脱，这便是张学良一生中第一次吸毒。

1925年11月30日，张作霖正式发布对郭松龄的"讨伐令"，任命张学良为前线总指挥。张作霖见郭松龄倒戈势如破竹，为了挽救局势，不惜出卖国家主权，向日本关东军司令长官白川乞求派兵支援。在讨伐郭松龄的前线，张学良面对郭松龄倒戈攻势，被迫下令，命工兵营长杜振庭到锦州，炸毁锦州大桥，以此阻止郭松龄军队前进。张学良站在火线上，向倒戈的郭部官兵喊话，劝其不要同室操戈、互相残杀。在郭松龄倒戈的军队中，各级军官都是张学良亲自从讲武堂、教导队中选拔出来的；郭部的士兵们都敬佩张学良的为人，加上他们有强烈的宗法观念，不愿对张学良部队作战。但是倒戈官兵迫于郭松龄的命令，不得不与前来阻击的张学良部队交战，许多官兵只得向天空开枪。郭松龄倒戈开始，是以张学良之名发令的，出关后，他将部队改名为国民革命军，不再以张学良名义发命令，这使军心大为浮动。战斗进行了几天之后，郭松龄的旅长富双英和参谋长邹作华起来反抗，命令士兵不与张学良部队作战，使郭松龄孤立起来。

日本对郭松龄起事很紧张，关东军主张干涉，外务部则主张暂取中立。当郭松龄拥兵到锦州时，关东军司令白川派人来谈要求郭松龄承认日本在满洲的特权，并多方进行威胁。郭松龄对日军的威胁严词拒绝，谈判决裂。于是日本决定"袒张阻郭"，声明南满铁路12公里以内不准有军事行动，这对张作霖极为有利。为此，郭松龄军队未能直取奉天以致失败。

12月21日，郭松龄部队进抵新民屯，与张学良部隔着巨流河决战。张学良说："这好像是命中注定，以前在讲武堂时，郭松龄与学良在此演习过，这里的地形，我们都很熟悉，就让师生在此比比高低吧！"

这时，张学良命令部下把在锦州营地里的大炮和炮弹都拉走，把营地里备用的六十来辆汽车都开到巨流河，准备与郭松龄决一死战。此时，张作相的部队在郭松龄军队的攻击下，节节败退。奉天告急，张作霖做好了逃跑的准备，只要张学良的部队败下来，就命令人把大帅府烧毁，不给郭松龄留下驻地。

张学良在巨流河岸部署好兵力后，给奉天大帅府打电话了解情况。

张作霖问："小六子，你在哪里呀？"

张学良答："我在巨流河。"

"我听说你小子跑了，是吗？"

"我要是跑了，我就不是你儿子！"张学良接着反问，"爸爸，我听说你要跑了。"

张作霖说："我要是跑了，就不是你爸爸！"

张学良说："好吧，我就跟郭松龄动真的！"

张作霖说："那好，我全力支持你！"

此时，张作霖特别高兴，把奉天兵工厂里的那些枪炮弹药，十万火急地运送到巨流河，加强了张学良部队的战斗力。此外，张作霖还给张学良送去40万元大洋，奖励官兵英勇作战。就这样，郭松龄率部在对岸，随时要打过河来。而张学良的部队，奉命随时强攻对岸的叛军。

张学良站在巨流河岸上，面对大河彼岸，心情不能平静。他想起昔日，在讲武堂，与老师郭松龄在这巨流河上的军事演习。然而眼下，在这巨流河上，一场激战即将开始。张学良想到这儿，不禁喃喃自语："郭老师，学生张学良今天可要让你看看，到底是你行，还是我行！"

当张学良发出战斗命令之际，河对岸郭松龄部队的一位忠于张学良的营长，带全营官兵过河倒戈，听从张学良的指挥，向郭松龄叛军进攻。此时，郭军已是军心涣散，士兵中流传"吃张家，穿张家，跟着郭鬼子造反真是冤家"。郭松龄给旅长、团长下达战斗命令时，均遭到拒绝。

12月22日，郭松龄军队三面受敌，伤亡惨重。当日夜，郭见败局已定，便于次日晨偕夫人韩素秀化装乘坐民间四马大车向西南逃遁。他的卫队及幕僚跟随马车疾跑。

这时，张学良部下王永清得知郭松龄去向，命令骑兵队向营口方向追击，行至新民县城西南苏家屯老达房附近，在一老农的菜窖里将郭松龄夫妇抓获。此时，张学良正在兴隆店。他听到郭松龄被抓获的报告后，心里却产生眷顾深情。他让副官刘鸣九即刻起草电文，命卫队团长高金山押送郭松龄夫妇一定要路过兴隆店。

刘鸣九不解地问："为什么非要路过这里？到这儿又不顺路。"

张学良说："到这里，我要把郭松龄放了。他是一个难得的人才啊！"

"这不行啊！"刘鸣九劝道，"大帅本来就对你很恼火，你若是把他放了，大帅能答应吗？"

"不要紧，你就写吧！"副官见少帅如此坚定的口气，没有再说什么，便起草电文。然而，电文发出不久，高金山即拍来电报："奉帅令，已将郭松龄夫妇枪决。"学良看罢电文，一边跺脚，一边叹气地说："太可惜了！像他这样的将才，若让我处理，就让他出国深造，以后再为东北地方之用。"

张学良对郭松龄夫妇的死深为惋惜，后经了解得知：25日上午，高金山接到张作霖的命令，就地处决了郭松龄夫妇。这"张作霖的命令"是杨宇霆发的。杨宇霆怕郭松龄被押到奉天，向张作霖将倒戈实情说出来，就把他在押送途中，电令杀死。然后将尸体运回沈阳示众。

郭松龄倒戈失败后，其所属的四个军的军长、旅长都陆续来见张学良，请求宽恕，并要求部队由少帅指挥。随后，张学良将司令部移到新民，设在郭松龄失败前的司令部里。他视郭松龄部下为兄弟，一个也不加株连。

张学良所部因郭松龄之变，纪律破坏而损失重大。张学良经过三个月的时间，就把郭松龄部队完全整顿好了。

郭松龄失败后，张作霖在东北的统治转危为安，伺机再次入关。这时，广东的革命军正准备北伐。冯玉祥统率的国民军控制了京、津、河北和察、绥两个特别区。

1926年1月3日，冯玉祥收集山海关的郭松龄残部，由魏益三统率，部队改编为国民革命军第四军。魏益三发布通电称：继承郭松龄遗志，助冯反奉。冯玉祥部与张作霖的奉军形成各据一方的对峙局面。

面对局势，张作霖与吴佩孚重新联合，取得阎锡山的全力支持。于是，三方以"反赤"为名共同进攻国民军。在这次战争中，张学良被委任为奉军第三方面军军团长，韩麟春任副职。

4月间，国民军抵不住奉军的攻击，不得不放弃京、津、河北等地区，退至南口。

张学良和韩麟春率第十军、第十一军及直辖炮兵、工兵、坦克等部队直趋北京。

4月12日，张学良、韩麟春召集所部旅长以上军官会议，决定：13日向国民军发动总攻。

翌日，奉军攻下南口，随后占领张家口。9月中旬，奉军骑兵师穆春所部进攻多伦时，军纪败坏，烧杀抢掠，无

当年就是这两张照片被张作霖贴遍东三省。张作霖总算没有做得太绝，派人洗净了郭松龄夫妇身上的血迹，换上了一身新衣服，曝尸处用席子围上。

所不为，民不堪苦。当地有名的喇嘛庙的金佛被奉军抢走，群众和喇嘛极为不满，向张学良控诉穆春所部罪行。

张学良对此案异常重视，立即亲自前往张家口处理此案。张学良分别召集该师军官和士兵集合训话，拟趁机将其缴械。张学良在训话间，军官中有人向其开枪射击，一时间，枪声四起，死伤惨重。由于张学良卫队长姜化南反应快，为掩护军团长张学良而中弹身亡。

张学良面临如此险境，临危不惧，指挥部队平息了这场骚乱之后，当场枪毙了该师团长于奉林。然后将师长穆春、旅长王永清和徐永和带回北京关押查处。

兵谏张作霖未遂

这仗不能再打了，打赢、打输都是中国人互相残杀，老百姓遭殃。现在日本人正打我们东北老家的主意呢，所以我打算撤军。我知道这么做父帅不会同意，但是为了不打内战，我派你持我的亲笔信，面见蒋介石，就说我张学良主张，中国人不打中国人，我愿意服从国民政府的领导。请他们给我一点时间，容我慢慢劝说父帅张作霖。

——张学良

富有反叛精神的张学良，早在1927年就曾酝酿过一次向父亲张作霖的兵谏。

1927年春，盘踞在长江流域的孙传芳、吴佩孚等大军阀被南方的北伐军打得落花流水，向北逃窜，投靠了"东北王"张作霖。张作霖决定派长子张学良统率奉军第三、第四方面军进入河南，以对抗蒋介石的北伐军。

然而此时的奉军，并不是北伐军的对手。张学良向来主张"息内争，御外辱"，对北伐军不愿以血相拼，试图谋求南北妥协，结束伤及百姓之内战。

一天，张学良对心腹葛光庭说："这仗不能再打了，打赢、打输都是中国人互相残杀，老百姓遭殃。现在日本人正打我们东北老家的主意呢，所以我打算撤军。我知道这么做父帅不会同意，但是为了不打内战，我派你持我的亲笔信，面见蒋介石，就说我张学良主张，中国人不打中国人，我愿意服从国民政府的领导。请他们给我一点时间，容我慢慢劝说父帅张作霖。"

于是，葛光庭秘密南下，与蒋介石进行和平谈判。此间，张学良一次次地劝说父亲张作霖息兵休战，但无结果。张学良为了阻止中国人的同室操戈，开始酝酿了一个大胆的计划……

这天，张学良以召开军事会议为名，密令奉军炮兵司令邹作华等心腹将领到河南新乡开会。人员一到齐，张学良就开门见山地说："我们已经领教了北伐军的厉害，我认为再打下去对全部将士没有好处，只有流血牺牲。大家都知道我是反对中国人打内战的。父帅总想武力统一中国，做大总统，我看是白日做梦。这都是杨宇霆这个狗头军师出的馊主意。你们看，奉军一直打到了河南，可我们连一个像样的县长都派不出去。我们的县长都是贪官污吏，只知道刮地皮，老百姓怨声载道，到处都是土匪，这都是被我们奉军逼出来的。"

与会者心里早有厌战情绪，邹作华等人当即表示："请军团长明示。"

张学良感叹地说："最近我想来想去．还是觉得老郭的主张对。目前要想停止内战只有以武力逼父帅停战。"

张学良所说的"老郭"就是他的老师，原奉军精锐第三、第四方面军的副军团长郭松龄。1925年底，为反对张作霖扩大内战，郭松龄以"停止内战"、"开发东北，造富桑梓"之口号，在河北滦州发动起义，统帅第三、第四方面军回师东北，企图推翻张作霖的统治，但不幸兵败身亡。当时张学良虽然同意郭松龄的观点，但拘于"子不悖父"的封建伦理，最后还是帮助父帅平息了这次起义。此后，张作霖仍不醒悟，在狗头军师杨宇霆的怂恿下，继续扩大内战。因此张学良一想起此事，就对镇压郭松龄起义深感后悔，感觉对不住郭松龄，对不起东北老百姓。

张学良虽然在上次事变中最终站在父亲一边，但对参与起义的邹作华等将领概不追究，深得奉军上下的一致拥戴和信任。参加这次新乡会议的邹作华等人当即表示："一切听从军团长的指挥！誓死追随军团长！"

随后，张学良决定发动兵谏，主要目标是逼父帅张作霖停战。张学良主要部署如下：

公推镇威上将军张作霖为北方革命军总司令，率领奉、吉、黑、热、察、直、鲁、豫八省军队起义；公推阎锡山为北方革命军副总司令，率领晋绥军起义。孙传芳负责消灭张宗昌在山东的军队，张学良负责消灭张宗昌在河北的军

富有反叛精神的张学良，早在1927年就曾酝酿过一次向父亲张作霖的兵谏。

队。高仁绂则指挥在北京附近15个奉军步兵和炮兵团，消灭张宗昌在京津地区的军队。如果张作霖仍然不采纳张学良的建议，高仁绂即率奉军包围张作霖居住的顺承王府，切断王府同外界的一切通信联络和交通，但不能向王府开炮，行动具体时间等候张学良的命令。

从这个部署来看，当时京畿警备区的高仁绂所负责任最大，承担的风险也最大。张学良之所以选中他，是因为高仁绂及其族兄高纪毅均是郭松龄和自己的旧部，也参加过滦州起义，自己对他也有不杀之恩。但张学良却把孙传芳这个老奸巨猾的军阀也拉了进来。

会后，张学良专门派邹作华去向高仁绂传达指示。高仁绂一听，还是要造反，当场表示拒绝。他说："郭茂宸（郭松龄）领导的滦州起义，是军团长与郭茂宸联合下的命令，我才誓死追随，不想到了锦州起了变化，造成相反的后果。这一次我决不接受这个任务。"

邹作华只好耐心解释道："这次是军团长个人负责，决无意外的变化。从今天起，你只接受军团长一个人的命令，任何人的命令你都不要接受。"为了让高仁绂放心，邹作华还当场写下字据，盖上印章，交给高仁绂。

高仁绂实在推托不过，只好向邹保证，愿对北京兵谏负绝对的责任。邹作华大喜过望，即返回新乡向张学良汇报。

这时北京地区的奉军、宪兵和警察的负责人也先后收到张学良的命令：绝对听从高仁绂指挥。高仁绂也开始进行起义前的部署，接受西直门的警戒工作，又借口在北京城郊区进行局部军事演习，逐渐形成对北京城的包围。

眼看兵谏时机越来越成熟，张学良却因封建伦理的影响，迟迟下不了决心。这年10月，正当高仁绂因迟迟得不到张学良的指示而寝食难安的时候，他突然接到张学良副官的电话："军团长已经到了北京，叫你马上来！"高当即赶往张学良在新建胡同的公馆，在门口正巧遇上奉召前来的邹作华。邹作华神秘地对高说："计划变更，停止演习。"直到此时，高仁绂才如释重负，马上通知部属停止演习，部队回营房待命。

这次兵谏张作霖失败的主要原因有二：其一，张学良的犹豫；其二，最主要的原因，即孙传芳背信弃义。原来，同意兵谏张作霖的孙传芳，向张作霖告了密。

张作霖得知张学良的"新乡计划"，勃然大怒，把张学良叫去痛骂一顿。毕竟是父子，张作霖很给张学良面子，对参与谋划的人员并没有追究责任。

对于这次兵谏张作霖，当时只有张学良和几个心腹等少数人知道。

劝"皇帝"真正做个平民

我劝道："你（溥仪）肯不肯到南开大学去读书？好好读书，你做一个平民，把你过去的东西都丢掉，你真正做个平民。

"你要是真正好好做一个平民，将来选中国大总统有你的份儿。如果你今天还是要皇帝老爷这一套，将来有一天会把你的脑瓜子要掉。"

——张学良

1926年，溥仪（21岁）在天津日本租界地宫岛街张园自设"行走"办事处，仍然以"宣统皇帝"的身份称孤道寡。这年，张学良26岁，已经历了两次直奉战争，是一位年轻的身经百战的奉军第三军司令。在溥仪的《召见簿》中，第一次记录张学良的名字是这年的4月1日。张学良与溥仪相处得很熟。

张学良在谈到与溥仪的交往时说：

一天，我在天津一个饭馆吃早饭。这时，溥仪也到饭馆来就餐。他看到我后，就坐到我桌前。我一边吃饭，一边劝溥仪，让他把身上穿的皇袍脱掉，把身边周围的皇宫老臣辞掉。溥仪不解地问为什么。

我说："你身边的那些老臣围着你，就是在揩你的油啊！"

溥仪听了不以为然。我称赞溥仪说："你能天天出来走走，我倒很佩服你！"

我又劝道："你肯不肯到南开大学去读书？好好读书，你做一个平民，把你过去的东西都丢掉，你真正做个平民。如果南开你不愿意去，我劝你到外国去读书，到英国或到哪儿去读书。你原来有皇帝的身份。你虽然是平民，你比平民还是高。你要是真正好好做一个平民，将来选中国大总统有你的份儿。如果你今天还是要皇帝老爷这一套，将来有一天会把你的脑瓜子耍掉。"

张学良和溥仪之间的交往，与张作霖同溥仪的交往有着本质的不同。张学良和溥仪相处，没有政治上的互为利用的因素。张学良从来没有想过利用"宣统皇帝"这块招牌，相反，他是劝溥仪脱掉皇袍，辞掉老臣，"真正做个平民"。在与溥仪的交往中，张学良深感他们之间因政见不同，交往中潜藏着对立和斗争。但是，张学良继承着老辈的交往，同时牢牢掌握着自己的原则。

1927年初，张学良通过社交界颇为活跃的陈贯一夫妇介绍，在北京饭店舞场结识了溥仪的二弟溥杰。从此，张学良与溥杰相处甚密。他们称兄道弟，出入于饭店、球场或舞场。溥杰还经常到张学良在北京的驻地"聊天"。年轻的溥杰在张学良的言行影响下再也不愿空守没落王府当没有用的"御弟"了，产生了从军带兵打天下的想法。

1928年初，张学良邀请溥杰参观南口奉军工事并检阅部队。溥杰遂利用这个机会向张学良说出了自己想投奔奉军的愿望。

张学良听到溥杰的请求，感到这事有些难办，犯难地对他说："要说这事本身倒很好办。但以你皇弟的身份到我的部队从军，恐不合适。咱们现在是朋友关系，如果那样的话，就成为上司与下属了，这就不好处理。再说父帅仍视你哥哥为君主，他会怎么看这件事呢？还有，特别是你哥哥仍旧很讲君臣名分，他能答应这事吗？"如此这般，张学良向溥杰说出了一大堆难题。

溥杰不听张学良说这些犯难的话，继续坚持自己从军的要求。他对张学良说："这事是我们之间的事情，就看你答应不答应吧！"

张学良对溥杰的从军要求从心里是支持的，但考虑上述难题，还是拒绝了他参军的请求。此后，溥杰又屡次三番地表示坚决要到张学良军中"从戎"。溥杰甚至动情地说，张学良要是不答应他的要求，就不够朋友。弄得张学良无可奈何，最后只好对他说："那好，过段时间你就先上我们在奉天举办的讲武堂去吧！"

当时，南方国民政府的北伐军和冯玉祥、阎锡山军队正围攻奉军。不久，奉军因作战失利而决定退守关外。张学良特意通知溥杰先到天津躲避。于是，溥杰便带妻子唐怡莹乘坐张学良的专列赴天津，住进法租界张公馆。几个月后，溥杰携妻去了东北。他知道父亲载沣、大哥溥仪不会同意他这样做，行前给他们留下一封信，告诉去向。载沣见信后，赶紧向溥仪住所日本租界张园奔去。

溥仪见父亲突然来住所，即告知溥杰和张学良部下私自出走，一定是去了东北。载沣命溥仪设法把溥杰找回来。溥仪没有办法，便找日本驻津副领事白井康，求他想办法。于是，白井康同大

张学良和溥仪相处，没有政治上的互为利用的因素。张学良从来没有想过利用"宣统皇帝"这块招牌，相反，他是劝溥仪脱掉皇袍，辞掉老臣，"真正做个平民"。

连日本关东厅联络，让他们协助，拦截溥杰夫妇回来。这样，溥杰夫妇被日本人拦阻回到天津。

溥仪对溥杰训斥说："你的志向不错，不过怎么能给张学良做事呢？还不如直接到日本士官学校去学军事！"

与赵四小姐双双坠入爱河

我跟太太（赵四）认识的时候，她才16岁。

——张学良

1927年的春天，当温暖的东南风吹绿了天津大华饭店前网球场上的草坪时，这个冷落了一冬天的饭店开始热闹起来。

大华饭店的经理叫赵道生，是北洋军阀政府时代曾任津浦、沪宁、沪杭甬、广九等铁路局长赵庆华之子。赵庆华在梁士诒做总理时，官至交通部次长。他生有六男四女，男女孩分别排行。

这一天，赵道生的胞妹赵绮霞正躺在网球场草坪边的软椅上晒太阳。她的祖籍是浙江兰溪，1912年初夏，诞生于香港，属鼠，小名为香笙。当她出生时，一轮朝阳冉冉升起，东方的天幕上出现一片绮丽多彩的霞光，父亲赵庆华见此奇异的美景，视为吉祥征兆，欣然为她取名绮霞。赵绮霞在家中最小，上有六个哥哥和三个姐姐。她在姊妹中排行第四，所以家里人又亲昵地称她赵四。此时，她已是15岁，毕业于天津中西女校，正值青春妙龄，生得娇媚动人。她虽然是中学生，但在受过西方教育的家庭的熏陶下，不仅学会诗书琴画，还懂得以桥牌、网球、华尔兹舞作交际本领。她的性格、气质和一般的少女不同，既有大家闺秀之雍容，又兼小家碧玉之文雅。其最大的嗜好是喜欢读书，尤其对新文学作品特别偏爱。

此时，赵绮霞正躺在椅子上专心读书。突然，网球场那边发生一阵骚动，把她的目光吸引过去：几辆轿车停稳后，从车上下来一些人。正在球场上娱乐的人，有的赶上去欢迎，有的和最前面的那位青年军官亲热地打招呼握手，有的则垂首恭立在一旁，就连在场的几个外国人也放下球拍，上前和那位青年军官打招呼。不远处，三一帮五一伙的太太小姐在低声私语。

"他是谁？为什么年纪轻轻就这样令人注目？"赵绮霞怀着少女那颗特有的好奇心，向人群走去，想探个究竟。

"怎么，你不知道他是谁？"

"他就是张学良，人们叫他少帅！"

"别看他年轻，人家可是东北军军团长哩！听说他这次来还带着十几万人马呢！"

"啊，他就是大姐夫说的那位赫赫有名的张学良！"赵绮霞从心里赞佩道。

原来，赵绮霞对张学良只闻其名，未见其人。她的大姐夫冯武越（字启缪）曾做过张学良的法文秘书，是少帅的挚友和高级幕僚。张学良委托冯武越在天津办起了《北洋画报》。少帅不仅对他给予大力资助，而且有时闲暇高兴还写些小诗，以化名在该画报上发表。由于这层关系，赵四的大姐降雪对少帅的家世有较深的了解。冯武越办的《北洋画报》封面，每期都选登一帧名闺佳照。所以，赵四小姐的芳容丽影也曾出现在画报上。张学良对她的佳照很欣赏，得知是冯武越的妻妹，很想结识这位年轻美貌的小姐。于是，冯武越便向赵四说明此事。然而，赵绮霞却拒绝与张学良见面。此时，赵绮霞万万没有想到，她竟在这儿见到了这位少帅。

这时，张学良开始打球。他穿着翻领运动衫，打球的姿势简直像久经赛场的运动员。赵绮霞被眼前这位传奇式的青年军官吸引了。她感到一阵阵莫名其妙的情感掀动着心田，用少女那无边无际的想象，描绘着少帅的戎马生涯……

夜晚，大华饭店灯火通明。游人们聚集在舞厅里，在悠扬的舞曲中尽兴跳舞。此时，赵绮霞也和两个姐姐来到这里。

赵绮霞，张学良认识她时，她只有16岁。

姐妹三人翩翩步入舞厅左侧的休息室，见哥哥赵道生正在同一位年轻的军官热烈交谈。赵绮霞一眼看出，那年轻军官就是白天在网球场上的张学良。她想躲开，便停下了脚步。然而，赵道生见三个妹妹来了，高兴地叫她们，并向张学良介绍："张将军，请认识一下，这三位是我的胞妹。"然后，赵道生又以敬佩的口吻说："张将军就是我常提起的少帅！"赵绮霞听了，暗道："我白天就知道了。"

张学良微笑着逐一同赵氏三姐妹握手寒暄，表示很高兴结识她们。赵道生做了个请的手势，少帅便坐在沙发上。随后，赵氏三姐妹也各自坐下。在交谈中，张学良注意到，她们虽是一母同胞，但在气质和风度上却大相径庭。赵二、赵三衣着花枝招展，显得很妖艳，给人以轻佻、矫揉造作之感。赵四则不然，尽管她淡妆素裹，不施粉黛，却有一种自然美。张学良仿佛感到曾在什么地方见过赵四，但又一时想不起来。这时，有人请赵道生经理接电话，他向张学良说声"失陪"，便起身出去了。舞场那边音乐奏起，赵二、赵三跳舞心切，向张学良告辞，急匆匆步入舞厅。此时，赵绮霞的心在快速跳动。她想："要是能和少帅跳舞，那该多……"然而，她出自女性的自尊，克制住自己的欲望，等待并盼望少帅能约她跳舞。此时，一位副官走上前来，递给张学良一叠信函。他翻看后，便在上面签字，又拆开一封信读了起来。见此情景，赵绮霞感到莫名其妙的烦乱，两颊烧得绯红，感到自己陷入进退两难的境地。

突然，外面传来两声枪响，紧接着枪声大作。顿时，舞场上的人惊恐万状，东躲西藏，男人呼喊，女人尖叫，舞厅内、休息室混乱至极。

　　张学良对这突然发生的情况，立即做出反应，拔出手枪就向舞厅外冲去。然而，副官手疾眼快，上前拦腰抱住他说："军团长，你不能出去！我去！"然后，他冲了出去。

　　此时，张学良举着枪，面对慌乱的人们，大声喝道："大家要保持镇静！我的卫队在外面，保护大家……"尽管他蛮有把握地说，但是人们还是四处乱钻乱藏。忽然，少帅在慌乱的人群中看到一位小姐安稳地坐在沙发上注视着自己。张学良心一惊，定神一看：她就是赵道生的四妹，赵四小姐。外面的枪声停了，副官从外面跑进来，向少帅报告："枪声是因卫兵不慎走火，引发一场虚惊。"慌乱的人得知情况后，才安静下来。他们似乎没有心思再跳舞了。这时，只见张学良把手枪插进枪套里，面带微笑地坐在赵四小姐的对面，用赞佩的口气问："枪响时，你怎么一点也不害怕？"

　　赵绮霞嫣然一笑："我怕什么？有你的卫队在外面。"

　　张学良听了，笑道："感谢赵小姐对学良的信任。"他高兴地和她握了握手，"我能认识你，很高兴，请你跳舞可以吗？"

　　赵绮霞欣然接受少帅的邀请，有礼貌地伸出手，随少帅步入舞厅。张学良向乐队示意，舞厅内奏响了华尔兹舞曲。张学良轻轻挽住赵绮霞的蜂腰，两人随着乐曲旋律翩翩起舞。此时，赵绮霞感到心花怒放，品尝到与少帅初次交往的欢悦。

　　张学良与赵四小姐在大华饭店相识后，两人之间的友谊在迅速发展。赵绮霞纯洁的心灵、开朗的性格给少帅留下美好的印象，特别是她临危而不慌乱的举止使张学良看到：她是一位非同寻常的女性。

　　张学良一有闲暇时间，就约赵绮霞见面。他们一同打网球或去幽静的林中散步畅谈。当酷夏来临时，张学良常常带着赵绮霞去北戴河避暑。

　　赵四小姐的母亲对女儿很疼爱，常常询问她的行踪。每次去北戴河游玩，绮霞都请胞兄赵道生在母亲面前保证："四妹由我照看。"对此，母亲也就不再反对了。这使赵四小姐非常感激哥哥。其实，赵道生对四妹为人处世很信

1928年的赵绮霞

任，对张学良也很敬佩，对四妹与少帅的友谊很是尊重。

在张学良和赵绮霞相处的日子里，少帅与赵氏兄妹相处得非常亲密。赵四的六哥赵燕生与四妹手足情深，同时他对少帅无限信任与敬仰。张学良和赵燕生的关系也很亲密。每当赵四和张学良去北戴河游玩，赵燕生就在母亲面前担保："四妹由他（学良）负责，绝不会出事！"然而，赵燕生毕竟知道四妹与少帅产生了感情，但他认为：他爱四妹，信任四妹，就应该尊重她的感情。

这一天，张学良与赵四小姐到北戴河游泳。少帅的卫兵在海滨辟出一块安全的水域，然后在水域外围负责警卫。此时，赵绮霞和少帅在海水里游累了，就爬到沙滩上休息。他们一边晒太阳，一边谈论各自关心的事情。这时，卫兵上前为她在沙地上支起了一顶太阳伞。

赵绮霞对卫兵说："请把伞拿走吧，我不喜欢它。"

张学良看到远处海滨沙滩上那些五颜六色的太阳伞底下躲藏着的皮肤白嫩的女人，问："绮霞，你不怕晒黑皮肤吗？"

"不怕！"她爽快地说，"晒得黑，是健康的标志！"

张学良听了，从心里赞同赵绮霞的观点。他感到：绮霞是一个不平凡的女性，她有着那些只珍爱白嫩皮肤的女人所不曾有的思想；她平时淡妆素裹，不施粉黛，却透出女性的自然美；她的思想开朗，言语常常含有强烈的忧国忧民的感慨。赵绮霞的这些美德是一般少女所缺少的，他从内心深处对她产生了强烈的爱慕之情。

当夕阳西下的时候，张学良和赵绮霞从海水里走上沙滩。从他们的笑声中就可以知道，今天两人很快活。这时，赵绮霞穿好了衣裙，从袖珍包里取出少帅送给她的项链。这是一条金光闪闪的项链，上面还带着一个鸡心形的殷红色象牙坠儿。

张学良看着赵绮霞戴好项链，心中掀起一股冲动，想知道她藏在链坠里的秘密。他诚恳地说："绮霞，让我看看，链坠里放着什么。"

"这……"赵四小姐本能地用双手捂住殷红的链坠，不知如何回答。然而在张学良一再恳求下，赵绮霞只好把项链摘下来，羞涩地递给少帅。

张学良打开链坠盖，看到里面镶着的一张小照片正是自己，照片背后写着娟秀的小字："真爱我者是他。"霎时，少帅深深感到自己在她心中的分量。此时，两颗充满青春活力的心在燃烧，两人沉浸在炽烈的爱之中……

赵绮霞的男装照

然而，由于时局紧张，战事告急，张学良没有时间顾及与赵绮霞的恋情，又赶往充满硝烟与血腥的战场……

面对惨案，感触颇深

此次英人若以武力对待中国民众，则凡属中国人，不分南北，皆有捍卫国家之义务，责无旁贷。倘中国人中，或有利用民众久压思起之气，别怀用意，牺牲民众，以遂私图者，则民气稍平而后，必能发觉其奸而加以攻击与反对，民众决非可久欺者。

——张学良

1927年1月3日，武汉各界集会，庆祝国民政府迁都武汉及北伐胜利，中央军事政治学校宣传队在武汉英租界江汉关附近演讲。英军水兵乘舰登岸企图驱散观众，用刺刀刺伤中国群众五人，激起中国民众极大愤怒。翌日，英驻汉口领事被迫撤走水兵。武汉卫戍司令部派三连士兵进驻租界。5日，武汉市民五万人举行示威游行，并成立汉口英租界临时管理委员会。这是中国人民首次依靠自己的力量收回租界地。6日，九江民众集会游行，声援武汉民众。英水兵干涉，用枪柄打伤数十名九江码头工人，还开炮恫吓集会群众。武汉民众愤怒地涌进并占领了英租界。这就是轰动于世的汉（武汉）浔（九江）惨案。

1月12日上午，英国驻华公使蓝蒲森前往张学良在北京文昌胡同的住宅，谈论汉浔事件经过。而后，张学良对"汉浔惨案"发表公开谈话，重申古训"兄弟阋于墙，外御其侮"，主张"凡属中国人，不分南北"，息内争以御外侮，一致反对英帝国主义。

14日，张学良"对英国某要人谈汉浔惨案"内容，在天津《大公报》披露。张学良说：

中国南北之争，不过因国人对内政见未能一致，因起战端。古诗有言："兄弟阋墙，外御其侮。"对外卫国，决不因对内不一致而发生影响，此实为中国数千年来之国民性。此次汉口、九江事件，其行为虽近于鲁莽，然自信日内或可平息。中国民众久压于不平等待遇之下，迟早势必发生反动。倘无反压，则此种鲁莽行为，亦可免再见。若对方再加以反压，则结果必越激越厉。此次英人若以武力对待中国民众，则凡属中国人，不分南北，皆有捍卫国家之义务，责无旁贷。倘中国人中，或有利用民众久压思起之气，别怀用意，牺牲民众，以遂私图者，则民气稍平而后，必能发觉其奸而加以攻击与反对，民众绝非可久欺者。

贵国对于中国，其最大目的为通商，欲通商发达，必先融合中英多数人民感情。年来中英人民感情，未十分融洽之故，未始非不平等之反动。英人倘一反以往之所为，以恢复民众之感情，勿为利用者驱雀，以结怨于民众，则其所得，较之以武力鲁莽从事，当必胜强百倍。

1月28日，张学良参加张作霖召集的奉、鲁军各主要将领会议，讨论出兵河南援吴问题。

2月8日，张作霖任命张学良为安国军第三方面军军团长。

与故宫博物院的"不解之缘"

我与北京故宫有特殊感情，我多次去那里参观或开会。故宫的管理体制做过多次改动，每一次都有我的参与管理。我不仅担任管理委员，还担任过故宫的理事和董事。

——张学良

张学良对鉴赏文物颇有经验，这在很大程度上得益于他与故宫博物院的"不解之缘"。

1927年8月，张作霖率东北军入关，在北京主持北洋政府，宣布成立"故宫博物院管理委员会"。该院原有的清室成员大都被解职，张学良被聘任为"故宫博物院管理委员会"委员，王士珍为委员长。

同年10月中旬，故宫博物院管理委员会召开会议。张学良当时正在滦州驻军，没有时间脱身赴京开会。他给王士珍写信说明情况。他在信中说：

王士珍先生大鉴：

　　远违杖履，时切葭思；每仰蓊云，益深葵向。恭维侍祺康泰，福履绥和，式慰颂私。良忝列故宫委员，殊为荣幸；如前方军事正殷，实属不顾及。此闻开会在即，躬往未能，特托周处长大文，届时代为出席，用重会务。仅此声明，伏希察然。

张汉卿

1927年10月9日

　　张学良与故宫博物院的关系密切。早在1924年，冯玉祥将军发动北京政变，将逊清皇帝溥仪逐出紫禁城，翌年10月10日，即宣告成立故宫博物院，其最初的组织机构是"临时董事会"和"临时理事会"。该组织成员由史学、文学以及军政各界的许多知名人士组成，设有21名董事，张学良便是其中之一。

　　1926年，段祺瑞政府企图改组新生的"故宫博物院"，将其重新交给清室控制。针对段祺瑞政府的这一阴谋，故宫博物院设立了由各界名流六十人组成的"维持会"，张学良也是其中之一员。

　　这次，张作霖单方面成立了"故宫博物院管理委员会"，张学良被聘为委员。在该组织任职不足八个月，南京国民政府便对故宫实行接管，张学良又被推举为理事，尔后又担任董事。

　　每年春末夏初，是当年慈禧命人栽种的太平花，在御花园绛雪轩盛开的时节，故宫博物院都会在御花园举办茶点招待会。此时，故宫博物院便发送请帖，邀众理事、军政要人和社会各界名流赴御花园赏花。这时，担任故宫理事的张学良都被邀请，他每次都欣然到会，与故宫博物院院长易培基等人，在太平花盛开的御花园合影留念。

　　故宫博物院当时是面向社会开放的。除特别安排之外，任何大人物都不特别安排接待和陪同参观，都是自来自去，自由观览。

　　张学良喜欢故宫，对这恢宏巍峨的宫殿和阳光照耀下别具一格的红墙碧瓦充满了兴趣，尤其是对荡漾在宫室殿宇间的那种霸气更是心仪而神往。所以，张学良一有空闲，便驱车来到故宫，在宫殿间闲游。

张学良喜好书画，对古书画的鉴赏有相当高的造诣，故宫东六宫之一钟粹宫的书画陈列室自然成了张学良时常流连的场所。张学良细细观赏这里的宋、元、明书画，还看中路的清画陈列室和郎世宁作品陈列室，对书画渐渐着迷，并开始出资收购古书画。琉璃厂古玩店博雅斋、吉珍斋、德宝斋等都与张学良做过古书画的买卖。他们虽然有些害怕这位青年将军，但很高兴与他做买卖，觉得他痛快，一口价，从不费口舌。张学良买了古书画后，就观摩故宫博物院所藏的真品，反复对照鉴赏，确认真伪。

在任职期间，张学良对购买和收藏古书画的兴趣更加浓厚。当时，故宫书画陈列室的历代书法名画展览经常更换，张学良便以个人身份前来欣赏，并以此为参考，验证自己藏品的真伪，从中积累了鉴赏文物的经验。

1996年6月，张学良在接受哥伦比亚大学张之丙教授采访时说："我与北京故宫有特殊感情，我多次去那里参观或开会。1931年以前，故宫的管理体制做过多次改动，每一次都有我的参与管理。我不仅担任过管理委员，还担任过故宫的理事和董事。"

战火频仍身不由己

> 经过连年内战，身经百睹，感慨多深，使心情上发生重大的变化……无目的的互相厮杀，忽而为敌，忽而为友。双方所牺牲者，多为英俊有为之士，自相残伤，实深痛心。
>
> ——张学良

1926年9月中旬，张作霖以安国军总司令之职，命令张学良、韩麟春率部五万余人，由京汉铁路南下，准备对直作战。

1927年2月，张作霖宣布进军河南。直系将领靳云鹗则通电反对，吴佩孚也电请张作霖停止进军。然而此时，张学良、韩麟春已挥师下河南，攻占了安阳。

这年3月，张学良统率部队驻扎在津京一带。东北军总部设在北京。此间，他率第三、第四军团所辖的六个军，沿京汉铁路线南下，消灭吴佩孚的靳云鹗部于郑州和开封之间，以期与北伐军对抗。3月13日，张学良、韩麟春第十军占领中牟。第十七军于14日，在炮兵掩护下，由黄河桥强渡到达南岸。敌部溃退。

3月17日，张学良所部以猛烈炮火攻克郑州。吴佩孚退向洛阳，靳云鹗逃往许昌。张部缴获步枪四千余支，大炮三门，火车二十余列，辎重众多。

3月24日，敌军屡谋反攻郑州，在反击中，军团长韩麟春亲自到前线指挥，以铁甲车为前导，向前猛冲，追击靳军。在激战中，奉军铁甲车的炮弹，射进对方铁甲车内，炸死了靳军部将河南自卫军军长高汝桐及铁甲车司令马吉第。靳云鹗率部败退，死守新郑。吴佩孚则退守巩县。

当时，张学良、韩麟春发出《迎吴归郑通电》：

敬（24日）晨，敌军长高汝桐，亲乘铁甲车，率卫队、敢死队等，前进冲锋，行至京汉路十五里堡附近，被我军包围，用炮将其铁甲击破，高毙车内，余众尽数覆灭。业（拟）将敌铁甲车同高尸运来郑州车站，妥为装殓。高为敌方悍将，靳某倚为腹心。高已阵亡，敌军瓦解，两军溃退。

张学良每当想起对方高汝桐军长被

炸死之情景，心里便起痛惜之感。他在处理军务之余，伏案挥毫，书写联语挽高汝桐：

> 陷胸断胆是男儿，死非其所，痛矣；
>
> 沐雨栉风先士卒，事不得人，惜哉！

张学良极为爱惜人才，敬重将才，即使是敌方的悍将，也非常爱惜和敬重。在装殓高汝桐尸体时，张学良献上《挽高汝桐》挽联，直抒胸臆，深表对其哀悼。在挽联中，张学良赞扬其身先士卒，顶风冒雨，冲锋陷阵，以致战死沙场，不愧是大丈夫！张学良又以"死非其所"，痛惜高汝桐投靠了非人。张学良以赞扬与痛惜之挽联，表达对高汝桐的哀悼之情。

1927年春，张作霖与蒋介石之间已有勾结，策划"南北妥协"、"共同反赤"。4月12日，蒋介石在上海发动了反革命政变，大肆屠杀共产党人和革命群众。此前，4月6日，张作霖下令北京警察厅搜查苏联大使馆，逮捕了中共创始人之一李大钊等35人。对此，张学良在回忆录中说：

> 民国十六年间据确报，北方共产党的大本营潜藏在东交民巷苏俄大使馆内。我父亲怒苏俄违反中俄和奉俄协定，干涉我内政，借外国特权，掩护共产党人。遂密派军警，突然进入东交民巷之苏俄大使馆。此为满清以来，中国军警进入东交民巷，乃为首次，逮捕了李大钊等人。搜获甚多苏俄对中国阴谋之文件，惜当时有一部分的文件，正在开始焚烧中，军警虽竭力抢救，但有一些已经烧毁矣，公布之文件乃为一小部分，大部分皆存于北京宪兵司令部。李大钊等交于北京法院，审讯法办。

4月28日，李大钊判处死刑，被绞杀身亡。

这年5月，张学良率十万余人的部队，沿平汉铁路线推进，窥视武汉。在豫南大战中，张学良指挥第三、第四方面军与北伐军作战。在奉军占领郑州后，张学良再不愿与北伐军作战。于是他未经父亲同意，就给北伐军总司令蒋介石连发三封息兵信和电报。他还派葛光庭去南京洽谈停战议和之事。而后，蒋介石派何成溶到新乡，劝说张学良响应三民主义，把军队改为国民革命军，完成国家统一。

5月28日，张学良违抗父命，放弃郑州，撤兵黄河北岸。北退时，他下令保存了郑州军火库和黄河大桥，还给北伐军留书信一封，以表示无敌意。

当有记者问张学良"为何不息内争一致对外"时，张学良答："我为军人，只知服从。我崇信旧道德，忠孝两字，绝对遵守，大局主张，固另有主宰者。"

张学良虽然这么说，但是内心却是彷徨苦闷的。

5月30日，张学良写信给在日本留学的二弟，表明了自己不愿打内战的爱民思想。张学良在信里写道：

二弟手足：

前函谅达，弟能知在异邦奋勉，不贻国人之羞，不丢父母之脸，兄喜甚。我弟论及东瀛人士皆能努力前程，非同吾国之军阀官僚日以大烟麻醉为生活者可比，兄闻之更快甚，觉我弟知识高进矣！但望我弟永远保守此种思想，将来学成归国，勿践旧官僚之臭习，是为切要。兄军不利，退守河北，致弟书之际，正各路纷纷告急之时，但兄处之坦然，因上不愧天，俯不怍人，自念纯为国战争，非如他人争地盘而来，因愤党军受苏俄红帝国主义所唆使，所以奉命讨之，但一念同是同胞，自相残杀，心中又怏怏焉。如有对外征战，则兄马革裹尸，虽死无恨。也！切望我弟勿入学习院，那是贵族式学校。要知我弟兄力谋平民生活，勿染受贵族教育习惯为盼！我们将来要为中华民族造幸福，不是为个人谋荣华富贵也！盼弟在东留心他们平民生活状态，研究他们一般社会真精神，弟有什么感触常常以告兄为盼。祝你健康！

大哥良手奏

（民国）十六（年）、五（月）、三十（日）

6月初，张学良以个人名义从新乡前线给蒋介石拍发电报，希望停止内战，共商国是。此后，张学良又致电阎锡山，要求顾全大局，避免军事冲突。

6月18日，张作霖在北京怀仁堂举行就职礼，他接受孙传芳等人"推戴"，在北京组织"中华民国军政府"，自任"中华民国陆海军大元帅"，并发布"军政府组织令"。同日，张作霖还发表"反赤通电"，准备以此作为与蒋介石的北伐军讨价还价的资本。

8月初，张作霖为防备阎锡山突然袭击，特命张学良、韩麟春对所部积极补充军需，加强训练。张学良指挥部设在北京光明殿，军队驻扎在京绥、京汉铁路沿线。他临时编成三个校阅军容委员会，于中旬出发，到各部分头校阅部队。

9月中旬，阎锡山令部队向新乐东长寿的奉军发动袭击。张学良、韩麟春急令驻河间、任丘、博野的部队星夜兼程，从定县对阎锡山军队进行侧击。经三昼夜激战，阎军支持不住溃退。

10月上旬，傅作义的先头部队乘虚攻占涿州火车站，张学良接受父帅张作霖之命，速派所部应战，并限期部队收

1928年1月6日，傅作义大开涿州城门，亲自带领高级军官幕僚，在南城门外，列队欢迎奉军入城。张学良将傅作义安排在保定居住，待为上宾。尔后，傅作义部队徒手开赴黑龙江被张学良收编。

复失去的涿州火车站。中旬，张学良率部四万余众，开始了奉晋两军的涿州之战。奉军主攻，以张学良为总指挥；晋军主守，以傅作义的第四师为主力，约一万人。张学良的部队围困涿州两个多月，使傅作义部队军粮净尽。阎锡山见涿州已失去战略作用，授意傅作义与张学良停战谈判。本来，张学良不愿意进行这场战争，见傅作义求停，便同意谈判。于是，12月30日，奉、晋两军通电

宣告停止军事行动。

1928年1月6日，傅作义大开涿州城门，亲自带领高级军官幕僚，在南城门外，列队欢迎奉军入城。张学良将傅作义安排在保定居住，待为上宾。尔后，傅作义部队徒手开赴黑龙江被张学良收编。9日，蒋介石开始动员北伐。张作霖为了应付局势，命令张学良军团开赴河北邯郸以南，防备冯玉祥军队的进攻。同月，国民党中央政治会议决议：任命蒋介石为国民革命军北伐军总司令。南京政府决定再次北伐。

这年2月，冯玉祥与蒋介石在徐州会谈后，调动军队北伐奉军。张作霖得知这一情报后，于3月在北京召开最高军事会议。张学良与杨宇霆参加这次会议，制定作战方案。会后，张学良立即返回保定准备与冯玉祥作战。他命令部队务于26日前到达指定防地。

张学良对战火频频，在《杂忆随感漫录》中写道：

我驻守秦皇岛，奉令渡河进攻，击破唐之道、郑大章各军，同张宗昌之直鲁联军会师于天津。继之会攻北京，转军京绥线上，攻下南口。援助山西，解大同之围。迨收复绥远之后，又转军于京汉线上，进取河南。我顺利地渡过漳河，进驻于卫辉。靳云鹗、高汝桐扼守黄河南岸，拒抗我军，我坚苦在敌前渡河，适进至荥泽，不幸我第十军由于长官昏庸，溃败于中牟。我已半渡，不能撤守，决心急攻郑县，以期救第十军。令该军反攻，而该军长擅自退向东明。于是我军团于郑县陷于三面被围，背后迫于黄河，苦战经旬，几乎被歼。幸为一名兵士的奋勇，将敌人总指挥的指挥列车击毁，致高汝桐及其参谋长全部人员毙命，俘获其列车及尸体。我见良机，急令各战线，猛烈反攻，敌人崩溃，俘获其军长马文远、师长刘培绪等人。我本人已困苦万分，否极泰来，反败为胜。假如该役，不坚定支持，动摇北退，交通只黄河一线铁桥，其结果必致不可收拾。为军人者置之死地而后生，非虑语也。曾文正公曾说："三分在人，七分在天。"

此一役的事实经过给我的感觉是九分在天，人哪，只有一二分而已。所以万般只尽人事听天命，不可违心强求。有决死之心未必死，我常见怕死的军人，结果反是不名誉而死。既已投身为军人者，只问义之所在，把生死须置之度外，否则最好不充军人。

郑县会战之后得唐生智、贺龙之约，互不相攻，我军亦正需休息。后来因为援救田维勤的军队在遂平等处之被围，战事再起。相继同国民革命军第四、第八军对战，尤以许昌一役为最激烈。（我于出国在伦敦中国使馆，郭公使曾与我同张向华介绍，张向华说："我二人虽未曾谋面，但互相早已有过认识。"彼此怆然对笑。）而后冯焕章出潼关，白健生（即白崇禧）军由陇海线西进，我又遭三面被围之形势。我不得不退出郑县，撤至黄河北岸。

我临行之处置，派田维勤维持郑县一带治安，以待国民革命军之到来。亲笔写了一封和信，交当时的陇海路督办章祜转交到来的国民革命军高级将领。书中大意说明：我未破坏黄河铁桥，因系中国最大建筑之一，如果破坏，一时不易修复，不忍伤国家元气，非我撤退仓促不及破坏也。我军在郑县仍存储有给养甚够，非我忘记焚烧，频年战争，豫民流离可惨，何心火以炎，黎渴望之食粮，我们同系中国人，假如贵军如不急需，请你们把它散给灾民，这算补一补咱们的罪孽。我有些重伤官兵，不便移动，请贵军官本人道的观念，请求加以医救，不胜感激。恐我们总会有见面的一日，到那时再谢吧。

我遂撤退到河北磁县，再同冯焕章军激战于安阳。韩陵山一役，我已将韩复榘军击败，正拟追击之际，接获大本营电令，因晋军有出娘子关之行动，训令我军速撤退越过正定之线，以保安全。我遂退至保定。迨至晋军发动攻势，我已稳住脚步。晋军之作战计划，甚为良好，惜其将锁，有之未达成任务，有之未能运用灵活，致遭失败。战斗开始，晋军三路出师：一路出雁门关攻京绥线，与我方张作相军团相持于广灵之线上；一路出娘子关攻京汉线，与我之军团激战于定县一带；另一路出紫荆关袭我后方，此一支军队，给我方致命的打击，晋军李服膺师已达到门头沟，当时的大本营所在地之北京，甚为空虚，由京师宪兵开往抵御，一接触，李则自动退回。晋军傅作义师突然出现于涿县，威胁我之背后，切断我军团之联络线，惜其到达，即入涿县城闭门固守，我急由前线调回第八军将其包围于城内，迫其投诚。假如彼时傅军在涿县附近竭力活跃，或袭保定，或尽力破坏京汉铁路，其结果不堪设想矣。

方晋军出娘子关向保定进攻之初，我军团秘命第十九军潜道安国，袭取定县。待该军抵达定县，未遇抵抗，已达成任务，然确知系军团被迫退却，晋军已迫近保定矣。该军长戢翼翘、副军长何柱国判断我军团情况危急，不待请命，独断决心，立即切断京汉线，袭击晋军背后，进攻石家庄，迫晋军向龙泉关山地退去，使整个战况发生重大的转变，转危为安。此一役也，重大地教训了统兵的将领。须要有独断精神，敢负责任。傅宜生（傅作义）虽较李服膺为强，能达到指定的任务，使我军团抽回一个军，未能努力追击，消极地保全了晋军主力得退回山西。但如傅宜生敢独断专行，不固守成命，在涿县平原游击活动，立即向北京或保定袭击，当时我军团正在危难之际，实不易应付。而戢劲成（戢翼翘）、何柱国，当机立断，因战况瞬息万变，不待请示之复命，立即行动。该军到达定县之后，而任务已经完成。能体会整个军团之安危，不计一己之利害，超出受命范围之外，敢负起责任，独断专行，此诚可垂为良好之战例。

张学良在文中发出肺腑之声道：

我初为军人，存学剑一试之心，经过连年内战，身经百战，感慨多深，使心情上发生重大的变化：一、无目的的互相厮杀，忽而为敌，忽而为友。双方所牺牲者，多为英俊有为之士，自相残伤，实深痛心。二、帝国主义，虎视眈眈，挑衅待机，谋夺权利。我曾为南京、济南事件，公开发表言论，希望全国放弃阋墙之争一致团结对外。三、因军事之破坏，殊少建设，大伤国家元气。人民流离失所，老弱转于沟壑，满目疮痍，沉思反问，此是何人之过？时而痞心如焚！四、死伤官兵，虽有抚恤，皆无完整妥善的处理。尤以失败的军队，伤患官兵，时流为街头乞讨，虽系敌人，但皆属同胞，同系中国军人，触目伤情，不能自抑。更进一思维，此种无谓死伤英勇壮士，是何为乎？五、物力人力，如能精诚团结，一致对外，使那些英勇军人，为国牺牲，忠魂可慰，而况外患频仍，我们何苦自相削弱，为仇者所快乎？

劝父亲罢兵息争，以防日本异动

　　我遂力下决心，不再从事内战，致力团结统一，建设地方，促进民生，竭力图强，以御外侮。

——张学良

1928年1月，蒋介石南京政府决定再次北伐，矛头直指奉军。4月1日，张学良、杨宇霆率参谋处及各处部分人员乘专车由保定开赴邯郸，并在火车上暂设前进指挥部。

翌日，张学良、杨宇霆召集前方将领军事会议，部署了作战方案：命令于学忠、戚翼翘、富双英及骑兵第一军、第二军，以戚翼翘军为中心，开始前进，于4日拂晓向丰乐镇一带的冯军进攻；炮二旅以一部分在戚军后方，以一部分在于军右后方，协助进攻；各骑兵军掩护奉军侧翼，并发挥包围打击冯玉祥军队的威力；铁甲车沿铁路前进，掩护部队进攻；侦察机在天空，协助前进，收集情报。

张学良、杨宇霆部署完毕后，拍电邀请第七军团长褚玉璞来邯郸会面。4日当天，褚玉璞就来到邯郸。张学良、杨宇霆在火车上同褚玉璞进行了秘密商讨，双方同意进行军事联防。

在张学良指挥下，奉军进攻了一天一夜，冯玉祥军队就支持不住了，于5日退守到漳河南岸。6日，张学良、杨宇霆乘专车赴石家庄，对进攻阎锡山的部队进行视察。他们亲临井陉和石家庄西方前线，指导方略后，于10日返回邯郸。据密报，阎锡山有抽调大部骑兵绕攻奉军左翼并袭击京汉铁路的意图。为确保京汉铁路中段安全，张学良立即召见谢珂面授机宜，命令他即日到井陉同荣、胡两位军长商议，调丁喜春师到赞皇于军的左翼布防，担任掩护京汉铁路的任务。

4月下旬，张学良、杨宇霆在津浦线的部队作战失利，于是天津告急。此时，蒋介石率领北伐军沿津浦铁路攻打奉军，直逼京津。冯玉祥率领的西北军于陇海、津浦两线，逼迫张宗昌和褚玉璞的"直鲁联军"节节败退。阎锡山的"晋军"又猛攻龙泉关。

在这种形势下，北京政府命令张学良、杨宇霆部队全部转移到滦东集结。28日，张、杨在邯郸下达了撤退的命令后，乘专车到石家庄，召集攻击阎锡山的部队营长以上军官会议，传达张宗昌在津浦失利的前后经过及撤军原因。

5月上旬，张学良和杨宇霆由保定回北京。张学良住在万字廊，每天到设在光明殿的军团部处理公务。他屡次建议父帅张作霖"罢兵息争"，退回东北，"防止日本有所异动"。这次，他再次建议父亲：停战议和，撤兵关外。

这次"安国军"大元帅张作霖接受了儿子的建议。5月10日，张学良在复上海总商会要求停止内战的电文中说："人之欲善，谁不如我，频

张学良（左一）与褚玉璞（右三）在涿州城外指挥奉军攻城

年戎马，夫宁本怀？"又说："人方利用外争，以息内讧，我乃增长内乱，以召外兵，此中是非，宁待再论？"他表示："南北双方，彼果无弯弓射月之诚心，我确有免胄寻盟之真意。"

5月17日晚上，张作霖与日本驻华公使芳泽谦吉发生了面对面的严重冲突。张作霖说："我这臭皮囊不要了，也不能做这样叫我子子孙孙抬不起头来的事情！"张作霖之所以这样发怒，是因为芳泽来见张时，向他提出签订中日合资修筑吉会铁路合同的无理要求。

芳泽诱惑张说："如果答应这个要求，日本可以设法阻止北伐军渡过黄河。"

张作霖对芳泽的诱惑并没有动心，正气地回答："我们家中事，不劳邻居费心。"

芳泽问："你们打得过北伐军吗？"

张作霖说："若打不过他们，我们可以退向关外。"

芳泽威胁道："恐怕未必能回去吧！"

张作霖斩钉截铁地说："关外是我们的家，愿意回去就回去，有什么不行。"

张作霖拒绝了日本提出的种种要求，包括"开矿、移民，停建葫芦岛港，新的二十一条"，深为日本痛恨。

5月29日晚，张学良与父亲张作霖促膝长谈。在谈到撤军的时候，张学良向父亲讲了自己亲眼看到的惨景，他说："我从河南回来，我在那个叫牧马集的车站停下来。因为前面有红枪会，军列不能前行。下车往前走，看看情况。我看到的惨景，让我流泪。我看到一老妇趴在地上，那老人饿得有气无力。我把随身带的钱给她，她不要，直喊饿。我叫卫兵弄来馒头给她，她没拿住，掉在地上，粘了好多土。她还是狼吞虎咽地把馒头吞吃完了。我问她，你怎么饿成这样？没有子弟吗？没有儿女吗？她说都抓去当兵了，跑的跑，逃的逃，剩下我们老的不能走，饿得没饭吃，这怎么活呀！"张学良听到这儿，失声痛哭起来。

张作霖见儿子如此痛心的样子，似乎心也有些软了，他劝儿子道："小六子，擦擦泪别哭了，我现在想听听你的打算。"

张学良说："父亲，你想想，咱们打的仗，全是自个打自个儿，今天跟你打，明天跟他打；明天和了，后天又打起来了。打死的都是佼佼者，打仗老百姓遭殃。要是打有意义的战争还可以，这种中国人打中国人的战争有啥意义？"

张学良还说："咱们才有几十万军队，统一不了中国。现在过了黄河，再打就过长江了。孤军深入是兵家大忌，后边没援军。冯玉祥、阎锡山要是抄了咱们后路咱们再想撤也撤不回去了。中国打内战，日本最高兴，这是鹬蚌相争，渔翁得利！日本虎视东北，要是东北让日本占了，那我们就是千古罪人，咱们就是亡国奴了！现在东北军队都在关内，东北在唱空城计，不撤军不行啊！"

张作霖见儿子很激动，没有再说什么。最后，他向儿子张学良表示：可以考虑奉军撤退。

5月30日，张作霖召集张作相、张学良、杨宇霆等人紧急会议，决定奉军总退却，放弃保定，北撤抵京。奉军在北京做短暂停留后，准备撤往琉璃河。

这次，张作霖坚决不同意用日本军队对抗北伐军。他说："妈拉个巴子的，我们中国人打中国人已经不对了，怎么可以叫外国人来打中国人呢？"

张学良听了，极力赞成父亲的话，反对"同种相残"。

此时，张宗昌猖狂地主战，要与北伐军拼死决战。然而，张作霖却选择了儿子张学良和谈撤军的主张：奉军撤离京津。张作霖把和平移交北京的谈判交给张学良主持。

6月1日，南京国民政府批准双方议定的条件。由于张学良力主和平易手北京，终使这座古都免于战火之灾难。翌日，张学良同父亲张作霖请出以王士珍为首的北京耆老、地方绅商组成临时治安维持会。至此，张作霖决定尽快离京回奉，奉军在北京一切善后事务，由张学良处理。

家仇：日军谋杀了父亲张作霖

> 现在恕我斗胆以子论父，给他老人家一个论断：生非其时，他确具有刘
邦、朱元璋之风度，亦有项羽、陈友谅之气概，英雄豪杰也！
>
> ——张学良

1928年6月3日凌晨，北京从西城后沟沿的顺承王府到前门东车站，沿路上奉军的卫队、岗哨林立，警备森严。2时15分，大元帅张作霖的车队从中南海起程，驶进了前门火车站，军乐队立即奏起军乐。车队中乘坐第一辆车的是军政府总理潘复，他首先下车，接着是各总长、侍从武官以及其他重要府院的文武官员。张作霖从第四辆黄色大轿车下来时，张学良与杨宇霆等人上前迎接，和张大帅握手告别。孙传芳随车同行，赴滦州指挥所部撤退。

停靠在北京东站站台前，去奉天的"泰山号"特别快车曾是当年慈禧太后所乘的专列，共有七节车厢，造型精美，富丽堂皇。张作霖坐在列车中间的蓝色铁甲车厢里，由靳云鹏、潘复、杨毓询和鲍贵卿陪伴，前三人陪伴至天津站下车。随张作霖出关的人有何丰林、刘哲、莫德惠、于国翰、阎泽溥及张作霖的六姨太与三儿子张学曾。而吴俊升则由奉天先行到山海关迎接张作霖，然后登上特别快车返奉。

"泰山号"特别专列准时由北京经天津向奉天方向驶去。这就是张作霖以大元帅名义入主北京到败退离京的最后一幕。他虽然表面维持镇静，但内心则是不胜感慨及颓丧。

此时，张学良却比他老子更有另一种感受：一种曲终人散的歔欷，一种万般有了解脱的平静，因为他并不觉得这幕来得太突然。早在一年前，父帅在参与中原内争时，他就向父亲苦谏过，但张作霖不听。张学良作为军人、张作霖

的儿子，只有以服从军令来做老子实现野心的工具。眼下，父帅撤退离京，张学良只好奉命暂留北京，处理军事上的这一场残局。

此时，张学良正处在国民革命军的三面包围之中。晋军威胁到察北，并隔着北拒马河呈直博北京之势；而津浦路上的直鲁联军，在由徐州北上的国民革命军第一集团军和冯玉祥部西北军的压力之下，竟一泻而下，使得天津前线的奉军大为动摇。在这样的形势下，张学良和杨宇霆自然不能在北京长久留驻下去。他们最重要的任务是指挥统辖的第三、第四方面军安全地向滦河一带集中，然后再考虑如何安全地撤出关外。

张学良送别父亲的当天晚上，从天津的电话报告中得知，父亲张作霖已于午夜离开天津站，专列向山海关、锦州驶去。张学良的心里仿佛有了安全感，轻轻地出了口气，因为山海关外是张氏的天下。然而，张学良万万没有想到，就在翌日（6月4日）清晨6时，他却接到了奉天发来的急电：5时23分大帅的专车在皇姑屯中雷被炸，大帅受伤严重。

原来，这密电是随张作霖出关回奉的密电处处长周大文让人拍发的。他亲身经历了这场爆炸：张作霖专车驶经沈阳西北皇姑屯车站，抵达南满铁路与京奉铁路交叉处的老道口三洞桥时，突然一声巨响，这是日本关东军河本大佐将预先放置的炸药引爆，当即将"泰山号"专车四号铁甲车厢至七号车厢炸得不成车形，铁路桥的钢梁也随即下塌。校尉处长温守善和周大文看见张作霖身受重伤，全身血污，喉咙被穿破一个窟窿，血流不止。这时，宪兵司令齐恩铭的汽车赶到现场。张作霖被三子张学曾、齐恩铭等人抬上车，由副

离开北京前的张作霖

官王宪武抱着横卧车中，急速送回帅府。同车遇难的有专程由奉天到山海关迎接张作霖的"东北三省留守"吴俊升，他被下塌穿透车顶盖的钢梁铆钉刺入头部，当即死亡。张作霖的六姨太也被炸死。

见此惨景，周大文急忙跑到市内，因为不了解这次爆炸的原因，所以未敢回家，先给家里挂了电话试探情况，认定无事时才回到家里。他马上给张学良打电话，但没接通。恰好奉天电报局局长张志忻来看他，周大文立即求张志忻到密电处代发了密电，向张学良报告此事。随后，周大文又给天津胡若愚打了电话报告，便匆匆赶到帅府秘书厅，见到袁秘书（袁世凯九弟）。袁秘书告诉周大文：张大帅被运回帅府时，还能说话，不几个小时，于9时10分因伤重不治去世。对此，军署参谋长臧式毅对帅府内外严守秘密。

这时，张学良对父亲去世的噩耗还一无所知。

家恨：日军谋害了九岁幼子张间琪

"我恨日本！"

——张学良

1928年，张学良在父帅张作霖遇害身亡后，极力主张与南京国民政府实施易帜统一。日本关东军阻止"东北易帜"的阴谋失败后，竟在张学良爱子张间琪病重之际，制造了又一爆炸杀人事件。正是这一事件，残酷地夺去了张学良刚刚九岁的爱子性命。

张学良和于凤至结婚后，先后生下长女张间瑛、长子张间珦、次子张间琪。

1920年春天，张学良和于凤至的第三个儿子出生了。张作霖亲自为这个孙子取名张间琪。小间琪聪明伶俐，深得祖父张作霖的喜爱，同时也被张学良伉俪所珍爱。原因是张间琪相貌与张学良酷似，清秀而斯文，从小就老实厚道，比其两个兄长更为聪明。

张作霖亲自为张闾琪请一位家庭教师。在家庭教师的精心教育下，张闾琪学习了《四书》、唐诗宋词、书画。到了八岁时，小闾琪进入新民小学读书。他知道新民小学是母亲于凤至用自己多年积蓄出资建造的。但小闾琪在学校从不以张学良之子自居，对学校老师、同学很尊重又有礼貌。他学业优秀，写的一手小楷字受到师生的称赞。张学良还为他聘请了英文教师，希望他将来融贯中西，还准备以后送他去欧美留学。

张学良为张氏帅府中有这样一个颇有希望的后继者而暗自欣喜。

1929年秋天，九岁的闾琪染上了重病。初时咳嗽，后来发热到39度高烧。时值张学良刚刚继承父业，主持东北三省军政大事。他在日理万机时，时刻为爱子之病日忧夜虑。张学良夫妇为了救治张闾琪，在东北三省遍请名医，来大帅府为儿子治病。

张作霖的军医官王少源是张学良最为信任的医师，然而对闾琪病症也束手无策。张学良将沈阳城里的外国西医几乎都请到了，唯独不请日本医生，这些洋医生用尽所有办法，但张闾琪的病就是不见好转。张闾琪高烧不退，陷入了昏迷状态。

这时东北军政要纷纷进府探病，有人向张学良建议请日本医生治疗。张学良开始不采纳。张学良相信西医而不信中医，然而他已无计可施，只好同意请中医给张闾琪治病。此时，张学良宁肯请中医也拒绝请沈阳的日本医生。

当年11月初，帅府军医官马际宇介绍马二琴老中医，上门为张闾琪治病。马二琴是马际宇的叔叔，沈阳的名医。他认为张闾琪很可能患了可怕的肺伤寒。张闾琪服用马二琴几副中药后，病情有了转机，其高烧慢慢降低，也能少量进食了。这给忧虑中的张学良夫妇以极大的安慰，也让从前对中医多有误解的张学良，从此对中草药产生了兴趣。

张学良当时身居东三省军政要职，日理万机，身边簇拥众多关心张闾琪病情的人，他们都想为少帅减轻忧愁，找医问药，希望闾琪快快病愈，然而谁也不会想到，好心有时也会办坏事。

这年12月初，张间琪患有咳嗽症状，中医通过诊脉又不能正确诊断其咳嗽久治不愈的原因。于是，有位深得张学良信赖的旧部属，极力主张让小间琪到当地仰德医院，即人称南满医院，去照肺部X光片。

1927年，于凤至和子女们在一起（左起：于凤至、间琪、间玕、间珣、间瑛）

当时繁华的沈阳，像X光机这类先进医疗设备简直是凤毛麟角，全城只有仰德医院才有。仰德医院是日本人开办的，院长名叫广野三田，早年系东京早稻田大学医科毕业的高才生，在奉天行医知名度很大。

于凤至听说要把她心爱的小儿子张间琪送到日本医院照X光，马上表示反对。对此，张学良也心存疑虑。就在张学良举棋不定之时，那位素与广野三田有私交的奉系旧将再次陈词，并为广野三田的医德和为人拍胸作保。

张学良为谨慎起见，就去找军医官马际宇。

张学良询问："到广野三田的医院里照X光片子，是否有危险啊？"

马际宇表示："广野三田行医多年，医术也值得称道。至于他是否可靠，我不敢说，不过我敢肯定他和关东军没有任何关系，他只是一个日本医生，相信他绝不会利用给孩子治病之机暗中做什么不光彩的事情吧。"

由于马际宇深得张学良和于凤至的信任，他的话使张学良夫妇心存的一丝戒意也消除了。于是，张学良夫妇决定送张间琪进仰德医院去照X光片。

12月上旬的一天上午，寒风刺骨。张学良派军医官马际宇和侍卫张汝舟、苑凤台等五人，乘两辆汽车前往位于南满铁路地区的仰德医院。由于事前张学良爱子患病、各地遍请名医的信息早在沈阳扩散开来，因此广野三田等日本医生自然早知此事。加上张学良之前已经派人通知了广野三田，所以那天上午医院已经做好准备。因是张学良的小儿子就诊，广野三田显得格外重视，他特意让人把张闾琪将要就诊的X光胸透室内外清扫干净，当天上午只接待张闾琪一位患者。

上午9时，主治医生川岛治重和一位女护士（也是日本人）将张闾琪推进胸透室，并安排坐在X光机前。所有陪同人员，都被劝阻在胸透室外间等候。广野三田虽然赔着笑脸，却坚决不肯放这些陪同人员进室，理由是X射线对人有杀伤力，非病人不得入室内。

马际宇医官和几位侍卫在胸透室外等候，他们感到心绪焦急，坐立不安。突然，听胸透室内传来一声巨响，很像炸弹爆炸声。马医官等人不约而同大叫不好。这时，胸透室内响起了小闾琪的惨叫哭声，接着有人在室内惊恐地叫喊。

马医官和几个侍卫推开仍在阻拦的广野三田，撞开内室玻璃门扑了进去，惊愕地看见一个凄惨血腥的场面：烟雾弥漫之中，胸透机的主机玻璃板不知什么原因发生爆炸；张闾琪倒在炸裂的胸透机前，脸部胸部均有淋漓的鲜血，人早已昏迷不醒了；两名日本医护男女，虽满脸恐慌，却没有在爆炸之中受到伤害，只是白大褂上沾上爆炸的粉尘。

"这究竟是怎么回事？"马际宇和侍卫慌乱中抱起已经昏死的张闾琪，向广野三田等日本医护人员发出质问。广野三田对此故作惊讶，称可能是刚刚购进的胸透机突然遇冷而发生玻璃板爆炸。

当张学良夫妇在大帅府看到从仰德医院运回来的儿子时，儿子早已人事不省。虽经府内医生们的连夜紧急抢救，张闾琪终因玻璃碎片击中要害，当天夜里便在帅府停止了呼吸。

赵一荻闻知此不幸，对张学良和凤至大姐表示同情，并安慰他们不要太悲痛，以免伤害身体。在赵一荻的百般安慰下，张学良很快从丧子的痛苦中解脱出来，投身到建设新东北的繁忙工作之中。

张闾琪的死与张作霖之死同样带有一定的神秘色彩。事后，日本方面故作姿态地对此不幸事件表示遗憾，但却迟迟不肯提交爆炸原因的分析报告。

1931年九一八事变发生后，张学良认为：爱子张闾琪之死，与日本关东军有关系，只是日方始终不承认血案是其制造的罢了。

1989年，张学良在经历长达半个世纪的幽禁后，恢复了自由。

他在台北会见了一位名叫池宫城晃的日本记者。这位《每日新闻》的著名摄影记者在和张学良会面时，把多年搜集的关东军秘密档案复印件给张学良亲阅，其中就有关于爱子张闾琪之死的档案记载。

原来，日本关东军获悉张学良要送爱子前往仰德医院拍X光片后，连夜由日本驻沈阳总领事出面，以威胁利诱之手段，收买了广野三田医生，然后暗中布置日本特务在X光胸透机内密装炸弹，由特务幕后操纵引爆，炸死张闾琪，以胁迫张学良投靠日本。

张学良在解开儿子血腥死亡之谜时，已是耄耋之年。隔年，张学良在接受日本NHK广播电视公司采访时，想到父亲、儿子均死于日本之阴谋，便开头就说："我恨日本！"

危难之际显身手——少帅时代的开始

我28岁、29岁时就执掌大权，我是一个超人吗？不是。那时中国三分之一的江山都在我的手里，要它变啥就变啥。所以，后来日本人非要把我干掉不可。

我起来完全仗着我父亲的环境和权势，我想人家走两步，我走一步就到了，我为什么不利用这个机会为国家做点事，这就是我的决心……

——张学良

张学良接到父帅被炸伤的密电时，正在邯郸临洛关车站的军列上设置的指挥部里督军作战。他立即回到北京，命令司机伊雅格（苏格兰人，其父曾任奉天北宁路机务处总管，后来由他继任）和副官及近卫官等人收拾行装随他当日晚启程离开北京。张学良为了防备不测，在崇文门秘密登上杨宇霆军团长的军列。他的专用小汽车则被开到东便门装上军列。

张学良乘坐的军列行至黄土坡稍停，驶至北仓时天色已明。司机伊雅格把小汽车从军列上卸下来。张学良让他开车去天津打听父帅的消息。伊雅格驾车进入天津后，通过英国通讯社证实"张大帅被炸"的确实消息，于当日下午4时返回张学良处报告。

张学良听罢，命令伊雅格马上将车直开军粮城，路过天津时不要多停留。他此行的任务是：用车将随行人员罗文干、赵欣伯、杨云史送进天津英租界，把密信面交胡若愚，采购罐头、食品。伊雅格完成上述任务后，路经天津时买了几份报道"张大帅被炸"消息的英文《明星报》。张学良看了报纸后，知道了一些情况，乘上专列继续前进。

专列抵达滦县车站时停了下来。张学良和杨宇霆在车站附近一座山顶的小庙里住下。他的警卫队在山脚下搭起了帐篷，安下营盘。此时，张学良并不知道父帅已经去世。他在这里停留了十多天，主要是部署撤军。

6月8日，张学良的鲍毓麟旅由北京撤经通州，准备取道古北口回奉，被冯玉祥部队缴械。张学良不仅为此大伤脑筋，还要为安排阻拦张宗昌、褚玉璞的直鲁军残部和部队撤回奉天而昼夜不眠。当张学良将军事行动部署就绪后，便把部队指挥权交给了杨宇霆。他要先回奉天，看望被日本人炸伤的父亲。

6月17日，张学良将卫队营长崔成义叫到列车指挥部问："你听说老将遇难了吗？"

崔营长故作不知道："不清楚。"

"不管你清楚不清楚，我打算派你护送我回奉天！"

张学良说到这儿，停了片刻，说："老将遇难，伤势情况如何还不得而知，为防备敌人在途中对我有所留难，沿途要多加注意，如有询问我的行踪的，应予保守秘密，以防万一。"

于是，崔营长奉命带领全营官兵做好回奉准备。临行前，张学良身着灰色士兵服装，佩戴"王德胜"符号，化装成伙夫的模样，在刘多荃、谭海、苑凤台、崔成义的保护下，登上卫队专列。

张学良夹杂在卫队骑兵连的闷罐车厢里，身旁坐着他的私人医生马扬。此人日语说得好，也化装成士兵，防备万一出事时，好与日本人攀谈。列车经过山海关时，由于机车需要上水，所以专列停了下来。

张学良便装照

这时，三个日本宪兵向专列上的士兵问："这列车上的最高指挥官是谁？"

士兵们回答："是崔成义营长。"

日本宪兵对崔成义问："列车去奉天干什么？"

"我们到奉天另有任务。"崔营长答。

"你们的张学良军团长在车上吗？"

"张军团长没来，他正在滦县督军呢。"

三个日本宪兵巡视了列车的每个窗口，没有看到张学良的身影，才相信地走开了。

张学良乘坐的专列加完水后，便风驰电掣北上，到山海关车站约停了半个小时又继续前进。列车在经绥中、锦州、沟帮子等站时，各车站站长都上专列查看张学良是否在车上。由于卫队营长崔成义和士兵们的巧妙应答和掩护，才蒙骗过各站站长的检查，使张学良得以蒙混过关。

当列车从新民县火车站开行后，张学良嘱咐崔成义营长："车经过老将遇难处时，你告诉我一声。"

崔营长遵命，站在车窗口前，一眼不眨地盯着窗口外。专列驶过兴隆店后，崔成义向张学良报告："军团长，列车就要经过大帅遇难地点了。"

张学良闻报，立即站到车窗口前。当列车通过京奉、南满铁路交叉点即张作霖遇难处时，张学良神色惨淡，一语不发，默然良久。

6月17日上午10时左右，张学良乘坐的专列在奉天西边门车站停止前进。这时，副官谭海先下车探视情况，发现只有黄显声一人在车站迎候。张学良见车站无异常情况，便下车，随黄显声、谭海横穿铁道线向东急行，避开车站出口，坐进了早在那里暗地等候的汽车里。汽车没有直奔大帅府，而是先到伊雅格家，暂避世人耳目。当天深夜，伊雅格亲自开车，把张学良秘密送进"帅府"。

张学良一进帅府，就急切地问父帅伤势。当他得知父亲已去世近半月的噩耗，如五雷轰顶，立时泪水如注。这时，张作霖的卢夫人向张学良哭述了大帅临死时的情景。

那天，当差官慌张地跑进帅府报告大帅被炸受伤，车已到大门口的时候，帅府内的人慌作一团，赶快拥到府门口迎接。汽车从花园门口开了进来，大家把张作霖从车上小心地抬入小楼楼下屋内。他满身是血。有人用剪刀把张作霖的衣服剪开，发现他的一只胳臂已经折断。这时，杜医官赶来了，见大帅伤情，立即施行了紧急治疗。

此时，张作霖还能说话。张作霖对卢夫人说："我受的伤太重了，两条腿都没了（其实腿并没断），恐怕不行了，不要告诉小六子，要以国家为重，好好地干！我这臭皮囊死了算不了什么，叫小六子……"说到这儿，他就闭目长逝了。此时，正是6月4日9时30分。张作霖终年54岁。

张学良听罢卢夫人的哭述，沉痛已极。这时，大帅府军署参谋长臧式毅向张学良解释道："大帅去世时，怕消息透露出去，引起地方人心不安，更顾虑日本将乘虚有所举动，所以决定在您未回府前，严守秘密，封锁消息；每日令厨房照常开大帅的饭食；杜医官天天来府假装为大帅换药、填写医疗经过、处方等，以上做法是为了对付日本人的窥探。"

这一夜，张学良痛苦已极，精神恍惚。他猛然间想道：那日算的卦，占语上的四个字"大帅归矣"；想到父亲出事这天是阴历四月十七日，正是自己28岁的生日，而父亲恰是在他生辰日身亡，怎么会如此巧合？为此，张学良决心不再祝贺自己的生辰，把生辰日改用妻子于凤至的生日阴历五月初八。尽管如此，阴历四月十七日，仍是张学良终生不能忘记的日子，这一天对他来说是有生机也有死机的日子。

皇姑屯爆炸现场，共死53人。

在张学良回帅府前，军署参谋长臧式毅等人巧施妙计，对张作霖之死秘不发丧，还扬言张大帅的伤情正在好转，已接近康复，以此迷惑日本人，使其不敢轻举妄动。此时，张学良已回到帅府。他一面尽可能地继续隐瞒父帅之死真情，一面迅速地巩固自己在奉天的地位，以便确保他能控制东北的军政要务。他命令军队以最快的速度撤回奉天。

在张学良回奉天的前一天，即6月16日，臧式毅召开了高级会议。会上，他提议，全体一致通过张学良为奉天督办。这样，在张学良回帅府的第三天，即6月19日，就宣誓就职，并兼任由17个权威人士组成的东北保安委员会委员长。

6月20日，张学良发表就任奉军务督办通电，告军民长官、各报馆致省各县父老宣言。电报文说：

学良才质驽下，奉令服务乡邦，时局方艰，责任綦巨。当此任事之始，

敬以至诚之意，倾吐素抱为我父老陈之：

（一）学良束发从戎，屡亲行阵，目睹兵火之惨，战区则妇孺沟壑，闾舍丘墟，列郡则捐税苛烦，商民停业，贫者将死，富者亦贫，民苟不存，国于何有？学良上年战胜，渡河以后即有弭兵之电，言之綦详，事变相乘，夙志未遂。自今以后，谨当遵大元帅佳日息争通电，停止一切军事行动，抱息争宁人之旨，以期贯彻初衷，自非他方危害侵及生存决不轻言战事，此为我父老敬告者一。

（二）国于天地，必有与立，交邻亲善，古有明言，东省地界边陲，尤宜讲求外交。自今以往，当以最诚恳之态度与友国相周旋，屏除挑拨离间之阴谋，祈达共存共荣之目的，此为我父老敬告者二。

（三）东省为国防地带，整饬戎政固职责所当然，然古有明言，兵在精不在多，比年因战事发生，编制不无冗滥。自今以后，当取精兵主义，力谋收缩，一面励行兵农政策，即以过剩军队从事农垦，期于开发地利，为国实力，但使畎亩中多一耕农，即社会上少一游惰，彼时生产之力日增，军费亦因之自然日缩，袍泽同感生存之乐，而饷需亦无竭蹶之忧，此为我父老敬告者三。

（四）奉省金融困滞，公私痛苦同深，勉事补苴，终非善策。自今以往，当盛行开源节流主义，实事求是，蠲除一切苛捐杂税，以利民生，一面提倡实业，奖盛生殖，其他推广教育，整理司法，凡百内政，均协助民政长官切实进行，俾民治早日观成，即政治之改革可期完善，此为我父老敬告者四。

（五）至于国家之大，主体在民，民意所归，即国是所在。自今以往，以全体民意为准则，循序渐行，其一切制度规章悉采取众意，归于公决，庶将来政治入于正轨，全国可企同风，此为我父老敬告者五。

以上所列，上之则秉承于庭训，内之则发动于良心，端绪虽繁，精神不贰，志愿所在，生死以之。敢布腹心，敬希公鉴，谨请明教。

6月21日，张学良对路透社记者丁格尔谈其新政纲要点。23日，天津《大公报》发表张学良谈话。他说：

> 连年用兵，人生已不堪其苦。吾之政见大纲，将为维持和平，内部整理则在注重教育。吾父生时之财产共值一千万元，特用作推广三省教育。关于工业及经济之发达，必设法提倡及赞助。至于外交上，必谋取消不平等条约，同时并欢迎外资之合作，但不应附有任何特别权利。对于日本，认可和平解决种种悬案。对国民政府态度能谅解，并愿与国民政府谈判，根据平等之和平条件。但东三省为中国之重要一部分，吾对于不令三省参与国家大事之图谋，绝对不同意，故决以全力破坏此图谋。东三省与国民政府不能成立亲善谅解之难关，在于国民党无一定之主见，因彼等宗旨随日俱变，何人当权，则以何人之意见为准定也。

当日，张学良正式向外界公布父亲张作霖的死讯，并令人在哀挽录、行状内填上"21日"这个假日期，以此隐瞒日本人。少帅把父帅的灵柩存放大帅府东花园花厅内，以冰镇防腐。

张作霖生前就考虑，怎样才能让张学良在奉军拥有自己的基础，以子承父业？最好的办法就是让他进军校，军校毕业后再出来当军官。张学良一进讲武堂就考了个第一。有些人认为这是沾了张作霖的光。其实不然，当时讲武堂招收的都是奉军连排级军官，虽然挑的都是能识文断字的，但数

张作霖的灵位

学、物理学对这些人来说不啻于天书。而张学良能考第一确实不是因为他是东北王的大公子。

军校毕业后，张作霖并没有急着让张学良去当什么高官，而是"回锅"去当讲武堂的监督。本来讲武堂的最高领导人是张作霖，日常事务由教育长负责，但为了能让张学良参与到讲武堂的日常事务管理中，张作霖特设了监督一职交给张学良。

自从有了张学良这个监督，讲武堂的事情基本上是张学良管。这样，从职务上来说，张学良与老师们是上下属关系，与学生则是师生情谊。张学良长期掌管东北讲武堂，对讲武堂的师生人品、才能可以说是了如指掌。这是张学良成长为领袖人物的开始，也是建立接班的基础。这一切全都在张作霖的计划之中。随着奉军的不断扩军，大量东北讲武堂的毕业生被充实到奉军各级部队当中去。而在人事方面，张作霖又放手让张学良做主，所以像日后比较著名的东北军将领如黄显声、许庚扬、牛元峰，甚至开国上将吕正操、万毅都与张学良有师生情谊。而当时在讲武堂任教官的郭松龄、何柱国等人也恰是在此时与张学良建立了特殊的友情。这样，张学良在东北军就有了基础。

张作霖明白，张学良要在部队中有威信，关键是他能打仗、会打仗、打胜仗。张学良如果没上过战场，部队的将士就不会服他。于是，张作霖在儿子还没毕业时，就从装备最好、战斗力最强的东三省巡阅使卫队旅中挑选了一个团的士兵，配属骑兵、炮兵、机关枪各一连，工兵、辎重各一排，组成一个超强的加强团让张学良率领去剿匪。剿灭几个土匪需要这么强的兵力吗？张作霖的目的就是给张学良树立打仗的自信心！他要让奉军将士知道，虎父无犬子，张作霖的儿子是凭本事走到这一步的！

张学良果然不负父望，剿匪马到成功。张作霖的把兄弟、时任吉林督军的孙烈臣极为识趣地公开通电：张学良在吉林剿匪指挥得当，作战勇敢，敬请提升为卫队旅旅长。

1922年，第一次直奉大战，奉军一溃千里。张作霖眼看局面无法收拾，令张学良保命逃跑。然而，张学良不仅没有逃命，反而在郭松龄的协助下，压住阵脚，让奉军的老将们真正刮目相看，再也不敢小瞧他了。但这种刮目相看还是有保留的，因为老将们谁都明白，这胜仗是郭松龄起了很大的作用，张学良到底有没有能力统帅奉军呢？还有待证明。不久发生的郭松龄反奉事件中，张学良的出色表现则让所有人都闭上了嘴。

郭松龄举起反奉大旗后，一路势如破竹杀向奉天。张作霖被打得没了招数，把前线的一切事务全权交给张学良处理。张学良先是组织部队抵抗，成功地把郭松龄部队阻挡在巨流河一线，然后以情感联系瓦解郭部。因为郭部的军官大多由张学良提拔，张学良在前线一喊话，这些军官大部分自动放下武器。事后，张学良又力主对这些军官既往不咎，一概重新留用。他行出于感恩，将来对张学良会更加忠心。

在这件事中，张作霖及奉系的老派看到了张学良的指挥作战能力和在军队中巨大的号召力和影响力，从此再也不敢小瞧张学良。张学良自己也说："我真正在东北军中树立威信是在郭松龄反奉后。"从此，张学良开始独当一面，张作霖也对张学良完全放权。

张学良有了自己的团队，有了资历和能力，但这并不成为能够接班的必然条件。他要继承父业，还要有奉军各方派系的支持，特别是实力派的支持。

1928年6月24日，东三省议会联合会发表通电推举张作相为东三省保安总司令兼吉林保安司令，张学良为奉天省保安司令，万福麟为黑龙江保安司令。但张作相"坚辞不就"东三省保安总司令之职，并建议张学良担任"此一重要职务"。

张作相是张作霖的伙伴，其资历和声望以及在东北军界、政界领袖中的好人缘，使他在东北军队中广泛受到拥戴。张作相极为动情地说，张学良子承父业继承"大统"，是天经地义之事。张作相对张作霖怀有深厚的感情，他向众人发誓：要向忠于大帅那样辅佐少帅！张作相知道，奉军新派和老派矛盾深重，如果处理不慎，容易引发内讧。在这种情况下，张作相分头说服老派们支

张作相是张作霖的伙伴，其资历和声望以及在东北军界、政界领袖中的好人缘，使他在东北军队中广泛受到拥戴。

持张学良子承父业，以维护奉系团结。此时，老派人也清楚地知道，关内是蒋介石的北伐军，日本关东军虎视眈眈，局势危如累卵。所以，他们也同意由张学良出任东三省保安总司令。此时，奉军的杨宇霆也发出通电，表示要以东北三省大局为重，拥立"汉帅"（张学良字汉卿）。

7月2日，在东三省会议上，大家一致推举张学良为东北三省保安总司令，仍兼奉天保安司令。于是在7月4日，年仅28岁的张学良宣誓就职，同时兼任奉天东北大学校长。从此，张学良开始了对东北的统治。张学良的"少帅"这一非正式的极为流行的称呼，才算有了名副其实的意义。东北开始了少帅统治时期。

对此，张学良在晚年回忆说：

可以说我是个爱国狂，年轻时人家说我是个花花公子，我放弃花花公子出来做事，就是决心对国家有所贡献，我起来完全仗着我父亲的环境和权势，我想人家走两步，我走一步就到了，我为什么不利用这个机会为国家做点事，这就是我的决心……

暗邀记者报道皇姑屯炸车真相

皇姑屯炸车现场，我没照片。

这是几位炸药专家及兵工专家对炸车现场实地勘察后，提出的意见和资料，请作参考。

——张学良

张学良清楚地知道，父亲之死是日本人制造的暗杀阴谋。皇姑屯的两声巨响，炸死了东北王张作霖。爆炸声震惊了奉天军民，这本应是新闻媒体的特大新闻，然而当天的报刊电台广播对皇姑屯事件均无反映。

日本驻奉天领事对皇姑屯炸车案采取了嫁祸于人的卑劣伎俩，谎称：这次爆炸是中国南京政府派特工所为。

张学良对日军的阴谋一目了然，既要揭穿日军的谎言，又不能由他亲口说出，所以他表面上对日本人不动声色，暗中亲自邀请路透社记者、丹麦人丁格尔向全世界发布日军在皇姑屯炸车真相。原来，在皇姑屯炸车事件发生时，张作霖的密电处处长周大文手执照相机，准备拍摄炸车现场，却被赶来的日军制止了。

对此，张学良遗憾地说："皇姑屯炸车现场，我没照片。"然而丁格尔却说："我有照片！"他对张学良说，当时他在日军戒严薄弱处，迅速地偷拍了炸车现场的惨状。

张学良接过丁格尔已经洗好的几张照片，审看了一遍，连声称赞后，取出准备好的材料，递给丁格尔说："这是几位炸药专家及兵工专家对炸车现场实地勘察后，提出的意见和资料，请作参考。"

丁格尔作为路透社的资深记者，很快就写完了皇姑屯炸车案真相的报道，连同照片递交路透社上海分社审批，很顺利获得发表许可。于是，他的报道文稿被发至路透社所属的世界各地报刊披露。

丁格尔在报道中，以铁的事实证明皇姑屯炸车案是日军阴谋制造的，而且炸车所用的炸药是杀伤力很大的TNT。这次炸车，日军所用的TNT炸药是有电线贯通的，执行爆炸者必须亲自看到张作霖所乘蓝钢车厢经过炸点的时候，按电钮引爆炸药，才能达到炸死张作霖的目的。如果日军在皇姑屯铁路采用定时炸弹炸车，张作霖很可能幸免于难。

丁格尔在报道中指出，TNT炸药安放处在皇姑屯铁桥涵洞里的石墩中，这里的位置很明显；关东军护路部队在满铁沿线皆筑碉堡，设岗守卫，巡逻队护路严格执守，在皇姑屯铁桥左边有两座碉堡，又居高临下，昼夜有日军瞭望守护的瞭望台一座。

在这样的地理位置下，除了日军自己在铁路下安放大量TNT炸药外，任何其他人是不能做到的。

丁格尔说，他在爆炸现场发现：日军接通炸药的电线，架设于瞭望台上。显然，当张作霖的专列开到时，那节蓝钢车厢极易识别，当该车厢驶进铁桥涵洞里，在瞭望台上的施暴者准确地按下电钮，于是在两声巨大的爆炸声中，铁桥坍塌，蓝钢车厢炸毁，所有的重物全部砸压在张作霖所在的车厢上……

最后，丁格尔在报道的结尾处说：皇姑屯铁桥只有日军自己才可能炸毁，而企图嫁祸他人炸桥的说法是不攻自破的。

丁格尔的报道发表后，世界媒体争相传播，日军的阴谋野心毕露，所以日本关东军高层对丁格尔恨之入骨。张学良对丁格尔的人身安全非常担心，在奉天城内布置便衣，秘密保护他的安全。几天后，丁格尔向张学良告别，秘密返回丹麦。

第二编

东北向何处去

为统一，东北易帜

> 易帜问题，日方再三阻挠，我虽不理，但不得不缜密从事，防其滋生事端。我思利用新年元旦，商民悬旗机会，突然更换旗帜。在新年前一日，我令被服厂厂长，连夜赶制青天白日满地红的国旗六千面，如有泄露，以军法从事。元旦拂晓，令沈阳警察所长，将此六千面青天白日旗分发与沈阳市民，立即悬挂。十八年元旦清晨，青天白日满地红的国旗，飘扬于沈阳全市。

——张学良

张作霖遇难后的一个星期，国民革命军进入北京城。全国除东北外遂告"统一"，举国高悬国民党青天白日旗。

1928年7月1日，张学良向国民政府发出《决不妨害统一通电》：

> 北京蒋介石先生、冯焕章先生、阎百川先生、蒋雨岩先生、何雪竹先生、南京谭组安先生、李协和先生并诸公先生、何敬之先生、李任潮先生钧鉴：吾国不幸，兵祸频仍，民生憔悴，国是阽危。学良上年渡河之后，故首倡弭兵，事与愿违，有志未遂。今遭大故，重寄勉膺。先人遗训谆谆，以无违佳日息争电之旨为戒，言犹在耳，痛切于心。外审国情，内丁家难，既具肺腑，宁有更事私争！在前敝军退驻滦河，本系孔代表蓉生指定地点；兹为贯彻和平起见，更作进一步之表示，已令前方敝军从事撤退，以明真意。至

国难所在，学良当以民意为依归。所盼当局诸公，以国家大计为前提，同时收缩军事；一面以最简捷办法，速开国民会议，解决目前一切重要问题。学良爱乡爱国，不甘后人，决无妨害统一之意。除派代表即日趋前晋谒外，敬布诚悃，伫候明教。

——张学良

此时，张学良还远未成为张作霖权力的继承人，吉林和黑龙江仍在他的管辖范围之外。张学良清楚地知道：如果他公开与吉林省督办张作相竞争，很可能会遭到失败。

张作相是张作霖的伙伴，其资历和声望以及在东北军界、政界领袖中的好人缘，使他在东北军队中广泛受到拥戴。年轻的张学良在这些方面，根本不是张作相的对手。然而，张学良并未与这位德高望重的老前辈争夺东北的最高权力，而是谦恭地请张作相出任东北保安部队总司令，这是东北最高统

任东北边防司令长官时的张学良

治者的官衔。当天，东北三省议会联合召开了三省紧急临时会议，当场议决推举张作相为东三省保安总司令兼吉林省保安司令。为此，张作相极为动情，一再回辞，拒绝了总司令要职，发誓：他要像忠诚于老师那样辅佐张学良，支持少帅。此时，杨宇霆也发出通电，表示要以东北三省大局为重，拥立"汉帅"（张学良字汉卿）。

7月2日，在东三省议会联合会议上，准予张作相辞职。大家一致推举张学良为东北三省保安总司令，兼奉天保安司令。于是在7月4日，年仅28岁的张

学良宣誓就职，同时兼任奉天东北大学校长。从此，张学良开始了对东北的统治。张学良的"少帅"这一非正式的极为流行的称呼，才算有了名副其实的意义。东北开始了少帅统治时期。

7月6日，蒋介石为促使东北三省早日归附中央，加紧了与张学良将军的秘密联络。当天，蒋介石摆着"革命者"的架势，在北平碧云寺的中山灵前宣告：北伐成功。之后，派代表刘光到奉天与张学良秘密接洽改挂国民党的旗帜事宜。张学良对此心里非常有数：蒋介石希望他尽快作出抉择。

此时，在奉天张府内，善解人意的赵一荻执笔在一张纸上写出"再造统一"四个大字。张学良看了这四个字，眼睛立时放射出光彩。他亲切地握着她的双手说："对！再造统一，我们想到一起了！"

7月10日，张学良表示顺从民意，赞成统一。他委派王树翰、邢士廉、米春霖、徐祖贻四人，从天津到北平香山六国饭店谒见蒋介石等人，商谈南北议和条件。翌日，蒋介石又单独接见张学良派的四位代表说："只要东北易帜，服从三民主义，其他均可商量。"张学良接到代表电文后，立即复电："愿对国民政府服从到底。"蒋介石获悉张学良电文后大悦。

7月12日，日方闻讯，派林久治郎访晤张学良，公然表示：日本反对东北当局与南方政府妥协。他威胁张学良说："否则，你要对因此举导致东北秩序大乱负责。"张学良对日方威胁并无惧怕。

7月17日，张学良与某外人谈局。当天，东三省议会联合举行大会，通过《东北各省区临时保安公约》，设立"东北临时保安委员会"，对联合会负责，处理各省区一切重要政务。

7月18日，《盛京时报》发表了张学良与某外人关于时局的谈话：

南北妥协问题。现在进行程度，未便具体表示，唯双方意见已经相当接近，确属事实。临时保安全问题。此项机关性质，初与从前施政精神无异，要亦尊重民意焉耳。财政问题。财政固以金融安定为其目的，唯果能收如何程度之成功，尚属疑问。裁兵问题。此案重大，一言难尽，现由军事委员会研究裁兵善后办法，正在进行之际。对日侨民希望，与其徒倡"共存共荣"，毋宁互相谅解，推心置腹。防备问题。热河及山海关方面，防备十分完全，无须忧虑。改约问题。以人观之，条约也者，系属双方合意缔结，即有不合理之处，亦应由双方合意改订，若夫任何一方单独改正，殊不成理。惟此次改约问题，日本则亦宜表示相当雅量。

三民主义。三民主义，前于中山首倡时，早经表示谅解及今不复成为屈服不屈服之问题，唯共产党则誓必防止到底。安保会问题。此案现交省联合会审议在案，尚未决定。

不日，蒋介石特使李石曾到奉天，在同张学良的会谈中，答应易帜的条件是：确保张学良在东北的统治权力，任他为东北政务委员会主席，热河划归东北统治；要求张学良尽早换挂"青天白日旗"，以实现全国统一。7月20日，张学良致电邢士廉、王树翰说："蒋公对弟诚恳之意，并屡转告以国家为前提，合作携手之利益，闻之感涕。请转达介公，无论何时，愿对国府服从到底。……但求对外有圆满办法，东省一切不成问题。"

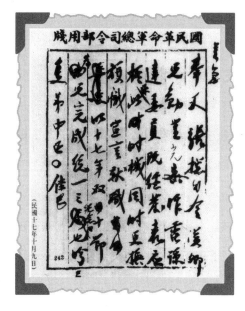

蒋介石促张学良东北易帜的信函

7月21日，张学良致蒋介石电：

万急，北平，蒋总司令介公勋鉴：密。日方警告情形，迭请代表转达，谅荷察及。敝处连接代表电述尊意，凡弟所希望者，无一不蒙容纳，身非木石，能无感动。通电易帜，弟已承诺在前，独以顾虑桑梓目前危险，不克立时践约，愧疚实极。惟此次弟决心与兄合作，纯本之个人天良，外交虽有问题，兄能有妙法应付最好，否则我辈精神上之结合，亦非外力所能阻隔，甚盼兄于归途指定晤面地点，弟绝不惮此一行，既可面罄苦痛，并可切商此后进行方法。第五次大会弟并愿派员参加，以谋事实上之合作。总之，弟此后行动，一以兄为依归，易帜固为袍泽之良友，不易帜亦为精神之信徒。东省行政方针，当本先总理训政方略，亦步亦趋，为不拘形式之统一。是否有当，敬乞逐一教示。

弟 学良

张学良基于国仇家恨，深感国家统一大有必要。双方几经协商，决定尽早易帜，即取下悬挂着的北洋政府时代的红、黄、蓝、白、黑五色旗，改挂国民党政府的青天白日满地红旗，表示服从国民政府的统治。

东北"易帜"的消息刚一传出，即引起了日本侵略者的惊慌。从田中首相到驻奉总领事和关东军施展了各种威胁利诱之手段，干涉张学良归顺南京。早在6月下旬，日本田中首相曾连电驻奉天总领事林久治郎，要求张学良不得与蒋介石妥协，希望张学良在东三省搞"独立"，否则，日本将采取强硬措施。面对日本的干涉，为防止日军"狗急跳墙"制造"第二个济南惨案"，张学良只好推迟易帜日期。张学良的这个决定对蒋介石来说是一件非同小可的事。蒋介石急忙派特使李石曾到奉天与张学良再次会谈。

在会谈中，李石曾要求张学良尽早易帜，改挂青天白日满地红旗帜，以实现全国统一。张学良诚恳地表示：结束国家分割的局面是自己多年的愿望，但眼下立即易帜，时机尚未成熟。他向李石曾讲了东北的局势。

在张学良为父帅张作霖治丧期间，日本首相密电驻奉天总领事林久治郎，令其晤见张学良，阻止其归顺国民政府。7月19日，林久治郎把田中首相的意旨面送张学良，施加警告。然而，张学良面对日本人的警告，冷静地向林久治郎说："我是否可以把日本不愿中国统一的意见，或东北不易帜是由于日本的干涉这样的事实报告给国民政府？"

林久治郎听了这话，没有再谈什么，因为他知道自己的言行是在干涉中国内政，这在国际社会是站不住脚的。

第二天，张学良又去拜访日本关东军村冈司令官，把对林久治郎的话向村冈重复一遍，使村冈陷于窘境。尽管张学良对日本人的威胁无所畏惧，但是对现时局势的利害关系，他不能不慎重考虑。所以，他向蒋介石特使李石曾表示：原商定易帜之事，只有待时机成熟时才能付诸实现。

张学良为父发丧期间，溥仪让其师陈宝琛和朱益藩给少帅写了一封慰问信，并送来"御笔"挽幛以尽悼念之意。其实，溥仪从心里不愿意张学良与自己争"皇帝"。他更不愿看到南方和北方的统一，这对清朝的复辟不利。为此，他也做张学良的工作。他有位老臣名叫商衍瀛，字云汀，清朝翰林院编修，还在溥仪的小朝廷中当过"南书房行走"。此人后来成为东北红万字会的名人，与奉系将领广有联系。溥仪利用商衍瀛的身份，让他替自己说情，接触张作相、张景惠等人，向这些人送礼，诡秘地从事政治活动。在张学良"易

张学良基于国仇家恨，深感国家统一大有必要。双方几经协商，决定尽早易帜，即取下悬挂着的北洋政府时代的红、黄、蓝、白、黑的五色旗，改挂国民党政府的青天白日满地红旗，表示服从国民政府的统治。

帜"的关键历史时刻，溥仪又命商衍瀛与张学良密商。

嗣后，张学良以东北边防军司令长官的身份写了一封亲笔签名信"敬呈清帝尊展"：

> 敬复者：商君云汀来沈，辱荷过谈，敬稔雅意殷拳，感激莫名。比维潭第多福，动定咸绥，允符私祝。学良才短学疏，谬膺疆寄，循省遭际，韦越为虞，重以奖言，弥增愧悚。承示各节，已与商君面谈，晤时谅能备道。好风多便，尚望时惠德音，藉资韦佩，无任盼祷之至。肃拜复，敬请台安。
>
> 制 张学良 拜启

商衍瀛与张学良说了些什么？这封信中没有阐明。但从信的行款上的变化和字里行间可看出，张学良"易帜"的决心是坚定的，没有给溥仪任何政治上的许诺。

张学良在给蒋介石的《杂忆随感漫录》中回忆，关于"实现易帜"写道：

> 我对于日本的理解，认为日本系立宪国家，一切大权操之国会，调动军队，亦须帷幄上奏。假如使日方无由藉口，是不能滥用武力，尤以我父亲死难之事为证，彼时日本野心军人，虽想制造事端，藉故挑衅，而如我不给予机会，彼亦无法。所以我取敬鬼神而远之的态度。绝不受其利诱威逼，有失国权。至于我个人的荣辱利害，置之度外，而况我还有不共戴天之仇乎！
>
> 我的腹案是：对外取不合作，消极抵抗，有机会即设法收回已失的权利；对内坚决促成统一，建设地方，休养生息，自力更生，以期富强。当时我对日方，亦存戒慎之心：一、必须谨慎从事，使其无由藉口；二、处处戒备，使其不能制造事端，藉故挑衅；三、严密防范内部存反侧之谋者，同日人勾结。
>
> 易帜问题，日方再三阻挠，我虽不理，但不得不缜密从事，防其滋生

事端。我思利用新年元旦，商民悬旗机会，突然更换旗帜。在新年前一日，我令被服厂厂长，连夜赶制青天白日满地红的国旗六千面，如有泄露，以军法从事。元旦拂晓，令沈阳警察所长，将此六千面青天白日旗分发与沈阳市民，立即悬挂。十八年元旦清晨，青天白日满地红的国旗，飘扬于沈阳全市。

日本林总领事亲来提出抗议，质问为何事前不通知彼方？

我答说："改悬旗帜，系我的内政问题，我有什么义务，必须告知你方呢？你又有什么权利来质问我哪？"

林总领事则说："你前曾在该领事馆，许有协力合作之诺言，你今片面行动，可谓合作乎？"

我说："所谓协力合作者，是系对日本侨民保护问题。你不能任意曲解引用。"

林又言："敝外务大臣所关心者，系治安问题。"

我笑着答曰："如今国旗已经改换，东北政体已鲜明确定，治安正常。请贵总领事转达贵外交大臣，可以不必再关心啦！"

日酋吊丧，实为阻挠少帅归顺国民政府

林权助提出的问题是："你不可以贸然地顺从南京政府，你我父亲在大元帅时代，有些关于东北问题未决的悬案，你应当同日方合作，将你父亲遗留所未决的问题，办理清楚为是。"

我答称："这不是俗所谓父债子还的问题，我的行动，是中国的内政问题，日本政府似无过问的义务。至于关于东北悬案的问题，现在中国的中央政府是南京国民政府，凡政府的命令应解决之事，我自当照办，日本政府应该向国民政府外交部去交涉。"

——张学良

141

在张作霖吊丧期间，日本关东军司令官刈隆大将拟来祭吊。张学良因仇恨填胸，闻之万分冲动，欲割下刈隆之头以祭家父。张作相、王维宙得知，到张学良处密为劝阻。张作相以强硬言辞，不准张学良妄动。

王维宙则劝张学良说："东北父老，对你有所众望，付托以大任，千万不能逞一时激愤，而令东北父老失望啊！"

当日军刈隆大将祭吊张作霖完毕告辞后，张学良行家奠，未能终祭，便昏倒于父亲的灵柩之前。

在张学良为父帅张作霖举行葬礼时，日本政府以吊丧为名，派其驻法大使林权助于8月3日到奉天。

8月4日，张学良在大帅府为父亲举行了规模宏大的治丧典礼。高大宽敞的灵棚内，香烟缭绕。张作霖家族人人身穿孝服陪灵。前来参加葬礼的中外来宾络绎不绝。

日本政府的特使林权助看到张作霖灵位前最显眼位置上，摆放一个花圈，挽联上写着：

噩耗惊传，几使山河变色
多难兴邦，应怜风雨同舟

此花圈挽联下款签有"蒋中正"。林权助看罢，心情极为不快，面容阴沉地向张学良日文秘书问："送花圈挽联的蒋中正是何人？！"

日文秘书回答："中国只有一个蒋中正啊！"

"……"林权助听后无语。

此行，林权助是带着田中首相的使命，来到张作霖灵前吊丧的。陪灵的张学良面对杀父之国的特使前来"吊丧"，心如刀绞，决心要与他进行一番较量。

张学良想："我必须谨慎与林权助周旋。他携有日政府高贵的丧礼并持有田中首相亲笔的祭词。祭吊之后，他必和我谈判，我一定要显现出中国人的气节！"

果然不出所料，林权助在祭吊张作霖之后，向张学良声明："我以田中首相的私人代表的资格同你晤谈。"

张学良表示接受晤谈，因为他在民国十年东渡日本时，与田中曾有一度往还之交。

林权助开门见山地提出问题："你不可以贸然地顺从南京政府，你父亲在大元帅时代，有些关于东北问题未决的悬案，你应当同日方合作，将你父亲遗留所未决的问题，办理清楚才是！"

"林先生，"张学良听罢，笑答，"我的行动，不是俗称的所谓父债子还的问题，我的行动，是中国的内政问题，日本政府似乎无过问的义务。至于关于东北悬案的问题，现在中国的中央政府是南京国民政府，凡政府的命令应解决之事，我自当照办，日本政府应该向国民政府外交部去交涉。"

林权助说："我说的是北京政府、你父亲时代之事，恐怕南京政府不会承认。"

张学良答："那么你找北京政府吧，与我就没有什么关系了。"

林权助听此言，怒道："你太年轻气浮了，出言不加考虑。如果你坚持这种态度，恐怕将来对你大大的不利啊！"

"林先生，"张学良毫不示弱地问，"对我有什么不利的？你说说！"

"好！"林权助说，"日政府虽能遵循合法的外交途径解决问题。然而今，东北的问题，自日俄战争起，与日本军方就有血缘的关系，恐怕日本少壮军人，是不能有所容忍的！"

张学良说："林老先生这话，似有点可

林权助

议之处。老先生为日本外交耆宿，政界重镇，贵国为立宪政体，三军大权，操之天皇。老先生认为日本军人，可对中国任意行动吗？假若如林先生所说，那倒不是中国的问题，反成为日本的问题了，我想恐怕那也不是日本之福吧？我推想不会有这种事实的。"这样，张学良与林权助，只是口舌之辩，会谈毫无结果。

8月9日，林权助又一次与张学良密谈，透露了日本政府田中首相给他的秘密训令："自日本观点言，在目下情形中，东三省与南方请求妥协实在不利。如张学良不与南方继续洽谈，则东三省当成为中国最进步之省份。此不仅中国一省或日本一己之利益，中国全部人民之利益亦即在此。深信张大元帅如尚在世，必愿见此成就，张学良如循此路线，亦足以成其先人遗志。万一南京侵入东三省，则日本决尽其牺牲以执行其现之政策，维持东三省之和平与秩序。"

密谈中，林权助对张学良说了一些露骨而不客气的话。对此，张学良严正而明确地对林权助说："我是一个中国人，当然以中国人的立场为出发点。我不愿意看到中国分裂，而愿中国走向统一，实行分治合作之政治。"

张学良又说："我的决定不会受日本压力，而是以东三省民意为定，我不能违犯东三省的民意。"

林权助听了，仍然喋喋不休地说："我和令尊是好朋友，在私谊上说，我把贵总司令当作自己子侄，有危险我不能不奉告。"

张学良听罢，愤然变色，大怒道："我和贵国天皇同岁，阁下知道不知道？对阁下刚才的话，我所能奉答的就是这些！"说罢，他就令人端茶送客，弄得林权助狼狈而去。

但是，日本对张学良归顺南京政府并不甘心，又让派在张学良身边当顾问的土肥原贤二说服张学良出任"满洲国皇帝"。他还给张学良写了一份"王道论"。张学良看罢，问土肥原："你这是干什么？你要干什么？你让我当满洲皇帝，你是什么意思？"说完，张学良让千田森告诉参谋本部把土肥原这个顾问调走。千田森当时就对张学良说："你这个顾问是日本派的。当年订条约时规定你有两个顾问，你没有权让他调走，他是政府派的。"

张学良气愤地说："那好，我没有权。我没权没法子，我的顾问我也没权调走，那么我不见他，我有权吧？我不跟他谈话我有权吧？"张学良说到这，对千田森说，"以后，土肥原来，不管谁来，我一概不见！"

对日本的威胁，张学良在给蒋介石的《杂忆随感漫录》之"日本人之阻挠"中说：

借吊丧之名，日政府及田中首相特派林权助为专使将来沈阳。我得到此通知，深为忧虑，缘林权助乃当年二十一条的主动人之一，为侵华巨蠹，在日本外交和政治上，颇有地位，曾陪同日皇之弟秩父宫周游欧美。此人出马，想非专为吊丧而来，我必须谨慎与之周旋。彼携有日政府高贵的丧礼并有田中亲笔的祭词。祭吊之后，果如所料，彼开始向我谈判，声明彼以田中首相的私人代表资格同我相谈，因我在民国十年渡日时与田中曾有一度之往还也。林权助提出的问题是："你不可以贸然地顺从南京政府，你父亲在大元帅时代，有些关于东北问题未决的悬案，你应当同日方合作，将你父亲遗留所未决的问题，办理清楚为是。"

我答称："这不是俗所谓父债子还的问题，我的行动，是中国的内政问题，日本政府似无过问的义务。至于关于东北悬案的问题，现在中国的中央政府是南京国民政府，凡政府的命令应解决之事，我自当照办，日本政府应该向国民政府外交部去交涉。"

林言："北京政府你父亲时代之事，恐南京不承认。"我答："那么你找北京政府吧，与我又有什么关系？"林言曰："你年轻气浮，出言不加详虑。如你这种态度，恐将于你不利。日政府虽能遵循合法外交手续，东北的问题，自日俄战争起，与日本军方有血缘的关系，恐日本少壮军人，亦不能有所容忍。"

我答曰："林老先生这话，有点可议之处。老先生为日本外交耆宿，

145

政界重镇，贵国为立宪政体，三军大权，操之天皇。老先生认为日本军人，可任意行动乎？假若如林先生之言，那倒不是中国的问题，反成为日本的问题了，我恐怕那也不是日本之福吧？我推想不会有这种事实的。"会谈无结果，只是口舌之辩，现在我仅能记其大略而已。

林权助连日再三来访，彼见谈不出结果，遂而改变了话题，劝我说："父在观其志，父没观其行，三年无改于父之道，可谓孝矣。你父尚未葬，你就认敌为友，归顺国民党，可谓孝乎？"我答曰："我父亲最后的愿望，退出北京，不再战争，使中国老百姓得以休养。愿中国和平，我今继其愿望，何谓不孝乎？而况国家重大问题，古人云大义灭亲，我别说未曾违背我父亲救国的遗志，在国家大义上，我就是有些违背，我也在所不计。"

林权助几番游说献策，既已被我拒绝，在我判断，彼可以休矣。殊不知日方仍不死心，改换方式，双管齐下，想以利害动我。先由军事顾问土肥原和日本驻奉天特务机关长秦真次上书与我。土肥原曾上"时势造英雄论"，秦真次的"为王道政论体说"，皆系讽我趁势创立满洲独立王国，以建大业。林权助对于汉学有相当的造诣，先曾引用"三年无改于父之道"来责我，此回引孟子"赵孟能贵，赵孟能贱"之句，告我要自己掌握自己的命运，不可依附南京，任免之权，操之于人，后果如何，难以预料。引证前清三藩故事以动我。又劝我可仿效武肃王之行事，待机观变。并力言，如我有大志，日本政府能尽力协助之。凡有所求，皆可商讨，彼得有田中首相的默许，可全权同我谈判。

至此彼已明白表露出日本之阴谋矣。并言，彼之此行，必须得有结果。我当时的答复大意是："此事体过于重大，容我详为思考。我仓促接承我父亲的大权，系由东北各界所公举，我不能任意所为，恐少数时日，我不能有具体的答复，对于老先生有虚此行，殊感抱歉。"

林则说："彼拟日内即东返，希望你再好好地考虑考虑，不要错失机会。假如自认羽毛未丰，有所顾虑，日方物力人力，皆可为助。"林权助在我为他饯行宴会之夜，邀我同他密谈，再嘱我表明态度，彼回国须有正确的复命。我在酒后，闻之心中深为气愤不能忍耐，遂对林说："你屡次为我的设想，在私人利害方面，比我自己还考虑的周到。不过有一点，你未曾为我想到。"

林闻我言，露出高兴之意，立即问我："是什么，我未曾为你想到哪？"

我沉吟不欲说出，林再三追问，我说："你老先生忘记了，我是中国人。"林默然片刻，徐徐言曰："那么，我明天即可回国了！"翌日我亲到林之寓所——日本总领事馆为林送行，并表向日本政府及田中首相和他来吊丧的谢意。谈话之后，林之随员佐藤少将发言询问："听说你要服从南京国民党，改悬青天白日旗，这是什么用意？"

我答曰："我们愿意悬挂哪种旗，我们就挂哪种旗，那是我们自己的事，你又何必关心这呢？"佐藤厉色而言曰："我们日本有条约及侨民的关系，对东三省的治安，当然是应该关心的。"我答曰："我地方治安，你日本依据什么？"在座间日本总领事随即离席，取出一条约大全类的书，拣出一页给我看。乃是日俄战后，日本撤兵中日换文的附件，日本有一函，内容大旨："日本撤兵之后，在东三省的侨民及权益，对于东三省治安相当的关心，希望中国当局注意维护。"

我看完之后，对佐藤及日本之总领事抗言曰："我赴日之来，系为林权助专使送行答谢，并非准备办理交涉，否则我有办理外交的专人，也可以拿出条约类的书籍几大本，如华盛顿条约、九国公约等。我非外交专家，我今日之来，你们如此举措，是否合乎外交礼貌，有无先例？"

我遂向在座之林权助用询问口语："林老先生为外交前辈，当可评断。"林权助遂语在座佐藤及林总领事二人制止之，并语林总领事，此等事，应同张总司令改日再谈。我对林权助表达谢其吊丧，并约我将派专使至日答谢，并请其转达田中兼外相，无论东北政体发生何项变化，我在职之一日，日本在东北的侨民，我当尽力保护，请其放心，并盼双方协力合作。林权助表示谢意。我说这也说不到谢，这是我的义务，也是我的权力。林权助返回国之后，曾对新闻记者表示：我（即张学良）有不可动摇之性格，难期合作。并发表"家赖家康"之议论。

废除东北大学拒收女生之规

民国已经成立十七年了，人们天天讲"男女平等"、"妇女解放"，可是做起来还是"重男轻女"，我决定立即取消拒收女学生的规定，东北大学应当从这方面带头，做真正实现男女平等的模范！

——张学良

张学良任校长前，东北大学校长姓王，是位清朝末年的秀才。王校长是个地地道道的理学派人物，他一脑子封建思想，宣扬"男女授受不亲，是至圣先哲的教诲，自古以来，就是天经地义之事"。

1926年，王校长因多年宿疾，久治不愈，辞职回原籍金县养病去了，于是，继任王校长之职的刘尚清开始掌管东北大学。

刘尚清校长一上任，便面临"女青年要上大学"的难题。

"为什么不准女青年入校读书？"

"民国教育成立这么多年了，为什么剥夺妇女受教育的权利？"

面对上述问题，刘尚清校长考虑到：东北大学自成立起，一直没有接收过女学生入校，自己怎么可以违背这条禁令呢？经考虑，他还是执行了拒绝女青年入校学习的禁令。

1928年8月16日，刘尚清校长呈请辞职获准。张学良经东北政务委员会推荐，兼任东北大学校长。

张学良兼任东北大学校长后，也面临"女青年要求上学"的社会问题。他决定：解决上述问题要从我开始。

张学良严肃地问："东北大学拒收女学生，是谁决定的？为什么做这种决定？"

副校长刘凤竹回答："前两任校长都是这么做的。王校长说：'男女授受不亲，是孔圣人的教诲，谁也不能改变。'"

最后，刘校长显得很无奈地说："东大一直是这样做的，王校长也是这样做的。所以，东大一直拒收女学生。"

张学良生气地说："王校长、刘校长都是老愚儒！本司令认为是不对的，我现在是校长，完全可以取消'拒收女生'的规定。现今是什么时代了，东大为什么还要歧视女性呢？"

刘凤竹听了，兴奋地说："张校长，您说的我完全同意！只有您才能做到！东大今年就应该接收女学生入校学习。"

张学良说："凤竹，你说得对！民国已经成立十七年了，人们天天讲'男女平等'、'妇女解放'，可是做起来还是'重男轻女'，我决定从今天起，取消拒收女学生的规定，东北大学应当从这方面带头，做真正实现男女平等的模范！"

于是，东北大学在张学良的主持下，批准了"从新学期开始，各系招收女学生入校读书"的新规定。

张学良为了鼓励社会女青年入东北大学学习，他还让夫人于凤至入东大政治系做插班生。

张学良说："我妻子应该带头上东

张学良任东北大学校长后，决定东北大学各系开始招收女学生的举措，深得社会各界特别是妇女界的热烈拥护。为了鼓励社会女青年入东北大学学习，他还让夫人于凤至入东大政治系做插班生。

北大学！"

就这样，于凤至成为东北大学第一位女大学生的消息，被新闻媒体披露后，许多社会女青年受到极大的鼓舞，在新学期开始时，她们纷纷报名上"东北大学"读书学习。

张学良决定东北大学各系开始招收女学生的举措，深得社会各界特别是妇女界的热烈拥护。

面对社会各界的称赞，张学良说：

我实在不配任校长，但在命运上、历史上造成了自己的地位和责任！为担负起这一责任，为救国的宏愿，一心一德，共同奋斗！

中国唯一希望在青年，青年之本，在教育。不出风头，各尽其职，良所愿与诸君共勉。

致电蒋介石：东北改悬"青天白日"国旗

学良过承提携，许以追随左右，为国服务，感幸何极……承示亟速恢复交通与改悬国旗各事，莫不深表赞同。惜因外交环境关系，不得不分别缓急，徐图解决，免滋意外纠纷，总期实践前约，昭示国人。

自应仰承先大元帅遗志，力谋统一，贯彻和平，已于即日起宣布，遵守三民主义，服从国民政府，改易旗帜……服从长官命令，捍卫国家，爱护人民，克尽军人天职，此誓。

——张学良

张作霖被日军谋杀后，张学良实现东北易帜的决心更加坚定。然而，日军并不甘心，不断地向张学良施加威胁、利诱。然而，张学良始终不为日军所动。

1928年10月8日，南京国民政府任命张学良为国府委员。尔后，张学良派邢士廉、王树翰赴南京报告了易帜准备情况。隔日（10日）张学良向蒋介石致电，表示积极准备，一旦就绪，即将通电宣布三省同时易帜：

南京国民政府蒋主席钧鉴：

密。佳巳电敬悉。学良过承提携，许以追随左右，为国服务，感幸何极。已专电致谢，并请列名通告依时受任，计邀明察。兹尚有数事敬求核示：（一）东省易帜，早具决心在前，实因某方（指日方）之压迫，致生障碍，当时敝处与之面约以三个月为限，届期即行易帜，详情业请方耀庭兄转达，承电示谓已派张岳军（即张群）兄赴日解决此事，不知彼方论调如何，未蒙示及，现计算约定之期，已不甚远，敝处积极准备，事前秘不使知，筹备就绪，即行通电宣布，以三省同日实行以免彼方又生狡计。（二）政治分会，五次会议虽主取消，唯使东省情形特别，此种过渡办法，绝不能少，拟请中央将东北政治分会及奉、吉、黑、热各省省政府主席分别任命，使易帜就任之事同时举行，庶可一新耳目。（三）关于军队服装，中央当有规定，事虽微细，唯观瞻所系，必须整齐划一，拟求将前项服装图样及公文程式手续已经颁布者，每种各备数份，派员交下，以资仿效，而归一律。当否，均祈裁示。

张学良

此电发出后，10月12日，蒋介石即致电张学良，告诉已将其名加入国府委员会发表并在委任。电称：

奉天张总司令汉卿兄勋鉴：

密。青电奉悉。统一完成，建设开始，海内贤俊共同努力，此党国之大幸，佩慰非可言喻，已将兄名加入委员会发表就任矣。台从不获常川在京，自应遴派代表于必要时列席报告。唯国府组织伊始，诸待筹商，尚希拨冗一临，共论国是，尤所盼祷。

蒋中正　文

同日，蒋介石又致电张学良，务希毅然主持三省同时宣布易帜：

奉天张总司令汉卿兄勋鉴：

　　密。蒸电奉悉，至为欣慰。易帜之事，全属我国内政，彼方本不能公然干涉，况目下党国形势，团结一致，彼尤无可借口，为从来所未有，此其时，如尊处果能出以决心，中（指蒋氏）深信彼决不敢有所举动，务希毅然主持，三省同日宣布，愈速愈妙。关于政治分会，五中全会既决议于本年内取消，实不便再有设置，东省果有特别情形，可另筹妥善办法，各省政府主席及委员人选请先电报，不久当即发表，军队服装式样及公文程式手续，自当派员送上。

专此布复。
弟蒋中正　文二

10月13日，张学良致电蒋介石，表示实践前约，改悬国旗：

　　学良不才，谬蒙推举，寸衷感篆，莫可言宣，只以东省善后万端待理，弗克追陪末席，良用慊然。承示亟速恢复交通与改悬国旗各事，莫不深表赞同。惜因外交环境关系，不得不分别缓急，徐图解决，免滋意外纠纷，总期实践前约，昭示国人。至热河问题，毫无成见，容俟杨邻葛（杨宇霆）兄由热归来，当即电商办理。先此伸谢，诸希亮察。

　　蒋介石对张学良一如所诺的电报很赞赏，便派张群率南京代表团抵达奉天。

1928年12月29日，张学良、张作相、万福麟等联合发表通电，宣布东北易帜：

> 南京中央党部国民政府主席暨各委员钧鉴：
>
> 自应仰承先大元帅遗志，力谋统一，贯彻和平，已于即日起宣布，遵守三民主义，服从国民政府，改易旗帜，伏祈诸公不遗在远，时赐明教，无任祷盼。

此前，张学良为了检阅和显示自己的军事力量，在北大营举行了隆重的阅兵式。阅兵式上，他身穿新式陆军礼服——上衣是瓦灰色，裤子是黑色镶红道；头戴法国平顶式军帽，帽顶有十字金花，帽檐饰一圈金色花牙，正面饰金质帽徽；腰系金丝织的刀带，佩挂着指挥刀——刀柄和刀鞘镶嵌金花，下垂金丝绦穗。这身装束使张学良英姿勃勃，神采奕奕。平时，他不骑马。此时，他骑着战马，毅然宣布"易帜"。于是，北洋军阀张作霖时代的五色旗降了下来，代之升起的是国民政府送来的青天白日满地红

南京政府任命张学良为东北边防军司令长官，张作相、万福麟为副司令长官。在就职典礼上，张学良身着中山装向孙中山总理遗像宣誓。方本仁、刘光监督。宣誓完毕，张学良发表讲话。他开头就说："我不入地狱，谁入地狱。"

国旗。

12月31日，南京政府任命张学良为东北边防军司令长官，张作相、万福麟为副司令长官。在就职典礼上，张学良身着中山装向孙中山总理遗像宣誓。方本仁、刘光监督。宣誓完毕，张学良发表讲话。他开头就说："我不入地狱，谁入地狱。"他解释说："我们为什么易帜？就是奉还大权于中央，立志富国。我们今天也就是不想分中央的权力，举政权还给中央，以谋真统一。"

这天，张学良向全国发表通电：

已于即日起，宣布遵守三民主义，服从国民政府，改旗易帜。

至此，张学良实现了东北与全国的统一。

此时，张学良并没有忘记父亲的灵柩还没有归位。他在这年底着手在抚顺附近的铁臂山，仿清代福陵、昭陵规模修建大帅陵。修陵期间，将其父张作霖遗体采用大量冰块镇冻防腐。

处决杨宇霆、常荫槐的内幕

统一告成，建设开始，凡我同志，正宜和衷共济，协力图功。

杨、常朋比，操纵把持，致使一切政务，受其牵掣，各事无从进行，胪其罪状，厥有数端：溯自民国十三年后，屡次战祸，均由彼二人恣意播弄而成，迹其阴谋私计，世或未知……杨宇霆、常荫槐，皆为先大元帅倚畀之人，与学良共事最久，私交之笃，无异昆弟。此次固维持东省和平，迫于公论，不能不忍痛处置。

——张学良

1929年1月1日，南京以解决裁军问题为名召开遣散会议。全国各地的军事领袖都出席了这个会议，只有张学良委派了王树常将军代替自己在南京开会，他本人留在奉天着手完成一项颇为大胆的行动。7日，东北政务委员会宣告组成，张学良任委员长。翌日，苏联驻奉天领事库兹涅佐夫拜访张学良，就东三省交通委员会收回中东铁路哈尔滨电话局提出抗议，要求偿还百万元的安装费。

1月10日下午，杨宇霆、常荫槐一同来见张学良。他们以"中东铁路系中苏合办的铁路，一向不接受东北交通委员会的指挥"为理由，要求成立东北铁路督办公署。杨宇霆极力推荐常荫槐为督办。常荫槐不好意思地转过话题并对张学良说："成立东北铁路督办公署，就可以将中东铁路纳入我们的管辖范围之内了！"

杨宇霆称赞常荫槐说得对，把事先写好的文稿拿出来，递到张学良面前，说："我们俩已决定这么办了，你签个字，我们就发表公布于众！"

张学良面对杨、常的一唱一和，听着他们那不可置疑的口气，看着他们根本不把自己放在眼里的神态，感到事情的复杂和严重。此时，张学良的脑海里浮现出日本首相田中四次派人向他交涉修建满蒙五铁路的情景，尽管日本人软硬兼施，但都被他以种种借口拒绝了。

张学良想："莫非杨、常二人和日本……"想到这，他心中立时升起一股怒火，但他很快把情绪稳定下来，推托说："你们的建议，我可以考虑。不过，成立东北铁路督办公署一事涉及外交，不能草率行事，请二位容我一点时间慎重考虑一下。现在已经到晚饭时间了，我们一起晚餐后再商量……"

"不用再商量了！"杨宇霆向常荫槐使了个眼色。

常荫槐会意地说："我们还有要事回去处理，临来时，我们已告诉家人准备晚饭了，待会儿我们来听结果。"说完，杨、常二人起身告辞。

客厅里只剩下张学良，他坐在沙发里，思考着处理这事的良策，然而烦躁的心情却使他坐不安稳，于是取出香烟燃着。他从喷吐的烟雾里面，仿佛看到了杨、常二人的阴险嘴脸，立时往事历历在目……

张学良在早些时候就对杨宇霆的野心不满，但由于杨宇霆是父亲张作霖的左膀右臂之一，很受宠用，所以从第一次奉直战争到第三次东北军进关，杨宇霆一直左右着东北军。在杨宇霆兼任督办的奉天兵工厂，弊端百出，贿赂公行，在东北可谓尽人皆知。当时，张学良为了促使杨宇霆收敛自己的行为，特向父亲请求由自己办一个迫击炮厂，以其经费开支少、出品精良的事实，企望杨宇霆觉悟。然而，张学良的用心并未使杨宇霆有丝毫的收敛。

常荫槐，时任黑龙江省省长。

杨宇霆善权术，计谋多端，一心要在东北树立自己的势力。在刘尚清、莫德惠继任省长时期，他挟其威势，开始大量安插亲信，凡是各县县长、税捐局长、警察局长，一有空缺即安插自己的党羽。于是东北政治人事大权便落在杨宇霆的掌握之中。然而，杨宇霆并不因此满足，还要将他的嫡系日本士官派插进东北军，以求逐渐掌握东北军的实际军权。当时，东北军的吴俊升、张作相是张作霖的创业伙伴和把兄弟，东北军的精锐部队第三、第四方面军的统领是张学良，所以杨宇霆在东北军插进嫡系日本士官派的企图是很难实现的。于是，杨宇霆采用日本士官学校同学于珍的建议，成立预备军，大量储备日本士官派嫡系军官。他以掌握张作霖图章的便利条件，曾用盖着张作霖印玺的命令通令东北军各部，官兵空缺一律无权补充。他以为这样做，东北军迟早就是他的了。然而，郭松龄却识破了杨宇霆的阴谋诡计，并向张学良报告，竭力阻止杨宇霆的阴谋。杨宇霆对郭松龄恨之入骨，想方设法企图除掉他，最后导致郭松龄倒戈反奉，险些使张学良陷于死地。

1924年，第二次直奉战争中，东北军获胜，张学良、郭松龄的战功卓著。

杨宇霆本无战功，但他竟盛气凌人地出任了江苏督办，而后被孙传芳、陈调元打得惨败，狼狈逃回奉天。他为了雪"无能"之耻，竭力怂恿张作霖再次发动战争，以达到其重返江南的目的。张学良识破杨宇霆的企图，主张东北军休养生息。但是，张作霖经不住杨宇霆的怂恿，决定东北军第三次进关参加内战。当时，杨宇霆代替已病的韩麟春与张学良同任第三、第四方面军军团长。他掌握军权后，更加骄横狂妄。凡是作战措施，他都先经身边的四名术士选择吉日吉时，说干就干，从不把张学良放在眼里。

有一天，杨宇霆的专车停在京汉铁路的马头镇车站。突然，一只白兔跳进车厢，旋即逃脱。杨宇霆面对此景不解地问四名术士，有何缘由？这时，"张神仙"和"马神仙"灵机一动说："卯酉相冲，下午酉时必有不幸发生，我们赶快将车退出马头镇。"

张学良在一旁听后，甚觉荒唐，认为杨宇霆不应该相信术士之胡言。然而，杨宇霆根本不把张学良的话当回事儿，令专车退出马头镇。事有巧合，当天下午一股敌部骑兵冲入马头镇，烧杀抢掠。杨宇霆感到身边四术士神机妙算，乃是天意。于是，杨宇霆玩弄权术的野心愈加膨胀，与张学良的芥蒂愈来愈深。

1928年6月，张作霖在皇姑屯被日本人炸伤身亡后，张学良秘密返回奉天。当时，东北人心惶惶，日本人虎视眈眈。张学良为谋求团结统一，迫切需要左右悉心襄赞，与他共御外辱，报杀父之仇。然而，杨宇霆返回奉天，却俨然以父执自居。他不仅摆老资格，指手画脚，还在口头笔下从不把张学良放在尊称地位。在日常行政上，张学良对杨宇霆越是尊重，杨越是跋扈，甚至张学良的政令不经他的同意就不能下达执行。他还同常荫槐勾结在一起，拉拢奉天的文武官员。他的"大东关青云巷"公馆，每天晚上设宴款待文武官员，通宵达旦。受惠的人大多数都相信杨宇霆必定能操纵张学良。杨宇霆不仅如此，还从多方面设障碍，阻挠张学良政治主张的实施。

杨宇霆和常荫槐为达到操纵整个东北政治之目的，整日在杨公馆内接纳各方面的官僚政客，一时间杨公馆成了东北的"政治中心"。此时，杨宇霆、常荫槐的气焰十分嚣张，大有"东北天下非杨、常莫属"之势。他们对张学良委派接替黑龙江军务督办、吉林重任之命到了公然反对的地步，并加紧同日本信使联络，以实现夺取东北政权的野心。

当时，日本为了了解民意归属，在奉天《满洲报》举办了一次东北民意测验，把张学良、杨宇霆、张作相、万福麟、常荫槐等数十人的名字列为一表，下面印出选票，要求读者每天填写东北军政长官一人及辽吉黑三省主席一人，剪下选票寄该报馆，以统计当选者的票数。杨宇霆和常荫槐夺权心切，自然不会放过这个机会，每日派出数十人购买《满洲报》达数千份，然后在选票上填上他们的名字，企图向日本表示东北民意归属他们。然而，杨、常弄巧成拙，在卖废报纸时秘密败露，引起社会轩然大波。

杨宇霆，时任东三省兵工厂督办。

张学良不能忘记，有一次，杨宇霆和常荫槐来找他，要求扩充兵工厂，请求拨给经费。张学良向他们说明：东北目前财政困难，各方面都在裁减经费，无能力拨款扩充兵工厂。这时，常荫槐却慷慨地说，他愿意从铁路方面每月拨款给杨宇霆扩充兵工厂。常荫槐的"将军"使张学良陷入极其难堪的境地。这使张学良想起了不久前的事。他向常荫槐请求由铁路筹拨款项，以补充军费，结果遭到常荫槐的无情拒绝。而今天，常荫槐有意当着他的面旁若无人地拨款给杨宇霆，这不是明目张胆地戏谑自己吗？

这时，张学良想起顾问端纳的那次密告：杨宇霆向捷克订购了三万支步枪，并有充分的证据，包括往来电报及常荫槐自铁路收入中付款的凭证等。

张学良当即找来杨宇霆，询问购枪之事。杨宇霆居然坦承其事。

张学良问："你购枪干什么？"

杨宇霆答："装备常荫槐的黑龙江山林警备队。"

"兵工厂不有的是步枪吗？为何购外国的？"

"咱们的枪没有人家的枪好啊！"

张学良从杨宇霆骄横的话语中，敏感到了杨常的企图。原来，杨宇霆、常荫槐不但在扩张武力，而且要在武器质量上胜过张学良。

1929年1月6日至8日，杨宇霆在小河沿公馆为其父过七十寿辰时，张学良恭敬地以《贺杨督办封翁双寿诗》表示祝贺。张学良在诗中写道：

长白探渤解，盘郁壮坤纽；

灵粹钟异人，如公近稀有。

纯孝固所性，同气笃爱友；

戚党感博施，诵义不去口。

柔嘉有良匹，瑰姿耀琼玖；

事亲相夫子，一惟女范守。

岂伊树家型，望乡重山斗；

比迹古刘樊，当代畴曰否。

古称明德后，必有达人生；

克家得贤嗣，揽辔图澄清。

军帷纡于筹，武库森戈兵；

开府大江南，运略何恢闳。

立身岂不伟，具庆良难并；

欣兹揽揆辰，亲舍同称觥。

笑赌莱衣舞，能勿怡中情；

愿为诵天保，受福齐冈陵。

然而，杨宇霆对张学良夫妇的盛情不理不睬，他要让张学良目睹自己请来各面人物云集奉天，以此向张学良炫耀势力。其中，白崇禧的代表叶琪和唐生智的代表叶开鑫到奉天多日，整天在杨宇霆左右，对张学良亦不加理睬。

在这当口，日本首相派员町野武马于10日上午大摇大摆地走进帅府，先入为主地说："汉卿，邻葛（杨宇霆号）已经同意履行建设满蒙新五路的许诺，你的意见呢？"

张学良听了，大义凛然地说："你全然想错了！在这件事上，杨宇霆不能代表我，而我也无权和你谈判。"张学良说到这，转身取来准备好的文件，说，"上面写着：中央主持外事，一切协定、合同，非国府参加，不能生效。我已宣布易帜，无权和贵国洽谈这类大事了。"

町野武马见张学良拒绝他的要求，气鼓鼓地怒吼道："我找邻葛去！"

当天下午，杨宇霆和常荫槐同来张学良处兴师问罪。

张学良想到这儿，一股怒气升上心头。他气愤地扔掉烟蒂，在客厅里来回踱步。他感到头脑在膨胀，耳朵在鸣响，仿佛看到杨宇霆、常荫槐在向他狞笑："你每天注射毒针那么多，将来必会自毙、必会自毙。"这话是杨宇霆常在张学良背后攻击的恶语。此时，张学良感到杨、常二人的行为实难容忍，一个处决他们二人的计划在心里酿成。他平稳了一下自己的心绪，走到电话机前，立刻用电话将王以哲、卫队长刘多荃叫来，说明意图后，得到认同，决定由高纪毅、谭海率兵执行。

张学良将警务处处长高纪毅和副官谭海叫进客厅说："杨宇霆、常荫槐欺我太甚！他们想方设法阻挠全国统一，今天又来强迫我成立东北铁路督办公署，还要来逼我签字，任命常荫槐为铁路督办。这件事关系到同苏联的外交关系，要请示南京，从长计议。可他们非要我签字，晚饭后来听结果。他们真是欺人太甚！所以，我要结果他们！由你二人去办！"

高纪毅和谭海齐声说："我们保证完成任务！"

"好！我现在命令你们，他们来时，立即处死，你们率卫士执行吧！"

高纪毅请示张学良道："我们在何处执行？"

"就在老虎厅内，"张学良嘱咐高纪毅、谭海，"你们可千万要小心，他们两人身上都带手枪啊！"

于是，高纪毅同张学良侍卫副官谭海带上六名卫士，埋伏在老虎厅外面。

张学良向高纪毅布置后，又把正在内卫值班的张汝舟叫到跟前说："你给杨宇霆宅打电话，说我让他和常荫槐一起来帅府，有事要商定。"

两个多小时后，杨宇霆和常荫槐来到帅府。张汝舟上前迎接，将杨、常让进帅府老虎厅内落座。然后，张汝舟迅速到张学良处报告。

张学良听说杨、常二人已到，悄悄地对张汝舟说："我进老虎厅内和他俩说话，你想办法叫我出来。"说完，直奔老虎厅走去。

在老虎厅内，张学良与杨、常二人正在寒暄。张汝舟进老虎厅对张学良说："你让我到夫人那里给两位取来冰镇的哈密瓜，可是，我进不去屋……"

"为什么？"张学良装模作样地问。

"夫人在洗澡。"

张学良一听，心里明白，起身对杨、常说："请二位稍等，我给你们取哈密瓜去。"

张学良从老虎厅内脱身出来，小声命令张汝舟打开老虎厅南边的门。

高纪毅见时机已到，同谭海率领六名卫士，持枪冲进老虎厅。杨、常二人被这突然发生的情况吓得不知所措，还没等他们掏枪，双双被卫士们缴了械。当即，他们便由两名卫士反剪双臂按在地上捆绑住。几个小时后（即11日凌晨3点前），高纪毅向杨、常宣布："我们奉长官命令，你们二人阻挠国家统一，判处死刑，立即执行。"

杨宇霆和常荫槐听了，顿时脸色惨白，一句话也没说出来。于是，两名卫士上前，用手枪结束了杨、常二人的性命。

此前，2点30分，日籍顾问町野武马接到了杨宇霆家人打来的电话："今天晚上，宇霆本说是8点钟回来，可是到现在他没回来，这可怎么办啊？"听罢电话，他觉得事情很奇怪，便立即坐车赶往张学良公馆。此时，张公馆的门紧闭着，外面有卫兵守卫。经通报，町野武马直奔张学良寝室。

张学良出室迎接町野武马，没等其开口就说："町野顾问，请你同意我……"

"同意你什么？"町野武马截话而问。

"杨宇霆和常荫槐合谋企图取代我，所以我的部下把他们打死了，请你能承认我的做法。"

町野武马气急败坏地说："他们二人不是要你的位置，而是为了铁路的要求！"

"不！绝不是！"张学良反驳道，"是杨宇霆和常荫槐合谋取代我，被我的部下枪杀了。"

"你，带我去看看！"

过了片刻，张学良把町野武马请到老虎厅。只见杨、常尸体放在大厅的台子上。町野武马上前，恭恭敬敬地向杨、常尸体行礼。此时，他感到，信仰三民主义的张学良已不可能同意建造满五铁路了，他这次来东北的使命不能实现了。町野武马没有别的办法，只好对张学良说："我将永远不再和你见面了。"

杨宇霆和常荫槐被枪毙的第二天（1月11日）上午9时，张学良召集了司法部诸人商议善后事宜。会后，发表了由张学良领衔的通电和军法审判杨、常的判决书。通电称：

……统一告成，建设开始，凡我同志，正宜和衷共济，协力图功。

1929年1月12日，《新民晚报》报道常、杨事件。

学良受事以来，对于先人旧有僚佐，无不推心置腹，虚衷延纳，其中尤以东三省兵工厂督办杨宇霆、黑龙江省长常荫槐二人，共事最久，倚畀尤殷。乃杨、常朋比，操纵把持，致使一切政务，受其牵掣，各事无从进行，胪其罪状，厥有数端：溯自民国十三年后，屡次战祸，均由彼二人怂恿播弄而成，迹其阴谋私计，世或未知，我先大元帅佳电息争，倡导和平，信使往来，南北协洽，独彼二人迟回观望，阴事阻挠，近如滦东五县，不肯交还，其阻挠者之一；平奉车辆，学良已商允交还，唯彼二人从中作梗，擅不放行，坐使中外人士，感受苦痛，而车辆废置破坏，公私损失，何可纪极，其阻挠者二；滦东撤兵，顺应世局，正协人心，而杨、常坚持异议，其阻挠者三。以上三端，学良曾再三婉商之，请友人劝导之，用命令申斥之，而彼二人概置不理，使中外人士，对于我方不怀好感。观远因则酿成战祸之罪魁，观近因则破坏和平之祸首，论其罪状，不独害我东省，实更害我中华。学良夙夜警惕，私冀奠我三省于磐石之安，勿令再有军事行动，谋工商之发达，谋中外居民之幸福，使吾乡父老子弟，安居乐业，耿耿之诚，可质天日。乃彼二人包藏祸心，事事图谋破坏，处处竭力把持，以兵工厂及交通事业为个人私利之渊薮，把持收入，不解省库，且向省府逼索巨款；其动用款项有案可稽者，已达现洋二万万余元，既无长官批示，亦无部处核销，一手遮天，多入私囊。任用多其亲属，政府归其操纵，出其门者，每予袒庇，非其私党，务以摧残，曩为前如王永江之被摈，郭松龄之激变，果谁为之？近如金融之扰乱，战争之延长，又谁致之？司马昭之心，路人皆见，吾东省人皆知之，而世人或未尽知也。学良忝膺疆寄，畀以重任，待以腹心，诚欲化彼贪顽，共循轨道，同人等念其多年共事，曲予包容，不谓彼辈奸险性成，日甚一日，近更暗结党徒，图危国家。言念及此，曷胜隐痛。学良与同人等再四筹商，佥谓非去此二人，东省大局，非徒无建设之望，且将有变乱之萌。大义灭亲，何况交友？毒蛇螫手，壮夫断腕，学良等不敢违弃公谊，徒顾私情。当于真（11）日召集会议，并邀彼二人列席，当众按状拷问，皆已俯首服罪，询谋佥同，即时宣布罪状，按法执行。国家自有定律，非同人等所能轻重，所冀海内明达洞察内情，共明真相，特电奉闻。

判决书的内容与通电大致相同，只是增加了一段张学良在通电中不便说的话："又据报告，被告人等又与某某（不便说名）等勾结，预定本年三月间中央代表大会，南北同时发动，杨（宇霆）负奉军联络及兵器补充；常（荫槐）力收江省防军，扣留交通款项，利用失意军人，并曾给德法某机关（指向捷克购军火）汇去巨款。"

1月13日，张学良发表《致三省父老电》，再次向世人说明此事：

各报馆、各县署、各团体转各县父老昆仲姊妹及本省各军队长官一切同寅同鉴：杨宇霆、常荫槐，皆为先大元帅倚畀之人，与学良共事最久，私交之笃，无异昆弟。此次固维持东省和平，迫于公论，不能不忍痛处置。经过情形业经通电宣布，计已共见。唯是学良所最为疚心者，以平日关系最密之人，事前不能纠正制止，致令一旦同罹法网，此皆由学良诚信未孚，防范无术所致。言念及此，涕泪交挥。所望嗣后桑梓父老，袍泽同人，各以大局为前提，协力图治，学良如有过举，无论何人均请直言匡导，无不虚己服从。务使东省治理日进有功，地方共臻宁谧，不但有以报先大元帅在天之灵，亦可使死者甘服于地下。掬泪陈词，伏希公鉴。

张学良处决杨宇霆、常荫槐后，念与他们的旧情，特派人慰抚死者家属，赠恤金各一万元。张学良还给杨宇霆的夫人写了一封信：

杨大嫂鉴：

弟与邻葛相交之厚，如同手足，但为国家计，弟受人民之嘱托，国家之寄任，不能顾及私情。唐太宗英明之才，古今称颂，建成、元吉之事，又有何策乎？弟受任半载以来，费尽苦心，百方劝导（杨宇霆），请人转述，欲其稍加收敛，勿过跋扈，公事或私人营业，不必一人包揽垄断。不期骄乱成性，日甚一日，毫无悔过之心，如再发生郭（松龄）、王（永江）之变，或使东三省再起战祸，弟何以对国家对人民乎？然念及私交，言之痛心，至于泪下，弟昨今两日，食未入口，寝未安寐，中心痛耳。关于家中后事，请大嫂安心，弟必尽私情，父母子女，皆如弟有，弟必尽力抚养教育，望大嫂安心治理家务，成其后事为盼。弟之出于此书，非欲见谅于嫂。弟之为人，向来公私分明，自问俯仰无愧，可质天日。此书乃尽私交，慰家中老幼，勿奔走流离，胡乱猜疑，已令潘桂庭、葆建之办理后事，一切请同该二人相商可也。

小弟良手启

张学良在这封信的末尾又补述说："如大帅出此，弟必叩首求情，然弟身受重任，十目所视，十手所指，不能不顾及全局，为国家为人民计也，望大嫂三思而宥之！"又张学良枪毙杨宇霆、常荫槐的第二天（即12日），国民政府派员为张学良举行了就任东北边防军司令长官仪式，并通电全国党政军首脑。此间，日本驻奉天领事林久要求张学良迅速解决吉会铁路等问题。张学良以对外交涉须由中央政府办理为由，拒绝林久的要求。14日，苏联驻日本大使同日方谈判，将中东铁路苏方利益售予日本，以此抵制中国之收回运动。对此，张学良向日本领事林久提出强烈抗议。

哀婉郑鸣之无辜而逝

杀了杨宇霆，吓死郑谦！

郑谦与杨宇霆、常荫槐并无政治联系。

——张学良

张学良处决了杨宇霆、常荫槐之后，郑谦惊恐万分。

郑谦字鸣之，南京人，年轻时应县试即高居榜首。后来，他因生活所迫，远走广东，投靠两广总督李经羲。李经羲见郑谦老实忠厚，文笔犀利，任其为文案秘书。

民国成立后，李经羲因是李鸿章之子的原因，又当上了北洋政府的国务总理。于是，郑谦到李经羲处求职谋生。李经羲自知总理职务不能久任，便把郑谦介绍给张作霖。张作霖喜爱人才，当即委任郑谦为秘书长。郑谦甚为感动，决心追随张作霖，以报知遇之恩。从此，郑谦尽其能，日夜辛劳，竭忠辅佐，深得大帅信任。张作霖的一切重要文函稿件，均由其亲笔草拟。

1925年，张作霖挥师南下，占据了苏、皖两省。同年9月，张作霖任命爱将杨宇霆为江苏督军。杨宇霆推郑谦为江苏省长，从此郑谦与杨宇霆、常荫槐关系甚密，常常在一起围桌打麻将。为此，人们视郑谦为杨宇霆、常荫槐之死党。

1929年，张学良处决杨、常后，第二天，即1月11日早晨，召郑谦进帅府。原来，少帅听部下谈论：杨、常死后，郑谦坐立不安，必是同党。

张学良听此议论，对大家说："郑谦与杨宇霆、常荫槐并无政治联系。郑谦为人老成，生活严谨，虽居高位，但无声色之好，又有'文尽敏捷'、'下笔千言，倚马可待'之美誉。"

为此，张学良特意派人召他进府，对他温言抚慰。张学良让郑谦起草向南京政府报告处决杨、常的电稿。然而郑谦却因恐惧紧张，在写电稿时突发脑溢血，于28日上午经医院抢救无效而逝世。张学良闻讯后，慨叹道："杀了杨宇霆，吓死郑谦！"

张学良对郑的死深表哀婉之忧，遂命左右厚恤其家属，亲临其家吊唁，还助其家属运灵回籍安葬。

3月1日，《新晚报》上发表了张学良为郑谦写的《挽郑鸣之联》，联曰：

往事话南皮，忽省姓名伤鬼录；

修辞问东里，忍将文字概生平！

张学良发表此联，向世人表达对郑谦的哀思。

制造中国第一辆汽车

有人说中国人就是不行，不可能造汽车，只有向外国人买汽车。我听了心里很不舒服，也不服气。然而中国的现实是，不能造自己的汽车，只有向外国买。我想，我们一定要造出自己设计的汽车来，为国家、为国人争光争气。

——张学良

有一次，张学良身着便服走进一家饭馆坐下，想一个人安静吃顿午饭。在进餐中，他被邻桌的两个年轻人的争执所吸引。青年甲指着窗外停着的一辆汽车说："人家外国人就是能，看人家造的汽车多漂亮，跑得快，拉得多，省时间，不费力，咱们国家可好，还用人拉车，马拉车的……"

青年乙截过话说："照你说的，中国就什么也不行是不？"

"你有啥不服气的？人家外国，天上飞的，地上跑的，水中游的，中国哪个能自己造？就说汽车吧，咱们能造出一辆来，也给中国人争口气了。"

"你说得也是，现在当官的都为自己捞钱，哪有为国家着想的？"

两个年轻人的话使张学良很有感触，从此，张学良的心里一直记着这件事。他发誓："有朝一日，我一定要造出中国自己的汽车！"

1928年7月，张学良掌管东北大权后，便把造汽车的事付诸实践了。他在百忙之中，抽时间找来主管奉天兵工厂和迫击炮厂的厂长、工程师，在帅府专门讨论了造汽车的事。

167

张学良说:"诸位,有人说中国人就是不行,不可能造汽车,只有向外国人买汽车。我听了心里很不舒服,也不服气。然而中国的现实是,不能造自己的汽车,只有向外国买。我想,我们一定要造出自己设计的汽车来,为国家、为国人争光争气。对造汽车,我是外行,所以请你们来,出主意,想办法,我们一定要造出自己的汽车!"

王家新工程师首先谈了看法:"我认为,从我们现有的技术力量看,只要大家共同努力,是能够造出自己的汽车的。不过,要造出自己的汽车,具体问题也不少。"

"王工程师,你说说具体问题有哪些?"张学良兴致勃勃地说,"让我心里好有个数。"

王家新说:"要造汽车,一是要有新设备,二是要有新技术,我们现有的技术不行,得进行改造。要解决这两个问题,关键是要有投资。"

兵工厂的耿工程师说:"要造出国产车,还有一个问题,就是要集中我们现有的力量,把兵工厂和迫击炮厂的技术力量集中,大家发挥作用。我建议成立一个专门研制汽车的工厂。"迫击炮厂的吴工程师非常赞成,他说:"我看,最大的问题就是一个字,钱。有了钱,我们就能造出汽车来!"

张学良兴奋地问:"大家说说看,得要多少钱?"

吴工程师说:"起码也得一百万元。"在座的人都点头同意这个数。

张学良说:"好,钱由我解决,只要你们有信心造出国产车,我就有决心为你们当后盾。我希望诸位好好研究,订出一个具体方案交给我。"

不久,工程师们向张学良递交了造车方案。张学良根据他们的建议,决定集中兵工厂和迫击炮厂的设备和技术力量,拨巨款,成立了由他直接负责的"民生工厂",专门从事研制国产载重汽车。张学良亲自任命李宜春为民生工厂厂长。

李厂长上任不久,把工厂领导得井井有条,充分发挥技术人员的才能。他向张学良提出:购买一台美国"瑞雷"牌载重汽车,供拆卸研究其结构用。对此，张学良二话没说，当即批准。在李宜春厂长的领导下，工程师和工人们齐心协力为造出国产汽车而努力工作。

1931年6月19日，民生工厂终于研制出中国第一辆国产载重汽车，被命名为"民生"牌。该车型号为Modle75，65马力，自重四千磅，载重量1.82吨，发动机为六缸汽油机，时速为25公里，后轮驱动，车身为棕色。

张学良在庆祝大会上说："民生牌汽车的诞生，圆了我心中的梦，我向大家表示祝贺和感谢！"

同日，英国路透社记者从沈阳发出电报："中国第一辆自制载重汽车诞生，此间辽宁兵工厂举行了庆祝大会以志盛典。"

1931年9月12日，全国道路协会主办的上海市展览会上，民生工厂制造的中国第一辆"民生牌"汽车亮相，博得国人的热烈欢呼。蒋介石特派张群为代表参加展览会。到会祝贺的还有外交部部长王正廷、实业部部长孔祥熙等人。

几天后，日本对中国发动了九一八事变，东北大片国土被日军占领，沈阳民生工厂也被日军强占，他们拖走了该厂首批汽车和全部零部件。中国人民盼望已久并刚刚萌芽的汽车制造工业就这样被日本帝国主义扼杀了。

为发展民族工业尽力

经济是一个国家的命脉，经济上不能复兴，政治上就永远没有独立自主的一天。要实事求是，除去一切苛捐杂税，以利民生；提倡实业，奖励生殖。

——张学良

1923年冬，志向远大的爱国青年杜重远从日本返回祖国。他看到国家科学技术不发达，生产落后，屡遭外国侵略，深觉痛心。他多次谢绝一些部门的高薪聘用，决心办实业，为振兴中华出力。他经历了重重艰难困苦，在老师和朋友的帮助下，成立了东北第一家机器制陶企业，取名肇新窑业公司。

张学良对杜重远的爱国精神，深表赞赏，称其"是一位热爱祖国的有识之士"。

肇新窑业投产后面临许多困难，如当年生产的120万块红砖，全部滞销，公司的流动资金被占用，无钱周转，企业面临关门的危险。

这天，张学良来到青年会，从阎宝航的谈话中得知杜重远的情况后，很是着急，立即主动为其联系红砖买主。

正当杜重远为工厂红砖滞销一筹莫展之际，他突然接到张学良的电话："杜先生吗？我是汉卿，我已为你的红砖找到销路了，请你马上到我这儿来，我们共同商量一下。"

杜重远放下电话，如释重负，急忙驱车前往帅府，一见面就感激地说："张先生的电话，为杜某雪中送炭，真是帮了'肇新'的大忙了。"

张学良说："杜先生不要客气。昨天，我们决定筹建东北大学校舍，需要大量红砖。我建议建筑校舍用砖全部用你的'肇新'红砖，大家没有异议，这件事就定下来了。"

"张先生，您的决定挽救了'肇新'，我杜某该如何感谢呀？"

"杜先生又客气了，先生漂洋过海回到祖国，不求当官，一心搞实业救国，学良对先生的爱国精神深表敬佩。以后先生有什么困难，只管和我说，只要我能帮上忙的，绝不袖手旁观。"

张学良还说："杜先生生产的红砖在国内还是新鲜事，以前，我们生产的都是青砖，国人对红砖的好处认识不足，这次东大建校带个头，全部使用你生产的红砖。"

从此，张学良与杜重远交往密切，友情日深。由于杜重远的努力经营，加上张学良的有力支持，"肇新"名声大振。杜重远被选为奉天总商会副会长。

张学良为发展民族工业，对日本出资企业采取限制政策。1929年，张学良向日方宣布废弃抚顺煤输出协定，否认其在抚顺油页岩采掘权，增收日资振兴公司之铁捐数额。翌年，他又同意辽宁省政府发出《禁止中日合办合作事业训令》和《禁止购买日货密令》。

当时，张学良坐镇北平，为了东北经济发展，他积极为内地或沿海的民族工业牵线搭桥到东北发展。

有一次，上海的亚明灯泡厂总经理兼工程师胡西园专程到北平顺承王府拜见张学良。张学良在谈话中，获悉中国第一只电灯就是亚明灯泡厂制造的，非常兴奋。他了解到该厂生产的"亚"字牌灯泡和其他电器产品质地优良，并能与日本等国生产的灯泡相抗衡，立即表示对其产品到东北销售给予支持。

在胡西园盛情邀请下，时任海陆空副司令的张学良同意成为亚明灯泡厂的股东。有时他还参加该厂股东大会或复函给厂董事办事处，委托胡西园代他出席会议。为了让"亚牌"灯泡占领东北市场，张学良还采取了一些措施，号召东北军、省市政府各部门都购买使用"亚牌"灯泡及该厂生产的电风扇等产品。日本商人对"亚牌"灯泡拼命抵制，想方设法把它挤出东北市场，但是由于张学良的影响力，"亚牌"灯泡畅销东北市场。张学良还向胡西园过问产品质量，嘱其不要愧对国民。"亚牌"灯泡质量不断提高，可与欧美产品媲美，而且价格明显低于外国灯泡。于是，"亚牌"灯泡在东北家喻户晓。许多外国在华企业也纷纷购买使用"亚牌"灯泡。

张学良主政东北以后，执行了一条不同于父亲张作霖的经济发展路线，使濒临破产的东北民族工业、商业再次发展起来，使东北成为中国工业相当发达的地区。其中，以煤炭开采、铁矿开采、钢铁、冶炼、纺织及榨油等工业，闻名全国。

肇新窑业公司经理杜重远

赵四小姐走进帅府

我生病了，她（赵绮霞）到奉天来看我。她家老太爷就不高兴了，登报了，她家有祠堂，把她赶出堂，回不去了，弄巧成拙了。

——张学良

赵四小姐，她追逐汉卿，报纸杂志大肆渲染。她父亲管教她不听，登报脱离父女关系，成为一时新闻。她以此为由，托人找我，要求任汉卿的永久秘书，服侍汉卿的生活，汉卿要我决定。我可怜她十四岁幼龄，无家可归而允许。

——于凤至

张学良在大帅府老虎厅处决了杨宇霆和常荫槐后，使他在东北的地位得到了巩固与加强。他的威望日益增高，从而统一了东北的军令、政令。他的行动不仅震动了南京各派政治领袖，也使全国为之一惊。原来张学良绝非是碌碌无为的贵公子，南京政府的要员们对少帅刮目相看，敬重异常。此后，张学良又全力狠抓经济，使东北的经济开始转入正常发展的轨道。

1929年2月，张学良被南京政府任命为国民政府财政委员会委员。3月，他又兼任了国民政府国防委员会委员。他在支持东北人民反日护路斗争的同时，又采取措施，抵制日本的铁路侵略。他不顾日本的反对，积极修筑与"满铁"平行的铁路之后，又于5月修通了吉林至海龙、洮南至昂昂溪、四平至洮南的三条铁路，完成了从东西侧包围日本控制下的"满铁"的布局。这使"满铁"完全陷入了非常状态，各项收益大为减少，不得不解雇三千多名社员，给予日本"满铁"以很大打击。

这年5月下旬，张学良把各项工作安排就绪后，才松了口气。这天，他感到内心阵阵骚动——强烈思念赵四小姐的心绪使他坐立不安。他再也控制不住对赵四的思念之情，在少帅府要通了天津赵公馆的电话。

这突然降临的喜讯，使赵绮霞惊呆了。她欣喜若狂，不知说什么好，兴奋的泪花沾上双睫。她用激动的声调问：

"你，你现在哪儿？"

"我在奉天帅府给你打电话。这些天，我特别想念你。我希望你能来奉天。我已给你建造了一幢房子。我送你上大学读书。你来吧！"

赵绮霞对少帅的请求感到太突然了。她慌乱地不知如何回答："好，不，不，让我好好想想，再回答你。"她说完后，迅速地放下电话，心乱如麻。原来，她与张学良的关系父母一点也不知道。不久前，她的父亲曾硬逼着她答应一位阔少爷的求婚。可是，她誓死不从，多次请求父亲为女儿的幸福退掉那门婚事。然而，固执已见的父亲根本不理睬她的请求。此时，她接到日夜思念的少帅的电话，真想去请求母亲同意她去奉天。可是她想到父亲在直系政府任职，和奉系势不两立，她又打消了求母亲说服父亲的念头。她犹豫不定，心里涌起难言的惆怅。然而，她那颗热恋少帅的少女之心，促使她最后作出抉择，中断学业，悄悄离开父母，到奉天和张学良在一起。于是，她秘密地给少帅打了电话，告诉了她的决定。

张学良得知后，高兴地说："你来吧！只要你想读书，我就送你到大学读书。我立即派副官到天津接你。"

三天后，赵绮霞在奉天北陵别墅里，见到了日思夜想的张学良。这是一所面积不算大的欧式洋房。小楼被高大的绿树掩映着，显得异常的幽静。赵四小姐忘情地扑到少帅的怀里，幸福地闭上双眼，喃喃道："我爱你，永远和你在一起。"

"霞，我也是……"张学良轻抚着赵四小姐乌黑的秀发，语重心长地说，"我爱你并非是为一时快活。虽然我已是有妻子儿女的人了，但是请你相信，我会永远对你好的。你聪明，有才华，会外语，非一般女性所能比，你可以上大学，做我的秘书或侍从小姐，我需要你帮助我……"

"汉卿，"赵四小姐坚定地对张学良说，"既然命运把我引到你身边，我愿终生追随你！"

张学良听后非常感动。他想到了汉代乐府民歌中的《上邪》诗句，觉得最能表达自己此时心声。于是，他伏案挥笔抄录：

赵绮霞写得一手娟秀的好字，精通英语，熟谙密码。从此，少帅的身边就出现了一位温文尔雅、擅长英文的年轻貌美的女秘书。张学良懂英语，平时常常用"Edith"称呼女秘书。于是赵四小姐这个名字又被人们称为"赵一荻小姐"。

> 上邪！
>
> 我欲与君相知，
>
> 长命无绝衰。
>
> 山无陵，
>
> 江水为竭，
>
> 冬雷震震，
>
> 夏雨雪，
>
> 天地合，
>
> 乃敢与君绝！

张学良将抄录的诗句递给赵四，让她保存好。赵四小姐手捧诗句，热泪盈眶：这是少帅对她的誓言啊！

正当张学良与赵四小姐交臂海誓山盟的时候，天津赵府却闹翻了天。赵四小姐的父亲、母亲为女儿的"私奔"而恼羞成怒。天津的小报上掀起了"赵四小姐失踪"的轩然大波。赵庆华气急败坏地责骂儿子赵道生知情不举。母亲则觉得女儿"私奔"太不体面，责骂赵绮霞不该找那个已有妻儿的张学良。赵庆华感到女儿的做法使自己丢了体面，不顾儿子赵道生、赵燕生的反对，决定和赵四断绝骨肉之情，随即在报上发表了声明。

在声明中，赵庆华简介家世后说："四女绮霞，近日为自由平等所惑，竟自私奔，不知去向。查照家祠规条第十条及二十二条，应行削除其名。本堂为祠任之，自应依遵家法，呈报祠长执行。嗣后，因此发生任何事情，概不负责。此启。"此后，赵庆华感到自己的脸丢尽了，便辞去了官职，在北平郊外过起隐居生活，至死也没有再回天津。

此时，赵四伤心地痛哭起来。张学良这才知道事情的严重后果，这对赵四小姐的打击太大了。他知道，绮霞从小被父亲视为掌上明珠。他感到内疚、痛心，恨自己的决定给她招来这场风波与伤害。当少帅向她说出自己的悔恨时，绮霞立即停止了哭泣，擦干了泪水，表示自己"私奔"并不懊悔。她觉得能追随在少帅的身边，是自己终生的幸福与满足。赵绮霞的赤诚情感使张学良非常感动。在北陵别墅秘密同居的日子里，张学良为赵四小姐以后能有作为，送她进了奉天的一个大学。赵绮霞写得一手娟秀的好字，精通英语，熟谙密码。从此，少帅的身边就出现了一位温文尔雅、擅长英文的年轻貌美的女秘书。张学良懂英语，平时常常用"Edith"称呼女秘书。于是赵四小姐这个名字又被人们称为"赵一荻小姐"。

不久，赵一荻怀孕了。张学良决定带她到顺承王府去见夫人于凤至，向她说明他与赵一荻的关系。对此，赵一荻没有说什么。尽管她从少帅嘴里了解到于凤至夫人是位心地善良的女人，但是她知道，自己同少帅的关系已到了这种地步，毕竟是非同一般的事。少帅要把自己怀孕的事告诉于夫人，她能宽容和接纳自己吗？赵一荻想到这儿，一股不安的情绪涌上心头。然而，她转念一想，与其这样不安地生活，倒不如同意少帅的做法。倘若于夫人不原谅自己的话，那么为了爱情，自己心甘情愿地承受于夫人的白眼或辱骂。张学良听了赵一荻的心里话，既感动又难过。他感动的是赵一荻对自己的爱情坚贞赤诚，宁愿作出巨大的牺牲；他难过的是赵一荻不能光明正大地成为妻子，太委屈她了。想到这儿，张学良决心去向夫人说明赵一荻对自己的真情实意，让于凤至接纳赵一荻。

这时，门外有人报告。张学良让报告人进了屋，来人是陈副官。他说："于夫人请您马上回去，有急事……"

"知道了！"张学良严肃地说，"我马上就去。"

陈副官出去后，张学良望着赵一荻内心有些慌乱，但他竭力抑制自己的情绪，以不让她察觉。

然而，赵一荻早已从少帅的眼神里猜到了他的心情，便微笑着说："汉卿，夫人一定有急事，你快回去……"

"她有什么急事！"

"汉卿，回去吧，求你了。"赵一荻不愿意因为自己使少帅和夫人闹僵，恳求道："你真心爱我，就快回到夫人那里。"

张学良见赵一荻急得哭泣起来，不忍心再让她伤心，一边穿大衣，一边安慰说：

"一荻，我听你的，就去见夫人。"

"汉卿，你要向我保证，不和夫人发脾气，不然，我再也不见你了。"

"一荻，我听你的，一定。"张学良说完，恋恋不舍地离开北陵别墅。

此时，于凤至在心中已作出了新的决定：她要亲口对丈夫说，让赵一荻搬进帅府里住。这个决定并不是她出于一时的善良冲动，而是经过深思熟虑的结果。

原来，于凤至对赵四小姐和少帅的关系是有看法的。她认为赵四私奔来奉天和自己的丈夫秘密同居，既败坏了家风，又使她受辱，实在是令她不能容忍。但是，她毕竟是有涵养、有学问的贤妻良母，为人处事深思熟虑，所以没有把事情搞得不可收拾。她考虑到丈夫正处在精力旺盛的青年时期，指挥千军万马，系军政要事于一身，也是很不容易的。她想只要赵四能使丈夫获得欢悦，只要不干涉影响丈夫的大事就不追究了。

对此，有人不解。张学良晚年回忆说：

　　她（凤至）生第四个孩子时，得了一场很重的病，都爬不动了。那时，她母亲还在世，我岳母就和我姨妈商量，说我太太有一个侄女，就要我娶她这个侄女，以便照料她的孩子。我跟她们说，她现在病得这么厉害，我要是真娶了她侄女，那我不是这边结婚，那边催她死吗？那叫她多难过。我说这样吧，这事我答应，如果她真的死了，我一定娶她侄女给她带孩子。后来，她没有死，所以她后来放纵我，不管我……

　　所以，于凤至对张学良和赵四小姐的风流韵事，采取了大度和宽容的态度。但是，她是有条件的，向丈夫宣布：赵四不能住进帅府，她不能有正式的夫人的名义。于凤至以为这样做会使赵四小姐断绝情思，离开少帅，另寻他欢。可是当张学良把于凤至的话告诉赵一荻时，她不仅接受了，还向少帅表示："我私奔到奉天，不是想在这里争个正式夫人的名义，只是想永远跟随在你的身边。"

　　张学良听了，异常感动，为了表达自己的心情，工作再忙也常常抽时间来北陵陪伴赵一荻。对此，于凤至表面上装作无所谓的样子，但内心里也不能不感到不安和醋意。然而，于凤至毕竟是位非凡的女性，在经过一段痛苦的思想斗争和细心的观察之后，她竟发现了赵四小姐的长处和自己的短处。为了让丈夫更好地执掌军政大权，她决定采取取长补短的做法，支持少帅成就大事业。

在顺承王府官邸，张学良与于凤至的合影。　　177

为此，她让陈副官到北陵别墅把少帅请来。

于凤至把丈夫请到自己的卧室里，向他讲了自己打算与赵四小姐合作共事的想法。少帅听罢，惊喜不已，像个天真的孩子似的挺直身躯，两只马靴一并，"啪"地给夫人敬了一个军礼："感谢大姐对学良的厚意！"

于凤至见丈夫如此高兴的样子，心里说不出什么滋味，同时也感到慰藉。是啊，于凤至知道，在前段日子里，少帅很少有这样高兴的时候。

"汉卿，快到赵四那儿去，把她接到府里住。"

"是，大姐。"张学良又是一个军礼，兴高采烈地走了。

赵一荻搬进帅府后，亲身体验到于凤至夫人对自己的亲切接纳，万分感动。她在帅府内，识大体，顾大局，处处以她贤惠的品德维系着少帅家庭的融洽与和睦。于凤至则以大姐的身份，帮助照顾怀孕的赵一荻。她俩以姐妹相称，和睦共处。

后来，赵一荻的背上突然生了一个险恶的痈疽，人称"搭背"，睡觉时只能向一方侧卧，想翻动一下身子得先撑着坐起来。她有病心焦，常常思念母亲，弄得她身心交困，苦不堪言。不得已，于凤至和少帅商量决定把赵一荻送到天津，住进一家德国人开的医院里，以便能见到她的家人。在医院里，医生劝赵一荻提前取出胎儿，否则不利于医治"搭背"。医生还劝说，如不把胎儿取出来，后果不堪设想，严重时可能危及她的生命。然而，医生的劝说没能使赵一荻改变主意。她知道腹中的胎儿是自己和少帅爱情的结晶啊！

张学良与赵一荻的儿子张闾琳

在最困难的时候，赵一荻的母亲来到医院，看望护理赵四。赵四又获得了母亲的爱抚和安慰。赵一荻咬紧牙关，带着七个月的身孕，同医生密切配合，既治愈了"搭背"，又保全了胎儿，使他平安无事降生人世。不久，她告别了母亲和亲友，抱着刚出世的男孩儿回到奉天少帅府。

张学良对儿子的平安降生欣喜若狂。他和赵一荻为男孩取名为张闾琳。赵一荻是自尊心很强的女性，从不允许有人视她为姨太太。在对外工作时，她总是以少帅的女秘书或侍从小姐的身份陪伴着少帅，全力支持少帅专心处理军务、政务。在家里，她时时以爱子闾琳的生母身份维护自己的尊严。由于她毕竟不是明媒正娶的夫人，所以她很有自知之明，很少在军政界的社交场合出头露面。除此之外，在一般私人交往中，她总是和于凤至大姐携手陪同少帅前往应酬。为此，当时凡是和张学良将军有交往的人都羡慕少帅的美满家庭，赞美于凤至和赵一荻是少帅的贤内助。

撰祭文：悼念父帅遇难一周年

他（张作霖）确具有刘邦、朱元璋之风度；亦有项羽、陈友谅之气概：英雄豪杰也！

——张学良

1929年6月21日（为蒙蔽日军假丧日），是张作霖遇害的周年祭日。这天，张学良在百忙之中，偷闲闭门而思，心情难以平静，挥毫写出四言诗句——《张作霖周年祭文》：

维中华民国十八年六月二十一日，不孝男学良，率家属等人，谨具清酌时馐之奠，致祭于考海陆军大元帅之灵日。呜呼！

元穹干运，寒燠推迁，流光迅度，如隙驹然。

忆我先君，溘然弃养，荏苒逾年，弥增眷想。

缅维先德，蕴负恢宏，桂倾维缺，誓以身擎。

自总戎枢，寣怀康济，伟略雄才，不寄一世。

忠能救国，严可闲家，尤于儿辈，训迪频加。

教养思勤，弗遗纤琐，求学海东，简兵同左。

眇予小子，禀于椿庭，崎岖戎马，昕夕靡宁。

每冀燕闲，常亲色笑，馨膳洁馐，春晖可报。

胡天不吊，猝遘颠危，云霄撒手，一逝难追。

永念遗言，恭缵丕构，誓以和平，弭除攘斗。

衔哀萍事，开布公诚，卒乘辑睦，边宇无惊。

前烈钦承，勉孚舆望，实赖英灵，在天默相。

嘉谟在耳，深痛如胸，声容笑瑗，追慕何穷。

日月窦驰，奄及周岁，露怆霜凄，能无陨涕。

恭陈丰奠，溢篚充邢，灵其来格，歆此芳馨。

尚飨。

张学良在这篇祭文中，以真情实感，对父帅张作霖逝世一周年，言出肺腑，至诚衔哀。他在文中，更从救国济民大业，缅怀先德，赞颂父亲。

张作霖去世后，当时之奉天省长莫德惠对张学良讲："你父亲'视民如伤告天求代'我可证明。每年，你父亲和我共同向天祈祝。"

张学良从来就没有见过父亲的"告天文"，但他相信父亲，视民如伤，告天求代，是真诚的。他对父亲评价道：

我父亲的为人和他的事业，绝不是这短短篇幅所可以写得完的，也不是我这文笔的能力可以写得出来的。又加上我一追想他老人家的事，我的情绪你们也会想象得出来的。总之他乃是一位历史上不可抹灭的人物，我不想再往下写了。一则我文笔拙劣；二则我是他的不肖儿子。现在恕我斗胆以子论父，给他老人家一个论断：生非其时，他确具有刘邦、朱元璋之风度；亦有项羽、陈友谅之气概：英雄豪杰也！

此时，张学良在祭父亲遇难一周年之际，撰文特别强调的是：化悲痛为力量，继承父帅的宏愿，完成其未竟的救国济民的遗业。他借祭奠父亲之机，再次开诚布公地向世人宣示张学良要和平、不要内战，要统一、不要分裂的政见主张与爱国热忱。

张恨水，"好一个天才善感的作家"

张先生的《啼笑因缘》一书写得很精彩，我很感兴趣。今请先生来此，我想了解一下张先生对这部小说的创作经过，特别想知道是否有什么模特做依据？

——张学良

张学良在闲暇时，爱读文学作品，喜欢和文人作家交朋友。其中，他和著名作家张恨水还有一段情缘。

张恨水曾经以张学良为模特儿，写了一部长篇小说《春明外史》，讲述了一位年轻、英俊、正直、有抱负的韩氏将军。

张学良在北平，看到《世界晚报》副刊《夜光》上连载的《春明外史》后，大为赞赏。他认为作家张恨水是一个不可多得的人才，便专程登门拜访，诚恳邀请他到奉军任职。张恨水对张学良的邀请婉言谢绝，称自己只是个"爬格子"的文人，不能承担军旅重任。最后，张学良还是硬给了张恨水一个挂名"参事"的军衔，每月还给其可观的薪水。

当《春明外史》出版时，张学良特派副官到书店买回数十本，分给帅府中人阅读。张恨水对此很感激张学良对他的赏识，所以，每当出版新作，都必告知张学良，而张学良每次都向他致以热情祝贺。

1928年，张学良在奉天办了一张晚报。他给张恨水写信，请其为晚报写一部长篇连载小说，以扩大该报的影响。张恨水对张学良的这个请求，欣然接受。他经过反复构思，终于写出了长篇小说《春明新史》。这部小说连载发表后，受到广大读者的热烈欢迎。张学良读过小说连载后，兴奋地向张恨水表示祝贺，感谢他对晚报的支持。

1929年，张恨水的代表作《啼笑因缘》在上海《新闻报》副刊连载发表后，在社会上引起反响。小说描写了军阀刘德柱与歌女沈凤喜之间的故事，情节哀婉动人，催人泪下，轰动全国。此时适逢皇姑屯炸车事件张作霖被炸死不久。于是，广大读者从《啼笑因缘》中的军阀刘德柱联想到张作霖，进而传闻四起。

张学良读了《啼笑因缘》后，联想到社会上的传闻，不觉心生疑惑，感到小说是在影射其父。然而，张学良又不相信，因为他知道张恨水是个光明磊落的人，凭交情，张恨水也不能这样做。张学良为了弄清楚这件事，特意派副官到北平，请张恨水到奉天会晤。对此，张恨水心里非常清楚是怎么回事，因为他接到不少读者的询问：《啼笑因缘》的刘德柱是否影射张作霖？于是，张恨水便同张学良的副官一同到奉天。

在张学良与张恨水的晤谈中，张学良说："张先生的《啼笑因缘》一书写得很精彩，我很感兴趣。今请先生来此，我想了解一下张先生对这部小说的创作经过，特别想知道是否有什么模特做依据？"张恨水说："我在书中描写的军阀刘德柱，纯属文学虚构。张将军也是知道的，小说创作是要有生活原型的，但我塑造的刘德柱是依据众多个军阀的共性，而绝非是只凭一个真实的军阀。说白了，有人猜测是依据张大帅为模特儿，这怎么可能呢？我这次来奉，就是向你说清疑云的。书中的沈凤喜这个歌女，在创作中是有原型的。"

于是，张恨水向张学良讲了一位歌女的真人真事。张学良对这个真实故事听得入神。张学良认真地听完了张恨水讲述的创作过程，他称赞地对张恨水说："好一本《啼笑因缘》，好一个天才善感的作家！"

顾念落地亲情，为《台安县志》题序

> 副教育局长玉璞纂修县志，于今冠瀛继其任，将为刊布，来请序言，余为亲民之官，当周知所治如其家，尤当使后之来者，其周知所治无以异乎，吾则斯举也，可谓知所务者己。
>
> ——张学良

1901年6月，张学良其父张作霖在台安县八角台逃亡时，其母在马车上生下张学良，而后在台安桓洞镇鄂家村张家窝堡屯生活。后来，张作霖发迹，张学良又继承家业，因而张氏父子对台安县充满着深情厚谊，尤其是张学良将军主政东北之后，仍不忘台安落地乡情，他不仅对台安的父老、师友多予青睐，而且对台安的文化教育事业也很关心。

民国十六年（1927）10月，辽宁省《台安县志》开始筹编。此时，张学良在掌管东北军政大权后，虽政务繁忙，还十分关心并亲自过问地方志工作。他除了担任《奉天通志》的编纂总裁外，还关心《台安县志》编纂工作。

当台安县政当局在县志脱稿后，通过在大帅府工作多年又担任过"张巡阅使府教读"的崔名耀的关系，转请张学良为《台安县志》作序。

张学良接到故乡题序的请求后，欣然命笔，不日便将序言墨迹以专信寄给了台安县志局。张学良在题序中写道：

> 方志出于史家，乾道临安志以来，暨于元明，赤畿望紧，成见著录。清代各省修通志，各以县志为取材之资，于是遐陬僻邑，莫不有志。顾自来言志者皆以征文考献为鹄的，或斤斤于考证之精疏，或沾沾于文字之繁简，体

例之同异，人伦之藻鉴，自非鸿硕，莫敢操觚。然在今日，则地利民生所系尤切，昔人谓志者治之谱，固官斯土者所宜知。台安之为县，肇造于清季，然则斯志之作，当在此而不在彼矣。孙令维善知台安时，嘱副教育局长玉璞纂修县志，于今冠瀛继其任，将为刊布，来请序言，余为亲民之官，当周知所治如其家，尤当使后之来者，其周知所治无以异乎，吾则斯举也，可谓知所务者己。

张学良　中华民国十八年十月

张学良的序言墨迹，是以小楷行书，字体肥润而有骨力。全书虽约三百言，但思路清晰，寓意很深。序言中，既阐述了方志的渊源和作用，又对编志工作给予了很高的评价，充分表达了他对台安第二故乡的落地亲情和一片桑梓丹心。

1930年3月，张学良为了发展台安教育事业，从"汉卿教育基金"中，捐款兴办了新民小学，将原来五间正式房改成教员办公室。另外，新建十间砖瓦房做教室、宿舍和厨房，以表深厚桑梓之情。张学良将军亲自面试选定了新民小学的校长，每月的月初，张学良都以他夫人于凤至名义，从省城"汉卿教育基金"中汇给台安县官银号三百块奉小洋。在台安新民小学，学生统一服装，统一发给墨盒，教师待遇优厚，由于张学良将军解囊资助，这所小学办得非常出色。为了鼓舞师生们的办学热情，张学良将军还为台安县新民小学批了"文行忠信"四个字作为校训。

主张尊孔，撰写《文庙碑记》

自政权收回后，百务丰新，当事者以学校勃兴，不可废崇祀先圣之典。……此文庙之建所为不可缓也。

——张学良

哈尔滨文庙是我国五大孔庙之一，而且是唯一的近代建筑。文庙为明清建筑风格的三进院落，现占地2.3万平方米。庙苑以大成殿为中心，中轴贯穿南北，辐射东西，古建筑群布局严谨而幽深。万仞宫墙、沣桥、棂星门、大成门、大成殿、崇圣祠，雕梁画栋，金碧生辉，宏伟壮观。1926年至1929年，由东三省特别区行政长官张作相及继任张景惠倡导实施，由吴县陆士基主持，按大祀祭仪式的规格设计建造。其经费筹集，主要是向中外人士和政府募捐集资73万银币。

1929年11月，张学良为刚刚落成的哈尔滨文庙（现哈尔滨工程大学内的黑龙江省民族博物馆）撰写了一篇《文庙碑记》：

哈尔滨据松花江上游，东省铁路横贯其间，欧亚商旅麇集而鹑居，列肆连廛言庞俗杂。自政权收回后，百务聿新，当事者以学校勃兴，不可废崇祀先圣之典。于是鸠工兴事，凡历时将三载，庙成。余惟君子之敷教也，必端其本，夫亦植于仁孝而已矣。孔子之教以孝弟为仁之本，其所恒言，则曰："吾志在《春秋》，行在《孝经》"，盖以《孝经》教天下之顺，即以《春秋》遏天下之逆。而其三世之说，尤以世界大同之治为极归，使人人以仁孝宅心，则蒸之为善俗，即恢之为郅治，亲亲长长，而天下可平。孝之极诣，所由通神明而光四海也。晚近学子，年少气盛，其持论唯新是骛，而抑知民德即离，势必家邦陵替。本实先拔，而求其枝叶之无伤，胡可得也！今欧美诸邦，类皆庆兵戎而趋文化，其究哲学者，且旁搜中国经籍，以尼山之学为能止至善，而共深其企向，盖世界大同之机兆，而孔之教之气昌矣。中华为至圣祖国，哈埠又为华夷错处之区，使无杰构，以虔奉明祭，其何以动学子钦崇，而回易友邦之视听。夫古之人抚车服礼器犹不胜慨慕流连，而况趋跄将事，摄以威仪，其有不感观兴起者乎？记有之曰："祭者教之本。"此文庙之建所为不可缓也。庙基在南岗文庙街东南，计地九十亩，经始于十五年十月，则大成殿暨配殿两庑皆藏事。其用款，由官商合筹为元七十三万有奇。董其役者前行政长官张焕相及今长官张景惠也。

中华民国十有八年岁次己巳十一月庚戌朔十日己未 张学良记

哈尔滨文庙修建，时值中国沦为半殖民地，世界列强有十来个国家在哈尔滨攫取了特权，进行政治侵略、经济侵略、文化侵略和宗教渗透。日本帝国主义虎视眈眈，伺机吞并东北。在这样的特殊历史背景、文化背景之下，张学良支持哈尔滨修建文庙，主张尊孔、祭孔，支持哈尔滨人民抵御帝国主义列强的文化侵略，振奋民族精神，弘扬中华民族文化，撰写了《文庙碑记》。在这篇五百余字的碑记中，张学良以凝练、精辟的文字论述了哈尔滨文庙的地理环境，建庙的历史背景，建庙的宗旨和作用，建庙的始末及其他有关事宜。

少帅开宗明义地指出："学校勃兴，不可废崇祀先圣之典。"他主张"君子之敷教也，必端其本"，他强调以孔子的思想为教育之本，用孔子的学说"教天下之顺"、"遏天下之逆"，使人人有衡量自己行为的标准，从而形成淳善的社会风德，达到"通神明而光四海"的理想境地。

张学良认为，哈尔滨地处世界列强侵略之地，要崇尚、遵循孔子的思想，就要举行祭孔的仪式，就要有举行仪式的理想场所。于是，他的《文庙碑记》文字镌刻在石碑上。石碑坐落在文庙中院，大成殿的东侧前方。石碑通高五点五一米，碑额为"四蛟磐石"，碑身阴阳两面雕刻着二十四条纹龙。碑座是巨形汉白玉雕成的龙的第九子"赑屃"（音bixi），碑座下刻有水盘，水盘四角漩涡中刻有鱼、鳖、虾、蟹四种动物。

此碑碑额镌刻着"文庙碑记"四个篆字。碑阳的全文由杭州钱拯书写，刻文由北平陈云亭欧体阴刻。

张学良在《文庙碑记》里指出：中华是孔子的祖国，哈尔滨是华夏后代聚居的地方，如果没有一个理想的祭祀场地，怎么能激起学子的钦慕和崇敬之情。少帅最后在碑记结尾处，引用了《礼记》中的一句话："祭者教之本。"

一语道出兴建文庙不可延缓的结论。《文庙碑记》折射了少帅张学良爱国兴邦的思想。

张学良在其晚年，仍关心哈尔滨文庙。1993年，他还特意委托东北大学校友会会长前往哈尔滨了解文庙的情况。

出兵入关，结束中原大战

第一次奉直战起，我被任为东路军第二梯队司令，指挥第三、第四、第八三个旅。彼时奉军编制甚小，又因空额及留守等杂役，这三个旅实到战场上的人数共计不过五千余人。

在战斗正酣之际，我梯队奉命退却，我左右翼的友军已溃败，幸当时我的一当面之敌，正被我击退，所以我之梯队须渡过七道河川，虽在困难之中，得全师引退。到达山海关后，稍加整补，再度同敌激战，得以退敌。而后奉直媾和。此役也，我在奉军中博得声望。

——张学良

自从南京召开裁军会议后，各地军阀谁也没有裁减自己的一兵一卒，相反各地军阀都在继续扩军备战。几个月后，即1929年3月间，在华北地区便爆发了一场规模空前的蒋（介石）桂（李宗仁）军阀混战。由李宗仁、白崇禧等人领导的强有力的广西派，为了争夺湖南、湖北，便向蒋介石的权威地位发起了直接挑战。

正当张学良在东北励精图治、想干一番事业之际，爆发了蒋桂之战。4月2日，张学良与张作相和万福麟两位副司令联名发表通电，谴责桂系，支持蒋介石。电文警告桂系说："倘再挟私逞忿，趋走极端，凡我袍泽，必当拥护中央，共伸大义。"不久，蒋介石就策动桂系将领倒戈，打败了曾不可一世的广西派对手，迫使他们逃往香港。

1929年，张学良在总理纪念周上讲话。

这次胜利使蒋介石增强了独占中国领导地位的信心。他开始清除国民党内持不同政见的反对派，激起了国民党内很多人的反对。

这年10月19日，正当国民党改组派与蒋介石斗争正酣之际，宋哲元将军以冯玉祥麾下27名将领的名义，发布联合讨蒋檄文，要求冯玉祥和阎锡山领衔发动一场讨蒋战争。蒋介石针锋相对，立即下令进攻冯玉祥的国民军，于是在河南平原上打响了"南北之间的一场大战"。在这场战争中，双方势均力敌，相持不下。

1930年2月，阎锡山乘张发奎讨蒋之机，向蒋介石发难，命令他的晋军向山东和河南的蒋介石部队进攻。至此，民国以来军阀之间空前惨烈的大厮杀——中原大战，在中国的腹心地带展开了。在这场混战中，关内各主要军事集团几乎都卷入了中原逐鹿之争。战场上的局势，双方互有胜负，势均力敌，战事呈僵持状态。

在这种形势下，张学良在关外拥兵数十万，显得举足轻重。于是，他的一举一动都受到国内各界的密切关注。少帅的地位骤然间突出起来。在战场上旗鼓相当的双方，谁能赢得少帅的支持，谁就能赢得这场战争的胜利。所以，在"逐鹿中原之争"中，蒋介石和北方军阀都把注意力盯在张学良身上，千方百计地争取他的支持，以赢得这场战争。阎锡山和冯玉祥为了达到这个目的，向张学良许以有名无实的陆海空军副总司令的职位，希望少帅能率东北军劲旅进关支持；若不能入关支持，则要求少帅不要介入中原大战，在关外严守中立。

蒋介石在这场战争中看到了少帅的重要作用，发誓一定要把张学良拉到自己的阵营中来。

张学良在回忆录中说：

> 我归返奉天不久，正值当时之国民政府主席蒋公介石与阎百川、冯焕章、李德邻（李宗仁）四总司令会议于北平。我派王维宙（王树翰）为代表赴北平进见，陈述服顺中央之志愿。会谈席间，冯玉祥对王说："东北军军备甚丰，须缴出步枪若干万支，炮若干百门，而后方能谈到投降的问题。"

> 王维宙徐徐答称："我本文人，对于军事内容不甚知晓，不过听说，像冯先生所索要那个数目的武器，可能是有的。但车辆缺乏，交通现在不大方便，运送如许多的东西，有点困难，还是请冯先生自己到关外去取吧。"

> 王维宙即拟返回奉天，夜间，蒋主席单独约王谈话，对王说："你不要听冯焕章的那一套无谓的言词，政府大计，是由我负责主持，不必归去，我们要从长计议。"遂派何雪竹（即何成浚）、张岳军（即张群）同王商讨。

为此，他不仅以陆海空军副总司令的要职为诱饵，还派张群携带委任状专程到奉天，向少帅表示诚意。在这场中原大战开始时，张学良采取中立观望的立场。因为，他不相信国民党，害怕中央政府有朝一日会剥夺他在东北的最高权力；同时，他也不愿意和父亲的老对手冯玉祥之辈结盟。在同苏联的关系上，刚刚过去的"中东铁路事件"使他心有余悸，倘若参加中原大战，他担心共产主义会乘机进入东北；更可怕的是日本对东北虎视眈眈，野心勃勃。少帅很珍惜自己为东北带来的繁荣和稳定的局面，不想因参加中原内战而冒以小失大之险。由于这些原因，张学良对中原交战双方所献的殷勤并不动心，采取了坐壁观望的立场。他觉得这样做有益无害，特别是中原战场上的僵持状态，更有利于加强他的地位，从而成为这场权力多边之争中举足轻重的砝码。

3月1日，张学良对中原大战的第一个公开反应是向交战双方发表通电：

1928年2月蒋介石、冯玉祥、阎锡山在河南开封会面、换谱，不过一年就兵戎相见，发动中原大战。

邦家多难，非息争不足以图存；建设方殷，非和衷不足以济事。介公主席与百公副司令，党国柱石，物望所归。近者偶以报国之术，积极消极异其途，致救国之方，戡乱止乱殊其论，函电往复，易启误会之端，众口喧腾，尤虑兵戎相见，侧闻消息，怒焉忧之。

溯自统一完成，瞬逾一纪，以言军政，自应如期结束，以言训政，尤须努力进行。然而回首前尘，国内之兵革屡见；环顾中土，民间之喘息未苏，加以灾害频仍，工商凋敝，交通半梗，匪寇方张。当此之时，若不各捐成见，共息争端，势必至元气亏竭，根本动摇，而外人之环伺我侧者，求全大欲，亦遂起而乘之。自亡人亡，不演成灭国火种之惨剧不止。兴念及此，能无凛然？区区之愚，以为政见无妨磋议，而不可为意气用事之争，武力有时必需而不可为其豆相煎之具。自维陋劣，政治上固未敢率为主张，然一年以来，迭经内乱，纵无曲突徙薪之力，深知扬汤止沸之非，故不惮苦口呼吁，冀和平早现。此次介、百二公政见分歧以后，亦曾以和平息争之义，迭电分陈冀邀采纳。复以愚见所及，贡诸国内各首领之前，以期一道同风，共消隐患。口未敢安于缄默，行非敢稍涉模棱，耿耿此心，当蒙共鉴。夫殊途原可同归，图终贵乎慎始。在介公力任艰巨，固鞠躬尽瘁之心；在百公析里毫芒，亦实事求是之意。特恐词纵详明，意难周到，每滋一时误会，驯启众人之猜疑，或且推波助澜，酿成战祸，循环报复，未有已时，则是二公救国之愿未偿，亡国之祸先至，非二公之所及料，亦非学良之所忍言也。所冀举国同胞，洞察危局，注视于国外，立泯内争，本诚意以相维，共图匡济。尤望介、百二公，融袍泽之意见，凛兵战之凶危，一本党国付与之权能，实施领袖群伦之工作。良则职在防边，身已许国，凡事之有利党国，不背和平者，必当沥胆陈辞，期回避忌，果使万众一律，急起直追，中国前途庶其有豸。谨掬诚悃，唯国人其鉴察之。张学良叩 东（1）日

张学良指出：尽管蒋、阎二人在关于国家和人民的前途命运问题上政见不同，但双方都应认识到，武装冲突、国家分裂是绝对不符合国家和人民利益的；恳请双方珍惜国家统一局面，各自退让，罢兵息争。

张学良在另一份私人电报中，还分别警告蒋介石和阎锡山：目前，东西列强环伺中国，在这个紧要关头重燃内战之火，可能会招致外敌入侵。

此时，张学良成为中国政坛上最受欢迎的人物。中原战场上，交战两大敌对阵营，纷纷向少帅大献殷勤。于是，奉天城里南来北往的使者、说客，摇唇鼓舌，频繁活动。尽管如此，张学良仍对交战的双方闪烁其词，不对任何一方作出肯定的承诺。

这年3月，阎锡山最得力的将领傅作义访问奉天。因为张学良和许多东北军政要人都很敬重傅作义的为人，所以对他热情欢迎。在记者采访时，他声称少帅表示支持阎锡山的事业。为此，南京方面很是不安。恰巧这时张学良的高级私人秘书王树翰正在太原，南京方面误认为少帅和太原之间已开始谈判，这就更加引起南京方面的恐慌。

6月4日，是张学良的30岁生日。然而，1928年6月4日，张作霖被日军爆炸身亡。他的生日亦是父亲难日，所以张学良把自己的生日提前一天，即以6月3日为生日。

此时，1930年6月3日，正值张学良30岁生日，但更巧合的是，这天也是夫人于凤至的生日。由于少帅张学良对中原大战有举足轻重的威力，所以其30岁诞辰就成为交战各方争相向他献殷勤的最佳时机。于是，全国各方代表便云集

奉天。

蒋介石派负有特别沟通任务的李石曾由南京赶到奉天，祝贺少帅30岁生日。此前一天，滞留在奉天的吴铁城接到了蒋介石的密电：

> 密。明日为汉卿兄伉俪三十岁寿辰，请兄代表致贺，并将左贺电转达为荷。
>
> 中正冬（二日）

蒋介石为让张学良感受到对其重视，亲拟了贺电：

> 汉卿兄及凤至夫人赏鉴：贤伉俪华诞，中正等远道未能趋贺，谨电祝福寿连绵，德泽广被！
>
> 蒋中正、宋美龄同叩

1930年蒋介石派出吴铁城、张群、胡若愚一同到沈阳，劝说张学良出兵襄助。

张学良在30岁生日宴会上，不便对各方代表、宾客表明自己的政治态度，只好顾左右而言他地说："今日是学良的生日，承蒙各国来宾、各位代表、我的亲朋好友及各公务员为祝贺生日，万当不起。目下我国天灾兵祸，满地哀鸿，我有何等心肠作乐。故切望各戚好，以祝寿之热诚，为天下灾兵祸匪患及地方公益上更加努力。我国各地有多少教育、实业未兴，有多少事情未办！我劝勉各公务员记住先大元帅的话：不能为一人快乐招万人骂。切望诸位东北各省地方应兴应举的事情全办好，不招致人民骂我，则感激不尽矣！"

蒋介石为了得到张学良的支持，想到张群曾和东北军许多将领是留日同窗学友，私交甚厚，凭此优势，与奉天谈判将会更加有效。

6月21日，蒋介石派张群带着国民党中央政府委任状到奉天，向少帅呈上"张学良为国民革命军陆海空军副总司令"的委任状。

张群为了完成蒋介石委派的使命，在奉天一直逗留到夏天，与张学良进行了多次富有成效的会谈，并达成机密性的非正式协议。张学良之所以这样做是有原因的，因为东北面临着苏联的威胁，存在着日本的压力，国内只有保持统一才能形成共御外侮的联合阵线。另外，张学良与南京达成非正式协定，还有两个重要因素：一是南京政府将拨款

1930年6月21日，蒋介石派张群带着国民党中央政府委任状到奉天，向少帅呈上"张学良为国民革命军陆海空军副总司令"的委任状。这是任职照片。

1500万元，作为奉军南下入关与南京军队合作的军费；二是少帅私人顾问端纳的劝告。端纳认为阎锡山、冯玉祥属于旧军阀，反动保守，希望张学良帮助蒋介石打败他们，在中国实行开明自由的政策。

此间，张群在奉天频繁出入少帅的官邸，宾主你来我往，谈笑风生。与此相反，阎锡山的代表在奉天大受冷落。他们实际上没有机会与张学良商谈。张学良只是派人间接地和他们进行表面上的敷衍。而冯玉祥的代表在奉天一直等了几个星期，也未得到少帅的接见。张学良不得不离开奉天，去河北的避暑胜地北戴河消夏。

8月15日，蒋介石的军队攻克了一直被阎锡山的军队占领的济南，中原大战的战局朝着有利于南京的方向转化。这一新动向使张学良的地位显得更加重要。蒋介石把攻克济南看作是动员张学良从背后打击阎锡山的最好时机，因为它将使山西军队受到致命的打击。此时，冯玉祥、阎锡山也意识到这一点，不惜使出浑身解数拉拢张学良。一时间，北戴河这个宁静幽雅的避暑胜地也变成了南北军人政客频繁出入的喧嚣场所。在这场角逐中，南京密使张群又一次发挥了他的魅力，不仅成功地接近了张学良，而且使少帅最后决定支持蒋介石，并达成了一项协议。

这时，阎锡山为拉拢张学良，把少帅的名字列入新成立的反对派政府的十一位国家委员名单上。张学良对此并不动心，公开谢绝了阎锡山的好意，并否认自己参加了阎氏政府。

8月27日晚12时，天津《大公报》记者到北戴河章家大楼拜访了张学良。

记者问张学良是否有斡旋时局和平之意？

张学良回答："国民苦兵革已久，本人当然愿尽个人力量，劝进和平，或缩减战祸，要视时局推移如何，与夫个人意见能否受人接受为断。万一无可为力，只有守我素志。至于取巧图利之事，决不愿为。本人所行所为，终期于国于民两无愧怍而已。"

记者又问："对副司令一职，究拟就职否？"

张学良答："本人甫届而立之年，业膺兼圻之任，才位不相当，已感惭悚不安之至。中华民国副司令，职位何等隆重，岂非躬所敢承受，且如此年龄，如此资格，遽肩兹任，国民纵不相鄙弃，本身实觉不太相称，长却却顾，端在此耳。"

记者征询张个人意见，时局如何可收拾？

张学良答："各退一步，自然后路宽容，绰有余裕。今日所望者，大家均有觉悟，以一力各自整理地方，与民休息而已。"

记者最后问张学良，何时返沈？

张学良回答："日来与外交界过从频频，交换意见，不日车通，尚拟沿途检阅驻军，大致回沈当不在远。"接着，他又说，"本人在平津相识之人甚多，但向来公私分明，任何要务，概系亲自裁决，无论何人不能代表，特托记者代向公众声明。"

8月底，张学良从北戴河返回奉天。

9月9日，北平各派达成了旨在反对南京政府的北方联合政府。张学良意识到政局的严重恶化，于10日在奉天召开了东北高级军政人员秘密会议。在会上，张学良向高级军政人员宣布了他的意图：东北地处边陲，日本窥伺已久，如欲抵制外侮，必须保持国内统一。接着，他向众人分析了北方军事联盟是一个不稳定的松散联盟，即使这个联盟得胜，日后各派也难免纷争破裂；蒋介石虽然不可靠，但较之北方军事联盟要略胜一筹；为了买现全国统一，必须早日息兵言和。故此，东北军必须以武力入关，帮助南京中央政府实现统一大业。

9月18日，张学良向全国发表和平通电，历数中原大战自开战以来，民生遭涂炭之惨状，阐明终止国内纷争的必要性：

南京中央党部、国民政府钧鉴，各院部、各委员会勋鉴，各省市党部、各省市政府、各总指挥部、各司令部、各军师旅部、各法团、各报馆钧鉴：窃以企图建设，首宜力弭兵争；绥定邦家，要在曲从民意。当国内战端初启时，良曾规劝各方，勿以兵戎相见。"东"电所述，中外共闻，其喑喑苦口，未经宣示国人者，稿本之多，几于盈尺，卒以力薄言轻，未能挽回劫运。战端一起，七月于兹，庐里丘墟，人民涂炭，伤心惨目，讵忍详言。战局倘再延长，势必致民命灭绝，国运沦亡，补救无方，追悔何及，此良栗栗危惧者也。人之好生恶死，既有同情，厌乱思治，终无二致。以良所见，无论战区内之身遭祸难者，固已憔悴难堪，即战区外之幸免颠连者，亦无不和平是望。良委身党国，素以爱护民众维持统一为怀，不忍见各地同胞再罹惨劫，用敢不揣庸陋，本诸"东"电所述，与夫民意所归，吁请各方，即日罢兵以纾民困。至解决国是，自有正当之途径，应如何补救目前，计划永久，所以定大局而厝人心者，凡我袍泽，均宜静候中央措置；海内贤达，不妨各抒伟见，共谋长治久安之策。良如有所得，亦必随是献纳，藉补壤流，众志成城，时艰共济，庶几人民生活，得免流离之苦，国际地位可无堕落之虞，是则区区所企望者也。迫切直陈，惟希亮察。

张学良叩，巧（18日）印

张学良的通电宣布了东北军将以武力对中原大战的各方进行调停，此举不仅在中国政界掀起一场轩然大波，而且轰动了世界。

张学良发表通电并对来访的《大公报》记者胡政之发表谈话强调：

余两星期来静候阎公利用，我使任缓冲之地，负调停之责，乃迄今未有所表示，而唯以添东北方面之国府委员与部长等事相商，实非我所愿闻。……今日兵连祸结，徒苦吾民，而双方之绝对胜负，似均无大希望，故我不得已而出兵干涉。

在通电发表的第二天，张学良就向东北军发布开赴天津的动员令，并发布严肃军纪电：

德国一家报纸称赞张学良制止中原大战，维护国家统一。

此次我军进驻平津，纯为捍卫闾里，保护商民，师行所至，务宜严守军纪，融洽感情。官兵驻在之区，无论乡村市镇，不准离开散游，致滋惊扰，所有戏园妓馆等一切公共娱乐场所，均须严禁，官兵上下，一律不准出入。对商民交易，更须格外平和，公平给价。其他一切违犯风纪事项及骚扰百姓行为，概行绝对禁止。仰即严饬部属，切实奉行，并由各级长官负责督察。如有违犯者，查明属实，准予先行枪毙，以示警惕。倘有放任玩忽、知情徇纵情事，唯各该长官是问。除由本长官随时派员密查外，特电遵照。

张学良

10月4日，张学良答《东三省民报》记者问。

记者问：司令长官如此发出和平通电，派兵入关，数省内乱，或可借此告一段落，但外闻对此事群相揣测，真相难明。拟请司令长官再进一步为简单之说明。

张学良答：此次战争已延长七月之久，各处直接受灾者死亡枕藉，惨不忍睹。即幸免于祸者亦百业凋敝，民不聊生，长此以往，势将全国糜烂。本人前发通电，原冀止乱于未萌，此次又发巧电，实欲挽救于事后，仍恐空口主张，无裨事实，万不得已，继以出兵，意在促进和平，保全民命。师行所至，对乱党极力防止，对人民加意抚绥，至一切可以免除之杂项捐税，必于可能范围内设法免除，凡此情形，皆为人所共见。

问："巧"电未发以前，闻东北各领袖要人曾开会议，对此事外间谣传颇多，甚至有新旧不睦，主张歧异之说，现虽已事过境迁，仍请司令长官一示究竟，俾众了解。

张学良答：会议事诚有之，因东北非一人之东北，乃东北人之东北，故遇有重要问题，必集负责领袖暨名流共同商议，以期妥善。至会议时各抒己见，互相研究，乃事所当然。若谓新旧分派，意见不一，则绝无其事。

问：出兵后第二步办法及接收平、津各机关经过情形，外间有种种传闻，真相如何，可得闻否？

张学良答：通电出兵，意在避免战事，求得真正和平。辽宁拟共出四军，已出动者二军，如至必要时，吉、江、热更可续出二军。所谓第二步办法者，亦不过至逼不得已时，于可能范围内设法贯彻维持和平之素愿，不使别生枝节耳。至关于接收平、津各机关一节，当第一军进驻平、津时，并未办理，虽平、津各团体及人民再三催请接收，仍未肯派一人前往。后张群、吴铁城二代表转示中央政会及蒋主席电令，所有平、津一带军政各事，由本人全权负责，始于日前派人前往接收，以维一切秩序，俾无停顿。

问：北平扩大会议宣言七项，此做法，能否即可息争？

张学良答：宣言所述，亦未尝无理由，不过根本大计，非一时所能实现，防止内乱，维持和平，实为当今第一急务。本人之意，在目标既定，即脚踏实地做去。人民喘息稍苏，然后对于国是开诚讨论，则一切问题当可次第解决，否则轻重倒置，治丝而益棼，未见其可也。

然后，少帅命令东北军将领王树常、于学忠率10万精兵南下，开赴河北重要战略城市滦州。这是奉军第四次入关，然而此次与前三次入关不同。前三次入关是张作霖为扩充势力、争夺地盘，结果加剧了分裂割据与军阀混战之局面。这次入关，则是张学良有意实现国内和平，促成全国早日统一。由于张学良强有力的军事干预，使中原战场上的反蒋联军很快就土崩瓦解了。于是，中国军阀割据时代空前惨烈的一场军阀恶战，由于少帅的武装干涉尽早地结束了。

误断军机——中东路事件内幕

在民国十九年的中东路事件，张学良不是抵抗了吗？闹了个损兵折将，大为失败，内外责言……

此一役也，暴露出我军事弱点，及全国不能团结对外的现象，促进日本野心军人，加紧侵略中国，造成九一八事变，缩短中日争端战争化之期间。

——张学良

中东铁路是沙皇俄国于甲午中日战争后通过诱迫清政府签订的《中俄密约》和《旅大租地条约》两个不平等条约后于19世纪末开始修筑，20世纪初开始通车，贯通东北三省而与俄境西伯利亚大铁路相连的"T"字形铁路。这条铁路在近代史上，曾是沙俄政府侵略、控制和企图独占中国东北并同日本帝国主义进行激烈争夺的有力工具。日俄战争后，沙俄将中东路长春至旅顺口的南段划给日本，被称为"南满铁路"。

1917年，俄国十月革命胜利，苏俄政府曾两次发表对华宣言，声明废除沙俄时代一切对华不平等条约，要求两国开始谈判，重建友好平等关系。由于当时中国北洋军阀政府不承认苏俄，这些问题未能及时解决。

张作霖在第一次直奉战争失败后曾宣布"独立"，公开宣称：自1924年5月1日起，所有北京订立关于东三省、蒙古、热河、察哈尔之条约，未得本总司令允许者，概不承认。为此，苏联政府于同年9月同东北当局签订了《奉俄协定》。该协定与《中俄解决悬案大纲协定》、《中俄暂行管理中东铁路协定》内容基本一致，所不同的是把中东铁路交还中国的时限从沙俄规定的80年缩短为60年。《奉俄协定》之后的几年里，中苏双方在中东铁路的合作经营中，虽然在某些敏感问题上时有摩擦，但尚能维持正常业务。

1927年，蒋介石公开暴露了他的反苏、反共、反人民的真实面目，中苏关系骤然紧张起来。张学良易帜后，东北当局对苏联的政策也开始为国民党反苏立场所左右。蒋介石几次派特使吴铁城来东北当说客，鼓动张学良在东北挑起中苏冲突，从而转移国内视线。

1929年新年伊始，东北当局又收回了中东铁路电讯权。驻奉天苏联领事为此向张学良提出抗议，要求偿付安置费百余万元。4月，东北当局再向中东铁路提出新要求。苏联政府满足了张学良的要求。由此，张学良认为，苏联政府没什么了不得的。

主政东北后的张学良，年轻气盛，他"很想施展一下子才能"，"要想把东北的地位提高起来"，他把这一目标定在了让他时刻感到不舒服的中东路上。此时，他听到了这样的传言：苏联有大饥荒，人民奄奄待毙，对于苏维埃政权极度不满；欧美各国对于苏联也有仇恨，中国若能趁这个机会将中东路主权一举收回，不单苏联此刻无力进行反抗，就是世界列强也必双手高举，赞成中国的行动。

张学良采取的策略是先礼后兵，在同苏联进行了数次谈判不见效果后，他决定"吓唬一下苏联"，向斯大林和苏联红军发出挑战。在当时的中国，东北军确是一支实力很强的队伍，其装备在国内堪称无双，所以当蒋介石提议必要时可以出兵协助他时，被张学良婉拒了。张学良自信东北军与苏军开战必胜。

1929年5月27日，张学良得蒋介石密电。电文大意是：冯玉祥组织"护党救国军"叛乱，与苏联驻哈尔滨领事有关，让少帅派人搜查苏驻哈领事馆。张学良立即密电哈尔滨特区长官严加防范。是日，东省特别区行政长官张景惠即派军警强行搜查了苏联驻哈使馆，事后制造了所谓"苏联驻哈使馆开第三国际宣传大会，进行赤化宣传，破坏中国统一，助长中国内乱"等舆论，称苏联明显违反《奉俄协定》，为强行接收中东铁路制造舆论。于是，特警处迅速派人搜查逮捕了前来苏领事馆的中东路沿线各站、三十六棚地区各工厂职工联合会、苏联商船局、远东煤油局、远东国家贸易局等负责人39人。

这次事件被称为"中东路五二七事件"，成为中东路事件的开端。张学良深知他对此事件所负的责任，因此对此事的处置十分重视和谨慎。6月6日，他密电东省特别区长官张景惠及东铁督办吕荣寰："译出苏联领事馆所搜文件，不可轻于宣布，并不可使外人刺探明白，至要。"

张学良在北戴河避暑时，张景惠、吕荣寰等要求张学良进兵吉林、黑龙江，强行接收中东铁路，将苏籍铁路局长及全部工作人员解职。吕荣寰等又将所谓苏联国内局势紊乱、决不能打仗的情报和接收中东铁路的计划送交张学良。张学良错误地估计了形势，认为苏联绝不能与自己对抗，于是决定出兵对苏联作战。

1929年7月7日，张学良抵北平。蒋介石接见了他。张学良提出武力接收中东铁路的意见，蒋介石表示赞同。国民政府外交部长王正廷旋偕驻俄代办朱绍阳抵北平，与张学良商议东北外交事件。

1929年7月中东路事件爆发前，蒋介石、张学良第一次会面。

7月10日至11日，东北电政总监蒋斌强制接收中东铁路电讯机关。张景惠查封苏联远东贸易局等机关。吕荣寰下令接收中东铁路，解除苏籍正副局长及其他苏方工作人员职务，驱逐出境，解散中东铁路工会，并逮捕苏籍人员两百余人。张学良强行接收中东铁路后，加紧调集兵力驻节北满，并加强同白俄部队的合作。此时，苏联方面也增强了远东兵力部署，战争气氛日趋紧张。

7月14日，苏联外交部向张学良发出通牒，要求恢复中东铁路原状，释放苏方被俘人员，举行正式会谈，解决一切纠纷。苏方宣称：问题既已扩大，如再不挽救，中苏邦交恐将发生重大变化，若因此而启战端，殊为可惜。张学良对此并没有理睬。

7月18日，苏联政府再次发表通牒，声明召回驻华使领，断绝中东路交通。

此时，蒋介石的南京国民政府为了反苏，支持张学良对苏联的军事活动，于7月24日通电全国各省市及军队，要求全国军民"随机应变，先事筹备，一心一德，以御外侮"。蒋介石还以总司令的名义发表通电说："除一致讨俄以外无出路"，要求"举国一致，共同御侮"，"诸将士同心同德，誓贯彻废除不平等条约之目的"。

8月6日，苏联成立特别远东军。此后，苏军与东北军不断发生武装冲突。

8月15日，张学良发布动员令，出兵六万（后又增兵至十万）之众，任王树常、胡毓坤为东西两路总指挥，向中苏边境集结。

8月18日，蒋介石派何成浚赴沈阳协助张学良处理讨俄军事。张学良以东北边防军司令长官名义下达防俄动员令。

8月20日至23日，他又召开军事会议，任命防俄军将领：总司令张作相，副总司令万碣麟，第一军长兼东路总指挥王树常，第二军长兼西路总指挥胡毓坤。东北军出兵国境后，蒋介石曾向张学良提议：由阎锡山、唐生智等抽调八个师兵力集结关内，以便必要时出关协助。

张学良在答记者问时说："对俄战事，兵力充足，无劳中央军必要，但望在军火弹药上予以接济。"然而，张学良哪知道，与他较量的是苏联特别远东军，由勃柳赫尔（加伦）将军指挥，所属兵力计有三个步兵师、一个骑兵旅和一个蒙古骑兵营，总兵力四万余众，并且装备了飞机、大炮、战舰和MC—1型坦克。

8月23日，张学良发表谈话说："我本军人，为国家服务，在此有守土之责，今苏俄不顾中俄、奉俄两协定，乃以恫吓手段相加，我自当尽军人天职，实行自卫。"

9月25日，苏联照会中国政府，要求停止"地方政权的犯罪性活动，并警告，如果招致严重后果，概由中国负责"。南京国民党政府对苏联的警告置若罔闻。

1929年10月中旬，苏联红军向中国军队发动攻势，先后占领了同江、富锦、密山、满洲里、海拉尔等地。张学良的东北军伤亡惨重，被俘达八千余人，旅长韩光第、团长林选青等重要军官阵亡，哈（尔滨）满（洲里）警备司令梁忠甲等三百名军官被苏军俘虏。

张学良面对如此惨败，不顾南京国民党政府的阻挠，迅速决定派代表同苏联和平谈判。他发出通电说："以东北一隅之力，对抗俄顷国之师，支持四月之久，卒以实力悬殊，军需支绌，牺牲袍泽，实为痛心，唯无论如何，当誓竭绵力，以卫疆土。"

战争初期，张学良满以为可以顺利地从苏联手中夺回中东路。但在大规模武装冲突爆发后，东北军却连连失利，节节败退。信心满满的张学良在五个月的坚守后，不得不在一个冰天雪地的日子里与苏联签订了《伯力协定》。

11月26日，张学良致电苏联政府，接受苏联方面提出的三项条件，同意恢复谈判。苏联的三项条件是：一、中国方面无条件同意恢复中东路原状；二、中东路正副管理局局长即时复职；三、立即释放被捕之苏联人民。

12月22日，中苏签订议定书，人称《辽俄和平草约》或《双城子草约》。议定书规定：恢复中东路原状，尊重其共同管理的原则，解除白俄部队武装，恢复双方的领事馆，实现边境正常化。随后，张学良主持东北政务委员会，决定承认蔡运升所签订的草约，并仍派他为举行正式会谈的代表。中苏议定书签订后，苏军即撤回本土。一场中苏边境冲突，从此宣告结束。

张学良在给蒋介石的《杂忆随感漫录》的"抗俄之役"中写道：

先是苏俄哈尔滨的总领事馆，共产党人在该馆密集开会，经我东省特区行政长官公署派警围捕，当场搜获阴谋文件，……煽动破坏我国社会秩序，而参加之人，多系东省铁路的高级职员，此乃违反中俄、奉俄协定。我方将参加阴谋之人员逮捕看管……俄方向我抗议，宣布绝交，双方布防，于十八年十月间，俄军侵入我国境，突向我防军进攻。先后有满洲里、同江、富锦、绥芬、呼伦等役，以呼伦、同江两役最为壮烈；呼伦则为韩斗瞻（光第）旅，英勇抗御两倍于彼之俄军，韩旅长及团长林郁文等死之，同江则为沈成章（鸿烈）所部之江防舰队与苏俄江防舰队冲突，曾将俄之旗舰击毁，逮其舰队司令，我陆战队亦有壮烈的牺牲。我遂由辽宁派遣两军前往增援。在此期间，日本方面，由日本公使馆须磨参事，曾表示日方欲出面调停，外交部征询我之意见，我立即反对，我认为这是前门拒虎后门引狼，此一调人比俄寇更凶狠。后经谈判，和平解决，俄军退出国境，东省铁路恢复原状，俄方撤回我方所逮捕之人员。

此一役也，暴露出我方军事弱点，及全国不能团结对外的现象，促进日本野心军人，加紧侵略中国，造成九一八事变，缩短中日争端战争化之期间。

中东路事件是张学良执掌东北政权后第一次大的对外军事行动，是其主政东北以来遭受到的最沉重的打击。从此，张学良不愿谈此事件，这不仅仅是苏方胜利、中方失败这样简单的结果，也不仅仅是造成中国"雄鸡"版图上的"鸡冠"黑瞎子岛被苏占据。它的发生给张学良留下了太多的遗患，以致在一段时期内深刻地影响着张学良的政治判断和决策。

修建葫芦岛海港

筑港，标志着中国人民要奋起建设，直接与外国人竞争。

——张学良

葫芦岛位于辽宁省锦州市，早在清朝时期，日、俄两国都想控制它，作为东北出入之门户。辛亥革命后，孙中山在《建国方略》中也明确规划了葫芦岛的开发，认为"此港主要能取营口而代之，居二等港首位"。

英国专家费时数月勘测，认为葫芦岛冬不结冻，夏无飓风，形势险要，联运便利，最适合建设海港。张作霖也曾成立东北交通委员会，下令修筑葫芦岛港，但因战乱而未得结果。

中国政府在自己的领土上搞建设，本来理直气壮，可是在半殖民地的旧社会，国土被帝国主义瓜分割据，处处限制中国发展。

1924年，张学良尚未执政和葫芦岛荒废之时，日本"满铁"的报告书就望风捕影随意煽动说："连山港不只是辽西唯一的吞吐港，而且东蒙古的物资，也将有如高山流水那样汇集到此港。连山港不仅可一举取代营口的势力范围，而且将不失为我（日本）大连港之一大敌手。就连东蒙及奉天以北，南满铁路沿线的物资，也将全部归于该港势力范围之内。"

1930年初，张学良集国恨家仇于一身，决心摆脱日本的束缚。他亲睹日本霸占旅大港口和南满铁路，控制着东北的交通命脉，认识到国人如不励精图治，奋发图强，任日本侵略野心膨胀下去，中华民族就会有亡国灭族之危险。为此，他十分重视东北的现代化建设。为抵制日本经济侵略，他大力扶持民族工商业，加速铁路电信建设，发展教育和体育事业，积极扩充军事实力，建立自己的军事口岸，与日、俄进行抗衡。特别是他任东北边防军司令长官之后，为了巩固海防，振兴东北，一方面利用东北海军学校，培养军事人才；另一方面多方筹划经费，建立葫芦岛港。少帅把建立港口的具体事宜责成北宁铁路局局长高纪毅主持。

1月24日，高纪毅与荷兰筑港公司正式签订了"葫芦岛筑港合同"，规定五年内建成，港口吞吐量为250万吨，包价640万美元，筑港公司办公地点为东山脚下两层小楼。

1月26日，张学良在葫芦岛航警学校轮机班毕业典礼上发表演讲，他说："航警学校之创立，意在造成海军专门人才，幸赖沈司令等数年辛劳，殷勤海迪，得有今日斐然之成绩。诸生毕业后，应重实习，尤须与下级士兵同其甘苦，并当不畏艰难，发扬朝气。现中国海军尚在幼稚时代，欲求发达，端赖人才，否则纵有海军，徒资敌用，甲午之役可为殷鉴。近来外患更亟，诸生既为军人，有捍卫国家之天职，责任重大，今举三事，互相策励：一、修养人格；二、继续求学；三、放大目光。三者之中，以人格为立身之本，更须注重为党国之干将，树军人之模范。"

这年春，蒋介石独揽军政大权，和阎锡山、冯玉祥的矛盾愈演愈烈。阎锡山网罗反蒋势力，组成了"中华民国陆海空军总司令部"，蒋介石就以国民政府的名义下令，"免去阎锡山的本兼各职"。双方剑拔弩张，针锋相对。强大东北军的态度举足轻重，成了双方竞相争取的对象。

1930年3月，张学良曾通电全国，主张和平救国。电称"武力有时必需，而不可为萁豆相煎之具"。双方斗争正在眼红之际，良言不易入耳。双方仍派高级代表赴沈长住，上下游说。张公馆门庭若市。

7月2日，致力于"建设新东北"的张学良为摆脱无谓的纠缠，借参加葫芦岛筑港开工典礼之机，住进了葫芦岛的4号楼——张学良别墅。当天，张学良见到自己亲笔为葫芦岛筑港纪念碑撰写的碑文，镌刻在汉白玉石碑上。他亲临实地主持了隆重的筑港开工典礼，亲自主持竖起汉白玉筑港开工纪念碑，该碑巍峨屹立在葫芦岛到望海寺之间的炮台山上。

张学良撰写的碑文是：

> 葫芦岛者形势天然，海口不冻北方之良港也。自有清末叶迄乎今兹，倡议兴筑者屡矣。顾以费巨工艰，事弗克举。民国十八年夏，国民政府铁道部孙部长科，以北宁铁路无良港为之吞吐也，乃赓续前议。移北宁之羡余，资斯港之完成。于是命北宁铁路管理局高局长纪毅董其役，复于路局附设港务处以专其责，属荷兰治港公司以承其工，期以五年又半港工告竣。同时规划市井，辟为商埠，猗欤盛哉！二十载经营未就之伟业，行将观厥成功，其于中国北部海陆联系之利，顾不重且大欤？爰于肇基之日，勒石记其涯略，以示方来，且为程功之左券焉。

张学良撰
中华民国十九年七月二日

参加典礼仪式的有国民党中央政府委员吴铁城、中央特派员张群、天津市长张廷谔以及东北军政要员、各界人士、荷兰筑港公司人员和新闻记者等七百余人。

会上，张学良说："今日筑港，标志着中国人民要奋起建设，直接与外国人竞争……"少帅因此受到东北三千万同胞的拥戴，人称之为"中国复兴之曙光"！筑港典礼后，张学良身着洁白的海军服装，在人们的热烈掌声中，为筑港纪念碑揭幕。纪念碑由汉白玉雕刻，通高1.8米。正面阳刻隶书体大字："葫芦岛筑港开工纪念"，阴刻竖排楷书："中华民国十九年七月二日立"，碑背面阳刻八行魏碑体书219个字，阴刻黑体"1930年"。由张学良亲撰碑文。

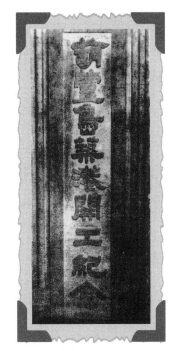

葫芦岛筑港开工纪念碑

这时，五艘战舰和茂司号飞机在海上和空中鸣笛报喜。尔后，张学良等人参观了炸药崩山，观看了海军表演。为了重视这一举动，张学良还批准辽宁省邮局在往来信件上加盖"葫芦岛筑港纪念"戳记三天。报纸称：葫芦岛筑港开工，乃是空前之盛举。

7月5日，张学良对外宣布，因海上阅兵患了感冒，谢绝一切客人。第四天，即9日，张夫人于凤至及秘书、卫队等同来避暑。张学良一时不能回沈，就将东北的军事工作交给荣臻负责，行政由袁金凯处理。每天派专人往返于沈葫，将封好的文件送到别墅批办。他还约见有关部下到葫芦岛商谈大事，先后来过的有：边防稽查厅厅长王树翰、军令厅厅长王树常、交通委员会邮传处处长蒋斌、兴安区军垦督办邹作华、长官公署军务处处长周廉等人。

张学良虽然是避暑休息，实际工作很紧，闲暇时间才陪夫人在海滨散步、室内跳舞，去海校玩球、打靶。北平的报纸说"张学良表面上虽以养病为由，逗留于尚未设有相当旅馆之葫芦岛，而实则意在避受南北双方代表之拉拢运动，故在时局解决以前，当避不返沈。闻宁方（指南京）代表方本仁、吴铁城、张群等，虽访张于葫芦岛百般拉拢，但张仍严守中立"。

据《民国大事日志》记载：张学良在葫芦岛停留了二十多天，对该岛进行视察及部署，于8月11日，张学良结束葫芦岛避暑生活，偕夫人乘专列火车去北戴河，直到9月18日才通电表态。至此，张学良在葫芦岛、北戴河避暑避战共计40天。

张学良大规模建设葫芦岛港，被国民视为振奋民族精神的壮举。这无疑刺痛了日本帝国主义的要害。日本看到：张学良大筑葫芦岛港，信心十足。从这一点上，日本看透了张学良不是自己理想的代理人，便加快了侵略中国东北的步伐。

当张学良筑港开工一年半时，日本就发动了九一八事变，致使这项举世瞩目的工程中途夭折。张学良筑港事业虽然被日本无情地扼杀了，但是，张学良修筑葫芦岛商港的壮举，充分体现了他的一片爱国赤诚，他的过人胆识和魄力，令中国人敬佩不已。

张学良亲自主持竖起的汉白玉筑港开工纪念碑，现仍巍峨屹立在葫芦岛到望海寺之间的炮台山上，成为历史的见证。

中国太平了，才会有高尔夫球运动

强国必先强种，强种必先重体育。

自从两位（端纳、伊雅格）教我打高尔夫球，我就迷上了它。我还托人买来了英文版的有关高尔夫球的书。看了之后，大开眼界，学到了不少知识。经过这段时间，我亲自感到打高尔夫球的深奥学问。它不但锻炼身体，还熏陶人的情操。我想，我的国家，只有放弃战争，天下太平，国民才能有真正的高尔夫运动。

——张学良

19世纪末，现代高尔夫球运动首先传入中国上海。1886年，上海出现高尔夫球俱乐部，标志着高尔夫运动受到国人青睐。1920年初，高尔夫球运动在中国一些大城市开始流行。

1926年，段祺瑞政府垮台，国民军退出北京，京津地区被奉军控制。张学良率第三、四方面军团进驻天津。不久，张学良将军团司令部移驻北京。

这年春，张学良与赵四小姐相识。一个英姿飒爽，一个豆蔻年华，两人一见钟情，相互爱慕，从此结为密友。

张学良爱好广泛，广交朋友，酷爱诗词书画，对西方的现代文明欣然接受。他会驾驶飞机，会开汽车，喜爱各种体育运动，对于新传入中国的高尔夫球运动也产生了浓厚的兴趣。

张学良在闲暇时，经常带赵四小姐到北京西山碧云寺旁的香山饭店高尔夫球场打高尔夫球。香山饭店是赵四小姐的父亲赵庆华开的。经常陪同张学良、赵四小姐打高尔夫球的有张的秘书长朱光沐、英籍顾问端纳、秘书兼司机伊雅格等人。

张学良爱好广泛，广交朋友，酷爱诗词书画，对西方的现代文明欣然接受。他会驾驶飞机，会开汽车，喜爱各种体育运动，对于新传入中国的高尔夫球运动也产生了浓厚的兴趣。他说："强国必先强种，强种必先重体育。"他认为，高尔夫球运动是一种高尚的健身强体运动。

张学良与高尔夫球运动的情缘，始于他的外国友人。其中和他交往最深的有两位，一是意大利人齐亚诺，他是意大利统治者墨索里尼的女婿，时任意大利驻北京公使；二是澳大利亚人端纳，他在奉天时是少帅的顾问。齐亚诺和端纳，年龄相仿，性情相近，都对高尔夫球运动有酷爱之情。他们与张学良成为莫逆之交。张学良受到这两位外国朋友的影响也酷爱高尔夫球运动。

这年初夏的一天，张学良、齐亚诺、端纳及其随从人员，相约来到北京香山的高尔夫球场。这天，香山天高云淡，空气清新。他们驱车来到香山饭店的门前，下车直去高尔夫球场。

张学良与齐亚诺、端纳等人在高尔夫球场尽兴地玩了一下午，待到太阳西落香山时，他们才恋恋不舍地离开这片绿茵茵的芳草地。

这次和往常一样，张学良请齐亚诺、端纳到饭店餐厅吃晚饭。席间，张学良与齐亚诺、端纳探讨有关高尔夫球的话题。

张学良说："自从两位教我打高尔夫球，我就迷上了它。我还托人买来了英文版的有关高尔夫球的书。看了之后，大开眼界，学到了不少知识。经过这段时间，我亲自感到打高尔夫球的深奥学问。它不但锻炼身体，还熏陶人的情操。"

齐亚诺说："汉卿，你说得很对。高尔夫球运动的深奥在于它需要智能与体能的结合，良好的身体素质与心理素质的结合，灵魂与肉体的结合，达到智人合一的境界。"

端纳说："高尔夫球运动是非常完美的体育艺术。我用'潇洒人生，一挥而就'来形容高尔夫球运动的神仙般的活动。"

张学良听了两位好朋友的话，鼓掌表示赞同。他说："GOILF（高尔夫）是英文GREEN（绿色）、OXYGEN（氧气）、LIGHT（阳光）和FOOT（步行）的第一个字母缩写而组成的。可见高尔夫寓意着在明媚的阳光下，踩着绿色的草地，呼吸着新鲜的空气，在大自然的怀抱里，悠闲自得地边散步，边打球。这是人回归自然的运动。这使我想到我的国家和国民，只有放弃战争，天下太平，国民才能有真正的高尔夫运动。" 齐亚诺、端纳及张学良的随从副官谭海听了这席话，不由同时为张学良鼓掌。

这年初秋的一天，张学良忙里偷闲，带着夫人于凤至、赵四小姐及他的副官谭海，来到香山高尔夫球场。此时，于凤至和赵四小姐对打高尔夫球还刚开始学习。今天，张学良特意来球场教她们打高尔夫球。

在高尔夫球场，张学良向于凤至和赵四小姐讲解了打高尔夫球前的准备工作。他亲自做示范并手把手地教她们穿好衣服，稳固好钉鞋，戴上握杆用的手套。张学良对于凤至和赵四小姐讲解说："在打高尔夫球时，有时你可能必须在一个相当崎岖、湿滑的球场上走上六公里的路程，还要不停地上山下山，所以穿钉鞋是必需的。这种鞋的防滑底，对你打球有帮助，稳固好钉鞋，能使你的身体保持平衡。"他说到这，指着她们的手套说："戴它的目的是让手能更好地握紧球杆。"

这时，张学良让副官谭海拿来球杆，于凤至、赵四小姐每人拿一把球杆，做握杆动作。张学良上前纠正，并做示范。他说："打高尔夫球，握杆的方式有多种。其中，重叠式也称互登式是最好的一种握杆方式，一般球员都喜欢用这种方式。"

于凤至做了重叠式握杆，感到不习惯，对赵四说："小妹，你说打球就是玩，怎么与握杆有啥关系？"赵四对大姐一笑，表示同意她的说法。

张学良却说："你们不要小看握杆

张学良和于凤至在高尔夫球场

方式，我告诉你们：打好高尔夫球，百分之九十八要靠姿势，百分之二要靠开球，养成正确的握杆习惯，对打好球、战胜对手十分重要。"

张学良让副官谭海拿来高尔夫球，把球放好。他首先让于凤至随意握杆击球，然后，又让她按重叠握杆式击球，结果后者击球远远超过前者。赵四小姐有些不信，也照着于凤至大姐的做法击球，结果是一样的。她们相信了张学良的说法。

这时，张学良为于凤至和赵四小姐演示击球。他说："当你把球放好，准备击球时，首先必须使身体朝向正确的方向，双脚、双膝、双髋、双肩都需要与目标线平行，瞄准目标，才能有效挥杆，完全击中球背，达到球飞得远而准。"

于凤至和赵四小姐按照张学良演示的方法反复练习打高尔夫球，逐渐掌握了打球的方法和规则。在张学良的教导下，于凤至、赵四小姐的打球水平不断提高，她们能灵活运用适当的姿势，调整头部的位置、肩位，能成功地振杆，能漂亮地将球击出障碍地，能调整身体推下岭球等。张学良对她们打高尔夫球的进步，总是报以掌声鼓励。

由于于凤至和赵四小姐爱上打高尔夫球，所以在张学良有时间时，就要求他带她们去香山球场比赛。有时张学良还邀请齐亚诺夫妇、端纳一同前往打高尔夫球。

1930年，中国政局又动荡起来，蒋介石除出动军队对付倒蒋运动外，还寄希望于张学良的援助。

这天，少帅与端纳在打高尔夫球。张学良轻轻击球后说："今晚有位国民党要人，吴铁城将军来见我。"

"哦，"端纳接着说，"这场愚蠢的战争越打越大，该是你表明态度的时候了。你应该归顺中央，即站在蒋介石领导的中国公认的政府一边。"端纳说罢，径直地把高尔夫球打进穴内。他瞅着张学良告诫说："不过，你应该要求他们修改国民党的基本法，要他们进行一些改革。"

这时，张学良与端纳站在一个沙坑旁边。

"你的意思是，如果这是国民党，"张学良说着，在沙面上画一个方块，"其他政党也应享有与国民党同样的权利？"少帅在那个方块外面又画了一些小方块，"一点不错！"

端纳说："你一定要提出这些要求，请他们结束中国的内战。"

在这次打高尔夫球中，张学良坚定了自己的想法。翌日，张学良告诉端纳，南京政府已同意他提出的条件。然而九一八事变爆发后，张学良集国难家仇于一身，一心想抗日，收复东北，从此无心再打高尔夫球了。

看洋冒险家怎样在中国人面前丢丑

"是的，辛傅森先生，我请你来，不是答应你的要求，是要你交出负责的海关！"

"给你两个星期去抢劫海关吗？"张学良毫不客气地说，"我现在命令你，立即把海关交出来！"

——张学良

1930年9月18日，张学良向全国发出通电后，历时半年之久的中原大战终于结束了。就在这时，少帅接到了一封信。信是英国大冒险家、作家、东北海关行政官员辛傅森写的，内容是：如果张学良同意辛傅森出任海关税务司长，辛傅森愿意给张学良200万元现金，再加每月100万元；关于此事交易的细节，辛傅森准备第二天来与张学良当面商谈。

张学良看完这个英国人写的信后，把信的内容告诉了自己的顾问端纳。端纳听了，面露警觉而又庄重的神色，对少帅说："这是行贿啊！"他尖锐地指出，"辛傅森的信，是在瞧不起你，对你的为人评价甚低。他想用钱收买你，答复他时一定要小心谨慎。"张学良对端纳的话表示赞同。

9月19日，端纳陪少帅打完高尔夫球。在回家的路上，张学良对端纳说："今天晚上，我要见辛傅森。"

"你要当心，"端纳说，"要是他认为你可以收买，而你又让他作此想的话，其结局只能是：你可能交上另一个朋友，但肯定是买椟还珠，失去现在这个朋友。"

张学良听罢，对端纳笑了起来。一进屋，两人便停下脚步，因为有位仆人拿来辛傅森的名片。端纳见此情景，知趣地告辞了。

213

翌日上午，张学良见到端纳时，便叙述昨天晚上与辛傅森会面的事。

当时他们见面后，辛傅森大声地说："少帅，你答应了我的要求，我非常的高兴！"

"我答应了你的要求？"张学良冷笑讥讽地说，"你怎么会有这样的想法？"

"怎么，我的想法不对吗？我把我的计划向你亮出来了，是你请我来和你会面的呀。"

"是的，辛傅森先生，"张学良严肃认真地说，"我请你来，不是答应你的要求，是要你交出负责的海关！"

辛傅森听少帅这么说，顿时脸吓得发白，但还不相信地问："怎么，你没有答应？不要那么多的钱？"

"我才不摸你那些臭钱呢！"张学良满面正气地吼道。

辛傅森不安地说："你不让我干了，我怎么办？"

张学良说："你去问阎锡山！"

"他跑了。"

"你去追他呀！"

辛傅森向少帅请求说："你可否给我两个星期，让我把自己的事情处理一下？"

"给你两个星期去抢劫海关吗？"张学良毫不客气地说，"我现在命令你，立即把海关交出来！"

端纳听完张学良讲的这番情景，满意地望着年仅30岁的少帅，不由暗暗敬佩。端纳对中国的官员们太了解了，据他所知，少帅拒贿数百万元的事迹，在中国是绝无仅有的。为此，他第一次称呼少帅的字——"汉卿"，他不解地问："你为什么叫辛傅森来面谈呢？"

张学良笑着答道："我想看看这个英国冒险家是怎样在中国人面前丢丑的！"

强国必先强种，强种必先重体育

我今天所欲与诸位说的，首先是提倡体育。我很希望关于体育方面要特别注意，然后用之身体好求精妙的学问。

中国初登国际赛场的时候，外国人总把我们看成"东亚病夫"，"面如纸色"，总要窥视我们的男队员脑后有没有长辫子，女队员是不是小脚。

强国必先强种，强种必先重体育。德智体群美五育并重，振兴东北体育。

——张学良

从1915年起，东北的一些学校开始出现体育活动，相继在凤城、大连、奉天召开过运动会，但还很不普及。

1921年，第九届华北运动会在奉天举行，这对东北，特别是当时的奉天体育事业是个很大的推动。黑龙江、吉林、奉天、山西、直隶五省有48个大、中学校六百多名运动员参加了这次运动会。其中，奉天省就有13个市县28所大、中学校的四百多名运动员参加比赛。此时，身任东北军旅长的张学良担任运动会的代理会长，并主持了运动会。这是张学良支持发展东北体育事业的开始。

1928年7月1日，东北三省议会联合会一致推举张学良为东三省保安总司令，兼奉天省保安司令和东北大学校长。在繁忙的军政公务之余，张学良还要履行东北大学校长的职责，聘请吉林刘凤竹为该校副校长，邀请国内知名人士章士钊、罗文干等人来东北大学任教授。在开学典礼上，他身穿笔挺的中山装，偕夫人于凤至步入会场，受到全校千余名师生的热烈欢迎。在会上，他慷慨陈词，鼓励学生好学上进，提出"德、智、体、群、美五育并重"的办学宗

1929年5月29日，第十四届华北运动会在东北大学体育场举行。张学良和夫人于凤至担任本届运动会正副名誉会长。

旨，造就"完全之体育人才"，"振兴东北体育"，"振奋民族精神"。

同年9月，为了推动东北地区的体育运动，提高东北地区运动技术水平，张学良积极进行对外交流，与东西方几个国家进行体育友好往来，倡议邀请日本、法国选手到沈阳来举行比赛。这是辽宁体育史上第一次邀请外国选手前来比赛。抢修运动场地、接待所需要的经费都由张学良支付。届时，法国选手未能如期前来，只举行了中日比赛。

1929年1月，东北大学足球、篮球队访问了日本，并取得八战五胜、一平二负的好成绩。当时，东北大学在小河沿处的体育场年久失修，破烂不堪。面对此景，体育教师耿伯威多次向奉天市长李发权反映情况，请求批准经费维修体育场，但没有结果。于是，耿伯威同体育科主任马惠吾等四人到张学良处求援。张学良虽公务繁忙，但仍亲自接待了他们。马惠吾向张学良提出兴建华北九省运动会场所问题；耿伯威陈述了具体修复小河沿体育场的办法。张学良听了情况后，满口应允说："很好。我很忙，此事就让秘书长吴家象督办。"为了表示对体育事业的支持，他还从个人的财产中捐献出30万元。不久，东北大学小河沿体育场得以修复。

1929年，由于张学良的大力支持，因连年战乱而中断了几届的华北运动会得以恢复，定于当年5月在奉天召开。为了迎接第十四届华北运动会，张学良早在去年10月就倡议召开了东北三省联合运动会，作为参加华北运动会的预选赛。其后在沈阳举办了第一次黑龙江、吉林、奉天三省联合运动会，共有93名运动员参加。张学良亲自任运动会会长。

这年5月29日，第十四届华北运动会在东北大学体育场举行。张学良和夫人于凤至担任本届运动会正副名誉会长。在开幕式上，由于军务繁忙，张学良未能莅临，便委派其弟学铭代表他向大会致欢迎词。下午3时，张学良赶到会场，兴致勃勃地走到田径场的沙坑边，脱掉外衣，穿着白汗衫和短裤，做了跳远表演。顿时，全场观众欢声雷动。在这次运动会上，曾得张学良支持和培养而备受鼓舞的东北大学学生刘长春在100米决赛中创造了10.8秒的全国最高纪录；张学良赏识的体育教师耿伯威在教师400米赛中，以59秒的成绩获第一名。在发奖仪式上，张学良亲自把一座银盾授予耿伯威。他为东北大学师生取得的成绩高兴，为他们给东北人争光而欣悦。至此，东北大学的体育运动一跃成为全国之冠。尔后，张学良令耿伯威率领东北大学篮球、足球远征团访问日本东京、京都、神户、大阪、广岛等城市。在历时十四天的比赛中，共取得八战六胜、一平一负的辉煌战绩。张学良接到胜利电报高兴至极，便令其弟张学铭在日本豪华大饭店，为远征团置酒宴庆贺威震日本之大捷。

1929年夏，张学良决定实现很早就想在沈阳建筑现代大型体育场的愿望，在东北大学兴建了可容纳三万人的体育场。在当时，这座体育场居全国之首。这年10月，张学良在这座体育场举办了中、德、日三国田径赛。在比赛的前三天，他发现运动场地土壤松软，对比赛不利，下了一道紧急命令，调来两个营的兵力，昼夜加工改造场地，直到大会开幕的早晨才告竣工。

张学良特邀德国、日本一流运动员来沈阳进行中、德、日三国田径赛。中国队的运动员有短跑名将刘长春、

张学良专门在德国制造了一批镶有他本人头像的金壳怀表，赠给体育大会57块作为获胜者奖品。

中跑名将姜云龙、长跑名将陈伯林等；女运动员有哈尔滨的孙桂云、王渊、刘静珍，北平的彭静波以及东北大学的富一丁等人。为祝贺这次三国赛，张学良专门在德国制造了一批镶有他本人头像的金壳怀表，赠给大会57块作为获胜者奖品。

在这次比赛中，刘长春不负张学良的希望，紧咬住德国短跑名将奇鲁特拉比尔，将日本短跑怪杰吉冈隆尔甩到后面，获得第二名；在200米跑中，他又超过日本冈健次、今井，取得远东地区的最好成绩。为此，张学良感到十分高兴。

这年，国民政府颁发了《五条国民体育法》。张学良亲自签署下达了所属各市县的文件，下令组织各学校开展体育活动。他认为，要推动体育运动发展，就要注意培养人才。在他的提议下，东北大学在招生时注意招收体育较好的学生和运动员。他决定在东北大学教育学院内开办体育专科，于这年9月招收了第一期学员约五十名。为了提高田径运动水平，张学良不惜用重金聘用教学人才。体育科的教师有美国留学生宋君复、王文林，德国留学生吴蕴端。张学良还聘请德国长跑专家担任田径教练，每月待遇为八百两白银，另配一辆小汽车。刘长春被张学良收入东北大学体育科后，就由德国教练培训。

1930年4月，在杭州举办了第四届全国运动会。在张学良的积极提倡和支持下，东北各省均派代表团参加，仅辽宁省代表团就有123名运动员。这次运动会上，辽宁运动员不负张学良厚望，获得六项冠军。

第四届全国运动会以后，辽宁运动员刘长春和哈尔滨的孙桂云等13名男

刘长春被张学良收入东北大学体育科后，就由德国教练培训。

女运动员被选入全国代表队，准备参加在日本东京举行的第九届远东运动会。张学良还专门汇去现洋3000元，奖励创造优异成绩的运动员，勉励他们为中华民族争光。在远东运动会上，中国运动员表现出实力不足的缺陷，无一取胜。回国后，东北体育界决定创设东北各省体育联合会，以促进东北体育事业的发展，并决定秋季在沈阳举办第一届东北各省联合运动会。张学良对这个决定表示全力支持并从各方面提供方便条件。

1930年10月，东北四省第一届田径运动会在沈阳举行，这是张学良将军盼望已久并为之奋斗的盛会。

张学良亲临大会，并在运动员、裁判员、大会职员绕场一周时，偕夫人于凤至从主席台上走下来，行进在整个队伍的最前面，随着军乐队演奏的乐曲，绕场一周。全场二万余名观众向张学良夫妇及运动员报以热烈的掌声。

在开幕式上，张学良亲自致词，倡导"运动无国境"。他还特备了电影机，摄制了日本运动员的撑竿跳高等项目。后来，法国选手从日本、朝鲜访问结束后，张学良邀请他们来沈阳，举行了示范运动会。同月，张学良还在大帅府网球场亲自主办了一次旅奉外侨国际网球赛，有美国、英国、法国、德国、丹麦、日本等国的外侨参加了网球赛。比赛中，张学良也挥拍上阵。

张学良提出"强国必先强种，强种必先重体育"，并主张"德智体群美五育并重"，为此，决定10月6～9日在沈阳举行有奉天、吉林省和哈尔滨所代表的"东省特别区"参加的"东北三省学校联合运动会"。

这年9月上旬，张学良电令哈尔滨特区选拔组队参加运动会。10月2日，哈埠在少帅的关怀下组成了有史以来第一支拥有60名田径、篮球、网球运动员的参赛队伍。抵达沈阳时，张学良及夫人于凤至亲切地接见了哈尔滨特区代表队成员。

在"东北三省学校联合运动会"开幕式上，张学良慷慨激昂地致词并和运动员一起绕场一周，接受观众和来宾的检阅。

1931年的东北年鉴载："东北的体育运动在全国占有重要的地位，在各省区中，以辽哈为最盛，故选手成绩亦以辽哈为最优。"其中，"小脚女人"黄树芳对东北及哈尔滨的体育运动贡献很大，深受张学良的欣赏。

黄树芳，女，浙江人，1906年生。1925年，黄树芳在上海两江女子体专毕业后，应聘来到哈尔滨任从德女中体育老师。1927年，从德女中改称哈特区第一女子中学。黄树芳是哈尔滨有史以来第一位女体育教师。几年间，在她的辛勤耕耘下，该校涌现出孙桂云、刘静贞、吴梅仙、萧淑苓、王渊等一批能跑擅跳，首创全国女子田径纪录和首批代表中国参加国际大赛的国手，填补了当时我国体育史的空白。而黄树芳不仅是哈尔滨的第一位女体育老师，而且是全国第一位国家队的女教练。1928年召开东北三省学校联合运动会的通知下达到各省（区）后，哈特区教育厅只限于从大中学校的男队员中选拔队员，忽略了第一女中。当黄树芳得知这一情况后，迅速找到教育厅。得到官方许可后，她带领六名女将火速赶到沈阳。但是，大会的赛程已经排定，六名女将无法参赛。正在黄树芳一筹莫展时，张学良紧急召见了黄树芳，承诺大会给她们安排"表演"赛。孙桂云、萧淑苓等人深受鼓舞，赛场成绩压倒群芳，首创了几项东北区的短跑纪录。1929年，张学良主持操办了中日德三方田径对抗赛，调黄树芳带领孙桂云、萧淑苓等人去沈阳代表中方参赛。在女子100米比赛中，孙桂云与当时世界纪录创造者日本女将日仁慧子跑得难解难分，终因缺乏赛场经验屈居次席。可张学良对东北男女健儿的赛场表现非常满意，接见黄树芳时说："你这个小脚女人，能带出这样的女将，真不简单。"

1930年4月，第四届全国运动会在浙江杭州举行，本届运动会意在选拔国手，参加5月在日本东京举行的第九届远东运动会。张学良得知辽哈两地已派出众多选手参赛，便指令两地领队说，"他们（指南方）说我们关东是'白帽子'，你们给每个队员做顶'白帽子'戴着参赛。谁得了冠军就把'白帽子'甩掉。"结果，辽宁队的刘长春等人获得半数以上的冠军奖牌。女子田径赛当时中国是第一次在全运会上开设，只设了50米、100米和200米接力及跳高、跳远和垒球掷远六项，可黄树芳带领的孙桂云、刘静贞、吴梅仙等五名女将获得了四项冠军、一项亚军，居团体总分首位。每项赛后，裁判员们总是将在赛场上捡到的"白帽子"还给队员，并风趣地说："张将军所说的'白帽子'终于让你们给甩掉了。"

蒋介石、戴季陶等要员也出席了这届大会，并观看了第一项的男女短跑比赛。当蒋介石看到东北的刘长春、孙桂云双双获得男女冠军后极为赞赏，并默默地说："东北这张小六子真是个干将，培养这么多的健儿！"

赛事结束后，当即选出中华男女田径代表队的队员，男队以辽宁刘长春等人为主体，占半数以上，女队共有五名队员，哈尔滨的孙桂云、刘静贞、吴梅仙占了三席，另有上海、广东各一人。因哈队人数众多，黄树芳被理所当然地选为中华女队的教练，随队奔赴日本参赛。很快，张学良就收到东北辽哈两队大获全胜的消息。他当即令人给被选入国家队的队员每人汇去服装费500大洋。当队员由日本归来后，张将军又令人把路经沈阳的哈队接到少帅府，盛情款待，并与夫人于凤至在网球场给队员们大秀网球技艺。

在与黄树芳等人的交谈中，张学良将军说："中国初登国际赛场的时候，外国人总把我们看成'东亚病夫'，'面如纸色'，总要窥视我们的男队员脑后有没有长辫子，女队员是不是小脚。而这次你到日本，真的使运动场上出现了小脚女人，而且是国内外运动场上唯一的小脚女人。"

重教育，捐巨款办学

吾国旧俗，女子惟议酒食，习缝纫，而不读书。其读者，又唯学刺绣，工词章，而鲜实用。今学校制度，盖因时而制宜，诸生能循序而深造焉，则可以强国而保种。诸同学要专心研究，以图用之于来日，造成中国人才，人民中坚，求学事小，国家事大，才不辜负国家兴学的本质。

——张学良

221

张学良热心教育，视教育为东北之希望，视人才为东北之未来。

冯庸是奉系军阀冯德麟之子，张作霖与冯德麟是至交。冯庸与张学良同年生，为此两人曾结拜兄弟，并共同取字为"汉卿"。冯庸深知教育对国家的重要性，便辞去军职，然后散尽家财，筹办大学。

张学良对冯庸的办学想法非常支持，向其表示：学校成立时，将送重礼祝贺。

1927年8月8日，冯庸大学举办开学典礼。张学良亲临开学典礼，并在典礼前夕，特地派下属送去一对由上好的汉白玉雕刻的石狮子以示祝贺。

这对由汉白玉雕刻而成的石狮，高约两米，威风八面。其中，一个石狮底座上刻有两行字：上面一行是"冯庸大学校成立纪念"；下面一行是"中华民国十六年八月八日"。

此对石狮，现今在沈阳燃气有限公司大门前，虽然历经几十年的风雨，却在战争中完好地保存了下来。

1928年，张学良就任东北大学第三任校长。这年秋，张学良赠东北大学诗曰：

大好河山夕照中，国人肩负一重重；
男儿正要闻鸡起，一寸光阴莫放松。

在办大学的同时，他又相继办了东大附中和男女同泽中学及小学，使东北的教育配套成龙。

这年3月1日，沈阳同泽女中正式开学。开学前夕，张学良为《同泽女子中学一览》写序道：

自文教东暨，人渐知女学之重，于是学校不足以容，试可而被摈者济济也。去冬余督师保阳，军事之暇，延见乡人，辄以吾省垣之大，而女校无几，相为感喟。余在故京若陆军大学、民国大学，经费中断，余一力资助；今桑梓之地，如何可忘？因定创办女中之议。

……尝慨吾国旧俗，女子唯议酒食，习缝纫，而不读书。其读者，又唯学刺绣，工词章，而鲜实用。今学校制度，盖因时而制宜，诸生能循序而深造焉，则可以强国而保种，宁独一人一家之计而已。

1930年10月，张学良带着一名侍从骑马从辽中去台安视察新民小学。他此行的目的是为了鼓舞该校教师的办学热情。

原来，同年3月，张学良为了发展台安教育事业，以表深厚的桑梓情谊，从"汉卿教育基金"中，捐款兴办了新民小学，校址设在县城通往新开路南的东便门里（即现台安县实验小学院内）。将原来五间正房改做教员办公室，另外新建十间砖瓦房做学生教室、宿舍和厨房。

在新民小学建校后，张学良将军不顾政务繁忙，亲自从奉天到台安，为学校选定张显忱为校长，由张显忱聘请教员。学校升学时，全校四个教学班共有学生一百五十五名。主要设置的课程有：国语、算术、历史、地理、自然、博物、体育、美术、音乐等。张学良将军以夫人于凤至为户名，每月初从"汉卿教育基金"中，拨出办学经费，汇给台安县官银号三百块奉小洋。学生统一服装，教师待遇优厚，还统一发给墨盒。全校师生得到张将军的资助，备受鼓舞，学校办得很有声色，深受民众的欢迎。

张学良在新民小学建校七个月后，又亲自到师生中间详细地询问了师生们的教学、学习、住宿和伙食等情况。在这次视察中，他批准以"文行忠信"四个字为校训，还给住宿生增加了伙食补助费。

张学良对东北教育事业费尽了苦心。在任东北大学校长期间，他曾先后三次个人捐款达180万元现大洋。他为东大教育事业发达，向世间招纳高才，礼贤下士，令全国著名教授学者向往，纷纷赴校授业，使东大成为全国闻名遐迩的高等学府。

1931年元旦，张学良在自己的别墅里召开了辞旧迎新元旦联欢会。他特邀了东北大学、东大附中、男女同泽中学、新民小学等师生代表出席联欢会。他高兴地说：东北教育形势大好，大中小学成龙配套，特别是东北大学研究高深学术，培养专门人才，应社会之需要，谋文化之发展的宗旨已经初步实现，所以请师生们庆祝元旦，庆贺教育事业发达兴旺。

张学良为使元旦联欢会达到预期效果，拿出相当数量的私款，派人购买纪念品，布置别墅：大门口两侧放置新做的大彩箱；搭起能容纳千八百人的大席棚，砌筑十多处大炉灶，生火取暖；设置游艺室、舞厅等娱乐场地。

这时，一个男学生走到张学良面前行礼问候。张学良认识这个男生，高兴地说：“你今天能来，我很高兴。不过明天你得回家去看望父亲啊！”不知情者很难知道这话里的含义，原来，有一次郊游时，这个男学生遇到了张学良校长，上前提出问题：

“校长，您的部队在外驻防，是否可以占用农民的耕地？”

“当然不可以，”张学良问，“你说是什么地方？”

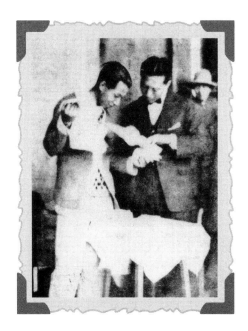

“法库县，我家的地被占当操场了。”

“告诉我你家详细地址，那部队番号是多少？”

男学生逐一实说。张学良字字记在本子上，然后安慰男学生说：“你提的问题很好，我要感谢你。”

几天后，男学生的父亲来信说：张少帅派人撤走了部队，咱家的土地退还了，部队长官还向咱家道了歉。

张学良对男学生说：“明天你回家，替我向你父亲问候。”

　北平大学名誉校长张学良

张学良举办这次师生联欢会气氛异常热烈，鼓声、号声、鞭炮声震耳欲聋。张学良还兴高采烈地为师生们放留声机。他让厨师做好多肉包子作为师生的午饭。傍晚，全体师生在别墅大楼前集合，聆听张学良校长讲话。他站在二楼凉台上，勉励大家好好学习，锻炼身体，爱国反帝，建设中华，努力奋斗。师生以热烈的掌声回答张学良校长的期望。

赈灾，救贫苦百姓于水深火热

> 本年水灾惨重，不仅武汉一方，迭据各省区官民函电呼吁，各方报告，濒临江淮各省，飓风一泻千里，山洪暴发，高原顿成泽国。万众沦胥，死伤枕藉，孑遗待救，危在呼吸。其被灾区域之广，商民受祸之烈，洵为近代所未有。怆闻惨状，寝食难安。即虽筹集巨款，不能尽拯饥溺。诸公关怀民瘼，素佩热忱，对此倒悬垂毙之民，定抱异地同情之感。切望各就所属，设法迅筹，多方劝募。一俟集有成数，即行汇交行营，统筹支配，派员运送各灾地散放。
>
> ——张学良

1921年，第一次直奉战争结束后的一天，张学良乘车到青年会找阎宝航（字玉衡）商量有关放赈之事。

"玉衡，"张学良开门见山地说，"战事虽然结束了，可是这场战争给老百姓造成那么大的灾难，特别是我看到山海关一带百姓的悲惨情景，每当回想起来就感到不安。你不是讲过战乱是百姓的一种灾难吗？所以，我想尽自己的力量，帮助受灾的百姓解除一些痛苦，排遣心中的自责，你看如何？"

"汉卿，你的想法很好，我赞成！"阎宝航称赞说，"你虽身为军人，但念念不忘百姓疾苦，真是难能可贵啊！但不知大帅是否……"

"我父亲那儿问题不大，可以做工作。"

"放赈，需要款项和物资，怎么筹集呢？"

"这个由我出头安排。商会有钱，可以多拿些。你们青年会和社会团体及慈善团体也量力而行出些钱物。这就叫做'取之于民，用之于民'。放赈，是我提出来的，我带头，我个人捐赠一万元。"

"汉卿，战争结束后，战区免不了会有各种疾病流行，百姓生活很苦，缺医少药。我看派些医生，免费为百姓治病。"

"对！这是不可少的。我可以亲自出头，联系一些医院，解决医药问题。"张学良胸有成竹地说。

为了使放赈做得好，张学良在百忙之中，分别找各界有关人士，向他们讲了自己的想法。当他们知道张学良带头捐款、放赈救民时，都纷纷响应，捐钱捐物或出人出力，支持赈灾。

1929年盛夏，张学良办完葫芦岛修军港的公务后，乘火车直赴北戴河。当列车途经绥中县时，张学良看到该县河流泛滥成灾，洪水淹没了许多村庄，难民为了逃生，都拥挤到铁路两旁，盼望火车将他们带走。

张学良乘的火车在此处是不停车的，然而他看到灾民急需救援，立即下令停车，他亲自下火车，向难民们问候，指挥他们上火车。张学良看见灾民饥饿的样子，心里很难过。他不住地说："父老乡亲，你们受苦了。"他让副官立即找来山海关粮库负责人，命令他打开粮仓："火速放粮，不能饿死一人！"

灾民们对张学良如此关怀他们的疾苦非常感激，于是"少帅绥中放粮"之举到处传开。

1931年7月，辽西连绵大雨酿成了大水灾，方圆千里顿成湖泽。正在北戴河避暑疗养的张学良夫人于凤至得知灾情后，便以社会福利事业的名义发起女子急赈会"以拯灾黎"。随后，她中断疗养，返回沈阳筹备救灾工作，成立了"辽西水灾协赈会"。

此次赈灾，张学良夫妇为受水灾的灾民解决了很大困难，受到了辽西父老乡亲的称赞。

1931年9月4日，天津《大公报》发表了张学良为赈灾事呼吁和平电：

　　窃维国家事重，赖众力以共擎。祸福机微，击亮心之感召，必先权衡利害，始期挽救危亡。溯自民国创建以来，凡百所届，草昧艰屯，其间战乱递兴，凌侮时至，国家地位，日就沦胥。降至于今，建设则甫觐初萌，而破坏则已臻极度，国如累卵，民厄倒悬。本年沿江各省水灾之重为数百年来所未有，田庐湮没，民命丧亡，竟不可以数计，空前浩劫，兴砍陆沉，因固非仅海内贤达所共悱悯，即凡禀赋血气，亦莫不具有恻隐之心，被发缨冠，岂容忽视，第念天灾降庚，兆于人事之不臧，事实可徵，史垂殷鉴。方今国家命脉一线仅存，绝续之交，讵可再加戕斫。乃近据报纸所载，和平将有破坏之说，一时逞快，千载沦亡。

凤仰治术奉公，忧国当不后人，维冀深体时势，共策和平，泯凤见以蠲畛域，开诚心以援饥溺。后先缓急，反复三思，庶期振导祥和，匡扶颓运，于民慰其苏之望，于国树不世之勋，党国幸甚，民族幸甚，良危目击，迫切陈词，款款愚诚，伏祈明教。

于凤至任水灾协赈会会长

　　9月6日，张学良又在《大公报》上发表努力募捐救灾电：

　　天津王主席、太原徐主席、沈阳臧主席、吉林张主席、龙江万主席、承德汤主席、张家口刘主席、绥远傅主席、哈尔滨张长官、北平周市长、天津张市长、青岛胡市长钧鉴：艳（29日）电计达。本年水灾惨重，不仅武汉一方，迭据各省区官民函电呼吁，各方报告，濒临江淮各省，飓风一泻千里，山洪暴发，高原顿成泽国。万众沦胥，死伤枕藉，孑遗待救，危在呼吸。其被灾区域之广，商民受祸之烈，洵为近代所未有。怆闻惨状，寝食难安。即虽筹集巨款，不能尽拯饥溺。诸公关怀民瘼，素佩热忱，对此倒悬垂毙之民，定抱异地同情之感。切望各就所属，设法迅筹，多方劝募。一俟集有成数，即行汇交行营，统筹支配，派员运送各灾地散放，以省周转。如此再电驰达，务希矜念灾黎，努力进行。仍盼将办理情形，随时电告。特达。张学良。副总印。

少帅为救贫苦百姓于水深火热之中，电告全国停止内战，呼吁和平，募捐赈灾的言行，表达了对人民的耿耿爱心。

9月8日，《大公报》发表张学良致蒋介石的电文：

南京蒋主席钧鉴：

奉读9月1日通电，忧国至切，责己以周，示天下以大公，轸斯民之饥溺，仁声义闻，感动群伦，遄听之余，莫名钦服。窃维国家多难，江侮频乘，毒流数省，甫经钧座劳苦督师，剪夷垂竟。讵谓天灾继降，洪水横流，弥迤平原，化为巨浸，死亡流离之惨触目惊心。以我积弱不振之国家，倒悬待解之民命，丁兹运会，什百艰难，凡隶中华党国统治之下，苟非丧心病狂，俱宜及时猛省，群策群力，共求自拔于惊涛骇浪之中，况复迭蒙钧座以身作则，诲谕殷勤，稍具良心，岂容充耳。学良凤凛服从，窃忧危患，和平统一，矢忠护持，愚见所及，并尝通电全国，吁祈共济。兹奉谆语，倍有遵循，敢勉驽骀，唯力是视，敬陈末悃，伏维鉴察。

张学良叩

9月11日，《大公报》发表张学良关于设立水灾筹赈会通电：

南京中央党部、国民政府、总司令钧鉴，南京各院部会、各省市区党部、各省市政府、南京国府救济水灾委员会、各法团、各报钧鉴：

本年南、中各省江河漫溢，巨灾浩劫，亘古罕闻，迭接各方函电呼吁，备悉惨况，哀我灾黎，忧焉如捣，势非集合群力，无以匡救沦胥，特于本副司令行营设立各省水灾筹赈会，并于河北、山西、辽宁、吉林、黑龙江、热河、察哈尔、绥远各省政府，哈尔滨、威海卫各特别区，北平、天津、青岛各市政府，设立分会，由学良兼任会长，各省、区、市长官兼任分会副会长，即日组织成立，淬砺进行，对于赈款赈粮，广事募集，随时赶解中央救济水灾委员会，运往灾区，分别施放，庶期勉效壤流，稍回劫运，疮痍待起，临电彷徨，特此奏陈，敬希鉴察。

张学良

张学良此时虽然军政大事百务缠身，但是对夫人于凤至筹备救灾工作却非常支持。他于10月亲自批准以"辽西水灾协赈会"的名义发行面额为一元的"赈灾奖券"五万张，共计大洋五万元，用作救灾资金。奖券由造币厂——北平财政部印刷厂印刷。奖券的正面首额印有"张于凤至主办"和"辽西水灾协赈会"字样，正中印有"赈灾奖券"四字。券面底纹印有"为善最乐"等

张学良批准以"辽西水灾协赈会"的名义发行面额为一元的"赈灾奖券"五万张，共计大洋五万元，用作救灾资金。奖券由造币厂——北平财政部印刷厂印刷。奖券的正面首额印有"张于凤至主办"和"辽西水灾协赈会"字样，正中印有"赈灾奖券"四字。

字，左边盖有骑缝印章。

张学良与于凤至批准的赈灾奖券发行简章规定，所售之券"专为辽西水灾急救之用"，"不得从中截留它用"。奖券奖品为一百个号，分四个等次。这笔奖券奖品资金额相当可观，是少帅点头支持，于凤至夫人借助张学良的社会地位与影响向各界筹集的。

繁荣东北经济，吸引华侨投资

利用外资，须外资为我所用。余绝非卖国之人，有损主权之事，绝不退让。

——张学良

张学良年轻时，受西方文化的影响，力主繁荣东北经济，发展文教事业。当时，海外华侨民族民主意识普遍高涨，奋然投身到中国民主革命洪流之中，踊跃投资国内经济建设。张学良认识到华侨的巨大潜力，决定把华侨工作同地方经济建设结合起来进行。

1922年，张作霖在第一次直奉战争中失败并退守关外。张学良向父亲提出建议："一方面广招兵马，整军经武；另一方面积极招揽各方人士投资东北实业，凡是华侨回国投资，均表示欢迎。"张作霖接受了儿子张学良的建议，对侨胞投资东三省实业给予热情支持。

1925年1月14日，中国驻海参崴总领事王之相在上呈的信函中指出：侨商孔宪林在东北设立的旭东电灯事业，颇有成效。为此，张作霖对张学良欢迎华侨投资的建议大为赞赏。

1928年7月，张学良主政东北后，锐意革新。为了求得东三省的发展，振兴东北地区经济建设，于翌年4月18日公布了华侨投资奖励办法。由于东北华侨人数不如南方多，因此可资借助的实力也不如南方雄厚。为此，张学良委托与南方华侨有联系的东北籍人士，以个人名义做侨胞的思想工作，千方百计地争取他们投资东三省。然而遗憾的是，南方华侨素视东三省为荒寒朔漠充军之地，加之连年军阀政客常借发展国内事业欺骗华侨金钱，甚至将华侨自营事业没收充公，又加之当时南北政局动荡不定、华侨无所适从等原因，此项工作进展不大。面对这样的情况，张学良毫不气馁，继续积极联系各方海外侨胞，并亲自过问涉侨工作，热情接待爱国华侨到东北考察、访问。

1930年6月20日，张学良指令东北农矿厅、建设厅汇编各种合乎华侨投资开发的实业的详细计划书。同年11月14日，农矿厅送上《华侨投资实业计划书》，其中有铁路投资实业、公路投资事业、垦务投资实业、镜泊湖水力发电厂、开发森林资源、经营营口境内田庄台水稻生产以及开发矿产、创办毛织工厂、造纸工厂、筹设工商银行、设立烟草公司等。

由荷兰华侨陈炳丁等一行17人组成的商业考察团拟定于1931年6月赴辽宁等地参观考察。张学良闻讯后，即提前于5月23日，电告辽宁省政府主席臧式毅：据王秘书长树翰马电称，顷实业部及张岳军面告，华侨代表二十余人赴津、辽、哈、平参观，派王兴周陪往，请照料，并请电告各处照料等情，如该代表到达时即予照料是盼。

张学良嘱其预先做好周密的安排。臧式毅遂分令各主管机关到时妥为照料，并电告天津、北平市政府，"务祈于该代表由天津启程来辽时，即赐电知为祷"，还将电文分别抄送省农矿厅、沈阳市政公所、沈阳铁路、省公安局、纺纱厂、沈阳县公署、省城工农商各会，以期做好接待等工作。

该团抵辽后，张学良即由省农矿厅、民政厅派出两位专员负责陪同接待事宜，并前往各机关拜会要员，出席欢迎酒会，参观访问有关实业公司及旅游景点等，所支费用达180元大洋。事后，张学良亲自听取了接待部门关于接待华侨商业考察团的情况汇报。

张学良常说："利用外资，须外资为我所用。余绝非卖国之人，有损主权之事，绝不退让。"这就是张学良的原则，并以此欢迎各国投资。不难看出，作为东北地方长官的张学良，以最大热忱善待、礼遇华侨，吸引他们来东北投资，无疑是有远见卓识的。这表明张学良将军已认识到引进华侨资本的重要意义。

兴安驻军移民，屯垦戍边

设立兴安屯垦区公署。被移民户住室，由公家给予建筑。

——张学良

张学良主政东北后，决心排除日本干扰，把东北经济搞上去。他考虑到东北土地辽阔，物产丰富，具备发展农业的有利条件。他根据寓兵于农之说，大力推行军垦和民垦，以过剩军队从事农业生产，并把关内移民集中起来搞农业垦殖。

1928年7月，张学良亲自批示：设立兴安屯垦区公署。他亲自下令任命炮兵司令部司令员邹作华为垦区督办。于是，大批的军人开始了边扛枪，边拿锄头镐头，开荒种田，建设边疆，保卫边疆的屯垦戍边生活。许许多多来自关内的移民被安排在垦区务农，使垦区的劳动力大为增加。

兴安山区地处东北北部，一直无军队把守，也没有人开荒垦殖，土匪流寇常常从此直驱城乡骚扰，祸害百姓。兴安垦区成立，这里的荒地有人开拓垦殖，这里的疆土有人把守，使得城市和乡村变得安全了。

张学良为了发展垦区生产，派人从美国购进拖拉机及其他农业器械，极大地提高了农业生产力。一年后，东北主要农作物总产量创历史最高纪录。

张学良在加强军垦的同时，非常重视接收关内移民。当时，山东、河南等内地灾民纷纷逃荒到东北，张学良认为将他们集中起来搞生产，也是一股很大的生力军。据文献记载：1925年有四十九万人逃荒到东北；从1927年至1930年，四年间每年都有百万以上的人来东北。张学良对数百万的移民，采取了欢迎的政策，下令部属对移民接收好、照顾好。

张学良适时地颁布了《兴安屯垦区移民办法》，规定："被移民户住室，由公家给予建筑"等。

据资料记载，仅1929年5月，兴安屯垦区就接收了千户约五千人的河南移民。由于大量的移民拥入，使东北的生产力加强了，从而推动了农业生产的产量逐年上升。据东北三省官银号调查，当年东北主要农作物总产量为18363650吨，创造出历史最高纪录。

张学良执政东北期间，制定了一系列保证农业生产的法规。1929年9月辽宁省颁布了《奖励植造林暂行章程》、《奖励桑培柞暂行章程》，极大地推动了植树造林和种桑养蚕工作。

从1928年起，张学良组织人马，先后制定十一种章程和规定，如《兴安垦军章程》、《兴女农村组织草程》、《兴安垦户怠垦罚则》和《兴安区荒地放领及催垦章程》等。

1931年，日本陆军省参谋部派陆军大尉中村震太郎化装成农业科技人员到禁止外国人入内的兴安垦区进行军事侦察，对其所到之处的地形、地貌、生态环境、军事设施、驻防兵力、武器装备、军队分布等记录绘图。当他走进兴安垦区第三团属地时，被一营长发现，将其扣留，及时地制止了这起间谍活动。

张学良主政东北期间，东北已建起了农业企业公司和拖拉机公司，培养出一批经营资本主义现代农业的企业家和农业机械技术人员。

张学良 全传

Biography of Zhang Xueliang

第三编

与蒋介石联盟

蒋介石说："得友如兄，死无憾矣！"

今学良遵奉国民政府命令，就任陆海空军副司令之职，蒙中央党部、国民政府颁示训词，敬聆之余，天任领惕。窃今国事，时艰方报，深惧弗胜，唯有恪遵总理遗训，努力职守，俾尊邦基益臻巩固，统一早告完成，藉答党国诲勉之殷，而副全国民众期望之雅。

我此次来南京……期待着与蒋公介石总裁和其他政府官员会晤，以便使我在为国家和人民致力于和平和民族振兴的工作中具备更强的信心。

——张学良

张学良率东北军第四次入关，进驻平、津，迫使"扩大会议"解体，支持了蒋介石，使蒋介石取得对阎、冯、李、汪的一次重大胜利，维护了蒋介石的统治地位。对此，蒋介石大为感激，曾致书张学良说："得友如兄，死无憾矣。"其后，蒋介石及南京政府对张学良更尽力拉拢，给以高位，授以大权。

1930年10月9日，张学良在奉天被南京国民政府委任为国民革命军陆海空军副总司令。在当天举行的委任仪式上，蒋介石特派吴铁城代表国民党中央党部、张群代表国民党政府进行监督并致训词，张学良作答词。

吴铁城致词说："本党政府特以此重任，付托张学良副司令，知张副司令笃信本党之主张接受国民革命之使命。张副司令此次振旅入关拥护中枢，削平内乱，即所以贯彻年前易帜、促成统一、维持和平之主张，故义声所播，逆贼胆寒，戾气潜消，和平复睹。"

接着，张群致词："今日，张副司令举行庄严伟大之宣誓就职典礼，以副党国之厚望，而慰民众之喁望。鄙人代表国府，参加盛典，谨以满腔热忱，表示最诚挚之敬意，并述个人之感想。今张副司令就职之后，便可以全国陆海空军副司令之职辅弼中央蒋总司令奠定大局，办理军事善后，俾政府得以从容建设，此诚国家长治久安之计，万世不朽之盛事也。愿张副司令与蒋总司令共同努力图之，幸甚幸甚。"

张学良在答词中说："今学良遵奉国民政府命令，就任陆海空军副司令之职，蒙中央党部、国民政府颁示训词，敬聆之余，天任领惕。窃今国事，时艰方报，深惧弗胜，唯有恪遵总理遗训，努力职守，俾尊邦基益臻巩固，统一早告完成，藉答党国诲勉之殷，而副全国民众期望之雅。谨志数语，希鉴微忱。"

参加张学良就职典礼的各界人士达八百人。与会同时，九架飞机在奉天上空翱翔，散发传单，庆贺张学良就任全国陆海空军副总司令。

此后，蒋介石又特意邀请张学良赴南京，商议华北善后问题。

同年11月8日，张学良在夫人于凤至、弟张学铭等人陪同下，由一百名卫兵护送到南京。在途经天津时，少帅受到了出乎他意料的热烈欢迎：蒋介石派文武大员各一人前来，武官为国府参军长贺耀祖，文官为上海市长张群。他们亲自抵天津欢迎张学良一行。津浦沿线车站，欢迎张学良的

1930年10月9日，张学良在奉天被南京国民政府委任为国民革命军陆海空军副总司令。在当天举行的委任仪式上，蒋介石特派吴铁城代表国民党中央党部、张群代表国民党政府进行监督并致训词，张学良作答词。

标语到处可见。标语称赞少帅"促进统一，拥护中央，有功于党国"。

同月12日，张学良和夫人于凤至及随行抵达南京。蒋介石命令文官简任以上，武官少将以上，一律穿制服，渡江到浦口站恭迎张学良。当张学良下火车

乘专轮渡江时，狮子山炮台鸣炮十九响，军舰上奏起《迎上将》军乐，外国军舰均悬挂中国国旗欢迎。张学良一行上岸后，国府卫队分段为他们警戒，装甲汽车开路前进。宋子文将铁汤池财长官邸腾出来作为张学良的行馆，所有随行人员均下榻南京的豪华中央饭店。这样的欢迎盛况，对张学良还是第一次。更令张学良感动的是，蒋介石不以对待下属的方式对待他，而是以平等的方式对他表示热烈的欢迎。

张学良在回答记者采访他来南京的目的时说："我此次来南京，是为了看看新首都。许多党和国家的要人，我以前还未能有幸相识，这次来可以进一步结识他们，以便把我自己完全置于中央当局的支配之下。我期待着与蒋公介石总裁和其他政府官员会晤，以便使我在为国家和人民致力于和平和民族振兴的工作中具备更强的信心。"

张学良一到南京，蒋介石就将其邀请到官邸，品茶叙谈。当蒋夫人宋美龄一看到张学良，不等蒋介石介绍，就伸出手，热情欢迎道："汉卿你好！"

"夫人，你怎么会认识……"蒋介石奇怪而不解地问。

宋美龄回答："大令，我认识汉卿还在你之前呢！"

"是嘛，这我可不知道啊！快讲讲。"

宋美龄见丈夫要知道这段往事，就简单讲了出来。原来，1925年上海"五卅惨案"发生后，张学良于6月13日率部进驻上海，从而为奉军势力扩展到江苏铺平了道路。

上海各界为欢迎张学良举办了酒宴，宋美龄也应邀参加酒宴。在敬酒时，有人向张学良介绍了宋美龄，这是他们第一次相识。

宋美龄说到这儿，对蒋介石说："怎么样，大令，我认识汉卿比认识你早吧。"

在南京期间，张学良应邀出席了各种形式的官方集会。每次少帅出现在大庭广众之中，蒋介石总是与张学良并肩而行；蒋夫人宋美龄和少帅夫人于凤至恰似姐妹。张学良还出席了国民党三届四中全会。他同蒋介石和其他政府官员进行了会谈，并与南京政府达成了关于在东北征收食盐和烟草税、东北军缩减为15万人，改称"边防军"的协议。另外，就一些军事和政治问题也达成了协议。

此间，宋美龄、宋霭龄姊妹盛情邀请于凤至到上海见她们的母亲。于凤至偕张学铭、朱光沐同行。到上海后，宋氏姐妹非得让于凤至拜其母为干娘。从此，她们便以姐妹相称，并穿同样的服装合影留念。在相片中于凤至在中间伸出两臂各挽宋氏姐妹之颈，亲昵之状，胜过同胞姐妹。

在国民党三届四中全会开幕式上，蒋介石特别介绍张学良加入国民党时，称少帅为"聪明绝伦的张副司令"。

11月16日，张学良在国民党中央党部的集会上演说，呼吁和平与统一。他说："我自19岁参加内战，不论胜败如何，无不感到痛苦，因所到之处，都看到民众所受战争之苦，将士死于无意义之斗争，若为维护国权而牺牲，则何等光荣。"最后，他在演说结束语中庄严声明："我与蒋介石委员长会谈的结果是达成了这样的一致意见，从此以后要不惜任何代价来维护中国的和平。只有那些最低级的野兽和最野蛮的民族才采取好战的手段。如果我们能在中国保持五年或十年的和平，其进步便会极为可观。我的意向已决，将不遗余力地支持中央政府，维护国内和平。为了这一事业，粉身碎骨，在所不惜。"

张学良在南京23天，他的国民党党龄还不足一个月，却被国民党中常委推举为中央政治委员会委员。在张学良离南京时，

在南京期间，张学良应邀出席了各种形式的官方集会。每次少帅出现在大庭广众之中，蒋介石总是与张学良并肩而行；蒋夫人宋美龄和少帅夫人于凤至恰似姐妹。

蒋介石握着张学良的手说："汉卿，北方善后，东北、华北八省全靠你了。为了方便管制北方八省军队，我以为你应将副司令行营设在北平。"

张学良的南京之行消除了南北双方潜在的分歧，为南北之间的真正合作铺平了道路。通过这次访问，少帅实现了在9月18日通电中所阐明的初衷，平息了内战，实现了国家的"统一"，为中外赞叹不已。

合影时，与蒋介石并坐前排最中间

无论个人地位如何高大，均无足用，必须要有强国，国强自己方有地位。希望诸同志抱定牺牲自己为国为民的决心，谋国家之富强，其人数固不须多，即今日到会诸同志，果使齐心合力，已足成功。而今蒋总司令及中央诸同志，均极努力从事，此为中国最有希望之时期，失掉此机会殊为可惜，故应一致努力，夙夜匪懈，有好处则予以奖励，否则旋以惩戒，不久即可达强国目的。

——张学良

蒋介石自从战胜冯玉祥、阎锡山以后，决定召开"国民会议"，制定约法，以便当总统。这个决定遭到胡汉民的反对。蒋介石把胡汉民软禁在南京汤山后，又恐怕时局有变，于1930年12月在北平设立副总司令行营，东北、华北各省的军事均由张学良控制。

1931年1月16日，张学良发布命令，整理华北军事善后问题。征得蒋介石的同意，决定成立七个军。除东北军于学忠、王树常两部已编为第一、第二军外，委任宋哲元为第三军军长、商震为第四军军长、徐永昌为第五军军长、杨爱源为第六军军长、傅作义为第七军军长。翌日，张学良在天津召集晋军和西北军将领谈话。他最后说："近数十年来，内战不息，国家与人民均蒙受极大损失，望大家速即回防，加紧减编，减轻国家和人民负担，希望上下合作，不再发生内战。"20日，张学良由天津回奉天。沈阳市各界举行欢迎张学良大会。

4月18日，张学良由奉天到北平组成副总司令行营，以戢翼翘为行营参谋长，王树翰为秘书长。他在顺承王府办公，开始执行陆海空军副总司令行营职责，并兼任东北边防军司令长官公署长官。24日，他在对陆海空军副总司令行营职员的训词中宣布：一、陆海空军副司令部为最高机关之一。凡服务于此机关内之职员，均应奉公守法，勤于律己，已往如染有习气者，应即日改正。二、副部既为最高机关，在内服务人员，均应以下级机关模范自居，凡公私行动，均应为各机关之表率，以保持最高机关声誉。三、副部事务甚多，人员亦众，各职员应勤于办公，谨守本部一切法令。本人不在北平时，一切由戢参谋长负责。

蒋介石拘禁了胡汉民后，引起了国民党的宁粤之争。广东陈济棠等人借口蒋介石擅自软禁党国元老、欲做总统，与北方的冯玉祥、阎锡山等人酝酿联合倒蒋之计。为了对付这一局面，蒋介石又召张学良到南京参加即将召开的"国民会议"。

张学良由奉到平，4月27日，在北平各界扩大纪念周暨欢迎大会上致答词说：

1931年4月18日，张学良由奉天到北平组成副总司令行营，以戢翼翘为行营参谋长，王树翰为秘书长。他在顺承王府办公，开始执行陆海空军副总司令行营职责，并兼任东北边防军司令长官公署长官。

今天各界举行纪念周，对兄弟表示厚意，在众目之下，实不知如何说好，因为兄弟既无学识，又无经验，不过只凭良心拣要说的讲一讲，不管其好不好。中国和平，二十年来时时为人民所要求。于今破坏时期已过，至建设时期，和平建设为全国人民之责任，应大家提倡拥护。谈到此，不仅兴起一种感叹，感叹近几年来，国内业经乱得不得了，仍然不免有祸乱谣言发生，可是仍有一部分人不愿意和平，从中故意造作谣言，图谋利用机会。所以大家欲求和平，应真正起来做和平运动，反对破坏和平之人，视为全国人民之公敌，一致攻击，使在社会无立脚点，自不敢再为。唯个人素昔爱好和平，因个人和平之结果，对过去中多置而不管，与人以图谋机会，所以欲求永久和平，希望对破坏和平者永不忘掉，永久加以攻击，使不和平则失其出路，而为图谋不和平而找出路者戒，自可维持永久和平。

适间张同志、郑同志谓繁荣北平，此非为一市之问题，实为全中国之问题，与环境有莫大关系，如要繁荣北平，即须谋华北及全国繁荣，始克有济，所以希望诸同志放大眼光，应起而运动全国，方有价值，而全国人民固均有此资格。我国民族性质，以往多为自己谋出路，而不为国家谋幸福，只知谋自己之利益，不为民众谋利益，故无良好结果。殊不知牺牲自己为国为民造福利，其结果亦即为自己造幸福。国家地位愈高，则个人地位亦愈高，国家无地位，则个人亦无地位。在国内尚不觉如何，出国则感受非常苦痛。兄弟曾游历外国一次，亲受外人之欺压，对此只应怀恨自己，抱怨自己无能。所以无论个人地位如何高大，均无足用，必须要有强国，国强自己方有地位。希望诸同志抱定牺牲自己为国为民的决心，谋国家之富强，其人数固不须多，即今日到会诸同志，果使齐心合力，已足成功。而今蒋总司令及中央诸同志，均极努力从事，此为中国最有希望之时期，失掉此机会殊为可惜，故应一致努力，凤夜匪懈，有好处则予以奖励，否则旋以惩戒，不久即可达强国目的。

开国民会议，为中央及蒋总司令几经努力所造成，与国家前途及民众均有利益，应利用之，以谋发展，大家均应一致拥护，乃近来又有人反对，殊不知其意之所在。很希望诸同志一致拥护，俾得完成总理初志。

今天，诸同志对我太客气，使我不安，兄弟年纪甚轻，诸事均赖督促，希望不要推托。吾人做事，最怕不忘掉自己。兄弟也深知自己责任较大，一有错误，关系亦大。所以希望时常赐教，对欢迎盛意，非常感谢。

4月30日，张学良由北平先到天津，然后由天津飞抵南京。在南京，"欢迎拥护中央、巩固统一的张学良将军"、"欢迎维护和平、效忠党国的张副司令"的标语到处可见，欢迎少帅盛况不亚于去年。

5月5日，南京"国民会议"开幕，张学良被推为主席团成员之一。在与会人员合影时，少帅又被安排在前排中央特意空出的位置上，与蒋介石并列。

5月16日，蒋介石亲自邀请张学良共同阅兵，并请少帅训话。张学良说：

奉总司令命，向各武装同志说话：我们武装同志，就是民众的武力。今天请国民会议代表阅兵，这就把民众的武力贡献于国民之前。兄弟以为谁都酷望统一、和平建设，以及取消不平等条约。但无武力，就不能和平统一，无武力就不能谈建设，谈不到取消不平等条约。今天看许多的武装同志，都充满了朝气，非常高兴，希望继续努力，锻炼自身的体格，更希望在我们的首领指导之下拥护和平统一，这就是我们武装同志的责任。

开会期间，蒋介石经常召见张学良到中央军校住所进行密谈，还随时到少帅下榻处与其畅叙友情。

5月17日，张学良发表呼吁和平之通电称：

连日，接读云南龙主席，暨军政部何部长等，先后对粤事通电，剀切周详，义正词严，洛诵回环，无限钦佩。溯自民国肇造，于兹廿年，祸变相乘，迄少宁日，及今思之，余痛犹深。迩者内乱底平，完成统一，而先总理凤所期盼之国民会议，亦已如期举行，观夫各方代表踊跃与会之精神，足为全国民众迫切望治之表现。刿际此破坏之时期已过，建设之需要方殷，环顾

1931年5月5日，南京"国民会议"开幕，张学良被推为主席团成员之一。在会人员合影时，少帅又被安排在前排中央特意空出的位置上，与蒋介石并列。

间阎，疮痍满目，庶政待举，经纬万端，此正地方休养生息之日，亦即国人卧薪尝胆之秋。果从此上下一心，斯富强无难立致，何图不祥之事，又复发自粤中，远道闻之，曷胜骇愕！回念先总理手创共和，备尝险阻，益以已往诸先烈前仆后继，不惜膏血原野，始克奠安宇内，树此邦基，我辈效忠党国，方维持拥护之不暇，岂宜再起衅端，自促国脉，况彼此均属同志，尤贵和衷，纵或有政见之偶殊，正无妨从容以商洽，所冀速蠲小忿，力过感情，以党国为前提，期艰危之共济，否则自拼孤注，躬为厉阶，必至失足一时，噬脐无及，倘因此而引起战役，则荼毒生灵，破坏统一。窃以为爱国爱身者，必不出此。

学良等猥以庸才，迭经世变，然此维护和平之念，始终未之或渝，但使一息尚存，绝不愿统一之山河，重复澌于崩裂，用特不揣简陋，略布愚忱，尚希海内贤达，明以教之，幸甚。

张学良夫妇离南京赴上海，滞留期

国民会议期间，张学良和班禅合影。

间得知：上海两江女子篮球队要求东渡日本访问比赛，请求南京国民政府解决经费。南京政府拒绝了上海两江女子篮球队的要求。

这时，张学良得知此事，便解囊资助，承担了上海两江女子篮球队访日的全部经费，从而使我国第一支女子篮球队走出了国门。她们在张学良的支持与鼓舞下，在日本比赛中五战五胜，没有辜负少帅的期望。女篮在回国途中，又赴朝鲜应邀比赛，又是三战三捷。对上海女篮取得的战果，张学良喜悦非凡。

调兵入关讨伐石友三

我正在病重期间，石友三叛变。我彼时正在昏迷状态中，所有一切军事调动，乃由军政高级干部所组之委员会执行之。将辽宁防军除少数外，皆调入关内，参加对石战争。而晋军及其他军队未参与石变者，系由于徐次宸（永昌）、宋明轩（哲元）等之仰体时艰，老成持重。否则华北局面，必又是一番劫难也。后经刘经扶（峙）、商启予（震）率军夹击，将石友三解决。

——张学良

1931年5月21日，张学良在南京参加国民会议后返回北平，由于突发肠染伤寒，于28日住进北平协和医院治疗，直至9月上旬方愈。由于少帅身体过于虚弱，乃留在医院继续疗养，带病处理军务。此间，发生石友三叛变。

张学良始终不愿看到中国分裂，特别不赞成打内战。对此，他在回忆录中写道：

十九年夏间汪兆铭（汪精卫）同阎百川（阎锡山）、冯焕章（冯玉祥）在北平召开所谓扩大会议。屡次敦促我参加，曾先后派陈公博、傅作义、薛笃弼等同我商谈，并应允优越条件，而我都婉言拒绝，我之所以渴望者是中

245

国统一，不愿再启内战。迨至秋间，汪兆铭等在北平成立政府，与中央军事冲突扩大，我不愿再见中国分裂，进军关内，援助中央，我就任陆海空副司令之职。战争结束，阎百川下野，汪兆铭逃去。华北善后事，中央令我负责办理，此为又一棘手的任务。

在北平协和医院疗养期间，即7月6日，张学良据蒋介石意图密电东北政委会："此时如与日本开战，我方必败。败则日方将对我要求割地偿款，东北将万劫不复。亟宜力避冲突，以公理为周旋。"

7月22日，张学良以副总司令的名义致电华北各位将领，谴责石友三。于是，讨伐石友三的战争开始。

原来，石友三在中原大战之后，投靠了张学良。张学良派人清点了石友三的六万余兵力后，亲自向蒋介石为其部请饷请粮。1931年春，石友三到沈阳谒见少帅，张学良以礼相待。

这时，石友三听说蒋介石为打通平汉路，恢复南北交通，给张学良密电，要张学良将石友三扣留起来，以设法解决石部。对此传闻，石友三怀恨在心。3月间，石友三回到顺德，即开始了倒张活动。在备战期间，石友三和汪精卫、陈济棠等在广州组织的国民政府已有联系。广州政府委以石友三第五集团军总司令之职。

张学良得知石友三有不稳定动向，加以责问。石友三派其参谋长唐邦植、驻北平办事处处长毕广垣见张学良，声明"绝对拥护中央，服从东北"。张学良警告说："东北矢志和平，汉章（石友三字）谅所深悉，如有存心破坏和平者，实为天下公敌，望汉章深体我意。"

6月28日，张学良驻北平副总司令行营截获石友三致张学成（少帅叔伯弟兄，素有野心）密电，暴露其野心。密电称：弟部即将进攻平津，后图东北，希兄即与日本取得联系。张学良立即召行营参谋长戢翼翘和万福麟、于学忠等商议，由关内外调集十数万兵力，分驻平津和津浦、平汉两线。

7月中旬，石友三在顺德集结军队，宣誓就任广州政府委任的第五集团军总司令。18日发出讨伐张学良的通电，同时割断电线，扣留列车，截断南北交通，石部即沿平汉路北进，于第三天占领了石家庄。

7月23日，张学良以副总司令的名义致电华北各位将领，谴责石友三："誓约服从，竟尔背叛北进，已占领石家庄，声称夺取平津。我奉中央政府命令，为除此逆贼，已实行出兵，务于短时日内予以解决。"随即命令于学忠

张学良在协和医院疗养期间，与万福麟、商震、刘峙、顾祝同探讨讨伐石友三的善后问题。

为第一集团军司令、王树常为第二集团军司令讨伐石友三。蒋介石向国民政府提议免除石友三本兼各职，下令拿办。蒋介石委派张学良兼任剿石军北路集团军总司令。

当石友三部至保定附近时，与东北军于学忠部遭遇，激战数日，不得前进。此时，南路已被蒋介石部队胡宗南所阻。于是石友三腹背受敌，于31日全军退却。当退至滹沱河时，被包围缴械，几乎全军覆没。石友三仅率数千人逃往山东。张学良命令韩复榘将石友三残部收容。

对此，张学良在给蒋介石写的《杂忆随感漫录》中，有关"石友三的叛变"忆道：

晋军冯军以及其他各军，号称六十余万，虽有一部分在陇海、平汉线上，已遭解决，但大部分皆退集晋直境内。须整缩至少得裁汰三分之二或二分之一以上，当时腹案是：晋军编为四个军，计徐永昌、杨爱源、商震、傅

作义；宋哲元、石友三各编为一军；庞炳勋、孙殿英各编为一师。最难对付的为石友三、孙楚、孙殿英等人，幸赖宋明轩（哲元）、徐次宸（永昌）、傅宜生（作义）诸人，深明大体，从中协助，此番改编，费时月余，终达到圆满的结果。

张学良讨伐石友三之变，虽然时间不长，但是原在关外的东北军大部兵力被调入关内，致使东北防务空虚，为日本军队发动九一八事变提供了可乘之机。

国恨：九一八事变爆发

事变之后，政府和我的见解是一致的，认为条约神圣，国际正义存在，对于日本这种侵略的行为，必当仗义执言。遂信赖国联，而不同日本直接交涉，以免损失权利，所以币原（日本当时的外相）所提之五项原则，拒不接受。对于日军行动，职从国联劝告，竭力取容忍方针，静待国联解决。

——张学良

张学良在中苏边境战争中失败之后，派何柱国、张学铭等人到日本观秋操，顺便探听与日本在东北和平相处的可能性。何柱国与日本陆军参谋长铃木、陆军大臣宇垣等多次会谈。日方均表示必须完成以日本海为中心的国防计划，因此必须修复吉（林）会（宁）铁路，以便与北满取得密切联系。日本则愿在清津港给中国一块专用地，以便中国出口。何柱国回国后，将日本的国防计划报告给张学良。

张学良听后气愤地说："在我手里不能有一根毫毛送给日本。"

1929年10月上旬，日本代表向吉林省主席张作相要求修筑敦（化）图（门江）铁路，并以张作霖曾与日本订立合同（后来张作霖又声明不能履行合同）

为借口，责成张学良必须履行诺言。张学良说："我根本不知道有这个诺言，如日方有真凭实据，你们可以向南京中央政府交涉。"日本代表借口不承认南京政府，仍要求张学良解决。张学良对此要求不予理睬。

1931年3月，日方再次催促解决。日本满铁总裁内田康哉亲自写信给张学良，认为"现在形势紧迫，倘不及时谋求解决办法，诚恐酿成不良后果"。后经双方一再交涉，东北方面决定同意谈判，利用谈判拖延时间。日本方面认为，张学良一拖再拖，毫无解决的诚意，声言要"用武力膺惩张学良"。与此同时他们又利用"万宝山事件"和"中村事件"，制造战争借口。

当年7月2日，吉林长春县属万宝山韩人强占华人熟地，侵害邻田，开渠筑坝，将伊通河水阻塞，淹没中国人旱地。当地中国农民要求政府驱逐韩人，未能解决。于是中国农民集体出动。日军以保护韩侨为名，开枪射击，打死中国人三名，伤数十人，中国警方人员也有死亡。然而，日方却向东北当局提出无理要求，遭到张学良拒绝。这就是所谓的"万宝山事件"。

此后，也是在7月间，日军中村大尉等四人化装潜入兴安屯垦区等地侦察，测绘地图，被当地屯垦军盘查，搜出军用地图、手枪、调查笔记、测绘仪器等许多军用器械。屯垦军以中村等从事军事间谍活动罪，将他们秘密烧死，扬灰荒野。此事后来被日本驻洮南领事馆获悉。于是，日本驻奉天总领事林久治郎多次向辽宁省主席臧式毅、参谋长荣臻提出强烈抗议。张学良严肃表示：日本人擅入中国境内从事间谍活动，故中村事件中国人不能负责。日方以中村事件为由，无理要求张学良履行当年袁世凯都未履行的"二十一条"的一些条款。张学良对日方无理要求不予理睬。

8月下旬，日本驻朝鲜的两个师团移防到图们江沿岸，举行水陆大演习。9月上旬，日军在沈阳城北开始演习，关东军司令部亦从大连迁至沈阳。日侨民，特别是日本关东军纷纷集会，责骂张学良"妄自尊大，胆敢不理日本，仇视日本，想拉拢英美来抵制日本"，"万宝山事件还没有解决，中村事件又发生，是张学良存心挑衅"，"中村事件如果得不到满意的答复，日本也就无法再客气了"。战争随时都有可能爆发。此间，张学良将日本军队的动向报告给蒋介石，请求对策。

8月16日，张学良接到蒋介石电报："无论日本军队此后如何在东北寻衅，我方应不予抵抗，力避冲突，吾兄万勿逞一时之愤，置国家民族于不顾。"根据蒋介石的电令，少帅又起草一电转发东北各军负责长官一同遵守。

9月6日，张学良令驻奉天北大营旅长王以哲："中日关系现甚严重，我军与日军相处须格外谨慎，俱应忍耐，不准冲突，以免事端。"是日，又致电臧式毅、荣臻："对于日人无论其如何寻事，我方务须万分容忍，不与反抗，免滋事端。"

9月12日，张学良接到国民党政府外交部电报："据驻日中国大使馆电告，近日，日本政府决定对满蒙的最后方针，认为中村震太郎的失踪，系被中国人虐杀，已密令驻屯南满沿线日军相机为紧急有效的处置。"

张学良接此电报后，急令驻奉的东北边防军司令长官公署参谋长荣臻答复驻沈阳的日本总领事林久治郎说：关于中村事件，经过我方第四次调查，已将兴安区屯垦军第三团团长关瑞玑扣押，即为负责处理。意谓中村事件如协商解决或不致发生严重事端。

这一天，蒋介石唯恐给张学良的电文说不明白，又邀请少帅到石家庄会晤。在专车上，蒋介石与张学良会谈后，反复叮嘱少帅"切勿抵抗日军"。张学良下专车后，东北军将领何柱国问蒋总司令谈了些什么，张学良说："总司令要我们不得与日本人还手，让他们打，我们好向国际联盟说话……"

9月18日晚，张学良与宋哲元等北方将领吃完晚餐后，参加了时事商会。散会后，东北军政要员为筹募辽北大水灾救灾基金，在开明大剧场举行盛大京剧义演，张学良偕夫人于凤至及赵四小姐前往开明剧院看梅兰芳表演的京剧《宇宙锋》。当剧演到精彩处时，忽闻随从副官报告，有长途急电。张学良立即返回协和医院，接到荣臻电话报告："驻沈阳南满站的日本联队，突于本晚十时一刻，袭击我北大营，诬称我方炸毁其柳河铁路路轨，现已向省城进攻，我方已遵照蒋主席'铣电'的指示，不予抵抗。"少帅听了荣臻的电话报告，气愤地命令："随时报告日军动向！"然而此后，他与荣臻的电话再也叫不通了。

张学良在自述中，对九一八当天晚上的情形写道：

　　该夜我同英国驻华公使蓝博森爵士，在第一舞台（即北平之长安大戏院）观剧，约在十点三十分许，来人报告，沈阳有长途电话，荣（即荣臻）参谋长请我说话，有紧要事项，我立刻辞蓝公使归返。荣对我说：有日本铁道守备队约一中队，向我北大营营团射击，日本附属地的日本驻军亦结集活动。我嘱切戒我军勿乱动，速与日本顾问妹尾、柴山向日方高级将领交涉，由交涉断绝，遂用无线电令，荣臻、臧士毅二人全权负责处理一切。并屡询情况的变化，到半夜十二时许，无线电台被破坏，整个通信中断矣。天晓之后，除报告政府指示外，我派员向日本北平使馆矢野代办交涉，彼答以不知其详，仅允转达其驻京公使而已。我对于沈阳情况，十分焦虑，遂利用长途电话令新民县知事魏铿，设法向沈阳联络，随时向我报告。

9月19日凌晨1时，荣臻拍发十万火急电报。秘书将此电送到协和医院时，张学良正在召集东北高级将领戢翼翘、于学忠、万福麟、鲍文樾等人开会。他说："日本人图谋东北，由来已久，这次挑衅的举动，来势很大，可能要兴起大的战争。我们军人的天职，守土有责，本应和他们一拼，不过日军不仅一个联队，它全国的兵力可源源而来，绝非我一人及东北一隅之力所能应付。现在我们既已听命于中央，所有军事、外交，均系全国整个问题，我们只应速报中央，听候指示。我们是主张抗战的，但须全国抗战；如能全国抗战，东北军在最前线作战是义不容辞的。这次日本军队寻衅，又在柳河沟制造炸坏路轨事件，诬称系我方所为，我们避免冲突不予抵抗，如此可证明我军对他们的进攻都未予还击，更无由我方炸坏柳河路轨之理。总之，这次事件，勿使事态扩大，以免兵连祸结，波及全国。"众将领同意少帅的主张，即电告南京。这天早晨，张学良又召集顾维钧、汤尔和、章士钊、罗干、王树翰、刘哲、莫德惠等东北外交委员会委员，咨询东北外交问题。少帅听了众人汇报情况后，又召集戢翼翘、于学忠、王树常、王树翰等高级将领研究商讨大计。会后，张学良向全国及南京政府发表通电，声明大致内容是："据东北军参谋长荣臻将军报告，日本军队9月18日晚10点开始向我驻扎在北大营的士兵开火。我们坚持不抵抗政策，没有还击。但日本缴了中国士兵的械，还纵火烧了北大营，这些情况已经向各有关当局做了报告……日本捏造谎言，说是中国人炸掉了南满铁路，并声称他们进攻中国兵营是出于自卫，事实并非如此。甚至连日本人火烧北大营时，我们都没进行抵抗。"

9月19日，张学良接到蒋介石密电："沈阳日军行动，可作为地方事件，望力避冲突，以免事态扩大。一切对日交涉，听候中央处理。"当日上午10时，张学良在医院对《大公报》记者发表谈话："我已令我部士兵对日军挑衅不得抵抗"，"昨晚日军以三百人偷袭我营，开枪相击，我军本未武装，自无抵抗"。

9月21日，张学良邀请平津名流李石曾、胡适、吴达诠、周作民、朱启钤、王克敏、王揖唐、汪荣宝、王荫泰以及东北高级官员于学忠、万福麟、王树常等27人，磋商东北局势。在会上，大家主张听候南京政府的决定。与此同时，南京政府接受了澳大利亚顾问端纳的建议：国民政府请求国际联盟援助；请求美国政府行使九国公约来抑制日本扩张。

9月22日，蒋介石在国民党南京市党部发表讲话，要求国人在国际联盟做出公正裁决之前保持耐心。这天，蒋介石在南京宣布："我国民此刻必须上下一致，先以公理对强权，以和平对野蛮，忍痛含悲，暂取逆来顺受态度，以待国联公理之判断。"

9月23日，张学良派万福麟、鲍文樾飞抵南京，再次向蒋总司令请示。蒋介石说：你们回去告诉汉卿，现在他一切要按我的决定，万不可自作主张，千万要忍辱负重，顾及全局。少帅听了万福麟、鲍文樾的汇报后，只好遵照蒋介石

日军诬陷东北军炸路的伪证

总司令的不抵抗政策，依赖国联裁决。

9月26日，南京《中央日报》发表了张学良24日致蒋介石、王正廷电报全文：

特急。南京。蒋主席钧鉴，王部长儒堂兄勋鉴：密。日军侵据沈阳各地节经先后电陈，业蒙钧鉴，谨将各处详情，摘要汇列于下：

（一）关于沈阳者

9月18日晚10时后，沈阳城北忽有轰然炸裂之声，既而枪声大作。旋据北大营我第七旅报告，乃知系日军向我兵营攻击。先是，我方以日军迭在北大营等处演习示威，行动异常，偶一不慎，深恐酿至事端，曾经通令各军，遇有日军寻衅，务须慎重，避免冲突。当时日军突如其来，殊出意外，我军乃向官方请示办法，官方即根据前项命令，不许冲突。又以日军此举，不过寻常性质，为免除事件扩大起见，绝对抱不抵抗。日军复举火焚烧，同时并

253

用野炮轰击我北大营、迫击炮厂、兵工厂等处，兵工厂至5时左右，尚无若大损失，迫击炮库被轰塌，迫击炮厂亦被占据。我官兵及附近居民避免不及，伤亡甚多，详确数目，未得查明。当炮声初起之时，我方交涉员即向日领质问，日领诿为原因不明，我方请其于五分钟内，速予制止，日领请求延长五分钟，以便办理制止手续。11时许日军射击如前，有加无已。又有步兵向沈阳攻击，我方向日领交涉，答以军队行动，外交官不能直接制止等语。日军仍复前进，并未稍停。迨到19日早8时，攻入城内，先登城墙，向下射击，把守四关城门，解除军警武装，占据官署，搜查文卷，捉捕军官，搜索私宅，所有城内外警察分所，均被日军用机关枪射击。凡占领之机关，均标贴日本军占领，犯者死刑字样。当时市内我方军警，亦以事前奉到命令，不许与日军冲突，又以沈阳城中外杂居，我军警负有保护地方之责，自当竭力维持治安，遂亦在毫无抵抗情形之下，惨死于日人弹下者为数不少。

10时左右，日军已将全市完全占据，东三省官银号、中国交通、边业各银行，均经侵入，兵工厂暨飞机厂棚，亦被占据，而与通信有关之电报、电话等，至是竟完全断绝，并将监狱打开，犯人完全释放，市内居民，猝遭惨变，惊慌万状。日军凶暴已极，对于行人，任意枪杀，见有军警服装者，尤为仇视，凡难幸免。文官未逃走者，亦多监视行动，不能自由，捕获军官，迫令签字承认我军先行攻击，破坏其铁路桥梁之事，我方百计设法，请其商洽，日军悍然不顾。嗣烦各国领事，代询暴行原因，日军所谓事变之起，实由于我军破坏南满路之桥梁。实则事变初起之时轰然爆炸声音，乃系日军自行爆破北大营附近之南满路小桥梁也。平日日军对于南满路保护甚严，凡于桥梁之处，莫不有日兵把守巡逻，日夜不懈，华人之行经此处者，虽便服亦受监视。至于军人，则盘查尤严，否则不许通行，华人恒视此为畏途，此有以往事实可查。在此种严厉状况之下，我军何得轻至南满路。且我军对于日军，向来极力避免冲突，讵有破坏桥梁之事。至于日方宣传种种，皆系一面之词，且自沈阳被日军占据以后，所有官署公文印信，以及一切军政两方重要人员、物品，均在日人掌握中。自可随意造作，任何证据，我方不能负责。其他生命财产之损失，更不容查知其详，故不能以确数说明。近据报称，日军权力搜查我人民军警尸体，悉被焚化，以图消灭证据。

（二）关于安东者

日军于9月19日早6时，侵入安东，将全市完全占据，所有市内军警武装悉被解除，并把守各机关，我军亦未抵抗。至军警市民死伤若干，公私财产损失若干，因消息阻隔，迄未据报。

（三）关于营口者

日军大部于9月19日早8时侵入市内，将我练军营及警察之武装，完全解除，复至河北中国车站破坏铁路数段，我军警以事前奉有命令，在与沈阳同一情况之下，未与抵抗，所有机关均被监视。至军警市民死伤情形，及公私财产损失状况，亦因交通隔绝，尚未得有详确报告。

日军于9月19日拂晓突向宽城子站护路军营开枪炮射击，我军伤亡长官一员，兵百余名，副营长受重伤，全营被缴械。日军8时占据车站及电信机关。又长春附近南岭所驻吉林步炮两军营房，全被日军炸毁，我官兵及附近居民，死伤甚众，确数待查，路员多被驱逐监禁，并有受伤者。至其他生命财产之损失，尚待详查。

（五）关于吉林者

日军于9月21日午后5时，占据吉林省城，先于午后2时，有日飞机在吉垣空中，散布传单，捏称日本占领奉天时有学生军抵抗，因之激烈，吉商民机关军队，不必惊恐，如有抵抗，必牺牲之等语字样。日军占据后，消息隔绝，我方生命财产损失如

东北边防第七旅部被日军占领

255

何，尚未据报。

（六）关于昌图者

日军于9月20日晨，用炮向红顶山营房射击，将东、西、中三面焚坏。先是，常旅为顾虑地方糜烂，避免冲突起见，已于19日申时退驻法库一带。此后电报电话，业已不通，至生命财产损失如何，尚未据查报。

以上各节，均系得有确实报告，至其他各处，有无同样情况，现因平沈间通信断绝，迄未明了。查日军此种暴行，纯属违背国际公法，该国自应负其责任，拟请钧座通电各国，宣示真相。谨电奉陈，敬乞垂鉴。张学良叩。

9月28日，张学良对北平各界救国会代表说："大家爱国，要从整个国家着手"，"欲抵抗日本，必须国家统一。如我不服从中央命令，只逞一时之愤，因东北问题而祸及全国，则罪过更为严重"。

张学良服从中央，南京政府依赖国联。然而，南京政府对国联的期望不仅过高，而且是不切合实际的幻想。因为国联是有其名无其实的，在国联的五个常任理事国中，德国、意大利、日本三国是配合默契并串通一气的伙伴。国联能对日本侵略中国采取什么有效办法呢？

11月22日，张学良写了《关于国联的宣言》。24日，天津《大公报》将其全文发表：

自国联行政院11月20日会议消息自巴黎传出，在中国全境，以及审慎观察者之心中，发生一种印象，以为国联为减少满洲情势严重性起见，阻止再有敌对行动，所采取之行为，对于现时应坚定应付之问题，以不智态度，误采其他方法，行政院对于其10月24日自身之决议案，似未能令其生效。该决议案中，明白申述解决满洲危机之和平公平办法，其初步即为坚持在南满路之日军，应于11月16日自中国领土撤退。倘令上述果确，则行政院未能坚持令人尊重其自身建议与命令，不得不令人严重怀疑，国联自身在此情势下，是否自认其无能，其所采地位，于国联自身之将来，良非佳兆。

巴黎或日内瓦之观点，当然与东京、南京或北平之观点悬殊，唯世界各首都对日军未按照行政院决议案，自满洲中国领土撤退，且实际遵行一种侵略新区域之政策，此种事实，不应抹杀。日军公然蔑视行政院10月24日之决议案，在事实上且于行政院11月16日开会时，以维持交通为借口，进兵北满，日军现已占领中东路北之齐齐哈尔，并拟向北推进，作军事之行动。中国政府迭经表示，愿意保护南满线外日侨之生命与财产，但因日军当局之政策与举动，不能有力实行其诺言。日军现时阻断吉、黑两省交通，同时以与日军自身行动有直接关系之纷扰，归咎吾人。

自日军占领沈阳后，即谓满洲有大队华军，此系伪说。现时日军又谓中国驻兵在通辽集中，有五万人驻屯锦州，并有步兵三列车，自平津开出关外。此等消息，亦系不确。此又为制造口实，从事进一步侵略之有计划政策之一例。

日军没收满洲合法政府之税收，并拟胁迫吾人，令吾人遇有财源竭蹶之危险。

中国代表施肇基曾迭次以诚恳态度在日内瓦陈述此项情势。现时虽有消

1931年9月19日晨，沈阳全城被日军占领。

息，称行政院谈及条约权利，避免真正之问题。唯中国对于行政院，并未失去一切信仰。在适当时间与地点，中国颇愿对于满洲条约权利，允许做详细调查，如行政院不坚持，对于应付满洲问题，使用适当之程序，不坚持日本首先撤军，然后始能期待中国谈判条约之原因与问题，则非但不能解决满洲危机，且或将违背其本愿，使情势陷于更臻严重之地位。

又可注意者，行政院坚持返回至以前原状，使机敏之观察者，信其现时采取一非常之程序，其结果唯有失败，中国对于国联一向愿无条件合作，并随其提议。余知国联如附和日本军方政策，在满洲树立傀儡政府，无疑必归失败，故不能不表示余个人之观点。余怀疑将来世界对于《国联盟约》、《非战公约》与《华盛顿九国公约》，将抱何种观念，此三种条约今后是否均将掷入废纸篓中耶。

张学良在给蒋介石的《杂忆随感漫录》中有关九一八事变之经过写道：

我伤寒症痊愈之后，身体极为衰弱，赫尔大夫建议，我须长期休养，彼并愿意为我准备戒除嗜好。我甚同意，所以我未销假办公，仍住在协和医院，由医师护士照料，每天服药和注射，早晨时到公园各地散步，饮食一切，皆遵医生指定，晚间偶出观电影戏剧，以兹消遣，皆由两位护士陪同，随行照拂。一切并非重大事件，一概不加过问，北平职务，由万福麟代为负责，东北职务由参谋长荣臻负责。万宝山以及中村事件，事前我毫不知悉。迨至日本军人利用中村事件，大肆宣传鼓动，东北宪兵司令陈介卿（陈兴亚）亲至协和医院报告，并请求我必须迅速处理此一案件，否则恐日本少壮军人，欲借口制造事端。我遂召中村事件直接负责之团长关瑞玑亲加询问。关团长将该事实的经过，尽情告知，并请求可开军法会审，彼到时自己承罪，愿以一死与中村偿命，结束此案，以免扩大，而日方当无借口矣。我嘱彼到宪兵司令部投案，以备向日方辩理交涉。不久日本军部知我方有解决悬案决心，遂发动九一八事变，而关团长瑞玑由宪兵司令将其释放，以免落于日人之手。

我现欲在此处说一说，关瑞玑的爱国忠诚。当彼在内蒙古防地捕获中村伪装为农学博士，实行调查内蒙兵要地理，搜出其日记地图等，皆无关于农事者。中村不得已，承认其为日本陆军大尉。当时关团长与其部属会商，如何处理此一间谍要犯，因当时日本在中国享有治外法权，我必须将犯人交还其本国处置，这自然彼不但无罪反而有功，最重要的是，中村是详知内蒙古兵要地理的情形，我虽然将其日记地图没收，但彼仍能记忆。关等遂决心，将其秘密处死，由彼负责，不报知上峰，以免处置上困难。不幸被一蒙古人出卖，将中村被捕时的情形及中村在其家中的遗物，献之日方。而关团长到最后愿付出自己的生命，为我弱国外交上的羔羊，以免损失国家利益，而免发生重大事端。

日本野心家，先利用万宝山事件，再利用中村事件，在国内大肆煽动，以期鼓荡，欺骗日本民众，思以制造成侵华是正当之行动的观念。当我方已知此种情形：一、我决定迅速解决中村这一案件。二、我派汤尔和渡日，向日外相币原表示，我方欲寻求解决东北悬案之意图，币原甚表赞同，遂决定拟由中日政府选派大员办理。三、通令东北军政，凡事慎重，凡有日方挑衅之事，竭力避免，不可与其冲突对抗，以免扩大事端。此即为不抵抗命令，致为国人攻击我之口实。

在此一问题上，我从未有过声述，因我想，知理明事之人，一见即知，不深明理之众，我又何必在个人问题上，哓哓何为。我曾在胡政之（霖）所办的《国闻周刊》上，看见有过对于我的一篇言论，大旨我略记如下："不抵抗主义这个名词，并不是由张学良创始的，但是如今我们，一提到不抵抗主义，可就会联想到张学良，张学良是这个主义的一个实行者。这个名词的出现，好像是个新玩意儿，但是这个主意的精神，早有它的历史渊源，具有十足的必然性。我敢武断地来说，假如东北负责当局不是张学良，九一八事变，任何人十分之九也是不抵抗。在民国十九年的中东路事件，张学良不是抵抗了吗？闹了个损兵折将，大为失败，内外责言，这是促成张学良不抵抗决心之远因也。中东路事件给日本人一个暗示，暴露了中国幼稚无能不团结。当九一八事变之前，日本军人高呼惩膺张学良，消灭东北政权。张学良本人自己也知道将会有事情发生，但是他总存有万一的心理，'日本或者是不敢吧？'等到九一八事变发生了，他觉着'打是打不过日本的，以不抵抗对付之，不使事端扩大，以待国际来解决'。那时候张学良是这种心理，中央也是这种心理。所以我说就是换做他人是东北边防司令长官，也是十分之

东北空军司令部被日军侵占

九的一样不抵抗。以过去的济南事件为证，凡是对付日本武装挑衅行为，不都是退让吗？我要是给张学良定谳的话，他的罪过不在九一八的不抵抗，而是在其继续的不抵抗。"

但今日思之，为了历史的真实，我不可以再事隐默。我今略述九一八事变前后我的心情和处置的经过。我先说，我在那个时代对于日本的理解，我认为日本是一个立宪的国家，军部虽有帷幄上奏之特权，但不经天皇批准、国会通过，是不能对外用兵的。有国际条约之约束，元老重臣之稳重，虽然日本少壮派军人，从事煽动，如果我方不给以可乘的借口，不跟他武装冲突，那是不会发生军事问题的。

这是我对于九一八近年时的日本少壮军人的嚣张和日本当时之政情，未能随时彻底研究注意，仅根据旧日对日本之理解。此乃是我的重大的错误。

　　我再说我当时在情理上，对日本的判断。我想虽然日本少壮军人们浮动浅识，但仍有其重臣元老。如日本无故对中国发动战争，以军事占领中国土地，蛮横侵略，凡有深远眼光的人，会明白将来的结果，对日本不会有利的。他们负责的人，安能见不到这一点吗？我对于这一观察，虽然是错了——而日本终于不顾一切，发动蛮横的侵略战事。但至最后，日本终自食其惨痛的结果，这一点也可以说我是没有错。

　　上述是我当时对日本方面之判断。同时迷信这条约的神圣、错估国联的制裁力量。诚然是，当时我料其不敢，在利害观点上，我更料其不能。当时我是认为国际可以解决争端的。基于这些心理，所以我自始至终，竭力避免事端扩大，以期易于解决，遵守国联的警告。我佩服《国闻周刊》的言论，他说到了我内心的隐情。

　　日本军人，内趁我正卧病于协和医院，张辅忱（张作相）奔丧锦州，万寿山（即万福麟）在北平给我代理职务，东北长官皆不在职。外则长江水灾、粤变……发动九一八事变。该夜我同英国驻华公使蓝博森爵士，在第一舞台（即北平之长安大戏院）观剧，约在十点三十分许，来人报告，沈阳有长途电话，荣（即荣臻）参谋长请我说话，有紧要事项，我立刻辞蓝公使归返。荣对我说：有日本铁道守备队约一中队，向我北大营营团射击，日本附属地的日本驻军亦结集活动。我嘱切诚我军勿乱动，速与日本顾问妹尾、柴山向日方高级将领交涉，由交涉者即向日本林总领事（林久治郎）处接洽交涉。通话之时，电话中断。

　　因恐而后联络断绝，遂用无线电令，荣臻、臧士毅二人全权负责处理一切。并屡询情况的变化，到半夜十二时许，无线电台被破坏，整个通讯中断矣。天晓之后，除报告政府指示外，我派员向日本北平使馆矢野代办交涉，彼答以不知其详，仅允转达其驻京公使而已。我对于沈阳情况，十分焦虑，遂利用长途电话令新民县知事魏铿，设法向沈阳联络，随时向我报告。

　　事变之后，政府和我的见解是一致的，认为条约神圣，国际正义存在，

261

对于日本这种侵略的行为，必当仗义执言。遂信赖国联，而不同日本直接交涉，以免损失权利，所以币原（日本当时的外相）所提之五项原则，拒不接受。对于日军行动，职从国联劝告，竭力取容忍方针，静待国联解决。但使我最痛心者，是当时全国不但未能团结一致对外，反而利用外交问题，发动政争，以逞私愤。中央迫蒋主席下野，改组为不伦不类的政府，成为一国三公。孙哲生（即孙科）、汪兆铭相继为行政院长，而又负不起责任，如锦州、山海关问题发生时，凡有请示，则皆答为，相机处理或善为处理。在地方，山东韩、刘火并，四川二刘对垒，粤则二陈相战，贵州毛犹之争。我触目伤心，心灰意冷。

张学良官邸被日军侵占

汪兆铭于二十一年夏间偕宋子文、李济深莅平，见面之后，出示蒋委员长亲笔函，大意是汪院长来平，为对日军事问题，同我相商。谈询之下，汪表示政府打算在华北对日本有用兵之意。我遂询问，政府是否具有坚决的决心，有无相当的准备，我们不要再蹈往年抗俄之覆辙。汪答曰："不是那个样子的事，是因为政府受到各方的言论攻击，希望我对日本作一个战争姿态，小加抗战，至于胜败则所不计，乃是在政治上可以应付舆论之指责也。"

我聆听之下，惊讶愤慨，遂即答曰："政府既无准备和决心，拟牺牲将士之性命，来挽救延续政治之垮台，我不取也。"汪遂曰："这是蒋委员长的意思。"我说："你若说是蒋委员长的意思，蒋委员长是我的长官，他会直接给我下命令的，他不会写信，说汪先生你来同我商讨。既然说是同我商讨，这种并不是真正的抗战，而是拿人家的性命，挽救自己的政治生命的办法，我的表示是，绝不赞同。"汪呈不悦之色，乃言曰："我以行政院长的身份，亲自来同你商量，那么同蒋委员长的命令，又有什么分别哪？"我说："命令是命令，我服从军事委员会委员长的命令，那是我军人的职分。至于命令所做的事，我只是执行，我不负道义上的责任。商谈是商谈，我不计较什么行政院长的身份，为了政治上的利益而牺牲我部属的生命，我良心上是做不下去，我绝不敢苟同。请汪先生你要原谅我的。"

此一会儿，遂不欢无结果而散，汪兆铭返回南京。导致和因热河问题，发生汪院长通电请我同他共同下野。我立即辞职，经华北诸将领坚决地挽留，而政府终未允准。此事的发生，在华北引起数端不良之后果：使东北将领，不分皂白，对中央人员，发生误会，使我处于其间，很是为难。在热河的问题上，亦受了相当的影响。

九一八：安葬父灵无法实现

他老人家有几宗事，使我衷心敬佩……对沙海子的决斗，不愿糜乱地方，涂炭生灵，使我佩服他慈祥豪侠。只身对抗蓝天蔚，维护赵次帅，使我佩服他忠义胆壮……对日本要挟之不屈服，使我知他爱国并不后人，敬佩他大义凛然……（我）给他老人家一个论断：生非其时，他确具有刘邦、朱元璋之风度；亦有项羽、陈友谅之气概：英雄豪杰也！

——张学良

张作霖去世后，张学良在百忙中，抽时间为父亲勘查墓地。1928年夏末，张学良偕夫人于凤至及其父五夫人（寿夫人）、张作相、冯玉麟等人，在东三省官银号总办彭相亭与姓周的风水先生陪同下，由奉天乘车到铁背山站，雇用三辆马车抵达预选墓地。

这里有个名叫"高丽营子"的村落，曾是一千三百余年前唐太宗东征的旧迹。村南面有一个小山冈，自北向南突出，人称老龙头。浑河环绕其东南西三面流去；铁背山拔地而起，隔水与山崖垂立相峙。

张学良站立山顶，放眼眺望，浑河水如银色飘带，铁背山似绿色屏障，山冈如龙头出水。对此，风水先生称道："前照铁背山，后坐金龙湾，东有凤凰泊，西是金沙滩！"

张学良听罢，也赞叹此地气势非凡。他说："这里有铁路直通，正是葬父之处。"于是，张学良决定在此营建父亲墓地。

不久，即1928年秋，在张学良主持下，成立了大元帅墓葬工程处，任命东三省官银号总办彭相亭兼工程处总办，任命石辑吾为工程处经理，任命大帅府处长郑发顺、总务室长王运丰负责主抓建造陵墓。于是，大元帅陵墓工程勘测设计很快就绪，翌年5月开始动工兴建，预定三年竣工。

1929年6月21日（即张作霖死讯公开之日）张学良在奉天为父举行周年祭典。祭典会议决定，为厚葬张作霖元帅，葬墓工程预算为1400万元大洋，其中大帅府拨款500万元大洋，东三省共捐资800万元大洋。

张学良对大元帅陵墓工程十分关注，多次到现场视察。由于资金到位，郑发顺、王运丰招聘大批木瓦石能工巧匠，雇用一千多人力，对陵墓工程全面展开，在冈北增设了元帅林火车站，向南修筑火车道和大车道与沈吉路相通。

1931年，正当元帅陵墓工程初具规模时，日军发动了九一八事变。翌日，工程处负责人石辑吾派人急速赴奉天请

张学良与三弟学曾、四弟学思合影。

示后，大元帅墓葬工程停止营建。于是，原预计在老龙头立的三通石碑，虽拟碑文，却来不及镌刻，而成无字碑。众多巧匠民工四处逃亡，大量石料散落荒野，墓场一片凄凉。

九一八事变后，日本关东军司令本庄繁致电张学良二弟张学铭：帅府所有财产及其父陵场妥善保护，如派人索取，将如数归还。本庄繁想以此收买张学良。

张学铭向大哥张学良报告了本庄繁的来电内容后，张学良在北平官邸顺承府内，召集大姐冠英、二弟学铭、三弟学曾、四弟学思、堂弟学成共议此事。

张学良愤怒地说："国土都沦陷了，还要那些破烂干什么！只是父灵要葬。"最后，大家商定：日后有机会将父灵柩暂葬驿马坊，待复土后再安葬到元帅林。张学良严辞拒绝了本庄繁的"好意"。

本庄繁见收买张学良没有奏效，就将张作霖灵柩弃之不管。不久，张作霖尸体腐烂，臭气四溢。本庄繁只好下令将灵柩暂厝沈阳小东门外的株林寺间。

1936年，时任伪"满洲国国务总理"的张景惠提议：张作霖灵柩应早"归位"，这才引起日本关东军的注意。此时，日本关东军司令是植田谦吉。他不同意将张作霖灵柩归位于大帅陵。张景惠又提议将灵柩葬于海城县张作霖故里。植田想到那里是张作霖发迹之地，葬在彼处，影响不逊于大帅陵，加之此时海城各界正在上书请求将张作霖灵柩归葬故里，促使植田断然否决。此后不久，张景惠又提出将张灵葬入辽宁省锦县东北七十里的驿马坊。此地是辽西巨绅无偿献给张作霖的一块茔地。张作霖曾将生母葬于此地。植田反复斟酌，认为张作霖灵柩只能埋葬在这里，便于1937年6月2日将灵柩葬于驿马坊。

张学良在给蒋介石写的《杂忆随感漫录》中说：

　　我写到这里，心情痛苦之余，我愿以超然除去我父子的感情，说一说我对我父亲的观感。

　　他老人家有几宗事，使我衷心敬佩，这不是我以儿子的地位来恭维他。

反过来说，他老人家也用不着我来恭维的。

对沙海子的决斗，不愿糜乱地方，涂炭生灵，使我佩服他慈祥豪侠。只身对抗蓝天蔚，维护赵次帅，使我佩服他忠义胆壮。……对日本要挟之不屈服，使我知他爱国并不后人，敬佩他大义凛然，这里关于他老人家，还有两件事，我来补述一下：

义释刺客

我父亲为盛武将军时，曾被人投掷炸弹，后来将投弹之人捕获，我父亲亲自审讯。问该人为什么要来炸他？该人慷慨答称："我是革命党人反对帝制。你同张勋勾结，图谋复辟，所以我要杀你。"

我父亲再问他："你就是为这个吗？是否有人主使？"该人大言曰："我堂堂七尺，无人可以指使我，亦无人可以用金钱来买我的命，我是爱护中华民国，不惜生命，要打破你们的复辟梦。"

我父亲答该人说：那么你是误会了，我同张勋不但是好友亦是亲戚，可是爱国者，你是个好汉子。我现在已经对你说明，我今放你自由，请你而后详细调查，如我真有复辟事实，你可以再来炸我。即当堂将该人释放。

视民如伤告天求代

每逢农历除夕，我父亲必斋戒礼神。某年的除夕，我父亲令秘书长谈铁隍替他作一篇告天文，大意是"他痛伤连年灾荒，人民流离失所，此岂人民之罪乎？或系群魔作祟乎？祈上天赐给人民平安。愿上天将诸魔收回，自

　张作霖的灵柩葬于辽宁锦县驿马坊

恐亦是群魔之一，甘愿先去，否则祈祝上天开恩，降福除灾。如人民有罪，我愿以身代之云云。

请当时之奉天省长莫柳忱（即莫德惠）为证，共同祈祝。此文我未亲见，此事我亦不知，此乃莫柳忱在父亲去世之后，他亲口讲给我听的。

我父亲的为人和他的事业，决不是这短短篇幅所可以写得完的，也不是我这文笔的能力可以写得出来的。又加上我一追想他老人家的事，我的情绪你们也会想象得出来的。总之他乃是一位历史上不可抹灭的人物，我不想再往下写了。一则我文笔拙劣；二则我是他的不肖儿子。现在恕我斗胆以子论父，给他老人家一个论断：生非其时，他确具有刘邦、朱元璋之风度；亦有项羽、陈友谅之气概：英雄豪杰也！！

“不抵抗将军”的真相

在此一问题上，我从未有过声述，因我想，知理明事之人，一见即知，不深明理之众，我又何必在个人问题上，哓哓何为。

“不抵抗主义”这个名词，并不是由张学良创始的，但是如今我们，一提到不抵抗主义，可就会联想到张学良，张学良是这个主义的一个实行者。

我敢武断地来说，假如东北负责当局不是张学良，九一八事变，任何人十分之九也是不抵抗。在民国十九年的中东路事件，张学良不是抵抗了吗？闹了个损兵折将，大为失败，内外责言，这是促成张学良不抵抗决心之远因也。

——张学良

九一八事变，由于张学良采取了不抵抗，使日本关东军有机可乘，就在一夜之间占领奉天。由此，他获得了“不抵抗将军”的罪名，受到各方面舆论的奚落和谴责。

爱国学生到张学良北平寓所顺承王府请愿，有的学生因年少气躁，出言失当。僚属和卫队士兵对学生的言语接受不了，怨气上涨。张学良深恐肇出事端，连忙向部下解释："我们不抗而退，虽属奉命，实际上确是丧权辱国，学生们出于爱国热忱，叫骂几句，又有何妨，我们应该忍辱负重。"

大家听了少帅的话，都认为有道理，心情平和下来。少帅对学生代表说："我听从中央，忍辱负重，不求见谅于人，只求无愧于心。我敢断言自信的：第一，不屈服，不卖国；第二，不贪生，不怕死。我现以两事与同学们相约：（一）请你们尽力研究中日间的条约关系和妥善解决途径，有何意见，可随时函告；（二）有愿投笔从戎的，请先行报名，以便将来我和你们一同抗日。"

张在答复上海抗日救国会的电文中说：

> 学良守土无方，罪行山积，现正与中央筹计妥善应付办法。许身为国，勿计其他，一息尚存，誓与周旋，大敌当前，愿与共勉。

张学良向主张立即同日军作战的中下级军官们说："我爱中国，我爱东北，因为我的祖宗庐墓均在东北，如由我手失去东北，我永远不安，但我实不愿以他人生命财产作我个人的牺牲，且不愿以多年相随、屡共患难的部属的生命，博我一人英雄之头衔。日本这次来犯，其势甚大，我们必须以全国之力赴之，始能与之周旋。如我不服从中央命令，只逞一时之愤，因东北问题而祸及全国，我之罪过，当更为严重。诸君爱国的热忱，可暂蓄以待时，将来必可有大发挥的一日。"

在九一八事变后的两个月时间里，日本关东军声势逼人，占领了辽宁和黑龙江的大片中国土地。在日军侵占中国领土过程中，南京国民政府显得无可奈何。张学良为了阻止日军进一步入侵，宣布在辽宁西部重镇锦州设立东北边防军司令长官公署行署和辽宁省政府行署，任命张作相为代理边防军司令，米春霖为代理辽宁省主席。少帅面对东北支离破碎的残局，只能希望日本东京政府能够阻止关东军在东北的行动，同时希望列强大国使锦州成为一个"非军事区"。这个想法获得了美国、法国的支持，然而中国民众却对此表示强烈的反对，使少帅很难堪。

1931年11月，日本关东军不顾国联和美国的警告，开始大举进犯锦州。锦州是联系关内外的交通要隘，战略地位十分重要。占领了锦州，不但扼住东北的咽喉，而且保证了对东北的完全占领。对此，南京政府再也不能无动于衷了。这时，蒋介石在全国大众的谴责声中辞职。面对危局，在国家没有元首的时刻，国民党四届一中全会做出了"防守锦州"的决定。

张学良在给蒋介石的《杂忆随感漫录》中，回忆"不抵抗将军"的真相，文中写道：

我曾在胡政之（霖）所办的《国闻周刊》上，看见有过对于我的一篇言论，大旨我略记如下："不抵抗主义这个名词，并不是由张学良创始的，但是如今我们，一提到不抵抗主义，可就会联想到张学良，张学良是这个主义的一个实行者。这个名词的出现，好像是个新玩意儿，但是这主义的精神，早有它的历史渊源，具有十足的必然性。我敢武断地来说，假如东北负责当局不是张学良，九一八事变，任何人十分之九也是不抵抗。在民国十九年的中东路事件，张学良不是抵抗了吗？闹了个损兵折将，大为失败，内外责言，这是促成张学良不抵抗决心之远因也。中东路事件给日本人一个暗示，暴露了中国幼稚无能不团结。当九一八事变之前，日本军人高呼惩膺张学良，消灭东北政权。张学良本人自己也知道将会有事情发生，但是他总存有万一的心理，'日本或者是不敢吧？'等到九一八事变发生了，他觉着'打是打不过日本的，以不抵抗对付之，不使事端扩大，以待国际来解决'。那时候张学良是这种心理，中央也是这种心理。所以我说就是换做他人是东北边防司令长官，也是十分之九的一样不抵抗。以过去的济南事件为证，凡是对付日本武装挑衅行为，不都是退让吗？我要是给张学良定谳的话，他的罪

269

过不在九一八的不抵抗，而是在其继续的不抵抗。"

莫须有罪名："九一八之夜热恋胡蝶"

外间对我误传有关九一八的一段小插曲——胡蝶女士的故事也。其他我不必多说，我在该当时，适在病后，病体尚未复原，散步行走过久都不能成，又安能狂舞乎？幸此胡蝶女士尚在人间，如有好事者，可以向她质询。我同胡女士不但谈不到热恋，我同她从未有过一面之缘。

——张学良

11月20日，上海《时事新报》发表了广西大学校长马君武的两首感时诗，题目是马君武感时近作《哀沈阳二首》。诗曰：

一

赵四风流朱五狂，翩翩蝴蝶最当行，

温柔乡是英雄冢，哪管东师入沈阳。

二

告急军书夜半来，开场弦管又相催，

沈阳已陷休回顾，更抱佳人舞几回。

马君武借古喻今：北齐末代君主高纬是个不爱江山爱美人的亡国之君，他的行为是十分荒唐的。马氏以此影射张学良爱美人不惜江山，可谓用心良苦，但由于失实，这对比就毫无意义了。

诗中的朱五，是北洋政府内务总长朱启钤的五女儿朱湄筠，又是张学铭（张学良二弟）太太的五姐，是北平交际场中的活跃分子。后来，朱湄筠由张学良做媒嫁给少帅秘书朱光沐为妻，并无什么不检点之处。显然，马君武这样讲，对朱湄筠既不尊重又不公道。诗里所说的赵四，即赵一荻，其用意无须多说。诗中胡蝶，是当时著名的影星。诗的意思主要是讥讽张学良思想摩登，生活腐化，在九一八之夜，与胡蝶跳舞欢悦，把国难家仇置于脑后。

马君武这两首诗，对张学良、赵四小姐和电影明星胡蝶简直是天大的冤枉！马君武根据社会传闻"九一八之夜，张学良与胡蝶跳舞之风波"写了这两首诗。其实，张学良和胡蝶根本就没有见过面，更谈不上跳舞了。

马君武与张学良"公案"中，被无辜卷进来的朱五小姐——朱湄筠。

原来这事的起因，是出自日本通讯社对张学良制造的谣言，以此中伤张学良，以引起中国人对张学良的愤慨，从而转移中国人对日军侵略东北的反抗情绪。

关于马君武的《哀沈阳》诗，张学良在自述中说：

我最恨马君武的那句诗了，"赵四风流朱五狂"。这个朱五是谁呢？朱五是朱启钤的五小姐，她是我秘书光沐的太太，他俩结婚的时候，是我给他们主的婚。她小的时候，我就认得她，我同她的姐姐是朋友，仅仅是一般的朋友关系。她的四姐还嫁给了我的一位副官。这首诗我最恨了，我跟她不仅没有任何关系，我都没跟她开过一句玩笑！

那么，张学良和影星胡蝶在九一八之夜热恋跳舞是怎么回事呢？

事实真相是：电影明星胡蝶和明星影片公司外景队北上到天津拍摄时，九一八事变已经发生了。到北平后，明星外景队因有三部影片同时开拍，工作异常紧张。导演张石川为防止演职人员散漫，为不影响拍片进度，定下了严格的生活纪律，所以胡蝶和演职人员空闲时间不多，即或有时间也都是集体应酬活动，故胡蝶和张学良从未谋面。

九一八之夜，张学良是在一家剧院看戏，戏未看完，即被沈阳来的紧急电话叫走，与胡蝶根本就没有见过面，哪会跳舞？此时，明星胡蝶不在北平。这年秋天，胡蝶从上海到北方来拍电影，到过天津、北平等地，但并未见张学良，他们根本不认识，谈何共舞？此诗发表后，不仅张学良、赵一荻表示不满，而且明星胡蝶也大呼冤枉。

胡蝶为表清白，在上海登报辟谣，还特别说：

> 蝶亦国民一分子也，虽尚未能以颈血溅仇人，岂能于国难当前之时，与负守土之责者相与跳舞耶？"商女不知亡国恨"，真是狗屁不如者矣。

胡蝶在晚年的回忆录里，仍不无遗憾地说：

> 世间上荒唐的事情还真不少，沈阳事件发生的时候，我那时还跟明星公司摄影队一起逗留在天津，没有踏入北平一步。后来为拍《自由之花》到北平时，已是九一八事变后一周，未料到此行会引起一段莫须有公案。

其实，胡蝶还不了解，这谣言之所以流传甚广，责任主要还不是那首诗，而是谣言的炮制者。这有两种说法：一说是当时天津的日本特务机关报《庸报》造谣，目的在于转移人们的视线，故意把水搅混；另一说法是南京国民党政府中的亲日派蓄意借题发挥，目的是要把一切罪过都推到张学良身上，为蒋介石同时也为日本侵略者开脱罪责。所以，胡蝶在追述这桩往事时，仍感寒心地说："该结束这桩莫须有的公案了。"

马诗发表后，张学良曾因公务抵达上海，有人曾想让张学良与胡蝶见面，张学良拒绝地说："如果这样,谣言岂不得到证实?"

胡蝶在回忆录里也说:"我和张学良不仅那时未谋面,以后也未见过,真可谓素昧平生。1964年6月,我赴台湾出席第十一届亚洲影展时,还曾有记者问我要不要见见张学良?我回答:'专程拜访就不必了,既未相识就不必相识了……'"

胡蝶女士的这一谈话在报上发表不久,台湾"考试院院长"莫德惠去看张学良。据莫事后对记者说,张曾问他,是否看到胡蝶在报上那段谈话?然后张学良说:"到底有水落石出的一天啊!"

1931年11月21日,胡蝶在上海《申报》上刊登辟谣启事。明星影片公司导演张石川和演员洪琛、郑小秋、夏佩珍、龚稼农等人,也在该报上登出启事,为胡蝶未与少帅见过面作证。至此,"九一八之夜张学良与胡蝶跳舞失江山"的莫须有罪名,才得以澄清。

张学良在给蒋介石写的《杂忆随感漫录》中忆道:

> 我利用此时机,一述多年外间对我误传有关九一八的一段小插曲——胡蝶女士的故事也。其他我不必多说,我在该当时,适在病后,病体尚未复原,散步行走过久都不能成,又安能狂舞乎?幸此胡蝶女士尚在人间,如有好事者,可以向她质询。我同胡女士不但谈不到热恋,我同她从未有过一面之缘。我自己对于我自己,抱歉得很,徒空受艳福之名也!因之,我常推想到,历史上有些不合情理的记载,多恐有失真实。所谓望风扑影,我同胡蝶之流言,是连风影都说不到,会传得像真事一般,不论将来百年之后,就是当事人皆生在的今日,有些人确认为是真实。"曾参杀人",流言可畏也!……我们不可认为流言无关,忽视之而不加以警惕也!

水果中的炸弹：警告"皇帝"勿卖国

日本人歹毒异常，残暴无比，我们父子同他们打交道的时间长，领教够了。他们对中国人视同奴仆，随意宰割。你要警惕他们，并要劝诫你兄，让他同日本人脱掉干系，悬崖勒马……

——张学良

1931年7月23日，在日本留学的溥杰回国度假，到静园觐见溥仪。他向大哥传达了经吉冈安直传递的信息：日本军方对张学良不满，希望溥仪接管满洲统治权。

日本军阀反对张学良是显而易见的。两年前，日本军阀曾让土肥原贤二用"王道论"和"满洲皇帝"引诱张学良，希望他宣布"东北独立"，以逞自己独吞之欲，结果遭到张学良的严厉拒绝。

两年后，土肥原仍用"王道论"和"满洲皇帝"为诱饵，猎取对象由少帅改换成溥仪，溥仪在跟土肥原谈判时，没有少帅那样的气概，虽提出了这样那样的条件，但最后还是就范于日本人。

九一八事变后，溥仪出关投靠日本侵略者，从而走进了无以挽回的卖国之深渊。尽管如此，张学良还是两度向溥仪伸出挽救之手。

1931年11月2日，土肥原夜访溥仪，甜言蜜语地说，日军在满洲的行动仅仅是为了反对张学良，对满洲并无领土野心，愿意帮助宣统皇帝在满洲建立独立国家。溥仪对土肥原的话表示接受。

蒋介石得知此事，忙派人密见溥仪，说明只要他答应不迁往东北或日本定居，可以恢复清室优待条件，可以随意住在北平或南京。然而，溥仪拒绝了蒋介石。

在这种情况下，张学良于11月6日晚6时许，派人前往溥仪所居的静园送了一筐水果，其中潜藏了炸弹。少帅这样做，意在警告溥仪，让他清醒。张学良万没想到，自己的这个做法却使溥仪失去了安全感，进而加速了溥仪投靠日本的步伐。四天后，溥仪出关。四个月后，溥仪就任伪满执政。

1932年7月，张学良得知溥杰从日本回国度暑假，便利用这个机会，再次向溥仪伸出挽救之手。他亲笔写信，邮给溥杰。张学良在信中说："日本人歹毒异常，残暴无比，我们父子同他们打交道的时间长，领教够了。他们对中国人视同奴仆，随意宰割。你要警惕他们，并要劝诫你哥哥，让他同日本人脱掉干系，悬崖勒马。"尽管张学良诚恳劝说，但溥杰同溥仪一样都想恢复清王朝，所以视少帅的忠言为逆耳之言。故此，张学良两次阻止溥仪卖国投敌均未能奏效。

锦州失守，撤兵关内成罪人

锦州地区发生严重事态，将由日本负完全责任。

学良服从中央，忍辱负重，不求见谅于人，但求无愧于心。自信一不屈服、不卖国，二不贪生、不怕死。

——张学良

1931年10月3日，张学良对东北滞留北平学生救国会的电报复电说："此次外侮侵凌，事极重大，负责解决，自应仰赖中枢，坚忍待时。学良大义所在，决不后人，是非功罪，则俟之于将来。"同月21日，少帅接见抗日救国会代表阎宝航等十二人，向他们表示：决以力之所能，为国尽力；至对日方针，唯中央之命是从；希望民众准备实力，与政府协力奋斗到底。

12月10日和12日，张学良两次接见记者，发表谈话："国难当头，舆论界亦往往为不正确之议及感情冲动所掩蔽，致虚骄成为风气"，"甚愿舆论界能知己知彼，脚踏实地，勿囿于虚骄之词，勿作不负责任之论……"

12月12日，张学良在北平发表声明："锦州地区发生严重事态，将由日本负完全责任。"对此，全国舆论愤怒谴责少帅。15日，张学良决定致电南京国民政府，辞去海陆空军副总司令职务。他表示自己"守土无状，万死不足以蔽辜"，原欲"侵地尽复之后，始肉袒归罪……不图凡所经营，悉与愿违，请辞去副司令职，一新天下耳目"。

12月16日，南京政府批准了张学良的请求，改任少帅为北平绥靖公署主任。翌日，张学良对在北平的东北籍学生代表说："学良服从中央，忍辱负重，不求见谅于人，但求无愧于心。自信一不屈服、不卖国，二不贪生、不怕死。"

12月25日，张学良接到中央"防守锦州"的命令。这是日本威胁东北以来，国民党政府给少帅下达的第一道抗击日军的命令。为此，张学良非常振奋。然而，南京政府此时才想抵抗日军谈何容易？由于蒋介石命令张学良采取不抵抗政策，9月18日后，仅五天的时间，日军就占领了辽宁、吉林两个省的大部分地区，掠走大批武器弹药和军需物资。在沈阳，仅一夜之间，就损失步枪9.5万支、各式机关枪2300余挺、飞机260架……日军获得了如此之多的军火物资，真可谓恶虎添翼，所向无敌。

日军这次进攻锦州，是日本内阁经过长时间的犹豫、彷徨、分化和改组之后，终于确定了灭亡中国方针的重要一步。这次进攻锦州，是日本自九一八以来，日本内阁、军部和关东军三方第一次协调一致的行动，总共投入四万人的精锐之师，摆出侵华以来前所未有的大决战姿态。

这时，南京政府正值蒋介石下野，辞去国府主席职务，群龙无首；孙科新任行政院长，其强硬政策正遭到政府各方面的怀疑与抵制，军费和援军毫无着落。这些因素，严重地影响了张学良及前线官兵的决心和士气。况且此时，由于他忠实地执行了蒋介石的不抵抗命令，丧失了东北三省，失掉了自己的根据地，他的声望和地位受到严重的威胁。

12月27日，张学良电告南京国民政府，日军长驱直入，锦州危在旦夕。张学良陷入进退维谷的境地。

这年，国民政府正准备出版发行带有孙中山、蒋介石、张学良肖像的"中华民国统一纪念邮票"也流产了。原来，这年5月5日，国民会议在南京开幕，蒋介石委员长向大会提出约法，宣布国民政府已由军政时期步入训政时期。邮政总局为配合当时情况，拟发行全国统一纪念邮票，以示庆祝。这套邮票在筹印期间，广州发生了倒蒋事件，紧接着又发生了日本侵略东北的九一八事变。蒋介石的不抵抗政策受到了全国人民的强烈谴责，张学良被国人称为不抵抗将军。为此，这套印有孙中山、蒋介石、张学良肖像的壹角捌分的"中华民国统一纪念邮票"被搁置一边，没有正式出版发行。

1932年1月2日，张学良不得不忍痛退出锦州，撤兵关内。3日，日军占领了锦州。锦州失守，张学良便成为中华民族的罪人，举国上下谴责声浪高涨。

此时，章太炎不以和张学良有忘年交而袒护其过错，在公开场合或与友人接触中，均谴责了"攘内安外"的不抵抗主义。他曾说："有此总司令（指蒋介石），此副司令（指张学良），欲奉吉之不失，不能也。"接着，上海发生一·二八事变。章太炎一面在沪积极支持十九路军抗日，一面决定北上面见张学良，准备以革命元老的身份和多年交往的情谊，说服张学良出兵抗日，以挽救中华之危局。

这年2月23日，章太炎冒着淞沪抗战的炮火，在未通火车的情况下，拖着65岁的多病之躯坐船到青岛，然后改乘火车，于29日抵达北平，住宿在花园饭店。

张学良听说章太炎到北平，立即前往花园饭店看望。章太炎一句都不听张学良的问候，开口就是质问：为什么不出兵抗敌？为什么把32万东北军撤出东北，使日本人顺利侵占我国东三省……

张学良面对章太炎激昂慷慨的话语，对眼前这位正直的民国元勋从内心里感到敬佩。他既无从申辩，又无法出兵，只好对章老出示蒋介石给他的不抵抗密令，说明自己的苦衷。这是张学良有生以来第一次，也是唯一的一次向人出示蒋介石的不抵抗密令。

章太炎看过密令后，感到无话可说，只好无可奈何地南归，回到上海。

张学良在给蒋介石写的《杂忆随感漫录》中，关于"热河失陷我之去职"忆道：

说到热河问题，我也甚为感慨。汤玉麟乃我父亲的旧部，亦系我之长辈，其为人粗野贪昏，我执政东北，即谋将其调换。

在九一八事变之前：（一）屡次失职，方欲将其调动，每因有他事发生，致以延迟；（二）他为我的父执之辈，我得设法给他筹划一个下台的体面；（三）必须顾虑到他不服从，准备使用武力。致使他久祸热河地方，在这一点上，我实觉对热河的父老，深为怍歉。迨至九一八之后，汤之态度，更形暧昧，我决心将其撤换，但必须顾及到投鼠忌器，得布置周密。拟派商启予（即商震）率军进入热河，取而代之。彼时孙哲生（即孙科）的代表何遂，在汤处大肆活动，希图拉拢汤之武力，而为汤撑腰。汤为何还发表一有名无实的军长名义，互相表里。致商启予入热之议未得实行。

有一度热河情况吃紧，汤派其秘书长谈国恒来平求助。我乃利用此机会，设法将其调动。曾在北平政务会议上，公推李石曾（国民党元老）先生赴京说明热河紧急情形，向政府请求款项。不料，汪院长兆铭，大发雷霆，通电促我下野，致使热河问题，整个停顿。迨至日本向阜新开始进军，汤既不布防，将其军队皆集结于古北口承德间，暗中表示，不许我军通往承德。我当时若以武力解决汤玉麟，是不成问题的，但如不幸同他发生冲突，或如汤投向伪满，不但有利于日本方面，而外患如斯，自相操戈，诚贻笑中外，我心中的隐情，不能对外人道及。但又不能坐视日军长驱直入，遂令万福麟军出喜峰口，避过承德，转道由平泉向凌源布防，给养补充，皆由此一路线补给，发生许多困难迟滞。奉军布防尚未完成，日军来攻，情况危急求援。

我遂令宋哲元军进援，但仍由喜峰口行进，致宋明轩（即宋哲元）及其部下曾对我发生误会，谓为何不由承德行进，而侧敌走此崎岖路线。我不得已秘向宋明轩说明其中隐情，请切勿公开。宋明轩深体我之苦衷，立即向喜峰口进援，但其部属始终仍多愤愤不平。

方热河吃紧之际，中央已看明汤玉麟的态度。代理行政院长宋子文曾会同我亲至承德，希望促汤觉悟。汤虽口中承诺布防，但始终未向前调动一兵一卒。迫至奉军危急，我请求服丧之张辅忱（张作相）墨至从军，我思以旧日的老关系，张辅忱或可对汤玉麟有所周旋。但张进至古北口，汤以前方情况紧急，阻其前往，致张未能到达承德，不二日而承德已失陷矣。

热河汤玉麟的问题，虽然有何遂、汪兆铭之困扰，但我不能诿过于人。此一问题，是我上对国家、下对热河人民，一件重大的过失。我早知道汤玉麟昏聩贪悍，虽屡思除去，在九一八之前，不能当机立断，致延至九一八以后，为投鼠忌器，无可奈何。每一思及，我深感愧怍也。

当前方战事吃紧之际，中央派何敬之（应钦）率第二、第二十五师增援北上，抵平之时，承德已失陷矣。我谒见蒋委员长于北汉路某车站，请训之下，我决定去职。连夜返平，将职务交付何敬之，我未与任何部属会面，仅留一亲笔长函恳切告诫，翌日即离平赴沪，我之不肯同僚属会面的原因是，恐彼等又效上年坚决挽留种种举措，致彼我等诸多不便。我速离平，俾继任者易于指挥和处理一切。

关于九一八事变时至今日，使我发生之感想：负政治责任者，必须具有沉敏远大的心怀和眼光，能一叶知秋，见几烛照。我当时未能测知国联之无能，条约之无效，日本军人如斯之跋扈，元老重臣亦不能如昔日可以约束军人。在欧美方面，当时执政者，以事不关己，取隔岸观火态度。迨国联的纸老虎被揭穿，国际条约被撕破，墨索里尼、希特勒相继的侵略行动，后果是引起世界大战，自身遭殃。美国更未能预料到，日本就是他的正面敌人，轰击北大营会跟轰击珍珠港是一系列的事。往事已矣，前科可鉴！今日世界的……侵略问题，尚存许多负责的政治人们，仍存当年对付日本的苟安心情，犹不如徙薪曲突，必将仍致贻减大祸。为天下苍生计，极愿我言之不中也。

资助救国会，创建抗日义勇军

这封信是弥补救国会文件的不足。因为救国会刚刚成立，东北的老百姓还不知道救国会是干什么的，万一发生误会，你一个人在那孤军奋战的环境里，有口难辩，危险太大。你见到东北军、政、民等方面人士就说是我张学良派你去问他们，问问他们能不能抗日？有多少人和枪。详细调查后，救国会好根据情况计划抗日，打回老家去。

——张学良

1931年9月21日，东北爱国人士约一千人云集北平旧刑部街奉天会馆内，正式成立了"东北民众抗日救国会"。救国会一方面积极准备军事活动，另一方面还发布《抗日纲领》向国内外宣传。救国会的活动经费、武器弹药、粮食等，大部分都由张学良暗中资助，其余的来自各方面募捐。

张学良在接见救国会的代表时说："我姓张的如有卖国的事情，请你们将我打死，我绝无怨言。大家爱国，要从整个做去，总要使之平均发展。欲抵抗日本，必须中国统一；如果在中国统一的局面之下，我敢说，此事不会发生。我如有卖国的行为，你们就是将我的头颅割下，也是愿意的。"

救国会成立前，9月20日，王卓然、阎宝航、卢广绩、王化一、车向忱、夏尚志、张德厚、宁匡烈等救国会主要成员共同商量，鉴于黄宇宙在北伐革命军中打过仗，一致决定派黄宇宙以张学良将军的私人秘书身份出关，到长白山区建立抗日武装。

黄宇宙，1906年在河南新野县校场村出生。在北伐军中曾任炮兵连长，曾

1931年9月21日，东北爱国人士约一千人云集北平旧刑部街奉天会馆内，正式成立了"东北民众抗日救国会"。左起前排：卢广绩、王卓然、孙恩元；后排：阎宝航、杜重远、王化一。

辽宁省代主席米春霖

见到共产国际代表鲍罗廷、加伦将军、周恩来、蒋介石等要人。特别是他在华北大学学习时，曾遇到鲁迅先生，聆听其教诲，颇受启迪。在东北民众抗日救国会中，他被选为执行委员。

这天，会领导人王卓然（字迥波）、阎宝航来找黄宇宙，开门见山地说："宇宙，常委会决议，也请示了少帅，都同意叫你出关。一则，因为你在北伐革命时打过仗，有军事经验，能机智灵活地应付一切意测不到的变化。再则，前几年，你同东北大学的学生张希尧等化装成工人，在铁岭马莲沟破坏了日军在辽河上游建筑兵营的工程，并在各县从事提倡国货、抵制日货、禁止吸食鸦片等工作。在深入敌人腹地工作方面，你已经积累了丰富的经验。所以我们认为你出关是比较合适的。宇宙，你要是有什么困难，我们帮你解决。"

黄宇宙当即表示："国难当头，抗日救国人人有责，既然常委会决定了，少帅也同意了，我是执委，绝对服从决议！"

翌日，在救国会的机要室，会领导人车向忱掏出一封信说："宇宙，这是王卓然老师让我转给你的信。今天中午12点前，咱们去顺承王府面见张副司令，王老师在门前等我们。"

黄宇宙接过信拆开，取出一块白绸子，展开一看，是一封张学良签名并盖印的信。内容是：

辽、吉、黑军政民钧鉴：

派黄宇宙秘书前往代为问候，并协助组织联防部，以防胡匪。

张学良

民国二十年九月二十三日于北平（日期是张有意提前写的）

当天中午12时，黄宇宙和车向忱、张德厚一起来到顺承王府，见王卓然在门前等候，便一同进府去见少帅。见到少帅后，王卓然把黄宇宙的姓名、学历及九一八前所做的爱国抗日工作介绍了一遍。

张学良听后，点头赞许，然后语气深沉地说："出关抗日生死莫测，但为国捐躯，虽死犹荣！为安全起见，我写了一封亲笔信，宇宙，你看到了没有？"

"看到了！"黄宇宙回答。

张学良接着说："这封信是弥补救国会文件的不足。因为救国会刚刚成立，东北的老百姓还不知道救国会是干什么的，万一发生误会，你一个人在那孤军奋战的环境里，有口难辩，危险太大。你见到东北军、政、民等方面人士就说是我张学良派你去问他们，问问他们能不能抗日，有多少人和枪。详细调查后，救国会好根据情况计划抗日，打回老家去。若万一这封信被日本人搜查出来，你就说是为了防止胡匪，千万不要说出抗日二字，以免日军借此找你麻烦！我们一方面用救国会这个民众团体的名义抗日，另一方面电请蒋委员长命令全国兵力收复失地。只靠我们东北军抗日是不行的，何况东北的主力部队，多半都调到关内来了。总之，你出去，要特别谨慎，不要叫敌人知道我们为抗日而活动。"

黄宇宙听了少帅的话，坚定地回答："我一切按命令办事！"

在黄宇宙出关前夕，张学良还通过王卓然转给黄宇宙两千元做路费。他接过少帅给的钱，只拿了两百元做路费，其余的钱交给车向忱，请代转给创立辽西和热河义勇军的郑桂林司令用于抗日。是日下午，黄宇宙化装成商人，把少帅的亲笔信带好，乘火车赴辽东。一路上，他舍生忘死联络、动员抗日力量。他到了通化，见到了驻守在那里的唐聚五团长。

唐团长看了少帅的亲笔信，激动得热泪盈眶，紧紧握住黄宇宙的手说："黄秘书代表少帅来慰问我们，这太好了！再迟了，我们都要被迫当汉奸了！"

唐聚五是讲武堂毕业生，曾是张学良的学生，是一位有民族气节的军官。当黄宇宙谈到芷山侮辱少帅手谕，认贼作父，投靠日本当汉奸时，唐聚五拍案大骂。从此，黄宇宙按少帅之命以唐聚五的兵力为基础，开始创建抗日义勇军。

1932年4月21日，辽东抗日义勇军成立。黄宇宙和大家宣传联络的抗日力量有14个县，义勇军扩编到19路，唐聚五任总司令，黄宇宙任副总司令。这支抗日队伍深受辽东人民的欢迎，使日军及汉奸惶恐不安。为此，日寇下令通缉黄宇宙。

一天，北平"抗日救国会"突然命令黄宇宙立即回北平。他一到北平，就被国

东北民众抗日救国会政治部长杜重远（左）与军政部副部长王化一（右）。

民党宪兵逮捕，送交军法处关押。原来，黄宇宙任名誉经理的印刷厂印刷的共产党的《北方红旗》刊物被查获，所以他被投入监狱长达五个月之久。

张学良得知后，派机要秘书王卓然联合车向忱、阎宝航、郑浩然等社会名流联名保释，黄宇宙才得以出狱。少帅见黄宇宙身体受到摧残，赠其2000元，以治病疗养身体。

除汉奸，义杀堂弟张学成

爱国主义是中华民族传统的美德。岳飞、文天祥、戚继光、林则徐等民族英雄保家卫国的业绩永垂青史。不过，每当大敌当前，国家危难之际，总会有几个丧失民族气节、投敌叛国的败类，所以对汉奸必须严惩！

凌印清做汉奸被我们处决了，我弟弟张学成做汉奸就不处决吗？不，汉奸都是一样的，必须采取同样的手段——处决，绝不手软！

——张学良

1931年九一八事变后，日本侵略军占领了沈阳、长春和吉林，东北边防军司令长官公署和辽宁省政府迁至锦州办公，东北军也集结在锦州附近，同时收容并整编警察和公安队，作抗日部署。日本军队占领东北后，把汉奸凌印清捧上台，委任他为"东北自卫军总司令"，并派仓岗繁少将等十几个日本人做其顾问，帮助他组织18个师的伪军。

当时，日本人办的《盛京时报》大肆为凌印清宣传，编造新闻，用头版头条新闻刊出凌印清的通电。他们在盘山一带与抗日义勇军为敌。凌印清成为国人切齿痛恨的大汉奸。

张学良为了替民除害，命令救国会军事组副组长、原辽宁省警务处督察长熊飞去凌印清所在的辽宁南部策动其部下项青山、张海天反正，参加抗日义勇军，捕杀凌印清。在熊飞的说服下，项、张二人同意反正，带领弟兄们一举杀死了凌印清及其日本顾问仓岗繁太郎。

当张学良得知熊飞完成捕杀凌印清的任务后，立即拨五万元现大洋，资助义勇军，并立即召见熊飞。他激动地紧握熊飞的双手说："你为东北三省人民除掉一害，极大鼓舞了东北人民的抗日热情，我向你表示感激。"

熊飞听了张学良的话，答道："捕杀汉奸头子凌印清是爱国军人的职责，我不过是完成您交给我的任务。"

熊飞接着向张学良汇报说："张主任，这次辽宁之行，我看到当地群众抗日热情很高，涌现出许许多多可歌可泣的英雄事迹。在与日军的战斗中，许多英雄英勇顽强，视死如归，为中华民族的解放流尽最后一滴鲜血。特别是当我们处决了汉奸走狗后，广大群众拍手称快，那情景真是让人感动！"

"熊处长啊！"张学良感动地说，"爱国主义是中华民族的传统美德。岳飞、文天祥、戚继光、林则徐等民族英雄保家卫国的业绩永垂青史。不过，每当大敌当前，国家危难之际，总会有几个丧失民族气节、投敌叛国的败类，所以对汉奸必须严惩！"

"张主任，我完全同意您说的话，对汉奸必须手狠，严惩不贷！"

"说得好！"张学良赞赏地说，"我就要你这句话。听说日本人最近又找到了一个走狗司令，对这个汉奸，你看怎么办？"

熊飞一听便知，张学良说的这个"走狗司令"不是别人，正是张学良的叔伯堂弟张学成。

张学成，字铸卿，是张作霖二兄长张作孚之子。张作孚曾为奉天黑山县警察署长，剿匪时饮弹身亡，留下妻子和五个孩子。重情义的张作霖将张作孚遗孀孩子收养在帅府。从此，张作霖为兄抚养张学成，视如亲子，与张学良一起受教于家中私塾馆，并送到日本留学，归来后任张作霖卫队侍卫，而后逐级升为营长。1927年，张作霖进关后，将张学成外派山东，到军阀张宗昌手下任要职。1928年春，张宗昌经报张作霖首肯，提升张学成为第七十师副师长，负责统帅主力部队，后又提升为师长，一时成为奉系驻鲁部队的主要将领。

这时，张学成错误地认为：他的才能比张学良强，埋怨张作霖不重用他，感到自己无用武之地。于是，他背离张学良越走越远，九一八事变时投靠日本当了汉奸。

凌印清被张学良除掉后，日军出于战略之需要，选择了张学成步凌印清后尘，委任其为"东北民众自卫军"总司令。张学成上任后，在辽西黑山、北镇一带，勾结土匪，收缴地方警甲武器，发表宣言，建立与日本合作的新政府。他的人马在当地欺压百姓，怨声载道。一些不明真相的民众，误以为张学成的卖国求荣行为是受张学良的指使。时任辽宁省警务处长黄显声得知此事后，遂向张学良报告，请示如何处置张学成。

张学良听后，大为恼火，决定以抗日大业为重，大义灭亲。他斩钉截铁地说："不管汉奸是谁，必须执行处决，绝不手软！"

黄显声暗自叫苦，怎么能去捕杀少帅的弟弟呢？他吞吞吐吐地说："这个……还是请张主任三思而后行……"

"我已经考虑好了！"张学良坚定地说，"凌印清做汉奸被我们处决了，我弟弟张学成做汉奸就不处决吗？不，汉奸都是一样的，必须采取同样的手段——处决，绝不手软！黄处长，今天我叫你来，就是命令你对张学成执行处决！希望你不辜负我的期望。"

"是！"黄显声向张学良信心十足地敬了军礼。

黄显声处长找来下属熊飞，传达张学良的命令后，命他处决汉奸张学成。

不久，张学良接到了熊飞完成抓捕张学成任务的电报。张学良对熊飞的"请示处理办法"，立即复电："处决张学成，以遏乱源。"

熊飞对张学成执行处决后，回北平向张学良报告。张学良对熊飞铲除两个民族败类的胆识，大为赞赏，称其行为是爱国行动，还拨现大洋五万元，资助义勇军抗日。

资助中国运动员第一次参赛奥运会

希望各位运动员，自今日开始，不以一试为止，自后愈益努力练习，到远东运动会去，到世界运动会去，夺得锦标，为国家增光，涤除东亚病夫耻辱。

钱不成问题，我可以出。我认为派刘长春参加奥运会有意义，东北丢了，不少人垂头丧气，刘长春是东北大学的学生，有机会到国际上显显身手，对国人特别是东北人也是个鼓舞。

——张学良

1932年，第十届奥运会在美国洛杉矶举行。日本为了借此之机将东北的傀儡政府"满洲国"推上国际舞台，扬言要派刘长春和于希渭两名运动员代表伪满选手参加奥运会。

刘长春，1909年生于大连市一贫农家庭。1923年，日本在大连举办的"关东州陆上运动会"上，14岁的刘长春初露头角，以11.8秒和59秒的成绩分别取得了100米和400米两项赛跑第一名，创造了中学生从没有人达到的好成绩。1929年，刘长春进沈阳东北大学就读，在张学良的支持下，当年沈阳举办了第十四届华北运动会，刘长春以百米10.8秒的成绩，创造了全国最高纪录。这年10月，张学良邀请德、日两国第一流的选手到沈阳，与中国选手举行三国田径对抗赛。刘长春在百米赛跑中，紧追德国短跑名将奇鲁特拉比尔，使日本短跑怪杰吉冈隆尔无力赶上，以10.8秒的成绩获第二名。刘长春在200米赛跑中，又超过了日本冈健次和今井，以20.6秒的成绩获第二名。

1930年4月，刘长春参加杭州举行的第四届全国运动会，获100米、200米、400米三项赛跑冠军。从此，他威震全国，国内短跑运动员无人望其项背，成为红极一时的新闻人物。为此，张学良给刘长春特别奖励——每月发给补助费30元。

九一八事变之后，刘长春流亡北平，大连日本当局曾数次到他家，令刘长春的父亲将儿子找回来，并许以高官厚禄。不久伪满各报登出刘长春、于希渭将代表"满洲国"参加第十届奥运会的消息。这个消息传到北平、天津后，引起教育界和青年学生及进步力量的强烈反响，纷纷要求中国政府表态反对，然而南京政府根本没有采取任何措施。刘长春出于民族义愤，不为威胁利诱所动，毅然于1932年5月间在《大公报》上发表声明："我是中华民族黄帝子孙，我是中国人，绝不代表伪满洲国出席第十届奥运会……"张学良对刘长春的爱国精神非常赞赏。

刘长春的声明，为国内各界人士所关注，都要求国民政府派其前往参加奥运会，为被帝国主义污蔑为"东亚病夫"的中国人争口气。

这时，主管体育的官员向蒋介石请示：是否派团参加奥运会？蒋介石听后，大发脾气："娘希匹，共产党都快革命到我头上了，你们看不见吗？这种事，也来找我，你们是干什么吃的！"

于是，有关部门决定：这次奥运会，中国仍如上届一样，只派体协总干事沈嗣良作为观礼员前往。此消息被新闻媒体披露后，国人纷纷表示对参加奥运会的看法。有的爱国人士问张学良：刘长春是你的学生，你是东北大学校长，又是副总司令，为何不支持参加奥运会？张学良对此深感震动。他找王卓然了解情况。最后，王卓然说："蒋总司令对奥运会不感兴趣，正忙着对付共产党。再说，派运动员参加奥运会，需要很多钱，体协又没有钱……"

这时，东北大学体育系主任郝更生，找校长张学良汇报让刘长春参加奥运会的事。

张学良听了，爽快地说："钱不成问题，我可以出。我认为派刘长春参加奥运会有意义，东北丢了，不少人垂头丧气，刘长春是东北大学的学生，有机会到国际上显显身手，对国人特别是东北人也是个鼓舞。"

少帅慷慨解囊，拿出一千美元作为刘长春的路费，后又考虑到刘长春不懂英语，一人出国不便，决定派东北大学的宋君复为教练兼翻译，又增加了六百美元。

1932年7月1日，在东北大学体育系毕业典礼上，张学良亲自宣布：刘长春为运动员，宋君复为教练兼翻译，代表中国出席第十届奥运会。他们赴美国洛杉矶，是中国运动员第一次参加奥运会比赛。在奥运会开幕式上，刘长春代表中国运动员手擎国旗为前导，后面是沈嗣良、宋君复等五人。至此，由于张学良的支持，日本和伪满的阴谋破产了。

1932年奥运会，中国仅有刘长春一人代表中国参赛，少帅慷慨解囊，拿出一千美元作为刘长春的路费，后又考虑到刘长春不懂英语，一人出国不便，决定派东北大学的宋君复为教练兼翻译，又增加了六百美元。

斥"小加抗战，应付舆论"，欣复胡汉民函

御侮决心，誓当不二，所有一切情形，统挽仲孚兄代为罄陈，尚祈时赐明教，于精神、物质两方面，并予惠赐鼎助，俾得循率，兼利进行。

——张学良

1932年夏，汪精卫偕宋子文、李济深来到北平。汪精卫和张学良见面之后，出示蒋介石亲笔函。蒋介石在信中说：汪院长赴平，为对日军事问题，同

张学良相商。

汪精卫说："政府打算在华北对日本有用兵之意。"

张学良听此言，遂询问："政府是否具有坚决的决心？有没有相当的准备？我们千万不要再蹈往年抗俄之覆辙啊！"

汪精卫见张学良如此认真，说："不是那个样子的事，是因为政府受到各方的言论攻击，希望张副司令对日本作一个战争姿态，小加抗战，至于胜败则所不计，此乃是政府在政治上可以应付舆论的指责而已。"

张学良听汪出此语，惊讶愤慨，遂即怒斥说："政府既然无准备和无决心抗战，却以牺牲将士之宝贵性命，来挽救延续政治之垮台，我不干，坚决不干！"

汪精卫见张学良大怒，急忙说："这是蒋委员长的意思。"

张学良说："你若说是蒋委员长的意思，蒋委员长是我的长官，他会直接给我下命令的，他不会写信，说汪先生你来同我商讨。既然说是同我商讨，这种并不是真正的抗战，而是拿将士的性命，挽救自己的政治生命的办法，我的表示是，绝不赞同。"

汪精卫见张学良不服从，大为不悦，说："我以行政院长的身份，亲自来同你商量，那么同蒋委员长的命令，又有什么分别呢？"

张学良说："命令是命令，我服从军事委员会委员长的命令，那是我军人的职分。至于命令所做的事，我只是执行，我不负道义上的责任。而你和我商谈，是商谈，我不计较什么行政院长的身份，为了政治上的利益，你们不惜牺牲我将士部属的生命，我张学良心在

汪精卫

哪儿？我是做不到，我绝不敢苟同。请汪先生你原谅我吧。"

到此，汪、张商谈无结果，不欢而散。于是，汪精卫返回南京。

1932年9月，伪满洲国总理郑孝胥与日本驻伪满大使藤信义签订《日满协议书》，日本外务省宣布承认"满洲国"。10月，国联调查团提出国联共管东三省的主张。11月，日本侵略军大肆进攻东北抗日救国军马占山、苏炳文等部。

张学良派秘书陈言，带他亲笔手示赴香港与胡汉民洽商。12月19日，胡汉民给张学良复函：

> 陈言同志来港，奉到手示，备悉种切。弟历来主张，想经察及。比月以来，外侮日深。晏处覆巢，宁有完卵。所期兄以决死之精神，为民族求生路。桑榆之失，断可收于东隅。至于内政意见及南中同志意，经与陈同志详谈，俱托归报，希深察为幸。附赠拙著《革命理论与革命工作》一部，并乞检收，顺颂近祺。

胡汉民在信中，希望少帅要奋然振作，坚决抗击日本侵略，重写自己的历史。

日军在侵占东三省后，即积极准备侵略热河。1933年1月3日，日军占领山海关及临榆县城，华北门户洞开。2月4日，胡汉民派陈仲孚北上，携函面见张学良。少帅见函云：

> 自榆关陷落，即得陈言同志来电，谓兄已决心抵抗。顾荏苒经月，未见有实际之表现。弟谓日之于中国，其侵略方式为蚕食而非鲸吞，故经一度之攻城略地，即出之以延宕和缓之手段，巧为解脱。当局受其愚蒙，国联被其欺骗，而日人之计乃大售。苟不能窥破此点，积极抵抗，并进而收复失地，则日人本此政策进行，华北终必沦亡，中国且为日有。兄前以不抵抗而丧失东北，兹又以不抵抗而丧失榆关，长此以往，国将不国。虽示负最终之责任者当别有人在，顾兄身当其任，究何以自解于国人？纵不为个人计，独不为

数万万人民之身家性命计耶！西南持抗日、"剿共"之旨，戮力经年，限于地域，效命无所，然所以心期望于兄者，至极殷厚。切盼毅然决然，先求华北将领步调之一致，振奋一心，与日抗战，使中国不致自此而亡，则绵薄所及，必当力为应援也。兹以陈仲孚同志北上之便，顺致拳拳，尚希审察而笃行之。

山海关失陷后，张学良曾在记者招待会上表示："各国之和平运动今已无效，我们为争取民族的生存，只有拿我们的血肉、我们的性命来维持和平，来保障中国，再无别法了。"

2月18日，张学良在承德与张作相等27名将领联名通电，电称："时至今日，我实忍无可忍，唯有武力自卫，舍身奋斗，以为救亡图存之计。"

此时，张学良受到全国各界抗日情绪高涨的感染，决心奋力反击日本侵略。在25日陈仲孚南归时，张学良亲笔复函胡汉民：

违教驰企。适陈君仲孚莅平，藉聆宏旨。承于近日抗日之举，关注至殷，兼示力赐赞助，高怀至谊，佩感极深。良以不才，遭值多难，只思少裨艰局，庸敢计及一身。御侮决心，誓当不二，所有一切情形，统托仲孚兄代为罄陈，尚祈时赐明教，于精神、物质两方面，并予惠赐鼎助，俾得循率，兼利进行。引睬崇标，曷胜盼荷！

此后，张学良派何世礼到香港与胡汉民洽商抗日之事。何世礼是广东宝安人，毕业于英国皇家军事学院，曾在东北军内任营长、团长等职。前些天，即2月24日，国联大会以42票赞成通过了《国际联盟特别大会关于中日争议报告书》，声明不承认九一八以后日本在中国东北的军事行动为自卫手段，不能认为伪满洲国是"自动及真实之独立运动"，仅日本一票反对。胡汉民据时局变化，给少帅复函，请何世礼带回。胡汉民在信中说：

日前何世礼兄来港，获诵手书，并聆缕述近旨，至以为慰。目前要务，首在对日抗战，国际形势转佳，日寇之侵略亦必加甚。唯能对日抗战，庶能运用此国际形势，进求独立。今举国人民咸属望于兄，能振衰起靡，御盛张之寇，保障华北，收复失地，幸兄勿以大言忽之。自救报国，端在此举，盼有以慰国人之望。何世礼兄北返，即嘱代白近意，即希详察。

热河失守，东北王失去最后的领地

日军侵占锦州后，又把矛头指向山海关，觊觎华北，威胁平津。张学良看到日军的这一企图后，便交给何柱国重任：指挥全旅兵力驻守山海关，既要阻止日军继续深入，又要避免与日军冲突，以免事态扩大。

1933年1月8日，张学良对榆关事变向中外记者发表谈话。他说：

……自九一八事变以来，我自己常常想到中日问题……我们始终抱定宗旨，要设法阻止日本少数野心家，也可以说是暴烈者危害国际和平之侵略行为。不仅我们中国人有这思想，即日本国内有志之士及有眼光的政治家，也与我们抱同样的见解……我说暴烈者，只是指日本少数野心家而言。我们并不与日本一般公正的国民为敌，中日两国国民与国际间都一致祈祷和平，然结果都归无效。……九一八以来，前后所发生的事实，便可证明日本是否爱好和平：

打响长城抗战第一枪的何柱国将军

第一，此次榆关事件发生的原因，日人自己有意扩大行动，反说由于中国向热边调动军队，并且，日本人还问我调动军队之目的何在？……我对他们说：我们在本国领土之内调动军队，是绝对的自由，其目的别人管不着！……此次山海关事件……明明系日人之主谋，而日人反诬我为主谋。……日人对山海关事件之发生，是日本即利用此为题目，攻打人家的城池，并颠倒是非，淆惑世界听闻，这就可以证明日本有意破坏和平。……有人问此次事件将来如何了结？我认为很简单，唯有日本将我国的领土归还我们！我以各国之和平运动，今已无效，我们为争民族的生存，只有拿我们的血肉，我们的性命来维持和平，来保障中国，再无别法了……

第二，有人问日人之目的何在？……据日人说：并非侵略中国，只为打倒张学良，一若张被打倒，即可了结。殊不知张某是最弱者，中国人攻击张某最厉害，张某何能代表全中国；张某即被打倒，中国人若不全被杀完，谁也不敢把中国让给日本。有人问：保障中国是中国人民和中国政府的责任，外国人对中国有什么帮忙的地方？……我们希望欧美各国的朋友帮忙，就是希望将日本军队侵略中国之真相尽量披露，使日本国内的人民能够明白，使正义不被埋没，便是人类的幸福正义必有胜利的一日。

第三，有人问到目前的局势等，关于军事行动，过去的大家已知道，现在的我无法说，我的话完了。

最后，欧美记者相继发问：（一）中日双方现在是否已进行交涉？张答：并未交涉，如日方有交涉之意，自当由我国中央政府负责，本人对此点未考虑。（二）对日本是否抵抗？张答：这个要问日本是否还来打我们而定。

1月17日，张学良致蒋介石电：

南京蒋委员长钧鉴：

……选据各方探报，热边情况日趋紧急，证以最近日军进向该处之积极活动，大有箭在弦上一触即发之势。我方入热部队，只东北军四旅，现已调沈克部赶速前往，俾资援助，但其防线均在凌源、凌南一带，大都偏于南部，至东部开鲁、赤峰一带，则全由吉、江退回之杂军、义勇军、热军一部防守，而各军杂处，意见分歧，统率无人，所有一切布置，亦未能臻于巩固，日军倘由各处乘虚进攻，则前途变化洵属在在可虑。现正调孙魁元部开往热北，并拟派张委员作相即日前往统属冯占海所部，作为中心势力，并联络其他各部一体防御。唯该处情形极为复杂，仓促整理，亦难期其于事有济，良为未雨绸缪，力图周密计，拟请速赐电调中央军及晋军即日开赴热东一带，以增实力，而备万一。否则战端一起，深恐局部稍有不支，全局大受影响，事机迫切，间不容发，职部军队实不足分配，热边之战，恐即在目前，万乞迅赐裁夺，即日实行，不胜祈祷之至。

1月24日，张学良见热河局势愈来愈紧，乃飞往南京，同蒋介石面谈后，旋即秘密回到北平。蒋介石迫于全国舆论和张学良的一逼，不得不有所行动，派宋子文北上，编组两个方面军。第一方面军是宋哲元，第二方面军是张作相。宋子文的税警团也由温应星率领北上参战。

1月25日，新上任仅一个月的行政院长孙科，由于没有得到像上海银行家和宋子文这类重要人物的支持，特别是遭到蒋介石、汪精卫的强烈反对，不得

1933年3月3日山海关失守，城墙上弹痕遍布。

不辞去行政院长的职务。宋子文在上海时，以200万银圆收买了汪精卫对妹夫蒋介石的忠诚，从而汪精卫接替了南京政府行政院长的职务。此后，国民

党中央委员会重新任命蒋介石为国民政府军事委员会委员长和国民革命军总司令。

2月2日晚8时，"后援会"的朱庆澜、张作相、王以哲、王化一会见张学良，商讨热河军权统一、义勇军指挥权移交军分会和如何进行后援工作等问题。少帅对他们的到来非常欢迎，侃谈至深夜，情绪高亢而兴奋。

2月16日，张学良给南京拍发了电报：

当1931年9月18日危机刚刚爆发之际，考虑到其他强国能主持公道，维持和平秩序，我忍辱负重，向国联呼吁救援，希望以此能得到公正和正义的结果。结果事实并非如此，日本还在继续侵犯我们的领土。我相信正义，可我们越是委曲求全，他们越是得寸进尺……现在，我的忍耐力已到了极限，武力是自卫的唯一方法。我一直坚定不移地遵循着中央政府的政策，我愿率领我的部下抗击入侵者，保卫我民族和我党，即使牺牲了自己的性命也在所不惜……如果热河被日本占领，那将严重威胁到华北的安全。

张学良的这封电报似乎打动了南京政府。南京政府看到了局势的危急：热河保不住，华北就危在旦夕；已经让出了东北，再不能失去华北了。于是，南京政府同意了张学良筹备热河保卫战的请求，派军政部长何应钦、财政部长宋子文、外交部长罗文干、内政部长黄绍竑、参谋本部次长杨杰等二十多位军政要员和军事专家前往北平。他们到北平后，受到了张学良的热烈欢迎。当天晚8时，张学良在顺承王府官邸召集军事会议。宋子文、何应钦、罗文干、黄绍竑、杨杰等人参加了会议。会上，少帅向有关将领分配防务任务，然后把热河地图铺在地板上，手执红蓝铅笔在地图上划分防地。最后，张学良手指长城冷口、喜峰口一线，对宋哲元说："明轩，你把守这一线……"

"不行，我的兵力太薄，装备又差，怎么能担当得了这么一大面？"宋哲元不同意地说。

"明轩，不要紧，你的右翼有何柱国，他可以支援你。"宋哲元见张学良这么说，只好不再说什么。

翌日晨4时许，张学良同何应钦、宋子文等一行数十人，分乘轿车、卡车三十余辆，向热河进发。此时，少帅还有嗜毒瘾，在去热河途中，每走三十余里就得停车一次，注射毒品针。当日下午5时，他们到达热河承德时，已是疲劳不堪了。

2月18日中午的欢迎会上，张学良向众人致词，勉励大家要誓死保卫热河，准备反攻，以雪九一八之耻。这天，少帅与宋子文从承德发出两份电报：一份是张学良与宋子文署名的致日内瓦中国驻国际联盟代表团，大意是中国政府和人民决心抵抗日寇侵略，现集中兵力，保卫热河，请向国联和世界声明；另一份是由少帅领衔的27名守卫热河有责的将领，向南京及全国通电，表示决心抗战，呼吁全国一致支援。通电称：

溯自沈变发生，转瞬已十六月，国土沦胥，民众丧亡，损失之大，几难数计。目击时艰，忧愤曷已。当事变之初，我为尊重盟约维持和平起见，不惜含垢忍辱，根据盟约，提请国联裁制，冀以正义之主张，期获公理之实现。不图日人贪饕，得寸进尺，我讲公理，彼恃强权，我愈让而彼愈争，时愈久而变愈烈。迩来且复肆其凶焰，侵榆侵热，揆其用心，非等以我民坚忍为懦弱，直视一切盟约如具文。时至今日，我实忍无可忍，唯有武力自卫，舍身奋斗，以为救亡图存之计，学良等待罪行间，尤具决心。现已遵照中央确定方针，简率师旅，积极进行，只求有利于党国，讵敢更计及发肤，诚以时急势迫，至此已极，舍奋斗无以求生，舍牺牲无以救死，但有一兵一卒，亦必再接再厉，幸而成固可复我河山，雪莫大之耻辱，倘不幸而不成，亦可振我军誉，扬民族之精神。此次陪同宋院长来热，检阅部队，并力晓军人捍国卫民之大义，我袍泽忍辱已深，含愤已久，及经告诫之后，均皆愤慨异常，涕泣图报。唯兹事体大，关系全国存亡，热河倘有疏虞，是必牵及华北，华北动摇，亦必影响全国，一发千钧，莫此为甚。尚祈海内贤达，全国

同胞，俱体时艰，一致奋起，俾作有力之声援，期收最后之胜利，临电迫切，请维鉴察。

2月22日，张学良陪同何应钦、宋子文及其他军政要员视察热河后，让端纳给南京发急电，建议对日军采取强硬行动，要求提供抵抗日军所需的军备给养。

山海关沦陷后，张学良通电要保卫热河，而代理行政院长宋子文表示"愿作后盾"。

这时，日本侵略热河的一切准备就绪，便以锦州为大本营向热河调动进攻部队。日军的这个行动计划，由日本新任内阁陆军大臣荒木贞夫草拟。他主张派大批军队前往热河，"在极短的时间里解决这个问题"。于是，日本便以"满洲国"的名义，通知热河驻军司令汤玉麟，让他派代表到北票开会。会上，日军向汤玉麟的代表张舜卿提出三个无理要求：第一，狂妄地称汤玉麟是"满洲国"委派的热河省省长兼军区司令，必须派人来长春驻守联络；第二，为了"满"热一体，铁路由北票延长到承德；第三，在承德设立日军军部无线电台。张舜卿将日本的无理要求电告张学良后，很快就收到少帅的复电："断然拒绝。"

2月23日，日军向中国当局下了最后通牒，声称热河不是中国的领土，中国军队必须在24小时以内离境。中国当局不接受日本的这一最后通牒。于是，日军在锦州集结的三个师团分兵三路，于翌日向热河发动进攻。

日军在热河的烧杀抢掠和狂轰滥炸，使张学良再次受到极大的刺激。作为"东北王"，热河是他最后的一块领土了，作为主持华北军政的北平军委会委员长，热河是华北最前沿，无论为公还是为私，他都要与日军拼个你死我活，否则他将更无脸见国人。此时，张学良已对"不抵抗政策"、依靠国联主持公正毫无信心。

张学良率部奋起抗日。在保卫热河的一个星期战斗中，部队急需的军火给养不足，他让端纳向南京政府求援。于是，端纳按少帅的意思给南京政府外交部长罗文干发出一份加急电报：

罗文干部长：

如果政府把那些装备精良、给养充足的军队派来，接管古北口与承德之间的设防地带，他们仍能击退日本人。德国顾问汉斯和宋子文熟悉这个地区。在这里，日本的通信和交通将被延长，依靠掩蔽物和高射炮，日本飞机也会失去作用。谨提出这点紧急建议，望贵国不要放弃希望。

端纳

然而，南京政府对张学良请求的军事支援未加理睬，既没有给前线派兵，也没有派飞机支援。少帅的军队在没有设防的热河城市作战，在只有膝盖深的战壕里抵抗日军的进攻。大批士兵在日军飞机的空袭下阵亡。更严重的是，在华北驻防的冯玉祥、阎锡山与张学良宿怨颇深，他们的军队根本不听少帅的调遣，阳奉阴违，迟迟不按预定作战方案发兵抗日。各派系部队只求自保实力，无心参战，只要与日军一接火，

蒋介石1932年12月25日电张学良："已密备六个师，随时可运输北援。"然而，事实上南京政府既没有给前线派兵，也没有派飞机支援。少帅的军队在没有设防的热河城市作战，在只有膝盖深的战壕里抵抗日军的进攻。大批士兵在日军飞机的空袭下阵亡。

便擅自撤退。

由于上述诸因素，致使热河防线全线崩溃。在热河保卫战中，张学良旧部将领热河省主席汤玉麟本应最先尽守土之责，但是大敌当前，他丢下军队不管，征集大批军用汽车，为自己转移私人财产和鸦片，致使部队溃不成军。

东北军在热河保卫战中暴露出的腐败与贪生丑闻，不仅为国人所耻笑，还使张学良蒙受了莫大的耻辱。

在这种情况下，日军先遣部队轻松地攻陷热河省会承德，而后不到十天的时间里就占领了热河全省。然而此时，蒋介石总司令却正在江西指挥军队进行"围剿"共产党和红军的战役。

蒋介石问：惊涛骇浪中谁先下船

> 自东北沦陷之后，效力行间，妄冀待罪图功，勉求自赎。讵料热河之变未逾旬日，失地千里，固有种种原因，酿成恶果，要皆学良一人诚信未孚，指挥不当，以致上负政府督责之殷，下无以对国民付托之重，戾愆丛集，百喙莫辞。……应恳速赐命令，准免各职，以示惩儆。一面迅速派大员接替，用伸国纪，转圜之机，在此一举。学良渥蒙政府矜贷，嗣后有生之日，即报国之年。

> ——张学良

1933年3月4日，日本侵略军攻占了热河省，全中国舆论大哗。由于张学良是热河保卫战的指挥，热河失陷，罪责难逃。他再次成为南京政府和蒋介石"不抵抗政策"的替罪羊。他的政治地位骤然下降，在国民中威信扫地。少帅又一次遭到举国上下的怨恨与谴责。

一时间舆论界把"欺诈"、"生活放荡"、"花花公子"等种种丑恶言辞，一股脑地扣到张学良的头上。《中国评论家》杂志登载了致少帅的讽刺信，他被提名为诺贝尔和平奖的"候选人"。著名作家林语堂则就张学良收集文物的癖好羞辱说："张学良，你干得真漂亮！你为我们丢失了祖国大片领土，当然你也为我们保护了许多国宝。"

在上海，大华剧团排演了时事新剧《不爱江山爱美人》，挑选相貌酷似张学良的王久龙扮演男主角，影射张学良和胡蝶。

在政界，一些高级官员也向张学良发难。行政院长汪精卫怀着对少帅的刻骨仇恨，为了报"1930年9月，张学良把部队开进北平，粉碎阎冯汪同盟"之仇，发表了要求少帅辞职的长电，指责他在日军进攻面前胆怯，甚至望风而逃；不保卫领土，反把军队撤出热河，把人民交给敌人；向南京榨取约500万银圆，装备他的部队等。

张学良对汪精卫的电报指控，非常气愤，立即给南京政府、蒋介石和汪精卫发电表明：我肯定要辞职，但不希望在没有采取适当的挽回败局的步骤时离开职位；否认向政府榨取约500万银圆的指控；阐明没有命令不能离职的法律程序。

蒋介石为了安抚张学良，在回电中答复张学良：你继续任职，并尽力应付困难的局面。然而，汪精卫却不肯罢休，继续发动抨击张学良的运动，使政局陷入危机之中：政府要员，包括汪精卫本人都要求辞职。汪精卫此举使蒋介石成了孤家寡人，独自承担政府职责。与此同时，广东和广西的领导人也坚决支持汪精卫反对张学良；阎锡山、冯玉祥也主张张学良辞职。

在国内舆论和政界的沉重压力下，张学良与其顾问端纳经过长时间的商议之后，决定辞去他兼任的各项职务，把他的军队、飞机和物资移交给蒋介石。张学良在辞职前，以洋人法律专家说保定监狱苛虐黑暗为借口，在他离北平前，下手令释放了保定监狱所有政治犯，并亲嘱心腹秘书黎天才（李渤海）承办。

3月7日，张学良在北平致电南京，请求辞职。翌日，天津《大公报》刊发张学良请辞全文：

自东北沦陷之后，效力行间，妄冀待罪图功，勉求自赎。讵料热河之变未逾旬日，失地千里，固有种种原因，酿成恶果，要皆学良一人诚信未孚，指挥不当，以致上负政府督责之殷，下无以对国民付托之重，庶愆丛集，百喙莫辞。又学良当二十年夏季，大病未复之时，即遭九一八之变，责职所在，何敢偷安旦夕，生死荣辱，胥以置之度外，即两月以来应付愈艰，情急势拙，事与愿违。迁延一日，苦痛一日。学良虽粉身碎骨，亦无补于国家、无益于大局。应恳速赐命令，准免各职，以示惩儆。一面迅速派大员接替，用伸国纪，转圜之机，在此一举。学良渥蒙政府矜贷，嗣后有生之日，即报国之年。

当天，蒋介石接到少帅电报，得知其心态，正中下怀。于是，他立即偕宋子文匆匆乘专车北上，至石家庄后，即电告张学良在保定会晤。这一晚上，张学良偕顾问端纳、副官处长汤国祯、秘书王卓然和周从政前往保定。少帅在专车上对王卓然说："我与蒋先生约定在保定会见，我要与他商讨反攻热河，主要条件是必须补充枪炮弹药。若是中央有决心抗日，应向日本宣战。我是有决心亲临前线的，战死了比活着受全国人民唾骂好得多，就怕南京假抵抗、真谋和，那我就没有办法了。"

3月9日早晨，张学良的专车到达保定车站。蒋介石得知后，让宋子文先行到保定车站，在专车上与少帅密谈。片刻后，张学良匆匆下了专车，神色有些紧张。

这时，端纳、王卓然等人上前问少帅密谈内容。张学良转述宋子文的话说："蒋先生认为热河失守，学良守土有责，受到全国人民的攻击，中央更是责无旁贷，蒋先生更是首当其冲。正如同两人乘一只小舟共济，但目前风浪太大，如先下去一个人，以避浪潮，可免同遭沉没；将来风平浪静，下船的可再上船。"

众人听了少帅这席话，急切地问："副司令，您是怎么回答的？"

"我当然先下去了，"张学良说，"我让子文报告蒋先生了。"

当天下午，蒋介石的专车到了保定。蒋介石在专车上召见了张学良。在会晤中，蒋介石暗示张学良说："汉卿，现在全国舆论沸腾，攻击我们两个人，我与你同舟共济，若不想办法平息全国的愤怒，难免要同遭灭顶之灾。当前的局势好比在惊涛骇浪中的一叶小舟，舟内只能坐下一人，我两人中间谁离开这小船好呢？"

少帅知道蒋介石在要自己的口供，说："我离开为好。我已经拍电报了，请求辞职，今天上午，我又和子文兄表明了这个意思。"

"汉卿，我决定同意你辞职，你不要多心，我这样做也是实属无奈，这是暂时的权宜之计。你下去后，可以出国旅行考察，国内的事你就不用费心了。等以后有机会，我还是要起用你的。"

此时，张学良对自己能否再被起用并不重视，他关心的是要动员全国进行抗战，说："目前，应急调中央劲旅与东北军配合，反攻热河，阻止日军前进。"

"汉卿，你的心情我是理解的。"蒋介石辩解说，"根据目前情况，我们无法战胜日本，如果再打败仗，我们的责任就更重大了。目前，我们的做法只能是：稳定局势，做好准备，再图抗日。"

张学良听了，还要说什么，可是蒋介石却转了话题："汉卿，你就不用费心了，关于你下野的事，我定要和张夫人当面讲清楚，以免她误会。好了，今天就谈到这儿吧。我要回去了，许多事情还等着我去处理。"

张学良回到自己的专车上，随从人员立即围拢过来。他带着阴沉的神情说："蒋委员长已经同意我辞职。不久，我将出国去旅行考察。"随从人员听了，群情激愤，为少帅抱不平。张学良只好安抚部下，鼓励他们日后要为国尽力。

这时，在保定驻扎的东北军第一一七师岳如升团官兵闻少帅辞职，纷纷来见张学良，车站上哭声一片。张学良对岳如升团官兵说："大家对学良的心意，我领了！希望大家不要难过，我们不久还会见面的。弟兄们要保重，国家还需要你们尽力呀！"少帅说完和众人挥手告别，满腔悲愤登上北去的专车。

在专列车厢客厅，王卓然、端纳等人正在闲谈。忽然，谭海副官跑进来说："王老师，副司令正大哭，你与端纳快过去劝劝。"

王卓然、端纳急忙进张的卧室内，见张学良果真伏枕大哭，非常沉痛。

端纳说："少帅，你要做一个大丈夫，就要勇敢坚强。"

王卓然说："副司令，你还记得老子的话吗？福兮祸所伏，祸兮福所倚。你正好借机休息，恢复健康。若真是要责成你反攻热河，你的身体精神皆不胜任，那时失败，不如这时痛痛快快一走，把病治好了，留得青山在，不愁无柴烧。"

这时，张学良停止了哭泣。正待王卓然、端纳看少帅反应时，张学良突然一跃而起，仰天狂笑，说："我是闹着玩，吓你们呢！"他接着给大家讲了一个笑话，嘲讽南京的对日外交政策。过了一会儿，谭海进来报告："列车已到西便门车站，请副司令准备下车。"

这天夜晚，于凤至和赵一荻一边聊近来的局势，一边等候张学良归来。夜深时，一辆轿车在公馆前停稳。张学良被两名侍卫从车上搀扶下来。于凤至和赵一荻闻声，急忙去迎接。她俩万万没有料到，张学良会变成这个样子：他面色苍白，衣冠不整，一副颓唐模样。于凤至和赵一荻急忙上前，搀扶张学良到卧室床上。他全身无力、无精打采地躺在床上，嘴里喃喃地说着什么。于凤至见状不知所措，上前抚慰着丈夫。赵一荻从少帅的神态中，知道他又犯了大烟瘾，不情愿地拿来烟具。张学良看到燃着的烟具，一把抓到手里，贪婪地吮吸起来。

翌日，张学良在顺承王府内召开了师长以上军官会议，向大家宣布他辞职出国的消息。到会军官个个愤愤不平，同声反对少帅辞职出国。有的军官主张与蒋介石讲理，有的则主张造反。一时间，群情激愤到极点。张学良竭力劝阻部下，要他们切切不可轻举妄动。他说："我同意到国外走走，不久就会回来。我为什么在国难家仇这样严重的关头离开你们、离开袍泽？这不用讲，你们都明白。我走之后，你们要好好干，要保存东北军这一点实力队伍，作为抵抗日本、收复东北的基本力量。我们不收复东北，对不起先大帅在天之灵，对不起东北三千万老百姓。中央给我们河北这个地盘儿，交孝侯（于学忠）负责，流亡关内的东北老乡很多，已无家可归，要照顾这些人。"最后，少帅号召大家要"顶住日本人的进攻，保住河北这块地方"。

3月11日，张学良正式把国民政府军事委员会北平军分会代理委员长的职务移交给军政部长何应钦。尔后，少帅向全国发通电，宣布下野。他在通电中说：

……在东北保持中国的主权是我已故父亲和我的共同奋斗目标，我父亲已为此事业而献身。为了实现我已故父亲的遗愿，自从我担任公职以来，就一直为巩固中央政府、实现国家统一而竭尽全力。我始终如一地朝着这个方向努力，在我已选定的道路上从未动摇过。正是由于考虑到这些目标，我才不顾日本的公开威胁，升起了国民政府的青天白日旗。我支持和促进国民党在东北的活动，并且最终于1930年秋率兵入关支持全国统一的大业。我一直坚定地相信：若要抗击外来侵略，就必须有一个强有力而正确的中央政府。当1931年九一八危机爆发时，我因病被困在北平的病床上，我相信向国际联盟呼吁能够得到公正的裁决。当日本侵略热河时，我得到命令保卫这个省，于是迅速派我的部队与敌人交战。战事爆发以来，将士们始终忠实地履行着他们的职责，不管结果如何，我的数万名部下终归为国做出了最后的牺牲。

最近与蒋委员长会晤之后，使我愈加相信，我此时辞职是巩固中央政府、履行对国家的责任所选取的最佳方案。所以我已经最后决定辞职，以谢国人。

然而在这时候辞职，不能不使我由衷地挂念我的同僚和部下。多年来，他们一直为我供职，尽管他们来自东北，但他们并不亚于国家其他部队的士兵。他们当中的很多人曾经在1930年入关支持过国民政府。由于东北失陷，他们绝大部分人已变得无家可归。我相信中央政府能体谅他们所经历的苦难与困窘，给予他们适当的帮助和指导。在此，我还要冒昧地恳请我的同胞和各地方长官给予他们帮助和接济。

至于我自己，我只希望我的同胞们能够理解我的诚意，原谅我愚蠢无能：虽然我已铸成了许多大错，理应受到最强的指责，但我确实已经为我国的利益进行了奋斗，尽管它是徒劳无用的。

张学良发表通电辞职的当天晚上，在北平向东北军主要将领告别，向大家解释：无论是从国家利益出发，还是从个人原因出发，他都要辞职。少帅强调，如果紧紧把住曾给他带来耻辱的、无力胜任的职务不放，那么更是不可谅恕的。

辞职通电的字里行间，充溢着依依惜别之情，拳拳报国之心。尽管如此，少帅有一腔苦衷难以说明，那就是今天的政治生涯中的失败，是中央政府、蒋介石奉行不抵抗政策造成的。对此，少帅只字不提，抱着自我牺牲的精神，慷慨无私地把一切过失都承担下来，甘为蒋介石充当替罪羊。

张学良发表通电辞职的当天晚上，在北平向东北军主要将领告别，向大家解释：无论是从国家利益出发，还是从个人原因出发，他都要辞职。少帅强调，如果紧紧把住曾给他带来耻辱的、无力胜任的职务不放，那么更是不可谅恕的。最后，少帅对东北军将士说：

"蒋介石委员长作为朋友，对我始终是十分友好和信任的。你们必须认识到你们是在为国尽力而不是为我，服从蒋委员长也就是服从我。你们应该忠心为国尽力，我相信蒋委员长是不会亏待你们的。"他还说，"我走以后，你们要好好地干，要保持东北军这一点实力队伍，我们不收复东北，对不起东北三千万老百姓。"

戒毒：为抗日雪耻

我的吸上鸦片，是在郑州战事之时。

我卸职之后，飞抵上海，第一宗的决心，要戒除（毒）嗜好。

聘请上海疗养院密勒大夫为我施治，戒除的痛苦，真是笔墨难以形容，我曾昏迷了三昼夜，卧床一个星期不能起动。

——张学良

1933年3月12日，张学良在夫人于凤至、赵一荻及顾问端纳等人陪同下，在北平清河机场乘飞机前往上海。当天下午抵达上海，张学良发表了一个简短的声明，大意是：东北军属于国民革命军，他的辞职包括转让指挥权。最后，少帅说："我十分宽慰地卸掉了我肩上的重担，使我能致力于实现很久以来的愿望：恢复健康，进一步训练我的头脑，使自己能够履行一名公民的义务。我希望我的朋友和同胞能够在这方面帮助我实现这一愿望。"

张学良一行人到上海后，先暂居于好友张群在福煦路81号的公寓。少帅将在上海逗留，等待宋子文为他办理出国手续。此间，张学良总是被忧愁和烦闷所困扰。他吸食鸦片的恶习又发作了。张学良吸食毒品的恶习由来已久，他在回忆"吸食毒品"时写道：

我的吸上鸦片，是在郑州战事之时。在那个时候，我已厌倦内战，心中十分烦闷，战事又不甚得手。在某一次将领们进见，向我请求撤退。……我把他们说服退去之后，我心中十分痛苦，不能饮食，但仍须支撑这个困苦局面，就这样地吸上了鸦片。我心中最痛苦的是，每当危难之时，必须选择优秀分子，来担当这困难的任务，方能胜任。明知他之一去，是九死一生。当

307

功成之后，庸庸者是攀功受赏，佼佼者是孤儿寡妇。在无目的的混乱之内战中，说不上成功成仁，彼不过是私人感情之上，命令严威之下，走上牺牲之路。中国有多少良好的军事人才，就是这样白白地断送。我每一思及，心中十分悲痛。以己度人，在过去内战上，与我同感者，自然不在少数。吸食鸦片，不只是一时兴奋，借助刺激精力，亦含有借酒消愁之意存焉！

早在1925年，郭松龄倒戈反张作霖，对张学良刺激很大，为了解脱忧思与苦恼，他便开始借物消愁。郭松龄事件后，张学良接受了教训，不再设副手，军政大事一切均由自己决定。每当疲劳困顿时，他就借刺激物兴奋精神，日积月累，被"阿芙蓉"所染。每当指挥部队作战时，他都要靠吸食鸦片提神。就这样，少帅染上了依赖毒品消愁解忧的恶习，致使于凤至夫人也染上吸食鸦片的嗜好。九一八事变后，特别是热河失陷，举国上下对少帅进行谴责时，张学良的烦恼、焦躁、忧愁、痛苦无法摆脱。于是，他更加变本加厉地吸食毒品、

1933年3月12日，张学良在夫人于凤至、赵一荻及顾问端纳等人陪同下，在北平清河机场乘飞机前往上海并准备戒毒。

注射吗啡等麻醉自己，以摆脱难言之苦衷。

此时，年仅32岁的张学良变得精神萎靡，面黄肌瘦，病体恹恹，一副老态，先前那英俊飘逸的少帅风采不复存在。见此情景，赵一荻小姐非常难过，下决心帮助少帅戒毒。她是位识大体的女性，知道自己的地位和身份，但是为了少帅摆脱毒害，只好独自出面找人劝说张学良戒毒。她不好强拉有吸毒嗜好的于凤至大姐劝说张学良，便暗地里找端纳和宋子文，请求他们帮助她说服少帅戒毒。端纳和宋子文听了非常称赞赵

四小姐的想法，欣然同意劝张学良戒毒。

端纳与张学良平时谈话都用英语，但此时劝说少帅戒毒，却用汉语讲话。他劝张学良趁此下野出国之机会，戒除吸毒的嗜好，休养身体，恢复健康，发愤图强，做一名真正的大丈夫！端纳的汉语尽管说得不太流利，但"大丈夫"这三个字说得既真切又响亮。

宋子文在劝张学良戒毒时，则由浅入深、天南海北、旁征博引地说明吸毒的危害。他还从生理学的角度，讲了吸毒对人身体的损害，讲了少帅未来的前途。最后，宋子文说："汉卿，我劝你在出国前一定要戒除毒品嗜好，这不是你个人的事，是关系到国家尊严的大事。你不要忘了，日本人叫我们是东亚病夫啊！"

端纳和宋子文的劝说使张学良深受触动，骤然醒悟：到国外，我张学良就代表中华民族的精神，若吸毒不改，岂不让洋人耻笑？我这面黄肌瘦、萎靡不振的样子，不是"东亚病夫"是什么？于是，张学良下决心戒毒。

这天，张学良把身边的人都召集到屋里，郑重地说："我无论如何要戒毒，你们是我身边的人，最容易动摇我的意志。当然，戒毒也是有危险的。我想你们就把要说的话都讲出来，不然，你们都会后悔。"

于凤至和赵一荻及端纳等人听了少帅的话，都瞪大了眼睛。戒毒，这是他们共同对少帅的企盼。可是，他们谁也没想到少帅现在就要开始戒毒。眼下少帅瘦弱不堪，戒毒受的罪能挺得住吗？大家看着少帅铁青的脸，坐在沙发上闷不出声的样子，就不再说什么了。屋内的气氛令人窒息。于凤至开口打破了这氛围，用温和的口气说："汉卿，你戒毒的决心使我们大家感到高兴。只是你的身体能不能经受得了，我很担心。我看，先征求一下医生的……"

"医生？"张学良忽地从沙发上站起来，吼道，"我不相信医生，那次我算领教了。我的命运，自己主宰，绝不容别人插手！"

于凤至夫人听了并没有动气。她理解丈夫。那次少帅戒大烟时，找来一位日本名医，不但没有戒掉大烟，反而又染上了吗啡，真是不堪回首的往事。因

309

为这件事，张学良对请医生仍有顾虑。

这时，端纳心平气和地对张学良说："汉卿，医生里是有坏人，但我深信好人还是多数。你的身体虚弱，强行戒毒身体是否能受得住，只有让医生检查一下再决定。为了东北父老，为了你的抱负能得以施展，你就听夫人的话，找医生决定吧。"

张学良觉得端纳说得有道理，同意请医生决定是否可以立即戒毒。在屋的好友宋子文答应为张学良请来德国名医密勒博士。这位博士对张学良早有所闻，知道少帅是已故张作霖的大公子，又是统兵数十万的年轻将领。

张学良一听为自己戒毒的医生是密勒博士，就同意了。他在给唐德刚的口述中说："早先，在奉天时代，密勒是孔祥熙认识的朋友，他到奉天为他的医院募捐。我就帮上他点儿忙，捐了十万块钱，又替老先生捐二十万块钱。这样，我跟密勒成为相当的朋友了。"

密勒对少帅染上吸食毒品的嗜好，深表同情和惋惜，决心帮助他戒除这个恶习。密勒博士为少帅仔细诊视病情后，认为他身体没有别的疾病，只是虚弱些，可以戒毒。博士郑重告诫少帅："要戒除毒根，对阁下是极其痛苦的，我想至少需要两周左右的时间才能奏效。所以，请阁下要有精神准备，下决心忍受痛苦的折磨……"

张学良从密勒博士的话音里听出，他对自己戒毒的决心有疑虑，便说道："密勒博士，请相信我的决心吧！"密勒博士见少帅有决心戒毒，答应从明天早晨起为他戒毒。

这天傍晚，上海的一些名流都来看望张学良，听说少帅要戒毒，都到病榻前祝贺。张学良慷慨激昂地拱手说："诸位，学良我为能收复失地、上前线杀敌，现借岳军（即张群）兄这方宝地戒毒，还望各位体谅我的苦楚。从今天起，我闭门谢客，不戒毒干净，清除毒根，学良绝不出门见人。所以，还请各位仁兄给予谅解。"

众友人听了，对张学良的决心深表感佩。张群对少帅的这席话更感欣慰，端起酒杯敬请张学良喝下，预祝他戒毒成功。张学良接过酒杯，一仰脖，将酒一饮而尽。宋子文上前紧紧握住少帅的手，久久不放。而后，张学良叫人拿来笔墨，伏案写下：

　　　陋习好改志为鉴，

　　　顽症难治心作医。

张学良以此条幅，表示戒毒的决心。

3月13日早餐后，张学良便进了内屋。开始戒毒前，他叫赵一荻进来。此时，赵一荻不知屋里发生了何事，匆匆进屋，见密勒博士与少帅没发生什么事，有些莫名其妙。这时，张学良对赵一荻说："我要戒毒了，你一定帮助我。"

"汉卿，我一定帮你，叫我做什么都行！"

"一荻，从现在起，你在门外看着，不管屋内发生什么事，不许任何人进来！"

"这是为什么？"

"密斯赵，"密勒博士解释，"我要为张将军戒毒，要从他的内脏治起，这是极其痛苦难熬的，时间可能在两周左右。我担心，在张将军疼痛难忍时亲朋好友会闯进屋来营救，这就会前功尽弃……"

"所以，我命令你把住门！"张学良坚定地说，"不许任何人进屋，你一定要按我说的做！"

赵一荻见少帅戒毒决心如此坚定，高兴得几乎掉出眼泪，保证道："我向你发誓，坚决执行你的命令！"就这样，她一直看守着屋门。

张学良戒毒的第一天上午，屋内只有他一个人。他看莎士比亚戏剧集和线装《全唐诗》。茶几上，有一大盘瓜子和一大盘水果及一壶浓茶，供他无聊时吃喝用。中午，赵一荻让警卫端着午餐送进屋内。张学良因胃口不好，只吃了几口就让警卫把饭菜端了出去。下午，屋内传出张学良焦躁不安的踱步声。赵一荻知道，此时少帅的毒瘾发作了。隔一会儿，她又听到张学良高声朗读诗句。她听得出来，这诵诗声中夹杂着一腔排遣不掉的烦恼，饱含着男人的激昂。晚饭，张学良一口未吃，警卫无奈，将饭端出去了。

掌灯时分，张学良走到门口，告诉赵一荻：请欧阳教授进屋来。赵一荻领命后，让副官去请欧阳教授。不一会儿，欧阳教授快步进了少帅戒毒的屋里，见到中国象棋子整整齐齐地摆在桌子上，欧阳教授明白了：少帅请他来是要战几个回合，以分散毒瘾之缠绕啊！

欧阳教授故意激少帅说："看你这个样子，还想和我下棋？"

"看你说的，学良下几盘棋的力气还是有的，今天我非得让你认输！"

在平时，张学良和欧阳教授对弈时，少帅获胜是偶尔的。下棋时，欧阳教授从不让棋。他认为下棋代表一个人的性格，如果轻易认输，就会影响人的本性。所以，不管张学良输得怎样惨，欧阳也不让棋。而少帅又是个专好碰硬的人，对方越是强硬，他反而愈是钦佩。然而，此时欧阳与少帅对弈却破了例：几次让棋，目的是让戒毒中的张学良高兴，以有利于戒毒。

可是在下棋中，少帅的毒瘾又发作了。欧阳见少帅痛苦的神情，轻声说："汉卿，我理解你的苦处，要不要把夫人和四小姐请进来？"

"不用，欧阳教授，你先去休息吧。让我自己渡过这一关吧。我要是这点勇气都没有，那还能统率三军吗？"

欧阳教授告辞了。屋内只剩下张学良一个人。他轻轻闭上眼睛，以坚强的意志抗拒着毒素的煎熬。午夜，张学良屋内静静的。于凤至和赵一荻忐忑不安，时刻注意少帅戒毒的动静。

突然，少帅屋里传出"咕咚"声响。于凤至预感到丈夫可能发生不幸，气喘吁吁地跑上楼。见赵一荻和一名警卫守在门口，她的脸上流着泪水。于凤至知道赵一荻对少帅在屋内的痛苦一清二楚，但是她没有进屋，而是站在门外忠实地执行着少帅的命令。

于凤至对赵一荻和警卫说："我有权关心丈夫的死活，把门打开……"

"我说过，谁也不许进来！"张学良在屋内吼道，"我的命令，任何人不许违抗！"

于凤至听了丈夫的话，只好作罢，站在门口处。这时，端纳、欧阳教授和副官等人也来到门口，静听屋内的动静。

此时，张学良在屋内毒瘾难忍，用头"咚咚"撞墙。这声音像利剑，刺痛了门外人们的心。渐渐的，那"咚咚"声越来越小，频率越来越慢，最后屋里一点儿声响也没有了。

这时，站在门口守卫的赵一荻再也控制不住急迫的心情，用钥匙打开屋门，让于凤至大姐第一个冲进屋里，她紧跟其后进屋。只见张学良横躺在地板上，满头是血。于凤至扑过去，抱住丈夫的头，放声大哭。

端纳见这情况，和赵一荻商量，立即找医生来抢救。片刻，密勒博士来到少帅身旁，见他双眼紧闭，浑身抽搐，知道他正在忍受着常人不能忍受的痛苦。密勒博士从内心佩服少帅的坚强意志。

密勒博士为张学良检查后，决定给他打针。从昏迷中醒来的张学良见到针头，条件反射，大吼："我不打针，你们都出去，我不打针……"说到这儿，就又昏了过去。

密勒博士对少帅拒不打针，感到莫名其妙，不知道怎么办好。这时，端纳急忙上前解释，密勒听罢，笑着摇了摇头，催助手赶快打针。当张学良被注射了安眠剂后，便安静地睡着了。

这时，端纳问密勒："戒毒，你有什么特效药吗？"

"先生，我可以坦率地说，戒毒从来就没有什么特效药，完全要靠戒毒人的意志和体力。凭我观察，张将军是意志坚强的人，完全可以挺得住戒毒的痛苦。要注意，这种情况在戒毒过程中还会发生。"

张学良卧床戒毒第八天，可以下地行走了。他和医护人员及关心者都感欢悦。然而翌日，他又回到全身剧痛、卧床不能起身的状态中。密勒博士见状，苦脸愁眉，回到办公室和众医生商讨医治办法。

在密勒博士为张学良戒毒期间，为了防止毒瘾发作时抓伤、挠破皮肤，他让人把少帅的四肢用绳索绑在床柱上。当药力或毒瘾发作时，张学良经受着揪肠裂肺的痛苦，发出阵阵痛苦的求救声。站在门外守卫的赵一荻不忍听到这痛苦之声，只好用手堵住耳孔，但泪水却一次次地模糊了她的视线。就这样，张学良以顽强的毅力配合密勒博士治病，经两周的痛苦折磨，终于剔除了毒瘾。为使少帅尽快恢复健康，他们全家移居到上海法国租界，闭门谢客。在此，少帅经过半个月的休养，精神面貌和身体状况大大改善了。

关于戒毒的感受，张学良在口述历史中说：

烟瘾一犯，难受得像什么似的，那肉就好像没皮肤一样，就好像烫了以后没有皮肤一样。大小便都不敢坐，烫得难受，不是滋味呀！戒烟要靠很大的毅力。我跟你说，不是我吹，一个人如果能把这烟戒了，那这个人就了不得！

英国有句谚语："信心可移山。"书云："二人同心，其利断金。"语云："万众一心海可填。"请注意这个"心"字，你若是真的有决心，会发生超人的力量，如非你自身有过经历，你不会信——也体会不到，心的力量是如何不可思议。

墨索里尼小姐的情谊

我跟墨索里尼小姐，我俩是好朋友。

临走时，她说，我希望你呀，把嗜好戒掉，积极抗日。给我戒针的美国大夫密勒告诉我说，每天早晨都有一个外国女的打电话来，问你的情况，问你戒针怎么样，身体好不好。哦，我一想，一定是她——墨索里尼小姐。

——张学良

1930年冬，张学良奉南京政府之命，将军团司令部移师北平，任行营主任，担任华北、东北各省军事重任。此时，意大利驻北平公使齐亚诺夫妇与张学良相识并成为朋友。齐亚诺是意大利统治者墨索里尼的女婿，其夫人爱达·齐亚诺是墨索里尼的女儿。爱达有一头美丽的棕黄色的秀发，是一位有深厚西方文化底蕴的意大利女子。

这年初夏的一天，张学良和赵四小姐与齐亚诺夫妇，相约驱车来到北平香山的高尔夫球场。这天，香山天高云淡，空气清新。他们在香山饭店的门前，下车直去高尔夫球场。

张学良偕赵四小姐与齐亚诺夫妇在高尔夫球场尽兴地玩了一下午，待到太阳西落香山时，他们才恋恋不舍地离开这片绿茵茵的芳草地。这次和往常一样，张学良请齐亚诺夫妇到饭店餐厅吃晚饭。席间，张学良、赵四小姐与齐亚诺夫妇谈论着他们互相感兴趣的话题。由于他们经常聚会，便建立了深厚的情谊。

九一八事变时，一天，爱达一人来到张学良住的顺承王府造访。此时，张学良正为军务而废寝忘食地工作，拒不接待，而让赵四小姐应酬一下。爱达吃闭门羹后并不甘心，请求丈夫齐亚诺带她去府上看望张学良将军，为他分忧解愁。

爱达对丈夫说："我们是张将军的朋友，在这种时候，应该去看望他，安慰他，帮助他！"齐亚诺听了，理解妻子关心张将军的心情，便答应同去看望。但张学良还是谢绝了他们的拜访。

这年的圣诞节前夕，张学良举办了迎圣诞鸡尾酒会，招待各国使节。齐亚诺带爱达赴会，看到张学良比以前消瘦了许多。

张学良在致辞中，谴责日本侵略中国东北的强盗行径，呼吁各国使节说服其政府主持公道，要求国际联盟制裁日本。张学良致辞后，齐亚诺带爱达上前为张学良祝酒。

爱达安慰张学良说："张将军，即便天塌下来，将军也要有声色不变的勇气，我们相信张将军一定能挺住。今特请张将军日后到我处作客叙谈。"

张学良婉言谢绝说："齐亚诺伯爵、爱达夫人，实在对不起，谢谢你们的好意，请原谅我暂时不能前往拜访。等战事平息之后，我一定邀请两位再去吉祥剧院看戏。"

1932年春节前夕，在迎春酒会上，齐亚诺、爱达与张学良又见面了。经简短的问候，爱达给张学良一封信。

张学良在应酬之余，打开爱达的信，原来是爱达写给他的诗。她在诗中咏道："雄鹰有时飞得比鸡飞的还低，然而鸡永远也飞不到鹰的高度！"张学良知道，她在鼓励自己，相信自己将来还会居于不败之地。

1933年3月初，张学良替蒋受过遭国人痛骂。爱达同情地对张学良说："我理解你现在的处境，所以我才来劝你，与其这样代人受过，不如辞职下野出国，何必做违心的事呢？"

同月12日，张学良接受爱达的建议，宣布辞职。他在夫人于凤至和赵一获秘书及顾问端纳等人陪同下，从北平清河机场乘飞机前往上海，暂居于好友张群在福煦路81号的公寓。他在上海逗留，是等待宋子文为他办理出国手续。此间，张学良总是被忧愁和烦闷所困扰，吸食毒品的嗜好又发作了，准备戒毒。

此时，张学良的好朋友、意大利驻华公使齐亚诺及夫人爱达准备回意大利。他们由北平专程到上海去看望张学良，得知其戒毒，非常支持，并表示等其戒毒成功后，邀请张学良带全家一同去意大利。

关于墨索里尼小姐——爱达，对张氏的情谊，张学良在口述历史中说：

那时，我正是北方负责人，她到北平来，我招呼她，招待她，就这样认识的。我陪她出去玩玩，到处看看，吃吃饭，就这样。当时没其他特殊关系，我也没想到她会喜欢上我。

是这样子，她有一个秘书，是一个女的，一个意大利小姐，这个小姐告诉我，我才知道。不过她真是对我很好。临走她告诉我两句话，那时我有嗜好（烟瘾）。她说，我希望你呀，把嗜好戒掉，积极抗日。就这两句话。

她走的时候，我派我的车送她到天津口。后去上海的时候，秘书小姐说她（墨索里尼小姐）在车上大哭一场，我问她哭什么？她说哭你不理她，你怎么一点儿也不理会她，她喜欢上你了。我说她喜欢上我有什么用呢？她说她是真的，你不理她，她难过了，大哭呀。

我和她是属于应酬招待，都是一种礼貌上的，人家说了我才知道的。

后来我辞职，到了上海，去戒针的时候见到她。给我戒针的美国大夫米勒告诉我说，每天早晨都有一个外国女的打电话来，问你的情况，问你戒针怎么样，身体好不好。哦，我一想，一定是她——墨索里尼小姐。

同年3月25日，胡汉民派何世桢（字思毅）持函赶到上海，劝张学良不要出国。胡汉民函云：

> 自热河沦陷，吾兄去职，华北局面，日趋混沌。兄典军东北，久历岁时，今为人所乘，有怀莫白。闻将有远适异国之志，弟以为个人权力为轻，党国安危为重，翛然远行，似非其时；即不得已而行，亦须力策善后，挽回危局。是非所在，天下不乏同情，此间国人正具决心为兄后盾也。兹遣何思毅同志趋陈近意，至盼廷洽。

4月8日，休养中的张学良，给胡汉民回信道：

> 何思毅同志携示琅翰，捧诵一一，辰维勋履绥和，式符私颂。良乍息薪劳，闭门自讼，乃蒙远垂记住，勖以方来，高谊殷隆，曷胜感奋！抚时多艰，耻痛毋忘，苟图少补涓尘，敢委匹夫之责！引詹榘范，弥切心驰，尚祈时赐教言，俾其戴罪之身，多叨宏益。

1933年4月11日，张学良携夫人于凤至、秘书赵一荻及其子女和秘书沈同祖夫妇、李超夫妇、医生德瑞等人，在端纳和齐亚诺夫妇陪同下乘坐驶往意大利的康脱罗素伯爵号邮轮出国，开始了旅欧之行。上船前，与宋子文、杜月笙合影。

在这封信里，少帅只表示了他不敢忘记耻痛，不敢抛弃个人责任，但对于是否出国问题，却没有正面回答胡汉民。因为他的出洋，实际上是蒋介石的要求。张学良对此不便也不可能说什么。

4月11日，张学良携夫人于凤至、秘书赵一荻及其子女和秘书沈同祖夫妇、李超夫妇、医生德瑞等人，在端纳和齐亚诺夫妇陪同下乘坐驶往意大利的康脱罗素伯爵号邮轮出国，开始了旅欧之行。旅欧首站选择去意大利，对此，张学良在口述历史中说：

　　距我戒除嗜好，不到一个月，我尚未能完全恢复健康，即登轮放洋。这是因为有三个原因，我决定这样地匆匆离国：（一）我不愿意，在国内停留，使那好事者发生流言流语；（二）我恐在国内易于接触鸦片，再返回我的嗜好，如同我过去几次戒除未能成功原因之一（包括协和医院戒毒失败）；（三）会同意大利驻华公使，我的好朋友、墨索里尼的女婿和女儿——齐亚诺夫妇，同船结伴，诸多方便，海上不会寂寞。……所以，我后来就跟她到意大利去了，她也是拿专车把我接进去的。

我见过墨索里尼几次

我在意大利得到了好些方便，参观了他们的陆海空军以及法西斯党的组织和设备。

我见过墨索里尼几次，……墨氏执政以后，努力图强，跻于五强之列。当时我非常艳美墨氏的政绩，从而常想到我的祖国中华，亦应该拥戴一位英明领袖，加以训治。

——张学良

张学良去意大利并非是为了游览欣赏罗马教堂、威尼斯的水乡月色，而是要向墨索里尼求教。因为张学良在北平时，同齐亚诺相识，彼此往来频繁，情投意合。在和张学良的交往中，宣传法西斯主义，对张学良影响很大。张学良常想：为什么意大利在第一次世界大战以后，能很快地复兴起来？是不是法西斯运动的作用呢？为此，张学良很想了解和探求其中的奥秘，所以他首选到意大利去考察。

1933年5月12日，张学良一行到达意大利布林迪西港后，受到了友人热情接待，当晚下榻于罗马古兰特宾馆。当日，张学良致书王树翰。他在信中最后写道："现虽寄身海外，但有三事尚不敢忘：一曰国难，二曰家患，三曰家仇。"

在意大利，齐亚诺夫妇热情地引导张学良一行人游览了古代的罗马教堂，观光了举世闻名的水城威尼斯的秀丽风光。异国的美景，诱人的情调，并未使张学良忘掉此行的目的。他打电话，请齐亚诺尽快联系和墨索里尼见面。

5月13日清晨，齐亚诺来电话，告诉张学良立即准备动身会见他的岳父。这天上午8时，齐亚诺亲自接张学良驱车前往岳父的官邸。在这座哥特式建筑的官邸里，墨索里尼和夫人、齐亚诺夫妇与张学良夫妇及端纳进行了会晤。端纳充当英语翻译。

在谈到对中国的印象时，墨索里尼说："中国地大物博，人口众多，国家没有领袖，群龙无首，只好任人宰割。这是一个法则，牺牲一个泱泱大国，可以使强盛的民族更加强大。"

张学良听了，不服地说："墨索里尼先生，您说对了一半，目前中国确实像一盘散沙，军阀割据，军阀参政，使列强插手中国，所以我绝不当军阀，我更反对军人干政。中华民族是世界上最伟大的民族之一，现在虽然很软弱，但是中国也有尊严，是不容许列强欺辱的！"

"哈哈，张先生，你显得激动，"墨索里尼继续说，"我的意思是中国要想不被别人宰割，需要有领袖，权威的领袖治理好东方文明的发祥地。"

"墨索里尼先生，我想请教，您是怎样治理您的国家的？"

"我的国家之所以团结一致，就是工作是大家的，讨论是少数人的，决策是一个人的，只有这样超凡的奇才方能治理好国家。"墨索里尼自信地说。

这次会晤后，张学良心中产生了这样的想法：中国要抗日雪耻，就必须真正地拥护领袖，服从领袖，就像意大利举国上下，服从墨索里尼一样。张学良对墨索里尼的这一席话颇为赞赏。

5月26日，张学良在罗马致电东北军将领万福麟，劝告东北军将士，服从蒋介石指挥，坚决抗日。

6月20日，张学良由罗马乘飞机去英国伦敦，作短期考察访问后，又飞回罗马。

7月初，宋子文以中国政府财政部长的身份，出席国联在巴黎举行的中国技术合作委员会会议，途经意大利。

张学良在给蒋介石写的《杂忆随感漫录》中有关"放洋出国"忆道：

抵欧我先在意大利登岸。我虽以私人身份，承意政府优礼款待，曾派专车由登陆海口迎我至罗马。由于这一招待，我尔后去别的国家，也皆承礼遇，因之我不得不摆一摆场面，我不能给中国人丢脸，反害的我大为破钞。

我在意大利得到了好些方便，参观了他们的陆海空军以及法西斯党的组织和设备。使我不能忘掉的是，意大利空军部长巴里博。我二人曾放浪形骸，箕踞而大谈航空事业。蒋委员长曾电令我向意大利政府探询，拟聘巴里博来华担任总顾问，事为齐亚诺所阻而未果。

张学良在罗马时，与意大利朋友的合影。

意大利的历史背景，有许多与中国相似之处。为一老大帝国，罗马的古典，影响了整个西方文明。迨至近世，受强邻压迫侵略，甚至内政上都受到邻国的束缚。政治腐败贪污，外交上丧权辱国，可以与我中国同病相怜。墨索里尼大声疾呼，从事反抗奥国，组织法西斯党，谋取政权。墨氏执政以后，努力图强，跻于五强之列。当时我非常艳美墨氏的政绩，从而常想到我的祖国中华，亦应该拥戴一位英明领袖，加以训治。

7月11日，宋子文来到罗马。张学良与宋子文见面后，向其表示：在欧洲做短暂逗留后，即拟回国，报效祖国。张学良说此话，意在向宋子文试探蒋介石对他的态度。宋子文听后，郑重地对张学良说："蒋先生希望你在国外多考察一段时间，不要急于回国。现在没有适当的位置给你，要安下心来，以待机会。"张学良听了这番话，顿时感到心灰意冷，无限伤感。

同月14日，墨索里尼设宴款待宋子文，欢迎其在意大利短暂停留，张学良出席作陪。

张学良在意大利期间，墨索里尼小姐、齐亚诺竭尽全力、无微不至地关心照顾张氏一行人的吃喝住行。对此，张学良深感不安，便决定离开意大利。他在口述历史中说：

到了意大利，后来就待不了了，人家那么客气，对我那么好，所以，后来我就走开了。

在巴黎接见旅行家潘德明

题赠潘德明先生：壮游

希望你一鼓作气，环游世界，为中国人争气！

——张学良

1933年7月22日，张学良一行从意大利米兰飞抵法国巴黎。法国总理达拉第派代表到机场，对张学良一行表示热烈欢迎。中国驻法国大使顾维钧也到机场迎接张学良将军。

7月20日，顾维钧大使接见了中国青年旅行家潘德明。潘德明，1908年出生于浙江省湖州市，少年寄居上海。22岁时，潘德明深感"东亚病夫"之耻，便产生通过自己之举以雪国人之耻的想法。这时，一个名曰"中国青年亚细亚步行团"的团队要从上海出发。潘德明得知后便前往报名参加旅行团，然而当他到时，旅行团已经出发了。于是，他乘车追赶旅行团，终于追到杭州如愿。

"步行团"经过浙江、福建、广东、广西，出国到越南时，所有的人都不向前走了。此时，潘德明坚定地表示就是一个人也要向前走。时值1930年元旦之际，他作出了决定：买一辆英国兰瓴牌自行车，只身环球旅行。他从越南西贡出发横穿柬埔寨到泰国，经马来西亚到新加坡。同年4月到达印度。此间，甘地、尼赫鲁、泰戈尔等名人都对他的壮举题词、签名，表示赞赏。

此时，潘德明骑车旅行也到了巴黎。时值法国国庆，他向法国人民祝贺国庆。法国总统莱伯朗、总理达拉第和外长对这位中国青年旅行家之壮举表示赞叹。莱伯朗总统在接见他时说："潘德明先生，对于你的壮举，我想用法国元雄拿破仑的一句话奉送：中国是一个多病的、沉睡的巨人，但是当他醒来时，全世界都会震动。"

顾维钧大使对潘德明来访兴奋不已，对他的壮举大加称赞。在交谈中，潘德明得知张学良也在巴黎，恳切请求大使助其实现拜见张学良将军之愿望。

张学良在巴黎，为了避免是非，总是深居简出，轻易不见来访者。然而，他接到顾维钧大使的电话，对潘德明来访表示了极大的热情，兴奋地说："我见他，要尽快安排见面！"

7月27日夜，顾维钧派车拉着青年旅行家潘德明向张学良的住所驶去。此时，张学良正在寓所等候潘德明的到来。

当潘德明走进客厅时，张学良立即从楼上下来，与他握手表示欢迎。潘德明看到眼前的少帅：精神焕发，身体健康。

张学良说："潘先生，旅途三年，艰苦卓绝，汉卿敬佩之至。"

两人一见如故，落座畅谈。潘德明向少帅讲述了旅途见闻、风土人情。张学良听后，问其为何能坚持骑车到巴黎？潘德明说："我出国已有三载，沿途从报刊知道：国内很不安定，日本人侵占东三省，国人处于水深火热之中。外国人称中国人为'东亚病夫'，我咽不下这口气，决心为中国人争气，所以沿途的困难、坎坷、风险，我都无所畏惧。"

"好样的！"张学良听了，立即赞美道。

"张将军，"潘德明从旅行袋里拿出《名人留墨集》，说，"请将军留墨，以助我成功！"

张学良接过《名人留墨集》，掂了掂说："好沉啊！"

潘德明说："将军，这本留墨集足有四公斤，是我自作的。"

张学良拿来笔砚，在展开的《名人留墨集》白页上挥毫题词：

题赠潘德明先生：

　　壮游

张学良

中华民国廿二年七月廿七日于巴黎

张学良题词后，又与潘德明畅谈至深夜。他盛情地留住潘德明，在餐厅里两人共用夜餐。张学良举杯祝贺潘德明为国争光的壮举，祝他在日后的旅途中顺利平安。临别时，张学良深情地对潘德明说："希望你一鼓作气，环游世界，为中国人争气！"

潘德明坚定地说："有将军的题词和鼓励，我一定为中国人争气！"

这一夜，潘德明在中国大使馆，辗转反侧，想着与少帅见面的情景，耳畔回响着少帅的话语。后来，潘德明在英国又与张学良相遇，少帅赠给他一张去美国的船票，支持鼓励潘德明的壮举。

瞻仰巴黎公社社员墙

巴黎公社的英雄们，我是中华子孙，也要像你们一样同敌人战斗！

——张学良

　　1933年8月，一天，张学良夫妇、秘书赵一荻一起观看赛马。赛马结束后，张学良灰冷的心情还是振作不起来。

　　赵一荻见少帅一脸愁容，问："汉卿，你想干啥？"

　　张学良说："我真想哭一场！"

　　于凤至听了，逗趣说："巴黎要是有哭墙就好了。"

　　赵一荻说："大姐，我去问问，这里有没有哭墙。"

　　赵一荻说完就走到路边的书摊，向卖书人问有没有哭墙。

　　那人回答说："巴黎没有哭墙，有'巴黎公社社员墙'。"

　　赵一荻高兴地向她问了路线、地址。原来，巴黎公社社员墙在巴黎城郊的拉雪兹神甫公墓。张学良夫妇和赵一荻秘书乘车沿着墨尼尔蒙当大街往前走，他们看到两旁尽是荒凉景象，这里没有商店，只有卖鲜花的。

　　这时，迎面而来的是看不到头的高大围墙，车再往前走数百米，就到了大门口，这就是拉雪兹神甫公墓的正门。司机告诉张学良说：汽车要走小路，爬过小山坡，顺着围墙往北走就到巴黎公社社员墙了。

　　张学良夫妇和赵一荻小姐站在巴黎公社社员墙前，默默地观看着。赵一荻对这墙的历史早有了解，她像背书似的对张学良夫妇讲解："这是公社战士最后作殊死战斗的场所。法国梯也尔的反动政府军队，开始以几百门大炮对墓地发动进攻，最后一批公社战士被逼退却到墓地，东北角这一段墙垣下，尚存的147名公社战士弹尽被俘，政府军把他们枪杀在墙根前。后来，政府军把抓到的1600多名公社战士也集中到这段墙垣下，全部枪杀了。在这段墙下，有2000多名公社战士不畏敌人的枪弹，英勇地牺牲了。"

　　巴黎公社社员墙中央，突出的是立体雕塑：一个身着长袍的妇女，已经中弹，但她挺身而立，仰着头，目光向上，两手往身后张开，似乎要保护她身后那些战士，也似乎是挺身而出，以自己受难来承担和代替身后那些战士的不幸，而她头部的姿势和目光，又像是向苍天倾吐悲愤。她是母亲的伟大形象！

　　在一方一米多宽的长方形黄褐色青铜纪念牌上刻着：

致公社的死难者

1871年5月21～28日

张学良木呆呆地站在墙前看着，他的脑海里，出现了祖国的万里长城，有成千上万的中华儿女在抗日，在流血……

这时，善解人意的赵一荻捧着买来的鲜花，递到张学良的手里。张学良低头默哀，向公社社员墙献上鲜花。他在暗自呐喊："巴黎公社的英雄们，我是中华子孙，也要像你们一样同敌人战斗！"

张学良在离开巴黎前夕，到过著名的凡尔登要塞参观。他被法国人民抗击外敌入侵的英勇顽强斗争精神所感动。他想到了中国的抗日战争，正需要自己为之战斗，而眼下他正在欧洲旅行，于是他产生了回国参加抗日战争的冲动。

这一天，张学良在巴黎意外地遇见了苏联外交部部长李维诺夫。这又使他产生去苏联考察的愿望。因为5月间，他在意大利首都罗马时，得知《塘沽协定》签订的消息，心情十分沉重。他感到中华民族危机日益加深，急切盼望早日回国效力。他在刚到意大利的5月8日，曾电邀由苏联经意大利返回祖国的东北抗日将领马占山、苏炳文、李杜三人在罗马交换意见，共商在东北开展抗日救国大计。他们一致认为，在东北发展抗日武装，必须取得苏联的援助。

于是，张学良想要与苏联政府接触，就要到莫斯科去考察。为此，张学良到中国驻法国公使馆，请他的好友顾维钧公使与苏联驻法国大使馆联系，申请赴苏联考察手

　张学良在法国向无名英雄墓献花圈

续。然而，苏联当局因为中东铁路事件，把张学良视为反苏人物；认为如果允许张学良到苏联，恐怕会刺激日本，引起苏日外交纠葛。所以，苏联当局以非常委婉的方式表达了他们的顾虑，谢绝了张学良访问苏联的请求。

英德北欧考察之旅

> 我继游英法，转赴北欧。在德国正逢希特勒崛起，加深我的想象：一个受压迫的国家，如果希望更生，必须万众一心精诚团结之外，还需要有一位能干的领袖来领导。
>
> ——张学良

在英国考察

1933年7月30日，张学良一行到达英国首都伦敦。张学良在接受路透社记者采访时，说："此行颇有利，现时我体重比离中国时增重28磅，而且身体较前健壮。"

8月10日，张学良应邀参观了朴次茅斯造船厂。然后，被邀请登上英国的航空母舰，观看了海军的演练过程。当日晚，英国海军司令在官邸设宴款待了张学良将军。

在英国考察期间，张学良一行在布赖顿租了一座房子居住下来。于凤至把孩子们送进学校读书。后来，他们又到了伦敦，在达彻斯特住下。在这里他们结识了英国的一些朋友。

有一天，张学良应邀到中国驻英国公使郭泰祺处做客。宴席上，郭公使向张学良介绍来英国的张发奎。

张学良说："你不用介绍，我们俩早就认识了。北伐时，我们俩打得最凶。"

张发奎说："我自率兵北上，还从来没有碰到过这样的军队，那仗打得可真凶，还把蒋总裁最喜欢的一个副官打死了。你的队伍，那真是铁军啊！"

这时，在中国，蒋介石为其军事部署，企图将东北军移驻新疆。于是，蒋介石给在英国考察的张学良拍了电报，请其回国统率东北军移驻新疆。张学良接到电报后，回电说："移驻新疆，虽无异议，但需查后再作答。"于是，张学良给国内的部下罗文干拍电报，指示他到新疆进行实地考察。此时，汪精卫、胡汉民等对蒋介石的计划坚决反对，理由是：把张学良召回率领东北军，会对目前已见好转的中日关系极为不利。蒋介石无奈，只好致电张学良，暂不要回国。

在德国考察

9月10日，张学良到德国柏林进行考察。在柏林街头，看到了令他惊讶的景象：军队在大街上迈着整齐的步伐，高呼着口号，人们拍手欢呼，大街小巷，井然有序。他看到了一个强大的军事帝国，看到了希特勒统治下的德国。

张学良在柏林会见了德国戈林元帅后，更加坚信：国家兴衰完全是由领袖决定的。

9月下旬，中国军事代表团团长陈策率团到柏林考察访问。张学良接见了陈策。他们率团前往德国尼司登陆军学校参观考察。

张学良片面地看到德国、意大利两国军民绝对服从领袖，从而使国家一丝不乱，进而联想到中国。他认为：一盘散沙的中国，只能依靠希特勒、墨索里尼那样的独裁者，用全体主义方法来统率，才能抵抗日本侵略。为此，他在致国内友人的信中说：

……意大利与德国之复兴，主要是人民全心全意地拥护领袖，使领袖得有充分力量克服救国途上的障碍。而中国山盟海誓不然，当一个领袖刚刚显示出其安邦治国之雄才大略的时候，一些无耻的嫉妒小人就已经在背地里煽风点火，把他搞垮。内战与外侮皆由此出。如果吾国之人民意欲奋起，救亡图存，他们必须绝对忠实于自己的领袖，全力支持他……

飞回伦敦

10月2日，张学良与中国军事代表团又考察了"二福斯"兵工厂和"芬斯欧克制造厂"。同日，张学良乘飞机飞回伦敦。

11月11日，是第一次世界大战欧洲停战纪念日。张学良在伦敦街头看到英国民众举行停战纪念游行。英国民众特别是那些残废军人诅咒战争的情绪感染了张学良，他对英国人民在战争中受到的苦难给予深切的同情。

同月下旬，国内"福建事变"发生后，有人劝告东北军加入到反对蒋介石的斗争中。此时，蒋介石又想调东北军入闽"平乱"。于是，东北军将领致电张学良，报告闽变后的国内形势，请其"务必立即返回"。

张学良在给蒋介石写的《杂忆随感漫录》中有关"放洋出国"忆道：

> 我继游英法，转赴北欧。在德国正逢希特勒崛起，加深我的想象：一个受压迫的国家，如果希望更生，必须万众一心精诚团结之外，还需要有一位能干的领袖来领导。……我本打算到苏联去，看一看共产党的统治究竟。时李维诺夫正在意大利，我派人向其接洽，彼以该当时，对日本方面恐发生误会，不便招待为借口，请缓以时日，未得如愿。

归国，奉命"剿共"

> 本拟去波兰、捷克、土耳其等国，因闽变发生而返祖国。
>
> ——张学良

1933年12月1日，张学良由伦敦飞抵巴黎。他对采访的记者说："我此次抵巴黎，只是经过，无访问巴黎以外地方的计划。"他在巴黎做短暂停留后，乘飞机到意大利。这时他接到东北军张学良办公室发来的电报："现在有一种动向在拉我们加入反对蒋介石的派系，务请立即回国。"

原来此时，蒋介石正向红军进行第四次"围剿"。他想调动东北军"剿共"，但苦于东北军将领不服从命令，所以他不得不想到正在国外的张学良将军，召他回国共谋大事。

12月8日，张学良会见墨索里尼，向其辞行。墨索里尼亲自授予张学良意大利大十字勋章，并设宴欢送张学良一行。

翌日，赵一荻按照张学良的指示，到客轮公司预订了一周后的客轮船票。

12月15日，张学良偕赵一荻、秘书沈同祖及翻译等人，登上由威尼斯启航的昆特帕尔特号轮船回国。在轮船上，张学良命秘书沈同祖电告蒋介石自己正在回国途中，若有指示可随时联系。另外，他还让秘书向万福麟等东北军将领电告回国事宜。

此时，正值蒋介石向江西、湖北红军发动的进攻，均遭红军顽强抵抗而告败。蒋介石的军事实力在"围剿"红军的战斗中遭受巨大损失。正当蒋介石苦于东北军不服从其调动"剿共"之际，接到了张学良的电报，得知他正在回国途中。蒋介石非常高兴，随机应变，于18日给张学良拍电报，诚邀"共谋党国大业"。

12月23日，上海成立了欢迎张学良委员会。张学良的部下高纪毅、荣臻、富双英等人24日经津赴沪准备欢迎张学良之工作。25日，东北军将领万福麟、王以哲、王树常等人聚议于万家，向中央政府请愿：东北军必须由张学良统帅。

其实，张学良在旅欧时接到蒋介石邀他回国的电报，就兴奋至极，欣然放弃考察诸国的计划，决定回国。临回国前，少帅征求于凤至夫人的意见，是否一同回国。于凤至考虑到国内动乱不定，自己的身体又有病，不适应军旅的动荡生活，子女在国内不能得到良好的教育，眼下孩子们正在学习备考，她需要在孩子们身边照顾。另外，于凤至和赵一荻在相处中发现：赵四小姐是一个不可多得的女才子，她天资聪颖，温柔贤惠，对少帅体贴入微；在军政方面，她是少帅的有力助手。于凤至想，丈夫回国后，有赵一荻在身边精心照料生活，自己是很放心的。于是，于凤至向丈夫表示愿留在英国，一方面继续治病，另一方面照料孩子们生活，等孩子们考学后再回国。

张学良回国前，电告派陈言赴港，向胡汉民致意。12月23日，胡汉民派刘显丞持函赴欧洲迎接。胡汉民在函中说：

张学良夫妇和女儿在英国

> 闻兄东归，至为欣慰。显丞兄前来相迎，并将国内政情有所陈述，藉备参证，因嘱奉候兴居。弟意种种，兄可并询之，能得其详也。

1934年1月6日，张学良一行到达香港。登岸后，张即向新闻界发表游欧归来在港之谈话。他说：

> 此次出国，纯系游历性质，考察空军事业。觉得中国人与外国人脑汁与体质相同，但爱国之心则远不如之。外国人都以国家为前提，中国人不肯牺牲，只自顾金钱地位。今后救国责任，固望民众一致，更望青年努力。本人归国，非奉中央召，无非思乡念切，将卜居沪上。

少帅在港访问了胡汉民后，便乘浮第伯爵号轮船前往上海。8日，张学良所乘轮船驶进上海水域。国民党上海市市长吴铁城立即乘专轮到港外迎接。这时，宋子文乘坐保险汽车也到了天文台码头欢迎张学良归来。

张学良到上海后，回到在莫里哀路2号的私宅住下，东北军旧部闻讯纷纷前来看望。有人向他告状，述说蒋介石对东北军在待遇方面的歧视行为；有人劝少帅回国后，对蒋介石要提防。原东北军参谋长荣臻已退职闲居家中，听说张学良回到上海，立即前往拜访，劝少帅快回北平，不要去见蒋介石。原北宁路局长高纪毅是少帅的心腹密友，也来劝少帅，要自立门户，不要对蒋介石唯命是从。

1月11日，张学良向报界发表书面讲话。他说：

出国游踪所及，达意、瑞、德、法、英、丹、瑞典，于各国物质文明，利用厚生之建设，感受印象最深，进一层追求，则有不少感觉：（一）各国民众皆能热烈拥护其领袖，俾得放手做事。意、德于大战残破之后，皆能转否为泰，而为领袖者亦忠诚无私，努力奋斗。返顾国内争做领袖者太多，猜忌争斗，阻人成功，而成既不能令又不受命之亡国病症，宁受外侮，而不许自己兄弟来统治。全国人若不愿为亡国奴，必大彻大悟，容许一个领袖，有试验机会，发展效能。（二）西方学者治学专挚，有磨穿铁砚精神。而我国则名不副实，大学甚多，教师为金钱，学生为文凭，对于国家所贡献者，亦仅摇旗呐喊。（三）西方备战空气浓厚，厌恶战争到万分，各国猜忌及备战之急亦到万分。国人应速

1934年1月8日，张学良乘浮第伯爵号轮船前往上海。国民党上海市市长吴铁城立即乘专轮到港外迎接。这时，宋子文、杜月笙也到了天文码头欢迎张学良归来。

准备，泯除恩怨，否则唯有亡国。至于本人回国原因，一则鸟归林；二则料理家庭个人私事；三则急于与政府商根本救济东北难民及失业者之办法。至于是否做事，则本人系军人，唯有服从命令。国家如有用我地方，自度力能胜任，绝不敢偷闲；不能胜任，则不敢一误再误。维持和平，促进统一，向生产建设之路迈进，乃始终不变之志愿。如志不得行，拟再出国调查研究。

1月12日，陈言北返，邀刘显丞同行，胡汉民托他们带信给张学良。胡汉民在信中说：

> 在港晤叙，甚慰，此行后起居佳胜为颂。报载宁闽之战，据北间确讯，不如宁方宣传之甚。两粤以闽有辅东之势，虽闽中措施悖谬，而济困扶危，于义不能坐视，故于保存十九路军全力并办理善后各事，经在积极布置中。至对大局主张，亦不以环境之转变而有所移易也。国事至此，有救亡之责者，不当狃于目前之小利，唯宜彻底做去，则中国庶有可为，想存亡绝续之间，先生必能熟之。

张学良看了胡汉民的信后，与刘显丞密谈，达成初步协议。之后，刘显丞即回港向胡汉民报告。

此时，张学良已有打算：为将来北方之主动，目前则仍与汪精卫、蒋介石敷衍，免其猜忌；准备联络两广，待机反蒋。

这时，蒋介石为拉拢张学良，致电称他为"副总司令"，召少帅在杭州会面。张学良接到电报后，立即起程，前往杭州。在杭州车站，蒋介石的亲信戴笠专程前往迎接。随后，蒋介石设宴款待。席间张学良向蒋介石讲述了欧洲之行的情况。为使蒋介石不猜忌，少帅大谈德、意法西斯独裁体制的优越性，赞扬德、意的办法好，值得效仿。

蒋介石听了很高兴。此后，张学良一行又去南京。

在与蒋介石的会晤中，张学良真诚地说："回到中国后，我不想再带兵了。我想加深与蒋先生之间的相互认识了解，我希望当先生的侍从室主任。我想让先生在中国成为像墨索里尼那样强有力的领袖！"

蒋介石听了张学良的话，说："汉卿，你想想，除了我就是你，我怎么能让你当我的侍从室主任呢？这是不可能的！"他说到这儿，转身叹息道："哎，汉卿，不瞒你说，国民对你感到不满，你回来了，这回要好好干啊！"

张学良说："我听先生的话，我要干先生认为最难干的工作！"

蒋介石见张学良如此真诚，心里乐开了花。他说："我最难的就是和共产党打仗，'剿共'最难啊！"

张学良听了，心里一下子凉了。他本来就不想和共产党打仗，从心里讨厌中国人互相残杀打内战。他想拒绝，但转而想到，自己向蒋先生表示要干最难的工作了，所以只好违心地答应了。

2月7日，张学良被蒋介石任命为"鄂豫皖'剿共'副总司令"，司令部设在武昌。3月9日，蒋介石到南昌，召见张学良晤面，谋划"剿共"。张学良奉命指示在北平的军分会办公厅主任鲍文樾，调动东北军南下，执行蒋介石的"剿共"计划。

张学良认为，既然身为"剿共"副司令，就要研究研究共产党到底是怎样的一伙人，乃责成司令部机要组组长黎天才派人搜集有关共产党的革命理论、历史、人物、事件、词语等材料，并仿照《辞海》，按笔画的多少，分部分类编辑成书，定名为《匪情辞通》，印发到各部队，作为了解、分析红军情况的工具书。张学良对这部书十分满意，还亲笔写了一篇序言，引用了晋书温峤传的一段话：

峤至牛渚矶，水深不可测，世云其下多怪物。峤遂燃犀角而照之。须臾见水族复出，奇形怪状。

张学良把这本书带在身边，作为研究共产党和阅读进步书文的辞典。有一次，张学良请应德田（少帅曾送他公费留美）吃饭。饭后，他对应德田说："你主张抗日，而我现在不能抗；你主张不要'剿共'，而我现在不能不剿。"

柳亚子赠少帅诗

　　不抵抗主义这个名词，并不是由张学良创始的，但是如今我们，一提到不抵抗主义，可就会联想到张学良，张学良是这个主义的一个实行者。

——张学良

柳亚子（1887—1958），初号慰高，更名弃疾，字如安；后改字亚子、亚庐。他是江苏吴江人，著名爱国诗人。

1906年，柳亚子加入同盟会。他曾主盟南社。1912年曾任孙中山临时大总统府秘书。后来参加反对卖国贼袁世凯的斗争。

1924年，柳亚子以同盟会会员资格加入国民党。1926年，他在国民党第二次全国代表大会上当选中央监察委员。翌年，蒋介石发动四一二反革命政变时，柳亚子遭通缉而亡命日本。

1928年，柳亚子接受杨杏佛、朱少屏之劝告，返回祖国，结束了长达一年的流亡生活，并出席南京国民党三中全会。1931年"宁粤合作"，又被推为国民党第四届中央监察委员。

1934年1月24日，柳亚子偕夫人郑佩宜到达南京，稍作休息后，游览雨花台、灵谷寺、牛首山等名胜古迹。与柳亚子夫妇同游的有于右任、张溥泉、邵力子、傅学文等。

在游览中，柳亚子得知张学良从欧洲归来，并且就在南京，来参加会议。于是，柳亚子立即结束游览名胜之行，偕夫人郑佩宜前往少帅下榻之所拜晤。

就这样，一个曾是主盟南社之杰，一个是统兵北国之帅，由于历史的机遇，他们相识了。

在晤谈中，柳亚子谈到了社会上对张学良"对日不抵抗"的议论。

张学良说："在此一问题上，任凭别人去说，我从来不解释，因为我想，知理明事的人，一见即明了，对不深明理的人，我又何必在个人问题上去辩驳呢。'不抵抗主义'这个名词，又不是我张学良创造的，又不是从我开始的。我敢说，假如当时东北当局不是张学良，任何人奉命也会不抵抗。在民国十九年的中东路事件中，我张学良不是抵抗了吗？闹了个损兵折将，全国一片骂声，这是我奉命不抵抗的主要原因。"

柳亚子从张学良的话里听出：自九一八事变以来，他代人受过，蒙受"不抵抗"之名，在国民党四届一中全会上，被宁粤双方作为派系之争的题目，不得不"出国考察"、暂离故土。

柳亚子与少帅一见如故，对其慷慨豪爽，喜好结纳各方有识之士的个性颇为赞赏，挥笔赋诗《赠汉卿》：

> 汉卿好客似原尝，家国沉沦百感伤。
> 欧陆倦游初返棹，梦中倘复忆辽阳。

在诗中，柳亚子将张学良的"好客"，比之为战国时期四公子的孟尝君、平原君，以此表露：少帅不能率将士报国，比战国四公子更加不幸。柳亚子在诗中，对少帅系国难家仇于一身深表同情，对他遭逢"家国沉沦"之痛，却又不能明言"不抵抗"的命令来自何人，只能自嗟"感伤"而鸣不平；对张学良从欧洲大陆归来，依然只能在梦里重忆辽阳的处境表示理解，鼓励他早日光复东北，恢复家园。

对于"不抵抗"，张学良在给蒋介石写的《杂忆随感漫录》中说：

不抵抗主义这个名词，并不是由张学良创始的，但是如今我们，一提到不抵抗主义，可就会联想到张学良，张学良是这个主义的一个实行者。

柳亚子与张学良自见面晤谈后，两人天各一方，再无见面之日。柳亚子先生后来在《八年回忆》中说："经过了'西安事变'和救国会七君子被捕的事件，心上冷冷热热，总觉得没有身投大时代的勇气，只做了一个可怜的旁观者。"由此可见，"西安事变"发生后，他对张学良挂念之深，此举出于"梦辽阳"的至诚，有自愧弗如之感。

预言：世界大战是民族兴亡的总决算

我现在可以向诸位提出一个总的题目：我们决心努力保卫我的国家！我们站在国民的立场上，可以常常这样自问着：国家何以弄到这个田地？我们所有的苦痛都是从哪里来的？这个国家是谁的？我应如何完成对于国家所负的责任？

我最希望大家都不要说自己无能，不要灰心短气，不要妄自菲薄，切记要救我们的国家，要救我们自己，必须尽自己的力量，必须自己不怕牺牲，并要作无代价而有意义的牺牲……

——张学良

1934年4月30日，张学良对豫鄂皖三省"剿匪"总司令部的全体职员进行了长时间演讲。他演讲的题目是《国际形势与中国前途》，首先讲了国际形势。他说："诸位同志：近日从报纸上看到国际风云异常紧张，想已引起大家的深刻注意。我愿就游欧时观察所得和诸位谈谈，以作诸位研究国际情况参考资料。"说到这儿，他向全场巡视后，继续说：

去年我在英国的时候，正逢着11月11日欧战停战纪念的日子，以前参加过大战的战士们，在万分悲壮的整队游行中，高喊着反对战争的口号，一面是在追悼为国家民族而亡命在战场上的烈士，一面也表现出来他们对于战争的新的估价，这充分显示他们对于战争的深恶痛绝的了。当我望着这些由于参加战斗而残废了的军人，踉跄地随着游行队伍诅咒战祸的时候，内心颇受感动，觉得万分难过。当时我曾和一个军人谈话，他很诚恳地对我说："现在全世界除掉一两个国家以外，都不愿再发生战争了。其实这一两个国家还不配说战争，还不晓得战争是怎么一回事情，因为它们根本不知道战争的残酷及其所引起的人类痛苦！"

张学良接着讲：

当我在法国参观凡尔登要塞的时候，看到了为大战而牺牲的战士们的坟墓，有的是获得了尸骨，在坟头标明了姓氏，……有的是尸骨无存，只由其他作战的友伴们说明了他们的姓氏，将许许多多这样的姓氏刻在一块石碑上，竖在一个公共的坟头里面，表示他们就埋葬在这个坟头底下了。……我曾遇到一个年迈的妇人，她用了一个小铁盒装满了鲜花去致祭，她在一张小纸片上写着："我的丈夫，我的两个爱儿，和我的夫弟与胞弟，都为了卫护我的国家，在大战的炮火下牺牲了；我想你们的尸骸一定是在这里边！"我看到那纸片，使我异常的感动。

少帅讲到此问大家："法国人何以竟能战胜了阴鸷沉着的德国人呢？"此时，全场一片寂静，全体职员们都在等待答案。张学良说：

我曾在凡尔登要塞参观过世界闻名的刺刀阵地。当大战之初，法国是这样的推想着：德国不会破坏了卢森堡的中立，即使德军能由这一方面向法国推进，也只能派极少数的队伍，绝不会有大军袭来，因此当德军袭击凡尔登时，在刺刀阵地那一个要塞前，只有一营守兵，有所谓刺刀阵地荣誉的那一连是中间连，其余两连分在左右翼，一连是预备队。当德军来袭时，司令官命令死守阵地，不要使敌人接近要塞的腹部，破坏了要塞的作用。后来法国发现德军兵力过大，下令后退，但不知什么原因，在正面的一连竟没有退下来……都留在阵地和敌人拼命抗战。这一连人完全牺牲在敌人炮火之下了。到了后来，战事暂停，发现驻守阵地的一连人，已经完全埋在炮灰土泥之下……望不见他们的全身，只是在炮灰上面到处露出些刺刀头，衬托着这群死守阵地的烈士头颅。同时，在阵地的侧面还发现了三具尸骸，后来判明是法军所派遣的三个斥候，他们也毫不畏缩地终于和这一连人同样的临阵不退，都为了争取民族国家的光荣，在阵地殉难了。

张学良说到这，为了证明是真实的史实，继续说：

这是千真万确的事情，当时韩麟春军长曾前往参观战迹，亲眼看到这一惊心动魄的史实。……在战争中死几十几百人本是常事，但这一连人竟似钉在那里一动不动，这就令人稀罕了。其实，我们要答复这个问题也很容易，那就是由于法国军人能够认识了军人的目的与军人生活的真意义；他们的最大目的是求死得其所，为国家，为民族，为服从命令，为抵抗敌人，乃以必死的决心死守阵地不退。军人最不应该把自己个人的生命看作是生命，而必须把整个民族之历史的生命当作自己的生命。必须有这样的认识，才会打破了生死关头，才能宁阵亡不退却！……他们的死对于他们自己，对于他们的国家，都是有莫大光荣的。而且这死守阵地的连长，还是一个传教士，竟能如此忠勇，率群殉难，更足以使我们深受感动。刺刀阵地一面暴露战争的残酷，另一面却正足以显示出军人的忠勇。我们再转来一看我们的国家，我们的军人，又诚不能不备觉惭愧，而应知所警惕与痛下决心了。

张学良讲到此，全场军人深受鼓舞。大家向少帅报以热烈的掌声。张学良高兴地向大家示意，然后说：

我下面讲讲中国的前途。当我回国之后，人们多问我世界第二次大战究竟能否避免，我断然回答：大战是一定要爆发的，而且已经迫在目前。……我们应当深知中国在一个斗争形势下的处境及其地位，然而又不容我们徒抱悲观。假使我们能确信大战开始足以予我全民族以莫大威胁，那么，我们为了维护整个民族的生存，为了取得我们民族的复兴，势须全国上下一致觉悟，来积极准备应对这不可避免的大战之袭来。如果我们能在大战中尽量发挥我们的力量，我们能在微妙的国际形势中运用得当，那也许就是我们得救的一个机缘。因此，我们应当认定世界第二次大战是我们这一民族复兴或覆亡的总决算之到来，那里有生路又有死路，唯由我们自己去抉择。

少帅接着讲道：

诸位身在本国，还不甚明了国家强弱与本身的切肤关系，正如有国的时候不知道国家的好处，亡了国之后才会知道亡国的悲哀。老实说国家强弱是你个人的荣辱所系，你的利益或痛苦都要视国家之强弱而定。……唯有以自拔自振自励自救之精神，对症下药，起死回生，且必须人人能够如此，国家始能少有转机。毛诗上说："父母生我，胡俾我愈？不自我先，不自我后。"这些话正足说明……我们今日已经身临于最后的紧急关头，再不急起直追，努力奋斗，我们的苦痛将永世无法解脱，我们不仅对不起地下的祖宗，对不起我们自己的良心，而更要对不起我们的后世子孙！

我现在可以向诸位提出一个总的题目：我们决心努力保卫我的国家！我们站在国民的立场上，可以常常地这样自问着：国家何以弄到这个田地？我们所有的苦痛都是从哪里来的？这个国家是谁的？我应如何完成对于国家所负的责任？假使能把这些问题时时刻刻存在心里，且能逐一解答而身体力行，那么国家一定会弄得好。很久以前，我在辽宁的时候，有一次听到南开校长张伯苓先生讲演，题目是"中国将来的希望"，他劈头就说"中国是不会亡的！"当时我很诧异他的自信心太大，仿佛对于"中国不会亡"具有什么绝对把握。他继续说："中国何以不会亡呢？"当时听讲的人都聚精会神来静听他这"中国不会亡"的主论，他很快地用力地回答三个字："有我在！"……假使每一个中国人都能这样想："有我在，中国就绝对不会亡！"四万万人，一心一德，中国焉有不强之理呢？……我最希望大家都不要说自己无能，不要灰心短气，不要妄自菲薄，切记要救我们的国家，要救我们自己，必须尽自己的力量，必须自己不怕牺牲，并要作无代价而有意义的牺牲……我们必须人人能于万分苦楚中兴奋起来，力求湔雪了我们的耻辱，排除了我们的悲哀……团结一致，拼命奋斗，排除万难，杀开一条血路，我们今日岂不更应当拼命奋斗，争取我中华全民族的生存！

张学良最后说：

我们现时在这间屋子里面的人，只要都肯埋头苦干，我们一样能够达到这个目的。敢请诸位相信我的话，坚苦卓绝，奋斗不息，等到十年后再看，必会看到民族国家的复兴了！

立时，全场向张学良将军报以长时间的掌声。

主张"联共抗日救国"第一人

凡属中国人，无论其为共产党、国民党、第三党，或其他任何党派，果系自命为救国者，均应在拯救中国之唯一动机中摒一切歧见，联合一致，共救危亡。此乃救国之唯一途径。若仍萎靡不振，由命听天；内战频仍，政争不息，则中国前途必无希望矣！

——张学良

　　1934年6月7日，是张学良旅欧回国，就任豫鄂皖"剿匪"副司令整整四个月的日子。这天，张学良在国民党武昌总部对世界电讯社记者发表谈话。他在谈话中说：

　　中国之希望，在于后进之青年，故吾人应以良好之教育。现时若干人，自甘暴弃，凡事听天由命，不自振作，令人慨叹！凡尚有些微血性，知爱国家，并能见及国难严重之中国人，均应各除私心，决心为国。凡属中国人，无论其为共产党、国民党、第三党，或其他任何党派，果系自命为救国者，均应在拯救中国之唯一动机中摒除一切歧见，联合一致，共救危亡。此乃救国之唯一途径。若仍萎靡不振，由命听天；内战频仍，政争不息，则中国前途必无希望矣！

　　救国之事，经纬万端，非空谈所能收效。但欲达救国之目的，首先应由知识阶级献身国家，努力服务。为国民者，苟能完全牺牲个人，为国服务，即可谓已尽其个人之天职。何故因他人之不办事而时时悲泣耶？如每人自谓："余决定办事"，则中国至少有一半希望。余已下彻底之决心，将个人一切贡献（给）国家，故余今日之愉快，实为前此所未有。余不需要第一等官位，余所需要者，厥为帮助我国家，至于余之身份，虽小弗顾。余此次自欧归国，唯一目的，在于为国服务，今日幸能处于为国服务之地位，所愿得偿，余之快慰，可想而知也。

　　意、德二国所行之法西斯主义，略加修改，俾适合中国国情，然后以之行诸中国，实为中国达到统一之最良方法，中国今日之情形，与希特勒秉政以前之德国情形相同。当时德国需要一无限权力之独裁者，以出人民于战后纷扰痛苦之境。今日之中国亦需要一领袖，以统一国家，复兴民族。余反对中国之自由主义，"自由"非为中国人民而设。中国人素无民族自觉心，亦极淡漠于国事，吾人欲领导民众出于当前无希望之纷乱之境，非以充分之权力赋予一人而奉之为领袖不可。中国实行法西斯主义时，最适当之领袖，非蒋中正先生莫属。每一领袖皆有其自己之缺陷，此种缺陷，即（蒋）总司令亦有多人认为难以避免。唯其如是，故吾人不能不忘其缺陷，而在全国统一及民族复兴之意义

1934年3月，张学良就任三省"剿总"副司令。

上接受其领导。诸君如谓蒋先生之行政不良，则吾人应助之使良，如吾人不能如此，是吾人自身之过也。

　　张学良发表谈话之际，正值国民党军队在江西发动第五次"围剿"和共产党反"围剿"激战拼杀之时。此时，张学良身为国民党军政大员，"剿匪"副司令，呼吁停止"自相残杀"、"国共合作"、一致对外的抗日救国主张，公开坦言告诉世界电讯社记者，足可见其抗日爱国之耿耿忠心。自九一八事变后，在国共两党掌握军政实权的高层人士中，如此公开而明确提出这一救国主张的，张学良实为第一人。

　　张学良发表谈话的第二天，即6月8日，汉口的英文版《自由报》发表了《张学良关于国共联合抗日主张》的谈话内容。同日，日文报纸也发表了张学良的讲话。而中文报纸《大公报》却在观望了八天之后的16日、17日才披露张学良上述"非同寻常"的谈话内答。

开男女混泳之先河

我听说武汉大学新建了东湖游泳池，全身都痒痒了。

这次来游泳，除了张群外，钱大钧等人都携夫人来游泳了，我想要各位夫人带个头，女性也有游泳的权利嘛。

——张学良

1934年3月，张学良在武昌总部军务十分繁忙，但是还挤出时间到武汉大学向该校的体育主任袁浚学习游泳。

5月16日，武昌举办华中运动会。这天上午竞赛尚未开始，运动场内空空无人，各校学生都围观在运动场四周。这时，张学良一个人从东边进入运动场。他光着头，穿敞领衬衫和西装，面带微笑，向大家频频招手，场内立时响起掌声和欢呼声，热烈欢迎他从国外归来。张学良以这次运动会的名誉会长身份，在开幕式上致辞。他说：

今天是第五届华中运动大会开幕之日，湘、赣、皖、鄂，集合一场，各显身手，希望各位运动员，自今日开始，不以一试为止，自后愈益努力练习，到远东运动会去，到世界运动会去，夺得锦标，为国家增光，涤除东亚病夫耻辱。再者，各位锻炼体育，尤其注意于群育，造成国家之代表，人民之模范。今日各位集此，即系代表各省群众，吾人今日勉励于运动会同人及各位运动员者，计有三点：第一，运动员须绝对服从大会裁判员之裁判，遵守纪律；第二，运动员胜勿骄，败亦勿馁。当胜负系一时，成功在平时，勤加练习；第三，大会职员，须大公无私，不能稍存意见，及省城之分。今日时间已久，不能与各位多谈，谨祝各位运动员和本次大会圆满成功。

同月下旬的一天，张学良第一次到武汉大学游泳。下水前，他兴致勃勃地和袁浚谈到在葫芦岛学游泳的趣事。那是1930年，他在葫芦岛看到海军士兵在大海上畅游，非常羡慕，下决心学会游泳。开始学游泳时，他是在军舰上用绳索系住身体，让警卫员把他吊入海水里游，经过无数次练习，他就甩掉绳索，在海水里游几十米远。在葫芦岛期间，少帅几乎每天要下海游上几十分钟。他对袁浚说："我听说武汉大学新建了东湖游泳池，全身都痒痒了。"陪同少帅前来的钱大钧、张群等人，听了张将军的话都笑了。

初夏的武汉大学东湖，风景秀丽诱人，湖水清澈得见底，环境幽雅而恬静。张学良兴高采烈地说："这儿和大海相比，真是另有一番情趣呢！"他一边说，一边脱下军装，不等众人脱完衣服就率先跳进湖水里。

张学良想重温年轻时在海上游泳的技巧，好好享受一番游泳的愉悦，然而多年没游了，加之湖水没有海水的浮力大，他的旧技遗忘许多。此时，他感到身体在慢慢地往下沉，幸亏水浅，双脚踩在湖底上才未出问题。尽管如

张学良与阎珣、阎玕在海中同游。

此，岸上的钱大钧、张群和袁浚等人都虚惊不小。

几天后，张学良将军带一行人又来武汉大学游泳。他对众人说："这次来游泳的人，除了张群外，钱大钧等人都携夫人来游泳了，我想要各位夫人带个头，女性也有游泳的权利嘛。"这消息像生了翅膀，迅速在武汉大学传开。特别是要员的夫人们也来游泳，更引起全校师生尤其是女生的极大兴趣。他们纷纷赶到游泳池附近，在警戒线以外围观。原来，在20世纪30年代的中国，许多

人仍认为女人游泳是有损"国风"的事，就连武大这所高等学府也不例外。校方规定：禁止女学生游泳，不开女学生游泳课。

少帅这次携赵一荻及高级军政人员与夫人到此游泳是有目的的。张学良首先让赵一荻小姐下水给众人表演游泳，尔后又带头跳入水中游起来。在少帅的带动下，众人及夫人也都下水游起来。张学良在东湖精心导演了一场男人和女人在一池水中畅游的喜剧，使"不准女学生游泳"的禁令不攻自破。

事后，大学体育系主任袁浚借少帅之"东风"，再次向校方递交了建议开设女生游泳课的报告。校方面对现实，只得同意袁浚的建议，但却定出几条规章制度：一、女生游泳课由袁浚一人亲授；二、女生上游泳课时，男生不得擅自逗留池边；三、女生必修游泳课，成绩合格者方可毕业。

这年暑假，武汉三镇学生在武昌右旗集中军训。开学的一天，张学良应邀于开学式上讲了话。由于没扩音器，少帅只好尽量放大声调讲话。同学们对声音清晰、仿若文人的少帅感到新奇，令他们难忘的是眼前的将军并没有训话讲大道理，而是亲切地讲了一些自己年轻时在学校里的趣事。当时，同学们和全国人民一样都在议论"独裁"，便问少帅什么是"独裁"。张学良对同学们的提问胸有成竹，因为他在意大利亲眼看到独裁的头子墨索里尼。他很爽快地说："'独裁'，简单地说就是：讨论是大家的，决定是个人的。"同学们对少帅的快人快语报以长时间的掌声。

张学良在西安，经常坚持室内游泳。他还鼓励赵四小姐和他一起下水游泳，打破了当时女子不得下水游泳的封建思想禁锢。同时赵四陪伴张学良游泳，也为其锻炼身体增添了一分情趣。

首创游泳横渡长江

各位体育锻炼，尤其注意于群育，造成国家之代表，人民之模范。今日各位集此，即系代表各省群众，吾人今日勉励于运动会同人及各位运动员：

胜勿骄，败亦勿馁。

在比赛这天，所有船只不得通行，外国船只也不例外！

——张学良

长江浩浩荡荡，自古就有"天堑"之称。在中华民族的历史上，最早发起并组织"横渡长江运动"的人就是张学良。

张学良开始学游泳是在1929年的夏天。当时他父亲张作霖已经作古，少帅一人承担着统率东北军的重任。为振兴东北军，张学良在葫芦岛视察东北海军军事演习时，忽然有了下海学游泳的念头。

第一次练习游泳就下滔滔大海，这对还不会游泳的张学良来说，无疑是个挑战。不过他根本不惧怕大海，相信只要认准了学游泳，就一定要学会，不然就绝不收兵。

部属们听说张学良要下海，纷纷前来劝阻。他们认为在不具备游泳知识的情况下，张学良跳进海水中学游泳，会有生命危险。万一如此，数十万东北军将士将何去何从？

张学良对部属们的担心相劝，不动声色地说："大家不要担心，我一定会注意安全的。"部属们看他坚持己见，只好作罢。

张学良学游泳前，先找几位善水性的部下，制定了海上练习游泳的方案，即在张学良下海时，先用两根粗绳子将他的腰身拴住，然后再派十多名善游泳的士兵，簇拥在张学良左右，使他在大海里学游泳时，随时获得士兵的保护。

张学良批准了这个方案，他在绳索的悬吊保护下，开始在海边浅水区练习浮沉。练了几个来回，张学良觉得不过瘾，坚持要一个人到深水区去试游。部下和担任保护的士兵们见状，纷纷上前劝阻，怎奈张学良是个不撞南墙不回头的硬汉，仍然要坚持进入深水。

不过，在大海学习游泳，即便有人保护，也无法自如。每次下水，最多只能在海里游半小时，很快就被海浪给掀进波峰浪谷中去了。尤其是傍晚涨潮时，一排排浪打得张学良几次陷身海底，但他挣扎出来后仍然顽强地向深海游去。

由于天降大雨，张学良在葫芦岛只练了五天，就中断了练习。但张学良并没因第一次失败就丧失信心。虽然因军务繁忙暂且中止了游泳，他心里却一直在盘算有一天再下大海。

1934年夏天，张学良旅欧考察军事归国后，奉蒋介石之命驻守武汉。一天，他眺望浩浩荡荡的长江时，蓦然想起当年在葫芦岛海中学游泳的往事，从心底萌发了学习游泳的欲望。

他向部属说了自己的想法后，立时有人劝阻他："长江水比葫芦岛的海面还宽，浪头大水流急，千万不要冒险啊！"

然而，张学良决心已定。于是，他开始研究在何处下江练习游泳比较合适。

这时，有人向张学良介绍武汉大学体育系主任袁浚教授为教练。袁浚的游泳技术特别高超。袁浚在武大体育系培养出一批游泳水平相当高的学生，这些人平时都常随袁浚到长江里劈波斩浪。

于是，张学良亲自到武汉大学拜访袁浚。袁浚听说张学良在葫芦岛学练游泳的经过，从心里佩服张学良征服大自然的勇气和喜欢体育的热情。他告诉张学良："到长江里游泳当然不是做不到，可是如果想马上下江游泳肯定不行。最好的办法是先有一个锻炼的过程，等游泳技巧达到我学生的水平，我肯定会陪同少帅一起到长江里游泳的。"袁浚还表示只要张学良肯吃苦，他就一定能教会这位特殊的"学生"。

就这样，张学良在袁浚的指导下，在武汉东湖学习游泳。由于袁浚游泳经验丰富，张学良很快就掌握了游泳技巧。当年8月上旬，张学良经过一个月训练性试游，就能在东湖中畅游了。

8月下旬，张学良在袁浚等人的协助下，亲自到长江的波峰浪谷中泅渡。当时，浩浩长江，风浪骤起，巨浪滔天，在江中游泳随时都有生命危险。然而，这时张学良的游泳技术已练得很好了，所以他敢在长江大风大浪中泅渡。

1935年9月，张学良的旧部袍泽都惊奇地发现，少帅因受鸦片烟毒的侵害，即便白天也哈欠连连。如今张学良因游泳改变了身体状况，变得健壮、神采奕奕了。人到中年的张学良也深感游泳给他带来了快乐。

9月9日，张学良为了洗刷"东亚病夫"的奇耻大辱，提议在长江上举行一次全民性的横渡活动。张学良的提议，得到上下一致称赞和拥护。当时，武汉大学体育系师生有几十人报名参加。张学良提倡横渡长江游泳运动，这在中国体育史上也是第一人。

9月14日，武汉首次举行了张学良倡导的横渡长江的游泳比赛。这是震惊中国近代体坛的一个壮举。比赛前，担任总裁判的袁浚主任担心地问少帅："横渡长江时，按比赛规定，所有船只必须停止航行，那些外国商船怎么办？"

张学良坚决果断地回答："在比赛这天，所有船只不得通行，外国船只也不例外！"

这天上午10时，长江碧波万顷。可听说张学良也要下江游泳，顿时惊呆了他身边的许多部属。毕竟长江从古至今没有横渡的先例，所以众多将领和湖北省主席张群等人，纷纷赶来劝阻。可是张学良却说："没关系，如果我真在长江里发生意外，也好当作一个教训给国人。可万一我横渡成功，那就是对国人体育运动的一个鼓励。再说，我枪林弹雨都闯过来了，难道还怕在长江里游泳吗？"众官见无法相劝，只好作罢。

原来，张群知张学良渡长江，觉得万一出事自己有责任，于是事前派人下水，摸清了水底的情况。最后选定汉阳江边的渔人码头作为张学良的起游点，此地除水势稍缓之外，还考虑到汉阳江畔没有居民住户，一些渔船也在事前做了疏通。

11时，张学良率先在从武昌黄鹤楼下水，参加横渡长江比赛的44名游泳健儿紧随其后，开始横渡长江。张学良劈波斩浪地向对岸游去，其身边簇拥着30多名精善水性的兵士，他们在他身边自动形成一个大大人圈，准备一旦出事可就近抢救。游泳健儿后面还紧随一艘随时担任救应的船只，以保他们的安全。

这次比赛，使武汉三镇为之轰动，围观助兴者人头攒动，人声鼎沸，盛况空前。外国船只虽然蠢蠢欲动，但在张学良的威严命令面前只得乖乖停泊在港口码头边。

最后，有39名横渡长江的游泳健儿游到终点。张学良激动地把一枚刻有"力挽狂澜"题字的银质奖章授予横渡长江比赛的优胜者：一位鞠姓士兵。

这位士兵叫鞠华祥，20岁，是武汉警备旅的战士。他满含激动的泪花向张学良将军庄重地敬了军礼。

翌年9月20日，张学良又主持了第二次武汉横渡长江游泳运动，参加游泳的健儿多达两千余人。其场面壮观感人，令国人振奋！

立志收复失地，痛饮黄龙府

国家必须统一，才能抵御外侮。

你们（东北军校官）到庐山受训，路经汉口。我设宴款待，略尽东道主之谊。席上虽然备有名酒，但今天你们不能喝。我们今天要效法古人岳飞痛饮黄龙的壮举。我将此酒赠送你们每人两瓶，请带回妥为保存。等待时机，我誓率东北健儿披甲还乡，收复失地。那时用此酒与诸位痛饮于鸭绿江边，以洗强加在我头上"不抵抗将军"的耻辱，以谢国人……

——张学良

1934年7月25日，张学良正在准备去陕西事宜，忽然接到蒋介石电令：东北军少校以上的军官，赴庐山军官团受训。7月27日，东北军少校以上军官在汉口汇合，再乘车去庐山。这些军官在汉口下车后，聚合在汉口银行公会聆听副司令张学良的训话。

张学良说："……诸位有的是我的部下，有的是我的老朋友，有的是我的学生，有的是我的新朋友，无论是旧的关系或新的关系，我都愿以国民的资格，和诸位说良心话。"

首先，张学良讲道："国家必须统一，才能抵御外侮。"他说，"我生长在东北，在座的也有东北人，在多少年前我们所眼见的和身受的帝国主义的压迫与侵略，就使我们无时不在想如何才能表现出反抗力量？深知道那必须要每一个人都能具有国家思想，见仁见智，纵有不同，而其设欲解除帝国主义之束缚，则非把国家统一力量集中不可，这确已成为人所共喻的前提。老实说，就是用国家整个的力量去一致对外，是否能解除帝国主义的束缚，都不能具有绝对把握；如以支离破碎之局，谋其御侮，谈何容易？'拥护国家统一'，可以说是我生平一贯的主张，过去的已有事实证明，今后我更要在这方面尽最大努力。"

张学良在谈到今后的工作时说："我已决心来改善东北军……诸位在东北军任政训工作，将及一年之久，对于东北军必已具有相当认识，军队的弱点，诚然不少，这也毋庸隐讳。东北军一般的知识、精神、军容、器械，也未必后人，唯其一般的行为趋于浪漫，染有嗜好，确已造成了过去的严重错误。然而这个责任应当由我来负百分之九十五，因为多由于我个人过去的不检点，过于溺爱了他们，而致领导错误，虽不能说我个人的一切言行足以支配了整个东北军，但至少是可以给他们极大的影响。在今天，我已经觉悟了过去的错误，决心走向新的途径，一面要切切实实地管好我自己，一面要领导我的部下重新做人，总想做到'仰不愧于天，俯不愧于人'的地步。我常想：我们不也是圆头方趾吗？我们能永久忍污含垢吗？我深信如果能痛下最大决心拼命领导我的部下，总可以使得他们彻底改变，而且终会健全起来。同时，我更敢信迟早必有雪耻的那一天！"

张学良强调："要想彻底改善军队，必有赖于政训工作的推行……最重要不外这两项：（一）统一军人的思想，也就是树立一个中心思想，明确了他们的信仰，使其思维言行有所适从。（二）提高军人的国家观念和民族意识，而且能使其切实明了国内外大势，廓清了往昔封建军阀所有传统遗毒。政训人员的工作果能完成这两个要旨，即可谓无愧于天职。"

在谈到"为国家服务和应有的认识和精神"时，他说："救国更须从大处着眼，从小处做起。……我切望我们的同志都能切实觉悟，要以身作则，要为国家服务。"

张学良最后总结说："诸位此次回到部队，工作推行定能顺利。要注重潜移默化之方，万不可操之过急，因为军队中的一切弱点，既不是一日造成的，也就不是一日能够去掉的。必须痛下训导功夫，切记不要让他们作伪，慢慢地自然会彻底改善了。更应当注意的是军队中的官兵纵然幼稚，假设双方都幼稚，则结果徒增无谓纠纷，多给长官增加苦痛与烦恼。切盼你们能体谅长官的一番苦心和对于诸位的希望！余如关于工作的内容方面，应当如何去实施，诸位比我知道的还要多，自毋庸多说。总之，在原则上知所遵循之后，工作推行如何，就全靠诸位自己努力了。"

会后设宴款待受训军官。张学良身穿黄色军装，佩戴上将军衔，精神抖擞，走进宴会大厅。全体军官起立，向少帅致敬。张学良挥手让大家坐下。按惯例，像这样的宴会开始时，大家要干杯，酒由副官按宾主席位依次斟满。可是眼下，副官不仅没给大家斟酒，而且酒瓶盖也没打开。众军官不解其意。

这时，王以哲小声对少校连长孙德沛说："你是副总司令的学生，问问，这酒让不让喝？"孙德沛当即站起来，立正敬礼说："报告老师，这酒可以喝吗？"

张学良坐在位子上，看了看孙德沛，先示意让他坐下，然后站起来，态度严肃，声音低沉，发表了即席讲话："九一八事变以来，国人称我是'不抵抗将军'，我蒙受了如此不白的耻辱。我为什么不抵抗？苦衷难言。1931年9月18日，日本占领了沈阳。我接到蒋委员长的紧急电令，电文内容是：我国遵守非战公约，不准衅自我开。当时，我立即召开高级将领会议，共商对策。从政治和战略上分析，敌强我弱，假如违令抵抗，孤军作战，后继无援。其结果不仅有可能全军玉碎，还恐怕给东北同胞带来战祸，造成极大的灾难。为了避免无谓的牺牲，保存实力，所以汉卿忍辱负重，暂率东北军退出东北，卧薪尝胆，同仇敌忾，整军经武，提高部队素质，有朝一日打回老家，消灭日本侵略者……你们到庐山受训，路经汉口。我设宴款待，略尽东道主之谊。席上虽然备有名酒，但今天你们不能喝。我们今天要效法古人岳飞痛饮黄龙的壮举。我将此酒赠送你们每人两瓶，请带回妥为保存。等待时机，我誓率东北健儿披甲还乡，收复失地。那时用此酒与诸位痛饮于鸭绿江边，以洗强加在我头上'不抵抗将军'的耻辱，以谢国人……"

张学良慷慨陈词，声泪俱下。在座的军官皆来自东北，听了少帅的话倍感亲切，大家都流下热泪，决心牢记少帅的教诲，追随他披甲执戈，打回老家去，消灭日寇。

被逼无奈，忍痛处死"老师"

老潘（冬舟）现在是我的老师。老潘不是教我俄文，是给我讲辩证唯物
主义、《共产主义ABC》、《资本论》等。

——张学良

1934年9月间，张学良为效仿德、意法西斯那一套，拥护蒋介石为领袖，组织了四维学会。

这时，在苏联塔斯社任记者的刘尊棋欲拜访张学良将军，便找留苏时的朋友潘冬舟帮助。潘冬舟是张学良的机要秘书，他和机要组长黎天才共同将此事安排妥当。刘尊棋便从北平赶到武昌徐家棚张学良总部，见到少帅，说明来意。张学良欣然接受刘尊棋的采访。

他们落座后，张学良指着潘冬舟秘书对刘记者说："老潘现在是我的老师。"

刘记者问："什么老师？您在学俄文吗？"

张学良答："不，老潘不是教我俄文，是给我讲辩证唯物主义、《共产主义ABC》、《资本论》等。"

原来，张学良正在读上述书，想从中了解一些对他有益的东西。他好学不倦，曾用较短的时间，从师潘冬舟学习了辩证唯物主义、布哈林的《共产主义ABC》、列宁的《左派幼稚病》及《资本论》。

在交谈中，刘尊棋向张学良将军反映了东北流亡青年的苦闷与苦状，反映他们反对消耗东北军力去打内战。

刘尊棋说："东北流亡青年非常苦闷，犯愁的是没有人出头，带他们打回老家去。他们现在唯一指望的，就是您和您手下的十几万东北战士！"

刘尊棋说到这儿停了片刻，又继续说："有这十几万战士，您才做了副司令。可是，在打内战中，他们肯定是越打越少，剩下不到一半人，恐怕您这个副司令也得换别人了。但是，如果您不打内战，而是打日本，打回老家去，那么，东北军就不会越打越少，而是越打越多！"刘尊棋接着劝说张学良应当停止内战，中国人不打中国人，要打日本，打回老家去。

张学良听了刘记者的这席话，很激动，但他并没有多说什么，只说："这也得看大局。"然后，他问刘记者：如果中国打日本，"老毛子"（苏联）可能采取什么态度？刘尊棋向张学良谈了自己的看法。

张学良接见刘尊棋记者后不久，蒋介石的特务机关发现潘冬舟为中共提供情报。蒋介石下令处决潘冬舟。张学良被逼无奈，忍痛执行了蒋介石的命令。

醒悟："剿共"与抗日不能并存

（共产党）在此之际，先后将俘我之官兵，陆续释回。并声言不再敌视东北军，因东北军的官兵，多怀抗日热心，与中国共产党的抱负是一致的，可称为同路人，目下与共产党对敌者，非本愿也。

——张学良

1934年10月间，中共红军开始了震惊世界的二万五千里长征。此间，在鄂豫皖苏区活动的红军第二十五军已突围远征，并于1935年1月间进入陕南山区，开展游击战争，创建了新的革命根据地。面对这种形势，蒋介石重新制订了他的军事计划：决定用嫡系军队跟踪追击共产党中央红军；调东北军到西北方面，企图以这两把钳子夹击北上抗日的红军。

1935年2月5日，蒋介石召张学良赴庐山，限他在三个月内肃清共产党在陕南山区的红军。同月25日，蒋介石又召张学良在汉口接见东北军将领于学忠、王树常、万福麟等人，并部署了东北军移防驻地计划。

2月28日，蒋介石撤销了鄂豫皖三省"剿匪"司令部，改设为军事委员会委员长武昌行营。3月1日，张学良被任命为该行营主任。6月3日，张学良奉命由汉口抵达成都。蒋介石命令少帅将东北军第五十一军向河南、陕西移动。此前，5月29日，日本方面蛮横提出罢免河北省政府主席于学忠（字孝侯，东北军第五十一军军长）。蒋介石屈从于日方要求，致电张学良，征求同意。张复蒋电称：

中国的封疆大吏，不应以外人的意见为转移，如此例一开，国将不国。

此事所关孝侯的事小，而对于国家主权攸关的事大。

蒋介石装作没有收到此电的样子，硬是将于学忠及其部队调防川陕甘边区。此时，蒋介石已开始陆续调动东北军驻防西北。他的目的是借东北军消灭共产党红军，同时也削弱东北军；东北军驻防西北，又可以使陕西的实力派首领杨虎城与张学良互相牵制。

1935年9月13日，古城西安秋高气爽，天空碧净无云，太阳明亮而温暖。一架美制"波音"飞机降落在西安机场。当机舱门打开时，年仅35岁的张学良将军出现在舱门口。他神采奕奕地走下舷梯，身旁伴随的是风姿绰约的女秘书赵一荻小姐。随机同来的还有张学良的两名参谋和两位副官。他们一下飞机

1934年春，张学良与新任武汉警备司令陈继承（左一）合影，右一为张群。

就受到西安绥靖主任杨虎城夫妇、陕西省主席邵力子夫妇等人的热烈欢迎。

张学良这次带东北军来西安，是奉蒋介石之命，以副总司令的身份部署对陕甘宁红军的"围剿"，并在此处设立"西北'剿共'总司令部"，代行蒋介石的总司令职权。这样西安绥靖公署新城大楼里，一下子住进了大批机关人员。张学良将总部设在国民党陕西省党部的南院门。少帅在新城大楼住了大约半个月后，搬进自己买的地处东门里金家巷的公馆里。

张学良到西安后，与杨虎城、邵力子及西安人士交往十分频繁，还多次接见开赴西北经过西安的东北军，每次接见时都发表长篇讲话，鼓吹部队将士要为"平定内乱"而冲锋陷阵。此时，他把"抗日"、"打回老家去"的希望寄托在"剿共"胜利之后。

时值深秋，游览华山时，张学良诗兴大发，吟诗感怀道：

极目长城东眺望，

江山依旧主人非。

深仇积愤当须雪，

披甲还乡奏凯归。

在张学良的东北军向共产党红十五军团发动的进攻中，少帅的第一百一十师和第一百二十九师攻占了红军有意空出的延安。于是，东北军官兵便陷入没有棉衣御寒、没有粮食饱腹的困境。

9月下旬的一天，东北军将领王以哲派营长陈镇藩率五个连人马，到甘泉城接运从西安运来的棉衣、粮食、草料，被红军第十五军团围困。

10月1日早晨，张学良接到蒋介石从成都发来的电令："积极进剿。"翌日，蒋介石兼任西北"剿共"总司令，张学良被委任为副总司令；设在西安的"剿共"总司令部由张学良指挥。于是，少帅电令第一百一十一师南下，迅速解决甘泉之围，然后退兵至富县。何立中师长率第一百一十一师由延安南下，经崂山时遭到徐海东、刘志丹领导的红军伏击。双方经过六个小时的激烈战斗，红军歼灭东北军第一百一十一师两个步兵团和师直属队，俘虏三千七百多人；东北军何立中师长颈部中弹逃跑后毙命，参谋长范驭州被击毙，团长杨德新临阵自戕，团长裴焕彩被俘。

10月7日，蒋介石亲临西安，同张学良商谈西北"剿共"计划。26日，红军第十五军团向榆林桥镇的东北军发动进攻，全歼东北军四个营，并活捉张学良心腹团长高福源。

东北军在崂山、榆林桥战役的惨败，使张学良受到了很大的震动，打破了他信奉蒋介石的"'剿共'胜利后再抗日"的梦想。并且，他对蒋介石的"平定内乱的国策"产生了怀疑和动摇。这时候，张学良将赴南京参加国民党四届六中全会和"五大"会议，大约需要一个月的时间，他对前线形势很不放心。

10月29日，张学良赴南京。临行前，他亲自驾驶飞机到庆阳，告诫部下董英斌："你这个梯队须暂缓前进。部队何时开动，须听我的命令。"他还嘱咐部下，没有他的命令，不许轻举妄动，尽量避免与红军交火。

然而，在张学良到南京后的11月中旬，董英斌得到"剿共"总部的命令：部队东进，以解甘泉之围。于是，董英斌命所部第一百〇九、第一百〇六、第一百一十一师分前后一字摆开，浩浩荡荡向富县进发。21日，第一百〇六、第一百〇九师进到离直罗镇二十里处向红军发动进攻，结果第一百〇六、第一百〇九师被红军全部歼灭，师长牛元峰阵亡。

在不到三个月的时间里，东北军损兵折将近三个师。为此，蒋介石对张学良大为不满。在南京开会期间，张学良不仅遭到蒋介石的冷遇，还受到国民党要员的讽刺、挖苦。少帅想到来南京时，在机场上蒋介石对他冷冷清清的"礼遇"。那天，只有他的原参谋长钱大钧一个人来迎接他，这情景与他刚当陆海空军副总司令时受到的声势浩大的迎接场面，可谓天地之别。

国民党第五届全国代表大会于11月12日至23日在南京举行。会上，张学良提议："现在全国有几个省旱情严重，灾民极多，我们应提倡不互相宴请，将省下的钱赈济灾民。"话未说完，蒋介石的嫡系陈诚、汤恩伯等人发出"嘘嘘"之声，有的人甚至拍桌大骂："这里哪有你这'不抵抗将军'的发言权！"在喧扰声中，少帅被轰下台。

当天晚上，张学良到冯玉祥住处，倾诉委屈："我在南京待不下去了。当年并非我不抵抗，是上峰下死命令不准我抵抗的呀！现在，他们一伙人反咬一口，诬我为'不抵抗将军'，把罪过推到我一人身上，我真是有冤无处申呀！"冯玉祥听后，非常诚恳地对张学良说："汉卿，不要难过，你的苦处我很清楚。谁是谁非，事情总有大白于天下的一天。杀死你父亲的是日本侵略者，国仇、家仇都要找日本侵略者清算，你为什么屈从于某些人的旨意，放着日寇不去打，却去打中国共产党？共产党领导的红军是打不完、杀不绝的，不是有人'围剿'了多少年也失败了，反而使红军愈'剿'愈多吗？我可以断言，共产党不会被剿灭，到头来你张学良却要垮台，千万不要上别人的当。汉卿，大叔之言，你要深思。来日方长，好自为之吧。"冯玉祥的肺腑之言，张学良听了极为感动。临别时，他十分动情地说："大叔的话，学良明白。国仇、家仇一定要报。大叔，你以后就看我的行动吧！"

12月9日，北京大中学生为了反对日本帝国主义侵略华北和华北政权特殊化，爆发了一二·九抗日示威游行，掀起了全国抗日运动的新高潮。这使张学良想道：在日本要灭亡全中国，全国人民要求抗日的局面下，自己本应该站在抗日的最前线，但是自己几年来总是把抗日的希望寄托在蒋介石的身上，服从了"攘外必先安内"、"要抗日必先消灭共产党"的命令，从而导致丧失了东北，离开了华北，帮助蒋介石打共产党，落得个中国之大无立足之地，还要遭受国人的唾骂。他想到，共产党的抗日救亡运动和自己收复东北的抗日要求是一致的，况且红军经过二万五千里长征的艰苦历程，还能

1934年6月，张学良与蒋介石的合影。

以劣势之武装击败自己装备优良的东北军，这样的军队是不可战胜的。自己为什么要与共产党为敌呢？少帅思前想后，最终想到了因从事抗日活动而在上海被监禁的杜重远。

"中华职业教育社"的永久社员

兹派本行营（国民政府军委委员长行营）第四处杨秘书为桢届时代表前往，检同报到表函达，即请查照是荷。

——张学良

1935年7月19日至21日，中华职业教育社在青岛召开第十五届社员大会暨全国职业教育讨论会第十三次年会。会前，职教社向社员张学良将军发出会议通知书。

张学良身为副总司令，对邀请赴会之事极为重视，亲笔签名，函复中华职

教社称：

　　顷接大函，以七月十九日起举行十五届社员大会承属推派代表到会，感纫实深。兹派本行营（国民政府军委委员长行营）第四处杨秘书为桢届时代表前往，检同报到表函达，即请查照是荷。

此致

中华职业教育社　张学良　启十七日

　　会议期间，张学良的代表杨为桢曾询问张学良与中华职业教育社是何种关系。后来，他又于8月6日致函职教社说：

中华职业教育社公鉴：

　　敬启者，目前鄙人代表张副总司令出席青岛年会时，曾向江问渔先生（职教社办事部主任）询及张副总司令在贵社中之名义永久社员或他种地位。此承江问渔先生允函总社查询，至希早日函示，以便回汉，复命为盼。青岛会后，刊物如大会记录、照片等件，亦希掷寄，高此即颂公祺。

杨为桢 启

八月十六日由青岛

　　8月13日，中华职业教育社函复杨为桢先生，明确回答张学良将军是职业教育社的永久社员。同时随函寄去有关情况：

汉卿先生大鉴：

　　敬启者，此次本社举行第十五届年会于青岛，荷蒙先生特派代表杨为桢君到会参加讨论，仰见热心社务，不遗在远，曷胜感奋。本届年会共到会员两百余人。会期三日，精神甚好，杨君度已详细报告矣。一俟月刊年会专号出版，再行寄请台教。此复并希时赐箴言，以匡不逮。

中华职业教育社谨启

经查，在中华职业教育社历史资料中，最早的一份社员清册，即1929年3月编印的清册，永久社员表中，张学良名列其中。

1935年2月，蒋介石从南昌到武汉，张学良到码头迎接。

张学良全传

Biography of Zhang Xueliang

第四编

"西安事变"前后

探新路，秘密寻找共产党

李杜派驻西安之代表名刘鼎者，……由刘鼎之介绍，在上海自称为中国共产党负责者的一个人，愿同我一谈。（此人非潘汉年）相谈之下，不得要领。此为我第一次与中国共产党人发生接触也。而后同中共的联络，多由刘鼎奔走。

——张学良

杜重远是辽宁怀德县人。1926年，他在沈阳创办肇兴窑业公司，与张学良结识，从此与少帅的关系甚好。九一八事变后，因窑业公司破产，他到上海一面办企业，一面从事抗日救亡运动，与邹韬奋、胡愈之等人友情甚笃。他任《新生周刊》总编辑期间，大力宣传抗日。1935年5月4日，因在该刊上登出《闲话皇帝》一文，揭露了日本军国主义的侵略阴谋和国民党政府的卖国行径，日军以"侮辱天皇"罪向国民党政府提出严重抗议。杜重远因此被判处一年零两个月的徒刑。1936年，他在服刑期间患病，获准保外就医，移居上海虹桥疗养院，由法警监守。

张学良认为，杜重远在上海一定结识了许多爱国进步人士，在政治上一定有好的见解。于是，他在国民党"五大"闭幕后，就秘密去上海，设法约见杜重远。一天黄昏，少帅独自驱车到虹轿疗养院附近，把汽车停在马路转弯处的小树林边上，等着从疗养院出来散步的杜重远。然而此时，杜重远已买通看守，回家过周末去了。张学良探知此情，立即驱车赶到杜重远家中，两人终于见面。

在会晤中，张学良将自去年冬从意大利回国后宣扬法西斯主义，拥护蒋介石做领袖，违心服从蒋介石打共产党，希望国家统一后再抗日的做法坦率地全部说出来。然后，他向杜重远征求意见，请求指点。

杜重远听了张学良的话，建议：为了拯救东北三千万名同胞，为了东北军的前途，为了少帅个人的荣誉，必须下决心抛弃以前的错误做法，走联合抗日的道路，实现西北大联合，共同抗日。杜重远分析了实现上述联合的三个有利条件：第一，中国共产党不久前发表了《八一宣言》，主张停止内战，一致抗日；第二，陕西杨虎城将军有抗日思想，其部下有些人主张抗日；第三，新疆盛世才是东北人，他利用地理形势，与苏联的关系搞得很好。这三个条件是实现西北各方政治力量大联合共同抗日的基础。

张学良对杜重远精辟的分析表示赞同。他对联合杨虎城、盛世才信心十足，但对联合共产党还存有顾虑。杜重远针对少帅的这个顾虑说："共产党是忠实于自己的政治主张的；在中华民族面临亡国的危险时刻，能主张同一切愿意抗日的力量团结起来，足以看到其诚意，是不容怀疑的。"

张学良是一个有爱国思想、秉性爽快的人，听了杜重远这番话，打消了疑虑，决心联合抗日。在上海，少帅还约见了从苏联回国的东北义勇军将领李杜，寻求和共产党联系与沟通。张学良知道，李杜自从在东北抗日失败后，退到苏联境内，同共产党组织有接触，回到上海后，很可能仍和共产党保持着联系。

张学良同李杜会晤时，向其郑重表示：愿意在西北与红军联合抗日，希望能同共产党的负责人商谈这个问题。他请李杜帮助自己寻找共产党的关系。李杜听后，欣然表示一定相助，待找到共产党关系后设法通知他。

张学良在上海秘密会见了杜重远、李杜之后，约在年底回到西安。这时，他对能否联系到共产党很担心，因为与共产党商谈联合，是实现西北联合抗日的关键，所以他非常盼望能及早与共产党联系上。为此，少帅除了静候李杜的消息外，又想到了两条线索。

张学良想到，北京一二·九学生运动是共产党领导的，而东北大学的学生又是积极参加这次运动的重要力量，自己作为校长也许能从东北大学内找到共产党的关系。少帅回到西安后，立即召见了东北大学救亡工作委员会派到西安的学生代表宋黎等三名学生。宋黎向少帅报告了一二·九运动的详细经过和当前全国抗日运动发展的新形势，还讲了东北人民在日军铁蹄下的亡国奴生活，激愤泪下，使张学良大受感动。在和宋黎谈话的三个半天时间里，少帅从他的言谈、态度、思想、观点上看出，眼前的这个学生不只是位进步青年，而且很可能就是共产党的人。最后，少帅诚恳地问宋黎："你是不是共产党？"宋黎确实是共产党员，但眼下他还不能暴露身份，所以回答："我不是。"但是，张学良断定宋黎同学肯定是共产党员，本想把自己找共产党的心事告诉他，可考虑到宋黎的共产党员身份尚未证实，不便把这重大的机密暴露。于是，少帅把宋黎留在身边当秘书，打算经过考察后，再把大事托付于他。这是张学良借以找到共产党的一条线索。而另一条线索就是他想通过东北军前线部队与红军接触，取得与共产党的联系。

对于同共产党人的交往，张学良在给蒋介石的《杂忆随感漫录》中写道：

我在鄂时，东北抗日宿将李植初（杜）曾向我吐露，彼仍欲返回北满，再从事抗日活动。我甚为赞许，彼请求三事：（一）返北满必须假道苏联，现在北满已有中国共产党活动，因此必须同中国共产党取得联系。（二）路费及活动的费用。（三）由我选派文武二人，随彼前往，帮同办事，并任联络。我皆应允。我遂征询总部秘书应德田、前吉林旅长赵毅二人之同意，愿去北满工作。彼等行在德国，停留相当的时日，受阻不能通过苏联，不得已而返。应、赵二儿仍归回总部工作。

李杜派驻西安之代表名刘鼎者，……由刘鼎之介绍，在上海自称为中国共产党负责者的一个人，愿同我一谈。（此人非潘汉年，恐即饶漱石，如今已回忆不清楚了。）相谈之下，不得要领。此为我第一次与中国共产党人发生接触也。而后同中共的联络，多由刘鼎奔走。

财政部曾派一专员持公函来西北总部见我，并出示孔庸之致我的私函，请我帮忙此人要到"匪区"去调查经济状况。我十分诧异，再三询问，该员不肯将实情告诉给他。彼言，上海之人，恐是不能负责，彼必将此事转达"匪方"。我遂令王以哲将彼送入"匪区"。当彼返来时，告诉我说，彼之接洽有相当的眉目。

"共匪"在此时际，先后将俘我之官兵，陆续释回。并声言不再敌视东北军，因东北军的官兵，多怀抗日热心，与中国共产党的抱负是一致的，可称为同路人，目下与共产党对敌者，非本愿也。

于二十五年夏间，我得王以哲、刘多荃由洛川来电报告，言"共匪"派来代表到彼军中，请求与我相见，可否请我莅洛川？我复电允诺，我亲到洛川。"共匪"的代表为李克农，该时我并不知晓李克农为"共匪"中何项人物。彼所述的大旨为："共匪"愿拥护中央，停止内战，共同抗日，结束土地政策，取消红军名称，听受指挥等。

毛泽东收到了少帅的信

我认为这些条件是可以接受的。但彼是否能可以代表整个中国共产党哪？假如毛泽东或周恩来能亲来见，我可以代为向中央转达。李言称，彼所提之条件，乃是中共中央所决议者。如我能以诚相见，彼可以约请毛泽东或周恩来前来会见。

——张学良

1936年初，中共中央表示愿意与东北军停战，共同抗日。中共首先通过被释放的东北军团长高福源与东北军高级将领王以哲建立联系。

高福源是车北讲武堂毕业生，性格刚强豪放，正直诚实，深得张学良的喜欢，是少帅心腹之一。

高福源是东北讲武堂毕业生，性格刚强豪放，正直诚实，深得张学良的喜欢，是少帅心腹之一。高福源家乡观念十分浓厚，提起家乡便眉飞色舞，对亲戚和家乡人的事，他都乐于去办。东北军受命在陕甘苏区对红军"围剿"时，他思乡恨蒋的情绪更为强烈，说：红军根本没惹我们。红军倡导的"停止内战，枪口对外"、"中国人不打中国人"、"团结起来，停止内战"有什么不好呢？是谁把我们从家乡赶出来，我们才应当去打谁！当东北军第一百一十师在大小崂山被红军打得惨败后，他更恍然大悟地说："这是蒋介石在借刀杀人哪！"东北军和红军打仗，每次交锋，不仅连遭失败，而且越打越觉悟，越打越同情红军。在此种情况下，高率团参加了榆林桥战斗，竟至全军覆没，他自己也被俘。

那是在1935年八九月间，东北军第六十七军在军长王以哲率领下，开到陕北洛川至延安一线布防，准备进攻红军。10月初崂山一仗，红军把第六十七军所部第一百一十师何立中部歼灭，延安、甘泉都被困在红军包围之中。为了打通延安到甘泉的交通线，军部决定由第一百〇七师担负筑碉并打通甘泉交通的任务。师部即派高福源的第六百一十九团首先出阵，并把第六百二十一团的一个营配属于高福源指挥。高率部进驻富县北二十华里的榆林桥。

10月26日拂晓，高福源团被徐海东的红十五军团伏击。红军突然冲进榆林桥镇。当高部官兵们梦中被惊醒时，红军已经冲到了面前。高福源当时手里拿着驳壳枪，带着几个卫兵抵抗了一阵，最后卫兵都被打死了，高福源自己臂上也受了枪伤，被红军捉住当了俘虏。

天亮时，战斗结束，东北军的四个营全部被歼。红军开始清查俘虏，徐海东下令要把高福源查出来。红军中无人认识高福源。高福源混在俘虏中，伪装成被俘的士兵，红军查了半天，没有查出。

徐海东心生一计，自己走到俘虏群中，随便拉出了一个俘虏，向短枪队说："他就是高福源，把他带走，给我毙了！"

那个俘虏连声求告说："我不是，我不是，我是理发工人。"边说边向旁边努嘴，说那个有疤瘌脖子的就是。

徐海东于是走过去，对疤瘌脖子说："高福源！你出来吧。我当是在活人中找不着你了呢！"

高福源只好低着头走出来，被红军带到瓦窑堡附近，自忖必死，但又悔恨自己为什么不死在抗日战场，偏要死在这个受人唾骂的内战战场？心中既难过，又害怕，但表面上还是装作宁死不屈的样子，向红军提出三个条件：一、释放他；二、使用他；三、枪毙他。当时红军都未按照他的条件，只是告以少安勿躁，将来你还有重要的任务。他当时想：这全是骗人的话，哪有捉住敌团长不杀还委以重任的先例？他参加了"东北军军官政治学习班"，学习了共产党发表的《八一宣言》等文件，特别是聆听了周恩来副主席在学习班上的讲话，茅塞顿开，迅速觉醒。

高福源在向红军领导说明自己几个月来的思想变化以后，表示非常赞同和钦佩红军停止内战、一致抗日的主张，并且很爽快地说："红军的一切主张、一切做法，我完全同意和衷心佩服。我相信，红军的这些主张和做法不但我完全同意和佩服，东北军，甚至张副司令知道了，也会同意，也会佩服，并且可能愿意在抗日的前提下同红军合作。我愿自告奋勇，去说服东北军和张副司令与红军联合抗日。不知你们能否相信我？敢不敢放我回去？"

毛泽东得悉上述情况后，当即派中共中央联络局局长李克农与高福源谈话，让李告知高说："我们不但敢放你高福源一个人，也敢放东北军的全部被

东北军第六十七军军长王以哲

俘官兵。来去自由，悉听其便。"

高福源高兴极了，向李克农表示决心：为了联合抗日，他绝不怕任何危险！几天之后，高福源携带周恩来给张学良的一封密信，身负特殊使命离开瓦窑堡，到达甘泉城，托人致信王以哲将军。此时，王以哲正奉少帅之命，设法与红军沟通联系。他闻知高福源是被红军释放回来的，立即将他接到洛川。

高福源一到洛川就向王以哲报告："我是红军派回来见张副司令的，有重要事情报告。"

王以哲立即发出密电，与少帅联系。此时，张学良正急切地盼望着与共产党联系的消息，突然接到王以哲从洛川发来的密电：

副司令钧鉴：百零七师团长高，已被红军遣返。高急于见副司令，有重大机密禀告。唯恐赴省消息走漏，急盼副座刻日来川。王以哲。

翌日，为保不泄秘密，张学良亲自驾驶飞机秘密飞到洛川。为了摸清高福源的虚实，少帅决定先对他进行考验，所以一见到高福源就大发雷霆："你好大的胆！打了败仗，当了俘虏，还回来叫我通匪，我枪毙了你！"

高福源对少帅的怒吼，并不畏惧，声泪俱下地讲了共产党主张"停止内战，一致对外"、帮助东北军打回老家去的诚意。他把周恩来写的信交给少帅。张学良亲眼看到共产党副主席在信中呼吁东北军首领张学良调转枪口，对准真正的敌人——在他家乡东北烧杀抢掠的日本军队。周恩来指出：中国人不应该打中国人；杀死自己的兄弟，以饱狼腹，这非人类所为。

张学良被周恩来的这封信感动了，紧紧握住高福源的手。少帅和王以哲缜密地思考后，决定派高福源再去"苏区"，请求中共中央派正式代表来洛川商谈抗日救国大事。

1月16日，高福源回到瓦窑堡，会见了中共中央联络局局长李克农，把张学良寻求抗日合作的心愿作了详细汇报。毛泽东、周恩来亲自接见了高福源，对他的爱国行为给予赞扬，表示将派李克农为正式代表同张学良将军会晤。

根据张学良要求派正式代表进行商谈的意见，中共中央作了认真的考虑。毛泽东首先拟出同东北军谈判的条件为：全部军队停战，全力抗日讨蒋；目前各就原防互不攻击，互派代表商定停战办法；提议组织国防政府、抗日联军；请表示目前东北军可能采取之抗日讨蒋最低限度之步骤；立即交换密码，等等。

1936年1月25日，毛泽东、彭德怀等20位红军将领特致函东北军张学良副司令、于学忠主席、王以哲军长等并转东北军各师团长及全体将士。毛泽东等红军领导在信中说：

从九一八之后，一直到现在已经有四年多了。在这四年中间，不但东三省三千万同胞，变成了日本帝国主义强盗的刀下鬼与俎上肉，而且热河、察哈尔、河北等省相继被占，整个的华北快要变成"满洲国"第二。蒋介石南京政府的"长期抵抗"，事实上证明只是永久的不抵抗。蒋介石是中国自古以来最大的汉奸卖国贼，他要把整个中国卖给日本帝国主义！

东北军在蒋介石南京政府不抵抗的命令之下，放弃了你们自己的家乡与你们自己的土地财产，让你们自己的父母妻子兄弟姐妹们为日本帝国主义强盗们所蹂躏、压迫、奸淫、残杀。想起这些，好不伤心，好不可恨！

日本帝国主义强盗、卖国贼头子蒋介石是你们东北军不共戴天之仇敌，你们应该誓死为打倒日本帝国主义与卖国贼头子蒋介石，为收复我们的东三省及整个华北而奋斗！

因为东北军的将士们绝大多数都是愿意打日本帝国主义的，同日本帝国主义拼命的，所以日本帝国主义强盗和卖国贼头子蒋介石是不喜欢东北军的。自东北军退出东三省以后，蒋介石总是不给东北军一个休息整理的地方与时间，他不要东北军打日本帝国主义，却要东北军打红军，因为红军反对日本帝国主义，反对蒋介石国民党卖国。他把东北军今天调到鄂豫皖打红军，明天又调到甘肃、陕西打红军。他要中国人与中国人自相残杀。他要愿意抗日的东北军同决心抗日的红军打仗，教日本欢喜，教东北军受牺牲、受损失。你们想，蒋介石卖国贼的毒计可恨不可恨？

蒋介石不但要东北军打红军，而且处处在压迫东北军。他不给东北军一块好地方，把东北军调到最穷苦的陕、甘两省，就是这两省较富庶的地方，如甘南、陕南也是不肯给东北军的。对东北军官兵的待遇是极不平等的，东北军官兵的薪饷，哪里及得上蒋介石嫡系军队的一半？东北军官兵的生活真是痛苦得很，赡家养子更是说不上。

蒋介石的毒计还不止此。他把自己法西斯蒂的党羽派到东北军内，监视东北军官兵的行动，到处挑拨离间，威迫利诱，破坏东北军内部的团结，以瓦解东北军。人员的补充，武装弹药的补充，东北军从蒋介石那里是得不到的。

总之，蒋介石要消灭东北军，使东北军官兵流离失散，冻死、病死、打死，好叫日本帝国主义少一个敌人，好使蒋介石少一个对头。你们想，东北军的前途危险不危险呢？东北军现在是在彷徨歧路上面，东北军现在是在困难的中间，东北军现在没有一个共同奋斗的目标，因此，军心涣散，上下不团结。东北军长此下去，好不危险！

试想，东北军的出路在哪里呢？打红军是东北军的出路吗？进攻苏区是东北军的出路吗？不是的。这不但不是你们的出路，反而是你们的绝路。不要认错了你们的冤家对头，不要把你们的朋友认作了你们的仇人。一错不能再错，一误岂堪再误？

东北军的敌人是日本帝国主义强盗，是卖国贼头子蒋介石，所以抗日反蒋是你们唯一的出路。东北军中间，哪一个爱国军人说起打日本帝国主义、打卖国贼不摩拳擦掌，挺身而出，愿为中华民族争一口气呢？哪一个东北人不愿意为了收复东三省、收复华北各省而去赴汤蹈火呢？

只要东北军揭起抗日反卖国贼的义旗，那在东北军内就可以军心团结，上下一致，使东北军成为中国人民的革命军。那时，哪一个中国人不愿意拥护东北军、爱戴东北军，在精神上、物质上援助东北军？哪一个有热血的爱国男儿不愿意投效东北军共同杀贼，为中华民族申义愤、争光荣？哪一个东北军的将士不将成为全中国的民族英雄，闻名全中国、全世界？试问大丈夫立功救国，不当如是耶？

东北军过去是有过抗日的光荣历史的。长城各口之战，声震华夏。假使当日以东北军全力与中国人民的拥护而抗战到底，那东三省是早已恢复了的，日本帝国主义是不会如此猖獗的。但过去已经过去了，我们现在要重整旗鼓，发扬当时抗日精神，为中华民族的独立解放而奋斗到底。誓死不做亡国奴，是全中国人民对日本帝国主义强盗侵略响亮的回答，也是东北军抗日的鲜明的口号。

中国苏维埃政府与红军对于有抗日光荣历史的东北军，是极端爱护的，对于它的发展的前途，是非常关心的。因此我们不揣冒昧，敢为东北军的领导者与将士们贡献一点意见。中国苏维埃政府与工农红军是愿意与任何抗日的武装队伍联合起来，组织国防政府与抗日联军，去同日本帝国主义直接作战的。我们愿意首先同东北军来共同实现这一主张，为全中国人民的抗日先锋。素闻东北军将士均是深明大义的爱国志士，定能抛开过去的一切疑虑误会，来首先响应苏维埃政府与红军的抗日号召。在四万万同胞中，甘心作日本帝国主义的孝子贤孙，甘心作亡国奴的，除了极少数的汉奸卖国贼外是没有的。只要我们登高一呼，我们相信，响应我们的不是十万、百万的中国人，而是几千万、几万万的中国人。拿四万万中国同胞的人力、财力、武力、智力是一定会战胜日本帝国主义的！"中国无力抗日"，是蒋介石辈汉奸卖国贼欺骗中国人民、投降日本帝国主义强盗们的口号，而不是我们有数千年历史的黄帝子孙的口号。

我们是中国人，要为中国的独立解放奋斗到底！救中国是我们中国人民自己的责任。关于组织国防政府与抗日联军的具体办法，请互派代表共同协商。一切愿意抗日的个人或代表，都是苏维埃红军的朋友，我们都欢迎他们到苏区来，并愿竭诚招待。同时，苏维埃制度是否适合于中国，亦请亲来考察，加以判断。书不尽意，敬布腹心，望公等熟思之。顺致民族革命敬礼！

此间，蒋介石欲与中共谈判的信息经宋子文传到宋庆龄处。宋庆龄在上海亲自召见了董健吾。

董健吾（1891—1970），上海市青浦县人，毕业于美国圣公会在上海开办的圣约翰大学，与宋子文是同窗学友。1921年在该大学毕业。1927年7月经刘伯坚和浦化人介绍加入中国共产党。蒋介石、汪精卫叛变革命实行清党反共，董健吾回到上海，参加了中共中央特科，其公开身份是牧师。

董健吾见到宋庆龄，聆听其面授信使任务。宋庆龄拿出一封重要信函，叮嘱董健吾一定要当面呈毛泽东或周恩来。董健吾深知此事不同寻常，即刻将加有火漆印的密信缝进贴身背心，以同学宋子文给他的中央财政部经济特派专员的身份上路了。

时值隆冬，大雪纷飞。董健吾因交通受阻，于1936年1月中旬才到达西安。此时，天公不作美，大雪纷飞，天寒地冻，通道全阻。董健吾只好在西安城内等待时机，他一面等待天气好转，一面打听消息探索北进途径。由于国民党军队封锁严密，交通要道设卡盘查，董健吾在西安城内等了半个多月也没能成行。

这天，董健吾在焦急中想起临来前宋庆龄对他的叮嘱："你要马上到陕北瓦窑堡去一趟，当面给毛泽东、周恩来送一封信。这封信非常重要，把信送到了，益国非浅，就立了一大功。在万不得已时，你可以直接去见张学良，让他送你过去，把信送到瓦窑堡。"

他决定不再消极等待，要直接去找张学良。

于是，董健吾找老同学钟可托，请他引荐，与张学良见面。由于钟可托与张学良熟识，张学良欣然答应接见这位中央财政部派来西北的经济特派员董健吾。

董健吾见到张学良，就亮出宋子文给他安的头衔，请求帮助。他开门见山地说："有一件事相求，欲通过张将军防地，前往红军区域。"

张学良听了，不觉大惊，警惕地注视着董健吾问："你说什么？！"

"请副司令设法送我去瓦窑堡，"董健吾不紧不慢地说，"见毛泽东。"

张学良瞪起眼睛，严厉地说："你身为党国特派员，竟敢到我这里提出这种要求，凭这一点，我就可以把你拉出去枪毙！"

董健吾对少帅发怒并不惧怕，莞尔一笑说："张将军，我是为抗日大业而来的，你要是打死我，我并不感到遗憾，而且感到光荣之至。"

"你是干什么的？受谁指派到这里？若如实讲，我可免你一死。"

"副司令，我是受孙夫人之托，给中共方面送信，传达国共两党重修旧好、联合抗日之目的。"

张学良听来者是孙中山夫人宋庆龄委派而来的，惊喜地说："是孙夫人叫你来找我的？！"

"正是孙夫人。"董健吾肯定地说，"日寇步步入侵，欲亡我中国，孙夫人深为忧虑，在沪上奔走呼号，吁请停止内战，共御日寇。应最高当局要求，孙夫人委派我去见毛泽东，传递国民党愿意和谈的信息。"他说到这，出示了财政部委任状，以资证明。

至此，张学良对董健吾相信了。他说："我张学良爱国之心未泯，只要为抗日，有求必应，何况你又是孙夫人委派来的。"

但对此事，张学良明白了其中的奥秘：董健吾此行到中共方面传达国民党联共抗日信息，肯定是经过蒋介石首肯的。原来，蒋委员长也在暗中派人到苏区找中共接洽，准备商谈联合抗日之事。他由此产生一个想法：蒋介石让东北军"剿共"打头阵，其自己却在秘密与中共拉关系，为什么不许东北军与中共交往呢？从此事中，张学良更坚定了"联共逼蒋抗日"的想法。

翌日，张学良驾车亲自送董健吾到机场。他把一封信交给董健吾，说："请先生转交毛泽东先生。"

董健吾乘坐的张学良座机，由美籍飞行员驾驶飞到肤施（即延安）。而后，张学良又选择一个有利的时机，命王以哲派当地驻军骑兵连护送董健吾顺利地通过东北军防区，直达红军管区，受到红军边防司令李景林的欢迎。

2月27日，董健吾抵达瓦窑堡，林伯渠、张云逸等人出城迎接，代表毛泽东表示欢迎之意。次日，董健吾由林伯渠陪同去见博古，说明来意，要见毛泽东、周恩来。博古说：毛泽东、周恩来等领导已率红军东征，驻扎在山西石楼，宋庆龄和张学良的两封信由他负责电报转达。

3月4日，毛泽东、周恩来等从前线发给董健吾（化名周继吾）联名电报。电报说：

博古同志转周继吾兄：（甲）弟等十分欢迎南京当局觉悟与明智表示，为联合全国力量抗日救国，弟等愿与南京当局开始具体实际之谈判。（乙）我兄复命南京时，望恳切提出弟等之下列意见：（一）停止一切内战，全国武装不分红白，一致抗日；（二）组织国防政府与抗日联军；（三）容许全国主力红军迅速集中河北，首先抵御日寇迈进；（四）释放政治犯，容许人民政治自由；（五）内政与经济上实行初步和必要的改革。（六）同意我兄即返南京，以便迅速磋商大计。

　　3月5日，董健吾带着中共毛泽东等人的联名电文离开瓦窑堡，踏上返回西安的路途。在红军骑兵的护送下，董健吾按原路折回肤施，然后再乘张学良的座机飞回西安。次日，张学良设宴为董健吾洗尘。董健吾转达了秦邦宪、林伯渠、张云逸等对张学良的问候，又为张学良提供座机往返送接当面致以深切谢意。翌晨，董健吾乘火车南下。回上海后，便去宋庆龄府上复命。董健吾把毛泽东等写的复电密件，连同带回的三枚银币和一套布币一并面交宋庆龄，并交还那份"财政部西北经济特派员"的委任状。宋庆龄对收到中共最高层的密件和礼物非常高兴，特意留董健吾吃饭，祝贺他完成重大使命凯旋归来。宋庆龄随即将中共密件转交宋子文。至此，中断八年之久的国共两党关系又接通。董健吾成为国共两党断交之后，重新联系双方的第一使者。

1936年初，西北的严寒侵袭着张学良的东北军和共产党红军。在最寒冷的时候，中共领导人周恩来设法把红军的给养匀出一部分转给衣衫单薄的东北军士兵。对此，张学良将军和东北军官兵尤为感动。由此，东北军内的亲日分子日益不得人心，与共产党红军合作、共同抗日的情绪日益高涨。不仅像王以哲这样的老将支持联合红军抗日，甚至连比较保守的何柱国、于学忠等将领也对联合红军跃跃欲试。军心所向，同仇敌忾，使张学良受到极大的鼓舞。

这时，张学良的秘书兼政治顾问苗剑秋劝少帅直接与中共毛泽东主席会晤。张学良听后虽有些动心，但还是犹豫不决。他深知自己一直在蒋介石的控制监视之下，万一联共的秘密泄露出去，问题就大了。对此，少帅看得比什么都重要，常常告诫自己无论在什么情况下，都不能流露出"联共"的情绪。

中共领导人毛泽东、周恩来对张学良的心理顾忌有所了解。为此，他们主张只同张学良将军进行单线联系，所有与其他地方军事领袖的联系都要通过少帅进行。这样做既安全可靠，又可以打消张学良将军的种种顾虑。当张学良知道共产党的这一主张后，如释重负，欣然告诉共产党联络人：张学良能处理一切，包括与川军沟通联系，要求共产党不要与他们直接联系。

1936年4月9日上午，张学良在副官长谭海等人陪同下，从西安秘密飞到洛川。他的部下王以哲，将前一天收到的一份发自延安的电报，呈送给张学良。

张学良拆开信看，竟然是毛泽东和彭德怀的来信：

汉卿将军：

敝方代表周恩来偕李克农于八日赴肤施，与张先生合商救国之计。定七日由瓦窑堡起程，八日下午六时前到达肤施城东二十里之川口，以待张先生派人到川口引导入城。关于入城后之安全，请张先生妥为布置。

毛泽东彭德怀

直到这时，张学良才知道，中共中央出于多方考虑，决定改由周恩来代替毛泽东到洛川与自己会谈。

送毛泽东之子出国

我这次秘密来到上海（出席军事会议），不便约你（董健吾）在公寓见面。现在有我的部下李杜将军经法国去苏联，而后绕道到中苏边境，准备组织撤退在那里的东北抗日义勇军回国抗日。趁这个机会，我决定履行在西安时对你的诺言，让他带你的三个孩子（毛泽东儿子）出国学习。

——张学良

董健吾完成宋庆龄交给的"红区之行"任务后，不过两个月，又被请到宋庆龄的寓所。宋庆龄请他作第二次西安之行，护送美国记者埃德加·斯诺和马海德医生去陕北中共"红区"。

宋庆龄说："这件事仍需汉卿帮助，董先生与他已有初交之谊，所以请先生再辛苦一趟。"

董健吾说："谨听夫人安排，两个外国朋友一到，我即当前往。"

宋庆龄说，两个美国朋友已先行出发，快到西安了。她又告诉董健吾与美国朋友接头的暗号及方法。董健吾接受任务后，立即踏上了去西安的旅途。

斯诺自1928年到中国后，在上海美国人办的《密勒氏评论报》任助理编辑，后兼任纽约《太阳报》和伦敦《每日先驱报》驻沪记者。期间认识了宋庆龄，他对她的博学、勇气及伟大品格极为钦佩。他发誓"用自己的笔，对中国老百姓有所帮助"，决意冲破阻力，到陕北"红区"去采访，把那里的真实情况揭示于世。为此，斯诺求助于宋庆龄。

马海德怀着"以医救世"的愿望，于1933年到中国，次年11月，在外国友人纪念十月革命的聚会上，见到了仰慕已久的宋庆龄。后来，请求宋庆龄帮助他去陕北"红区"为伤员治病。宋庆龄征得中共中央的同意后，通知斯诺和马海德先生去西安，住西京招待所等候"王牧师"（董健吾）安排他们乘张学良将军座机去陕北"红区"。

董健吾到西安，当天和斯诺、马海德接上头。翌日，去张学良公馆拜会。此次，是董健吾、张学良第三次见面，已经有了深入了解与感情。他向张将军说明来意。

张学良毫不犹豫地说："既是中共方面请来的客人，又有孙夫人的嘱托，自然要效力。"

"孙夫人的意思是，如前次那样，借用副司令的飞机，送两位美国朋友过去。"董健吾说。

张学良听后，没马上答应。他解释说："这次有些不方便，我的座机暂时聘请一个外籍驾驶员，弄不好走漏了消息，还是谨慎点好。"

"副司令说的是，可否借一辆汽车，最好是军车……"

"没问题。"张学良爽快地说，"还可以武装护送。"

"这倒不必，中共方面会派人来接头，到时候，请副司令给签发一张通行证就行了。"

张学良满口答应，给他们开了通行证。董健吾送走斯诺、马海德后，本想立即回上海，但是张学良将军盛情挽留，只好再逗留一段时间。两人多次交谈，家事、国事无所不及。张学良还陪董健吾游览西安名胜古迹，以古论今，抒发胸臆。两人往往所见略同，都有相见恨晚之感。

在西安逗留期间，董健吾念念不忘一件事：上次在陕北和林伯渠谈到了毛泽东主席的两个儿子毛岸英、毛岸青住在他上海家里的情况。林伯渠告诉董健吾："周副主席讲，现在戎马倥偬，毛主席的孩子如果有机会就将他们送到苏联去。"董健吾听了林伯渠的话，把周恩来副主席的嘱托默默牢记心头。

董健吾何以能收养毛泽东的两个儿子呢？原来，1930年2月，陈赓和王弼一同来到圣彼得堂，交给董健吾一个任务，让他利用自己的社会身份，办一个幼稚院，专门收养革命烈士和党的领导人留在上海的子女。董健吾这时已是有两年半党龄的"牧师"，除了收养部分教友的子女，大多数是烈士的遗孤和党的领导人的子女，如彭湃之子、恽代英之女、蔡和森和杨殷之子及李立三的两个女儿等。1930年11月14日，毛泽东夫人杨开慧在长沙被杀害，毛岸英三兄弟由亲友护送到长沙板仓外婆家由向振熙抚养，生活十分艰苦。为防备国民党反动派下毒手，其舅妈李崇德于1931年春节前将岸英三兄弟护送到上海，先由毛泽民安排住在旅店。3月间，周恩来认为，这样住旅店不安全，令毛泽民将岸英三兄弟送进大同幼稚院。此时，毛岸英八岁、毛岸青六岁、毛岸龙四岁。4月间，毛岸龙突发急性痢疾，送广慈医院治疗，抢救无效死亡。1932年3月，由于中共中央负责政治保卫工作的顾顺章的叛变，上海地下党组织遭到前所未有的大破坏。为了保护革命后代，党组织决定：立即解散大同幼稚院，安排毛岸英、毛岸青由董健吾带回自己家收养。从此，董健吾辞去牧师职务，失去固定的经济收入，靠扎纸花卖钱维持数口之家的生活。

一天晚上，少帅在自家公馆设宴款待董健吾。张学良喜爱收藏古玩，赵四小姐尤爱明瓷，董健吾恰恰对明瓷鉴赏造诣颇深。他仔细察看赵一荻拿出来的瓷瓶瓷碗，辨认出一些赝品。至此，张学良才知道，他收藏的古玩还有不少冒牌货。

张学良和赵一荻开始不大相信，经过董健吾点出破绽，说明情况，描绘出真品的实样后，张学良、赵一荻才相信。

张学良问："董先生，你是牧师，为何对古董真伪的鉴赏力这般在行精通呢？"

董健吾笑道："副座有所不知，我对古玩之了解实为工作缘故。我和您一样，颇爱国宝文物，开始对文物鉴赏也是很差的，后来在上海霞飞路普安路口，开了一家名曰松柏斋的古玩店，经过学习，求教古玩商家，拜访文物大师，遂积累些经验，所以现在我对古玩文物真假识别是准确的。"

张学良非常懊恼地对董健吾说："我曾珍藏一套明代永乐年间景德镇御窑厂青花瓷器，杯盘壶瓶各一件，孔祥熙、宋霭龄夫妇来西安时，赵四小姐拿出来给他们观赏，但不小心失手摔坏了，真是可惜……"

少帅无意说的话，董健吾却有意记在心上。他暗想：如有机会碰上精美的瓷器，一定要买到送给张学良和赵一荻，以表心意，同时答谢少帅借座机给自己的情谊。翌日，他在西安找了一位与松柏斋有过生意上来往的古玩商，买下了一套明代宣德年间景德镇官窑烧制的二十四件镀釉彩瓷，送给了赵四小姐。赵一荻对这套彩瓷爱不释手，深为喜爱。

张学良见此情景大喜，定要以重金酬谢董健吾。董健吾坚决不收。少帅说："董先生，那你有什么事要我帮忙，只要我张学良能够办到的……"

董健吾随即想起了周恩来的嘱托："毛主席的孩子如果有机会就将他们送到苏联去。"他想，这不是一个极好的机会吗？于是，他爽朗地一笑，字斟句酌地说："承蒙张将军、赵四小姐美意，那我就不揣冒昧了。我身边有三个孩子，一个是我的儿子，两个是那边为国家献身朋友的儿子……"董健吾说着，望了张学良一眼，见他正听得非常认真，继续说，"这三个孩子现在正是求学读书的年纪，可在上海却有诸多不便。如果张将军有机会，那就请你帮忙送他们到苏联去读书……"

"行！"张学良欣然应允道。

李杜将军到上海，居住在宝庆路寓所。他与董健吾取得联系，告诉说：

"张学良要到上海来履行其诺言，把由你抚养的三个孩子送出国。"董健吾获悉此讯非常受感动，但这事非同小可，因为涉及毛泽东的两个儿子出国，一定要向党组织汇报。于是，董健吾立即向上海中共党组织请示处理此事。经过党组织研究，同意张学良赞助毛岸英、毛岸青和董寿琪三个孩子出国赴苏联学习。

此时，张学良奉蒋介石之命由奉天到南京出席军事会议。会议结束后，他秘密到了上海，并与李杜联系同董健吾会面事宜。在上海哥伦比亚路（现番禺路）一家幽静的法国酒吧里，张学良与董健吾会了面。张学良为董健吾要了杯咖啡后，直截了当地谈了资助三个孩子出国的事。他说："我这次秘密来到上海，不便约你在公寓见面。现在有我的部下李杜将军经法国去苏联，而后绕道到中苏边境，准备组织撤退在那里的东北抗日义勇军回国抗日。趁这个机会，我决定履行在西安时对你的诺言，让他带你的三个孩子出国学习。"

董健吾听罢，很是感动。他对张学良将军一诺千金的人格很佩服。这时，张学良递给董健吾一张10万法郎的支票，让他做好三个孩子出国的准备，有关出国事宜与李杜联系。

张学良说："这里不是久留之地，我们会面到此结束吧。"他环顾四周后，起身走出酒吧，董健吾紧随其后，进入轿车内。张学良亲自驾车将董健吾送到法国公园，然后两人在此分手，从此他俩再也没有机会见面。

董健吾按照张学良所说的与李杜取得联系，将毛岸英、毛岸青和董寿琪送到宝庆路9弄3号李杜居所，待手续护照办妥后出国。一个月后，李杜将军一行人在张学良将军委派的代表、东北军刘志清师长护送下，踏上赴法旅程。而后，毛岸英、毛岸青历经许多磨难，经苏联驻法国巴黎领事馆接送到苏联。

蒋介石放弃苏共，主动联系中共

目前中国的主要敌人是日本帝国主义，把日本帝国主义与蒋介石同等看待是错误的，抗日反蒋的口号也是不适当的。在日本帝国主义继续进攻，全国民族革命运动继续发展的条件下，蒋军全部或其大部有参加抗日的可能。我们的总方针应是逼蒋抗日。

——中共中央《关于逼蒋抗日问题的指示》

自从1927年国共两党开始你死我活的斗争后，战争就成了决定两党胜负的关键。然而，到了1936年，国共两党虽然战争依旧，但是却秘密地在莫斯科、南京、上海、广州，甚至在偏僻的中共苏区，频繁地进行接触与谈判。这场谈判的发起人，就是有显著军事优势地位的蒋介石。

那么，蒋介石为什么要与中共谈判呢？原来，从1934年10月起，共产党和它领导下的红军已经先后被迫放弃了在中国南方的各个根据地，转移到偏远的西南、西北地区。由于红军已远离中国的腹心地区，不再对南京政府构成严重威胁。到一年以后，中共的中央红军已由一年前的8万人，锐减为仅有几千人。在此种情况下，蒋介石自然也不必再把军事的重心放在中共身上，可以转而对付已经入侵平津地区的日本人了。

但要抗日，蒋介石觉得共产党仍是"心腹之患"。尽管这时共产党的队伍已为数不多，但不论在西南，还是在西北，仍有二十多万国民党军队被红军牵制着。同共产党交战十年的蒋介石十分清楚，即使他在处于绝对优势的条件下，要想根本消灭共产党，岂能是一朝一夕之事？

自20世纪20年代以来的军阀混战中，哪一个没有败在蒋介石阵下？他相信他现在的实力，可以敌过所有的对手。他当然也懂得"一时之胜在于力，千古之功在于理"这句古训。但他以为，"理"凭力伸。有了力，也便有了"理"；没有了力，也便没有了"理"。据理力争，莫如依力而事。然而他的这些"道理"，唯独对中国共产党派不上用场；反倒使中共赢得了舆论，赢得了群众，赢得了主动。有迹象表明，共产党反败为胜，不但大有可能，甚至某种程度上颠倒国共两党以后的命运，亦非凭空杜撰。因此，面对共产党领导下的这支"十年剿不灭"的队伍，蒋介石非常惧怕，甚至惧怕到"匪未肃清，绝不言抗日"的程度。

在蒋介石看来，共产党的背后是苏联。与其几十万军队被红军牵着四处周旋，不如利用共产党势力已经被严重削弱的机会，打出政治解决共产党问题这张牌，也是对苏交涉的一种姿态。华北事变发生后，眼看华北五省重蹈东北三省之覆辙，蒋已不能不把"被迫武装抗日"提上议事日程。蒋介石双管齐下，一方面通过各种渠道秘密探知中共的意愿，另一方面要求苏联劝说中共服从他所领导的南京政府。

1935年11月底，国民党开始通过秘密途径，在上海和南京等地寻找共产党的关系。经秘密寻找近十天，包括释放在狱中的个别共产党人，都未能得到有价值的线索。欲派人秘密前往红军所在地川西和陕北，苦于找不到适当人选，又自知进入苏区几乎不可能。蒋介石正在苦闷之际，偶然发现《共产国际》上刊载的一篇论述中共统一战线新政策的文章，使他一下开了心窍：中共在莫斯科提出新的统一战线政策，公开表示愿意联合国内包括国民党在内的一切党派、军队，"兄弟阋于墙外御其侮"，表明了政治解决共产党的问题恰逢其时。既然共产党的后台在莫斯科，其新政策自然也是经共产国际批准的，何不直接前往莫斯科，借中共以联苏，借联苏以和共，联苏与和共一并解决呢？

12月中旬，蒋介石派国民党驻苏使馆武官邓文仪和CC系头目陈立夫前往上海苏联驻华大使馆，会晤苏联大使鲍格莫洛夫。岂知这位大使先生仅以"不打算过问有关中国的内部事务"作答。

1936年元旦过后，蒋介石又派邓文仪到莫斯科，与中共驻共产国际的代表王明取得联系，王让潘汉年出面了解邓文仪的基本意图。邓、潘谈话之后，王明出面正式开始了与邓文仪的一连串秘密谈判。

岂料莫斯科这边还没有谈出任何结果，蒋介石便已沉不住气了。1月22日，他直接跟苏联驻华大使鲍格莫洛夫会晤，反复阐述他关于一国之内不允许有其他党派拥有军队的观点，要苏联政府就中国红军承认中央政府权威一事向红军施加必要的压力。蒋介石本想利用苏联来迫使中共就范，不料鲍格莫洛夫竟一口回绝道："这是中国的内政，苏联不能扮演居中调解人的角色！"

蒋介石接连两次碰壁，觉得"在莫斯科谈判解决共产党问题的时机还不成熟"，不如在国内与明显处于困境中的中共直接谈判为好。其后，便在国内通过种种渠道，开始了与中共中央之间漫长的直接接触与谈判。

中共方面获悉蒋介石有和谈的意愿，首先在态度上以诚相对。毛泽东在不同场合反复表示：3月南京有人来接洽，我们提出一般的条件。以后又有几次来往。蒋介石过去不同我们往来，现在改变了，也说统一战线、国防政府，要同我们往来。我们愿意同南京谈判，在许多策略方面应有所改变，但是一定要停止"剿共"，一定要实行真正的抗日。中国最大的敌人是日本帝国主义，抗日反蒋是错误的。不要提出打倒中央军及任何中国军队的口号。相反地要提

潘汉年

出联合抗日的口号。对南京策略为：认定南京为进行统一战线之必要与主要对手。在忠实进行抗日准备、实行国内民主与实行停止"围剿"等前提之下承认与之谈判苏维埃、红军的统一问题。目前阶段实行他不来攻我不去打；他若来攻，则一面坚决作战，一面申请议和。在抗日进军路上，遇到蒋部队和其他部队，实行先礼后兵政策。一切统一战线的谈判，以忠诚态度出之。

为争取蒋介石抗日，中共中央特向全党发出了一份《关于逼蒋抗日问题的指示》，说："目前中国的主要敌人是日本帝国主义，把日本帝国主义与蒋介石同等看待是错误的，抗日反蒋的口号也是不适当的。在日本帝国主义继续进攻，全国民族革命运动继续发展的条件下，蒋军全部或其大部有参加抗日的可能。我们的总方针应是逼蒋抗日。在逼蒋抗日的方针下，并不放弃同各派反蒋

军阀进行抗日的联合。我们越能组织南京以外各派军阀走向抗日，我们越能实现这一方针。由此看去，国共联合抗日的前景，似已不是遥远的将来……"

秘密会晤中共代表李克农

于二十五年夏间，我得王以哲、刘多荃由洛川来电报告，言"共匪"派来代表到彼军中，请求与我相见，可否请我莅洛川？我复电允诺，我亲到洛川。"共匪"的代表为李克农，该时我并不知晓李克农为"共匪"中何项人物。

——张学良

1936年2月，中国共产党为了以实际行动促成全国抗日的实现，由中国工农红军第一方面军以中国人民红军抗日先锋军的名义东渡黄河抗日。

2月19日，在中共代表即将起程与东北军谈判之际，毛泽东与彭德怀致电王以哲并转张学良，指出：贵军与敝军之联合抗日号召全国，必为蒋介石等所深恨，制造谣言以中伤破坏两方团结，实意中事。希望贵方不为奸人谣言所动，威利所趋，坚持联合抗日之立场。特派李克农即日赴洛川面谈一切。

在李克农出发之前，高福源又被派去洛川一趟，约好了红军与王以哲电台通信的呼号和密码。2月21日，李克农一行在高福源导引下，由瓦窑堡出发，25日到达洛川。

王以哲立即电告少帅。张学良回电说，因去南京，暂不能前往洛川，嘱咐王以哲妥善招待好李克农一行。少帅同意王以哲先与李克农商谈一些具体问题，重大问题留待他从南京回来再定。

此间，经过两天的谈判，李克农与王以哲军长和赵镇潘参谋长达成了五条口头协议：

一、为一致抗日，红军与六十七军互不侵犯，各守原防；

二、恢复六十七军在肤施、甘泉、富县之间公路交通及通商；

三、肤施、甘泉两城六十七军部队所需粮、柴等物可出城向苏区购买，红军和地方政府可动员群众运粮、柴进城出售，恢复正常通商关系；

四、恢复红白两地区通商，双方有保护对方采购人员安全之责；

五、红军同意被困在甘泉城内的部队换防。

毛泽东获悉后，复电李克农，对同王以哲初步达成的口头协定草案提出补充：

张学良秘密会晤中共代表李克农

一、为巩固两军团结一致对日，确立互不侵犯，各守原防之原则；

二、富县、甘泉、肤施交通可即恢复来往；

三、肤施、甘泉两城现驻部队所需粮柴等物，可向当地苏区群众凭价购买；

四、恢复红白两区通商关系。

同时向李克农通报了国民党各派政治主张及东征战况，指出：周健吾、张子华昨日到瓦窑堡。据谈，蒋介石系陈果夫主张联红反日，曾扩情主张联日反红。此外，孙科、于右任、张群、冯玉祥等均主张联俄联共，并说蒋介石也有与红军妥协抗日的倾向。红军所组织抗日东征军，连日突破东岸二百里封锁线，消灭与击溃杨耀芳、杨澄源、李生达等部共三个旅，占领石楼、中阳、孝义、隰县、永和五县广大地区。

此时，中共中央与南京当局谈判达成五条意见：

一、停止一切内战，全国武装不分红白，一致抗日；

二、组织国防政府与抗日联军；

三、容许全国主力红军迅速集中河北，首先抵御日寇迈进；

四、释放政治犯，容许人民政治自由；

五、内政与经济上实行初步与必要的改革。

毛泽东电告李克农将国共谈判之五条意见通报给张学良。

3月3日，张学良从南京回到西安。4日上午驾飞机到洛川。下午3时，在洛川东门孔子庙旁的四合院内，张学良与李克农就有关团结抗日问题进行了长时间的会谈。虽然双方是第一次会面，但主客之间都很随便，并不感到有什么拘束。张学良谈笑风生，十分潇洒；李克农谈吐机智，风趣幽默。尽管有时双方为了某一问题争得面红耳赤，表现得很紧张，但是整个会谈的气氛是轻松和谐的。他们会谈的内容，除了完全同意关于红军与六十七军的局部口头协定外，主要是有关抗日问题。张学良对中共抗日民族统一战线的策略——"反蒋抗日"，表示异议。

张学良问："你们为什么要提'反蒋抗日'？要争取一切可以争取的人参加抗日战争，为什么不包括蒋介石在内？"

李克农答："蒋介石对外屈从，专打内战，残酷镇压抗日爱国运动，共产党不能把他作为联合对象。若与他合作，无疑是与虎谋皮。"

张学良听后，摇了摇头，表示不同意。双方在"联合蒋介石"问题上意见不一致，甚至发生了激烈的争论。在双方停战的一些大的问题上他们虽然没有达成协议，但就一些具体问题达成口头协议，如中共派一名代表常驻西安，由张学良给予"灰色"名义保护；红军代表经新疆去苏联等。在会谈结束前，张学良向李克农表示：中共应派一位全权代表，最好是能够直接同毛泽东或周恩来会谈；地址定在肤施，时间由中共决定。李克农对张学良建议当即表示：待向党中央汇报后，再给予答复。

3月5日凌晨4时，洛川密谈结束。李克农立即电告在山西石楼的毛泽东主席和周恩来副主席，并请示下一步行动。

6日，中共中央复电慰劳，同意会谈结果，要求李克农到山西石楼向中央汇报会谈详情。翌日，李克农到石楼汇报完毕。8日，中共中央在石楼附近召开会议，认为张学良要求会见中央负责人是有诚意的，因此决定派周恩来为全权代表，到肤施与张学良谈判。

3月10日，红军接到命令，主动解除对甘泉东北军的包围。张学良自从送李克农回陕北后，就返回西安。这时，他接到上海李杜来电："寻找的朋友已经找到了。"少帅知道李将军所说的"朋友"的含义，虽然已同中共中央建立了联系，但他对李杜介绍的中共关系同样重视。为此，他决定选派自己的亲信第一百一十二师参谋长、高级参议赵毅秘密前往上海接关系。

3月中旬，赵毅到了上海，通过李杜和中共上海地下党接上关系。原来，李将军给张学良找的"朋友"是中共党员，名字叫刘鼎。他在第四次反"围剿"战争中，从南京逃出前往苏区，途经闽浙赣苏区时被阻。经方志敏劝留，并征得中央同意，刘鼎便留下担任闽浙赣军区政治部组织部部长，兼红军第五分校政委。方志敏奉命率红军北上抗日，先遣队向皖南挺进，不久战事失利，被国民党俘获。刘鼎等人因此隐蔽在弋阳仙霞岭一带活动。1935年盛夏，他因下山觅食被敌人俘获。后来，他寻到机会溜出俘房营，花钱买通"扛黄鱼"（拉私货、私客）船员，藏身于船舱里，偷渡离开九江，只身到了上海。他在原中央特科工作的蔡叔厚帮助下，找到在华的美国作家艾格尼丝·史沫特莱，遂被安置在新西兰友人路易·艾黎家里。通过宋庆龄的介绍，刘鼎与董健吾相见。两人原来都曾在中共中央特科工作，一见如故。董健吾把张学良寻找中共关系商谈抗日的事说了，征询刘鼎可否担当此重任。

刘鼎感到事情来得太突然，不知底细，便说：“我急于找到党中央，希望能得到组织的指示。”

董健吾说：“到了西安可以去陕北，这是一个条件，一定要让他们送你去陕北。这次我去陕北，就是张学良派飞机送到肤施，再派骑兵护送到瓦窑堡的。”

刘鼎听了，认为这是自己找到党中央的唯一途径，很高兴，但是，他想到此事关系重大，表示要好好考虑两天再答复。两天后，李杜得到刘鼎的答复，便立即电告张学良将军：“寻找的朋友，已经找到了。”这时，张学良刚刚在洛川会见过李克农。虽然张学良已同中共建立了联系，但对李杜介绍的“朋友”也很重视。

3月20日，张学良参加了西北“剿匪”总部在西安召开的“剿匪”会议。因张学良在开会，刘鼎暂住董健吾牧师介绍的陕西省禁烟局局长家中。翌日，赵毅接刘鼎见张学良。汽车沿着古城西安的街道，驶进了金家巷一号张学良公馆。

刘鼎被张学良安排在某机关内。在首次会面时，少帅听了刘鼎此行的意图：是奉上海中共地下党的指示，来西安了解张学良的意见和要求，负责转报陕北党中央。张学良因和刘鼎是初次见面，没有把所有打算如实讲出来，只是以试探性的口吻提出几个问题：“共产党骂我投降、不抵抗、卖国，有何根据？苏联因中东路事件不仅痛打东北军，还骂我勾结日本这对吗？红军对东北军为什么打得那么狠？”

刘鼎对张学良提出的这几个问题，没有贸然答复，只是说明在下次晤面时再谈。翌日，刘鼎又来见少帅，并对他昨天的几个问题逐项谈了个人的看法。他说：张将军掌握着几十万东北军的兵权，坐镇东北，有守土之责。日军发动九一八事变时，张将军所部守军不放一枪一弹，以致一夜间奉天失守，数日内东北全土沦陷。因此，全国人民必然骂阁下是不抵抗将军、投降将军，而共产党在这个问题上的态度同全国人民是一致的，不能不表示意见。在中东铁路事件发生时，东北当局一方面首先挑衅，进攻苏联；另一方面又容忍日本帝国主义在东北大肆扩张势力。对张将军的这种做法，苏联红军保卫国土、进行反击是完全正确的。至于红军打东北军，首先是阁下的军队充当了蒋介石"剿共"先锋军，先后在鄂豫皖及西北积极为蒋介石打内战，使红军和苏区遭受到极大的损失。不久前，红军为了自卫，进行反击，使东北军受到挫折，这同东北军给红军造成的损失相比能算打得狠吗？最后，刘鼎对张学良说：红军有广大人民的支持，能征善战，是一支不可战胜的革命武装。事实证明，蒋介石的几百万大军对红军无可奈何，何况东北军呢？所以，张将军不要上蒋介石借刀杀人之计的当，把东北军推上"剿共"前线，损失军事实力。因此，张将军应当考虑东北军当前最主要的敌人是红军还是日本帝国主义？蒋介石到底是否真打日本？东北军只有联合红军抗日，才能洗掉"不抵抗"、"投降卖国"等耻辱，这才是张将军的明智之举。

刘鼎的这席话，确实说到了张学良的要害处。张学良从心里佩服，感到十分高兴，诚恳地说："刘先生的见解不同凡响，我们还要多谈谈，你是我请来的朋友，就请住在我这里。"刘鼎听了，表示要去陕北，请张学良将军帮助。少帅把前不久与中共方面李克农在洛川会见并约定将与周恩来在肤施见面的事告诉刘鼎，然后说："我们一同去，你先到洛川住几天。"刘鼎听了欣然接受邀请。于是，少帅带着刘鼎飞到洛川。这里是王以哲第六十七军军部所在地，张学良将在这里同周恩来会谈。为了保密，张学良对外的托词是：红军渡河，他奉命到洛川督师"剿共"。少帅和刘鼎住在洛川军部西侧一个两套的四合院内。少帅住里面一套，刘鼎和少帅随从军官住外面一套。他们在这里住了十几天，同饮食、共起居，每天有十几个小时在一起。他们共同探讨了许多问题。刘鼎把共产党当前的政治主张、抗日民族统一战线、组织国防政府、抗日联合、红军军事制度、政治制度、军队生活和运动战、游击战等问题，尽可能地向少帅作了介绍和解释。当张学良问，红军用什么方法使部队能征善战，战胜一切艰难困苦，在任何情况下都能团结一致时，刘鼎说，因为红军有共产党的组织和阶级觉悟。他向少帅建议在东北军中用抗日民族意识作为团结教育官兵的中心。对此，张学良极为赞同。在十几天生活、交谈中，张学良从刘鼎那里对共产党和红军有了进一步的认识，更加坚定了与共产党合作抗日的决心，并为即将开始的与周恩来的会谈做了思想上的准备。

此间，3月23日，张学良接到蒋介石电令：封锁延长、延川一带黄河，以防备红军撤回陕北。张学良对蒋介石这道命令，当面服从背后不执行。为此，蒋介石对张学良大为恼火。

这时，中共中央会议的决定以密码电报的形式飞到西安金家巷张学良公馆。少帅接到电报，看到电文上写道：

一、中共中央决定派周恩来为代表，李克农陪同，前往肤施与将军会谈，时间定在1936年4月4日，周李事先在肤施东十余公里川口处，等候将军派人迎接；

二、谈判宜速，周李在肤施城只住一天一夜，一俟完毕，即请将军派人送出城；

三、将军方面有什么讨论的问题请事先电告我们。

张学良看完电文，先前悬着的心立时安稳下来。从密电中，他知道李克农在中共方面的地位和他同中共领袖之间的关系。他相信，经李克农穿针引线的事情一定能成功。张学良立即给中共中央回电，说没有什么问题，请周恩来、李克农二先生按时前来会谈。但后来会谈时间改为4月9日，延期的原因是少帅患喉疾，说话困难。

于凤至从英国到西安探夫

今天，我的夫人凤至大姐来西安探亲，学良诚邀各位莅临，为凤至大姐接风洗尘。

——张学良

1936年3月的一天上午，张学良和赵一荻小姐怀着对于凤至大姐的思念之情，到飞机场迎接她前来探亲。到飞机场欢迎的人还有杨虎城及夫人、邵力子及夫人。原来，这年元旦，于凤至从英国起程回国。她先在北平顺承郡王府住了一个多月，然后来西安看望丈夫。此时，于凤至已38岁。

当飞机在机场着陆停稳后，于凤至从飞机上走下来。张学良、赵一荻和杨虎城夫妇及邵力子夫妇上前欢迎。赵一荻高兴地扑到大姐的怀里，姐妹俩热烈地拥抱之后，她用手挽着凤至的胳膊同杨、邵两夫人同乘一车。张学良、杨虎城和邵力子则乘另一辆车回公馆。

当天下午，张学良设宴邀请杨虎城夫妇、邵力子夫妇参加。在宴席上，张学良说："今天，我的夫人凤至大姐来西安探亲，学良诚邀各位莅临，为凤至大姐接风洗尘。"

宴席上，张学良、杨虎城、邵力子三家其乐融融，谈笑风生，开怀畅饮，于凤至和杨虎城夫人谢葆真、邵力子夫人傅学文及赵一荻四姐妹挨坐在一起。她们小声地议论着她们感兴趣的话题。

这时，谢葆真和傅学文看着谈吐风趣的少帅，便品评起来。

"你看，张将军和三年前下野时，简直是判若两人。"

"是啊，那时张将军被逼迫出洋，精神萎靡、身体衰弱的样子，现在是荡然无存了。"

"我感到，张将军原先的浮躁、冷漠、骄横之气，今天一点也看不到了。"

"我也有这样的感觉……"

"你俩别光说话了，快吃菜。"于凤至不好意思地想把话题岔开。然而，

1936年西安事变时期的张学良

谢、傅两姐妹岂肯错过赞扬于、赵两姐妹的机会。

"凤至大姐,"谢葆真有意问,"张将军翻天覆地的变化归功于谁呀?"

"是啊,"傅学文故意说,"归功于谁?"

于凤至和赵一荻被问话弄得面红耳赤,不知如何回答。

此时,在旁边坐着的少帅早把这场景看在眼里,感慨万千地说:"杨夫人、邵夫人,让我说吧,学良之所以能有今天,要感谢凤至大姐和一荻小妹,她两人费尽心血,互相配合,帮助我戒了毒瘾。我明白了,要抗日救国、打回东北,我的身体必须健壮,我的精神必须振作!"

这时,杨虎城将军站起身来,举杯说:"张将军说得好,我提议,为我们今后精诚合作,为我们的友情,干杯!"

于凤至在西安探夫期间,张公馆几乎是天天宾客盈门。少帅交往很广,于凤至热情好客,赵一荻总是在旁补台相助。每当宴请军政界的朋友,张学良必定邀请杨虎城夫妇和邵力子夫妇到公馆赴宴。当他们想品尝陕西风味的牛羊肉汤泡馍时,张学良夫妇及赵一荻和邵力子夫妇总是围坐在杨虎城夫妇的公馆里,一边掰着硬馍,一边畅谈。与此同时,邵力子夫妇也常常请张、杨两家人到公馆做客。由于杨、张、邵三人的团结合作和四位贤内助的姐妹之情,使得西安的政治纷争大大减少,"停止内战,一致抗日"的政治气氛愈来愈浓。

于凤至看到祖国大西北的形势日益向着有利于抗日救亡的方向发展,心里异常喜悦。她对丈夫在这样的环境里带领东北军很放心。此时,她唯一挂念的就是在英国读书的孩子们。所以,于凤至和张学良商量,决定返回英国照料孩子们,准备迎接英国学校的春季招生考试。

于凤至临行前,三姐妹恋恋不舍的情意使她很动情。特别是谢葆真亲自为三姐妹做导游,为她举办了一次送别的郊外春游,令她终生难忘。

这是1936年3月25日,"三月三日天气新,长安水滨多丽人"的时节。西安满城垂柳,挂着柔软的金丝,飞花纷纷扬扬。于凤至和谢葆真、傅学文、赵一荻结伴郊游。

"姐妹们，你们看，"年约23岁的谢葆真用甜脆的西安话，指点着古城四周景色，以主人的身份说，"这里就是古代京城女子最喜欢游览的乐游原。据说，每年三月上巳、九月重阳，这里车水马龙，从早到晚聚满了来祓禊登高、消除病灾的女子。"

"谢姐说得对，"赵一荻接过话题对凤至大姐说，"李白词中有'乐游原上清秋节'的句子，就是说的这儿！"

于凤至拉着赵一荻的手，深有感触地说："是啊，虽然古河淤塞，但清流不绝，乐游原的风光仍然是古景依旧呀！"

四姐妹迈着轻缓的脚步，谈着笑着，她们的身姿融入了古城的春色之中……

然而，就在于凤至回到英国刚刚九个月的时间，震惊世界的"西安事变"就爆发了。

张学良、周恩来的历史性会谈

彼是否能可以代表整个中国共产党哪？假如毛泽东或周恩来能亲来见，……彼可以约请毛泽东或周恩来前来会见。

再得王以哲电告，言周恩来欲亲来会见，请我约以地点和时日。遂电复可在肤施，令周福成师长加以照料。我遂飞往肤施。在天主堂寓所同周恩来会见。

——张学良

1936年4月6日，中共中央毛泽东主席和彭德怀司令员致电张学良、王以哲，通知周恩来、李克农行期及联络地点，提出了这次会谈需要商量的几个问题：

甲、敝方代表周恩来偕李克农于8日赴肤施，与张先生会商救国大计，定7日由瓦窑堡起程，8日下午6时前到达肤施城东二十里之川口，以待张先生派人至川口引导入城；关于入城以后之安全请张先生妥为布置。

乙、双方会商之问题，敝方拟为：

一、停止一切内战，全国军队不分红白，一致抗日救国；

二、全国红军集中河北抵御日帝迈进问题；

三、组织国防政府、抗日联军具体步骤及其政纲问题；

四、联合苏联及先派代表赴莫斯科问题；

五、贵我双方订立互不侵犯及经济通商初步协定问题。

丙、张学良有何提议，祈预告为盼。

7日早晨，周恩来、李克农携电台在警卫队的保护下，从瓦窑堡出发。8日，他们抵达预定地点肤施城东二十里处川口。当时雨雪交加，电台与张学良联系不上，只好与中共中央联系。中共中央闻讯后，从山西石楼发报，直到9日上午才与少帅取得联系。

张学良将军得知周恩来一行到达川口的消息，立即命人从洛川急电驻守肤施的第一百二十九师师长周福成做好准备盛情接待。

4月9日，张学良亲自驾驶他的专机，载着王以哲军长、刘鼎"参谋"和孙铭九卫队营长从洛川升空飞到肤施。这天下午，张学良一行人到达肤施后，马上住进天主教堂，着手准备明天与共产党周恩来等会谈。此间，张学良派出亲信高福源前往川口，将周恩来、李克农及随行人员引导入城。

这时，已是黄昏。周恩来、李克农换上便衣，来到清凉山下桥儿沟的一座天主教堂前。此时，张学良已在教堂门前迎接中共代表。他久闻周恩来是出名的美髯公，加上事前刘鼎对周恩来形象、风度之描述，所以，周恩来一行人出现在眼前，他一眼就认出来，大步向前迎接，紧紧握住周恩来的双手，用不容置否的口吻说："你一定是周先生，久仰，久仰！"

有关张学良的传奇，周恩来也早有耳闻，但没有机缘面识，此时初次相见，就被张学良的热情所感染。他持重地打量着张学良，风趣地说：

"张将军，好眼力啊！"

"不，不，"张学良谦逊地说，"谁人不晓共产党中的美髯公啊！"说罢，大笑不止。

周恩来见张学良如此豪爽，不无感慨地说："初次相见，就感到张将军是个痛快人，有着一种故人相见的亲切感。"

张学良听了，不禁一怔，问："周先生，这话从何而来？"

"张将军有所不知，我少年时代，曾做过你父亲张大帅三年臣民，对东北人的性格是熟悉的，而且打心里也是喜欢的。"

"原来如此啊！难怪周先生也如此痛快，称得上半个老乡了！"

张学良的部下王以哲见张学良和周恩来初见便如此愉悦，便说："一个东北人，和半个东北老乡谈抗日，即便是在天主教堂中秘密进行会谈，我看也无须祈祷上帝的保佑了。"

王以哲的趣谈引来双方的笑声，然而张学良却认真地说："诸位有所不知，我和周先生不仅有半个同乡的情分，还是同一名师的弟子哩。"

在场的人听了张学良这话，都愣住了，就连周恩来也有点迷惑。

"周先生不知这其中的原委。"接着张学良讲起了南开大学校长张伯苓先生劝他戒毒，事后拜张伯苓为师的往事，又笑着说："按照我们祖宗传下来的规矩，先入庙门者为长，周先生自然就是我的师兄了。"

1936年4月9日，张学良亲自驾驶他的专机，载着王以哲军长、刘鼎"参谋"和孙铭九卫队营长从洛川升空飞到肤施，与周恩来会晤。

"不敢，不敢，"周恩来忙拱起双手，"张伯苓先生一生爱国，迭次声明反对内战。我们这两个弟子当遵师教，为了中华民族的复兴，兄弟阋墙而外御其侮！"

"好！"张学良肃然转身，指着天主教堂的大门，"请，周先生！"

在教堂里，张学良向周恩来介绍说："我这里还有一位共产党的代表刘鼎先生！"

周恩来一看，刘鼎竟是阚尊民！他这时才知道自己熟悉的同志改名叫刘鼎了。于是，周恩来紧紧地握住刘鼎的手说："原来是你啊！想不到我们在这里见面了。"

"首长好！"刘鼎强抑制着激动的心情，从内心深处迸发出这三个字。此时，刘鼎像一个走失了的孩子见到母亲，多么想紧紧地拥抱最敬爱的周恩来副主席啊！原来，1930年初，刘鼎从苏联回国就是向周恩来报到的，尔后，在周恩来的直接领导下，在上海敌人心脏里进行特殊的战斗。翌年底，周恩来去中央苏区后，刘鼎与周恩来四年多没有见面。在这四年中，他们各自经历了多少艰难曲折、出生入死的战斗啊！但现在，不是他们互相慰问、追忆往事的时候。此刻，他们要马上进入关系着民族生死存亡的庄严的会谈。

双方参加会谈的人员有：中共方面是周恩来、李克农；东北军方面是张学良、王以哲、刘鼎。会谈是从傍晚时分开始的。双方经过寒暄之后，便在坦率、直爽、诚恳的气氛中开始了会谈。

张学良首先爽快地说："我自欧洲归国以后，一心拥护蒋介石的独裁统治，曾相信法西斯能救中国。可是经过实践和周围朋友的劝告，特别是李克农先生和刘鼎先生对时局的透彻的分析，我认为我的想法是错误的。"

周恩来留着黑胡须，目光炯炯地静听张将军的讲述。

张学良接着说："我认为必须实行民主主义，才能唤醒民众。联俄、联共、扶助农工是中山先生积四十年的革命经验，我们不能放弃，所以，共产党提出抗日民族统一战线政策，我是赞成的。不过，关于争取蒋先生参加抗日阵线的问题，我和你们有不同看法，在洛川我已经和李克农先生谈过了，意见未能达到一致，所以，特约请周先生亲自谈一谈。"

周恩来听到这儿，点了点头，表示欢迎地说："这很好嘛，我们多接触多谈，双方就会多了解多谅解。"然后，他表示：关于统一战线的问题，中共很愿意听听张将军的意见，以便在决策时考虑。

张学良说："抗日民族统一战线既然要争取一切可以争取的力量参加，那么蒋先生也应包括在内。他是中国现在的实际统治者，全国主要军事力量都被他掌握，财政、金融、外交等也由他一手包办。我们发动抗日战争，如不把他争取过来，困难是很大的，他势必会与我们作对，甚至可以用中央政府的名义讨伐我们，像在张家口对付冯焕章先生那样。蒋先生的脾气我是知道的，为了自己，他会一意孤行到底的。"

周恩来说："我们共产党并非不愿意争取蒋先生这一强大的集团抗日，而是考虑到可能性不大。蒋介石在中国面临亡国灭种的紧要关头，却一再鼓吹'攘外必先安内'，这与满清西太后的'宁赠友邦，不与家奴'的卖国主张如出一辙。所以，蒋介石实际上充当了日本侵略中国的走狗。"

张学良听到这儿，沉吟不语，过了一会儿才缓缓地说："你们对蒋先生可能不甚了解，其实他也有抗日的思想和打算，日本人一再进逼，他也感到难堪，心里也恨。但他长期以来一直固执地认为，必须先消灭共产党，然后才能抗日。因为共产党的一切口号、一切行动都是为了打倒他，所以他若在前方抗日，不免有后顾之忧。这就是他攘外必先安内政策的根据。"

听到此，周恩来肃然起身，历数了蒋介石背叛孙中山先生的三大政策，血腥镇压共产党的种种行径。他说得十分激动，使少帅一时间无言可对。

周恩来长吁了一声说："这些旧账我们共产党人不愿意再算了。"

张学良截住话说："对，抗日是当前最紧迫的大事！"

周恩来向张学良表示：只要蒋先生愿意抗日，共产党愿意在他的领导下，捐弃前嫌，一致对外。

张学良高兴地向周恩来表示："你在外面逼，我在里面劝，一定可以把蒋先生扭转过来。"

对此，周恩来也表示赞同。他说："这个问题很重要，我回去报告中央，认真考虑再作答复。"

接着，周恩来进一步向张学良解释：红军的大部分将领都曾是蒋介石的部下，因此，只要蒋介石以诚相待，他们愿意再度服从他的指挥。

周恩来对张学良说：如果蒋先生仍然怀疑共产党参加抗日统一战线的用意，他周恩来愿意被扣押在西安，作为人质。

张学良为周恩来的人格和共产党人的追求所倾倒，答应周恩来：一定向蒋先生报告这次会谈的情况，努力劝说蒋先生同意这一既成事实。

最后，他真挚而坦率地向周恩来表示："我张学良是坚决抗日的，我正在准备与日本人决一死战！"

周恩来说："我们都是爱国主义者，我们一定要打败日本，挽救中国！"

张学良表示接受这一观点，他说："日本不仅给我的家庭带来了不幸，也给中国造成了民族耻辱。我决不甘心在为中国而奋斗中落在他人后头。然而，我有自己的上级，许多事情以我的地位是不能决定的。但是，我要尽最大努力使蒋先生理解你们。"

谈到这儿，张学良与周恩来立下誓约："彼此绝不背信弃义！"

会谈结束时，张学良为了表示与红军联合的诚意，慷慨解囊，拿出自己的私款二万元光洋资助红军。尔后，他又赠送红军二百万法币。

10日清晨4时，张学良与周恩来的历史性会谈结束。餐后，张学良把他带来的为纪念《申报》60周年印制的我国第一本比较精确的等高投影彩色地图册赠送给周恩来，语重情深地说："让我们共同保卫中国！"

在周恩来一行与张学良辞行时，刘鼎也同少帅告别，随同周恩来迎着东方的曙光奔赴陕北苏区。在路上，周恩来兴奋地说："这次会谈，谈得真好啊！出乎意料！"原来，中共领导曾估计会谈在抗日救国十大施政纲领、组织国防政府和抗日联军等问题上会有争议，故设计了多种方案。然而，张学良对最初方案原则上同意了，在若干具体问题上，他既大方又主动，表现出极大的爱国热忱。

后来，蒋介石要求张学良回忆与周恩来会谈情况。张学良在写给蒋介石的《杂忆随感漫录》中忆道：

> 同周恩来会见于肤施
>
> 再得王以哲电告，言周恩来欲亲来会见，请我约以地点和时日。遂电复可在肤施，令周福成师长加以照料。我遂飞往肤施。在天主堂寓所同周恩来会见。周恩来为人捷给，伶俐机敏。我二人谈至深夜，我曾告诉他：关于政府的一切措施，蒋委员长为国忧劳，宵衣肝食等的事实。周亦承认蒋委员长的为国勤劳，并言彼曾先我而为蒋委员长之部下，惜其左右多有亲日主张者。我遂告以我在某次参加会议，讨论广田所提之三原则问题时，当时的驻日大使曾表示，此为最后之条件，我方须考虑容纳。关于承认伪满一事，蒋委员长正厉地说："待我蒋某死后，诸公再谈考虑！"我引此一事为证，蒋委员长在丧权辱国之下，决不能向日本低头。周言："你们既然有抗日决心，为什么，必须要消灭愿做前锋、坚决抗日的中共武装哪？"
>
> 我二人而后讨论到具体的条件，大旨如下：
>
> （一）共产党的各地武装，集结、点编、受训，以备抗日。
>
> （二）取消红军名称，制度、待遇同国军划一。
>
> （三）共产党不得在军中做政治工作。
>
> （四）保证不缴械，不欺骗。
>
> （五）共产党停止一切斗争的宣传和行动。
>
> （六）赦放被捕获的共产党人。
>
> （七）划陕北区为其后方，准其非武装的党人居留。
>
> （八）抗日胜利后，共党武装与国军同等复员遣散。

（九）准共产党人为合法政党等等。

我应允待机向蒋委员长转陈，谅能可成为事实。二人相约，各不得失信，周遂告别而去。

平息《活路》事件

我一口气读完这本小册子（《活路》），言辞虽然有些过头，但是编辑得不错，文章写得好，对东北军的士气有鼓舞作用。

——张学良

1936年3月，在东北军中的中共地下党员，由刘澜波召集开会，分析抗日形势和开展联合张学良、杨虎城共同抗日工作。大家一致认为张、杨两将军联共抗日的思想及行动已日见成熟、具体，应当在东北军和西北军中开展抗日思想教育。会议决定，由张学良与杨虎城的编外高参高崇民负责编辑一种小型刊物，不定期出版，发放给广大的进步官兵阅读，提高他们的抗日觉悟。大家一致同意刊物的名字叫《活路》。于是，这本由张学良提议创办的《活路》，就成为中共地下党的宣传刊物。

翌月，在东北军进步的官兵中，《活路》这本铅印刊物流传开来。张学良得到《活路》后，也认真地阅读起来，刊物中的文章，通俗易懂，有理有据。当他读到《抗日对话》一文时，还认真地做了圈点。文章说："张学良将军国恨家仇集于一身，他最适合领导东北军抗日"，"东北军只有联共抗日才有活路，如果继续打红军就是死路一条。张学良将军只有抗日才能对得起国家民族，他个人也才有出路……"

张学良读后，感触很深。他很想知道这本《活路》的编者是谁，这篇文章的作者是谁。

这天夜已深深，张学良不能入眠，在屋外思考问题。他发现秘书室还亮着灯，便走进屋里，看见中校秘书应德田正在读《活路》，便问："你知道这本册子是谁编辑的吗？"

应德田对张将军的问话，不知所措，不知如何回答。

张学良说："你不要紧张，我一口气读完这本小册子，言辞虽然有些过头，但是编辑得不错，文章写得好，对东北军的士气有鼓舞作用。"

应德田听罢，松了一口气。他告诉张学良将军：《活路》是高崇民负责组织编辑的，为了避免军统特务的纠缠，小册子的编辑、作者都采用了笔名。

张学良问："小册子里的《抗日对话》一文是高崇民写的吗？"

应德田答："是他写的。"

张学良听了，点了点头，自语道："真是文如其人啊！"

原来，张学良是很了解高崇民的。高崇民是辽宁开原人，年长张学良几岁。高崇民、应德田、卢广绩、栗又文是张学良的四位得力朋友。早在1931年，高崇民就给张学良写过信，直言不讳地指出少帅在用人方面存在的问题。

高崇民到西安后，在与张学良接触中，也是毫不掩饰自己的观点与主张，毫不留情地指出少帅的弱点及缺点，是人所共知的少帅的"畏友"。

张学良对秘书应德田说："明天晚上，请高崇民来，我要和他谈谈。"

然而，第二天一早应德田向张学良报告说："昨夜，几个军统的人窜入军营，抢走了士兵看的《活路》册子，两边动手差点开枪。军统的人说：《活路》是共产党的宣传品，上头有令，要抓编书的人。"

张学良听了应德田的汇报，说：

由张学良提议创办的《活路》，就成为中共地下党的宣传刊物。

403

"看来这本册子，人家早就得到了，昨晚他们到军营搜查抢书是有目的的。"

应德田对张学良说："据我了解，《活路》是在杨虎城将军十七路军印刷厂排印的。杨虎城和高崇民都认为《活路》排印是保密的，不会出问题。然而军统在西安的头目江雄风的特务是无孔不入的，他们收买了印刷工人，窃取了《活路》的清样副本。江雄风认为他升官发财的机会到了，便将小册子清样副本上报。蒋介石得知这个情报，马上下令：立即追查《活路》编者，逮捕押送南京。"

张学良听了应德田的汇报，觉得此事非同小可，弄不好，自己和杨虎城都会有麻烦。他指示应秘书，设法摸摸江雄风的底，然后再想对策。他告诉应秘书，眼下这种情况就不找高崇民谈话了，以免引起军统特务的怀疑。

这时，张学良有紧急公务需离开西安几天。临行时，他叮嘱部下，无论如何也不许军统特务在东北军内抓人，一切事情等他回来再说。

几天后，张学良回到西安，得知军统错将国民党经济委员会西北办事处主任郭增恺抓走，并押解到南京领赏去了。他心里稍感轻松，但心里明白，特务们发觉错抓了人，一定会再来追查的。他下令，在东北军内不准公开阅读《活路》，把书收藏好，避免不必要的麻烦。果然不出张学良所料，几天后，军统特务又在东北军军营出现了。

张学良知道，蒋介石决不会轻易放过此事，特务们一定会查出《活路》的编写人，这样东北军就会被解散。为了顾全大局，保证东北军不受解散之厄运，张学良反复考虑平息《活路》事件的妥善办法。他派人把高崇民请来，谈了自己对此事的意见。

张学良说："崇民兄，今天请你来，是准备送你离开西安，到天津租界躲躲风头，过风头后，我再派人接你回来。我和杨主任商量过，觉得送你走最合适。江雄风一定会向我要人的，为了不影响西安刚刚开创的大好局面，避免蒋介石疑心我们和共产党来往，只好推说小册子是你一个人编的，我根本不知道此事。你不是我手下的人，他们抓不到你，《活路》事件也就不了了之了。崇民兄，你看如何？"

高崇民听了，沉思了片刻，觉得此事也只有这么办才不会给张、杨两将军带来麻烦，更重要的是及早促进他们和陕北红军的联合。于是，高崇民同意了张学良的安排。

张学良高兴地握着高崇民的手说："老兄识大局，明大义，学良佩服，我们后会有期。"于是，张学良派人秘密护送高崇民离开西安。

高崇民走后，江雄风找到了张学良，说明来意："经查《活路》编者是高崇民，蒋总司令命我将其捉拿归案。"

张学良听了，轻视地一笑，说："编《活路》的人不是叫郭增恺吗？他已经被你们抓到南京去了。怎么现在又叫高崇民了？"

江雄风说："副座，那个姓郭的不是主谋，高崇民是主谋。"

张学良说："高崇民，我倒是认识他，但他不是东北军的人，我对他不了解，他编的那本册子与我无关，所以你到我这里找人不是找错门了吗？"

江雄风说："副座不要误会，我是奉总司令之命而来，人抓不到，我不好交差的。"

张学良说："既然如此，你是抓共产党的，我立刻派人配合你，"他命令道，"卫队长，派一个连随江雄风抓高崇民。"结果，他们连高崇民的影子都没看到。至此，《活路》事件不了了之。

笔答徐用仪"为何不抗日？"

> 良，职司捍卫，敢惜捐糜？知罪之评，俟诸异日。
>
> ——张学良

1936年春，徐用仪先生以爱国者的名义给张学良将军写了一封信。徐用仪，四川简阳县简城镇人，曾从师梁启超、钱玄同等人。九一八事变后，东北全境沦陷时，徐用仪以教育界爱国人士的热情，查遍了二十四史、《资治通鉴》等史籍，编纂了《五千年来中华民族爱国魂》，在天津《大公报》上连载发表，在读者中引起反响，函电纷至报社，促成该文单行本发行。于是，《大公报》聘他任报社编辑。

徐用仪从报社给张学良将军写信问：东北军为什么不抗日反而进攻工农红军？张学良接到徐用仪的质问信后，立即亲笔回信。他从案头上取一张上边印有"东北边防军司令部用笺"纸，将毛笔在墨砚中蘸饱墨汁，运笔行书蝇头小楷。信的正文有百余字，对其质问进行答复："良，职司捍卫，敢惜捐糜？知罪之评，俟诸异日。"信的意思是说：我张学良的职责是捍卫自己的国家，哪敢吝惜自己，而不愿为国捐躯倒在战场上？大家认为我有"罪"而评说我，只有等待以后的事实来证明我是无罪的。

张学良写完信后，用笔署上"张学良"三个字，然后在信上盖上"东北边防军司令部"的方形宽边大印，命通讯员将此信邮给《大公报》徐用仪先生。

中共中央派刘鼎为驻少帅处代表

1936年4月10日，周恩来一行抵达十里铺，遇上大雨，只好在此住下。周恩来在这里起草了给中共中央《关于与张学良商谈各项问题的报告》，还在报告中反映了刘鼎在张学良处工作的情况。

刘鼎随周恩来到瓦窑堡后，向中共中央汇报了在少帅处了解的情况。中共中央决定派刘鼎任驻东北军代表，继续做张学良和东北军的工作。临行前，周恩来对刘鼎说："你去当代表，对我党我军非常重要，这样做统战工作还是第一次。中央寄托很大希望，一定要做好。你与张学良已建立了好的关系，要继续推进这种关系，善意帮助他。他确实缺乏干部，要帮他培养干部，招收青年学生。东北军有很好的条件。有了抗日的干部，东北军就能成为一支好的抗日同盟军、抗日统一战线的武装力量。你这次去，和中央的联系要加强，按约定的密码联系。东北军防区内的秘密交通线已建立，你要经常去检查，保证畅通。这次红军东征缴获到一些山西钞票，你要带出去设法兑成法币。"周恩来指示完毕，李克农和刘鼎约定了两套电报密码，以供其交替使用，避免被敌人发现。

刘鼎准备完毕，便与担任交通的王立人在某一天的清早从瓦窑堡起程，牵着一头毛驴，驮着一藤箱山西钞票，当天下午到达肤施。驻扎在这里的东北军赵团长见过刘鼎和少帅在一起，以为他是东北军的人，留他住下。翌日，赵团长用汽车把刘鼎送到洛川王以哲军部。

当少帅见刘鼎重新出现在眼前时，欣喜得像旧友重逢。他说："我估计你会回来，也盼望你回来，果然你就回来了！好哇，你不再是客人了，你就是我的助手，这要谢谢周先生！"

刘鼎递上周恩来4月22日写给张学良将军的亲笔信。少帅立即拆开信，只见上面写道：

汉卿先生：

坐谈竟夜，快慰平生。归语诸同志并电前方，咸服先生肝胆照人，诚抗日大幸。惟别后事变益亟，所得情报，蒋氏出兵山西原为接受广田三原则之具体步骤，而日帝更进一步要求中、日、"满"实行军事协定，同时复以分裂中国与倒蒋为要挟。蒋氏受此挟持，屈服难免，其两次抗议蒙苏协定尤见端倪。为抗日固足惜蒋氏，但不能以抗日殉蒋氏。为抗日战线计，为东北军前途计，先生当有以准备之也。

敝军在晋，日有进展，眷念河西，颇以与贵军互消抗日实力为憾。及告以是乃受帝与蒋氏之目前压迫所致。则又益增其敌忾，决心扫此两军间合作之障碍。先生闻之得毋具有同感？兹如约遣刘鼎同志趋前就教，随留左右，并委其面白一切，商行前订各事。寇深祸急，浑忘畛域，率直之处，诸维鉴察。并颂勋祺！

以哲军长处恕不另笺。

周恩来拜

四月二十二日晨

张学良读完信后，深有感触地说："周先生比我想的好得多，会谈后我很愉快，我结识了最好的朋友，真是一见如故啊！周先生是这样友好，说话既有情又有理，解决了我很多疑难，若早见到他该有多好啊！"特别使少帅感到快慰的是，中共中央决定采纳他提出的建议："联蒋抗日。"他说："我和蒋先生相处多年了，但弄不清他打完红军后是否就抗日；对中共我不仅知道他第一步是抗日，而且还知道第二步是建立富强的中国。"

几天后，张学良偕刘鼎从洛川飞到西安。他亲自驾驶飞机，让刘鼎坐在副驾驶座位上。少帅还饶有兴趣地在黄河上空飞旋了一圈，直到快降落时才把驾驶盘交给驾驶员巴尔。到西安后，张学良把刘鼎安排在他公馆内的东楼住宿。他对刘鼎说："你在名义上是李杜的东北抗日义勇军代表，也是我的随从军官。你要在东北军内部多活动，多多帮助我。"从此，刘鼎开始考虑如何帮助张将军把东北军变成一支真正抗日的部队。他多次向少帅提出建议和实施办法，并按张学良的需要参加一些具体工作。在刘鼎的鼓动下，张学良大胆地支持抗日群众团体，使东北救亡总会和西北救亡总会这两个抗日组织迅速发展起来。为了提高东北军官兵的政治觉悟，张学良在6月创办了《西京民报》，宣传抗日思想。

张学良和周恩来第二次会谈

我有家仇国难在身，抗日绝不敢落人之后。但我上有长官，不能自作主张，我一定向蒋公竭力进言，以谋求合作抗日的实现。并约定各不食言……

（第二次）同周恩来会谈之后，我甚感得意，觉得今后国内就可以天下太平，一切统可向抗日迈进矣。

——张学良

张学良和周恩来首次会谈时，在停止内战、一致抗日问题上意见完全一致。但在具体方式上有分歧：张学良主张"联蒋抗日"，共产党主张"反蒋抗日"。双方在这一问题上，谈判刚开始时，意见尚不一致。后经深入会谈，张学良的态度有所松动，共产党也把自己"反蒋抗日"的主张变成了"逼蒋抗日"。二者达成了协议。

这天，张学良看了《活路》小册子后，对孙达生说，他不同意"以陕甘为根据地"的观点。

张学良说："东北军人流亡在外，要有骨气，一不抢人家饭碗，二不抢人家地盘，要抗日，随时拍掉屁股上的尘土就走。"

4月下旬，张学良有了在西北另立新局面的"计划"，但也只是两手准备中的暗中一手。4月26日，刘鼎对张学良的"另立局面计划"，以暗语方式给中共中央写密信说：

她本来就在歧路间，又恋新又舍不得旧。这个矛盾变化得虽然快，究竟离终点还远，还有些难关哩！现在已经变到这样，所谓舍不得旧，还想最后从他家得着一些最后的钱财，来同新爱人度岁月。她想把此痴人梦延到十一月去，即是到十一月才宣布新的同居。一方面在这几个月中去进行欺骗，另一方面似乎到十一月时可以得到新爱人的老亲们的表示。不过她自己经觉得了少许，恐事不由人愿。因此，我尽朋友之谊，也应该把她再一次提醒，下一次苦口，"欺骗"是痴人做梦，新爱人方面可由爱情上获得一切（此句似应为"可由新爱人方面的爱情上获得一切"），徘徊是损失。

信中的"她"，是指张学良；"新"、"新爱人"是指中共及其领导的红军；"旧"、"他家"指以蒋介石为首的国民党和南京国民政府；"钱财"，指军饷和武器；"同居"，指公开联共联苏，成立西北国防政府和西北抗日联军；"新爱人的老亲们"，指苏联和共产国际。从这一段可以看出，尽管中共代表刘鼎说张学良"一日千里地进步着"，但刘仍认为张像"痴人"一样在"歧路间"徘徊着"做梦"。张颇为"恋新"，红军依托民众，以弱胜强的作战能力和作战方式，使张看到了贫弱中国战胜强大日本的希望，更令张动心的，是通过联共可以获得苏联的巨大援助；但张"又舍不得旧"，与周恩来初次密谈时，张即表示，"在国民党人中"，他"只佩服蒋尚有民族情绪，领导不得力"，况且，张早就认为，即便"全国协力"，亦无战胜强日的"把握"，为什么非要把当时中国最大的实力派蒋介石抛开呢？故张仍想说服蒋联共抗日。张计划用"半年工夫"，一面劝说蒋介石，一面做另立新局面的准备，改造东北军，从蒋那里请领更多的饷械，设法获得苏联援助的保证，等等。而刘鼎则向张学良保证，只要与"新爱人"中共和红军"同居"，便可"由爱情上获得一切"，苏联的援助是不成问题的。接着刘鼎在密信里又说：

> 她拟于（最）近的将来送我到省城她家中住。我想她如此徘徊，究应如何应付，顶好找那算八字算得顶好的胡子和瞎子一同来给她再算一算。不过她现在为了这矛盾连八字先生都有些难见，终于她是想算一算，这问题留待后决吧。

刘鼎很快就离开洛川，被张学良送到陕西省城西安，住到张学良的金家巷公馆里了。"胡子"指胡须很长的周恩来，"瞎子"指戴着深度近视眼镜的李克农。刘鼎自己无法劝止张学良的徘徊，想要周恩来、李克农来说服张学良，便建议张学良与周、李举行第二次会谈。张学良原本就想与周密谈"一夜"，便同意了。

将来我母亲见她时，以至于同居时，我想母亲也会喜欢她。她的好处还不止于某些人所言传而已。她并且深觉人类的善恶，深觉人群中孰优孰劣、孰曲孰乖，期待社会有极好之统系——不私有，则小夫妇、小家庭。此次恋爱之结果，大且伟矣！

信里的"我母亲"，是指周恩来等中共和红军的领导人。张学良驻节武汉时就请曾加入过中共的随员给自己讲解共产党的理论，到西安后，自己又研读过共产党的一些理论著作。当时中共廉洁向上，与已经委靡不振的国民党正成鲜明对照。因此，张学良赞扬中共及其理论，刘鼎对张学良的印象自然极佳。

5月2日，东征山西的红军开始西渡黄河，被迫撤往陕北。蒋介石以"追剿"红军为由，欲派中央军入陕。张学良不愿中央军入陕。4日，刘鼎致电中共中央，"张求早见周，面商对策"。此时，中共也想推动张学良从速在西北大举。

于是，5月12日晚，张学良与周恩来又在延安密谈了一夜。这是张、周第二次会谈，可惜中共方面对此会谈没有一字记载。据张学良奉蒋命撰写的《西安事变忏悔录》中记述：

我告诉他们，中央已着手实施抗战的准备工作，蒋公为了国家的事，废寝忘食。双方辩论多时。周恩来问及中央对广田三原则的态度，我回答说："蒋公是绝不会应允的。"周承认蒋公忠诚为国，要抗日，就必须拥护蒋公的领导权。但是，周问道：蒋公周围的人怎么样？我劝道：他们也都是蒋公旧属。如果中央决心抗日，他们为什么还非要消灭日本人最痛恨，而且又最热诚的共产党不可呢？于是，在抗日的共同纲领下，共产党决心与国民党恢复旧日关系，重新接受蒋公的领导。我们还进一步讨论了具体条件，大致如下：

一、共产党武装部队接受点编集训，准备抗日；

二、担保不欺骗，不缴械；

三、江西、海南、大别山等地的共产党武装同样接受点编；

四、取消红军名称，同国军待遇一律；

五、共产党不能在军队中再开展工作；

六、共产党停止一切斗争；

七、赦放共产党人，除反对政府、攻击领袖者外，准其自由活动；

八、准其非军人党员居住陕北；

九、待抗日胜利后，允许共产党为一合法政党，就像英、美各民主国家那样等等。

周恩来还进一步提出，如我们存有怀疑，担心他们言不由衷，他们愿意接受监督，任何时候都愿接受谴责。当时我慨然承允，并表示我有家仇国难在身，抗日绝不敢落人之后。但我上有长官，不能自作主张，我一定向蒋公竭力进言，以谋求合作抗日的实现。并约定各不食言……同周恩来会谈之后，我甚感得意，觉得今后国内就可以天下太平，一切统可向抗日迈进矣。

张、周会谈后，双方同意建立电台，设立密码，互通情报信息。刘鼎在给中共中央的密信中说：

你三十日来信，关大五台事，顶糟了，看不明白。如果你不懂得大五台，双台何意，请问王先生，他同我约的名目，八月开公。

上信中的"大五台"、"双台"，是刘鼎等人准备在西安设立的秘密电台的代号。信中的"王先生"，是中共中央军委三局局长王铮。刘鼎在瓦窑堡时与王铮局长事先约好的代号名称。所以，刘鼎让李克农等人去问王铮局长。"八月开公"，是计划在8月开始发收与瓦窑堡联络的电报。"大五台"，是张学良心腹王以哲与中共联络的秘密电台。初期，张学良与周恩来等人的往来电报，都是通过王以哲的电台收发的。

"双台"，是张学良正在筹设的直接与中共中央联络的电台。（9月末才启用，开初时常不顺畅，11月正常收发电报。）密信说：

> CSR有人说听不见，大概同大的一个毛病，也须得要他们麻烦一下，多搬运番吧。少坤不管他人事，大概另行找一找新闻而已，我想他数目，内可开开。

上信中"CSR"，是中共的红中社呼号，也是该社的英文简称。红中社的全名为红色中华通讯社，它是新华通讯社的前身。当时，红中社在瓦窑堡向国内外播发新闻。因电台功率不是很大等原因，有时，如天气不好，便收听不清。刘鼎要他们在收听大五台时，也像收听CSR一样，改换收听地点，变换收听方向，可能就能收到并听清了。信中"少坤"，即中共方面懂技术的电台工作人员彭绍坤。"数目"、"开开"，不知何所指。

6月15日，张学良根据刘鼎的提议与杨虎城将军联合在西安市郊王曲镇成立了"长安军官训练团"，轮流训练连、营长以上的军官。为了提高东北军中下级军官的政治素质，少帅还在西安东城楼创办了"学兵队"。

此前，刘鼎在4月27日，曾给中共中央写密信说：张学良成立王曲军官训练团，将公开以抗日为办团方针。

6月22日，张学良以"长安军官训练团"团长的身份，向全体团员作了题为《中国出路唯有抗日》的演讲。这是张学良又一次在公开场合对其部属表示自己誓死抗日的决心。他在讲演中，不点名地批评了蒋介石等人的"长期准备论"和"唯武器论"，指出"抗日是中华民族的唯一出路"，"抗日是东北军最大的使命"，"我们要马上把准备与行动联系起来！"他在这次讲话中向部下明确表示了自己的联共抗日决心："张学良早有决心，违背国家民族利益的事决不干！反之，又决不惜牺牲！假如说：把我的头割下来，国家便能强盛，民族便能复兴，那我张学良决无所惜！"

为了鼓励激发青年军官的抗日爱国热情，张学良专门为参加训练团的军官制作了"张学良银章"。此银章，直径3.4厘米，厚0.3厘米，重21.68克，银章正面为张学良半身戎装，头戴大檐帽，领佩戴三星上将军衔章，胸佩挂五枚勋章。银章背面为嘉禾叉花叶图案，中央铸有草书"张学良赠"四个字。当"训练团"结业时，发给每个受训者一枚"张学良银章"留念。

而后，张学良又采纳了刘鼎的建议，亲自发起组织东北军中的秘密核心机构——抗日同志会。他亲自任主席，旨在使其成为联共抗日的组织。尔后，刘鼎提议抗日同志会应有会刊，出版《文化周刊》，得到少帅的支持。这份刊物由刘鼎介绍他在上海时认识的左翼作家吴奚如任主编，由左翼作家徐平羽、陈克寒及后来的丁玲等人为该刊撰稿。《文化周刊》极力宣传团结抗日，畅销西安、兰州及整个西北地区。张学良是抗日同志会的主席，对该会主办的《文化周刊》的社会影响很满意。当他获悉当局要查禁这份刊物时，毅然站出来支持《文化周刊》的出版工作，从而使该刊得以顶住当局的无理查禁继续出版。

刘鼎以中共派驻张学良身边的代表身份，在促进第二次国共合作的同时，还利用职务之便，并征得张学良的默许，建立了一条自西安到达陕北安全交通线。

然而，后来时局发展，对张学良来说，真是"事与愿违"，劝说蒋介石，没有成功；在西北另立新局面，中共又改变了对蒋政策，将反蒋抗日改为联蒋抗日；而蒋却迫张继续"剿共"，张又不干，终于被迫上了梁山——发动"西安事变"。

共产国际不批准张学良加入共产党

我考虑很久了：我要求参加共产党，希望把自己的一生同共产党联系在一起。

我简单地说，我可以说我就是共产党。

——张学良

1935年，蒋介石任命张学良为"西北剿总副司令"，将他推向与红军作战的最前线。在与红军交战连连受挫的情况下，张学良开始从拥蒋"剿共"抗日的迷梦中清醒过来。他决心退出内战，与共产党联络，并逐步走上联共抗日的道路。1936年上半年，张学良与中共进行了著名的洛川会谈和延安会谈，基本上完成了对"攘外必先安内"的反叛，完成了由随蒋"剿共"到容共联共抗日的重大思想转变。

1936年6月18日，张学良出资创办《西京民报》，宣传团结抗日思想。他委托刘鼎兼职主持该报。

6月下旬，张学良接到电话：请他参加7月在南京召开的国民党五届二中全会。临行前，张学良忽然决定把刘鼎叫到他在王曲的住处。

这天早晨，刘鼎正在审查《西京民报》，突然接到张学良的电话："你立刻到我在王曲军官训练团住处，有要事相商！"

刘鼎从少帅打电话的口气，知道必有大事。他不敢怠慢，急速赶往西安城外二十余里之王曲军官训练团。

此时，张学良正驻节该团，见刘鼎匆匆赶到，神色有些异样地对刘鼎说："有两件大事，我考虑了很久。"

刘鼎一下摸不着头脑，忙问："什么大事呀？"

张学良把刘鼎引进太师洞里，这是他单独办公的地方。两人对面而坐后，张学良说："我早已把抗日救国和收复东北视为东北军的最高问题，也是我张学良的最大责任。但要抗日救国，单靠蒋介石难以办到，最可依靠的还是共产党。我感到共产党是值得信赖的政党，只有跟共产党联合起来，才能打败日本的侵略。我个人早已下定决心，为抗日救国牺牲一切！"

在刘鼎的印象中，自从张、周会谈以来，张学良说这样内容的话和表示这样的决心，已经不是第一次了。但感情如此激动，少帅还是头一次。这时，张学良压低声音对刘鼎说："第一件大事，我考虑很久了：我要求参加共产党，希望把自己的一生同共产党联系在一起。"

刘鼎听了，倍感震惊，不知如何回答。

张学良接着又说："再一件大事，也是考虑再三的，我想把队伍拉出来。"

刘鼎一听张学良此话，便想到前些时广东陈济棠和广西李宗仁、白崇禧打出"北上抗日"的旗帜，把他们的军队改称"抗日救国军"，出兵湖南，同南京政府相对立。故而反问："就像两广那样，单独举起抗日的义旗？"

张学良思索片刻，继续说道："我想，万一东北军与蒋介石决裂时，东北军是否可以同红军一起去打游击、去抗日？"

刘鼎想了想，说："您讲的这两件事，确实很大，我个人做不了主，周恩来恐怕也难作肯定的答复，必须向中共中央报告，由中央决定。"

张学良听罢，急切而果断地说："现在就派飞机送你去肤施，请你立即向你们党中央毛先生、周先生报告，回来时，我到哪里，你就追到哪里，告诉我结果。"

刘鼎问："副司令准备到哪里去？"

"国民党要开五届二中全会。"张学良深深叹了一口气说，"蒋先生已来过电话，无论如何要我参加。我呢，过去对蒋一直抱有幻想，为求救国救民之道，率兵数十万归附于他领导的国民政府，然而所得也不过排挤、歧视而已。即使这样，我仍多次声明：'除非蒋降日，我不会反蒋。'而他在今日抗日呼声如此高涨的大势之下，仍旧顽固坚持'攘外必先安内'的错误政策。在抗日问题上，我对蒋先生算是失望了！"

刘鼎听完张学良的话，说："副司令的想法我全明白了。我将立即向中共中央报告，望将军静候回音。"

刘鼎衔少帅之命，立即回到西安城里，从地图上查到离肤施最近的城镇是安塞。刘鼎立即给中共中央拍发了一封加急电报，声称：有重要事情报告，希望中央首长在安塞见面。

翌日晨，刘鼎乘少帅专机到肤施，然后冒雨步行去安塞。当他到达安塞小镇时，党中央毛泽东、张闻天、周恩来、李克农、童小鹏等人已等候在那里。

周恩来见刘鼎只身而来，吃惊地问："怎么，就来了你一个人？原以为张学良或王以哲一齐来呢！"

原来，中共中央接到电报后，知张学良有大事要谈，几位主要负责人都赶到安塞来了。

刘鼎气喘吁吁地说："事关重大，张将军让我独自来，为了保密。"

周恩来说："从你的电报看，我们都感到张学良要有大举动，你看中央的主要领导都来了。你快说，到底发生了什么事？"

刘鼎说："事情紧急，电报上又说不清，只好就近在安塞面向中央首长报告。"接着，刘鼎把张学良要求加入中国共产党的事向中央领导说了。毛泽东、张闻天、周恩来等中央领导听完刘鼎的话，认为事关全局，就在安塞开会讨论。

晚饭后，刘鼎向中央领导详细汇报了张学良提出的问题，以及东北军内部情况，军官训练团开办情况，张学良和晋、平、鲁、川、桂、粤等地方实力派联系的情况等。他们对这些问题讨论得很激烈。

李克农说："张学良一开始与我们接触时，就认为抗日民族统一战线应包括蒋介石在内。还批评我们共产党既抗日又反蒋，如同蒋介石'剿共'与抗日不能并存一样，徒使抗日增加困难。还认为蒋介石也有抗日的存心和打算，只要我们外逼，他则内劝，一定可以把蒋介石扭转过来。还一再表示：除非蒋降日，他决不离开蒋。现在，还没等蒋介石把政策改变过来，也不见得有什么降日的倾向，他张学良倒想把队伍拉出来，独树一帜，分道扬镳了。这样一来，必然要同蒋介石对立起来。他在政治上的这种急迫求进的心情，可以理解，但操之过急，未必会有好的结果。"

周恩来接着说："张学良认为目前蒋介石正在歧路上，而且极矛盾，需要作许多艰苦的工作，这个认识是符合实际的。张学良提出'联蒋抗日'，也是有重要意义的。过去我们把蒋所代表的力量除外是不对的。从国民党五大以来的观察，蒋介石还是有变化的。特别是近半年来，他在动摇，是倾向抗日方面的动摇。他要走到抗日，还要在斗争中使他实现；蒋要走到同我们合作，距离还很远。但我们不放弃他，应逼他抗日，使距离一天天拉近。去年国民党五全大会时，蒋讲话高唱'和平未到完全绝望时期，决不放弃和平'；但也说：'和平有和平之限度，牺牲有牺牲的决心，日军如果无止境的进攻，超过了和平的限度，即要下最后之决心。'今年年初日本提出'广田三原则'，企图吞并中国，蒋日矛盾变得尖锐起来。蒋表示：'情势很明白，中日战争已无法避免。我们拒绝他的原则，就是战争；我们接受他的要求，就是灭亡。'蒋介石又进了一步，说：'中央对于外交所抱的最低限度，就是保持领土主权的完整，任何国家要求侵害我们的领土主权，我们绝不能容忍，我们绝对不签订任何侵害我们领土主权的协定，并绝对不容忍任何侵害我们领土主权的事实。再明白些说，假如有人强迫我们签订承认伪满洲国等损害领土主权的协定的时候是我们最后牺牲的时候。'特别还有一个迹象是：在我们与张、杨联络取得进展的同时，蒋介石与我们之间的秘密谈判渠道也逐渐打通。为什么打了十年内战的蒋介石要与共产党谈和呢？这和去年华北事变后中日矛盾的急骤恶化直接有关。九一八事变后，国民党上层中出现亲日和反日的分歧，最初反日还是少数人所持的看法，但日本侵略势力实在太咄咄逼人了，到去年出现所谓'华北自治运动'时，那种认为中国必须抗日而且能够抗日的见解，在国民党上层中也逐渐形成广泛的舆论。"

刘鼎听了周恩来的分析，觉得很能说明问题。他说：蒋介石倾向于抗日方面的动摇，仅仅才是开始，远非有了抗日之举，不能期望于一夜之间，蒋介石会变成另一个人。但青年人往往不能耐心等待。张学良急欲拉出队伍的心情，在他思想上也有共鸣，以为这是张学良政治上的一个重大转变。当时对两广事变假"抗日"之名、行"反蒋"之实的情况还看得不太清楚。如果同意张学良也像两广那样，拉出队伍，独树一帜，"北上抗日"，显然对蒋介石所代表的势力，在客观上起了瓦解的作用，有违抗日民族统一战线政策的初衷，对联蒋抗日不利。

接下来继续讨论时，有人认为，张学良毕竟年轻，城府不深，思想经常变化，出尔反尔。随即便有不同意见，认为：认识是要有一个过程，思想随着形势变化，也是人之常情。包括我们共产党在内，其政策也是随着情况的变化在不断调整变化。例如：《八一宣言》的提法是"卖国贼蒋介石、阎锡山、张学良……"点了三个人的名；《东征宣言》的提法是"卖国贼蒋介石、阎锡山……"成了两个；到发表《五五回师通电》时，不但不再给他们戴"卖国贼"，就连蒋介石也呼以"蒋介石氏"了。但时隔不久，却又在党内文件中两次出现了"抗日反蒋"和"卖国贼蒋介石"的提法。总的情况是由于蒋、阎对日态度的变化，构成了我党对之调整政策的基础。但认识又是有反复的。所以张学良的变化，不足为怪。

提到张学良要求加入共产党，就更加议论纷纷起来。有的说：能把蒋介石营垒中的要人分离出来，可见抗日统一战线政策的威力。但同时又认为：大土匪张作霖的儿子、一向"讨赤反共"的张学良要求加入共产党，我们真也成"匪"了。是谁惨杀了中国共产党创始人之一的李大钊？不要忘了血的教训。如把张学良接收入党，全党能接受吗？

随之又有异议：张学良不愧是爱国主义者，他的要求，不仅表达对日复仇的愿望和为了日本人给他的家庭带来的不幸，也为了日本人给东北军、给中国造成的民族耻辱。我们联合一切力量抗日，现在不是联合的够了，而是差之远也。团结了张学良、杨虎城，没有团结阎锡山和最有实力的蒋介石，就不能算是彻底实现抗日民族统一战线。现在最紧迫的任务是抗日，我们还表示：只要蒋介石愿意抗日，共产党愿意在他领导下，一致对外。张学良要求加入共产党，一定会对抗日有利，因此应当同意他入党。但马上又有人反驳说：共产党是无产阶级的先锋队，不能认为是民族的党；我们要扩大党的组织，但不能使我们的党变为抗日党，要保持我党的独立、纯洁……由于议论纷纷，议而不决，张学良入党之事决定拿到中共中央正式会议上决定。

这时，张闻天拿出中央刚刚通过的一份文件，读了一段："《中共中央关于东北军工作的指导原则》——东北军有极大可能转变为抗日的革命的军队，我们在东北军中工作的目标，不是瓦解东北军，分裂东北军，也不是把东北军变为红军，而是要使东北军变为红军的友军，使东北军实行彻底抗日的纲领。超出这个范围的一切言论与行动均在排斥之列……"

最后，毛泽东主席作了重要发言："东北军正处在亡省亡家流离西北的地位，由于我党抓紧做他们的工作，东北军由'剿共'工具变成抗日车队是完全可能的。张学良敢在肤施与周恩来商谈，回去又宣传抗日，是大好事。在东北军这支军阀习气重的军队里，能训练抗日骨干，宣传抗日，很不容易。其中，有些高级军官思想不通甚至反对是可以想见的，张学良遇此难题并不奇怪……我们党对东北军不是瓦解、分裂，或者把他变成红军，而是帮助、团结、改造他们，使之成为抗日爱国的力量，成为红军可靠的友军……要对张学良做解释工作，叫他不要性急，做扎实工作，团结更多的人，把全部东北军都争取到抗日阵营中来。目前，蒋介石正忙于处理两广事件，但是，他绝不会坐视东北军打起抗日旗帜的。叫张学良不要和蒋介石弄翻了，要讲策略，不要太刺激他。从积蓄全国抗日力量的全局出发，对蒋介石要有更大的耐心，劝他抗日，准备迎接更大的斗争。"

当东方天际出现鱼肚白的时候，会议开完了。

刘鼎刚要睡下，又被周恩来叫起来，说毛主席找他单独谈话。毛主席对刘鼎强调："当前，我党对东北军的方针是争取、团结、联合抗日。任何不符合这个方针的都是错误的。你的任务，不仅仅是收集情报，更要做好张学良的工作，做团结东北军的工作，使东北军成为一支真正的抗日力量。你不要怕年轻，也不要怕没经验，我们都在做张学良的工作嘛！中央支持你，刘鼎，你这个代表要当好啊！"

刘鼎告别了毛主席后，带着中央领导的意见，匆匆返回西安。此时，张学良已在南京参加完国民党五届二中全会，秘密去了上海。

刘鼎回到西安后，按少帅的嘱咐，马上追到了上海。可是不巧，张学良又回到西安。刘鼎又马上折回西安。他见到少帅，把中共中央领导人的意见向张学良将军作了汇报。

张学良听了，沉思了好久，说："过去有些人担心共产党讲联合是要以此吃掉对方，真乃'以小人之心度君子之腹'。国民党军队一向互相拆台，互相吞并，司空见惯；而你们共产党是真正帮助东北军，发展东北军。以后，你就大胆工作，我给你撑腰。"

张学良说到这儿，停了片刻，又谈到了改造东北军的问题："东北军骄娇二气很浓，要克服。高级军官必须以国家利益为重。还要增加领导力量，提一批青年军官。"

最后，他们在谈到推动全国抗日局面时，张学良说："我以后要尽一切办法劝说委员长，把他争取到抗日阵营中来。"

中共中央开会研究，对张学良参加共产党的要求，表示欢迎。根据他的表现，决定接收他入党。但此事重大，必须向共产国际汇报请示后，才能告诉张学良。因为中国共产党尚属共产国际的一个支部，像张学良这样重要的人物入党，必须向在苏联的共产国际报告批准。

7月2日，中共中央以总书记洛甫（张闻天）的名义致电共产国际，报告张学良提出入党问题的经过，和拟接收张学良入党的意见。电报称：

东北军是一支与一般军阀军队有很大不同的军队，它一方面被日本帝国主义驱逐，无家可归；另一方面因不得不附属于蒋介石之下，以致屡受排挤与削弱，得不到平等待遇。自中共中央到达陕北之后，已成功地与张学良建立了统战关系。如今与蒋介石争夺东北军已到了最后关头。我们客观和主观条件都要好过蒋介石，但要取得最后的成功，国际的援助无疑是决定性的条件。对于国际援助问题，张学良十分重视。他几年前去欧洲时，就想到苏联去，因苏联拒绝他到莫斯科，他于是怀疑苏联仍记旧恨，并无帮助他的意思。经过我们多方解释，特别是通过会谈，以及在军事行动和经济互助等方面对他表示了我们的诚意，他转而十分信赖苏联，多方设法帮助我们打通国际联络。他自6月下旬从南京回来后，即要求加派领导人才去为其策划，并要求加入我们的党。我们拟派叶剑英、朱理治去，并将来拟许其入党，因为这是有益无损的……

中共中央考虑到张学良过去制造中东路事件，曾经给了苏联政府极其不好的印象，电报特别要求苏联方面能够根据现在的情况，对张学良和东北军予以信任。

然而，当年张学良发动的中东路事件已在苏联种下恶果，有两个深层原因，苏联无法明说。其一是，当年中东路事件，已让苏联人认定张学良是一个反苏人物；其二是，斯大林对张学良丢失东北很是不满，认定其为"不抵抗将军"，所以张学良在苏联政府和斯大林的心中，已被视为不受欢迎的人。由于共产国际执委会永久设在莫斯科，共产国际制定的各项政策都是受到苏联的操纵，所以在很多问题上，苏联政府和共产国际的政策和态度是基本一致的。基于不可言明的原因，时过一个半月以后，即8月15日，共产国际执委会书记处复电中共中央：

……使我们特别感到不安的，是你们关于一切愿意入党的人，不论其社会出身如何，均可接收入党和党不怕某些野心家钻进党内的决定，以及你们甚至打算接收张学良入党的通知……必须保持同张学良的接触，但是不能把张学良本人看做是可靠的盟友，特别是西南军阀集团（即两广事件）失败之后，张学良很有可能再次动摇，甚至直接出卖我们……

苏联和共产国际以冰冷的言辞彻底否定了张学良，否定了张学良在日本大举侵略中国后高涨的爱国主义情绪和救国热忱，批评了中共拟吸收张学良入党的做法。幸亏张学良当时并不知道共产国际这一决定，仍然一本初衷地积极联共抗日。随着后来急转直下的形势剧变，张学良加入共产党之事，也便不了了之。但是，中共中央还是承认张学良为同志。在中共领导人后来与张学良互相通信中，双方都以"同志"相称。

毛泽东为坚定张学良联共抗日的意志，很快便给东北军内部最有影响、最能维持东北军内部的核心人物王以哲写去了一封长信，盛赞张、王两将军联共抗日救亡之主张，表示以东北军与红军的联合力量，绝不怕任何风险。毛泽东在信中说：

鼎方军长勋鉴：

日寇侵略益厉，兄我双方救亡之准备大宜加紧，庶于救亡阵线有最大之裨益。我兄高瞻远瞩，对此谅有同心。目前国际与中国形势日益紧张，一方面侵略主义者动员其侵略阵线，另一方面反侵略主义者大规模动员广大民众，组成和平与救国的阵线。中国之汉奸势力虽日益嚣张（如所谓以日制蒋、以政制党、以团制军一派），然反日反汉奸势力亦大见增进。蒋氏政策之开始若干的转变，南京国民党左派之开始形成，实为近可喜之现象。蒋氏及国民党果能毅然抛弃过去之政策，恢复孙中山先生联俄联共扶助农工三大政策，停止进攻红军，开放各派党禁，弟等极愿与之联合一致，共同担负抗日救亡之事业。双方谈判现将进至比较具体的阶段，虽何时成就尚不可知，然希望实已存在。倘能达到成功之域，对贵我双方之合作事业自有极大之便利也。

近日外间谣传蒋氏将于西南问题解决之后进攻东北军，谓将用分化政策不利于张副司令。此讯如确，是蒋氏尚未放弃其挑拨离间、排除异己之阴贼险狠的政策。其政策果欲见之实行，弟等可断言，蒋氏必归于最后的失败，因为张副司令及我兄联俄联共抗日救亡之主张，并非少数人的主张，实全国爱国同胞的主张；非陈济棠等之不真实不纯洁的主张，乃真心实意为国家为民族的主张。谁要反对张副司令及我兄，不但弟等所率领的红军必以全力出而声讨蒋氏及东北军中叛逆分子之罪恶行为，即全国爱国人民及国际革命势力亦决不容蒋氏等胡干。至于东北军最大多数官兵抗日复土之决心及其坚固的团体，亦必不容东北军中极少数无志节之分子逞其私欲而任其作叛国叛乡叛团体之万恶的勾当。目前蒋氏及其一派亦正在开始进行联俄联共政策，我兄与张副司令乃此政策之首先提倡与首先实行者，安得以为有罪而排斥之？由此以观，弟则深望此说止于谣言，或为蒋氏左右一部分汉奸分子谋划，而非现正开始若干转变之蒋氏及国民党多数有良心分子的意见。但兄等仍宜严密警戒，十分团结自己的团体，预先防止东北团体中某些居心不正分子的乘机捣乱，则以全国与西北的有利形势，东北军与红军的联合力量，决不怕外间若何之风波也。秋风多厉，为国珍摄。匆此布臆。

敬颂公祺　毛泽东

与苏联大使的会晤

东北人抗日的决心，不但是活人要抗日，死了骨头也要抗日。

中国自然非抗日不可，成败与苏联皆有关系，日本野心无穷，苏联终难免其害。与其单独应付困难，莫如中苏订立军事同盟，共同对付日本。

——张学良

张学良为了抗日救国，不但联合红军，还试图联合苏联抗日。为此，他请国民党中央军事委员会参谋本部次长兼陆军大学教育长杨杰为其介绍适合人选。杨杰在九一八事变后，曾被蒋介石派遣到北平，帮助张学良。他对张学良联苏抗日的主张表示赞同，为张学良选中了参谋本部第二处主管对苏联情报的焦绩华。

1936年春，杨杰介绍焦绩华到西安会见张学良。张学良对焦绩华的到来表示热烈欢迎。在谈到抗日问题时，张学良慷慨激昂地说："东北人抗日的决心，不但是活人要抗日，死了骨头也要抗日。"在交谈中，焦绩华见张学良抗日决心如此坚决，最后表示愿意与苏联大使会晤。他俩约定：在南京出席国民党五届二中全会时再联系。

同年7月，国民党五届二中全会在南京召开。在开会期间，张学良与焦绩华联系约定：在南京首都饭店，张学良与苏联使馆武官雷平中将会晤。

这天，张学良、雷平、焦绩华如约在首都饭店会晤。交谈后，张学良向雷平提出要看苏联军事演习片《基辅争夺战》。张学良说："《基辅争夺战》是苏军陆军、空军及空降部队联合大演习，曾轰动一时，我们欲观看如何？"雷平武官对张学良的要求表示同意。而后，张学良安排在南京大华电影院放映《基辅争夺战》，他还约请了吴铁城、宋子文一齐观看该片。

张学良为了避免会晤苏联大使引起蒋介石之怀疑，便约定开会结束后，到上海会晤。

8月间，张学良到了上海。这天上午，他在法租界公馆接见了苏联大使钱包格莫洛夫。他们用英语交谈，不长时间，苏使便告辞了。

翌日上午，张学良到苏联驻沪总领事馆，回访了钱包格莫洛夫。在回访中，张学良使用国语，由焦绩华翻译。

张学良说：新疆盛世才曾是他的副官，如那方面有事，可以关照他。焦绩华则翻译为："甘肃主席于学忠和新疆盛世才，都是张将军的部下。"

苏大使听了点头，未作答。后来谈到"中苏军事同盟"问题时，张学良说："中国自然非抗日不可，成败与苏联皆有关系，日本野心无穷，苏联终难免受其害。与其单独应付困难，莫如中苏订立军事同盟，共同对付日本。"

苏大使答曰："如果中国能够团结起来，苏联政府一定会郑重考虑您的意见。"

张学良表示回去后认真考虑苏联大使的意见。

张学良与苏联大使会晤后，对联共抗日的决心更加坚定。他认为国共团结抗日，必能争取苏联的支持。

为抗日与杨虎城精诚合作

我应当略说一说，杨虎城与我的关系：杨虎城本出身草泽，具秦慷慨激昂之素性，其粗鲁过我。对共产党的问题，恐怕比我还要模糊。对抗日问题则深表热诚。

我二人虽系初交，但甚至契，无所不谈。

他同情我的主张，认为停止"剿匪"，从速准备抗日，是天经地义的事。我们为部下的，是应当向长官直陈几谏，这也是我们的天职。

——张学良

张学良和周恩来会谈后，情绪十分高涨，对于联共、联蒋、联杨诸工作非常积极。张学良清楚地知道，在他率东北军刚到西北时的一段时间里，他与杨虎城的关系并不好，虽然表面上东北军与第十七路军没有发生过冲突，但实际上两军之间严守戒备或猜忌误会是存在的。

1935年下半年，张学良的东北军移防到西安。这对长期统治陕西的杨虎城来说，不能不存戒备之心，因为，当时西安对东北军有一种"失之东北，收之西北"的看法。再加之蒋介石又有挑拨离间之意图，从而增加了张学良与杨虎城之间的紧张关系。

于是，蒋介石便利用他们之间的矛盾，有意从中挑拨离间。一面对张说："只要东北军'剿共'能立功，可以考虑把杨虎城调出陕西。"反过来又向杨暗示："张学良有大西北主义思想，千万要注意。"

杨虎城，原名虎臣，1893年生于陕西蒲城。1924年加入国民党，旋任冯玉祥的国民军第三师师长。1926年，他主持陕西军务，在吴佩孚部将刘镇华入陕时，他和李虎臣一起坚守西安，人称"二虎守长安"。为表守城之志，两人均改为"虎城"，自此杨虎城即以此名传世。

1929年杨虎城投归蒋介石，任国民革命军新编第十四师师长。不久，任第十七路军总指挥，兼任陕西省政府主席，成为陕西权重一时的人物。他的军队大都是本地人，故称"西北军"。与张学良的东北军一样，西北军也非蒋介石的嫡系。

在西安，张学良与杨虎城初次见面，经寒暄后，便一起研究如何"围剿"中共红军徐海东、刘志丹所部诸问题。杨虎城表面答复，实则抱着观望姿态。为缓解与杨虎城之间的矛盾，张学良先后派人向杨虎城作过多次解释。

张学良说："东北军是奉蒋委员长之命到西北来专为'剿共'的，绝没有任何争权夺利的存心"等。然而，张学良"剿共"惨败，在西北的处境艰难，他陷入极度的苦闷之中。

杨虎城早在大革命时期，就同中国共产党有过友好关系。1935年10月间，杨虎城在南京开会时，抽闲会见了中共地下党派来的申伯纯代表，得知中共《八一宣言》之精神，对红军愿与第十七路军建立抗日友好互不侵犯协定很感兴趣。他说："你来谈这个问题很好，我也正想找你们呢！"他要求申伯纯速回天津，拿出中共具体合作办法，然后再到西安找他商议。

1935年12月初，毛泽东亲自派中共陕西地下省委军委成员汪锋赴西安，与杨虎城会面，商谈抗日合作问题。翌年2月间，中共天津地下党组织派王世英随同杨虎城派来的接头人崔孟博秘密到了西安。经过双方多次往返协商，于同年4月末正式建立了抗日合作关系。而后，中共中央派张文彬进驻西安，成为红军在第十七路军的正式代表。

这时张学良和杨虎城都在暗地里与中共取得联系，彼此之间严守秘密并互有戒心。张学良托故到上海寻访挚友杜重远之后不久，杨虎城也托故到上海访杜，而后杜重远即以书面介绍杨虎城的代表王炳南见张学良。这样一来，张、杨便获得了一个相互沟通、携手团结的渠道。

当他俩见面时，常以谈形势和发牢骚的方式，含而不露地向对方进行试探。经过多次这样的试探，彼此都发现对方与自己的想法观点接近，于是他们心照不宣地深入交谈各种问题，但彼此谁也不说明正在与中共联络的事实。正在这时，高崇民来到西安。他从三方面向张学良说明：其一，蒋介石派东北军"剿共"是个阴谋，其意在使东北军、西北军互相牵制，两败俱伤；其二，中共和红军是受人民拥护的，是不可战胜的；其三，东北军"剿共"是没有出路的，只有抗日才有生路，才能得到人民的拥护。于是，张学良找杨虎城谈话交心，消除彼此间的误会。他们得出共识："只有消除两军之间的误会，方可共图大事。"加之高崇民在张学良与杨虎城之间的疏通，双方终于消除误会，互相交心，甚至将与中共红军的联系都公开告知对方，成为知心朋友，精诚合作。

1936年5月，中共中央将"反蒋抗日"改为"联蒋抗日"方针后，张学良与杨虎城在洛川举行了秘密会谈，达成共识：东北军与第十七路军不打内战，联共抗日，实行与红军的三方合作；决定由张学良担负劝蒋抗日的任务。至此，西北形成了"三位一体"的新局面。为抗日做准备，张学良与杨虎城成立了王曲军官训练团、抗日同志会、学兵队等组织，培养抗日力量。

张学良、杨虎城达成共识：联合抗日，是中国目前的大势；最终把中国最有实力的蒋介石联合起来，一致对外，必会扭转中国的局势，东北军必能早一天打回老家；蒋介石不改"攘外必先安内"，必定还要继续倾全力进行"剿共"。这是联合抗日最大的难题，那么谁能说服蒋介石？谁能解决这个难题？

张学良在给蒋介石的《杂忆随感漫录》中回忆说：

1936年12月西安事变前张学良和杨虎城的合影

此处我应当略说一说，杨虎城与我的关系：杨虎城本出身草泽，具秦慷慨激昂之素性，其粗鲁过我。对共产党的问题，恐怕比我还要模糊。对抗日问题则深表热诚。好接近文人政客，自诩为风雅，自然的受了影响。其所统帅的十七路军，亦甚困窘。因之心中时为愤懑。我二人虽系初交，但甚至契，无所不谈。他常对我发牢骚说："愿为抗日而死，不愿受这剿匪的零罪！"

他同情我的主张，认为停止"剿匪"，从速准备抗日，是天经地义的事。我们为部下的，是应当向长官直陈几谏，这也是我们的天职。蒋委员长虽然有抗日的意向，但为亲日者流所左右。待蒋委员长再来西安时，我们要强颜直谏，用一切办法，不达目的不止。一切行动，他皆愿以我之马首是瞻。

迨至十二月初旬，蒋委员长由洛莅节西安。我曾两度悍然陈词，因彼时心气浮动，语无伦次，深受责斥。羞忿忧惧，冲动无已。决心武力要请，遂生十二日之变。当事发之初，我曾同杨虎城等会商，变乱目的，促请蒋委员长停止"剿匪"，拥护蒋委员长领导抗日。在事变的望日，我在"剿匪"总部及西京公园，两度公开的演讲，曾声述蒋委员长乃是我等最高的领袖，请大家勿生误会，勿起怀疑。今日思来，行动的鲁莽，思想的幼稚，……既称尊崇领袖，而举措胁迫，形同叛逆，我所谓"利令智昏"。正是像曾子说过的："有所好乐、忿限、忧思、不得其正者也。"

事发之后，我深悔孟浪，彷徨无策，遂邀周恩来来西安会商。……除我之少数僚属及杨虎城知晓外，共产党事前未参预也。于二三日后周恩来携同博古等三人，到达西安，彼等亦讥诮我等行动过于孟浪，遂共商如何结束之策。

挫败特务阴谋，查抄西安省党部

我是代表总司令，代表蒋委员长的！我是中央委员，是代表中央的！你们瞧不起我张学良，就是瞧不起中央，瞧不起蒋委员长！省党部那些人算什么东西？竟敢如此藐视我！他们为什么要抓我的人？他们居心何在？

——张学良

张学良与周恩来会谈后，中共中央于1936年4月25日发表了《为创立全国各党派的抗日人民阵线宣言》，第一次向全国公开宣布：把国民党包括在统一战线内。接着，5月5日，红军东征回师，又发表了《五五通电》，呼吁国民党南京政府以"兄弟阋于墙外御其侮"的精神，停止内战，共商抗日救国大计。

张学良对中共《五五通电》表示赞赏，于5月21日在西安主持军事会议，商讨时局问题。25日，他与陈诚、杨虎城飞往兰州视察。翌日，少帅与陈诚抵宁夏布置军事。27日，两人又赴太原，与阎锡山商谈抗日问题。

8月初，张学良在司令部会客厅，接见了上海沪江大学"边疆问题研究社"为了解"真正的中国面貌"考察团18名成员。

他们向少帅提问："九一八事变后，全国舆论对张将军提出指责，认为将军不抵抗，一退千里，使东北三千万同胞沦为奴隶，请问将军对此有何感想？"

张学良听罢提问，心情沉重道："这个责任要我张学良来负，我确实负不起啊，说我守土有责，我承认。"又说，"说我不抵抗，我不承认。我认为是我判断错误。我个人是国仇家恨集于一身，哪会不抵抗呢？多年来，我的部下强烈要求打回老家去，我也是如此，否则，对不起三千万东北父老同胞。至于舆论对我的指责，那是促我省悟的动力，我不责怪他们。"

考察团成员又问："将军奉命调到西北来同共产党打仗，共产党越打越壮大，将军对此有何看法？"

少帅说："中国的老百姓实在是太贫苦了。他们很多人连饭都吃不上，在饥饿线上挣扎，这时候，只要有人说跟着他来就有饭吃，自然就会有很多人跟着他的。"

考察团员问："将军认为谋求中国的出路和前途，最重要的是解决什么问题？"

张学良答："我个人认为，中国最主要的问题是国人团结一致，共同抵抗日本帝国主义侵略。我张学良愿为前锋，赴汤蹈火，在所不辞！"

会见结束后，张学良与考察团师生在会客厅门外合影留念。他要求学生们毕业后到西安来，共同建设好大西北。

8月25日，中共中央发表了《中国共产党致中国国民党书》，明确提出："我们愿意同你们团结成一个坚固的革命统一战线。"从此，中共放弃了反蒋口号，实行"联蒋抗日"的新政策。

张学良面对中共的实际行动，更加坚信共产党建立抗日统一战线的决心和诚意。为此，他决心实现自己与周恩来的约定：劝谏蒋先生联共抗日。

8月29日，在张学良身边工作的共产党员宋黎应杨虎城将军之邀到西安"绥靖公署"举行的大会上作报告。宋黎在报告中揭露了日本侵华的罪行和国民党对外妥协、对内独裁的行径，深受与会者的欢迎。散会后，宋黎在返回住所西北饭店时，与同住的东北大学学生马某被国民党便衣特务逮捕。在押送途中，宋黎向杨虎城的巡逻队呼救。于是，他们和特务一起被押送到端履门宪兵营一连连部。正巧一连长认识宋黎，将其带到值班室与特务分开，并立即向少帅报告了情况。

张学良闻讯大怒，立即派卫队营营长孙铭九带卫队到宪兵营，将宋黎接回张公馆。宋黎向少帅详述经过后，少帅对特务如此猖狂，在光天化日下公开逮捕他身边的人气愤已极，立即派兵包围了"省党部"。少帅还把陕西省主席邵力子找来，拍桌质问："我是代表总司令，代表蒋委员长的！我是中央委员，是代表中央的！你们瞧不起我张学良，就是瞧不起中央，瞧不起蒋委员长！省党部那些人算什么东西？竟敢如此藐视我！他们为什么要抓我的人？他们居心何在？"

邵力子确实不知道这件事，只好解释说："副总司令息怒，这个事我还不清楚，容我查明原因后再向你报告。"当天，邵力子来报告说："副司令，省

蒋介石、杨虎城、邵力子、张学良在视察部队。

党部逮捕宋黎等共产党分子，是奉蒋委员长命令。他们逮捕人未请示副司令，是他们的不是，现委托我向副司令报告，请示处理……"

"什么共产党分子！什么蒋委员长指令！"少帅厉声斥责，"还不是那些东西捏造的假报告，诬陷好人！你不要管，我张某人自有对付他们的办法。"

8月31日晨，孙铭九奉少帅之命，率卫队冲进省党部，将正被刑讯的东北大学学生马某等人救出来，然后查抄了蒋介石特务的电台和档案。张学良和杨虎城看到抄来的档案材料中，有许多是关于他们如何联共抗日的黑材料，还有东北军、十七路军中共党员和进步群众的黑名单，以及有关调查邵力子的黑材料。

张学良查抄省党部后，立即采取了先发制人的步骤，主动致电蒋介石说：省党部非法逮捕我的人，又不通知我，这是对我"西北剿总"的藐视。同时，承认自己的行动是"鲁莽"的，请求"处分"；要求将所逮捕的抗日青年留西安"管教"。这时，蒋介石已听了蓝衣社"十三太保"之一曾扩情的哭诉，说张学良背叛中央，有与红军秘密联络的迹象，但是他又拿不出人证物证。蒋介石看着张学良请求"处分"的电报，心里有数，但考虑到时机还不成熟，不好对张学良下手，便装作大度的样子，给张学良批了个"应免置议"的回电。张学良为了应付蒋介石，对被捕的中共地下党员、进步群众，经过形式上的"审讯"后，均无罪而释放。

"唯有抗击外敌，才能实现真正统一"

我坚信，中国实现真正统一是可能的，那时，我们就能成功地抗击侵略者。这一点，我是深信无疑的。自侵略者侵占东北三省以来，内战危机不绝。但因全体国民实想团结对敌，各种内战均被公众舆论所制止。然而，唯有抗击外敌，中国才能实现真正的统一。

我和我的东北军高级将领，绝对忠诚于政府。如果共产党能够在中央政府领导下，诚心诚意地同我们合作，抵抗共同的外敌，这个问题，也许会像最近的"西南事件"一样，得到和平解决。

——张学良

1936年10月3日，张学良在西安接见了常给伦敦《每日先驱报》撰稿的美国记者海伦·斯诺，并邀请中央社记者参加。谈话于当日晚6时开始，历时30分钟。张学良在百忙之中，会见了中外新闻记者。这次会见是由一二·九时燕京大学学生会主席、后来由少帅请到西安主持《西京民报》的张兆麟安排的。黄华、陈翰伯、张兆麟都是斯诺的学生。此时，斯诺正在陕北红区采访，还没有来西安。他的妻子海伦·福斯特·斯诺和尼姆·韦尔斯及中国新闻记者先同张学良将军会面交谈。

海伦问：对于中日问题之意见如何？

张答：中日问题，在九一八以前至九一八以后，以至今日中国政府，无时无刻不在和平上努力，有时甚至使一般国民亦不谅解。故中日问题的解决关键与责任，全在日本，而不在中国。

问：对于中日外交之意见如何？

答：最近未到南京，外交情形不甚深悉。但个人意见，以为如日本能了

433

解两国间之危险，使交涉能顺利进行，则中国政府自当一面根据一贯和平之政策，力谋国交之调整；一面使民众谅解，以求和平之实现。总之，国交能否调整之责任，全在日本，盖如日本所提条件为中国所不能容纳者，即使政府容忍，而民众亦难接受也。例如二十一条，曾为当时北京政府所接受，而民众始终并未承认也，可以为证。

问：现在中日关系暂呈紧张，中国政府将何以应付？

答：此事恐难确实答复，但个人意见，以为政府必定能遵从民意，盖政府之基础，建筑于民意上也。

问：关于中国统一及停止内战（包括"剿匪"）之意见如何？

答：统一是民意，此次对两广和平解决，纯系遵从民意。中国在对外之立场上，一定能统一。回忆九一八前，内乱频仍，而事变后，即促成一致团结，此即所以表示民众热烈渴望统一之结果也。至于"剿匪"，决非内战可比，派兵"围剿"，即促匪乱之早日解决，秩序早日安定。

问：现在中国一般青年，希望停止"剿匪"，代总司令以为如何？

答：此不过一种情绪耳，情绪为一事，服从命令又为一事，绝不能混为一谈。但如"赤匪"能觉悟自新而投诚，服从中央命令，使统一工作早日完成，少损一分元气，即增一分国力，当然亦所深望者也。

张学良在此次问答中，曾郑重声明三点：一、外报前传西北四省"独立"及联俄之说纯属谣言；二、本人及西北诸将领，绝对拥护领袖，拥护统一，一致对外；三、个人及西北诸将领绝对服从中央命令，甚至愿效命于国防第一线。

海伦问：当前在中国，一场新的、强大的爱国运动正在发展，如学生运动。他们在救国方面，有一个明确的计划，例如：要求民权和从事抗日运动的自由；各党各派，团结对敌；停止内战，一致抗日。去年冬天，被关押在北平监狱里的46名东北学生，由于你设法帮助，最后被释放了。许多人，尤其是青年学生们认为，你对这场爱国运动持同情态度。你对此有何想法？

张学良答：只要这场运动是合理的、合法的，政府一定会允许。不过，政府在这方面有时也有他自己的难处。

问：很明显，日本决心沿着广田计划的路线走下去，并且在华北付诸实践，任何阻力也没有遇到。你对此有何看法？

答：就我所知，政府没有接受广田计划。政府必须顺从民意。即使政府想与侵略者在此基础上合作，人民绝不会容许。政府如不顺从民意，就无法生存。例如，北京政府1915年接受了二十一条，但人民拒绝承认它。

问：最近在成都、汉口、上海等地发生的八起事件，对中日关系已造成新的危机，你认为政府会拿出什么样的政策——是继续镇压抗日运动，还是反对日本要求？

答：抱歉得很，我不是政府，我个人回答不了这个问题。

然而，张学良毫不隐讳，公开发表了他个人的声明：我坚信，中国实现真正统一是可能的，那时，我们就能成功地抗击侵略者。这一点，我是深信无疑的。自侵略者侵占东北三省以来，内战危机不绝。但因全体国民实想团结对敌，各种内战均被公众舆论所制止。然而，唯有抗击外敌，中国才能实现真正的统一。

最后问：那么，南京政府和红军之间的内战如何看待？你是否认为，中国的真正统一也包括停止这样的战争？据说，东北军不愿意这样打下去，而是想同红军合作，协力抗日。

答：我和我的东北军高级将领，绝对忠诚于政府。如果共产党能够在中央政府领导下，诚心诚意地同我们合作，抵抗共同的外敌，这个问题，也许会像最近的"西南事件"一样，得到和平解决。

"除了你张汉卿，谁敢这样批评我！"

彼时中枢或反处于被动地位，其失策孰甚！良年来拥护统一，服从领袖，人纵有所不谅，我亦矢志不渝，固为分所当然，情不可已，亦以深仇未复，隐痛日甚，愧对逝者，愧对国人，所日夜隐忍希冀者，唯在举国一致之抗日耳。

——张学良

1936年9月1日，中共中央根据国内形势的变化和国际反法西斯统一战线的要求，参考张学良的建议，改变了过去"反蒋抗日"的政策，向全党发出《中央关于逼蒋抗日的指示》，其中阐明："目前中国人民的主要敌人，是帝国主义，所以把日本帝国主义与蒋介石同等看待是错误的，'抗日反蒋'的口号也是不适当的。""在日本帝国主义继续进攻，全国民族革命运动继续发展的条件下，国民党中央全部或其大部有参加抗日的可能。我们的总方向应是逼蒋抗日。"此决定经刘鼎转告张学良。对此，少帅很感动。尔后，张学良为培养抗日军官，创办了东北军学兵队。为保证安全，学兵队办在卫队二营内，称卫队二营学兵队。

9月18日，张学良在西安"东北沦陷五周年纪念会"上发表演讲。会后，他接见了群众代表，表示一定"率东北军披甲还乡，雪耻报仇"。张学良自从和周恩来会谈后，一直没有找到机会向蒋介石进言，9月23日，他在给蒋介石的电报中，虽只请求抗日，没谈与中共的接触，但已苦衷毕现：

……居今日而欲救亡图存，复兴民族，良以为除抗日外，别无他途。比来寇入益深，华北半壁河山，几乎沦陷，而多数民众感觉忍无可忍，抗日声浪，渐次弥漫于全国。中枢领导民众之责，似应利用时机，把握现实，坚民众之信仰，而谋抗敌之实现。否则民气不伸，骚动终恐难免。彼时中枢或反处于被动地位，其失策孰甚！良年来拥护统一，服从领袖，人纵有所不谅，我亦矢志不渝，固为分所当然，情不可已，亦以深仇未复，隐痛日甚，愧对逝者，愧对国人，所日夜隐忍希冀者，唯在举国一致之抗日耳。至此间东北青年暨官佐，尤多富于抗日情绪。"赤匪"投机，更往往以抗日口号肆其摇惑。良为领导部下铲除共逆计，尤不能以明示抗日为镇压分歧统一意志之策略。区区苦衷，谅蒙垂察。思之，就各方言，欲救亡必须抗日，欲抗日必须全国力量之集中。良此时在钧座指挥下尽剿匪之职责，尤愿早日在钧座领导下为抗日牺牲。唯冀钧座于国防会议内确定整个计划，实行抗日。良决负弩前驱，唯命是从。

10月4日，潘汉年随中共领导人叶剑英离开保安，由红车交通员护送，安全地转送给设在东北军中的交通员。然后，叶剑英、潘汉年被张学良派来的专车接进西安。他们拜会了少帅，转呈了《中国共产党致中国国民党书》和《国共两党抗日救亡协定草案》两个文

1936年9月18日，张学良在西安"东北沦陷五周年纪念会"上发表演讲。会后，他接见了群众代表，表示一定"率东北军披甲还乡，雪耻报仇"。

件，并解释说明中共联蒋抗日新政策的具体内容。此时，张学良身处西安政局的各种矛盾之中，叶剑英、潘汉年及时地送来中共的两个文件和他们的解释，对于巩固和发展拟建立中的西北大联合的政治局面，对于少帅的抉择，都起了很大的作用。

与此同时，张学良获悉西北的红军有困难，当即拨五万元请宋庆龄转交。当他获悉红军缺少御寒的棉衣，又立即命令东北军的被服厂为红军赶制一万套棉衣及一些食品，派军车悄悄送到红军的驻地。（这些钱物不仅接济了红军，还救了邓小平的命。邓小平女儿邓榕在1992年5月纪念聂荣臻去世的文中说：父亲邓小平罹患严重的副伤寒，昏迷不醒，什么东西都不吃，生命垂危。当时

任中央红军先遣队政委的聂荣臻把张学良送来的一些罐装牛奶全给了邓小平。正是靠了这些牛奶，才救了邓小平的命。）当他获悉红军四方面军要出甘南北上，一定会遭到胡宗南所部以及东北军于学忠将军部队阻拦时，就对叶剑英、潘汉年说：贵部"从甘南穿过西兰公路就到陕北。西边兰州方面是于学忠军，陇东是胡宗南的中央军。如果陕北红军南下静宁、会宁一线，向胡部采取攻势，四方面军应向北挺进，尽量向于部边防区靠拢。我已令于部坚守城池，不出城。请你们靠兰州附近相机夺路。胡宗南不便闯入于军防区，还有云南军在胡部侧后，他更不敢动。四方面军就可以无阻拦地过来了"。

10月5日，张学良接到中共中央主席毛泽东、周恩来的信：

汉卿先生阁下：

中国共产党建议全国各党派、各界、各军的抗日民族统一战线已经一年多了，虽已得到全国人民的赞助，但中国国民党不但至今采取犹豫不决态度，而且当日寇正在准备新的大举进攻时，反令胡宗南军深入陕西，配合先生所指挥的部队扩大自我残杀的内战。……先生是西北各军的领袖，是内战与抗战歧途中的重要责任者，如能顾及中华民族历史关头的出路，即祈当机立断，立即停止西北各军向红军的进攻，并祈将敝方意见转达蒋先生速即决策，互派正式代表谈判停战抗日的具体条件。拟具国共两党抗日救国协定草案，送呈卓览。寇深祸急，愿先生速起图之。

毛泽东　周恩来

十月五日

张学良对中共再次申明"停止内战，一致抗日"的主张非常赞同，更坚定了联共抗日的决心。他决定找机会面见蒋委员长，说服他放弃"剿共"方针，联共抗日。

蒋介石用四个多月的时间处理了两广事件后，眼看着日寇在华北、平津、察北和绥东的新侵略行动即将开始，民族危机更加严重。然而，蒋介石置民族危机于不顾，急迫地想把"剿共"内战打胜。当他得知西安张学良与杨虎城的联共"嫌疑"时很生气，但是他自信：只要亲自到西安，张学良、杨虎城就不敢不服从他的命令。于是，蒋介石便于10月22日，偕宋美龄乘专机从武汉飞往西安，亲自部署东北军和西北军对红军作战。一时间，西安的政治气氛十分紧张：爱国官兵与"剿共"内战分子怒目相视；双方摩拳擦掌，荷枪实弹，就像炸药桶一样，一个火星就会引爆。

蒋介石到西安后，顾不上休息，连连听取心腹"剿总"参谋长晏道刚、政训处长曾扩情、二处情报处长兼西安军警督察处长江雄风等人的汇报。他了解到张学良和杨虎城对他部署的"围剿"红军的计划执行得不积极，收效不大，非常恼火，但却故意装出一副若无其事的姿态，请张学良、杨虎城和邵力子陪他攀登西岳华山，游览终南山，漫步大、小雁塔……在游山赏景中，他还问到张学良最近都看些什么书。张学良坦率地回答："近来看了两本书，一本是《唯物辩证法》，一本是《政治经济学》。"蒋介石听了大为不悦，像训儿子似的对张学良说："我在十几年前，看了不少这种书。这些书是俄国人写的，不适合中国国情。你看了是会中毒的，以后不许你再看这些书，你以后要好好读《大学》和《曾文正公全集》等书。你把这些书读通了，将一生受用不尽。"张学良听罢蒋介石的话，没有说什么，只是付诸一笑。此间，张学良陪蒋介石一行游览华山，诗兴大发，乃诵诗《华山绝句》一首。诗曰：

> 偶来此地竟忘归，
> 风景依稀梦欲飞。
> 回首故乡心已碎，
> 山河无恙主人非。

两天后，蒋介石宣布了他的大举"剿共"计划。张学良听了，心情愤懑，

张学良和蒋介石

据理相劝：为拯救国家和民族，请"委座"停止内战，一致抗日；他恳切地说明，这不是他个人的看法，而是全东北军大多数将士的希望，也是全国人民的强烈要求。杨虎城则对蒋介石表示：他个人服从"委座"的命令不成问题，只是部队抗日情绪高昂，"剿共"士气低落，请"委座"考虑。

蒋介石听了张、杨的话，勃然大怒，厉声训斥："风吹草动，兵随将走！当统帅的不动摇，当兵的就不会动摇！"张学良争辩说："委座言之有理，但我认为打内战肯定调动不灵，要是打日本，我保证调动自如，锐不可当。"这时，杨虎城也要表示这样的看法，却被蒋介石制止了。蒋介石断然道："抗日之事，不要偏听'共匪'蛊惑。士气问题，我来解决！"他想深入东北军、西北军，企图显示自己"剿共"意志和不可动摇的决心，迫使张、杨执行他的"剿共"大计。为此，蒋介石决定到西安王曲军官训练团去训话。王曲军官训练团是张学良将军三个多月前创办的。少帅为了向部队军官灌输进步思想，革除陈腐作风，模仿庐山军官训练团，以"剿共"的名义向蒋介石提请获准成立了这个训练团。

10月27日，蒋介石在西安王曲军官训练团训话，他首先说了些明礼义、知廉耻的话，讲了在家尽孝、为国尽忠的道理；接着又大讲日寇是外敌，共产党是内患，内患之害甚于外敌，内患不除便无法抗击外敌的谬论。他说："我们最近的敌人是共产党，为害也是最急，日本离我们很远，为害尚缓。"又说：

"共产党不以民族为本位，不论其标榜如何，政府坚决贯彻'戡乱'方针。"

10月28日，少帅寻觅到谒见蒋介石的机会，向他说出建立抗日统一战线的计划。张学良为了使自己的话更有说服力，强调说："中国要反对日本的侵略，就必须联合苏联，共同抗日。"蒋介石完全明白张学良此话的用意，峻然回答："你不要说了！直到中国土地上每一个红军都被消灭，每一个共产党都被关进监狱，那时再来谈论这一问题。"说到这儿，蒋介石又把口气缓和下来，"我们要把局势完全掌握在自己的手中。别担心，苏联将完全愿意讨论同盟问题，有无红军都无所谓。如果我们首先消灭了红军，我们今后在与苏联谈判时，就能处于一个优越得多的地位。我们的责任是消灭国内的共产主义威胁，首先把中国人民从红色帝国主义手中拯救出来。然后，我们再考虑选择其他的同盟，在共同利益的基础上抵抗日本。"

张学良这次对蒋介石的劝谏没有达到预期的目的。

10月30日，蒋介石偕宋美龄带着对张、杨极为不满的怒气飞到洛阳接受全国军民献机，给他过五十大寿。原来，蒋介石这次五十大寿，政府官员向全国军民搞了"献机报国"运动，用捐款买了飞机，在洛阳给蒋委员长祝寿。在蒋介石夫妇到洛阳前，全国的重要官员、将领都云集洛阳。其中，中国驻日本大使蒋作宾也赶到洛阳，向蒋介石汇报日本准备侵略中国的情报。张学良为劝说蒋介石停止内战，便邀请阎锡山、王以哲同赴洛阳为蒋介石祝寿。他们随蒋介石夫妇之后飞抵洛阳。少帅想借蒋氏过生日不便发火之机，再次劝蒋停止内战，联共抗日。张学良向蒋介石祝贺五十寿辰之后，转过话题，说："委座，读点辩证法……"蒋介石一听就知道张学良的用意，忙截住话说："汉卿，你别叫共产党的迷魂药迷住了，那玩意艺儿我十几年前就读过了。"

蒋介石为了阻止张学良再来劝谏"停止内战"，就于翌日上午在洛阳军校召开的军事干部会议上阐明自己的反共观点。他又一次指着张学良训道："你们要知道，日本是皮肤之患，不足为虑；共产党才是心腹之患，必须彻底消灭。'剿共'是我们既定的政策，也是国家的根本大计，绝不能动摇。就是有人拿枪打死我，我也不变更！"最后，他又指桑骂槐地说："我认为，勾结日本是汉奸，勾结共产党也是汉奸！"

张学良听后，本想找机会再与蒋介石理论，但是考虑到正值蒋介石五十寿辰之际，全国文武百官都聚集在洛阳，一方面为其祝寿，另一方面聆听其教诲，若在这时把事情闹得很僵，有失礼节。于是，少帅决定暂时不对蒋劝说，于11月1日乘飞机回到了西安。

1936年10月30日，蒋介石偕宋美龄带着对张、杨极为不满的怒气飞到洛阳接受全国军民献机，给他过五十大寿。

张学良感到要实现全面停止内战是毫无希望了，但是他自己要实现局部停止内战，便把自己的想法通知了周恩来。随后，中共派叶剑英来到西安，带来一份详细的停火计划和一份由毛泽东签署的正式停战协议。协议提出：如果东北军今后的军事行动都是完全针对日本侵略军的，就把红军的指挥权移交给张学良将军。张学良建议，红军向北撤退，创造一个缓冲地带。叶剑英把张学良的建议向中共中央汇报后，红军真的从瓦窑堡撤走，向北驻扎在靖边、安边、定边地带。少帅从共产党的行动中再一次体会到：共产党为了民族的利益，说到做到，是完全值得信赖的。他决心把自己与共产党的口头允诺和书面协议当做誓言，决不轻易背弃。从此，红军与东北军的关系由互不侵犯发展到互相合作。

11月初，张学良按蒋介石的指示设立东北军整编委员会，向何柱国催要东北军整编方案。下旬，少帅带着整编方案再去洛阳，以请示为名向蒋介石陈述说："东北军官兵士气低落，要求打回老家，请前往训话。"此后，蒋介石邀请主要将领以餐叙形式进行安抚。他对将士说："有我在，一定可以带你们回东北，你们要听从命令，首先要'剿共'。"不久，蒋介石命令中央军向陕甘集结，万耀煌所部已开始抵达咸阳城附近，准备向红军发动总攻，情况日见紧急。

11月23日，蒋介石在洛阳遥控国民党政府，逮捕了全国各界救国联合会的领袖沈钧儒、章乃器、邹韬奋、史良、沙千里、李公朴、王造时七人。

尔后，张学良又一次驾机飞往洛阳劝蒋。在少帅与蒋介石谈话时，张学良请蒋委员长释放被捕的"七君子"，同时痛陈国情，说明了只有坚决领导抗日救亡的才可称得上是中国的领袖，才能代表中华民族，才是中华民族之灵魂的道理。

蒋介石听了大发雷霆，和少帅争吵起来。张学良气愤地拍桌子道："你这样专制，这样摧残爱国人士，和袁世凯、张宗昌有什么区别？"

蒋介石说："全国只有你这样看，除了你张汉卿，除了西北，谁敢这样批评我！我是委员长，我是革命政府，我这样做就是革命，革命的进来，不革命的滚出去！"蒋介石说到这儿，脸气得发青，手打着哆嗦，完全失去了平时说话行事的风度。

这时，在场的阎锡山灵机一动，以长辈的身份硬是把张学良拉出门外，以买蒋介石的好。阎锡山在门外亲热地拍着张学良的肩膀说："汉卿，光劝不行啊！我们自己也要另外想办法。"他说这话是有用意的，甚至怂恿说："老侄，你干吧，我跟着来，以后有什么主张，请随时通知我，我决计支持你。"（但是，"西安事变"爆发后，阎锡山却来了个一百八十度大转弯，公开在报上质问张学良。）

同月的一天下午，张学良命令卫队手枪营值日官李文聚集合部队。李文聚奉命将手枪营两百余人集合到营部，聆听张副总司令训话。

张学良在训话中说："东北的父老姐妹们在日本人铁蹄之下，处在水深火热之中，翘首盼望我们去救他们。可是我们在这里打内战……"他又说："我们苦，还有的军队（指红军）更苦，他们到现在还穿单衣，士兵连盐都吃不到。可他们精神百倍，唱起歌来、打起仗来都很出色。日本人要亡我中华，我们为什么要中国人打中国人？"少帅说到这里，眼圈都红了，声音哽咽着，说不下去了。

卫队营的官兵见张副总司令如此动情，都被感动得哭了。他们听完少帅的训话之后，情绪激昂地唱起了《中国人不打中国人》、《打回老家去》、《义勇军进行曲》等歌曲。

驯服烈马"盖西北"

你（赵新华）要放下包袱，"盖西北"也是马，试骑成败没关系，但我希望你成为驯服这匹马的人，为东北军争口气！

——张学良

1936年秋天，张学良获赠一匹菊花青色骏马。这匹马身高四尺有余，七岁口，身上没有一根杂毛，眼睛炯炯有神，总是充满警惕的目光。马腿不粗不细，身材匀称，四蹄周正，是一匹人见人爱的好马。原来，这匹骏马是宁夏军阀马鸿逵赠给张学良的。他得意地对张学良说：这匹马可不是一般马，两头见日头，中午喂一次，能跑八百里。在西北五省独一无二，因此人称"盖西北"。

马鸿逵送马有两个目的：其一，有讨好张学良的意思；其二，有叫板张学良的想法。

马鸿逵有些不服气：你张学良的东北军不是号称天下第一精锐之师吗？那我送匹快马给你，看你能不能调教好。若是你驯不了"盖西北"，那可让人笑掉大牙了。

其实，张学良接受"盖西北"时，就已感受到马鸿逵的用意了。于是，他给东北军各部下发了通知：要求选派骑手，打擂驯服"盖两北"。然而，通知下到各部数日，却没有一回音。张学良觉得好奇怪，便打电话到各军部询问，才知道没有人敢来报名的原因。

原来，东北军的一些有骑术的将士，听说"盖西北"性情暴烈，日行八百里，都对这匹烈马发怵，害怕万一失败没颜面。一般地说，日跑三四百里就算是快马了，而"盖西北"能日跑八百里，那不是比疾风还快吗？再说，这马有什么脾气，认什么人，不认什么人，谁也不知道。弄不好丢人不说，还可能被拖死，所以没有人敢报名。

正当张学良为选好骑手犯难时，他的副官赵新华被举荐到张学良面前。

赵新华小时候就喜欢骑马，在彰武开军衣庄时，跟一个高手学过骑术。这个高手名叫汪柏浒，是东北军第十四旅留守处的一个连长，骑术很高明。在汪柏浒的传授下，赵新华的马术日渐提高。从此，他驯服了不少烈马，从来也没摔下来过。可赵新华毕竟没骑过日行八百里的快马。被推荐报名后，赵新华心里七上八下的。于是，他就写了一封遗书，把自己欠人钱物的名单数额列出清单，并在最后写上，我死后，请转告家人，不要怪别人，我是自愿的，我是为了给东北军争光才答应去驯服"盖西北"这匹马的。

张学良得知此事，立即召见了赵新华。

张学良问："赵新华，试骑'盖西北'，你有没有把握？"

赵新华立正，敬军礼，回答说："报告副司令，我虽然没有完全的把握，但我有为东北军争光的胆量！"

张学良称赞说："说得好！你要放下包袱，'盖西北'也是马，试骑成败没关系，但我希望你成为驯服这匹马的人，为东北军争口气！"

张学良说完，翻了翻日历，说："今天是星期五，下星期一试骑，你好好准备一下！"

赵新华又是一个军礼："是，副司令，我保证完成任务！"

星期一是试骑"盖西北"的日子，赵新华吃完早饭，便坐车来到了西安北门外的教场坝。教场坝已装饰一新，临时搭起了白布棚做看台，棚内摆着一排桌椅，桌椅上摆着茶点。当时的陕西省主席邵力子、杨虎城主任和张学良都坐在看台上，东北军各军师以上军官也从各驻地赶来。

这时，"盖西北"已经被马匹管理所的人牵来了，鞍子、马鞭都准备好了。张学良有些不放心，便来到马前询问情况。这时，赵新华走到"盖西北"面前，看了看，提出：镫皮有点短。

张学良听了，立即命人坐他的汽车，回公馆把他自己用的鞍子取来。

试骑开始了，按照要求，各军师长都骑上马，随着赵新华试骑，想亲眼见见这"盖西北"，能跑多快。

赵新华敬礼说："请长官们先上马吧，我后撵。"

于是，张学良命令军师长策马先行。见此情景，"盖西北"就着急了，瞪着两只大眼睛，前蹄直刨地。马匹管理所的两个人，一人拉马，一人拽镫。赵新华一手抓住缰绳和马鬃，另一只手抓住鞍子，左脚一蹬，还没坐上去，这马就如风一样蹿出去了。结果，赵新华一屁股坐到了鞍子后边。他一心慌，赶忙搬住鞍轿子，一挺身骑到了鞍座上。这时，"盖西北"已经像飞一样跑了起来。

赵新华往地下一看，大地就像河水一样往后淌，两边的大树像往后倒一样，耳边风声呼呼作响，头有些晕。他赶忙往前看，这才好一些。只见这马跑起来，两只前蹄都超过了耳朵梢，刚跑出不到一里地，赵新华的帽子就让风给刮掉了。

先出发的那些军师长们，不长时间，就一个个都被甩到了后边。跑了一会，赵新华觉得这马快是快，但没啥怪毛病，骑着感觉很稳，他的心才逐渐地安定下来。

跑了四五十里后，应该说试骑已经成功了，但另一个问题出现了。一般的马，疾跑这么长的路，脚步都会慢下来，需要喘息一阵才能继续跑。可"盖西北"好像一点儿也不累，丝毫不减速越跑越有劲。不论赵新华怎么勒缰绳，怎么吆喝，就是不停，一个劲地疯跑。

又跑了几十里，那马还是毫不减速。赵新华突然发现前面出现了一个镇子，街上人不少，正是逢集的日子。赵新华一看不好，就在马上大喊："快闪开，马毛了！"街上的人纷纷躲避，"盖西北"如一阵狂风卷过镇子，幸亏赵新华喊得及时，才没撞着人。

赵新华一看再跑下去容易出事，就决定冒险下马。他把马缰绳在胳膊上缠了一圈，心想，万一没站住，摔倒了，只要拉住马缰绳，就拖不死，也不能让马跑了。就在赵新华准备拼死下马时，奇怪的事发生了，他刚把右脚从外镫里摘出来，那马就像得到了指令一样，突然在疾跑中放慢了脚步。赵新华右脚刚跨过马背，它就稳稳地站住了。就这样，赵新华一点没费劲就下马了。

试骑成功了！赵新华高兴万分。下马一打听，刚过的那个镇子叫草滩镇，离西安八十里地。过了两袋烟的工夫，那些军师长们才陆续赶到。大伙下了马，围着"盖西北"赞不绝口，都说这匹马世上罕见。有的冲赵新华竖起大拇指，说："新华，好样的，真给咱东北爷们争气。"

后来，赵新华在驯骑"盖西北"的过程中，发现这马有一个怪脾气，就是在它前边不能有别的马，有马它就非超过去不可。即使在被人遛时，"盖西北"也不许别的马在它前边。前边一有马它就争着往前跑，直到把前边的马超过去为止。

"盖西北"为啥跑这么快？赵新华决心要揭开谜底，便专程去问马鸿逵的马夫。原来，"盖西北"是经过特殊训练的。它小时候训练时，在它的四个蹄子上都绑了沙袋，最多时绑过四斤重的沙袋。它挂的铁马掌也和别的马不一样，它的铁马掌有正常铁马掌的三个厚，这样可以使"盖西北"跑得稳。

试骑成功后，张学良让赵新华把"盖西北"驯得别人也能骑。赵新华知道，张学良也爱骑马，也盼着能骑着"盖西北"驰骋天下。所以，那段日子，赵新华天天早上骑着"盖西北"去武家坡，就是古时候王宝钏所住寒窑附近的

1936年12月西安事变前张学良与蒋介石的合影。

武家坡。大约一个月后，"盖西北"彻底被赵新华驯服了。

这一天，张学良骑"盖西北"去王曲镇军官训练团，一路上赞不绝口，连称："好马，好一匹快马啊！"

1936年12月，蒋介石来西安，听说张学良得一匹好马，很感兴趣，非要亲眼见一见"盖西北"的速度不可。于是，张学良搞了个马和火车赛跑。赛程二百里，路线是从西安到华山附近的华阴站。蒋介石与张学良从西安乘火车，张学良的副官刘海山骑"盖西北"。火车开动以后，刘海山骑马开跑。赛跑结果，"盖西北"比火车先到华阴站。

苦谏无效，只剩一个办法——兵谏

迫至十二月初旬，蒋委员长由洛莅节西安。我曾两度悍然陈词，因彼时心气浮动，语无伦次，深受责斥。羞忿忧惧，冲动无已。决心武力要请，遂生十二日之变。

——张学良

1936年11月下旬，张学良乘飞机经兰州转飞平凉，在平凉召开了一次秘密会议，密筹谏蒋步骤。参加会议的人有王以哲、于学忠、高福源、唐君尧等几位少帅的心腹将领；西北军只有杨虎城参加。会上，少帅谈了蒋介石"剿共"计划和他个人的想法。他说曾多次劝蒋停止内战一致对外，均无效，准备电邀蒋先生到西安，做最后诤谏，若其拒绝，将以武装扣留，实行兵谏。张学良的谏蒋步骤得到与会者的一致赞同。这是一次"西安事变"前的准备会议。

11月初，日本决定以蒙奸德穆楚克栋鲁普、李守信和匪首王英各部为前驱，先进占绥远东部军事要镇红格尔图，然后攻下归绥（今呼和浩特），再进犯甘、宁两省。11月中旬，傅作义部激战七昼夜，保卫了红格尔图，24日，又乘胜收复了百灵庙。

11月27日，张学良向蒋介石发出《请缨抗敌书》。他写道：

委员长钧鉴：

……绥东局势，日趋严重，日军由东北大批开入察境，除以伪匪先驱并用飞机助战外，已将揭开真面，直接攻取归绥。半载以来，良屡以抗日救亡之理论与策划，上渎钧听，何蒙晓以钧旨，并加谕勉，感奋之念，与日俱深。今绥东事既起，正良执戈前驱，为国效死之时矣。日夕磨砺，惟望大命朝临，三军即可夕发。盖深信钧座对于抗日事件，必有整个计划与统一步骤，故唯有静以待命，无烦喋陈，乃彼大军调赴前方者，或已成行，或已达到；而宠命迄未下逮于良，绕室彷徨，至深焦悚！每念家仇国难，丛集一身，已早拼此一腔热血，洒向疆场，为个人尽一份之前愆，为国家尽一份之天职。昔以个人理智所驱，与部属情绪所迫，迭经不避嫌忌，直言陈请，业蒙开诚指诲，令体时机，故近月以来，对于个人及部属，均以强制功夫，力为隐忍，使之内愈热烈，外愈冷静，以期最后在钧座领导下，为抗日之先驱，成败利钝，固所不计。今者前锋既接，大战将临，就战略言，自应厚集兵力，一鼓而挫敌气，则调遣良部北上，似已其时。就驭下言，若非及时调用，则良昔日之以时机未至慰抑众情者，今亦疑为曲解，万一因不谅于良，进而有不明钧意之处，则此后之统率驭使，必增困难，盖用众贵有诚信，应战在不失时机。凡此种种，想均在洞鉴之中，伏恳迅颁宠命，调派东北军全部或一部，克日北上助战，则不独私愿得偿，而自良以下十余万人，

449

拥护钧座之热诚，更当加增百倍。凤被知遇优隆，所言未敢有一字之虚饰，

乞示方略，俾有遵循，无任祈祷之至。

同月底，张学良对在西安的叶剑英说：“内战我绝对不打，只有一个办法，就是‘苦跌打’（法语政变的音译）。”

叶剑英说：“蒋不抗日，有些人不认识，抓起他来，会出现全国大分裂，人民一时不了解我们，会使我们孤立。”中共方面知道张学良的打算后，曾派人劝说张学良要慎重。

12月初，蒋介石到洛阳巡视。戴笠因为有重要的情报要向蒋介石报告，匆匆从南京赶到洛阳。

戴笠见到蒋介石便说：“校长，根据陕西站站长江雄风紧急情报称，张学良与陕北的共产党某一负责人正在进行秘密接触，内容不得而知。又据西北‘剿共’第三科科长王新衡报告，张学良与中共某要人确有接触。”

蒋介石听了，仔细追问：“在什么时间？什么地方？谈些什么？”

“学生已经指示他们，不惜一切代价弄清详细情况。”戴笠急忙保证道。

“有新的情况随时向我报告！”蒋介石严厉地说，“要严加保密！”

这时，侍从室又传来一份电报。侍从室主任陈布雷将电报呈送给蒋介石，告诉说：“这电报是张学良拍来的。”

蒋介石一看，是张学良对自己进行指责，说明“进剿”陕北红军不力的理由，是因军队内部情形复杂，请求蒋介石亲临西安召集干部面予训勉，以安定军心，重振士气。

陈布雷见电文内容，心里不由一翻个儿，但他知道蒋介石与张学良是结拜兄弟，自己不便插嘴，只是说：“蒋先生，你看……”

“我知道，”蒋介石说，“我准备亲自去一次，面加教谕，统一军心，或可挽回局势。”他看了陈布雷一眼说，“布雷，你的病一时恐难痊愈，你先回南京养病吧！”

12月2日，张学良只身飞到洛阳，一是表示欢迎蒋介石的到来，二是向蒋进言：要求停止"剿匪"，一致抗日；要求释放上海救国会七君子。蒋介石听后，勃然大怒。张学良不服，两人发生冲突。

张学良指责蒋："你这样专制，这样摧残爱国人士，和袁世凯、张宗昌有什么区别。"

蒋介石严厉地表示："我是革命政府，我这样做就是革命！"他又说，"匪不剿完，我决不抗日。"

蒋介石甚至声色俱厉地吼道："主张容共者，比之殷汝耕不如！"

张学良对蒋介石顽固"剿共"态度，如冰水浇头，深感绝望。他乘飞机回到西安后，找杨虎城谈了自己见蒋的感受，他向杨虎城请教：如何才能使蒋介石停止内战，一致抗日。

杨虎城让张学良发誓：不打内战，坚决抗日。否则不告诉他怎么办。张学良立誓后，杨虎城说："等待蒋委员长来西安时，我们不使他离去，我们来一个'挟天子以令诸侯'之故事。"

张学良听了杨虎城的建议，不由一脸"愕然"之情。他不知说什么好，因为他此前从未想过这个念头。他暗想："这不是兵谏扣蒋吗？"

张学良对杨虎城的建议没有立即表态，临别时，他对杨虎城说：你的建议我再考虑考虑。

12月4日，蒋介石由洛阳乘坐专列到达距西安城东40里的临潼，驻扎在骊山脚下的华清池，下榻于五间厅内。蒋介石此行，是在洛阳进行军事部署后来西安督促张学良、杨虎城"围剿"红军的。他身着戎装，带领大批高级将领，准备在西北与中共红军决战。与此同时，他调集30万中央军正向潼关集结。他调来的70多架战斗机、轰炸机已降落西安机场。他的高级军政大员已云集西安。蒋介石相信，这次军事行动逼迫张学良、杨虎城按照他的部署，彻底消灭共产党和红军。立时，西安政局紧张，形势险恶。

面对这样的局势，张学良与杨虎城将军相应做了"集结待命，随时准备行动"的军事部署。

12月7日，张学良以在阿拉善旗之定远营发现日本特务机关活动一事为借口，拟派骑兵第六师师长白凤翔、第十八团团长刘桂伍前往震慑，先后分别带他俩去临潼见蒋介石，佯为请示方针，实为最后谏蒋抗日，顺便摸清临潼华清池的道路和蒋先生容貌及住所。少帅已做好准备，如果这次谏蒋抗日失败，就让白凤翔执行兵谏计划。白凤翔是东北军骑兵师师长，从没有见过蒋介石。为万无一失，张学良带白凤翔见蒋，并陈辞：要求防止内乱，一致抗日；红军的问题，可以政治方法解决。少帅声泪俱下，与蒋介石争辩达两三个小时之久。蒋介石怒斥张学良年轻，受了共产党的宣传蒙骗，并说："你现在就是拿枪打死我，我也不会改变削平内乱的政策。"

这样，张学良"哭谏"蒋介石联共抗日也失败了。张学良回到西安与杨虎城商妥"兵谏"的具体行动与分工：关内的中央军由杨虎城、于学忠部队分别加以监视或缴械；张学良派白凤翔、刘桂伍及警卫营长孙铭九等人执行临潼捉蒋任务。

张学良说，"兵谏"是万不得已的下策，为了对蒋介石做到仁至义尽，要再劝蒋一次，他再不听，就只好"兵谏"了。杨虎城对张学良的做法表示同意。

同日，张学良又来临潼华清池五间厅和蒋介石就停止内战一致抗日的问题作最后争辩。他慷慨激昂地向蒋介石谏言：全国人民都要求抗日，倘再一意孤行，必将成为民族的罪人。结果，少帅又遭到蒋介石的严厉斥责和拒绝。

12月9日，西安市各学校为纪念一二·九运动一周年，举行万人游行，高呼"停止内战，团结抗日"等口号，要求停止内战、收复东北失地。上午9时，近万名学生集中在南院门西北"剿总"门前，向总司令蒋介石请愿。因蒋介石驻临潼不在西安，学生队伍只好到北院门求见陕西省政府主席，而省主席也不在。于是，游行学生又前往新城向西安绥靖公署主任杨虎城请愿，不料杨虎城也不在公署。这时已是下午14时，游行学生认为：当政者对民族危机太漠不关心了，一致通过决定，去临潼向蒋介石请愿，不达目的决不罢休！

当万名学生队伍到达十里铺浐河灞桥时，忽听后面有人高喊："停止前进，前面有危险！张副司令来了！"这时，只见张学良将军的汽车沿麦田颠簸着飞驰而来，在学生队伍前头猛然停车。张学良跳下车后，一边用手帕擦满脸汗水，一边说："好极了，好极了，我追上你们了！"他接过学生代表递交的请愿书，读完后立即指着灞桥东边说："同学们，你们不要再前进了，很危险！我若晚来，不知你们要死多少人！"学生们顺着张学良指的方向看去，只见桥那边宪兵荷枪实弹。原来，宪兵第三团团长蒋孝先已奉命严阵以待，只要学生进入禁地就开枪射击。学生代表对张学良哭着说："我们就是死在救国的路上也心甘情愿！"张学良被请愿学生的抗日救国热情感动得热泪盈眶。他登上一个半人高的土坡，向请愿学生讲话，诚恳地说："同学们这种爱国热情，令人感佩。你们的要求，我张学良完全接受。我和你们一样，也是要求抗战的。你们爱国，我更爱我的家乡。我是军人，东北失守我是有责任的。现在我就拿你们的请愿书去临潼见蒋先生，我保证，我一方面代表你们跟他说话，一方面也可以代表蒋先生跟你们说话，保证在一个星期内给你们一个圆满的答复。如果没有圆满的答复，你们每一个同学都可以骂我张学良是汉奸！你们从早上到现在水米未沾，赶快回去吃饭、休息，不要再向前面去了。"

东北人民抗日救国会的组织者和请愿的学生，接受了张学良的建言，怀着满意的心情齐声高呼：

"拥护张副司令抗战到底！"

"拥护张副司令打回老家去，收复东北失地！"

张学良目送万名游行学生返回后，心情放松了许多。当天晚上，他去见蒋介石，向其讲述了万名学生请愿的情景，递上学生请愿书。

蒋介石对张学良斥责道："你脚踩两条船，你凭什么代表这个，又代表那个？你怎么代表我！"

张学良本是怀着逞能和沾沾自喜的心情来见蒋的，听了这话，恰似一盆凉水泼到头上，怒火难捺。

这时，蒋介石又说："我告诉你，他们（游行学生）敢来这儿，我就拿机关机打他们……"

听了蒋介石的话，张学良火了，冲口反驳道："你机关机不用来打日本，去打学生？"与蒋争辩后，张学良悻悻离开。

12月11日下午4时许，张学良决定向蒋介石进行最后一次劝谏。他在蒋介石面前苦苦劝说，直到口干舌燥。然而，蒋介石却无动于衷。少帅甚至声泪俱下，哀求蒋介石停止内战，抗击日寇。

蒋介石没有办法，只好向张学良摊牌。他说："你和杨虎城有两条路可以选择：一、服从中央'剿共'命令，把军队开赴'剿共'前线；二、你们若不愿'剿共'，东北军将调至福建，西北军将调至安徽。"

至此，张学良的劝蒋抗日已无希望。他决定采纳杨虎城几天前的建议："挟天子以令诸侯。"此时，张学良知道，除"兵谏"已无路可走。于是，张学良向蒋介石告辞。

当张学良走到华清池的头道门时，便对正在值勤的王玉瓒营长说："你跟我回城走一趟。"

少帅说罢便上了汽车，王营长衔命驾驶三轮摩托在少帅车后紧紧跟随。他们驶到金家巷一号张公馆，下车进了客厅。

张学良上下打量了王营长之后，目光严峻地说："我命令你把蒋委员长请进城来，要抓活的，不许打死他。"

王玉瓒听了少帅的话，周身打了个冷战。他竭力控制一下情绪，坚定地回答："是，保证完成任务。"

"你凭什么有这么大的把握？"少帅问。

"蒋委员长的侍卫只有二三十人，华清池外宪兵也不过数十人。我以步兵、骑兵两个连三百多人的兵力包围，保证能活捉他。"

张学良听了很满意，又以沉重的口气说："明天，你死我死都说不定，要

454

有思想准备，要做好行动部署。你和孙铭九要互相协助，做好这件事。"他又说，"你营是华清池行辕守卫者，应先行动……"

这时，于学忠军长突然闯进客厅，神色急迫地问："一切准备好了吗？"

张学良对问话没有立即解答。他命令王玉瓒："你们要改穿蓝色棉军服，以便和委员长侍卫的黄色军装有所区别。"最后嘱咐说，"具体事情由谭海副官向你讲。"

这天晚上，蒋介石在华清池举办了一个告别宴会，招待军政大员，因为他

第五十一军军长于学忠

准备明天离开西安。少帅出席了告别宴会，而杨虎城则借故没来参加。张学良事先不知道蒋介石举行告别宴会，由他主持的招待西安城内部分将领宴会的请柬已发出，所以赴蒋宴前，商得邵力子的同意，由邵代他做东道主。

张学良参加蒋氏告别宴会后，急匆匆地赶回西安城内易俗社。此时，南京来西安的国民党党、政、军大员和各界人士正在看戏。他一边看戏，一边和在场的陈诚、卫立煌、钱大钧等观戏品评。此间，他没有看到杨虎城将军。戏散场后，少帅坐车急速回公馆。进门后，轿车在院内转了一圈，又开到大门口才急刹车。他没有下车，副官谭海马上跑过来。

张学良在车里问："杨主任来了没有？"

谭海答："没有。"

于是，轿车急速冲出门外，朝着杨虎城公馆方向疾驰而去。张学良在杨虎城将军的司令部找到了他，与他进行了秘密会谈，协商了各自的任务。此前，张学良考虑到，临潼对外联系，一是铁路，二是公路。公路方面，汽车都可以

张学良与蒋介石在华清池招待会上

控制，唯独铁路需计谋。他为了切断铁路交通，向负责蒋介石安全的侍卫队长钱大钧谎称：委员长专列火车头，必须去修理，以保证其安全。对此，钱大钧没有怀疑有诈，便同意了。于是，张学良命令部下将火车头开走，断了蒋乘专列逃走的后路。

张学良的警卫营和第一百○五师负责逮捕蒋介石，封锁西安至临潼的交通。少帅还命令在兰州的东北军解除驻扎在那里的国民党中央军的武装，控制停在兰州机场上的全部飞机。杨虎城负责逮捕在西安的所有南京高级军政官员，解决西安城内蒋系部队、警察和宪兵的武装，还负责关闭西安机场，控制所有的飞机。张、杨两将军部署军事行动完毕，已是深夜。少帅回到公馆，找来刘鼎，郑重地把"兵谏"行动告诉他，要他立即向中共中央通报。刘鼎衔命急速奔向张公馆院内东楼，那里设有与中共中央直接联系的电台。

午夜时分，张学良主持召开东北军高级会议。于学忠、王以哲、缪澂流三位军级将领和第一百○五师师长刘多荃、骑兵军的白凤翔师长和副官谭海，还有高级官员米春霖、参谋长董英斌、王曲军官训练团教育长黄显声、高级顾问鲍文樾等参加了会议。少帅向众人宣布了他的决定后，会场一片寂静。

经过片刻沉默之后，于学忠向少帅问道："抓住蒋介石以后，下一步怎么办？"

张学良说："捉了以后再说。"他向与会者强调，"我们采取的每一步行动都是为了拥蒋抗日，只要他答应我们抗日，我们还拥护他做领袖。"

众人听了少帅的话，没有人提出反对意见，大家纷纷表示："既然副司令已经决定了，我们愿意服从命令。"

于是，与会者一致通过了少帅的决定。张学良责成谭海负责传达逮捕蒋介石的命令和执行命令的时间；由师长白凤翔、团长刘桂伍和第二警卫营营长孙铭九直接完成这一重大任务。

会后，谭海星夜赶到华清池，向负责警卫的王玉瓒营长传达了少帅的命令："明天拂晓，刘多荃师长、白凤翔师长、刘桂伍团长、孙铭九营长率部到达此地后，你要全力配合他们行动！"

骊山活捉蒋介石

当事发之初，我曾同杨虎城等会商，变乱目的，促请蒋委员长停止"剿匪"，拥护蒋委员长领导抗日。

——张学良

李铁醒任东北军第一百〇五师第一旅第一团中校团副，率部驻防西安城南杜曲、韦曲、大雁塔、小雁塔以及终南山北麓一带。

1936年12月11日午夜12时，传令军官谭海骑摩托车飞速到达李铁醒驻地。李铁醒接过张学良手令，马上阅读："令李铁醒带第一团七个连即刻到临潼华清池请蒋委员长来西安，停止内战，要求抗日，对蒋委员长不得有所伤害，此令。张学良。"

李铁醒看完手令，立即问："我归谁指挥？"

谭海答："归刘多荃师长指挥！"

"刘师长在何处？"

"在临潼南门外公路岔路口等你们！"

此时，张学良派来的21辆运兵汽车已在韦曲村外等候。谭海向李铁醒交代完命令后，便驾摩托车继续传令去了。李铁醒当即召集第二、三营长和团直属

457

张学良副官谭海

连长与通讯排长研究战斗部署，然后带领千余官兵乘上21辆运兵车前往临潼南门外岔路口向刘师长报到。

在王玉瓒办公室里，他和谭海坐在桌前，眼睛直盯着电话。突然，电话铃声响了，谭海一下子抓起电话，从电话里得到了少帅的命令。于是，谭海立即驾驶摩托车先到十里铺，叫醒骑兵连邵连长，传达了少帅捉蒋的命令，令他们包围华清池外围地带，抓住一切企图外逃的人员。随后，他又赶到灞桥镇，命令金万普排长带领全排战士迅速来到华清池参加捉蒋行动。

凌晨2时，张学良将军和高级将领们在绥靖公署大厅中等候逮捕蒋介石的消息。此时，张学良神情有些紧张。他在大厅内不停地来回走动，一口接一口地吸着烟，思考着。这时，张学良亲拟了致毛泽东、周恩来的电文：

东、来兄：

……吾等为中华民族及抗日前途利益计，不顾一切，今已将蒋及重要将领陈诚、朱绍良、蒋鼎文、卫立煌等扣留，迫其释放爱国分子，改组联合政府。兄等有何高见？速复，并将红军全部集中环县，以便共同行动，以防胡敌南进。

弟毅文寅

上电文中"胡敌"，指胡宗南和毛炳文等人的军队；"毅"即指李毅。李毅、李宜均为张学良的代名和化名。

华清池在陕西临潼县城南骊山北麓。唐朝开元十一年引温泉水置温泉宫，天宝元年改为华清池，并建长生殿，是唐明皇和杨贵妃穷奢极欲生活游宴之地，景色富丽堂皇。蒋介石来西安就住在这里的五间厅。

1936年12月12日凌晨1时，张学良将军向卫队营全体官兵发出了活捉蒋介石的命令。然后，他对贴身副官、保镖徐治范说："你带卫兵先行，就说我要见总司令，为大部队开路。"

清晨5时30分，临潼大地，风寒天冷，一片寂静。蒋介石住的华清池临时行辕还在一片寂静之中。

此时，徐治范和几个卫兵乘车经过岗哨时，都称："张副司令面见蒋总司令！"他们一连闯过三道岗，然而每过岗哨后，大门又被重新锁好。当白凤翔、刘桂伍、孙铭九率部乘汽车赶到华清池门岗前，孙铭九劝说蒋介石的警卫打开大门，但遭到拒绝。孙铭九乃下令士兵强行进攻，有的战士在弹雨中攀墙翻进院里，打开大门。李铁醒率先头部队冲进，占领了前院。

此时，在前院的蒋介石侍卫队和守卫的宪兵退守到内院，凭借二门和内院第二道桥前的假山，以猛烈的机枪扫射阻挡东北军的进攻。当蒋介石的卫队机枪火力稍有减弱时，东北军士兵趁机冲进大门，双方展开了一场短兵相接的肉搏战……

王玉瓒营长见时机已到，举起手枪向华清池二道门哨兵连放三枪，全营士兵以枪声为令开始进攻。蒋介石的卫兵面对此景竭力抵抗。顿时，枪声、手榴弹爆炸声、喊叫声四起。

在双方枪战中，蒋介石所器重并准备送出国深造的侍从室五组记录秘书萧乃华被子弹击中，当场死在荷花池里。身居国民党高层重位的邵元冲，惊闻枪声，知道事情不妙，爬窗户逃出房间，还未站稳就中弹身亡。蒋介石的侍卫队长钱大钧奋力带兵阻挡进攻的东北军，背部中弹，子弹打穿右肺，从前胸穿出，血染全身。其部下死伤很大。蒋介石的警卫组长蒋孝生在与东北军士兵的枪战中，饮弹身亡。

此时，徐治范和士兵们到了第四道岗，警卫蒋介石的侍卫拒绝他们入内。于是，徐治范和士兵开枪打死守门侍卫，把铁大门敲开。

这时，白凤翔、刘桂伍、孙铭九等人带部下顺利冲进大门，他们利用黑暗角落、廊柱前进，翻过荷花池，绕道贵妃池，跃到宫殿式平房五间厅前平台上。

徐治范首先冲上前，只见蒋介石住的三号屋门半掩半开。他箭步闯进卧室，发现床上无人，被子掀着。他们检查床底，也不见蒋介石的影子。但是，他发现蒋介石的衣帽、假牙、黑斗篷大衣俱在，床上被窝依然温暖，判定蒋氏不会逃得太远，他命通讯兵立即与指挥部联络，向张学良报告：蒋介石去向不明。张学良听罢大怒，命令："搜！蒋若逃掉了，拿你们的头见我！"

这时，刘多荃师长问徐治范："副司令有何指示？"

徐治范说："副司令命令：蒋若逃掉了，拿我们人头见他！"

至此，华清池的枪声停了下来，东北军全部占领了华清池，但是蒋介石却不明去向。刘多荃师长立即命令部队：四处严密搜寻蒋介石。

原来此前，蒋介石在睡梦中，突然被枪声惊醒，不知所措，慌忙穿上睡衣，由几名侍卫挟护着逃出五间厅。他们被眼前的围墙挡住逃路，危急中，蒋介石的少校侍卫竺培基蹲下身，说："委员长的安全至关重要，请踩在我肩膀上翻过墙去。"蒋介石听后很感动，立即抬脚踩在竺培基肩上，经侍卫的扶持推举，翻过墙去。然而，他在惊慌跳下墙时，跌倒在地，背部受伤。他强忍着疼痛向骊山逃去。

这时，张学良在电话里焦急地向刘多荃师长询问捉蒋情况。刘多荃通过电话向少帅报告："蒋委员长还没有找到。"

张学良恼火地拿着电话，大声厉斥道："要是捉不到，以叛逆论罪！"刘多荃师长对少帅的话不敢拖延，急忙向部队发令：不许错过一石一洞一树一草，活捉蒋介石。

当孙铭九和部下搜到骊山山腰时，捉到了蒋介石的贴身侍卫、蒋氏侄子蒋孝镇。孙铭九用枪口抵住他逼问："委员长在哪？"孝镇吓得面无人色，话也说不出来，颤抖地回头向骊山上看了一眼。于是，孙铭九带部下又向骊山上方搜去。

此时，张学良将军正在绥靖公署大厅里考虑下一步该怎么办？大厅里的高级将领都在默默地看着少帅的一举一动。突然，张学良将军对大家说："若找到委员长，能说服他停止内战，共同抗日，我一定拥护他，并亲自向他请罪，以维护他的威信。如果找不到他，他真的逃了，势必引起更大规模的内

师长刘多荃

战，那就割下我的头来，请杨虎城将军送往南京，以了此举。"

当东方的天际现出黎明曙光时，王玉瓒和官兵们正在到处搜寻蒋介石。突然，手枪排战士石志中跑来报告，说后墙根处发现一只鞋。王玉瓒立即意识到，蒋介石可能翻墙逃跑，隐藏到骊山上了。于是，他下令让部下到骊山上搜寻蒋介石。此时，蒋介石真的躲藏到距五间厅五百米左右的骊山半腰处卧鳌石后面的乱草丛中。他和一侍卫由于受惊吓，周身不住地颤抖，窥视着周围的动静，准备翻山逃走。这时，徐治范和战士们搜到卧鳌石附近。此时，蒋介石和一侍卫正在巨石后面躲藏。那侍卫听到周围有声响，伸头张望。徐治范抬手一枪，将其击毙！蒋介石见身边侍卫躺在血泊中，吓得急忙在巨石后面大喊："不要开枪，我是蒋委员长！"徐治范急忙跑上去，把蒋介石从石缝里扶出来。

这时，卫队班长陈思孝和手枪排班长刘允政、翟德俊搜到大岩石附近，也发现了蒋介石。他们喊道："委员长在这呢！"此时，孙铭九也看见了蒋介石，便带兵向卧鳌石包围过来。

461

这时，大家看到：蒋委员长身穿古铜色绸袍和白色睡裤，光头赤足，满身尘土，面色灰白，赤裸的手和脚在匆忙爬山时划破了，正渗出血痕。开始，蒋介石以为他是被红军捉住的，可是当知道是张学良的东北军时，心里有了底，强硬地说："你们就是打死我，我也不能下山。"

孙铭九见此情景，劝道："我们是来请委员长抗日的，为什么要打死你呢？副司令请你进城是为了抗日救国，快下山吧。"

蒋介石听了，还是不肯下山，称腰被摔坏了。

孙铭九听罢，蹲在蒋介石面前，命部下帮助把蒋介石放在背上。于是，蒋介石趴在孙铭九的背上，慢慢下山。走了一段山路后，王协一连长见孙营长累得满头大汗，就接替了他，继续背蒋介石下山。到了公路上，蒋介石一屁股坐在公路上，又逞起威风说："张副司令在哪？他在哪里？快把他找来见我！"面对此景，官兵们不知如何是好。

正当大家为难时，刘师长大声道："吹号欢迎委员长进城！"

于是，号兵吹响了号角，在场的官兵一齐拍手欢迎。蒋介石顺势坐进一辆小轿车里。刘多荃、白凤翔等人坐另一辆车紧随其后。

这时，已是早晨8时多了。孙铭九知道少帅正在焦急地等待他的消息，便要通电话，向张学良将军报告找到蒋介石的情况。然后，他亲自押车送蒋介石到西安城内绥靖公署。在途中，蒋介石坐在孙铭九、谭海中间。开始，他们一言不发。后来，他们给蒋介石披上大衣，却被拒绝了。

孙铭九劝蒋介石说："委座，过去

骑六师师长白凤翔

的事就算过去了，从现在起，中国必须有一个新的政策。您打算怎么办？抗日是中国的紧迫任务，这是我们东北军将士的一致要求。您为什么不打日本，反下令要我们打红军呢？"

蒋介石回答说："我是中国的领袖，我代表国家。我认为我的政策是正确的，不是错误的。我是革命者，随时准备牺牲自己。我决不会改变我的观点。即使你们把我关进监狱，我的精神也决不会向任何人投降。"

此时，张学良紧张的情绪，放松许多。他拿出拟好的电文，令刘鼎："立刻电告中共毛泽东、周恩来！"

此前，杨虎城将军的部队攻克了西安宾馆，逮捕了蒋介石的所有军政大员。他们中有军政部副部长陈诚、内政部长蒋作宾、豫皖赣边区剿共司令陈继承、军事参议院院长陈调元、西北"剿共"战区司令卫立煌、保定军事学院前院长蒋方震、新任西北"剿共"司令蒋鼎文、甘肃绥靖公署主任朱绍良、第二十九军军长万耀煌、陕西省主席邵力子、陕西省民政厅厅长彭绍贤等。这些军政大员均被杨虎城软禁在西安宾馆。

早晨9时许，蒋介石被安置在西安新城大楼。张学良立即前去探望，见到蒋介石就道歉："委员长，让你受惊了。"少帅表示，希望和他谈谈救国大计。

然而，蒋介石却认为张学良如此兴兵动戈地抓他，肯定是不怀好意，感到自己的生命受到了严重的威胁。他故作镇静，表现出无所畏惧的样子，蛮横而色厉内荏地对张学良说："你不要叫我委员长！我不是你的长官，你也不是我的部下！"

"我当然是委员长的部下！我唯一的目的就是拥护委员长抗日。"张学良诚恳地说。

"既然是这样，你立刻送我到洛阳。否则法币、公债都要完了，经济崩溃了，抗日也就无从说起。"

"委员长，"少帅说，"我们总得商定一个办法以后再送你回去。"

"你不要再说了！你既然不听我的命令，不马上送我走，那就任凭你怎么办好了，我也没有什么话和你讲。"

"委员长。"少帅还想劝劝蒋介石回心转意，可是无论他再说什么，蒋介石只是伏在桌子上，捂着耳朵耍赖。

张学良见此情景，只好告辞。他与杨虎城将军联名发出事先写好的八项主张通电全国：

南京中央执行委员会，国民政府林主席钧鉴，暨各部院会勋鉴，各绥靖主任、各总司令、各省主席、各救国联合会、各机关、各法团、各报馆、各学校钧鉴：东北沦亡，时逾五载，国权凌夷，疆土日蹙。淞沪协定，屈辱于前；塘沽何梅协定，继之于后。凡属国人，无不痛心。近来国际形势豹变，相互勾结，以我国民族为牺牲。绥东战起，群情鼎沸，士气激昂。当此时机，我中枢领袖应如何激励军民，发动全国之整个抗战。乃前方守土将士浴血杀敌，后方之外仍力谋妥协。自上海爱国冤狱爆发，世界震惊，举国痛愤，爱国获罪，令人发指。蒋委员长介公受群小包围，弃绝民众，误国咎深。学良等涕泣进谏，累遭重斥。昨日西安学生举行救国运动，竟嗾使警察枪杀爱国幼童，稍具人心，孰忍出此。学良等多年袍泽，不忍坐视，因对介公为最后之诤谏，保其安全，促其反省。西安军民一致主张如下：

（一）改组南京政府，容纳各党派，共同负责救国；

（二）停止一切内战；

（三）立即释放上海被捕之爱国领袖；

（四）释放全国一切政治犯；

（五）开放民众爱国运动；

（六）保障人民集会结社，一切政治自由；

（七）确实遵守总理遗嘱；

（八）立即召开救国会议。

以上八项，为我等及西安军民一致之救国主张，望诸公俯顺舆情，开诚采纳，为国家开将来一线之生机，涤以往误国之愆尤。大义当前，不容反顾，只求于救亡主张贯彻，有济于国；为功为罪，一听国人之处置。临电不胜迫切待命之至。

　　这日中午，张学良神采飞扬。他得知邵力子夫人受伤的消息后，立即赶到杨公馆。此前，邵夫人已被杨虎城从医院接到杨公馆"止园"，以"扣押"之名将她保护起来。少帅见到邵力子首先就是道歉："老大哥，学良很是对不起你，预先未和你们打招呼，害得嫂夫人受了伤。现在又把你们限制在这儿，不过，这个时候，也不能不这样做！兵谏，实在是迫不得已……"接着，少帅又把他和杨将军扣蒋的意图告诉了邵力子，并解释：他俩深知省主席邵先生一直拥护孙中山总理的三大政策，主张国共合作，共救国难，是会同情支持这次事变的，但怕日后连累邵主席，所以未能事先向其透露兵谏消息。以后，无论出现什么情况，一切责任由他们两人承担。

　　张学良指示说：蒋介石已被扣留，八大主张已经公布，请中共派代表团来西安，特别邀请周恩来先生来西安，共商抗日救国大计，并表示可派飞机前往肤施迎接中共代表团来西安。刘鼎于当日（12日）上午将电报发出。

　　12日深夜，绥靖公署参谋长李兴中收到一封匿名信，要他设法营救蒋介石委员长，以建千载一时之功。李兴中将这封匿名信交给张学良与杨虎城。两将军看罢信后，意识到绥靖公署内部情况复杂，这里不适合蒋介石继续居住。为防备不测，张、杨两将军经商量，决定把金家巷张公馆对面空着的高桂滋公馆打扫好，把蒋介石秘密转移到此处居住。于是，13日夜10时，张学良命令刘多荃、孙铭九和宋文梅到新城大楼去接蒋介石到高桂滋公馆。蒋介石见来人个个手枪叉腰，深更半夜让他迁居，以为凶多吉少，霎时脸色苍白，浑身发抖地说："我兼任行政院长，西安绥靖公署是我行政院的直属机关，这是公家的地方，让我就死在这里吧，我决不到别的地方去。"

　　孙铭九、宋文梅再三向蒋介石解释迁居的目的，可是蒋介石怎么也不相信。他索性钻进被窝，把头蒙起来不肯迁居。此时他突然想起："西安事变"前夕，张学良曾带白凤翔请自己召见。蒋介石顿有醒悟，原来所谓召见实为认人。对此，蒋介石怀恨在心，总是耿耿于怀，称为"照相"。后来，他常和人说："张学良多可恶，事变前他竟叫人给我照相！"

12月13日早，西安《解放时报》发表了《张、杨对时局宣言》。同日下午5时，张学良对总部全体职员训话道：

董参谋长，诸位同志：

这几天因为我很匆忙，所以今天早晨想和诸位讲话，结果未能腾出时间。方才又今诸位等好些时间，很觉对不起。过去差不多一个多月的时间没

1936年12月13日早，西安《解放时报》发表了《张、杨对时局宣言》。

有到班，没同诸位讲话。不到班，不同诸位讲话的原因，实在由于我内心不愿意做"剿匪"工作，在外侮日迫的时候，我们不能用枪去打外国人，反来打自己人，我万分的难过！我不愿意同我的部下说假话，违心的话。可是，因为我限于命令和职务的关系，不说则已，要说就得说些违心的话，不得已，只好根本不说。关于此次12月12日事件的原委，想诸位已经大概的明了。现在我再简单地述说一遍。

关于政治主张，我曾公开地同蒋委员长讲过几次。讲话的内容，今天我见到蒋委员长的秘书毛庆祥、汪日章，据他们告诉我，我同蒋委员长讲话，

他们都听到了。可惜因为蒋委员长气太盛，也是因为我的嘴太笨，总未能尽其词。蒋委员长误会我，说我的意见不对，但又不能说出我的不对的地方在哪里，更不能对他所说的我不对的地方加以指导！

我同蒋委员长政治意见上的冲突，到最近阶段大抵已经无法化解，非告一段落不可，谁也不能放弃自己的主张。于是，我决定三个办法：第一，和蒋委员长告别，我自己辞却职务走开。第二，对蒋委员长用口头作最后的诤谏，希望蒋委员长能在最后，万一地改变他的主张。第三，就是现在所实行的类似兵谏办法。假如不是因为我遭逢国难家仇的处境，假如不是因为我采纳部下的意见，接受部下的批评，或者假如我只身离去，回东北做义勇军工作，也能收到和实行第三种办法同等的效果。

实行第一种办法，对我个人没有什么，我一点儿不在乎！第二种办法，是我最近一个月内所实行的，在实行这种办法时，我真是用尽心机，也可说舌敝唇焦，而绝对是纯洁无私的。我曾去洛阳两次，有一次为表明心迹，是单身去的！可惜，因为蒋委员长气太盛，我的嘴太笨，总未能尽其词，在上面已经说过了。我可以说是蒋委员长的最高干部，而他对最高干部的话，不但不采纳，甚至使我不能尽词；反之，却专听从不正确的一面之词，这实在不能算对。曾扩情有两句诗，大意说：华山虽然高，无奈四周阴霾笼罩着。这种情形，正像说蒋委员长被小人包围着一样。

第一和第二两种办法都不通，只好采第三种办法。采行第三种办法，还有几个近因，也是主要的原因：第一，上海几位救国领袖被捕，上海各位救国领袖究竟犯了什么罪，我想全国大多数人谁也不晓得。沈钧儒是一位六十多岁的著名教授，他所犯的罪，只好说像他自己所说的"爱国未遂罪"！有两次我对于蒋委员长表示上项意见，他竟说："全国人只有你这样看，我是革命政府，我这样做就是革命！"我心里的话那时没有说出来，革命政府并不是空洞的四个字，革命必须有革命的行动！第二，一二·九西安学生运动，事前我听说了，便同杨主任、邵主席计议，想出各种方法来制止。我提出几个办法：令学生在学校开纪念会，请邵主席召集扩大纪念周，令学生用文字表示。实在还不成，非游行不可，由我和杨主任、邵主席尽力劝阻，无论如何不叫到临潼去。对学生运动，我实在是尽力排解，假如不是蒋委员长饬令警察开枪，武力弹压，使群情愤激，我想学生决不至于坚持到临潼去。学生走向临潼后，我不顾一切利害，挺身而出，幸而把学生劝回来，而蒋委员长却怪我没有武力弹压，而且竟公开明说是他叫警察开枪，假如学生再向前进，他便下令用机关枪打！我们的机关枪是打中国人的吗？我们的机关枪是打学生的吗？蒋委员长有了以上两种表示，杨主任，其他西北将领和我本人，就都断定了他的主张是绝不能轻易改变了，尤其常听他说：除了到西北，除了我，没有人敢像那样说他，没有人敢批评他。他是委员长，他没有错，他就是中国，中国没有他不成等话以后，便断然决定采取第三种办法。的确，我们平静地说，从蒋委员长的一切言行上看，他和专制大皇帝有什么区别？还有一件事情，也足以促成我采取第三种办法，也可以向诸位提出来，就是蒋委员长认为我的部下的行动有不检点的地方，开始要求我对于我的部下加以惩处！我实在不能那样做，我不容于当局，牺牲我个人可以，无论如何，绝不陷害我的无辜的部下。

我们这次举动，把个人的荣辱生死完全抛开，一切都是为了国家民族！我们这次举动，对于国家民族将要发生什么影响，我们真是再三再三地考虑，假如无便于国家民族，我们无论如何也不干；反过来说，我们一定要干！我们这次举动，无疑的，对于国家的秩序或有相当的影响，但权衡轻重为了拯救国家的危机，是不得不如此，这样做，对于国家终于是有好处的！

现在蒋委员长极为安全，我们对蒋委员长绝没有私仇私怨，我们绝不是反对蒋委员长个人，是反对蒋委员长的主张和办法，反对他的主张和办法，使他反省，正是爱护他。我们这种举动对蒋委员长是绝对无损的——如蒋委员长能放弃过去主张，毅然主持抗日工作，我们马上绝对拥护他，服从他！那时甚至他对我们这次行动，认为是叛逆而惩处我们，我们绝对坦然接受，因为我们所争的是主张，只要主张能行通，目的能达到，其他均非所计！

我们考查这次事件，和蒋委员长过去所犯的错误，我们应该注意两件事情：第一，重要事情要和重要干部详细讨论。遇到重要事件，虽限于事实困难，不能和很多人讨论，但至低要和重要干部讨论，俾干部得以竭尽忠诚，发挥己见。至于全国民意，就是我们的主张，当然更绝对不能违背！第二，特务工作既然很重要，但情报只能供参考，不能完全可信，过去蒋委员长太重视情报，而蒋委员长所得的情报，可以说有很多是不正确的，试想根据这种情报，去决定政策主张，焉有不错误之理？

这次事件实关系我国家民族兴亡，务望诸位集中全力，格外努力任事！都要下最大决心，献身国家民族！我真不信我们中国不能复兴！我们不信我们中国不能脱离日本帝国主义的羁绊！我们要承认过去的错误，我们绝不一错再错！诸位同志！中华民族终有自由解放的一天！

本人因工作忙，目前不能常到总部，总部事请由董参谋长多负责，希望各位都切遵董参谋长的指导。至于诸位有什么意见，请用书面报告我，我当很虚心地酌为采纳。

致电宋美龄："如欲来陕，尤所欢迎"

幸蒋夫人、宋子文、端纳诸人先后莅陕，从中斡旋，……不但我应该感谢她和他们，后之读史者，对此诸人，亦应表崇敬，要知在当时的西安，人皆目之为虎穴鬼窟，避之犹恐不遑，安有冒生死之危，冰天雪地飞航之险，千里来临乎？须眉如斯，蒋夫人真堪称颂为巾帼豪杰也。

——张学良

"西安事变"当天，张学良与杨虎城等19人联名致电国民党中央执行委员会、国民政府主席林森、各院部会等，提出八项要求后，还以个人名义致电宋美龄：

蒋夫人赐鉴：

学良对国事主张，当在洞鉴之中。不意介公为奸邪所误，违背全国公意，一意孤行，致全国之人力、财力，尽消耗于对内战争，置国家民族生存于不顾。学良以戴罪之身，海外归来，屡尽谏诤，率东北流亡子弟含泪"剿共"者，原冀以血诚促其觉悟。此次绥东战起，举国振奋，介公以国家最高领袖，当有以慰全国殷殷之望，乃自到西北以来，对于抗日只字不提，而对青年救国运动，反横加摧残。伏思为国家、为民族生存计，不帽（忍以）一人而断送整个国家于万劫不复。此间一切主张，大义当前，学良不忍以私害公，暂请介公留住西安，妥为保护。耿耿此心，可质天日。敬请夫人放心，如欲来陕，尤所欢迎。以电奉闻。挥泪陈词，伫候明教。

张学良叩

张学良这封电报的主旨是向宋美龄说明发动"西安事变"的苦衷，希望得到她的理解。

当时，宋美龄正在上海。是孔祥熙最先将"西安事变"的消息告诉了宋美龄："西安发生兵变，委员长消息不明。"

此时，宋美龄正以航空事务委员会主任的身份，在寓所召集有关人员开会，讨论改组全国航空建设会事宜。忽然闻听丈夫生死不明，有如晴天霹雳，立即昏了过去。

当她清醒过来，当夜即与孔祥熙及端纳匆匆返回南京。此前，南京国民党中央已决定剥夺张学良身兼各职，交军委会严办，国民政府并下令拿办张学良。

13日，宋美龄接到少帅电报，读电报全文后，下决心以和平手段解决事变。于是，她力排众议，主张对事变不采取"急剧之步骤"，随即决定派端纳及黄仁霖赴西安，查明情况。同日，宋美龄复电张学良云：

西安张副司令汉卿兄勋鉴：

奋密。昨在沪上，惊悉西安兵变，即晚来京，接奉文电，深以为慰。吾兄肝胆照人，素所深佩，与介兄历共艰危，谊同手足。在沪未接电前，已知其必承吾兄维护，当决无他。

来京获读尊电，具见爱友之赤诚，极为感慰。惟精诚团结，始足以御侮抗敌；沉着准备，乃足以制胜机先。介兄自九一八以来，居处不宁，全在于此。吾兄久共军机，凤所深悉。凡吾兄有所建议，苟利国家，无不乐采纳。介兄以地位关系，不得不加以慎重，藉避敌人耳目。吾兄贤明，当必深谅此意。我国为民主制，一切救国抗敌主张，当取公意。只要大多数认为可，介兄个人，当亦从同。昨日之事，吾兄及所部将领，或激于一时之情感，别具苦衷，不妨与介兄开诚协商，彼此相爱既深，当可无话不说。否则别生枝节，引起中外疑惧，不免为仇者所快，亲者所痛，想吾兄亦必计及于此。至如何安慰部曲，消弭事端，极赖芘筹。介兄一切起居，诸祈照拂，容当面谢，并盼随时电示一切为荷。

蒋宋美龄叩元

宋美龄为更有把握起见，将这封电文又以书信形式交给即将动身到西安的端纳，请他亲自交给少帅阅。

孔祥熙的软硬兼施

介公委员长安全无恙，起居如常，特盼释念。弟等此举，绝纯为实现救国主张，绝无一毫对人私见，尊论救亡须举国一致，极佩卓见。弟等此举，正所以要求一致。

弟等抗日主张，敢信万分纯洁，决不愿引起内争。如有违反民意，发动
内战者，自当独负其责。

——张学良

1936年12月12日，"西安事变"当天，张学良致孔祥熙电报打到南京。此
时，孔祥熙正在上海，从电话中得悉少帅电报内容，便立即复电给张学良，肯
定少帅"爱友爱国"，发动事变事出有因，"或兄痛心于失地之久未收复，及
袍泽之环词吁请，爱国之切，必有不得已之苦衷"。孔祥熙最迫切的是要和张
学良建立无线电联系，以随时谈判。孔祥熙在电报里说：

西安张副司令汉卿勋鉴：

奋密。返上各电，未知得达否？现弟对于国事，尚有种种意见，亟待奉
商。尚希指定电台一处，以便随时通讯，而免延误。伫盼电复荷。弟孔祥熙叩。

元秘印

同日，孔祥熙又致张学良一电。他知道要和平解决事变，必须先消弭这一
情绪，故在电文中努力为蒋介石对日政策辩解，说明少帅和群众的要求，"仅
有时之不同决非宗旨之异趣"。他对张学良的兵谏有婉转的批评，但同时又表
示体谅，要求少帅持以冷静，从长计议匡时救国各种问题。

翌日，即12月14日，孔祥熙又致电张学良：他最担心的是蒋介石的安全，
也担心发生内战，因此以身家性命为担保，要求放蒋介石回南京。他懂得这不
是轻易可做到的，又提出第二方案，即由陕西方面派代表，或允许蒋介石的随
行人员蒋作宾、邵元冲等随端纳返南京协商。

12月15日，张学良见孔祥熙多次来电表示愿和平解决事变，乃复电给孔
祥熙：

南京孔院长庸之兄勋鉴:

元秘、文亥、汉密、寒晨先后奉到。端纳来，获诵尊函，并聆所述，殷殷筹国，至佩苾怀。介公委员长安全无恙，起居如常，特盼释念。弟等此举，绝纯为实现救国主张，绝无一毫对人私见，尊论救亡须举国一致，极佩卓见。弟等此举，正所以要求一致。至对委座，已再四涕泣陈词，匪惟不蒙采纳，且屡被斥责。弟受委座知遇，绝无负气之理。但委座主张，坚决莫移，已绝对不能否认，故不得已而出此。弟等抗日主张，敢信万分纯洁，决不愿引起内争。如有违反民意，发动内战者，自当独负其责。弟等绝不敢多所顾虑，只图自全，坐视国家民族危亡而不救。沥胆直陈，详由端纳函达。承询通电一节，弟于京沪原设两台，皆可随时应用，并祈赐以维护，俾资便利。又为各方彻底明了真相计，欧亚飞机之京陕航程，请饬即日恢复，此间必负责保护。救国之愿，彼此所同，开诚指示，至所祈祷。

弟张学良

张学良以此电报严正申明:"弟等抗日主张，敢信万分纯洁，决不愿引起内争，如有违反民意，发动内战者，自当独负其责。"从而给某些不顾民族大义，企图浑水摸鱼者以严厉警告。

12月17日，孔祥熙给张学良发电，口气较以前强硬，有"劫持领袖愈久，吾兄所负责任愈重"，"悬崖勒马，及此不迟"等言辞。孔祥熙虽然态度转趋强硬，但仍尽力争取和平解决事变，其方法之一是动员张学良的东北军故旧和少帅亲人出面劝说。他曾邀请前吉林省省长王树翰由北平来南京，与前东北军将领王树常联名致电张学良，表示愿入陕晤商。同时二王又致电于凤至夫人，请其率子女由英国拍电到西安，劝张学良送蒋介石回南京。

这日，孔祥熙为王树常、王树翰去西安致电张学良，请求少帅应允。张学良对孔祥熙发动的攻势借机利用，向故旧说明发动事变的原因，争取同情和支持。

12月18日，张学良致电孔祥熙，复述致王树翰、莫德惠电文大意：

南京财政部孔部长庸之兄勋鉴：

　　密电悉。斗密。庭午、维宙两兄来陕，至所企盼。其来电迄未收见。弟前致维宙、柳忱一电，未审得达否？该电大意，略谓文日之举，纯为积极实现抗日救国主张，如中央确能改变政策，积极领导抗日，行动实现后，用我则愿做先锋，罪我亦愿束身归罪，否则，救亡无方，空言商洽，非弟本意云云。恐前电有失，请兄再将此意转达庭午、维宙两兄为盼。再，兄之"寒"、"寒秘三"、"成秘二"三电均奉悉，倍承关注，尤深铭感。日内子文、墨三两兄即将来陕，似毋庸再由雨岩、翼如两兄传达意旨矣。并闻。

弟张学良 叩

　　张学良在电报中，希望孔祥熙将这份电文大意转告王树常、王树翰，实际上是说给孔祥熙等人听的。少帅希望南京政府拿出实际行动来。

　　12月17日，国民党中央军第二十八、三十六、五十七等师进入潼关，空军轰炸三原、富平。张学良面对南京讨伐派的气焰，毫不示弱，于19日又致电孔祥熙：

孔院长庸之兄勋鉴：

　　成、洽两电均敬悉，濮密。前电拍发稍迟，致劳切念，复承拳拳故旧，再三见救，至感。铭三兄到京，想已悉此间真况。中央同人果爱国家、爱介公，自当推人来陕商洽。抗日实现以外，别无所求，更无金钱与地盘思想。区区志愿，蕴之已久，决非一时冲动。中央对弟主张如无办法，势难送介公返京。弟之部队，初未前进，而中央军进入潼关，占据华阴一带，反诬此间准备攻豫，抑何颠倒事实之甚耶？如中央必欲造成内战，弟等亦唯有起而自卫，谁负其责，自有公论也。特复。

弟 张学良

张学良在电文中再次声明：自己的行动出于抗日，并非有其他目的。同时表现出威武不屈、对正义和力量的信心。但"西安事变"必然在国内外引起轩然大波，张学良在不断受到舆论压力的情况下，接到了毛泽东代表中共中央发给他关于如何解决"西安事变"的电报后，张学良一面在西安焦盼中共代表周恩来的到达，一面继续与毛泽东保持着电报联络。

12月17日，张学良为防止胡宗南、毛炳文、曾万钟和汤恩伯所部军队向西安逼近，曾再次致电在延安的毛泽东和周恩来，请求军事支援。张学良在电报中称：

东、来兄：

电均奉悉。联军以抗日救亡之目的，现集结主力于渭南方面准备抗战，以一部于兰州、平凉、固原、西峰镇一带，对胡、毛等施行戒备，希贵军主力驻环县、豫旺以北地区，一部在肤施、甘泉附近，对胡、毛、曾、汤等，不使其联络并极力向北压迫，以掩护本军后方之安全，并盼饬陕南之陈先瑞向卢氏、灵宝一带出击，扰敌之后方。现此间诸事顺利，一切恩来兄到后详谈。再国际对西安"一二·一二"之革命有何批评，乞告。

李宜（张学良）

南京戏中有戏，蒋介石讨价还价

我们的隐忍，已经到了最后关头。近来国际情势，越发危急，我们再不起来向我们最大的敌人反攻，恐怕以后再没有机会了。

475

张学良追随蒋委员长多年，为公为私，实在不忍坐视蒋委员长因这种行为，走上自误误国路上去，不得不实行最后的诤谏，希望蒋委员长能有最大的反省。

——张学良

"西安事变"后，南京政府封锁了事变的有关消息，对张学良和杨虎城的广播电台采用强大的电波进行干扰；切断与西安的一切通讯和交通；有关事变的新闻报道，都受到严格检查或删节，有些报道则是流言蜚语。由于消息阻塞，真相不明，宋美龄无法考虑解决对策。为此，她需要尽快与西安沟通对话。她让孔祥熙打电报给张学良，要求少帅指定一处电台，以便随时取得联系。接着，她发电报给张学良，说她准备派端纳前往西安，探明情况，居中调解。

12月14日上午，刘鼎的报务员彭绍昆收到中共中央来电：周恩来一行人16日可到肤施。原来，蒋介石被捉后，张学良让刘鼎和应德田共同起草了给中共中央的电报，请中共方面派人来西安共商大计。张学良急切地盼望着中共的反应并希望得到中共的配合，要刘鼎随时准备用他的专机去迎接中共代表团来西安。

这天下午，宋美龄得到少帅的答复：允许端纳来西安。于是，宋美龄派蒋介石顾问端纳带着宋美龄给少帅和蒋介石的信，乘专机到了西安。当天晚上，西安广播电台向社会各界广播了张学良的主张：

各位听众，各界同胞们：

东北沦亡，已经五年多了，华北也几乎名存实亡，西北的危机，也一天比一天的加深。九一八后，政府所签订的几次协定，实在是断送了许多主权，日本基于一贯的大陆政策，整个中华民国，眼见就要沦为日本帝国主义的殖民地了。

我们的隐忍，已经到了最后关头。近来国际情势，越发危急，我们再不起来向我们最大的敌人反攻，恐怕以后再没有机会了。

绥东抗战，全国民气激昂万分。在这个时机，我们的中央政府，我们素日所拥护的领袖，应该如何激励全国军民，发动全国的整个的抗日战争。而事实上，我们的忠勇的守土将士，正在前方浴血杀敌，我们的领袖，还是胶执"剿匪"的主张，把国内大部的兵力、财力，都用在内战式的"剿匪"上；我们的政府诸公，在后方力谋妥协，只顾苟安一时，不惜把民族立国的精神完全断送。

此外，更在上海逮捕了大批爱国分子，查禁了十四种救国刊物，以致人心愤慨，舆论沸腾，这种情形，是大家共闻共见的。12月9日，西安学生游行，完全出于自动爱国的精神，并无扰乱秩序的地方，蒋委员长竟主以武力弹压，并申斥必须以机关枪扫射，才能停止这些青年爱国。几次苦谏，均被申斥、拒绝，绝无改变他的主张的希望。

张学良追随蒋委员长多年，为公为私，实在不忍坐视蒋委员长因这种行为，走上自误误国路上去，不得不实行最后的诤谏，希望蒋委员长能有最大的反省。

现在蒋委员长在此极为安全，诸位要知道，我决不是反对蒋委员长个人，是反对蒋委员长的主张和办法。反对他的主张和办法，使他反省，正是爱护他。至于我个人的主张，不合民意，必置覆亡，这话不但我不信，恐怕除少数汉奸以外，全国的民众都不信。我们可以问问全国民众，还是愿意立起抗敌，死里求生呢；还是屈辱到底，任人宰割呢？

一个国家必须有坚强的中央政府，但是中央政府，必须建筑在民意的基础上。合乎民意的政府，当然要誓死拥护的，若政府措施违反民意，一定会把国家领到灭亡的道路上去。大家只知做官，自然有改组的必要。我们这次举动，完全是为民请命，决非造成内乱。一切办法，决诸公论，只要合乎抗日救亡的主张，个人生命，在所不计，若有不顾舆情，不纳忠言，一味肆行强力压迫者，即是全国之公敌。我们为保有国家民族一线生机打算，不能不誓死周旋，绝不屈服于暴力之下，即不幸而剩一兵一卒，亦必用在抗日疆场上。天日在上，绝无一字之虚伪。诸位要知，我们谋国，只应论事，不能论人。一般不识大体的人，或者说我们的举动有犯上之嫌。若就事论，试问全国四万万五千万人民命重，还是蒋委员长一时之身体自由重？我们也曾用过种种的方法，请求委员长即刻领导起来抗日，不要摧残民气，他始终不听，我们才不得已而行权。我们的心地，是绝对纯洁，我们的方法，是绝对正当，如有反对者，必为全国人民所唾弃，结果必归失败的。

今后我们共同负起抗日的神圣任务，共同走上民族解放的阵线，我们否认对日一切屈辱的条约，我们要确实实现孙总理最后所昭告我们的唤起民众及联合世界上以平等待我之民族，共同奋斗。

最后我们要郑重地向全国人提出八项主张：

（一）改组南京政府，容纳各党各派，共同负责救国；

（二）停止一切内战；

（三）立即释放上海被捕的爱国领袖；

（四）释放全国一切政治犯；

（五）开放民众爱国运动；

（六）保障人民集会结社一切之政治自由；

（七）确实遵行孙总理遗嘱；

（八）立即召开救国会议。

我们愿诚恳地接受各方面的指教和批评，对任何人都认为是中国人，对任何党都视作抗日的力量。

附带声明一件事，就是现在南京方面，把我们的电讯隔断，并且给我们造了好多谣言，他们不愿意国人知道我们在这里做些什么，真是一件不幸的事。我们希望国人明了真相，我们不愿意任何人利用这个机会造内乱，给侵略我们的帝国主义造机会，我们只求有利于国家民族，至于个人的毁誉生死，早置之度外。

端纳是英国籍澳大利亚人，新闻记者出身，与英国的情报机关有关系。九一八事变后，他是张学良的顾问。少帅被迫下野出国期间，端纳又当蒋介石的顾问。他与少帅的关系很好，亲自将宋美龄的信交给了张学良。宋美龄在信中说，希望少帅本着以往和蒋介石的关系，为国家大

端纳是英国籍澳大利亚人，新闻记者出身，与英国的情报机关有关系。九一八事变后，他是张学良的顾问。少帅被迫下野出国期间，端纳又当蒋介石的顾问。他与少帅的关系很好，亲自将宋美龄的信交给了张学良。

局和民族前途着想，慎重考虑。张学良看罢信，向端纳详细地介绍了这次事变的意图，郑重地说：西安的行动，对蒋并无恶意，只要蒋委员长停止内战，联共抗日，还是拥护他做领袖的。端纳听了张学良的介绍之后，对少帅的主张表示赞成，愿竭力劝蒋介石转变。

尔后，张学良陪同端纳面见蒋介石。端纳向蒋介石谈了南京方面对事变的处理办法，把宋美龄夫人的亲笔信交给蒋介石。

蒋介石从信中知道："南京方面是戏中有戏。"原来，"西安事变"后，南京国民党政府内部陷入明争暗斗的混乱之中，大体上分为两派：一派是以何应钦为首的亲日派，主张对西安明令讨伐，趁机把蒋介石置于死地，以取而代之；另一派是以宋美龄、宋子文、孔祥熙为代表的蒋介石亲属集团，主张和平解决西安问题，设法营救蒋介石。两派斗争异常尖锐，各行其是。蒋介石看完夫人的信，基本明了南京何应钦派的阴谋，伤感地禁不住哭泣起来。

这时，端纳趁势劝蒋介石说："我这次是受蒋夫人的委托来的，到这里之后与张汉卿将军进行了晤谈，对这次事变情况有了一些了解。我首先告慰您，

就是张将军对您并无加害之意，只要您答应他们的主张，他们还是忠心地拥戴您做领袖的。我认为，这不仅是张、杨两位将军的意愿，也是全中国人民的迫切要求，而且许多西洋人也赞同这样的政见。您若是接受他们的主张，今后将成为世界的伟人；若是拒绝接受，势必将成为渺小的人。国家和委员长个人的安危荣辱全系于委员长自己的心思的一转啊！"

蒋介石听端纳这么一说，感到内心受到了极大的震动。他想到"西安事变"两天来，张学良每天都来看望自己，确实没有加害的迹象。他看了夫人的信，又品味了一阵端纳的话，明白了张学良和杨虎城让他迁居的真意。于是，蒋介石的态度缓和下来，答应从这里迁居到安全之处。张学良对蒋介石态度的转变很高兴，立即和端纳陪着蒋介石从新城大楼迁到金家巷高桂滋公馆。

端纳完成了宋美龄委托的使命之后，于12月15日乘飞机由西安抵洛阳，用电话向宋美龄报告了"西安事变"真相和张、杨的意图及会晤蒋介石的详情，强调了少帅的善意和蒋介石的安全及和平解决的希望。

12月16日，张学良和杨虎城在西安举行了群众大会，共同向公众解释了逮捕和扣押蒋介石的原因。少帅在大会上声明了自己的立场。他说："我同蒋委员长私交感情很好，所争的就是政治主张。我几次书面净谏、当面净谏，请他放弃他的错误的、违反民意的主张，领导全国民众从事于全国民众所愿意做的工作，做一个全国民众所爱戴的领袖，可他不但不接受，近来反而变本加厉了"，"他在上海逮捕了七位救国领袖，我为了这件事，曾只身一人乘军用飞机抵洛阳，请求他释放那几位无辜同胞。其实我同那几位既不是亲戚，也不是朋友，有的见过，也不太熟。而我之所以积极援救他们，不过是因为主张相同，意志相同。蒋委员长绝不采纳我的请求，后来我说：'蒋委员长这样专制，这样摧残爱国人士，和袁世凯、张宗昌有什么区别？'而他却说：'只有你这样看，我是革命政府，我这样做，就是革命！'诸位想想，他这话有没有道理？"接着又说，"因为一二·九西安学生运动，我同蒋委员长在言语上发生了很大的冲突。我认为学生请愿的动机绝对是纯洁的，处理办法只有和平劝导，用使学生，也可以用使一般民众满意的事实来答复。而蒋委员长却说："对于那些青年，除了用枪打，是没有办法的。'各位同胞们，我们的枪、所有中国人的枪，是打日本帝国主义的，决不是用来自相残杀的。由以上两项事情看来，我认为蒋委员长的主张和决心，用口头或当面的劝谏，是决不能改变的，所以才同杨主任和其他西北各将领发动了一二·一二事件。"最后，少帅说："我们现在把我们的主张清清楚楚地拿出来，清清楚楚地报告给全国民众。同胞们！我们只求实现主张，此外我们既不要钱，也不要地。为了实现我们的主张，我们要立于抗日战场的第一线，我们要在抗日战场上效死。同时，我们要求全国同胞，一致起来走向抗日战场，有力的出力，有钱的出钱，尤其是武装同志、壮年同胞，一定要把一腔热血洒在抗日战场上！"

这天，南京召开了国民党中央政治会议，以何应钦为首的讨伐派极力主张出兵西安，讨伐张学良和杨虎城。宋美龄无可奈何，深感事态的严重性，只好请端纳再赴西安，请蒋介石下手令制止何应钦等人以讨伐西安为名的军事行动，以便顺利地进行政治协商，加速营救蒋介石的进程。

翌日，端纳由洛阳飞到西安，向张学良和杨虎城说明此行目的。张杨两将军同意由蒋委员长下手令制止何应钦等人进攻西安的军事行动。蒋介石对此答应考虑并与张学良商定第二天写信，派蒋鼎文送信到南京。但是，蒋介石内心还有一个想法：利用南京"戏中有戏"的军事攻势，作为向张学良和杨虎城讨价还价的资本。为此，他亲笔写下电文：

敬之吾兄：

闻昨天空军在渭南轰炸，望即令停止。以近情观察，中正于本星期六前可以回京，故星期六前万不可冲突，并即停止轰炸为要。

中正手启

十二月十七日

蒋介石下达手令之后，向张学良提出要求：在三天之内，他要返回南京。少帅向蒋介石说明，这么短的时间有许多问题还来不及解决，希望把回南京的日期推延几天。蒋介石坚持己见，无论如何也不改变回南京的时间。

期盼中，周恩来到了西安

> 事发之后，我深悔孟浪，彷徨无策，遂邀周恩来来西安会商。……除我之少数僚属及杨虎城知晓外，共产党事前未参预也。于二、三日后周恩来携同博古等三人，到达西安，彼等亦讥诮我等行动过于孟浪，遂共商如何结束之策。
>
> ——张学良

"西安事变"的爆发使全国形势发生了错综复杂的骤变。在这样的局势面前，应当怎样做才能有益于国家和民族呢？张学良和杨虎城事先考虑得并不周全，眼下他们又没有明确的、尽量减少偏差的方针可依。他们都期待着中共中央代表团到西安后研究解决。

在这样关键的时刻，12月15日，中共代表团周恩来、博古、叶剑英、罗瑞卿、童小鹏等人从瓦窑堡出发，于16日按双方约定的时间到达肤施。

12月17日下午，中共三位代表到肤施保安，他们是中共军事委员会副主席周恩来、东方面军参谋长叶剑英、西北苏维埃政府主席博古。张学良得知这一消息，立即派刘鼎带一名美国驾驶员驾自己座机到肤施，把周恩来和中共代表团接到西安。周恩来等人下飞机后，被送到金家巷涂作湖木匠家里小憩。尔后，中共代表团被安排在张学良公馆内下榻。

这天晚上，张学良在公馆中间的大屋内为中共代表团举行了欢迎晚宴。

在宴席上，少帅第一句话就问周恩来："美髯公，您的胡须呢？"

周恩来听罢，作了一个潇洒的手势说："剪掉了！"

少帅感叹道："那太可惜了！"

晚宴后，张学良和周恩来到大屋东边室内进行了亲切的谈话。少帅表示：在团结抗日的问题上，他怎么劝，蒋委员长就是听不进去，顽固地坚持错误政策，准备进行大规模的内战，逼迫东北军、十七路军配合中央军消灭红军；不捉蒋，就无法使他改变，内战就不可能停息；捉蒋，就能促他反省，逼他停止内战，达到联合抗日的目的。现在已具备了这样的可能性。少帅主张只要蒋委员长答应八大主张，停止内战、一致抗日，就应放蒋并拥护其做全国抗日的领袖，这就是我们逼蒋联共抗日的方针。

周恩来听了少帅的观点，同意张将军的分析。他说："西安事变"的手段虽然是"军事阴谋"，但"西安事变"要求停止内战、一致抗日，确实符合国共和全国人民的要求，事变是为了要求抗日救国而产生的，它将以西北的抗日统一战线去推动全中国抗日统一战线的建立。周恩来又说：事变的前途有两种可能性，一种可能是争取蒋介石停止内战、一致抗日，这会使中国今后走上更好的前途，应该争取西安和南京在团结抗日的基础上和平解决矛盾，走团结抗日的前途，必须反对新的内战；另一种可能是杀掉蒋介石，会引起新的更大的内战，使中国走上更坏的道路。周恩来最后说：中国共产党对"西安事变"深表同情，决定对张将军和杨虎城将军给以积极的实际的援助，使"西安事变"的抗日主张能彻底实现。

在这次谈话中，张学良与周恩来还研讨了一旦南京进攻西安时的防御战。周恩来说：如果南京军队进攻，必须给予沉重的打击，促其反省，这种防御战不是为了扩大内战，而是为了阻遏内战，促成全国抗日统一战线的建立。

12月18日，周恩来与杨虎城将军会晤。杨虎城对和平解决"西安事变"的方针抱有疑虑，怀疑蒋介石是否同意抗日，更担心蒋介石的报复。但经过周恩来的分析解释后，杨虎城也表示同意和平解决"西安事变"的主张。

张学良见"西安事变"和平解决的大计已定，认为必须迅速实行，及时谈判，即刻解决，早日放蒋，以卸下这系天下安危之重担。然而，蒋介石借口脊骨跌伤，每天躺在床上，火气频发，致使解决事变的谈判无法开始。根据这种情况，张学良给宋子文打电报，请他来西安协助蒋介石商谈和平解决"西安事变"的方案。

面对蒋氏的眼泪，少帅宁愿负荆请罪

我是个军人，说一不二，只要委员长真心抗战打日本，委员长回到南京，下令怎样处置我都行！

——张学良

12月18日晚，张学良陪同周恩来来到蒋介石住处晤面。当周恩来进入蒋介石的住室向他友好地问候时，蒋介石吓得脸色发白。因为他为了取得这位曾任黄埔军校政治部主任的周恩来的人头，曾悬赏八万元。他认为自己会受到"公审"，然后被枪毙。

蒋、周的这次会晤是简短的，礼节性的。周恩来告辞后，少帅留下来陪伴蒋介石。

"汉卿，"蒋介石捧着小茶壶边取暖边喝，"前几天你说过，自从出国后是怎么转变过来的？"

"这个，"少帅向火盆里加进几块木炭后，面对着蒋介石坐下说，"您当然很清楚，直到1931年为止，张学良这三个字代表了什么？可是到了九一八，我就惨了！"张学良朝蒋介石苦笑道："不抵抗的罪名是搁在我头上的。它毁了我，却救了您！您正在动荡的政权复趋稳定，重新开始'围剿'红军了！直到热河失陷，您和我说，咱们两人之间，必须有一个人下台，否则在全国百姓面前没法交代，为了您，我引咎辞职，到欧洲考察。我戒了毒瘾，回国后一身轻松。弟兄们都说我简直是变了一个人，真的在实践回国以后的誓言——尽毕生精力，驱逐日寇，收复东北！那一段时光，您在我的心目中没有失掉信任，现在也是如此，我可以发誓，我从来没有对您的忠诚有过动摇。这次兵谏，我是希望您领导抗日，收复东北，再也不要发生不抵抗而失去领土的悲剧了。有一点您可能现在还不清楚，东北军兄弟们同红军打了几个月之后，不但没弄清您'剿共'的目的，相反倒认识了您所谓的'共匪'是一支爱国、抗日的队伍。尤其是去年10月至11月间，我们在西北吃了几个大败仗，损失了两个半师的兵力。被红军俘虏的弟兄们，经过红军的抗日教育，又被释放回来，他们说……"少帅说到这把话停了下来，看了看蒋介石。

"他们说什么？"蒋介石问。

"这，"张学良略有所思地说，"您不必生气，红军的抗日教育是十多万东北军弟兄喜欢听的，您就不要问了。总之，红军的话极为简单，没有什么四书五经诸子百家，只是一句话：中国人不打中国人！爱国军人打日本鬼子去！"

蒋介石听到这，说："共产党又是那一套！又是那一套！"

张学良说："您说过，对共产党的看法改变了，可人家说什么话，您都听不进去，这怎么成？拿我来说吧，学良是同情共产党的抗日主张的。近年来，我曾和来西安找我的大学生说：凡是抗日的学生，无论政治信仰如何，我都欢迎来西安工作。您知道，各地政府是不允许抗日宣传的，而在陕西，抗日宣传却得到了鼓励和保护。您如果怀疑这是共产党教我这样做的，那就大错而特错了。说实话，共产党的抗日是全面的，他们是为了国家和民族，他们不仅是这么说，而且是这么做的。而我张学良的抗日，只不过是为了收复东北，以雪个人之耻。您把陕北描绘为魔窟，把共产党说成是魔鬼。您知道被释放回来的弟兄们是怎么说的吗？他们把陕北描绘成爱国志士的圣地，共产党人如何组织民众向抗日目标挺进。事实表明，共产党不是东北军的敌人，而是东北军的友军。"

"哼！"蒋介石冷笑道，"于是，我就不是你们的官长，却变成你们的敌人！"

"您不能这样认为！"张学良微笑着说，"自从您答应周恩来先生他们一致团结抗日时起，您还是我们的领袖！我们从来也没有把您当敌人看待。"

"汉卿，"蒋介石沉思片刻，叹息道，"哎，过去了就不必提了，问题是以后。"

"您说得对！关键是以后，我们要把主和派、妥协派、投降派统统收拾了，不要让他们再败坏了您的名声！"

"不，不是这个意思。"蒋介石摇头说，"我是说，以后我的名誉、地位怎么办？我这次在西安，在你的手里栽了个大筋斗，我以后怎么……"

少帅听蒋介石这么说，也不知如何回答是好。

蒋介石见状，几乎是声泪俱下。他说："汉卿，你看我这么大一把年纪，我是领袖、委员长，这么高的地位，让你们来这么一下子，翻了船，我什么都完了！"

"不会的，您不要这么想。"张学良安慰说。

"我怎么不这样想啊，以后我怎么回南京？天下人怎么看待我这个委员长？他们会嘲笑、讥讽说：瞧呀，蒋某人就像一条狗，给张学良打了一顿，又夹着尾巴逃回南京了！姓蒋的开口闭口是礼义廉耻，可如今让部下捉弄了，他不也没办法，忍着吧！"

张学良听了这席话，在蒋介石面前有些无地自容，再也忍不住了，说："您别说了，以后谁这么讲，我同他拼了！"

"你同谁拼啊，南京连代表都不派，分明是要把我置于死地。他们散布我的流言蜚语，能和你说吗？我算是认了。我回南京后，我的地位被你们砍倒了，我发出的抗日命令谁还听？"蒋介石说到这儿，伤感地痛哭起来。

"汉卿啊，你把我枪毙了吧！"

张学良被蒋介石哭得手足无措，心在剧烈地跳动，不知怎么说才能安慰蒋委员长。他面对这个瘦骨伶仃、涕泣呼号的领袖，同情之心油然而生。他想：要对委员长有所表示，给他人以一个姿态，为领袖挽回一些名誉、面子，日后好统帅全国抗日。于是，张学良对蒋介石说："我是个军人，说一不二，只要委员长真心抗战打日本，委员长回到南京，下令怎样处置我都行！"

蒋介石听到这话，抬起头，抹了抹泪水说："汉卿，你说什么孩子话！我怎么能处置你呢！你的举动虽然轻率鲁莽了，但是动机是为了抗日，为了收复东北，也没有加害于我，我怎么能加害于你呢？我要是处置你，我这个委员长叫天下人怎么评说？"

"委员长，这是我的真心实意！"学良激动地说，"为了使您的声望更高，权力更大；为了抗日，收复东北，我宁愿学廉颇负荆请罪，在天下人面前表达你我之间的清白与伟大！让天下人知道，我张学良这次兵谏纯粹是为了抗日，绝无个人企图！让天下人看看，您回南京就发令抗日，不愧是中国的贤明领袖！为了表明我的诚意，我可以陪您回到南京，我说到做到！"

于国家民族有利，有危险也在所不惜

> 我没有"个人的野心"，没有"争取较好条件的希望"，迫使我扣留委员长的，不是任何私人的动机。这事情的动机很简单，就是要我们的政府明确地改正现行的国策，实行武装保卫我们的国家，断然停止在不断的内战中千百万中国金钱、中国人命和中国财产的耗费，停止围剿所谓"赤匪"，他们虽然见解不同，但到底是中国人，他们至少不会像日本人一样危害我们的国家。
>
> ——张学良

张学良和蒋介石谈话后，就准备实现自己所说的话。他在思想上做了准备，只要蒋介石答应抗日，就送他回南京。

1936年12月19日，张学良在回答英国《泰晤士报》记者弗拉塞提问的电报中说：

《泰晤士报》用以谴责我扣留委员长的谩骂及不正确的评论，已经拜读过了。我知道世界各地将涌起同样的谴责，因为大家不了解当时逼迫我扣留委员长的处境，不了解我此种举动的真实原因。我未曾替用武力扣留别人者辩护过，更不能为扣留身居高位的委员长的举动辩护。我因此深觉抱歉，因为当时特殊处境强迫我做出这样的事。事实并不是如《泰晤士报》所攻击的一样，我没有"个人的野心"，没有"争取较好条件的希望"，迫使我扣留委员长的，不是任何私人的动机。这事情的动机很简单，就是要我们的政府明确地改正现行的国策，实行武装保卫我们的国家，断然停止在不断的内战中千百万中国金钱、中国人命和中国财产的耗费，停止围剿所谓"赤匪"，他们虽然见解不同，但到底是中国人，他们至少不会像日本人一样危害我们的国家。

……我们已受尽国人的责备，我没有回避责任，但我不是中央政府，我没有力量发动全国的抗战……但我们渴望中国军民抵抗侵略的敌人，不要攻击中国的民众。国军迄未移动一步去实行抗日，但它为要进攻我的动员却像飞风一般的快，当敌人正在我们国境内的时候……我们切望着委员长的领导，我们无论如何不愿意他的权力被人剥夺……我们不得已突然扣留了他，但没有威胁他的生命，没有损伤他的地位，他在我们的心目中依然是委员长……他所以未恢复自由，这不能责怪我们。在星期一委员长跟我们一样一直等待着京方派员来此处理这件事情，使委员长能够回京复职，但还没有等到。这事情竟迁延得这么久，实在奇怪得很。如果有人来到这里，则委员长早已回到南京了。

然而，他还在等待着，他在这里受人尊敬，没有什么不方便的地方，而且有端纳先生陪他住在一座新式房子里，没有谁去搅扰他。当他回京的时候，我准备跟他同去，站在国人面前受冷静的公平的审判。如果他们听了我说述的事实以后，认为我的举动谬误而责罚我，则我愿意承受任何责罚，甚至死刑。

张学良 启

12月20日上午10时，宋子文不顾南京方面的阻拦同端纳及随员陈康齐、陈凤宸乘飞机抵达了西安。宋子文与张学良、杨虎城、周恩来见了面，了解了"西安事变"的意图及事变后的一些情况。张学良向宋子文明确声明：东北军、十七路军和红军已经决定采取和平解决的方针，只要蒋介石答应双十二通电所要求的八项政治主张，三方面一致同意释放蒋委员长回南京。而后，宋子文单独拜见蒋介石。蒋介石对宋子文的到来甚为感动，失声大哭。宋子文对其安慰，告诉他并未蒙羞，相反，整个世界均在关心他、同情他。

蒋介石刚被捉之时，态度羞愤绝望，不吃不喝，与张学良连话都不讲，更别说谈判了。

张学良告诉宋子文，蒋介石曾于17日接受他所提出的四项条件，即：一、改组国府、采纳抗日分子；二、废除《塘沽》、《何梅》、《察北》协定；三、发动抗日运动；四、释放被捕七人（七君子）。但是，蒋介石当天早晨又改变了主意。

蒋介石在见面时，坚定地告诉宋子文，他不会在胁迫下接受任何条件，军事解决为唯一之途。宋向蒋指出："军事上的成功并不是确保其性命的保金，即便西安被占，他们尚可退至接壤共区，唯国家将陷于分裂，内战四起。"

当天下午，蒋介石"渐渐通情达理"。他再次见张学良，事后告宋子文，他已同意张学良将其军队开往绥远；召开大会讨论四项条件；改组陕西省政府，由杨虎城提名人选。

12月20日，张学良和杨虎城联名发出告东北军、十七路军将士书：

我们亲爱的将士们：

双十二抗日救国运动，酝酿了许久，现在已经揭开了七八天了。我们为什么发动这样的运动？为争地盘吗？不是。为泄私怨吗？也不是。我们反对政府的屈辱外交，国家都要亡了，还在这里出死力自相残杀。所以才提出抗日救国运动八项主张。我们主张的核心是集合全国各党各派的力量，以民众的总动员，去抗日救国。也许有人在那里怀疑绥远军队已经在那里抗日了，听说也有些中央军队在那里参加了，很是胜利。可见中央已在那里抗日，为什么还要我们这样发动？不！不！事实绝不是这样简单。中央军是摆在晋军与绥军中间，而且只有两师。阎副委员长所要求的二十万大军援绥，中央答复无法抽调。然而到西北打红军的内战却源源而来了几十万大军。由这样的事实，他们所说抗日，不过是欺骗民众的一种办法，绝对没有真正抗日的决心，这不是很清楚吗？

双十二运动发生的一天，中央飞机数十架一齐发动到西安来侦察，而在绥远的抗日血战中，中国飞机却半架也没有。据他们说是因为天气太冷，飞机发动不容易，但敌人的飞机怎么能发动呢？也许我们的飞机不好，那我们为什么必要买那样不好的飞机呢？而且到寒冷和绥远差不多的西北的飞机怎么就能发动使用呢？这种欺骗情形，凡是有知识有眼睛的人，谁看不清楚？我们全是中国人，谁不知飞机献寿为的是抗日。因为有抗日作目标，群众才那样的热烈。现在我们有飞机却不对外，使我们的抗日战士无可奈何地受着敌人飞机的时时轰炸。这是抗日吗？这是真心抗日吗？如果这样就算抗日，试问我们的东北四省，我们的察北六县，我们的冀东二十二县，什么时候才能收复回来？这是敷衍欺骗抗日，绝对不是我们要求的彻底抗日。也许还有人相信抗日的"准备论"，这更是大错。我们不要把日本当傻瓜，认为我们会准备、人家不会准备。老实说，我们准备得还不到五分，人家已经准备到十分了，试问这种准备有什么用？这岂不是等人家准备好了来整个吞并我们中国吗？再说，人家也绝对不许可我们准备。在我们准备过程中，人家已经用经济、政治、外交、军事各种各样的枷锁把我们束缚得死紧，教我们动不得身，抬不得头。试问我们又如何能够准备起来？这不是梦想吗？

我们因为不信任变相汉奸的，至少也是犯恐日病的抗日准备论，我们因为看破了南京抗日是欺骗，至少也是敷衍民众的一种手段，所以才以极大的热诚劝蒋委员长变更他的错误政策。但我们大胆的赤诚劝谏，都一次一次的失败了。我们为服从全国潜在大多数民意，我们为贯彻我们的也是全民的抗日救国主张，所以才有这一次"双十二"事件的发动。

我们的希望，只是集合全国的力量去抗日救国。是绝对纯洁的，是绝对发自内心的，无一毫私心，无一点背景。凡是同情我们主张的，不管他是哪党哪派我们均愿意竭诚欢迎。我们的目的在对外，绝对不造成内战，并且极力避免内战，但是如果有违反民意的汉奸，用武力压迫我们，使我们不得贯彻主张，那我们为扫除误子，争取民族的最后生存，当然我们要起而自卫，并且要粉碎这种恶势力。这不是我们造成内战，而是实行抗日救国的清道工作。

我们亲爱的将士们！事实已经摆在我们面前，我们的国家，已到生死关头，真是抗日则生，不抗日则死。我们必须巩固我们抗日救国的战线，去与一切破坏我们的恶势力相拼，方能实现我们的主张，才能收复我们的失地，才能湔雪我们的一切国耻。这是我们由理论而实行的时候了。我们需要团结，我们需要奋斗，我们必须不辞一切光荣胜利的牺牲。我们的基础是民众，必须用尽我们的智慧爱护他们。我们所要贯彻的是我们的主张，所以必须信我们的基本理论。

我们需要以不顾一切的精神来冲破我们的一切困难，这才是我们抗日救国战线上忠实同志所必要的精神和勇气。

我们亲爱的将士们！我们具有坚强民族的意识的亲爱的将士们，这是我们起来的时候了！白山峨峨，黑水汤汤，我们光荣的胜利，就在目前，我们一定要到黄龙痛饮的。

我们亲爱的将士们！我们热血沸腾的亲爱的将士们，我们一定要不辞一切艰险牺牲，去争取中华民族的解放与自由，去达到我们最后的胜利！

张学良　杨虎城

宋子文在西安只逗留一天，他勇敢地对蒋介石直言，晓以利害，其主要原因是他抵达西安后确实为蒋介石的性命感到担忧。

当天晚上，宋子文在日记中写道："他们（张杨）已走向极端，若其遭受失败之打击，他们甚有可能挟持他退往山上要塞，甚或，他们可以变成一伙暴徒，并在暴徒状态下杀死他。汉卿直言不讳告诉我，其委员会已决定，若一旦爆发大规模战事，为安全起见，他们将把委员长交给中共。这绝非凭空之威胁。"当天晚上，宋继续探寻解决办法，与张、杨甚至谈到请阎锡山出面调停。他在次日的日记中得出了唯一的结论：和平解决。他在日记中说："一、此次运动不仅系由张、杨二人所发动，而且亦得到全官兵上下一致之支持。张、杨至为团结，南京方面许多人计并希望彼二人分裂，此不仅不可能，且充满严重危险。二、张、杨与中共两方军队联合一起，将成一令人生畏之集团，以现有之兵力，加之有利之地形，在目标一致之条件下，他们完全可固守战场数月。三、中共已毫无保留地将其命运与张、杨维系在一起。在离开南京之前，我一直在军事解决与政治解决间摇摆，然而经我实地细量，我坚信，拯救中国唯一之途只能藉政治解决。"

12月21日上午11时，宋子文在离开西安返回南京前一小时，再次面见蒋介石。蒋介石交给他几份遗嘱，是分别写给全国人民、夫人宋美龄和他两个儿子的。蒋介石让宋子文先将遗嘱给张学良过目，张过目后扣下了蒋的遗嘱。

宋子文在日记中写道："张学良称假如发生战事，他以人格保证将把这些遗嘱发送，但现在他不会允其发送。"

蒋介石还要求宋子文不要让宋美龄前来西安，并劝宋子文也不要返回南京。但当时宋子文已拿定主意，心中有了一个救蒋介石一命的初步方案。

宋子文在日记中写道："我不知何种政治解决切实可行，但我决定先行如下几点：一、应让蒋夫人来西安照顾委员长，并改变其听天由命之态度。二、由戴雨农（戴笠）代表黄埔系前来西安，亲身观察此地之局势。三、派一将军来西安，以处理可能产生之军事问题。"

宋子文的三点方案得到了张、杨的赞同。而且，张学良还特意给宋美龄和戴笠写了信。但张同时表示："倘若西安发生战事，蒋夫人之安全不能得到保障。"

12月21日中午12时，宋子文急匆匆地乘飞机返回南京，向宋美龄通报了与张学良、杨虎城、周恩来的晤谈情况。

宋子文返回南京后却发现，他离开才一天，国民党中央政府已失去对他的信任，因为他没有像蒋介石那样被扣在西安，居然平安而归。宋子文在日记中写道："此地之气氛系对我能够回来充满不信任"，"我还听张公权之姐的某朋友言，张公权称，'西安事变'是我一手策划。"

宋子文回到南京后，首先与宋美龄、宋蔼龄和戴笠商谈对策。他们均赞同宋美龄的方案。然后，宋美龄向国民党要员汇报张、杨提出的四项条件和她的计划。

宋子文记录道："熊（式辉）说，他担心委员长在西安会违心被迫接受彼等条件。我言，以彼如此了解委员长之为人，竟谓委员长会被逼违心签字，我甚感惊讶，此系对其人格之污辱。何（应钦）问，汉卿（张学良）为何提出让戴雨农去，让蒋铭三去是否亦出同样目的，他们是不是欲逼其透露我方军事计划？我答，目前时间紧迫，质疑彼等动机毫无意义。叶（楚伧）评论道，站在政治委员会立场言，只要委员长在遭胁迫，他就不能同意任何条件……"但宋子文回南京的主要目的是说服南京方面暂勿攻打西安。他告诉南京政府要员，绝对不能采取军事行动，"他们让我直截了当回答，委员长是否希望军事解决。此问题我因先前曾与蒋、孔二夫人讨论过，故便模棱两可地答曰，若能寻得和平解决之道，委员长不希望看到再发生内战"。

宋子文当晚和第二天上午在等待政府要员开会讨论宋子文的建议。结论是"停战期间缩为三天，根本未提停止地面进攻，仅言将停止飞机轰炸"。

在孔祥熙等人的支持下，同意宋美龄、宋子文去西安进行和平谈判。翌日下午，宋氏兄妹一行飞抵洛阳，作短暂停留。宋美龄严令各将领：万勿进攻西安，飞机也不得飞近西安。然后，宋氏兄妹、端纳、蒋鼎文、戴笠乘飞机，于傍晚降落西安机场。这时，张学良、杨虎城已在严冬的风寒的机场上躬迎蒋夫人一行多时了。飞机停稳，舱门打开，宋美龄首先走下舷梯。张学良第一个迎了上去。宋美龄以常态和张学良寒暄。

宋美龄下飞机后，对少帅说："汉卿，我带的行李希望你不要检查了。"

张学良说："夫人请便，我不检查就是了。"

说罢，请宋美龄一行上了汽车。张学良理解蒋夫人宋美龄的心情，便驱车送她到蒋介石的下榻处。

傍晚4时，蒋介石突然见夫人宋美龄进屋来，惊讶万分，如在梦中。因为日前，他曾再三叮嘱宋子文，劝夫人万万不可来西安，没想到眼下她竟然身冒万险入此虎口。为此，蒋介石感动至极，悲咽流泪，不可言状。宋美龄强作欢颜，安慰丈夫。此时，蒋介石更加忧虑。十余天来，他对自己的生死早已置之度外；今日，他还必须时刻顾虑到夫人的安危。蒋氏夫妇团圆后，蒋的态度有了转变。他同意妥协，委宋美龄、宋子文为其代表，与张学良、杨虎城、周恩来谈判。他保证将于三个月内召集国民大会……重组国民党后，倘若共产党尊其为领袖，他将同意：一、国共联合；二、抗日容共联俄；三、给汉卿发布手令，收编红军，收编人数将视其拥有武器之精良度决定。

蒋介石对宋美龄、宋子文提出：对谈判商定的所有款项，均由蒋介石以"领袖的人格"保证执行，不做任何书面签字。

谈判内容大致以八项主张为根据，归纳成六条：一、双方停战，中央军撤兵至潼关以东；二、改组南京政府，肃清亲日派，增加抗日分子；三、释放政治犯，保障民主权利；四、停止"剿共"，联合红军抗日，共产党公开活动；五、召开各党派各界各军的救国会议；六、与同情抗日的国家合作。此外，谈判还通过了两项：一、关于对红军的接济，宋子文答应由周恩来、张学良商定后，他保证拨发；二、关于西北善后，今后西北军事、政治工作由张学良、杨虎城负责主持。在谈判中，由于双方都急于解决事变，所以谈判进行得很顺利。蒋介石答应停止内战、一致抗日等项要求。西安方面同意释放蒋介石回南京。

12月23日上午，张学良、杨虎城提出，由蒋介石出面，即刻在西安召集一由朝野各界官员出席的名流大会，出席者应包括陈果夫、李宗仁、白崇禧、李济深、冯玉祥、孙夫人、韩复榘、宋哲元、刘湘、宋子文、张学良等。大会作出决议后，蒋介石才可离开西安。宋子文对张、杨的建议大感意外，他说："我对如此条件甚感失望，因为我了解南京方面的态度，他们不会接受。"宋子文向张学良、杨虎城建议：不要召开名流与政府官员大会。

当天，蒋介石让宋子文与张学良一道去见周恩来。周告诉宋，中共已原则上同意取消苏维埃政府及在中央政府的领导下作战。若蒋介石同意抗日，中共可不要求参加改组后的国民政府，并表明："我们欲支持者非委员长个人，而系出于民族之大义。"

23日下午，宋子文与张学良、杨虎城、周恩来开始讨论国民政府新内阁人选。宋子文在当天日记中写道："彼等一再劝说由我组阁，但是，我告诉他们，出于政治及个人原因，我绝对不会领导现在之内阁，且亦不会参加。他们坚持让我执掌财政部，因为那样他们就会对获取其日常之开销有信心。他们对外交部长人选不能为亲日分子亦甚关切，我与他们讨论了几名人选，我建议由徐新六来担任，徐系一热情民族主义者，同时本人又未有如此多色彩，因而不会让日本人解释为：他的任命即意味战争之来临。关于军政部长，他们建议，此人不应有名无实，而应是委员长真正可倚赖者。因为亲日的交通部，他们不想要张公权担任，而海军部他们亦不愿由陈绍宽担任。"

宋子文与宋美龄一道向蒋介石汇报了谈判结果。蒋介石答复：一、他将不再担任行政院院长，拟命孔祥熙博士担任，新内阁绝不会再有亲日派；二、返回南京后，他将释放在上海被捕之七人；三、设西北行营主任，由张学良负责；四、同意将中央军调离陕、甘；五、中共军队应当易帜，改编为正规军某师之番号；六、中日一旦爆发战争，所有军队一视同仁；七、派蒋鼎文将军去命令中央军停止进军；八、将与张学良讨论双方共同撤军。在离开西安前，宋子文将上述答复交予张、杨及周。对此，宋子文在日记中写道："他们似甚为满意，次日上午，他们召开军事委员会议。当日深夜，周拜访了蒋夫人，同时他亦与委员长简单寒暄了几句。"

谈判一直到12月24日上午才告结束。在会谈议程中，张学良将军提出"放蒋"的问题。与会人几乎都同意。至此，"西安事变"获得了和平解决。

然而，当设计委员会开会时，与会者对"放蒋"的问题一致意见是：蒋介石必须做出可靠保证，否则不能匆忙草率地放他回南京。

设计委员会认为蒋介石必须保证三条：一、蒋介石离开西安前必须把潼关以内的中央军撤走，解除对西安的威胁；二、蒋介石离西安前必须先释放上海被捕的七君子，以取信于全国人民；三、谈判通过的条款，必须由蒋介石亲笔签字，公诸报端。如果这三条得不到保证，绝不能释放蒋介石。会后，设计委员会召集人高崇民把上述意见向张学良、杨虎城两将军作了汇报。

这天晚上，应德田来见少帅。张学良问他对"放蒋"的事情有何看法？

应德田说："副司令，没有保证就放，空口无凭，他不履行所答应的条件，我们还有什么办法？'双十二'事变岂不白变了一场？"

张学良说："你的看法，我觉得不对！你们提出的保证，他不见得能答应，即使勉强答应了，也不是心甘情愿的，而是被逼迫的结果。你想，这样的保证还有什么可靠性？有什么价值呢？从一开始，他就声明他不在谈判的决定上签字，以个人的人格作保证，你硬逼着他签字，以为签了字就万无一失了吗？他回去以后想撕毁还不是一样可以撕毁！现在他在这里，他命令中央军退出潼关，何应钦不见得一定服从，我们强迫他下命令，他下了，何不听，我们又能有什么办法？就是何应钦执行了，兵暂时退了，他一回南京，重新下令出兵，兵又开回来了，我们怎奈何于他？释放上海七君子的问题，也是如此。要知道，我们做事，必须能放能收，自己做的事必须自己了，不能两手捧着刺猬放不下。阎锡山要派赵戴文来，还不知道卖的是什么药。"

少帅说到这，拿出21日阎锡山拍来的电报，又继续说，"他以前来的电报内容，你几乎都知道。我们不能把放蒋这件事做得好像是听了什么人的主意、照别人的支配行事，要让人家看出是我们自心的诚意。你知道，我们内部也有问题，杨主任方面的冯钦哉就靠不住。这是关系重大的国家要事，非同儿戏，事不宜迟，万一出了岔头，谁担得起！"

应德田说："副司令，尽管如此，我认为放蒋也不应过急，有保证总比没有好。如果他签了字能够不算数，他的人格又能做什么保证？签字是实在的，不承认不行，人人看得见。口头上的人格保证是无形的，一口否认，我们连根据都没有。当然如改组政府和召集救国会议等须他回去后才能办得到，但是有的现在就可以着手解决。即刻释放七君子，这并不难，放了，全国都知道了，可以提高他的威信，他也不好再把他们抓回来；他想再抓，也不一定就轻而易举地再让他抓到。他如果那样背信弃义，必将遭到国人的反对。中央军退兵问题也是这样。还是在他答应的条件上有他的亲笔签字的好，这样他想反悔也就比较困难了。如果他变卦，不履行决议，更可以看出他出尔反尔，必然会受到全国人民的责难。有他的签字，我们就能争取到广泛的信任和支持，理在我们这一边。我们当然不应该老是手捧着刺猬放不下，但必须有了可靠的保证而后放蒋，这样才能得到真正确实的结果。"

这时，张学良将军显得很急躁，问应德田："如果这些保证，委员长一条也不答应，你怎么办？"

"那样，我们就不放他，一直等到他答应为止！"应德田肯定地答。

"那怎么行！"少帅很不高兴地说，"那一定要搞出大乱子来。我决定要尽早地让委员长走，你不要想不通。我还打算亲自送他回南京呢。"

应德田听了少帅这席话，心头猛然一震，急切地说："副司令，这怎么行？这太危险了。您亲自送他，到南京就很可能回不来了，这里怎么办？"

"你不懂，"张学良解释说，"委员长是领袖，他有领袖的人格，有可靠的信用，有崇高的尊严。我们这次发动事变，对他的打击太大了，我们说抓就抓起来，说放就叫他一走了事，他还成什么领袖？这还成什么体统？这使他以后怎么见人，怎么办事？要知道，我们今天不但应当好好地放他回去，而且

497

以后还拥护他做领袖。所以我必须亲自送他去，使他能够保持威信和尊严，好见人，好办事，不致使他感到难堪，不致对我们再存怨恨和戒心。这样，他所答应的条件就不至于反悔了。你担心的是怕他不放我回来。我想他不能，他那样做还有什么信用？我们东北军能让吗？这里的三位一体能答应吗？只要我们东北军团结一致，三位一体团结一致，他不会不让我回来的。就是真的有些危险，我想应该首先看我们做得对不对，不应该首先看本身有无危险。我们发动这次事变，何曾只顾本身的利害？只要于国家民族前途有好处，于联共抗日前途有好处，就是有危险也应在所不惜。"

"副司令，您说的当然有道理，"应德田还是担心地说，"但这次事变古今所无，是副司令为国策的转变，为救国，为抗日，也可以说是为爱护委员长，使他走上救国大道而显示出的赤胆忠心。但委员长的为人，副司令是知道的，他能这样理解吗？他这次在西安受了这样的折磨，是委曲求全。他不会甘心的，他能不想办法报复吗？为国家，为民族，个人的安危当然应当置之度外，但是不是非要副司令亲自送他不可，副司令应当想到这一层。您到了南京，他不放您，到那时，我们东北军怎么办呢？"

此时，少帅非常激动地说："照你这么说，为了避免他扣留我，就只有不送了。但是，他是领袖，以后开会、办事，我怎么能老不去见他？他邀请我去南京，我能回避吗？他不是一样能采取措施扣留我吗？他若决心扣我，迟早他都能办到的，如果我因此而畏首畏尾，我以后简直无法和他共事了。怕危险是不行的，不怕危险也许能免掉危险。我们本着大公无私、无所畏惧的精神，亲自送他回京，表露了我们的诚心，总比不送他、随便放他走好得多吧。况且，我并不是光杆一人，我一个人能搞'双十二'事变吗？我们有东北军的力量，有三位一体的团结，还怕什么呢？你不要固执了，我走后，大家要好好团结。我想，我几天之内就能回来，没问题，我们这里还押着南京十几位大员呐，他们能扣留我吗！"

　　应德田见少帅的态度如此坚决，一下子想不出更充分更透辟的道理来劝阻他，只好说："副司令，无论如何亲自送他是不妥的，请副司令再三考虑，千万不要大意，以免为此后悔莫及。"

在"放蒋"和"亲自送蒋"的事情上，孙铭九等人也曾努力劝阻少帅，仍不能使张学良改变初衷。为此，张学良在12月24日下午，召集设计委员会和部队中一些较高级干部在他的公馆会客室里，当众说明"放蒋"和"亲自送蒋"的理由，反驳了三项保证的提法；说明他亲自送蒋，可以压一压南京反动派的气焰，使他们不敢再讲什么怪话；可使蒋介石对于所答应的条件没有反悔的余地。与会者听了少帅这席话，知道副司令决心已定，只不过是走的日期未定罢了。大家虽然同意放蒋，但还是不同意没有具体保证就放蒋的做法。

慷慨激昂，告别宴上连摔三杯

委员长，我这次行动的唯一目的，是拥护委员长抗日，我的国仇、家仇都没有报，我是中华民族的罪人。……希望委员长回到南京，说到做到。东北不收复，我死不瞑目！

——张学良

在送蒋介石回南京的前夜，即12月24日晚，张学良和杨虎城在绥靖公署新城大楼举行告别宴会。席间有三方人员：张学良、杨虎城及其师级以上将军；蒋介石、宋子文及其随行人员；周恩来、叶剑英及其随行人员。

宴会开始，神情威严的张学良首先站起来，高举酒杯，激昂地说："委员长、周副主席、诸位兄长，你们受惊了。我采取的这个行动，是不得已的，是请委员长共同抗日。我是有国仇家仇的人。希望在座的，为促进抗日运动献策出力，干杯！"少帅把酒一口饮尽，眼里饱含泪花，然后激动地将高脚杯摔碎在地上。

接着，周恩来向众人敬酒说："委员长，汉卿和虎城两将军，百里先生和各位老朋友，张、杨两将军的行动，在促成团结方面贡献最大，通过这件事，希望各方面联合起来，团结起来。我提议，为诸位的健康，为张、杨两将军的贡献，干杯！"

张学良倏地站起身来，举起斟满酒的高脚杯，第二次向众人敬酒："一个人要有救国救民的志向。有了志向就要努力去实现。我有我的志向！"少帅说到这儿，泪水沿着面颊淌下，一只脚猛地踩上椅子，激昂地说，"现在国难当头，东北沦陷，华北危在旦夕，国家兴亡，匹夫有责。南开大学校长张伯苓说过'中国不亡有我'，我们军人更应当有'中国不亡有我'的气魄！"说到这，少帅将酒一饮而尽，又一次将酒杯摔碎在地上。

当宴席进入尾声的时候，张学良端起酒杯，走到蒋介石面前，恭敬地说："委员长，我这次行动的唯一目的，是拥护委员长抗日，我的国仇、家仇都没有报，我是中华民族的罪人。您如果与我有共同心愿，也许不会有此事件发生。希望委员长回到南京，说到做到。东北不收复，我死不瞑目！为委员长的健康干杯！"少帅举起酒杯痛饮而尽，蓦地又将酒杯摔得粉碎。

蒋介石见少帅如此激愤之情，非常尴尬，沮丧地说身体不好，酒也不能喝。这时宋子文急忙接酒杯代蒋而喝。

宴席后，杨虎城找张学良商谈放蒋之事。杨虎城对张学良放蒋回南京表示反对，他说："你是受了蒋夫人、宋子文、端纳情感诱惑，有反初衷，你犯了温情主义，你是同蒋宋两家有私谊上的关系，可以和平了结。我杨某可是不肯作断头将军的，要干就干到底。"

张学良听了生气道："这样的国家大事，岂是私情问题，我们不顾一切的行动，是为了要求蒋委员长领导我们抗日，今日已确知抗日前途有着落，那么我们还要蛮干下去，必使内战扩大发生，而使蒋委员长失去领导，而走向相反的方向，那才是真的有反初衷呢！你怕死吗？你若是怕死，何必要发动这种大胆的叛变行为？我将只身护送蒋委员长入京，上断头台，我一人承当，我决不牵扯连累任何人。"

恐节外生枝，亲自送蒋介石回南京

我为什么把蒋先生放走，我不但放走，我送蒋先生回去，就是蒋先生当时就答应了："我以后，我不'剿共'，我不再'剿共'。"蒋先生也没食言："我不'剿共'，我准备抗日，就是你们要我走的这条路！"

弟离陕之际，万一发生事故，切请诸兄听从虎臣（城）、孝侯（于学忠）指挥。

——张学良

1936年12月25日早晨，宋子文接到东北军和十七路军高级将领给他的一封义正词严的联名信，向宋提出商定的条件只由"领袖的人格"做保证是不行的，必须有蒋介石的签字，中央军必须撤出潼关，否则决不"放蒋"。宋子文看罢信，大吃一惊，赶紧把信送给蒋介石、宋美龄。蒋宋夫妇两人看了也很害怕，叫宋子文马上找张学良和杨虎城，向他们表示：回南京后，保证立即命令中央军撤出潼关。

宋子文向张学良、杨虎城传达了蒋介石的话后，就去找中共代表周恩来，陪同周面见蒋介石。宋子文在日记中说："蒋称在'剿共'之所有岁月里，他一直记怀中共之领袖，他们许多人皆曾为其部下。既然他能对桂系施以仁怀，那他对中共亦一定能慷慨对待。他已委托张（学良）来改编红军，若红军对其效忠，他们将享受如胡宗南军队一样之待遇。在他充分休息后，周本人可亲赴南京，继续讨论。"

宋子文向周恩来提出，必须让蒋介石即速离开，因为"再行耽搁只能令局势进一步复杂，战端一开，难以平息……"

周恩来答应尽其所能，说服杨虎城。

501

当天中午过后，杨虎城对张学良说："你发动了政变，在未获任何保证下，而今你竟允委员长离去，他定会让你我人头落地。"

张学良说："我个人对政变负完全责任，如果我们接受他的领导，一切均会好转，若否，则尽可开枪将他打死。对其行动方针，难道还有其他选择吗？难道我们不想结束此等局面不成？"

杨虎城不满地离去。

张学良感到了事情的严重性，便找宋子文商量。宋子文认为："杨在西安城周有驻军九个团，他可用兵强扣委员长，故形势极为危险，张在城周仅有一团，遂命其部队做秘密准备，以防突袭。"

宋子文与张学良策划应急之策，两人讨论了将蒋介石秘密带到机场，突然离开西安的可能性。但后来"认为此举过于危险，因张之一举一动完全可能已处杨的监视之中"。他们最后商定："倘局面未有改善，我应动员蒋夫人于次日晨以力促延长停战期为由，先行返回南京。待入夜，我与张将携委员长乘车先至张的营地，然后由陆路前往洛阳。"

张学良心里很是焦急不安：他最担心的是部下节外生枝。他知道，自己"亲身送蒋"的计划一时难以说服部下；对中央军退出潼关、释放七君子，蒋介石又绝口不答应签字。少帅感到如果再拖延时间，后果可能是非常严重的。他只好去找杨虎城商议。

少帅说："现在不送委员长走不行了，夜长梦多，恐怕会出乱子，我决定今天就送委员长回南京。"

杨虎城对张学良将军的决定不由一怔，表示坚持反对"亲自送蒋"，担心他被扣留；如果真发生这事，那么西安三位一体的团结、东北军的团结、西安的好形势也将削弱或瓦解。张学良听完杨虎城的话，向其解释，不能不想到意外的发生，万一蒋真的出了差错，结局就不可收拾。最后，杨虎城被少帅的真诚所感动，同意了他立即送蒋回南京的主张。杨虎城问少帅几天返回西安。张学良回答："争取三天之内回来，最迟也不超过五天，万一我回不来，今后东北军就完全归你指挥。"

张学良说到这儿，急忙写下手令：

> 弟离陕之际，万一发生事故，切请诸兄听从虎臣（城）、孝侯（即于学忠）指挥。此致何、王、缪、董各军、各师长。

张学良　廿五日

以杨虎臣（城）代理余之职。

张学良和杨虎城决定立刻"放蒋"，唯恐部下知道后进行阻拦，所以这个决定谁也没通知。两人商量，下午3时半送蒋介石到机场。然后，少帅乘空隙时间驾车急驰回到公馆，向赵一荻简单地说明情况。

赵一荻一听，坚决不同意："你不能去，绝不能去南京！到了南京就是委员长的天下了！"

"宋子文说了，他担保我的安全不会出问题！我决定了就得去做！"张学良说完，急匆匆地

1936年12月25日，张学良送蒋介石返回南京时留给部下的信。

到爱子间琳床前，在正在熟睡的儿子的小脸蛋上亲了亲，然后急匆匆下楼。

张学良把车开到蒋介石夫妇下榻的公馆。下午3时许，蒋介石、宋美龄走出公馆，少帅与蒋介石夫妇同车；杨虎城和宋子文、端纳乘另一车。他们悄悄地离开玄风桥高桂滋公馆，向西郊飞机场飞驰而去。

此时，西安东门里金家巷的张学良公馆里，仿佛一下子空落沉寂下来。赵

一获忧虑重重地坐在沙发里,不知如何是好。她后悔,为什么不阻拦张学良去南京。猛然间,她想到:这事应当问问周恩来先生,也许他能有办法劝阻少帅去南京。这时,少帅警卫营长孙铭九已在周恩来处,向其说明张学良的去向。

周恩来惊愕地说:"他是几时走的?"

孙铭九说:"现在快到飞机场了。"

周恩来焦急地说:"现在有车吗?咱们到机场去!"

这时,赵一获打来电话,向周恩来说明情况。

周恩来说:"我们不多说了,我马上去机场。"

周恩来放下电话出门,正巧孙铭九带车来到门口,周恩来上车后,车便向飞机场急驰而去。

此时,张学良、杨虎城送蒋介石到了飞机场。

当蒋介石看到飞机场有一大批学生和群众时,心里很不安。他不知道这些人是在等待欢迎绥远抗日将领傅作义的,便向张学良、杨虎城说:"我答应你们的条件,我以领袖的人格担保,我再讲一遍。"于是,又再次重申了六项诺言。然后又对张、杨郑重地说:"今天以前发生内战,你们负责;今天以后发生内战,我负责。今后我绝不'剿共'。我有错,我承认;你们有错,你们亦须承认。"

下午16时,张学良的专机由李奥那德驾驶,载蒋介石夫妇、宋子文、张学良等人升空,飞往洛阳……

这时,周恩来赶到飞机场,眼看着蒋介石、张学良乘坐的飞机相继飞上天空。周恩来仰望着飞机,慨叹道:"张汉卿是看《连环套》那些旧戏中毒了。他不但摆起队列送天霸,而且还要负荆请罪呢!"

此时,"西安事变"设计委员会正在开会,高崇民把高级将领反对无保证就放蒋介石的意见作了报告之后,大家正在进行讨论。当他们得知张学良副司令已送蒋介石回南京的消息,真是晴天霹雳,众人立时目瞪口呆,相对无言。杜斌丞捶胸顿足地说:"天地间竟有这等事,我是不是在做梦!"说罢,他失声痛哭起来。而王菊人却愣愣地瘫软在座位上，一时动弹不得。大家都感到头脑昏沉，不知如何是好，会议无法开下去了。

当天晚上，蒋介石、张学良的飞机在洛阳降落。他们住在洛阳军校。蒋介石向张学良保证履行诺言，要求他给杨虎城发电报，释放陈诚、卫立煌、蒋鼎文、陈调元四位大员。当日夜，西安的杨虎城将军便接到了由张学良署名的有上述内容的电报。

杨虎城将军立即召开了各方面将领参加的讨论会。会上，杨虎城主张暂缓释放陈诚、卫立煌、蒋鼎文、陈调元四人，等张学良将军回西安后，再由少帅做主决定。然而，王以哲、何柱国则主张立即释放陈诚四人，说"人情送到家"，将其余的十几名南京要员也一齐释放。对此，杨虎城本应坚持反对，但因为王以哲、何柱国是东北军将领，出于维护团结，只好勉强同意释放陈诚四人。

当孙铭九和应德田得知释放陈诚等四人后，再三请求王以哲将军考虑这样做的后果。王以哲则不高兴地批评他们说："你不要太多心，张副司令有电报指示我们，我怎么能不办呢？我们不遵从副司令的指示，还遵从什么呢？"

12月26日上午，蒋介石在洛阳电传陈布雷，让其为他起草《对张、杨训词》。蒋介石、宋美龄等人在离洛阳时，改乘德国造的"容克"飞机飞往南京。上飞机前，蒋介石对张学良说："汉卿，我回到南京一定会受到热烈的欢迎，你同机去不是很尴尬吗？如果你真要去南京，就乘你自己的专机

蒋介石由洛阳飞抵南京机场。到机场等候欢迎蒋介石归来的有南京党政军重要官员。当蒋介石从"美龄"号专机上走下来的时候，心里虽然不是滋味，但还是强作笑脸，与欢迎的人们一一握手，并脱下礼帽向文武官员频频点头，以表示对大家的感谢。

吧。"他说完，便携夫人宋美龄登机。两小时后，张学良和宋子文乘上他自己的专机飞往南京。

当日中午12时20分，蒋介石由洛阳飞抵南京机场。到机场等候欢迎蒋委员长归来的有南京党政军重要官员。当蒋介石从"美龄"号专机上走下来的时候，心里虽然不是滋味，但还是强作笑脸，与欢迎的人们一一握手，并脱下礼帽向文武官员频频点头，以表示对大家的感谢。他立即发表声明：张学良和杨虎城是受到他伟大人格的感召，才送他回南京的。最后，宋美龄挽着蒋介石的左臂，坐进轿车驶回蒋公馆。

Biography of
Zhang Xueliang

张学良
全传（下）

张永滨 著

团结出版社
UNITY PRESS

第五编

幽禁岁月

张治中一访张少帅

文白兄，是什么风把你给吹来了！

我希望能早点回西安，那里情况极端复杂，我不回去，是一定要发生乱子的。

西安事情，临行前虽然委托给虎城全权代理，但终非长久之计，请文白兄向委员长转达我张学良的要求，早做决定。

——张学良

张学良乘坐自己的专机，由飞行员李奥那德驾驶，载宋子文，随蒋介石飞机之后飞回南京。途中，驾驶员李奥那德请张学良进机舱有事相告。原来，他为了少帅的安全，提议返回西安，以防不测。张学良听后，断然反对。他郑重地用英语对李奥那德说："没关系！如果有人要杀我，那没什么，我不在乎！"张学良为了救国而万死不悔的精神，使李奥那德深受感动。

张学良和宋子文乘飞机抵达南京，是在蒋介石到南京两个小时之后。少帅下飞机时，热烈欢迎蒋介石的场面已不存在。这时的机场已是戒备森严、刀光剑影了。

张学良的身后跟着四名卫士和宋子文并肩前行，然后乘轿车，在军警特务汽车队的护送下驶进北极阁宋子文公馆。宋子文把少帅让到一间宽敞舒适的房间里，让他好好休息休息，便出去安排其他事情去了。在此，蒋介石给张学良配备了随从秘书、副官卫士等11人，他的行动还是自由的，少帅气势仍在。

1936年12月26日，张学良独自在屋里，一边吸烟一边思考。突然，房门被敲了几下。门开了，只见宋子文乐呵呵地说："汉卿，你看谁来看你来了。"

张学良定神一看，不由惊喜地迎上去："文白兄，是什么风把你给吹来了！"于是，他俩热情地问候，紧紧地拥抱在一起。

原来，少帅所称的"文白兄"就是张治中将军。他正在苏州秘密研拟京沪区抗日战争计划，得知张学良已到南京，暂居宋子文公馆，便急速驱车赶来探望。这天中午，他听说蒋介石一下飞机就立即发表了《对张学良、杨虎城训话》，表面上看，委员长是为了维护自己的面子，但从话语中，不难听出背后潜伏着的杀机，从心里为少帅的安全担心。

张治中与少帅简单地寒暄之后，张学良开口道："文白，我希望能早点回西安，那里情况极端复杂，我不回去，是一定要发生乱子的。"

"是的，汉卿，不过你刚到京，还是暂时放宽心，免得影响健康。"张治中安慰道。

接着，张学良谈道：蒋委员长已经答应停止内战，集中国力，一致对外。打日本鬼子，我们非团结起来不可，非好好准备不可。现在日本人步步紧逼，形势危急，我也非早日回去不可。最后他还提出："西安事情，临行前虽然委托给虎城全权代理，但终非长久之计，请文白兄向委员长转达我张学良的要求，早做决定。"

张治中说：抗日是没有问题的，全国军民是这样的，政府态度也已明朗，再说委员长也有诺言，不过事关重大，不是短时间所能决定的。张治中最后表示，他一定把少帅的意思代转给蒋委员长。然后，他便匆匆向张学良将军告辞了。

坦然面对判刑、特赦、"严加管束"

我到南京之后，受军法会审于军事委员会。

我们的主张是公开发表的，是正确的，我永远不承认我有罪，有罪的应该是蒋介石和他一伙人，这在他们搞的"审判"中我是直率地说的。我是不计后果的，我绝不在他们这种审判中屈膝，说违背事实的话，去求赦免。

受审后，我被判为十年徒刑，蒙蒋委员长向政府的请求而赦免。

——张学良

1936年12月26日夜，蒋介石让宋子文找张学良，劝其应有认错请罪的表示。张学良得知宋的来意后，知道蒋介石是在讨回自己的面子，为了表示自己的诚意，为了早日回西安，便向蒋介石写文道：

介公委座钧鉴：学良生性鲁莽粗野，而造成此次违犯纪律不敬事件之大罪。兹腼颜随节来京，是以至诚愿领受钧座之责罚，请处以应得之罪，振纲纪，警将来。凡有利于吾国者，学良万死不辞。乞钧座不必念及私情，有所顾虑也。学良不文，不能尽意。区区愚忱，伏乞鉴察。专肃，敬叩钧安！

学良　谨肃

十二月二十六日

翌日，蒋介石收到了张学良写的"请罪书"后，便亲拟了自己就"西安事变"给国民党中央和中央政府的呈文，并将两文一并递上。蒋介石在呈文中写道：

谨呈者，此次"西安事变"，皆由中正率导无方，督察不周之过，业经呈请钧会（府）准予免去本兼各职以明责任，定蒙钧察。查西北"剿匪"副司令张学良，代理总司令职务，而在管辖区内，发生如此剧变，国法军纪自难逭免，现该员已亲来都门，束身请罪，以中正为所直属上官，到京后即亲笔具书，自认违纪不敬之咎，愿领受应有之罪罚，中正伏以该员统军无状，尚知自认罪愆，足证我中央之严明，故该员有尊重国法悔悟自投之表示，理合将该员来书录呈钧会（府）鉴核，应如何斟酌情事，依法办理，并特予宽大，以励自新之处，伏候钧裁。

蒋介石为了不使张学良起疑心，随即宴请了张学良，对他呈文请求处分之事只字不提。

12月29日，国民党中央召开了第三十一次、第三十二次中央常委会，蒋介石主持了会议，亲自在会上作了"西安事变"报告。与会者对蒋介石意图心领神会，均对张学良进行攻击讨伐。此会，对张学良作出了一系列决定。

这天，张学良睡至半夜，外面响起枪声，接着是一阵嘈杂声，他拔出手枪，想出门看个究竟。一名卫士匆匆来报："军统局的人把侍卫都缴械带走了，公馆四周都换上了戴笠的人。"

张学良听了大怒，正要冲出门，却被一名陌生的军人拦住。他向张学良恭敬地行了军礼，然后报告："我是中校副官刘乙光，奉戴局长之命前来保护副司令的安全。"

"我要你保卫安全了吗？"张学良怒火中烧气愤地说，"快让戴笠来见我！"

"副司令，戴局长没来，他有信让我带给您。"刘乙光说着，双手将信呈上。戴笠在信上写道：

张副司令汉卿兄钧鉴：

　弟此次赴陕，承蒙礼遇，不胜感激。今奉委员长手谕，负责兄之安全保卫，为避免外界滋扰，委员长嘱兄闭门谢客，暂于宋公馆小住，兄之侍卫弟已妥善安置，另派副官刘乙光听候调遣，冒犯之处谅察，恕罪，弟戴笠叩。

张学良在宋公馆住了两天，身边有随从秘书、副官、卫士等11人，负责少帅的生活与安全。此间，张学良在行动上还是自由的。张学良曾经要求回西安，但总是被蒋介石以种种理由挽留下来。他常出去拜客，出门时有四辆汽车供其与随从乘坐，前后还各有一辆南京警察厅和军统局派的车跟随。

在张学良与蒋介石的接触中，蒋介石放下总司令的架子，和张学良亲切交谈，仿佛"西安事变"的不愉快根本就不存在似的。每次交谈，蒋介石都表示不负停止内战、一致抗日的誓言。张学良听了很受感动，觉得面前的蒋委员长是他可以信赖的领袖。此时，蒋介石获悉：西安方面王以哲和何柱国同意把扣留的南京十几名军政要员和50架战斗机及飞行员、技术员、500地勤人员全部释放回南京。蒋介石见张学良失掉手中足以保证他回西安的"王牌"，便准备施行他的下一步打算了。

张学良在南京留居几天后，他的处境开始有明显的恶化：南京的宴会不仅与少帅无缘，甚至舞会也将他排斥在外；他的行动被限制在鸡鸣寺北极阁的宋公馆里。为了消磨时光，张学良只好每天同宋子文夫妇下棋、玩麻将或打网球，常常是心不在焉，错误屡出。

蒋介石收到张学良的所谓"认罪书"后，就向有关部门批转道："依法办理，并特予宽大，以励新之处，伏候钧裁。"

12月27日，国民党中央党部召开会议，决定组成高级军事法庭，审判张学良。然而，张学良对此一无所知。此时，他正在宋公馆接待前来看望他的客人。

这天，张学良的四弟张学思也匆匆来看望大哥。"西安事变"前两天，张学良考虑到四弟的安全问题，便给张学思拍了一封电报，让他火速赶到

张学良的四弟张学思

西安。然而当时张学思正在宣城野外基地参加毕业前的军事大演习，故不得前往。"西安事变"当夜，军校学员均已进入梦乡。突然，几个人影窜到张学思床前，未等他弄清是怎么回事，他的嘴已被什么东西塞住，手臂也给绑起来。他被押回中央军校，秘密关押起来。

12月26日，"西安事变"和平解决，蒋介石回到南京后，张学思才被放了出来。张学思见宋公馆里宾客盈门，大哥正忙于应酬客人，只好在旁边等着。这时，张学良对四弟说："学思，大哥几天后就要回西安了。今天我太忙了，你明天来，我有事和你谈。"张学思见大哥平安无事便放心地走了。

27日夜，张学良在致杨虎城的信中写道：

虎城仁兄大鉴：

京中空气甚不良，但一切进行尚称顺利，子文兄及蒋夫人十分努力。委座为环境关系，总有许多官样文章，以转圜京中无味之风，但所允吾等者，委座再三郑重告弟，必使实现，以重信义。委座在京之困难，恐有过于陕地者，吾等在陕心中仍认蒋先生是领袖，此地恐多些口头恭维，而心存自利也。此函切请秘密，勿公开宣布，恐防害实际政策之实行，少数人密知可也。

　　　　　　　　　　　　　　　　　　　　此请大安

　　　　　　　　　　　　　　　　　　　　弟良顿首

　　　　　　　　　　　　　　　　　　　　廿七日夜中

张学良在信中告诉杨虎城：宋子文和宋美龄"十分努力"地劝说蒋介石早日放他回西安。此时，张学良仍对蒋有幻想，其愚忠之心，隐含于信的字里行间。他在信中谈及南京情况及对蒋氏之看法，要求杨虎城保密，暗示其已身处险恶之境。

12月28日上午，张学良奉召到国民政府军事委员会"开会"。他刚一进国民政府，南京宪兵司令部警务处处长丁昌就带着一排宪兵将张学良及其随从包围，并缴了他们的枪。随后，张学良被转移押送到孔祥熙公馆。

这天，张学思如约来到宋公馆与大哥晤谈。宋子文告诉他：张学良将军已转到孔祥熙公馆去住了。下午，张学思赶到南京中山门外孔祥熙公馆。他看到孔公馆四周三步一哨，五步一岗，人人荷枪实弹，如临大敌。豪华雅静的洋楼里，窗户被黑纱遮挡得严严实实，门厅旁、走廊上、楼梯口，到处都是流动的军统特务。

两小时前，张学良经军事委员会"审讯"后，被押送到这座洋楼二层的一间屋子里。

张学思上前，还没踏进公馆门，就被一把把交叉的刺刀挡住。张学思对卫兵说："我是张学良将军的弟弟，请允许我进去看望我大哥。"

宪兵生硬地回答："这里没有你大哥！走开！"

张学思恳求说："我刚从宋公馆来，宋子文先生说他转居在这里，求你们给个方便吧。"

宪兵蛮横地说："告诉你，这里没有你大哥，赶快走开！"

这天（28日），毛泽东在窑洞里见到报上刊发蒋介石《对张杨的训话》以后，对张学良在"西安事变"后赴南京送蒋的义举心中敬佩，但是，当毛泽东闻听蒋介石在南京扣留张学良的消息以后，不禁义愤填膺，彻夜难眠。他为一位著名抗日将领从此陷身虎口忧愤不已。毛泽东密切关注张学良在南京的安危，愤然拍案而起，决计向蒋介石提出抗议。他当夜即亲自执笔，写成了一篇措辞强硬的檄文，次日以中共中央的名义刊发于《解放日报》上。这就是后来收入《毛泽东选集》中的《关于蒋介石声明的声明》。毛泽东在文章中不无讥讽地写道："所谓《对张杨的训话》，内容含含糊糊，曲曲折折，实为中国政治文献中一篇有趣的文章……"从中不难看出毛泽东对张学良陷身图圄所持的悲愤感情。

12月29日，国民党军事委员会下达了法丙字第17807号命令，委派李烈钧为军事法庭审判长。

12月30日，李烈钧、鹿钟麟、朱培德等人组成高级军事法庭准备对张学良进行审判。在开庭前，李烈钧去见蒋介石。蒋介石问道："审判长打算对此案如何审理？"

李烈钧说："张学良发动'西安事变'是'叛逆'行为，有谋害主帅之意，但念其能悔改，亲自送委员长回京，望委员长能宽大为怀，赦免对他的处分而释放他。"这席话，完全是为蒋介石着想，如蒋介石能释放张学良会使国人更加崇拜领袖的宏伟胸怀，然而蒋介石对此却没有表态。

1936年12月29日，国民党军事委员会下达了法丙字第17807号命令，委派李烈钧为军事法庭审判长。

宋子文得知蒋介石要审判张学良，亲自去质问蒋介石："你说话算不算数？"

蒋介石拍桌子喊道："汉卿犯上作乱，我不能放他回去。军事法庭一定要开。"说完，他转身就走了。

宋子文气得用脚踢门、跺地板，大声唾骂蒋介石背信弃义。宋子文回去后，不得不把这消息告诉了张学良。张学良得知审判长是李烈钧，认为这次对他进行审判不过是走走形式。因为张学良一直将李烈钧视为长辈。辛亥革命前后，李烈钧一直追随孙中山，曾任元帅府参谋总长。张学良先父张作霖和孙中山的联系就是通过李烈钧才得以实现的。为此，张学良安慰宋子文说："李老是了解我的，审判能把我怎么样？"

"我也这么看，审判不过是委员长走走过场，审判后马上就会宣布释放你。"

12月31日上午，张学良身穿将校呢军服，佩戴一级上将徽章，腰间挂一佩剑，脚穿乌亮的马靴，在宋子文陪同下，乘车到军事委员会受审。

当张学良一人走进军委会后，一名副官递给他一纸公文，张学良打开一看，竟是拘捕证。他脸色立时大变，感到蒋介石已经食言变卦，便气愤地将"拘捕证"扔到地上。

这天上午9时，审判长李烈钧和朱培德、鹿钟麟两位审判官、陪审官及书记官即席就座。法庭四面布置周密，警戒森严，观众席上人数不多，几乎全是特工人员或南京政府中反对少帅的元老。此外，还有几名记者。

法庭以"反对中央、劫持领袖、危害民国"等罪名对张学良进行审判。

李烈钧审判长宣布把张学良带上法庭。一个副官便走上前，直呼张学良的名字，用命令的口气让他摘下军帽、肩章和腰间的佩剑。对此，张学良火冒三丈，冷笑着。因张学良是陆军上将，又是未遂犯，所以李烈钧让他坐下。张学良不从，仍笔直地站立着。

李烈钧问："你知道自己犯了什么罪吗？"

张学良答："我不知道。"

李烈钧翻开陆军刑法给张学良看，并对他说："陆军刑法的前几条，都是你犯的罪。你怎胆敢出此言？你胁迫统帅，是受人指使呢？还是你自己策划的？"

张学良说："这是我自己的主意。一人做事一人当，我所做的事，我自当之。我岂是任何人所能指使的？"

张学良面对审判态度从容，答话直率，毫无顾忌，侃侃而谈。他问法庭："我有一句话，请教审判长，可以吗？"

"当然可以。"

"民国二年，审判长在江西起义讨伐袁世凯，有这回事吗？"

"是的。"李烈钧回答。

"审判长在江西起义讨伐袁世凯，为的是反对袁世凯的专制与称帝，对吗？"

"是的。"

张学良理直气壮地说："我在西安的行动，为的是谏止中央的独断专行……"

"胡说！"李烈钧斥责道，"袁世凯怎能与蒋委员长相提并论？你在西安搞事变，是自寻末路！能归罪于谁？"

李烈钧对张学良劝告说："你在西安做的事，应据实供出，否则对你不利！"

鹿钟麟也对张学良劝说："汉卿，千万勿失良机呀！"

此时，任鹿钟麟怎么劝说，张学良就是不予理会。

李烈钧在法庭上又问："你是否受外党的拨弄？不然何以糊涂至此。望你抓紧时机，从速实告。不然求一生路是不可能的。机不可失，君其毋悔！"

这时，张学良慷慨陈词："先父被日寇炸死，坟土未干，日寇即侵犯我东北，我奉命不准抵抗，使大好河山沦为敌手。而国人哗然，皆责我张某。我纯系代人受过，又有谁来为我仗义申辩。我数十万部下杀敌之意弥坚，义愤填膺，然而凤愿难偿，我怎能息众怒平群愤！目前，敌寇对我国土贪婪日甚。我多次请缨不准，而中央置外侮不顾，反同室操戈。我出于广大同胞之谴责，部属之要求，不得不以兵谏陈之……"

李烈钧截住张学良的陈词，拍案警告，令其如实供认自己的罪过。最后，李烈钧向全场宣布，声称不再对张学良追讯其余。他向张学良宣读了判决书，主文是：

中华民国25年12月，本会委员长蒋中正，因公由洛阳赴陕，驻节临潼。12日黎明，张学良竟率部劫持至西安，强迫蒋委员长承认其改组政府等主张。当时因公随节赴陕之中央委员邵元冲，侍从室第三组组长蒋孝先，秘书萧乃华及随从公务人员、卫兵等多人，并驻陕宪兵团团长杨震亚等闻变抵抗，悉被戕害；侍从室主任钱大钧亦受枪伤。又在陕大员陈调元、蒋作宾、朱绍良、邵力子、蒋鼎文、陈诚、卫立煌、陈继承、万耀煌等均被拘禁。当经蒋委员长训责，张学良旋即悔悟，于同月25日随同蒋委员长回京请罪……

张学良听了判决书，心中非常气愤，判决书不提其抗日主张，只说"强迫蒋委员长承认其改组政府"；自己是自愿送蒋回南京的，可被说成是经"蒋委员长训责"，"旋即悔悟"，"随同蒋委员长回京请罪"……他要申辩。然而，法庭不允许他说话，强行判处他有期徒刑10年、剥夺公权5年。审判结束后，张学良黯然走出法庭。尴尬异常的宋子文陪着张学良坐上汽车，驶回孔祥熙公馆。

1937年1月1日，西安《解放日报》发表了张学良将军告东北将士书：

危机四伏，困苦艰难的民国25年，已如逝如水般地飞去；关系民族存亡绝续的民国26年，又随时序的嬗变俱来，我们当这样的一个新年元旦，想想我们的国家前途，想想我们的故乡惨状，应该怎样决定我们今后的任务？再看看国防潮流的激荡，国内新局面的展开，我们更应该怎样振起我们的精神，坚强我们的意志，认清我们的目标，巩固我们的战线，来为民族国家乃至全人类的和平而奋斗？

民国25年，即西历1936年，谁也知道是世界和平的最后关头，谁也知道是中国存亡的重要关键。列强海军条约在这一年里时效届满，日本作俑于前，其他国家便也暗度陈仓，卒至明目张胆地实行扩军于后，届时加以清算，结果便是战争。所以世界人士对于1936年，总是谈虎色变；我们中国是国际的一环，自然也不能独为例外。现在，这一个年度，已经是勉强地度过，但世界的危机，却因此而益见其严重。事实告诉我们，只有战争才能换取人类的真正和平；也只有战争才能争得被压迫民族的自由与解放。

我亲爱的将士们！在今年具有重大意义的元旦，请你们首先认清了这一点。我们还要认清：去年"双十二"事件是我们国家存亡绝续的分野，我们自相斫杀的内战，是要从此绝迹了，我们抗敌复土的光荣战争，是马上就要见之行动了，我们的民族与国家已有了复兴的希望，这显然是我们中国划时代的一个事件，不独使人们可以期待着国策转变适合了民众的要求，且已投下了一块巨石于国际深潭，忽然飞沫四溅警醒了世界苟且偷安的人士与夫野心帝国主义者的憧憬与迷梦。

这次事件的动机是基于广大民众的要求，而这次事件的结束，是仰仗着领袖人格的伟大，我与杨主任只是拿一点赤诚，做了民众与领袖中间的一个引线。所以我对你们的希望，不只是认清"双十二"事件的真假，同时还要你们认清我们最高领袖爱国家、爱民族、爱真理崇高的伟大的精神与人格。

自12月25日，我恭送领袖入都后，不到几天，便是民国26年的元旦了，无疑地，她已给我们带来了无限光明，同时也给我们加重了无限责任！抗敌复土的责任，我们当然不要怕，但也不能忽视这种光荣责任的异常艰巨，因为这样的热血，企求我们的责任能够顺利地完成，争得民族复兴的最后胜利。

大家要知道：一个划时代的事件发生之后，必须有一种划时代的精神和行动随着产生，然后这种事件才有了真实的意义，这在我们军人方面，便是立刻加紧我们的抗日训练——精神的、技术的、体力的，三者有一种不够便不能算是好军队、能够担起杀敌复土任务的好军队。

我亲爱的将士们！抗日复土的光荣责任，已经加在我们的肩头了！我们能否担起这种任务？马上就是实验的最后关头，光荣可以属之我们，羞辱也可以属之我们，其中的最后选择，只看我们能否马上就加紧训练起来。

我亲爱的将士们！这当然都是你们无可逃避的责任，我希望你们都能够真干！就干！在我个人，自然也有我本分内所应做到的种种任务，我绝不丝毫忽略稍稍放松，关于这一点，你们务须放心，努力去干，不要有任何的踌躇和疑虑。

我亲爱的将士们！民国26年已从今天开始了！这显然是我们民族解放

519

斗争的开端，也正是我们民族复兴的起点，已往，我们也曾为急于"回家"与不甘容忍而怨恶政府，但现在已迥非从前的情形了，我们当此新年开始之日，过去的，只如听其过去，不要再去怨望；现在的，我们必要把握得住，也不必再去讴歌，怨望不足济事，讴歌便有惰心，现在是我们的主张就要见诸行动的时候了。我亲爱的将士们！你们真爱我们文化悠久广土众民的祖国吗？你们未忘我们故乡的父老兄弟和田园庐墓吗？你们知道我们民族的最大敌人，就是强占我们东北四省，现在还在侵略我们中国的日本帝国主义者吗？好了，现在就请你们随着这次的元旦一致努力，加紧训练，待命杀敌，务求在最近的将来收回我们的白山黑水！

1937年元旦这天，国民政府核准了对张学良的判刑。但军事委员会委员长蒋介石同时要求请予特赦张学良。蒋介石的理由是：

当今国事多艰，扶危定倾，需材孔亟，该员年富力强，久经行阵，经此大错，宜生彻悟，倘复加以衔勒，犹冀能有补裨，似又未可遽令废弃。……予以特赦，并责令戴罪图功，努力自赎。

1月4日，国民政府批准蒋介石特赦张学良之请求，并发布了特赦令：

张学良所处十年有期徒刑，特予赦免。仍交军事委员会严加管束。此令，主席林森、司法院长居正。

国府命令特赦张学良，但仍交军委会管束。

后来，蒋介石让张学良写回忆，供其著书参考。张学良在给蒋的《杂忆随感录》之"军法会审"中写道：

> 我到南京之后，受军法会审于军事委员会。会审委员为李烈钧、朱培德、鹿钟麟。当审判时，李由怀中拿出来预备好了的几个纸条子，一一向我发问：有的是，你是受了何人的指使？有什么，你是怀了什么野心？等等。我闻之深为气愤，我想他们拿我张学良当做什么人？立即答以强悍不逊言词。李见我紧张激愤，令人给我纸笔，嘱我笔述。我提笔疾书，李从旁徐徐曰："汉卿，这是有关历史的大事，与你自己也有很大的关系，望你好好地写。"关于这一点，使我对李协和（即李烈钧）先生永怀不忘。

> 受审后，我被判为十年徒刑，蒙蒋委员长向政府的请求而赦免。

软禁始于孔祥熙公馆

> 在此期间，被禁于孝陵卫孔宅，军宪守护，日夜不离。故友多人，探询慰问，有远来自北方者，情深潭水，令人感激。
>
> ——张学良

张学良自"特赦令"后，便由原先的暗中软禁变为公开的在孝陵卫的孔祥熙公馆里软禁。

蒋介石把张学良的"严加管束"工作交给国民党军统局及宪兵司令部共同执行。军统局局长戴笠委派该局书记周伟龙负责，派出军统特务15人，由王芳南任组长，监视管束张学良。为防备不测，宪兵司令部派出警务处处长丁昌负责，由该部中校处员欧阳湘带领宪兵特高组组员七人及武装宪兵一排人担任警卫管束张学良的任务。

在孔祥熙公馆软禁张学良期间，少帅看到自己住屋门口、楼梯口，均有宪兵把守，楼的四周设有巡逻哨，大门外有宪兵岗哨。他感到无限的孤独，情绪极坏，整日茶不饮，饭不吃，蒙头大睡，吸烟一根接一根……

张学良居室除了负有特别任务的戴笠等人可以自由出入外，奉派照料的励志社总干事黄仁霖每天被允许看望张学良一次。对西北善后问题的处理有向张学良商洽必要的二三位军政大员可以见张学良，此外，任何人都无法进室见少帅。

在张学良居室门口警卫的宪兵，发现张学良在睡觉时总是把背心脱下来，垫在身底下，便怀疑背心上藏有什么秘密，但他们不敢对少帅进行公开检查，只好报告上级。不久，上边派来一名受过特殊训练的宪兵特高组组员，趁少帅熟睡时，潜入室内，对张学良的背心进行检查，没有发现疑点。张学良被惊醒后，对此行径大骂："你们真缺德，真缺德啊！"

就这样，张学良在抑郁与愤懑中，在孔祥熙公馆被"严加管束"了两个星期。此间，蒋介石命令何应钦写信给在北平的东北军人戢翼翘、刘哲、莫德惠、王树常，特许他们到孔祥熙公馆会晤张学良。

见面后，他们向张学良报告：蒋委员长有意派王树常去西安统帅东北军，请张学良写一封信，令东北军将士服从。

张学良当即表示反对。他认为王树常是个老好人，无法控制局面，军队一定会出事。张学良拿起笔想写什么，但见监视人员在用笔记录他们之间的谈话内容，索性放笔不写了。

王树常等人告别少帅后，找到何应钦，希望能减轻对张学良将军的精神压力。他们建议，外边不要武装卫兵，铁门不要加锁，警卫人员改用和气的便衣人员，在附近暗中警戒。他们请求把少帅的夫人或赵四小姐接来，让他们在一起，对其是个安慰，防止发生意外。

何应钦向蒋介石汇报请示，上述建议均得到批准采纳。

雪窦山上的"要客"

　　而后贺贵岩奉派持蒋委员长手书来接，叫我迁移至溪口居住。到达后，蒙蒋委员长召见同餐，并指示我精读总理《民主主义》，阅看《完人模范》和《明儒学案》，修养身心，善自检束。

——张学良

　　1937年1月2日，蒋介石回老家奉化溪口休养。他给戴笠电令："限旬日内送汉卿来此，离京前不得与任何人晤见，防范切忌疏忽。"

　　蒋介石扣留张学良后，毁弃诺言，令中央军再入潼关，以军事威胁进行政治上的讹诈，旨在拆散西北的"三位一体"，维护他的独裁统治。西安方面被迫准备自卫，于1月5日，以杨虎城领衔发出"歌"电，要求南京政府罢兵释张。于是，再次出现了内战危机。由于中共红军正式参加西北抗日临时军委会，蒋介石不敢贸然用兵，他利用张学良不愿内战，尽可能多地保存抗日力量的心理，写信给张学良，要他说服西安方面服从南京政府命令。

　　1月6日，蒋介石派戴笠送信。翌日，张学良为解决陕甘问题致蒋介石函曰：

介公委员长钧鉴：

　　雨农同志交来手示，已遵嘱派人持良亲笔函去西安矣。良有不得已而欲言者，夫以汤止沸，沸愈不止，去其火，则止矣。陕甘问题，良十分忧心，非只虑于陕甘，所虑者大局形势以及内乱延长，对外问题耳。冒死上陈，俯乞鉴宥。如蒙下问，愿述其详。盼钧座以伟大之精诚，更彻底而伟大之。敬祝吉人天相，钧体早复健康，深望为国珍摄。专肃。　敬叩钧安。

学良　谨肃　七日

然后，张学良伏案给杨虎城写信说：

虎城兄大鉴：

委座返奉化为其老兄之丧，南京之处置，有多不合其意。兹由奉化七日早之函，委座亦十分难办，但此事仍有转圜办法，切盼勿发生战事，在此星期容弟在此间设法。委座另嘱，彼决不负我等，亦必使我等之目的可达，但时间问题耳。请兄稍忍一时，勿兴乱国之机也。仍能本我等救国之苦心，全始全终为祷！专此并颂近安。

弟良　顿首　七日

同日，张学良又致函东北军各将领，写道：

中央之处置已见公令，委座为兄丧去奉化，七日由奉化来书，已见另函，委座对中央之处置，似亦不满意，但为中央威信计，谅亦有为难处，弟已在此设法运用，使勿生战事，保东北仅有实力，而留为抗日之最前锋。我们的血是为洒在日敌身上者，不是为内战而流的，切盼诸兄在此短期间设法勿发生内战，弟亦要求委座勿操之过急，兄等务安静一时，使弟有机运用，一本我等救国救亡之苦心，有始有终，而对得起东北三千父老，对得起国人也。兹嘱瀚涛、化一来述，兄等有何意见，请告之。张学良

1月10日，周恩来致信张学良，表达了"候兄归来主持大计"的心愿：

汉卿先生：

自兄伴送蒋先生入京后，此间一切安然，静候蒋先生实践诺言，由兄归来主持大计。及撤兵令下，特赦呈文发表，蒋先生休假归里，中央大军竟重复压境，特赦令转为扣留，致群情惶惑愤懑不可终日。尤以整理西北部令，

直视西北如无物。杨先生虽力持慎重，但一般将士之义愤填胸，兼之以中央军招招进逼，战机危迫已在眼前。弟居此仍本蒋先生及兄在此时所谈之对内和平、对外抗战的一贯方针，尽力调处。只要中央军不向此间部队进攻，红军决不参加作战。若进入潼关之中央军必欲逼此间部队，为自卫而战，则红军义难坐视。时机危迫，兄虽处不自由之地，然一系西北安危，请即商量蒋先生乃依前令尽撤入陕甘之兵，立保兄回西北主持大计，则和平可坚，内战可弭，一切人事组织都好商量。弟纵处客位，亦当尽力之所及，为赞助蒋先生完成抗日统一大计，而首先赞助兄及杨先生完成西北和平伟业也。至一切西北赤化谎言，蒋先生及兄均知之，必能辨其诬。弟敢保证，凡弟为蒋先生及有关诸先生言者，我方均绝对实践。只有蒋先生依预定方针逐步实现和平统一，团结御侮之大业可立就也。非者，任令大兵进逼，挑起内战，不仅西北糜烂，全国亦将波及无疑，而垂成之统一局面又复归于破碎。此事之至痛者，徒供日寇及少数亲日分子所称快。吾望蒋先生及兄有以制止挽救之也。临颖神驰，伫候明教，并希为国珍摄万岁！

周恩来十号

这年初，刘乙光被委任为看管张学良的特务队队长。刘乙光是湖南人，民国前13年生，农民出身，黄埔军校四期学员，北伐结束后转任军统局工作。曾任蒋介石的侍从室警卫队长及军统的特务队队长。1月13日，戴笠派刘乙光等四人押张学良乘专机，由南京飞往杭州，然后由武装士兵押送他到溪口。

奉化溪口镇是蒋介石的故乡。这里山清水秀，气候宜人。溪口镇东临雪窦山，南背笔架山，西抱龟山，北依白岩山，地处群山怀抱之中，一条长街沿着碧波奔流的剡溪蜿蜒伸展。

这天，当张学良被押到溪口时，这个平静的小镇，如临大敌，大街上人影绝无，全副武装的哨兵，三步一哨，五步一岗。镇上的居民都龟缩在屋里，从窗户向外窥视街上的动静。这时，押着张学良的车队在武岭门前停下。张学良被安排在武岭学校暂住。

当天傍晚，戴笠在学校内设便宴，请张学良喝酒，美名曰：为其洗尘排忧。张学良与戴笠边吃边谈，话题又到了"西安事变"后的善后处理上。

戴笠虽然和张学良有交情，但他毕竟是忠诚于蒋介石的，他的言行均以蒋介石的意图为标准。此时，他神秘地压低嗓音说："汉卿，不瞒你，我听说：中央政府发布了八道命令，其一是'剿匪'总司令部着即撤销；其二是杨虎城、于学忠因'西安事变'负有责任，一并撤职，但因陕甘红军未灭，暂留原任；其三是顾祝同任西安行营主任；其四是邵力子被免职；其五是任孙蔚如为陕西省政府主席；其六是免去朱绍良甘肃绥靖主任职务；其七是甘肃绥靖公署撤销；其八是派王树常任甘肃绥靖主任。"

张学良听到此问："这八道命令岂不是和蒋委员长在西安的允诺南辕北辙吗？蒋委员长是什么态度？"

戴笠叹息道："汉卿啊，委员长有什么办法？他不在南京，在养病，鞭长莫及呀！"

张学良着急地问戴笠："你快说，还有什么消息？"

戴笠说："更糟糕的是，南京方面正在调集五个集团军，共37个师30万兵力，调一百多架飞机，估计不用几日就要对东北军、西北军进行围歼了！"

张学良听了，气愤地问："南京方面为何这么绝？"

戴笠说："汉卿啊，这不是明摆的事吗，西安的东北军、西北军强逼南京速速送你回去，否则要与南京决一死战，所以南京要以重兵制人。"

张学良说："这怎么办呢？雨农，可否允许我见蒋委员长一面？"

戴笠说："委员长何不想西安两军安然无事，他也难啊！委员长让我向你说，他拟定了拯救两军的甲乙两个方案，你要是能配合的话……"

张学良立即表态说："雨农，你说，只要东北军、西北军安全无事，只要军队不互相残杀，我愿意配合委员长做任何事情。"

　戴笠说："汉卿，这就对了。这是委员长拟定的挽救两军的办法。委员长让你写信给西安的杨虎城、于学忠等人，劝他们接受。这样，委员长的化干戈为玉帛的良苦用心才能实施。

张学良迅速看过戴笠给他的《解决西北、东北军甲乙方案》文稿说："雨农，容我仔细考虑后，再答复委员长。"此时，张学良已无酒兴，拿着文稿离开酒桌，回到自己的房间里，在灯下仔细地看起文稿来。他一边看一边想，眉头不禁紧锁起来。突然，他"嘭"的一下，将拳头狠狠地敲在桌面上，愤怒地说："阴谋，这是阴谋！"

此时，张学良完全明白，戴笠请他喝酒、给文稿，都是蒋介石的面授机宜。蒋介石抛出的甲乙两案，目的就是对东北军、西北军分而治之。但是，为了避免爆发大规模内战，张学良只有委曲求全，以图为国家保存军队的抗日力量。他想到这儿，心情平静了许多，端坐在案前，摊开信笺，伏案疾书，为蒋介石限期实行解决陕事方案请杨虎城等速下最大决心收束陕局。他在函中写道：

戴笠

　　虎城、孝侯、鼎方、仲贤、乃赓、秀方、蔚如、宪章、世甫、开源、柱国、志一、公侠、芳波、伯纯、炳南、菊人诸兄鉴：

　　弟今早同瑞峰来溪口，为目前救此危局，勿为乱国计，商定办法二。请兄速下最大决心，使委座及弟易收束陕甘之局。关于改组政府及对日问题，准我等可在三中全会提出，公开讨论。关于两案，盼兄等速即商讨，下最后果断。如有意见补充，盼虎城派人来，更盼来一军长。如兄等认此二案之一案无问题，那是更好，盼即刻表示受命。委座告弟十六日为限，盼诸兄为国家、为西北、为东北，请详计之，凡有利于国者，弟任何牺牲在所不惜，盼勿专为我个人谋计。西望云天，无任期盼好音。

专此。并颂戎安。

弟良 顿首

十三日夜

接着，张学良又给秀方、志一、宪章、孝侯、鼎方、公侠、柱国、开源、芳波等人写信。他在信中写道：

委座之意，对东北军始终爱护，绝不歧视。但在西北环境多所不便，如不遵从委座意旨，决难挽此劫运。弟一时不能离京，也不便离京，盼兄等有决心，有办法。委座讲，要自救才能救国。到此时，有大诚，有大勇，才能支此危局，才能真正抗日，才能有回东北之一天。弟满腹热泪，一眼望东北，一眼望西北，而尤望兄等本我初衷，凡有利于国者，任何牺牲早已不计。盼诸兄计及国家利害，勿专为我个人谋也。临书不胜依依。专此。并颂戎安。

弟良　顿首

十三日夜

张学良为解决"西安事变"善后问题给部下写的信

在此期间，戴笠设置了一个专门"严加管束"张学良的特务队。这支特务队由戴笠亲自策划组成，委派军统局和宪兵司令部负责，名称为"张学良先生招待所"。特务队的全称是"军统局派驻张学良先生招待所特务队"，刘乙光手下有队副熊仲青专门负责财务开支。

特务队成员30人，分四组轮流值班。特务队的任务是，随时向刘乙光队长汇报。刘乙光对外的称呼是"秘书"。熊仲青，人称熊队长，是湖北人，1907年生，毕业于杭州特警班一期，张学良到南京明故宫机场时，他是在场戒护的特务之一。

张学良在武岭学校囚禁前，蒋介石派特使到奉化雪窦山南麓中国旅行社溪口分社。特使责令分社经理钱君藏：停止接待任何旅游客人及对外营业，准备接待重要客人。

钱君藏经理向特使解释说："恕我不能从命，旅社要经中旅总社签订合同方能停止对外营业。"于是，特使把这一情况报告给蒋介石。蒋介石令军委会与中旅南京分社签订了包房合同。于是，雪窦山中旅社钱君藏经理让服务员做游客的工作，腾出房间，找来工匠整修室内，安装火炉等。半个月后，钱君藏经理才知道来旅社住宿的"重要客人"就是"西安事变"中赫赫有名的张学良将军。

张学良在武岭学校只住了两天，就被转送到雪窦山中旅社。陕西省政府主席邵力子及夫人傅学文、杭州市市长周象贤和市警察局长陪同张学良上山。

当张学良来到位于雪窦寺西侧500米处的中旅溪口分社门前时，紧锁的双眉舒展了一下，高兴地说："啊，中国旅行社！"他所以高兴，是因为想到自己在西安时，经常出入于中旅社，在那里举行宴会，所以对眼前的"中旅社"很感兴趣。

然而，他哪里知道，此时蒋介石已下命令：在雪窦山幽禁的张学良，没有军事委员会的命令，不许任何人会见。从此，"严加管束"张学良的责任就由军统局单独完成，具体执行者便是中校军阶的刘乙光队长。

中旅社的十几间房子，全被军统局包下来，专供张学良及担任"管束"的主要人员住用，其余队员及宪兵连都住在距离招待所不远的雪窦寺。刘乙光与张学良同住二层楼，隔室而居。张学良的居室、饭厅、前门、后门，都有人监视。旅社门口设有岗哨，周围有巡逻哨。雪窦山麓有个"入山亭"，是上山的唯一要道，此处设置宪兵一班人和四名特务把守。

张学良在特务、宪兵的"严加管束"中生活，常常闷闷不乐。有时，他仰天长叹；有时，他低首吟哦；有时捶胸顿足，仿佛一头被关在铁笼里的雄狮，耐不住这种揪心的委屈和寂寞。

身处幽禁，心系西北

目下最要者，能本上次瑞峰带去之甲项办法立即行之，以免夜长梦多，或至违反我等救国不祸国之初衷，盼我兄以大仁大勇之精神，躬为倡导，毅然施行……

关于弟个人出处问题，在陕局未解决前是不便谈起，断不可以为解决当前问题之焦点。

——张学良

自从张学良送蒋回南京，赵一荻就时时关心少帅的消息。她从四弟张学思那里得知张学良遭囚禁，泪水像断线的珍珠流淌不止。她想，凤至大姐正在英国照料子女上学，不能到张学良身边照顾他的生活。她担心张学良没有亲人陪伴，孤独、郁闷、忧愤的幽禁环境会置他于死地。她决心要到少帅身边去与他共患难。

赵一荻决心下定，开始整理行装，为张学良缝制衣衫。她很勤劳，特别是妇女手工活很出色。平时，她喜欢收集国内外各种报刊上的图案，并在衣物上编织出自己喜爱的图案来。她要在出发前，为张学良赶织一件毛衣。

1937年1月17日，赵一荻决定动身到张学良身边去。临行前，吴妈抱着小闾琳走到赵一荻跟前，让她母子吻别。赵一荻把心爱的幼子紧紧地搂在怀里，在间琳的小脸蛋上亲了又亲，泪水模糊了她的眼睛。是啊，小间琳是她和少帅爱情的结晶啊！但是她还是一狠心，把独生子留给吴妈抚养。

赵一荻相信吴妈，相信她和吴妈的缘分：那是小间琳不到一岁时，身体很虚弱，想找一个能干善良的保姆。赵一荻常到清华大学看望在那里读书的哥哥赵燕生和女友吴静，听说清华园有位女校工叫吴妈，丈夫去世后留下两个儿子，全靠吴妈挣钱养家糊口，生活很苦。吴妈待人和善，手脚勤快，粗活细活都干得好，加上有哺育两个孩子的经验，赵一荻欣然同意吴妈做间琳的保姆。从此，吴妈进了张公馆，对间琳十分疼爱，使间琳身体很快就摆脱虚弱状态。赵一荻对吴妈平等相待，使吴妈感恩不尽。为此，吴妈对赵一荻忠心耿耿，悉心侍候。赵一荻绝对放心把间琳交给吴妈抚养，她吻别爱子后，便带上行装踏上前往雪窦山的行程。

在张学良孤独、烦躁、苦闷、颓唐的时候，赵一荻来到了雪窦山。这对张学良来说无疑是一个天大的喜讯，她的到来给少帅的精神以极大的安慰。

十七路军驻南京代表李志刚奉杨虎城之命到奉化与蒋介石交涉有关军事事宜。张学良写信给杨虎城说：

> 目下最要者，能本上次瑞峰带去之甲项办法立即行之，以免夜长梦多，或至违反我等救国不祸国之初衷，盼我兄以大仁大勇之精神，躬为倡导，毅然施行……关于弟个人出处问题，在陕局未解决前是不便谈起，断不可以为解决当前问题之焦点。

杨虎城

1月20日，李志刚将张学良亲笔信带到西安，面交杨虎城将军。2月1日，杨虎城将军派代表李志刚来溪口谒见蒋介石，要求释放张学良将军。蒋介石以种种理由拒绝了李志刚的要求，但同意他到山上会见少帅。

于是，李志刚上山，在戴笠陪同下同张学良共同吃了两次饭。在第三次吃饭时，戴笠因有事没有参加，这使张学良有机会向李志刚询问来此之目的和西安的情况。

李志刚说："西安方面都一致要求副司令回去，我来此就是要求蒋委员长放你回西安的。"他又告诉少帅说，"我第一次来溪口，向蒋委员长提出放你回西安，蒋却说：'我的腰痛，不是我个人的问题，而是国家的问题，是纪律的问题。张汉卿来京以后，承认自己的错误，承认自己读书少、修养差。他再三表示要跟着我学修养，跟着我读书。他自己不愿意回去，你们也不要强迫他回去。'这次我来，蒋又说：'本来我就不叫汉卿来南京，是他自己要来。既来了，就不由我做主了。'"张学良听了李志刚的这席话，情绪有些抑郁，慨叹地说："蒋委员长是不会让我回去的，我回去会增加他不喜欢的力量。请告诉虎城多容忍，要团结。除非爆发全面抗日，东北军还存在并能在东北战场上发挥一定作用时，我或者有可能出去，否则，我是出不去的。"他说完挥毫写信，函劝东北军遵照中央命令撤防。

救夫无望，于凤至情愿陪他坐牢

学良不良，离开我以后发生这件事，我甚为遗憾！可否把学良交给我看管？我当尽力而为，以不负兄姊等一番好意。

我是汉卿夫人，既然救不了他，陪他受苦也算是我尽了妻子的义务！

——于凤至

当"西安事变"的消息传到英国时，各家报纸都纷纷以头版头条报道了中国发生的这一重大事件。

　　这时，在英国伦敦的一家旅馆里，张学良夫人于凤至和平时一样，坐在桌前看书读报，她虽然身居异国，但时时留心着国内丈夫的消息。在她的书架上，依次摆放着近期的各种英文报刊。特别是中文版的《中央日报》，她每天必看。

　　前不久，于凤至从美国的《纽约太阳报》上，看到丈夫张学良同美国女作家韦尔斯的谈话文章后，不由为丈夫担心起来。可是转而细想，觉得自己的忧虑没有必要。因为几个月前，她回国到西安探望丈夫时，亲眼目睹那里的局势是稳定的：张学良、杨虎城两位将军与邵力子先生团结合作，各政治派别的争斗大大减少，和陕北红军之间的战事平息，全省"停止内战，一致抗日"的政治气氛很浓……于凤至想到这些，心里敞亮许多。她轻倚沙发背上，看着对面墙上挂着的她与少帅的结婚照，又勾起她对往事的回忆……

　　"夫人，这是您要买的报纸。"仆人王妈的话把于凤至从往事的回忆中拉回来。她接过英国《泰晤士报》，看了起来。突然，"张、杨兵谏"四个赫然大字闯入眼帘。她惊呆了，怎么也不相信会发生这样的事，然而白纸黑字，印得清清楚楚。

　　几天来，英国报刊几乎天天登载关于"西安事变"的消息和文章，对事态的报道也越来越详细，还配有照片。国民党派往英国的特务在于凤至夫人及子女居住的旅馆周围活动频繁。他们张贴标语，煽动一些旅居英国的华人到旅馆骚扰于凤至及其子女。于凤至和子女们日夜不得安宁，担惊受怕。

　　这天，于凤至在报纸上看到"西安事变"的通电全文。阅后，她悬挂在半空的心才稍有着落。特别是从报上看到周恩来率中共代表团到西安，参与解决"西安事变"，使她的心安稳了许多。然而，何应钦筹划轰炸西安的消息，使于凤至稍有安稳的心情又紧张起来。尔后，她又不断获悉各种传闻：什么"张学良在西安爆炸中身亡"，"日本指使张学良逮捕蒋介石"，"东北军变成了土匪"，"东北军倒戈刺杀张学良"等。

　　正当于凤至被纷纷传闻惊扰得坐立不安之际，家人王妈又急匆匆地给她送来报纸。于凤至迫不及待地在报上寻找有关丈夫的消息。突然，一条醒目的新闻闯入眼帘：《南京军事法庭审讯张氏，蒋委员长发布特赦令》。她看罢消息后才知，丈夫将被"送交军事委员会严加管束"。霎时，她觉得眼前天昏地旋，全身无力……当于凤至被王妈唤醒后，被扶到床上休息。这时，妯娌朱洛筠（张学铭的夫人）来看望她。她俩谈论着"西安事变"的消息，猜测张学良以后的处境，认为少帅凶多吉少。于凤至多么想帮助丈夫啊！然而，她身居英国，与丈夫相隔万水千山，有什么办法？忽然，她想到了与宋氏姊妹的深情厚谊。她想，应当向宋美龄请求帮助。

1937年1月2日，于凤至提笔写电文道：

亲爱的美龄姐姐：

张学良判罪，幸蒙委员长特赦，但须严加管束，不知如何得了？学良不良，离开我以后发生这件事，我甚为遗憾！可否把学良交给我看管？我当尽力而为，以不负兄姊等一番好意。

妹凤至

可是，这份电报发出后，如石沉大海，全无回音。于凤至焦急、失望，但还在想方设法营救丈夫。她想到前几天报上登的端纳飞往西安调解的消息，便急忙找来近些天的《中央日报》，发现端纳已回南京。她高兴地自语道："何不求他帮助！"这时，王妈进屋来，递给于凤至一封信。于凤至打开一看，是赵一荻来的信。她看完信，失望了，无论求谁都营救不了丈夫了。原来，赵一荻向她报告了蒋介石已背信弃义，把张学良秘密囚禁于南京鸡鸣寺，不许任何人会见。此时，她没有别的选择，决定立即回国去向蒋介石求情。眼下，她的孩子们正是在伦敦高考复习功课的关键时候，需要母亲的关心与照顾，但是，想到囚禁中的丈夫，她只好撇下孩子，于1937年元月下旬，踏上回国的旅途。

此时，于凤至脑海里不断闪现不在丈夫张学良身边的日子……1934年4月，于凤至带着闾瑛、闾玗、闾珣随张学良出国考察。在意大利居住期间，由于墨索里尼的女婿齐亚诺伯爵和他的妻子爱达的帮助与照顾，她的三个孩子得以在罗马读书。这年底，张学良被蒋介石电召回国，任豫鄂皖三省副总司令。赵一荻随张学良回国，于凤至留在意大利照顾三个子女读书。不久，与张学良、于凤至有私交的齐亚诺升任意大利外交部长后，公然背叛了与张学良当年在意大利时达成的口头承诺，而与日本缔结了和约。墨索里尼和齐亚诺不顾中国的强烈反对，宣布承认日本策划成立的伪满洲国。张学良在武汉得知后，愤怒地断绝了与齐亚诺的私交，发表声明谴责意大利与日本的勾结行为。在这种情况下，于凤至无法照顾三个子女在罗马继续读书。于1936年秋，在善良的齐亚诺妻子爱达的协助下，于凤至带领子女离开意大利，去英国伦敦。在英国友人桑希尔（原驻北平大使馆武官）的帮助下，于凤至将三个子女送进伦敦皇家学校读书。

于凤至一踏上祖国的大地，就直奔南京。在南京宋美龄的公馆里，于凤至见到了昔日私交深厚的宋美龄，向她述说了这次回国的缘由。

"西安事变"和平解决之后，宋美龄曾将此视为自己政治生涯中的杰作。她曾洋洋自得地说："'西安事变'和平解决好比一座大厦，地基是端纳打的，大梁是宋子文架的，最后是我封的顶盖。"然而，自蒋介石回南京后，对张学良食言，将其"严加管束"，使她狼狈不堪。宋美龄觉得对不起张学良，在于凤至妹妹面前脸面无光。她劝道："凤至妹妹，事情发展到如此地步，姐姐我实在无能为力了。为了汉卿的事，我和委员长都闹翻了！可是事情终不像我们女人想的那样简单。我真的没有办法了。"接着，她向于凤至讲了张学良被"军事委员会严加管束"的情况。

这时，于凤至才知道，张学良软禁的地方已转移到溪口。于凤至从宋美龄闪烁其词的话语中听出，就是自己亲自找蒋介石求他释放丈夫也是不可能的了。她用手帕擦干泪水，毅然地说："既然总司令不肯释放汉卿，我情愿陪他坐牢，照顾他的生活！"

宋美龄和于凤至，二人私交深厚。

宋美龄万万没有想到，于凤至能说出这样的话。她原以为，凤至千里迢迢回国，为丈夫奔走求情，不过是尽妻子的责任。她说："凤至妹妹，你别担心，汉卿有人在陪伴。"

"是谁？"

"是赵四小姐。"

"噢，她在汉卿身边……"于凤至感到一股敬佩之情油然而生。

"凤至妹妹，你我私交深厚，听我的话吧，"宋美龄劝道，"陪汉卿过那种生活，可不是女人能熬得过的，既然赵四小姐愿陪汉卿，你就别去了。"

"不，姐姐，我决定了就要做！"于凤至断然道，"我是汉卿夫人，既然救不了他，陪他受苦也算是我尽了妻子的义务！"

宋美龄听了，无言以对，连连摇头，叹息于凤至太固执。她无可奈何地说："那好吧，既然你不听我劝，我就没有办法了，不过现在委员长不在南京，我说了也不算。"

"美龄姐，我并不为难你，请你转告委员长，我要到溪口去，和汉卿在一起。"

宋美龄当天向在溪口的蒋介石电告了于凤至的要求。此时，蒋介石正在为兄长蒋介卿举行隆重的丧事。原来，"西安事变"那天，蒋介卿惊闻弟弟介石被张学良逮捕，吓得瘫倒在地上，猝然中风，三日而死。蒋介石忽闻美龄电告于凤至陪监之事，便计上心头，让戴笠接受于凤至到张学良身边陪伴的要求。

姐妹轮流上山陪伴少帅

> 大姐，为了汉卿，为了大姐平时待我亲如姊妹之情分，我什么都舍得，
> 情愿替大姐陪伴汉卿一辈子。
>
> ——赵一荻

　　1937年2月14日，于凤至告别了宋美龄，离开南京从杭州到溪口，来到镇西北约十公里处幽禁丈夫张学良的古刹雪窦寺。她知道，这座雪窦寺始建于东晋。古刹前山冈上的雪窦山亭，传说是北宋政和五年建造的。明代嘉靖年间，庙宇重修，题额"善息亭"。寺前矗立的"御碑亭"上那"应梦名山"四个大字，是宋仁宗皇帝亲笔书写的，使这深山古刹增添了不平凡的气势。它是我国佛教禅宗著名古刹之一。

　　此时，负责"管束"张学良的特务已接到蒋介石的命令，对于凤至的到来不敢怠慢，将她引入古刹。寺内，风景秀丽，林木幽深。西侧的小楼是囚禁张学良和赵一荻的樊笼。于凤至在特务的护送下来到小楼跟前。

　　张学良和赵一荻见于凤至突然降临，倍感惊喜。他们把凤至大姐接到屋里，顿时，夫妻重逢、姐妹相见之情驱使他们抱头痛哭起来。

　　片刻，赵一荻小姐走到门外，对守护在院庭的特工人员说："人家夫妻想说点话，你们是不是……"特务理解了赵一荻的话音，互相挤眉弄眼，自知无趣地走开了。这样，赵一荻一直守在屋门外，为的是让少帅和凤至大姐好好地倾诉离别之情。

　　这天晚饭，为了给凤至大姐接风洗尘，赵一荻同特务队长刘乙光费了不少口舌，终于使他答应弄来丰盛的菜肴。张学良夫妻和赵一荻三人围坐在桌前，边吃边谈，暂时忘却了囚禁中的不快和烦恼。

席间，于凤至向赵一荻说了不少敬佩之言，感谢她在丈夫身陷囹圄中，舍弃独生子闾琳而来此陪监。当于凤至问小闾琳的情况时，赵一荻不由低下头。于凤至知道一荻妹妹是在思念儿子，她不忍心再问，但她又不能不问个清楚。在她的逼问下，赵一荻只好将儿子留给奶妈照料的实情说出来。

"这怎么行，闾琳年幼，他不能离开母亲！"于凤至双手扳着一荻妹妹的双肩，劝说："你回去，把闾琳抚养成人，汉卿由我陪伴照顾。"

"不，大姐，为了汉卿，为了大姐平时待我亲如姊妹之情分，我什么都舍得，情愿替大姐陪伴汉卿一辈子。"

"好妹妹，你付出的牺牲太大了，别再争了，你先离开这里，回去照看孩子，保养一下身体，你一定要听我的！"赵一荻从凤至大姐的口气中知道，她再说什么也是没有用的。她默默地站起身来，动手收拾桌上的碗筷。

这天晚上，张学良和往常一样，坐在桌前，伏案记日记：

民国26年2月14日（旧历正月初四）凤姐来，怨我鲁莽，余言余知罪矣！请勿再言，增我丧感，余愿不听已过之事。

几天后，经过张学良、于凤至的努力交涉，军统特务头子戴笠征得蒋介石的同意，赵一荻终于离开雪窦寺。临行前，于凤至含泪叮嘱一荻妹妹，让她好好抚育闾琳，让他接受最良好的教育，长大成才。

赵一荻对凤至大姐的良苦用心，从心里感激，深情地发出肺腑之言："大姐，你真是我的好大姐！等闾琳长大了，我一定让他看望你、孝敬你！"

赵一荻迈着恋恋不舍的步子走出雪窦寺的大门。当特务把寺门关上后，赵一荻才忍痛踏上归途。她回到上海马思南路的张公馆里居住。少帅常常捎信，让赵一荻在上海购买他和于凤至需要的用品。赵一荻每次都买许多东西，让人送给少帅夫妇。

经过一段时间的囚禁生活，于凤至感到身体有些不好。张学良对夫人的

538

健康深感担忧，一再做她的工作，让一荻来替换她一段时间，以便恢复身体健康。

于凤至考虑到赵一荻为丈夫付出的牺牲很大，她对少帅的感情又很深，就和丈夫商量，决定每个月两人轮流陪伴张学良。

这个想法，由刘乙光向戴笠作了汇报，然后又征得了蒋介石的批准。从此，于凤至和赵一荻便每月轮流来到张学良身边陪护。张学良由沉默寡言到心情开朗，先前愁云满面，现在常常绽开笑容。

于凤至或赵一荻每次由上海来雪窦寺换班时，都带上好多好多东西给刘乙光，让他分赠给特务队的全体人员。张学良喜欢阅读外国画报、书刊，她俩就在换班时从上海带给张学良。

王以哲将军之死

> 弟不肖，使兄及我同人等为此事受累，犹以鼎方诸兄之遭殃，真叫弟不知从何说起，泪不知从何处流。
>
> ——张学良

1937年2月17日，张学良在幽禁中得知：南京政府已下令将东北军调出西北，移驻江苏、安徽"整训"。张学良知道这道命令实际是调虎离山、肢解东北军的诡计。他得知半月前的"二二事变"，鼎方（王以哲）将军、蒋斌（西安电信局长）、徐方（参谋处长）三人惨遭东北军少壮激烈军人刺杀的悲剧内幕，心里非常难过。此时，张学良闭目沉思，年轻将领王以哲的音容笑貌浮现在眼前……

张学良清楚地记得，他与王以哲相识，是在1926年的沈阳。这年初春，当春寒刚退，小草冒尖的时候，秘书送来一封给他的信：

目击日寇纵横，国势危殆，凡有爱国心的青年，莫不发指。个人身为军人，且系东北人，不忍坐视，故于保定军校八期毕业后，来沈阳投奔效劳东北军。谁想连日奔走，无人受理，似乎偌大的东北军已经人才济济，连一个小小尉官都容纳不下了……

张学良看到这儿，急忙去看信的落款，上面写着："王以哲。"他从此认识了这个爱国青年，很敬佩青年的精神。张学良又继续看信，信的最后义正辞严地写道："东北军军纪不整，扰民特甚，为军官者不知其兵，只知吃喝嫖赌，为兵者以老百姓为刍狗……"

张学良看完信，觉得王以哲是东北军不可缺少的人才。他胸怀坦白，直言不讳，学有专长，报国心切，特别是敢于指出东北军存在的问题，这正是张学良思虑要解决的问题。眼下，贤才已找上门来，岂能放过。于是，张学良欣然写信，叫副官送去，并让其将王以哲带来。

当王以哲与张学良见面时，两个年轻人似乎忘记了职务的差异，相见恨晚。王以哲讲了自己报国心切，投奔东北军，月余无果，饥寒交迫之际无奈写信求助，万分感谢少帅之接纳。

张学良异常兴奋地说："我欢迎你到东北军来，你想干什么？我可以考虑。"

王以哲不安地回答："我听从少帅的安排，哪里需要，我就到哪里，我一定好好干！"

张学良说："我现在正着手改造东北军，拟办教导队，你的情况适合到教导队，怎么样？"

王以哲答："我服从。"

就这样，王以哲进了东北军的教导队。在第一期教导队时，王以哲被任命为中尉排长，所带之排学员成绩名列全队之首。王以哲没有辜负少帅的期望。在办第二期时，王以哲升为上尉连长。他带领全连学员又夺取了全队第一名的好成绩。他受到少帅的嘉奖。在办第三期时，王以哲晋升为少校营长。不久，少帅又委任他为上校团长。由于王以哲的业绩卓著，人品端正，在办完第三期后，张学良将王以哲调到卫队旅，军衔为少将旅长。从此，王以哲紧紧追随少帅左右，他们互相信任和理解，志同道合，亲如兄弟。

1933年，王以哲荣升为六十七军中将军长。"西安事变"前，在联共抗日的重大问题上，他帮助张学良做了大量的具体工作。"西安事变"爆发，他以实际行动坚决支持张学良、杨虎城。"西安事变"后，他同意用和平方式解决事变。

张学良送蒋介石回南京后，蒋介石背信弃义，将张学良扣留并囚禁，还派军队西进，企图搞垮东北军、十七路军和红军的"三位一体"的联合。于是，东北军中的一批将校"少壮派军人"群情激愤。他们平日受到张学良的培养信任，认为只有采取军事行动，才能给西进的蒋介石军队以迎头痛击，迫使蒋介石释放张学良。他们坚决主战，集体下跪，向周恩来、杨虎城、于学忠哀恳，要求下令开火，誓与蒋军血战到底。

1937年1月31日晚，在西安南苑门粉巷胡同王以哲军长的家里，杨虎城将军主持召开了一个高级会议。出席者有周恩来、于学忠、王以哲、何柱国等三方代表，共同决定"和战大计"。由于主战派和主和派意见不一致，使会议没有结果。正当主和、主战双方协调意见之际，2月2日发生了"二二事件"，王以哲军长、宋学礼副官、徐方总参处长、蒋斌交通处长被枪杀。

原来，2月2日午后2时许，主战的少壮派军人认为，王以哲军长对营救张学良持暧昧态度，特别是对王以哲释放南京那批高级将领，怀疑他有暗通南京之意，置张学良于火坑而不救，还要讲和投降，妄想当东北军的未来首领，所以对王以哲越发怀恨。当少壮派军人得知消息，于学忠、董英斌、王以哲决定下达撤军避战令时，感到局势危迫，不拿出最后有效的办法，是不可能营救张学良的。于是，少壮派军人深夜聚会在金家巷陈旭东家里，一致主张杀掉王以哲，排除对蒋军作战救张的阻力。

翌日，即2月2日，由总部警卫团第二营包围了粉巷王以哲家开枪打死了王以哲。然而事态并未能按少壮派军人的意图发展，且招来东北军的分裂解体，给蒋介石造成了消灭东北军的大好机会。在西安的中共代表李克农，极其沉痛地说："杀害了王（以哲）军长，给三位一体以致命的打击！"中共毛泽东主席给杨虎城、于学忠发去唁电，周恩来副主席亲往王以哲家致哀。

张学良在为"二二事件"悲痛之后，给在西安主持全局的甘肃省主席兼五十一军军长于学忠（字孝侯）写信，请他转给东北军全体将士：

孝侯兄大鉴：

柱国兄来谈，悉兄苦心孤诣，支此危局。弟不肖，使兄及我同人等为此事受累，犹以鼎方诸兄之遭殃，真叫弟不知从何说起，泪不知从何处流。目下状况要兄同诸同人大力维护此东北三千万父老所寄托此一点武装，吾等必须将吾们的血及此一点武装，贡献与东北父老之前，更要大家共济和衷，仍本从来维护大局拥护领袖之宗旨，以期在抗日战场上，显吾身手。盼兄将此函转示各军师旅团长，东北军一切，弟已嘱托与兄，中央已命与兄，大家必须对兄如对弟一样。弟同委座皆深知兄胜此任。望各同志一心一德，保此东北军光荣，以期贡献于国家及东北父老之前，此良所期祝者也。有良一口气在，为国家之利益，为东北之利益，如有尽可尽力之处，决不自弃。弟在此地，读书思过，诸甚安谧，乞释远念。西望云天，不胜依依。开源、宪章、静山、芳波同此，并请转各干部为祷。

此颂近安

弟 张学良 手启

2月27日 于溪口雪窦山

张学良写罢给于学忠的信，又想到了杨虎城，自言自语道："虎城兄，真是难为你了！"他叹息后，又提笔写了一封信：

虎城仁兄大鉴：

　　柱国兄来，悉兄苦心支撑危局，闻之十分同感，现幸风波已过，尔后盼兄为国努力，不可抱愤事之想，凡有利于国者，吾辈尚有何惜乎？弟读书思过，诸事甚好，请勿念。西望方天，不胜依依！

弟良启

二月十七日

　　这天，张学良还偷偷地给周恩来写了一封信。此信，周恩来至死守口如瓶，没对任何人说过。张学良在信中写道：

恩来兄：

　　柱国兄来谈，悉兄一本初衷，以大无畏精神绥此危局，犹对东北同人十分维护，弟闻之甚感。红军同人种种举措，使人更加钦佩。弟目下闲居读书，一切甚得，请勿远念。凡有利于国者，弟一本初衷，绝不顾及个人利害。如有密使，盼有教我。并请向诸同人致敬意。

此颂　延安

弟良

二月十七日

东北军骑兵第二军军长何柱国

　　张学良写完此信，叮嘱何柱国秘密带出，交给周恩来。（何柱国回去后，把信亲自交给周恩来，从此至死，对此信绝口不提。）

1937年3月2日，东北军发布了《移防致陕甘同胞别词》，表达了东北军将士对陕甘同胞的一片依依惜别之情，令当地军民黯然泪下。蒋介石只用了三个月的时间，即于6月，将东北军调遣、整编完毕。在东北军分散调离西北的同时，杨虎城的十七路军也被调到三原二带驻防。红军驻在西安附近的部队也返回陕北。至此，西北的"三位一体"联合阵线被蒋介石拆散了。

"西安事变"的结局，标志着少帅张学良军政生涯的结束，也使东北军这支地方部队从此消失。此后，张学良失去了与蒋介石对峙的资本。蒋介石已无任何后顾之忧，对是否释放张学良也就无需顾忌了。

从师老举人，含泪会亲朋

（蒋介石）指示我精读总理《民主主义》，阅看《完人模范》和《明儒学案》，修养身心，善自检束。

吴老举人旧学渊博，我想把他请来，给我讲点古书。

——张学良

蒋介石为更好地"管束"张学良，最先派来一名叫蒋周益的前清进士。

这天，张学良在旅行社前观望，见从山下"咿呀，咿呀"上来两顶竹轿，直抬在他的面前落了轿，张学良认出来了，下轿的两人中，一个是蒋介石的侍卫官竺培基，另一个是谁呢？他在猜想……

"副总司令，"竺培基向张学良行了军礼，介绍说，"这位是蒋周益先生，蒋委员长特地请老先生帮助副总司令读四书五经的。"

张学良谦逊地说："欢迎，欢迎。我乃一介武夫，望老先生多多施教。"

蒋周益急忙拱手道："岂敢，岂敢，鄙人才疏学浅，承蒙蒋委员长厚爱，奉命来陪张总司令读书，日后在侍读中，如有不周之处，万望张司令多加包涵。"

从此，蒋周益先生每天给张学良讲书。张学良要求刘乙光和特务队的人也来听蒋进士讲课。每天，蒋进士为他们讲一个半小时课，先由《论语》《中庸》开始。张学良和刘乙光等人对这些课的内容一点儿也不感兴趣，但这是蒋介石为他规定的课程，只好每天硬着头皮听课。上完课，张学良如释重负，和周围的人聊天，借以消愁解闷。蒋老进士见张学良等人对他的课感觉乏味，勉强讲了十天课，然后自行离去。

自从张学良将军禁居这里，雪窦山中旅社就停止了对外营业。钱君藏经理的主要任务就是管理好旅社的房子和照顾张学良的生活，渐渐地与少帅建立了感情。钱君藏发现少帅喜欢打球，专门为其开辟了场地。少帅喜欢玩单杠，他就为其设置了一架单杠。少帅喜欢游泳，他寻找了一条水深适中的溪水。少帅喜欢爬山，他就陪同其登山观景。

张学良的兴趣很广，但是他的活动范围只能限制在雪窦山60华里之内，即东起镇海口，西至曹娥江。

有一次，张学良和钱君藏聊天时，内疚地说："你的旅社，给我包下了，我怎么过得去呀！"

钱君藏说："你就安心住吧，有人付给我钱！"

张学良还是不安地说："这不行，我得给你一笔钱，你给我另造一幢房子，我搬出去住！"说完，他拿出500英镑交给钱君藏。

钱君藏说服不了张学良，只好接过钱。他按照少帅的意思，在附近的一个名叫水涧岩的地方，建造了三间楼房，并用余下的钱为张将军买了很多东西。

然而，当张学良要搬进新盖好的楼房时，却被刘乙光制止了。不管张学良说什么，刘乙光就是不同意，对此，张学良十分气愤地说："不搬就不搬，我死也死在这里了！"

这天，张学良百无聊赖，忽然想起在北平时结识的吴老举人。他对刘乙光说："吴老举人旧学渊博，我想把他请来，给我讲点古书。"

刘乙光听了，表示愿意帮这个忙，并向上司请示后派人去把吴老举人请来。张学良见吴老举人来到眼前，满怀欣悦，立即吩咐布置开课。课后，张学良与刘乙光商量说："你看，队员都是二十来岁的年轻小伙子，一个个年少好胜，火气十足，我们何不利用这时间，叫他们也读一读书。我的意思是打算组织一个读书会，叫全体队员都来参加，你以为如何？"刘乙光听了张学良的建议，当即表示赞成。于是，读书会便成立了。

吴老举人给读书会成员讲的第一课是《左传》上的"郑伯克段于鄢"的一段故事。听者中有人发出"郑伯这个人太无手足之情了，对于自己的兄弟怎么可以使用阴谋手段"的感想。张学良说："我们学习研究历史，并不是要学历史上那种人的阴谋手段，去想法子害人。但是我们明白了，却可以防备别人对于我们的加害。你别以为现在是民国时代，但那些阴谋家使用的手段，也同春秋战国时代差不了多少呢！"

张学良与读书会成员规定：每天抽出两三个钟头的时间读书，每逢星期三、星期六由会员轮流报告读书心得。吴老举人讲学期间，张学良每月给他"束脩"法币500元。

在此期间，来溪口雪窦山探访张学良将军的人，除了以前提到的戴笠之外，还有端纳、宋子文、汪兆铭、钱大钧、陈布雷、吴国桢、贺耀祖、祝绍周、宋子良、董显光、邵力子、贝祖贻以及东北耆宿与旧属莫德惠、刘尚清、王树翰、刘哲、王树常、何柱国、王卓然、田雨时等人。他们有的是专程来访张学良，有的是借吊祭蒋介石的兄长蒋锡侯之丧顺便上山看望少帅。他们坐上一两个小时即走，或是盘桓稍久与少帅寒暄。在山上受到张学良招待吃饭的有端纳、汪兆铭、董显光、贺耀祖和莫德惠等。

张学良对异国朋友端纳不辞辛苦上山探望，特别感动。东北耆老莫德惠等跟少帅见面时，他的情绪极为激动，常常是眼含泪花，无以言表。

宋子文上山看望少帅时，他陪其游山，二人谈话很随便自然，彼此毫无拘束。宋子文在雪窦山上住了一夜，与少帅抵足长谈至深夜。翌日晨，宋子文辞行时，张学良与宋子文依依不舍。在少帅幽禁雪窦山期间，宋子文经常为张学良送书籍、日用品及水果等，对其关怀照顾甚周。蒋夫人宋美龄也常常给张学良送东西。

宋子文上雪窦山或送少帅东西都要经过蒋介石的允许。后来，中国银行总裁贝祖贻、浙江省警察局长赵龙文夫妇，也上雪窦山探望张学良，还陪少帅住了十多天。

此后，张学良叫刘乙光派人到上海把意大利贸易商人尹雅格找来，有要事让其办理。原来，尹雅格曾是少帅部属，后来经商。张学良曾让他经手在美国订购一架有武装设备的大型客机，"西安事变"前此飞机尚未运回。少帅这次叫尹雅格上雪窦山来，是让他把那架大型客机运回国送给蒋介石。尹雅格来后，即遵照少帅的意思办理。这是张学良在雪窦山幽禁时接见的第二个外国人。

这年夏天，邵力子和夫人傅学文不仅到雪窦山上看望张学良，还在山上陪少帅住了一个多月。时值夏季，雪窦山到处都是绿荫，气候凉爽宜人。邵力子夫妇与张学良经常到山上野餐，他们一边吃，一边畅谈，很是欢洽。

张学良在雪窦山幽禁期间，他的生活还是不错的，他的行动还是比较自由的，活动的范围还比较大。此间，幽禁少帅的费用都由军统局全数供给、实报实销。另外，张学良也有自己的钱财，常常自己掏腰包购买需要的东西，所以，他的日常生活是较宽裕的。此间，常常有朋友部属来山上探望少帅，所以张学良也就不怎么孤寂了。

1937年夏天，邵力子和夫人傅学文不仅到雪窦山上看望张学良，还在山上陪少帅住了一个多月。

婉言拒绝中航官兵之营救

我张学良从来做事是光明磊落，逃跑求生，就不是我张学良了！

——张学良

张学良被幽禁雪窦山的消息，传到当地浙江杭州桥的中央航校后，在该校的原东北空军官兵便开始秘密策划营救张学良。此行动的主要负责人为航校副校长冯克昌。

冯克昌，上海嘉定人，青年时在上海吴淞商船学校学习。1924年，孙中山实行联俄联共，冯克昌被送到苏联学习航空技术管理。毕业后，正值大革命失败，由人介绍，进入东北空军任职。从此，冯克昌深受张学良的器重。中央航校成立时，身为陆海空副司令的张学良便推荐冯克昌出任副校长，主管训练。

1932年，张学良到中央航校视察，在演讲中，对全校师生特别是对东北籍师生格外勉励一番。全体师生执旗结队，向张学良请愿，要求抗日。张学良被全校师生的抗日爱国热情感动了，他诚恳地说："此志不渝，敢告山灵。"然而，中央航校师生，万万想不到的是1937年1月张学良被幽禁在雪窦山。于是，在冯克昌的策划下，一场秘密营救张学良的行动开始了。

张学良的专机在中央航校保管。蒋介石对这架德国飞机也没有忘，时常通过他在航校的亲信周至柔询问飞机性能状况。冯克昌等人深知周至柔的用意，都以此飞机多年不用，"机器锈蚀"、"部件坏损"、"不能起飞"等语作回答，而实际是，他们已经暗中维修，只待时机成熟，即可用此飞机救张学良将军飞上天空逃走。

1937年3月中旬的一天清晨，在冯克昌等人的策划下，中央航校的东北空军官兵约200人，分乘数辆军车，以春游为名，从机场出发，向雪窦山进发。当日午后13时许到达张学良的幽禁地。

此时，张学良被幽禁的雪窦山上的奉化中国旅行社招待所里，仅有30多名特务作内侍，日夜监守。而刘乙光的警卫连，住在距此约二里的雪窦寺里。这时，冯克昌带200多名官兵突然出现，使监视张学良的特务队长刘乙光措手不及，不知如何是好。

冯克昌上前，对刘队长说："我们是来春游的，顺便看看老长官张副司令。"

刘乙光听了，不觉松了口气。他感到自己势单力薄，为了不把事态弄得不可收拾，不得不同意这位中央航校副校长看望张学良。

冯克昌见到老长官张学良后，说明来意，恳切陈词，请求"副座"乘车一起离开雪窦山，速到航校，再乘他的专机飞往香港，逃出虎口。

张学良听了，诚恳谢绝。他说："我张学良从来做事是光明磊落，逃跑求生，不是我张学良了！"

这时，刘乙光亲自端茶送水进屋，以便察言观色，看个究竟。他见张学良正在伏案挥毫书写横幅，也就没有多心，放下茶水，便悄悄走出屋去。

张学良写好条幅，赠给冯克昌，勉励他带领官兵，多为国家尽力，不要为他的安危担心，抗日救国才是大事。冯克昌见老长官不和他一起走的决心已定，不再强求，只好敬请老长官珍重，然后向张学良敬礼告辞了。

冯克昌带领车队走后，刘乙光总是心里有疑，便把此事报告给蒋介石。蒋介石得知后，令在航校的周至柔追查此事。然而，冯克昌一口咬定是带官兵去雪窦山春游，顺便看看老长官，别无他意。周至柔也只好无奈作罢。

不久，蒋介石下令解除了冯克昌主管航校训练职务，将其完全架空。从此，中央航校的东北空军势力受到限制，尔后逐渐瓦解。

与蒋经国初次会见

在禁之身，焉敢奢望。只是小日本得寸进尺，东北三千万同胞身处水深火热之中，作为东北人，作为军人，我张某不能为家乡父老效犬马之劳，实在于心不安哪！

不让我北上抗日，我就死在雪窦山上算了。

——张学良

1937年3月15日，张学良在雪窦山唯一可以每天散步的地方，就是距他幽禁地中国旅行社不远的雪窦寺。看到来此焚香进贡的虔诚信徒，张学良不禁大动恻隐之心。当天晚上，张学良伏案写日记道：

至雪窦散步，见愚妇愚夫，十分可怜，辛苦所得，供给不生产的和尚们。

"西安事变"发生前的三个月，即1936年9月，在苏联工作的蒋经国突然被免去乌拉尔重型机械厂副厂长兼工厂报纸主编的职务，同时还取消了他苏共候补党员的资格。这突如其来的打击，使蒋经国如临灭顶之灾，整日惶恐不安。"西安事变"发生，12月24日晚，周恩来与蒋介石密谈时，蒋介石提出让他儿子蒋经国回国的问题。周恩来答应蒋介石的要求。这时蒋经国也有回祖国回故乡的愿望。他给斯大林写了一封言辞恳切的信，提出了回国的请求。不久，斯大林同意了蒋经国的请求。于是蒋经国得到了通知：让他准备回中国。

1937年3月25日，蒋经国带着妻儿，登上了莫斯科至西伯利亚的第二号快车，开始了归国的旅程。4月中旬，蒋经国和妻儿抵达上海，然后赴杭州晋谒父亲蒋介石及宋美龄。第二天一早，蒋经国因思母心切，带着妻儿从杭州乘汽车回故乡看望生母。

4月28日，正值蒋经国27岁生日。这天下午2时许，蒋经国带妻儿来到奉化溪口镇，看望日思夜想的生母毛福梅（名义上与蒋介石离婚）。

蒋经国夫妇在雪窦山游玩时，住在妙高台父亲的一幢别墅里。一天上午，他们在武岭下散步，见到一位三十多岁的男子朝武岭门走来。这男子身着西装，上衣敞着，气派不凡。在他周围，一大帮侍从前呼后拥。

蒋经国问身旁的竺培风："这人是谁？外出带这么多保镖，招摇过市。"竺培风告诉蒋经国，那人是张学良，他周围的人不是什么侍从、保镖，而是监视他的警宪人员。蒋经国一听是张学良，立即快步上前迎接。他邀请少帅到自己住的别墅里小歇。张学良对蒋经国的邀请没有拒绝，欣然入内。

蒋经国向少帅问："张将军在山上还过得惯吗？"

张学良答："在禁之身，焉敢奢望。只是小日本得寸进尺，东北三千万同胞身处水深火热之中，作为东北人，作为军人，我张某不能为家乡父老效犬马之劳，实在于心不安哪！"说到这儿，他沉默不语了。过了一会儿，他长叹一声，便起身告辞。临走时，他又邀请蒋经国上山相聚，同游雪窦山。蒋经国对少帅之请，欣然接受。

几日后，蒋经国带着妻子方良和随从人员乘车应邀上山。汽车行驶了二十多里路，在善息亭前停止前进。蒋经国一行人又乘轿上山。一路上，他们观赏了山间美景，心情欢悦。这时，黄墙青瓦的雪窦寺出现在眼前。蒋经国一行人仿佛到了世外仙境。

妻子蒋方良用俄语高兴地说："很好！"

蒋经国说："我们还是先到少帅那儿去看看吧！然后再一同进雪窦寺。"蒋方良表示赞同，大家便由轿夫抬往张学良住处。

此时，张学良正在与士兵们打篮球。他见蒋经国一行人到来，马上跑上前迎接。他们闲谈、休息片刻后，由张学良陪同，一起进雪窦寺观赏。

张学良向蒋经国一行人讲起雪窦寺的历史。此寺建于晋朝，距今有一千六百多年，最初叫瀑布院，唐朝重建时，改名十方禅寺。到宋真宗时，定名雪窦资政禅寺。从此，这雪窦寺便成为浙东闻名的古刹。

这年夏天，蒋介石很少顾及溪口的事。蒋经国只收到父亲来的一封家书，对他在溪口的读书心得和反省表示满意。

蒋介石在信中说："近日形势紧张，日方在华北剑拔弩张，大有一触即发之势。然和平未到根本绝望时期，绝不放弃和平，牺牲未到最后关头，绝不轻言牺牲。"

张学良在雪窦山上，听到七七事变的消息，一改往日忧愁神色。平时，他一向是在自己房内吃饭，现在一改往日习惯，到大厅里和大家一起吃饭，谈笑风生。这时，蒋经国带妻子方良上山避暑。所以，他们又常到一起相聚寒暄。

张学良对蒋经国说："你听到了吗？北平卢沟桥打起来了！"

"日本鬼子太可恶，"蒋经国说，"在咱们国土内搞演习，明明是侵略嘛！"

张学良一击桌子，慷慨激昂地说："日寇侵占我东北，又欲侵我华北，中华民族到了生死存亡的关头了，我要求委员长派我出征，收复失地，收复家乡。"

蒋经国说："日本亡我之心，昭然若揭。我看，中日之战已经全面爆发……"他说到这儿，泪水盈眶。

张学良猜到了蒋经国的心情，知道他不可能把自己要求抗日的事告诉蒋介石。他叹了一口气说："不让我北上抗日，我就死在雪窦山上算了。"

于凤至见丈夫如此语气悲愤，在旁边安慰说："汉卿，何必如此呢，当心伤了身体。"

"是啊，你要保重身体才是。"蒋经国只有这样说，因为他知道父亲对待张学良是有既定方针的。

这年3月中旬，李志刚陪同杨虎城将军乘飞机到杭州见蒋介石。经过表面的互相问候，蒋介石对杨虎城发泄了训斥之词："张汉卿说他服从领袖，可他打不了共产党，就向共产党投降了，若是打不住日本时，还不是投降日本吗？张汉卿这样一个人，你杨虎城跟着他一路走，仔细想想，你能对得起我吗！幸亏你们还没有荒谬到底，假如后来你们不肯回头，还能有今天吗？"

翌日，蒋介石又同杨虎城进行单独谈话，明确提出，对他革职留任，让其出洋考察。对此，杨虎城来见蒋时就有思想准备，只好接受这一残酷的现实。

5月27日，杨虎城告别西安时，西安各界人士为因强烈要求抗日而被罢黜的杨将军送行。后来，张学良得知杨虎城的结局后，心里有说不出的苦衷。

有惊无险，妙高台杀出女刺客

我唯一的希望就是全国抗日，这一天终于被我张学良等到了！

不要太为难她（蒋孝先妻）。你把此事报告给委员长，会对她严加管教的。

——张学良

七七卢沟桥事变后，中国的抗日战争全面爆发了。

于凤至欣喜不已，以为陪伴丈夫苦度幽禁生活的岁月就要结束了。张学良也精神振奋起来。平时，他在自己的房里用膳，而今天他特地到餐厅里去吃饭，并对众人慷慨激昂地说："我唯一的希望就是全国抗日，这一天终于被我张学良等到了！"少帅认为，自己赴战场杀日寇报效国家的时机已经到来，希望蒋委员长能重新起用他，率部队抗日。他专函致蒋介石，请求准他参战。

蒋介石看了张学良的亲笔请战书后，将信函束之高阁。可是蒋夫人宋美龄觉得丈夫这样做不妥，乃代蒋出面回信：不能批准张学良的请求。宋美龄在给少帅的回信中，叮嘱他"好好读书"。接着，蒋介石指示戴笠了解一下张学良的情况。戴笠奉命来到溪口张学良幽禁地雪窦寺住了两天，观察张学良的动静。

戴笠走后不久，蒋介石就派一位浙江籍的前清进士步某到张学良身边教书讲课。但是，张学良不愿听步进士教书讲课，弄得步进士很尴尬，只好在雪窦寺勉强讲了几天课，即行离去。

这天，张学良与夫人于凤至到雪窦寺游览。他们进了山门，就看到庙寺庄严宏伟的姿态：重檐飞角、红柱绿瓦交相辉映；四周有红墙围绕，绿树环抱。进了庙门，他们观赏两旁面目狰狞的四大天王，正中是一尊笑哈哈的大肚弥勒佛像，其身后是全身甲胄的护法韦陀。

张学良偕夫人往里走，过了丹墀，来到大雄宝殿，看到正中有三尊数丈高的释迦牟尼坐像。夫妇毕恭毕敬地站在佛像前，闭目垂首，双掌合十，祈祷佛祖保佑。祈祷完毕，两人又信步穿过红色栏杆的通道，来到殿宇两厢，在寺庙的台阶上伫立了许久，面对着朦胧的山峦，心中不由升起一股愁绪。

时值黄昏，张学良偕夫人走出雪窦寺，经过千丈崖，登上妙高台。忽然，他们听到雪窦寺那边传来一个女人的哭骂声，不知发生了什么事，便匆匆下了妙高台，来到雪窦寺前。

他俩看到负责"警卫"的几个便衣队员架着一个蓬头垢面的女人下山去了。张学良听不清那女人骂些什么，就问刘乙光。刘队长开始不愿意说，但经不住张学良的再三追问，只好从实说来："那女人是刺客，幸亏我和弟兄们防范及时，副座和夫人才免遭冷枪！"

"她是谁？"张学良十分惊讶地问，"我与她有什么仇？"

"那女人是蒋孝先的妻子，要替丈夫报仇。"刘乙光向张学良夫妇讲了刺客未遂之经过。

原来，蒋孝先是蒋介石侍从室第三组组长，是蒋介石的远房侄子。在"西安事变"中，他负隅顽抗，在临潼被少帅部下击毙。蒋孝先死后，他的女人一直住在溪口蒋介石府邸里。当张学良被秘密幽禁在雪窦山的消息被她得知后，便起了为丈夫报仇的心思。她几次乔装成上山进香的香客，探知张学良的行踪，曾几次企图刺杀张学良，但是她的企图都因便衣警卫，而没有得逞。

今天，蒋孝先的女人从蒋邸出来，一上雪窦山就被便衣队员盯上了。她打扮成香客直奔雪窦寺，寻觅到张学良夫妇，便远远地尾随其后，寻找下手的机会。在妙高台处，她加快脚步，追至距张学良夫妇约50米，急速地掏出白朗宁手枪，还没等她扣动扳机，便衣队员就扑上去，夺下枪。

蒋孝先的女人见刺杀张学良夫妇失败，便气急败坏地撒泼哭骂，扬言还要找张学良夫妇拼命。

张学良听了刘乙光的讲述后，苦笑道："原来如此，不过，不要太为难她。你把此事报告给委员长，会对她严加管教的。"

后来，蒋介石知道了刺杀张学良未遂的事，并没深究，只是给蒋孝先女人一笔巨款，在上海为她买一幢房子，才算了结此事。

监视之下，只能与胞弟以笔来交谈

你设法告诉东北军各军长：东北军如能团结，抗日战争扩大，我就有恢复自由的可能。

你要多看进步书，回东北军去，抗战到底！

——张学良

全面抗战爆发后，社会上风传张学良将军将出来继续领导东北军。宋哲元、傅作义等国民党大员们也希望蒋介石能对张学良解除幽禁，让其出来抗战。在这种情况下，蒋介石也放出了可以释放张学良的风声，对少帅的看管相应地放松了。

1937年7月中旬，张学良的胞弟张学思受中共党组织的派遣去奉化溪口探望被幽禁的张学良将军。张学思从塘沽港搭乘英商太古公司轮船，从海路到达上海。在上海，张学思先后与赵一荻和大嫂于凤至见了面。张学思向大嫂于凤至和赵一荻讲了来上海的目的，她俩很高兴。她俩告诉学思：凡是探望张学良的人，都要经过军统局和蒋介石的批准。她们表示要尽最大努力促成他们兄弟相见。

这天，蒋介石派来一位姓黄的代表到了上海，约赵一荻小姐同去溪口见张学良。黄代表会见了张学思，说蒋委员长早有释放张将军之意，此次派兄弟与张将军谈话，就是为张将军出来做准备的。张学思向黄代表诉说了自己如何想念大哥，请求帮忙同去溪口。黄代表同意帮忙，乃向蒋介石电请获准。于是，黄代表、赵一荻和张学思一行三人同乘由上海开往宁波的客轮。在宁波他们三人由一位前来迎接的副官陪同，转乘去溪口的汽车。

张学思到雪窦山的当天晚上，被指定与刘乙光队长同住一室，那位黄代表与徐建业副队长住另室，赵四小姐则被安排到比较阔气的房间里。

翌日早饭后，黄代表找张学良在客厅里单独谈话。张学思与赵一荻小姐和便衣队员打牌。当张学良从客厅里走出来时，张学思看到大哥面色不悦，甚至连对自己胞弟都不说话。张学思真想问大哥，那黄代表都说些什么，然而周围尽是便衣队员在"警卫"，他们除了吃、喝、玩、乐外，不允许说别的。

中午饭菜肴是丰盛的。刘乙光对黄代表、张学思和赵一荻小姐到山上来表示欢迎，并作陪中餐。在午餐中，张学良与众人谈笑自若，仿佛什么事也没有发生过。午饭后，张学良兴致勃勃地邀请弟弟和赵一荻去游览雪窦山名胜。

在雪窦山"飞雪亭"前，张学良和张学思观赏着悬泉飞瀑的美景，内心各有感受。此时，张学良想起了北宋王安石在此处观赏飞瀑时写的一首诗，他便诵读出来：

　　　拔地万里青嶂立，

　　　悬空千丈素流分。

　　　共看玉女机丝挂，

　　　映日还成五色文。

张学良诵读此诗后，对四弟说："王安石青年时，随父游历西北地区，见国弱民贫，乃立志以天下为己任。他在任鄞县知县时，留心民生疾苦。嘉裕三年（1058年）上万言书，主张改革政治，抑制官僚地主豪商特权，以期富国强兵，然而由于保守派固执反对，新法推行屡遭阻碍。他晚年辞官，退居江宁。王安石的诗文精深雄健，被喻为唐宋八大家之一，他的许多名篇，我都能背诵下来。"

然而此时，张学思并不想继续观赏名胜美景了。他哪有玩乐之心，多想找机会和大哥说说话呀！他说："大哥，天这么热，还是回去吧！"

张学良好像没有理解弟弟话似的，说："你难得来一趟，怎么能不尽情玩玩！"说着，他一手拉着学思，一手拉着赵一荻，催促道："走吧，走吧，不抓紧时间，说不定就下雨了，想玩都玩不成了。"就这样，他们三人在"警卫"人员的跟随下继续游玩。

当夕阳西下时，张学良一行披着晚霞回到住地。张学思企盼着晚饭后能找到机会和大哥单独谈话，因为他这次来的目的不仅仅是探望大哥，更主要的是探明大哥有无获释的可能，听听大哥对东北军前程和对抗战事业的看法。然而，晚饭桌一撤，张学良却上前拉他去打乒乓球，还叫刘乙光当裁判。张学思对大哥的行为虽不理解，但也只好应酬。乒乓球玩累了，张学良又拿来国际象棋要与弟弟比个高低。张学思只好硬着头皮下起象棋来。他在内心里暗暗叫苦："大哥呀，大哥，你变了，玩起来什么都忘了！"

其实，张学良并非如此，他何尝不着急和弟弟单独谈话啊！但是他知道自己的处境，自己的每个行动、每句话，都在便衣队员的监视之下，他们会做详细记录，报送到上边去。所以，在张学思上山的第一天至第三天，张学良都是兴致勃勃地和弟弟及赵一荻吃喝玩乐，以使"警卫"放松警惕。

第四天，雪窦山上突然雷雨大作。几天来，张学良企望的雨真的降临了。这样的天气中，他和弟弟及赵一荻只能躲在屋子里，便衣队员们无法在其左右"警卫"了。在吃早饭快撤桌时，张学良有意地自语道："今天这天气，不能上山游逛了，只好在书房看画报了。"

赵一荻听后，站起来对学思说："你们兄弟去看画报，我和弟兄们在这玩牌。"她的话得到便衣队员的欢迎。于是，张学思趁机和大哥离开，到书房里去了。

张学良的书房在走廊的尽头，里面有三个大书架，每个书架都有六尺高，装满了书。大多是哲学、历史等方面的书，还有许多外国画报及外文杂志。此外，书房一角还有一个报架。

张学良把弟弟叫到报架前的沙发上坐下，此处正好避开了门外的视线。张学思理解大哥的意图。他们兄弟在此，用纸和笔写字交谈起来。张学思抢先在纸上速写着："抗战的形势……共产党的主张……东北军的情况……人民的愿望……"张学良看后，则在纸上快速写出弟弟想知道的情况。纸写满了字，看后就撕得粉碎，再用新纸写。

最后，张学思在纸条上写明自己的身份："我是共产党员。"张学良看后，张学思把纸条要过来，团成团放在嘴里嚼烂，然后吐到垃圾筒里。张学良对胞弟伸出大拇指，无声地鼓励他好好干。

张学思从大哥的字里行间知道：他曾写信给蒋介石，请求出去抗日，蒋介石回信不同意，叫他"好好读书"。此次，黄代表来是让他给东北军各军军长写信，嘱咐他们服从蒋介石的指挥，不要闹乱子。张学良告诉弟弟："你设法告诉东北军各军长：东北军如能团结，抗日战争扩大，我就有恢复自由的可能。"他还叮嘱弟弟："多看进步书，回东北军去，抗战到底！"

张学思看着大哥写的一张张字条，默读着，泪水止不住地直往下淌。因为他们虽然是同胞兄弟，多少年来却因政见不一致，从没谈过一次心里话。此次在雪窦山，在大哥遭幽禁时，大哥和他谈出肺腑之言，却是用笔谈的方式。此时，张学思还不能向大哥袒露更多，只能在心里说："大哥，你放心吧，我已经找到了共产党，你的愿望一定能变成现实！"

张学思最后在纸条上写道："您的话我一定办到。"张学良看了，高兴地握着弟弟的手表示感谢。然后，兄弟俩紧紧地拥抱在一起。这时，书房门外传来说话声，张学良知道，是刘乙光来了。他急忙把学思写的字条夹在一本书里，假装在看书。

"副座，我们下棋呀！"刘乙光破门而入地说。

"好啊，"张学良笑呵呵地说，"我看书都看腻了，该换换花样了。"

张学思从心里怨恨这位刘队长，因为他是在有意打断骨肉兄弟的难得的笔谈。

翌日，张学思离开雪窦寺。他万万没有想到，从此与大哥再无相见之日。

幽山静谷中，响起岳飞的《满江红》

我想知道前方抗日战局势，我惦念着国家和百姓之安危。

——张学良

张学良被幽禁在雪窦山"张学良先生招待所"，按上司规定：不准其看新近报刊，不准收听广播。张学良只好借助听留声机、看古籍旧书刊或看旧的外国画报、杂志以消磨寂寞时光。

这天，张学良从便衣队员和宪兵的聊天中得知八一三淞沪抗战失利的消息，便急切地上前打听详情，然而士兵们对他这位"副座"守口如瓶，谁也不敢透露一丝信息。对此，张学良感到异常气愤，心境又变得忧郁、烦躁起来。

尽管雪窦山风光优美，雪窦寺钟声诱人，却再也提不起他的兴趣。

张学良对于凤至说："我想知道前方抗日战局势，我惦念着国家和百姓之安危。"

"汉卿，"于凤至安慰道，"还是既来之则安之吧。"

于凤至从上海回到雪窦山来，替换了赵一荻。她见丈夫整日不安、痛心疾首的样子，很着急。她拿出一些书来，要丈夫借书消磨时光，调解一下情绪。此时，张学良也想借读书平息一下心火。然而，堆积案头的史集、唐诗、宋词，他翻阅几页就心烦意乱了。他常常望着窗外青山发呆，或在书房内焦躁不安地踱步。他为自己远离抗日战场，远离东北军弟兄，在这幽山静谷中过着无聊的生活而悲愤。在极度悲愤中，他偶然间显示出少帅的气质，低沉而亢奋地吟诵起岳飞的《满江红》：

怒发冲冠，凭栏处，潇潇雨歇。

抬望眼，仰天长啸，壮怀激烈。

三十功名尘与土，八千里路云和月。

莫等闲，白了少年头，空悲切！

靖康耻，犹未雪；

臣子恨，何时灭？

驾长车，踏破贺兰山缺。

壮志饥餐胡虏肉，笑谈渴饮匈奴血。

待从头，收拾旧山河，朝天阙！

于凤至见丈夫整天关在书房内，愁容满面，担心他会闷出病来，便提议去游不远处的天台山。刘乙光对于凤至的想法表示支持，也来做张学良的工作。张学良终于同意去天台山了。

时值秋季，天高气爽。清早，张学良夫妇便在刘乙光及六名便衣队员的"警卫"下，在溪口镇乘坐三辆小车直向天台山驶去。

天台山，位于天台县城北，群山挺立，峰峦争秀，飞瀑流泉，景色迷人。张学良与夫人于凤至边走边观赏这里的秀美景色，不觉来到山中古刹清国寺。这座庙宇是隋代建造的，拥有约六百间殿宇的大型建筑群，比雪窦寺更加宏伟壮观。张学良被这座卓绝的古代建筑吸引了，暂时排除了萦绕在心间的愁绪。他蛮有兴致地在大雄宝殿中观赏，那明代铜铸的释迦牟尼巨型坐像使他流连忘返。他还对寺内的隋梅、隋塔等古迹称赞不已。

中午，张学良夫妇及刘乙光一行人在清国寺内吃了一顿素餐。饭后，他们又去看天台山八景。由于八景相距甚远，一下午不可能全部游览，所以当夕阳西下时，他们只游览了"石置飞瀑"、"铜壶滴漏"、"华顶秀色"这三景。

在归途中，张学良见天台山出产的板栗颗颗硕大如盅，便欣悦地让夫人于凤至买了些带回雪窦山。

翌日，张学良捧着板栗，逢人便送一颗，让人品尝。便衣和宪兵人人都说：这是张副司令最高兴的一次。

触景生情，中秋夜酒后吐真言

九一八我失去冲锋机会，那是我的罪恶！忍耐点吧！不怨天，不尤人，自励身心，以备国家需用你的时候，你能担起一个任务。

——张学良

张学良和于凤至在雪窦山上

9月12日，张学良在雪窦山，忽然惊悉河北马厂和青县被日寇占领，心情万分沉痛。为排解悲愤心怀，和夫人于凤至故作悠闲轻松，在山林间散步。张学良登上山顶，心胸豁然开朗，对陪同散心的步先生等人，脱口吟诵五言绝句一首。

9月13日，张学良在日记中写道：

两日以来，各路战况消息不佳，心中闷闷。昨偶赋一诗，经步先生修正如下：

山居经四季，
最好是清秋。
气爽风和畅，
登高尽兴游。

这天，张学良起床很晚，若有所思地对于凤至问："今天几号了？"

于凤至回答："9月18日。"

"啊呀，"张学良惊叹道，"又到了九一八了！"

而后，张学良又陷入沉思。忽然，他像是想到了什么，走到书案前，坐下取出日记本写起来。于凤至上前看丈夫写道：

又到九一八了！六年中我做了些什么？悲惨忍痛过了六年。今天中日战争展开，而我安居山上，凡我同志多去肉搏，我不能执戈为民族去冲锋，报国家之仇。九一八我失去冲锋机会，那是我的罪恶！忍耐点吧！不怨天，不尤人，自励身心，以备国家需用你的时候，你能担起一个任务。否则任务未在身上，想担任务，空中楼阁来计算。任务真到身上又担负不了。不只误国，也是误己！

此时，张学良心中还有梦想：忽然，有一天蒋介石会对他大开其恩，释放他出去，重新杀上战场。然而，张学良哪里知道在奉化的幽禁，仅仅是他漫长囹圄生涯的开始。

9月19日，恰逢中秋节。张学良指定要到附近名胜妙高台赏月过节。刘乙光为使"副座"高兴，不致生病，自己好交差，便高兴地答应。他准备了三桌饭菜，供去妙高台赏月人员进餐。

中秋之夜，张学良夫妇及随行人员到了妙高台，赏月进餐。张学良、于凤至与刘乙光全家和副队长许建业一桌席，其余的"警卫"人员分坐两桌席。大家一边赏月，一边进餐，气氛很热闹。

席间，张学良触景生情：时值国家全面抗战，自身以国难家仇，坚主抗战之身，此时却幽禁山中，难偿对敌拼斗之愿。眼看锦绣河山，遭敌蹂躏，炎黄子孙，饱受劫难，久埋心中之抑郁愤懑，实难压抑，因此借酒浇愁，多喝了几杯之后，便情不自禁、慷慨激昂地挥着手对众人说："如果讲到钱，有多少我自己也不知道；讲名，除了蒋先生就是我了。……唉，今天还说什么？现在，日本鬼子大举侵略我们祖国了。我要带你们打日本鬼子去。"

张学良酒后露真情的话语，被刘乙光如实地记录，并报告给上级。

防不测迁移黄山

今（13日）午接南京毛庆祥电话，传蒋先生令往黄山 …… 约（翌日下午）三点许到黄山，暂住于黄山旅行社。余两日来自己开车，约行千里，只睡数小时，身体甚好。

——张学良

1937年11月9日，张学良在日记中写道：

寓所起火，全部焚毁，余等迁居雪窦寺内。

张学良所说"寓所"就是溪口雪窦山西侧盘山公路入口处中国旅行社，即"张学良先生招待所"。

这天突然起了一场无名大火。由于山上无水，火势无法控制，不到一小时，这座建于1934年的二层楼，所有房舍全都化为灰烬。

刘乙光把张学良夫妇及伴随人员，暂时安排在雪窦寺内。然后，急电南京，请示下一步如何安排。几天后，南京方面打来电话，指示刘乙光，将张学良移往安徽黄山幽禁。

此时，雪窦山"中旅社"钱君藏经理正在上海向总社汇报旅社被烧之疑案。当他返回雪窦山时，张学良已被转移他处。

张学良将军临走留给钱君藏一封信，信的内容是：感谢他在生活上多方照顾；委托他把水涧岩的楼房，无偿赠送给雪窦寺的当家人。

11月12日，张学良在日记中写道：

　　戴雨农来电，同T.V.（指宋子文）商拟余等移居南京汤山或庐山，后来说确定为庐山，闻出自蒋先生意旨。

　　"西安事变"后，张学良没被处死刑，是因为宋美龄、宋子文兄妹在蒋介石面前鼎力相助所至。宋子文在张学良被囚初期对其生命安全的关切，与张学良的友谊，胜过其妹宋美龄。将张学良转移南京汤山、江西庐山，都曾是蒋介石等人准备幽禁张学良的备选之地。然而，由于日军战火将至，蒋介石才最终决定让张学良向安徽转移。

　　翌日中午，刘乙光队长接到南京毛庆祥打来电话，传达蒋介石命令：将张学良转移到黄山。当天晚上7时，刘队长指挥队员往六辆汽车上装物资。有一辆小汽车是宋子文送给张学良乘坐的。另外几辆卡车运送"张学良招待所"全体约二百号人转移。

　　临行前，张学良向队长刘乙光提出：是否能延迟一天转移，他要去看看千丈岩的瀑布，听听妙高台林间的鸟鸣。

　　刘乙光为难地向他解释，南京电报、电话催促启程，若再拖延，吃罪不起。

　　张学良听后，觉得不好使刘"秘书"为难，便同意如期起程。于是，张学良夫妇和两名副官乘坐在宋子文赠送的小汽车内，夹在车队中间，在前后武装士兵的保护下，从溪口向指定地点黄山进发。虽然时值初冬，但是雪窦山仍然林木丰盛，姹紫嫣红。

　　刘乙光指示车队在清晨出发，这时太阳还没有升起。张学良透过车窗，在淡淡的雾霭中，寻觅着自己曾留下足迹的山间小径和林中古亭。此时，于凤至仿佛猜到丈夫的心境，便伸手整理盖在他膝上的毛毯，亲切地唤了一声："汉卿。"张学良回头看了看凤至，又扭头回望窗外。

　　张学良在11月13日的日记中写道：

今午接南京毛庆祥电话，传蒋先生令往黄山……下午七点动身离山，七点半由入山亭汽车开动，余自开车，夜十一点半到嵊县，汽车加油，经东阳、永康、金华。在金华渡河，天色已亮，在兰溪再渡河。约九点半时停于兰属永昌镇休息并宿焉。因避空袭，昨连夜离开危险地带。

从张学良的日记里，看到：这次转移，张学良亲自驾驶汽车，从雪窦山一直开到金华。原来，张学良年轻时，在奉天就喜欢开汽车，且驾车技术高超。此次转移，他亲自驾车，过了一把开车瘾。从中可见，张学良还是有一定自由的。

车队经过一天行驶进入安徽境界。第二天中午，车队在屯溪停下。刘乙光队长安排大家在此午餐。正巧，从黄山下来的国民党中央委员张澜在屯溪午餐休息。张学良与张澜相视很久，才彼此问好。两人似有许多话要说，但见有武装士兵在旁保护，不便多说。分手时，张澜紧紧握着张学良的手说："汉卿兄，要多加保重啊！"

从溪口到黄山脚下的歙县，距离约500公里。车队在沿途走走停停，大约走了两天才到歙县。此时，夕阳隐去，黄山在暮霭中显得格外凄凉。

当地县政府早已获悉张学良车队到来之消息，派人在通往黄山的路口处等候。当车队到时，县长立即上前迎接，引导车队上山，直奔已选定好的居住处。

11月14日，张学良在日记中写道：

晨五时起身，约六点五十分在寿昌附近渡河，至淳安午餐（约九点多），经威坪、界口、徽州，约（下午）三点许到黄山，暂住于黄山旅行社。余两日来自己开车，约行千里，只睡数小时，身体甚好。

张学良有多年的军旅生涯，所以对新的环境很快就适应了。然而，于凤至对这样的环境却有些受不了。她虽然对动荡的生活不太习惯，但从来没有流露出半句怨言，总是以愉快的表情接受磨难。在来黄山之前，于凤至与赵一荻一直轮流陪伴张学良。此行赴黄山,赵一荻正在上海。不久,八一三淞沪抗战开始,继而上海沦陷,赵一荻便移居到香港。

黄山是中国著名的游览胜地。它的层峦叠嶂、险峻异峰,和山间云海及温泉、奇松、怪石,引人入胜。历代达官显贵、文人墨客都在此流连忘返。

张学良来前,这里原是国民党空军受伤军官的疗养地,这里的温泉专门为受伤空军军官使用。可是张学良一到这里,温泉区就被严禁一切人进入。为此,在这里疗养的空军军官非常不满,要求他们解除温泉区禁令。当军官们知道少帅幽禁在这里时,都打消了怨气,千方百计地想接近张学良。刘乙光对空军军官欲见少帅的要求一概予以拒绝。

在张学良到黄山的第二天,安徽省主席刘尚清闻讯后,立即上山来拜访张学良。之后,张学良又去了段祺瑞别墅。

黄山段祺瑞别墅——居士林,1937年张学良被囚禁于此。

别墅的管理者向张学良介绍说:"这是北洋军阀段祺瑞晚年时修建的别墅,叫'居士林',本来是准备拜佛念经用的,可是,他却从来没在这儿住过。"

歙县政府为方便张学良将军在山上游览,专门派来一名熟悉黄山名胜古迹的人住在山上,充当导游及解说人员。张学良高兴地让他同自己走在一起,一同游览了练江南岸的太白楼和长庆寺塔。

导游向张学良解说:太白楼建于唐代,相传是李白当年饮酒赋诗的地方。长庆寺塔是北宋时建造的。张学良对这两处古迹观赏得很认真,还向导游问这问那。当走在堂中柱前,张学良还停下脚步,读上面的楹联或诗词。

11月17日这天，张学良感到很无聊，便向夫人提议到河里去捉鳗鱼。于凤至听了丈夫的主意，高兴地赞同。于是，少帅夫妇在刘乙光和警卫人员的保护下来到河边。他们仿照着黄山人抓鱼的方法，先用石头在河边堆筑起一个圆圈，预先留一个口，在石圈中间撒下许多用油浸过的白米，静静地等待鳗鱼进入石圈里。当他们发现鳗鱼游进石圈内觅食时，就迅速地用石头堵住预先留的缺口，然后两个人便在石圈内欣喜地捉起鳗鱼来。这天，张学良和于凤至共捉到了二十多条鳗鱼和黄鳝，心情非常愉快。

然而，正当少帅夫妇玩得高兴之际，一位便衣队员气喘吁吁地跑来报告，说南京方面来了长途电话。刘乙光向弟兄们吩咐了几句，便跑着回去接长途电话去了。

张学良夫妇在黄山住了四天，几乎游遍了黄山风景。

认出少帅的东北汉子被"切断电源"

11月18日，蒋先生亲打来长途电话，令我等到萍乡赴衡山。

——张学良

1937年11月18日，黄山附近的歙县县政府匆匆派人上山，找刘乙光告诉说：南京方面将来长途电话，赶快下山等候接听。刘乙光命司机以最快的速度下山，到了县政府，南京长途电话来了，才知是蒋介石亲自打来的电话。

蒋介石向刘乙光询问了张学良移住黄山的情况及黄山人的反应。刘乙光诸项汇报详情。蒋介石对黄山空军军官要求见少帅的情况很担心，告诉刘乙光，要严密注视情况的进展，随时向他报告黄山空军军官的动向。

原来，自11月13日南京沦陷后，黄山附近情况复杂，治安混乱，加上黄山疗养的空军军官一致要求见少帅，蒋介石向戴笠指示：给刘乙光打电话，命令他将张学良从黄山移送到江西萍乡待命。

567

这天，张学良和于凤至散步回到住处。刘乙光告诉他们夫妇："整理行装，准备转移。"张学良听后，顺手拿出日记，简单记了一句话："11月18日，蒋先生亲打来长途电话，令我等到萍乡赴衡山。"

张学良考虑到为自己讲课的吴老举人再也不能受流离奔波之苦，商得老先生的同意，让他北返老家。吴老举人临走时，张学良送他2000元法币，供其日后生活用。自此，读书会无人讲课便自行结束了。

翌日早晨4点钟，刘乙光便带着张学良夫妇及车队下山，开始转移行程。从黄山到萍乡仅两天的路程，但走得却极其艰难。张学良坐在车中，凭窗而望：公路上，拉伤兵、辎重的车辆纷纷西行；两旁人马拥挤，撤退的军队和逃难的百姓混杂在一起……这景象使张学良感到局势十分严峻。他不忍心再往窗外看，只好闭上眼睛沉思。

11月21日中午，刘乙光带领全体人员将张学良夫妇转移到江西萍乡。这个地方小，可是逃难到此的人很多，秩序很乱。这种情况可急坏了刘乙光，然而最难办和最重要的事是为张学良夫妇找一所安全的住所。他和便衣队员几乎寻遍了这个小小山城，终于选中了一个旅馆，全体人员才暂时住了下来。

张学良在11月24日的日记中说："萍乡有一大成图书馆，小有规模，图书馆管理人员告知萍北杨岐山有刘禹锡之墓碑，现尚完好。"于是，张学良产生了目睹刘禹锡墓古迹之想法。

刘禹锡，字梦得，彭城人。唐永和十年曾任播州刺史。刘禹锡辞官后，与大诗人白居易时有诗文吟和。刘禹锡晚年诗句意含深刻，句句痛贬时弊。张学良观览刘禹锡墓迹后，心中涌起对其敬重之情。

几天后，刘乙光又在距离萍乡城约四华里的地方，找到了一栋石块建筑的两层小洋房，人称"绛园"。这里环境幽雅肃静，房主人姓李，曾在北平清华大学任教授。刘乙光之所以选中这栋小石楼，主要是因为李教授是当地人，他与妻子儿女没有什么政治背景。李教授一家人非常好客，很欢迎他们来住，特别是教授的女儿年轻可爱，和少帅夫人于凤至很谈得来。这位李小姐便成为于凤至的唯一客人。于凤至喜欢听流行歌曲，随身带着一台小型留声机和一些唱片，经常靠听唱片消遣时光。李小姐也很喜欢唱歌，对于夫人的唱机、唱片兴趣很浓。开始，于凤至放唱片时，李小姐就写条子给她，请求把某一张唱片多放两遍。于凤至对李小姐的要求总是欣然接受，尽量满足她。后来，于凤至不在时，就索性把唱机和唱片借给她。

萍乡是个小县城，街道不多，没有什么好风景。张学良夫妇在这里不像在黄山有名胜风景可以打发时光，排除心中苦闷，只好每天躲在石头洋楼里看书、听唱片等打发日子。

张学良在11月29日的日记中记述：

自赣西饭店迁于绛园，此园为一萧姓住宅，我分租的。

张学良在11月30日的日记里又写道：

绛园左邻有一位黄道暌先生，为一大学教授，往拜访，谈甚洽。黄先生告余甘卓垒故址，下午同刘（乙光）、许（副队长许建业）等去芦溪镇（距萍乡约五十里），谒甘卓庙，登甘卓垒。

这一天，张学良在屋内看书，感到心情很郁闷。忽然，他想起有人说萍乡附近有座煤矿，便向刘乙光提议到煤矿去看看。刘乙光这几天也看出张学良情绪的烦躁和郁闷，就同意了。

此时，于凤至和李小姐正在聊天，谈得正投机。张学良便问于凤至是否愿意去煤矿看看。于凤至回答："我不去了，到煤矿有什么意思呀！"于是，张学良在刘乙光和便衣队员的陪同下来到了煤矿。

煤矿主人热情地接待了他们，并发给每人一套工作服和一支小手电筒。张学良对煤矿既陌生又感兴趣，高高兴兴地穿好工作服，拿着小手电筒，在煤矿主人的指引下，乘坐小煤车进入煤洞。小煤车在伸手不见五指的煤洞里行驶了大约十分钟，到达了采煤地点。这里漆黑一片，空气很坏。此时，张学良已没有来时的兴趣了。听了煤矿主人的介绍后，又乘上小煤车向洞外面驶去。

张学良参观煤矿后，在日记里简述道："同刘、许等乘自行车赴安源，行约十五里抵矿区，遇该矿工程师张某，系营口人，比国（比利时）留学生，导余等入矿洞参观，归来已黄昏。"

几天来，张学良闷在屋里很不开心。刘乙光对此也颇为焦急。12月9日，刘乙光在萍乡西门外发现一个山洞，听当地人说：这个山洞里藏着毒蛇猛兽，从来没有人敢进去看个究竟。还有人说：这个洞一直通到湖南省安源县。刘乙光为了让张学良高兴起来，就到副司令的屋里讲了山洞的事。张学良听刘乙光谈到这个奇妙的山洞，立时就来了兴致，让大家准备好，明天就到山洞里去看个究竟。

翌日早饭后，张学良和警卫人员带着手枪、冲锋枪及火把、鞭炮等向山洞进发。此山洞距萍乡西门有三里多。在到达洞口时，他们进行了短暂的休息。他们看到：这山洞口有十多丈高，一条小溪从洞外流向洞内。进洞前，张学良让人先把鞭炮燃放，为的是让鞭炮声吓走洞内的毒蛇猛兽。鞭炮声响过后，张学良便和大家一齐向山洞里进发。他们走了十几丈远，山洞突然变得狭窄起来，最后只能容纳一个人通过。张学良跟在特务队员后面，踏着既湿又滑的洞路，向前走了约半里路程，狭窄的山洞又豁然开朗起来。阳光从岩石缝隙间射进洞内，仿佛像束束探照灯光。突然，张学良在地上发现了很多野兽的足迹，从足迹的大小判断，可能是较大而凶猛的野兽。他担心大家的安全，便大声叫住前面的队员停止前进。于是，他们转身向洞外走去，这场"探险"到此告终。

对此次探险，张学良在日记中简记："12月10日，乘自行车游洞口泉，约二十余里，洞深大，可容千人，归来已夜八点矣。"

张学良和于凤至夫人在萍乡度过了大约三个月的幽禁生活。这里不但风景不佳，而且天气阴冷，细雨绵绵，使他的心情很低沉。由于少帅身体缺乏维生素，腿脚每天都肿得厉害。于凤至用手在丈夫的脚上一按，就会留下深深的坑。这使她很着急，让刘乙光找医生。

医生诊治后，对张学良说："这病是缺乏营养所至，平时要多吃些蔬菜。"

张学良听了，不以为然地说："这没什么，只要我出去走走，活动活动，浮肿就会消下去。"他不顾夫人于凤至的反对，强撑着身体到外面走了一段路。他对刘乙光说："这太不公平了，弟兄们在前线打日本，流血牺牲，可我在后面闲待着，腿脚却肿得不能走了！不行，这样下去不得了，真有一天我到前线怎么办？"

1938年1月底，春节来临。虽逢战乱，但萍乡人们过旧历年的节日气氛还是很浓的。玩狮子、唱花灯、踩高跷等各种节目，从大年初一直闹到元宵节。张学良为了排遣心中的郁闷情绪，为了解一下当地的民情风俗，几次向刘乙光提出到街上看看热闹。刘乙光无可奈何，只好同意张学良的要求。为此，刘乙光作了周密的安排，先派出便衣队员在萍乡城侦察了一番，没有发现什么可疑情况，才让张学良上街。2月4日正值大年初五，萍乡的大街小巷都设置了以维持秩序为名的宪兵；保安队也派出了巡逻队，各街道口都设置了岗哨。

这天，张学良吃过早饭就和负责"保卫"的便衣队员化妆上街。张学良身穿蓝咔叽布工装，头戴蓝色鸭舌帽，打扮成汽车司机的模样。刘乙光和特务队员有的着西装，有的穿中山服，有的则套上长袍，打扮成商人或绅士。他们走在熙熙攘攘的街面上，看着两旁张灯结彩的店铺，听着从四面八方传来的锣鼓、鞭炮声，感到欣喜欢悦。张学良在人群中左顾右盼，沉浸在这小煤城的欢乐气氛之中。

突然，人群中有人操着东北口音说："这不是少帅嘛！"张学良转身一看，说话的人是位东北汉子，正在向自己挤过来。张学良见东北汉子很面熟，但又想不起来在哪见过他。

这时，刘乙光发现了这个情况，挤上前，截住东北汉子讪笑道："老乡，你认错人了，他是我们的汽车司机，不是什么少帅老帅！"此时，便衣队员都围上来，向着东北汉子发出一阵嘲笑，然后簇拥着张学良挤出人群。刘乙光向便衣队员使了个眼色，那位东北汉子被盯梢了。经了解，此人曾在张作霖府上当过理发师。九一八事变后，他流浪到关内，前不久才来到萍乡，仍以理发为生。刘乙光听了队员汇报，心里感到很紧张，当即和上司戴笠通了话，请示此事的处置办法。

戴笠听后，向刘乙光命令道："一、立即切断电源；二、做好转移到湖南的准备。"从此，那位东北汉子被切断"电源"，在萍乡小城里消失了。

苏仙岭上，"修行，能否成仙"

苏耽当年在此成仙，说明这儿的山水好。如今，我来此处修行，不知是否能成仙……

我只想了解一下那天在郴州街上向我敬礼的军官是谁？

——张学良

1937年12月14日，张学良在萍乡惊悉国民政府首都南京已被日军占领，心情万分沉痛。此时，南京已经沦陷，国民党政府要员纷纷西逃。蒋介石逃到重庆，无暇与刘乙光联络。张学良的去向全由戴笠掌握。

12月下旬，刘乙光接到军统局电令，将张学良以及负责监管的军统局特工人员转移。23日，刘乙光带队经宜春辗转入湘境，然后到湖南郴州。此程多为山路，盘山绕岭，坎坷颠簸，但路旁风景比较宜人。

在这次转移途中，经过几个较大的城镇。张学良夫妇最大的兴趣是收购网球、羽毛球等娱乐品。有一次，张学良夫妇竟把一个商店里的乒乓球全部买下来。当张学良一行人到达距郴州不远的凤栖渡时，因为住处尚未觅妥，所以就暂时停止前进。刘乙光将张学良夫妇安排在凤栖渡一所很古老的房子里住了下来。然后，他立即派许建业等人到郴州选择驻地。

许建业等人在距郴州城约四华里的苏仙岭上选择了苏仙观作为幽禁张学良的地方。这里山势险峻，仅南面有一条1760级的石板路可达山顶。进山不远有一座云中庵，是山底到山顶苏仙观的必由之路。苏仙岭是湘南胜地。相传西汉文帝年间，有一名叫苏耽的人在此修行，最后得道成仙。到了唐代，人们根据传说，在山顶修了苏仙观，这座山峰被人称为苏仙岭。山上有奇峰异石，古松挺秀；有白鹿洞、三绝碑、玉溪、跨鹤台等名胜古迹。苏仙观是一个四合院式的古老建筑，有大小二十多间房屋。时值战乱之际，山上树木凋零，寺观梁折柱斜，满目疮痍。人称"马到郴州死，人到郴州打摆子（疟疾）"。

张学良和于凤至来到苏仙岭，被刘乙光安排在苏仙观大殿东侧的一间厢房里下榻。他在12月28日的日记里写道：移住苏山（俗称苏仙岭）苏仙庙中。

苏仙观内荒草丛生，环境凄凉。负责保卫张学良安全的宪兵连除一个班驻在云中庵守住进山要道外，其余的人全都驻至苏仙观外临时搭的营棚里。刘乙光在山顶四周布置了岗哨，修筑了工事，然后又派便衣队员到郴州城和风栖渡车站探听情况。

在苏仙观里住下后，张学良的情绪极为不好。刘乙光怕他闷出病来，不好向上司交代，劝张学良到外面散散心，但少帅根本不理睬。这天，刘乙光向张学良建议到郴州逛逛，张学良答应了。可是刘乙光却兴师动众：少帅坐的车前有两部小车开路，后面有两辆卡车载着宪兵。对此，张学良感到很扫兴，于是改了主意，半路又返回驻地。

1938年元月9日，张学良在夫人于凤至劝说下，到山上游览风光。他们去游览白鹿洞。走下1760个石阶，两旁古松森然，人称苏岭云松。传说：苏耽之母居山之西南，苏耽得道后仍日夜思念母亲，松为其所动，枝叶遂伸向西南，故而得名"望母松"。

张学良听了传说，又观实景，打趣地说："苏耽当年在此成仙，说明这儿的山水好。如今，我来此处修行，不知是否能成仙……"

"你要是成仙了，我怎么办？"于凤至截住丈夫的话，风趣地说。

"你不要担心，仙国寂寞，每年7月7日，我会下凡来看望你的。"

张学良夫妇的对话，逗得随行人都开心地笑了起来。

张学良和夫人来到"三绝碑"。它是苏仙岭最有名的古迹，地处白鹿洞附近悬崖石壁。北宋绍圣四年（1097年），大词人秦观因党争被削职，贬监处州酒税。流放途中，秦观途经郴州，在此写了词；著名书法家米芾将秦观的词和苏轼的跋用他行书之墨迹抄下，成为举世少见的"三绝"。南宋时，郴州守邹恭将之翻刻在苏仙岭的石壁之上，成为郴州的第一大古迹。此时，正是雨过天晴，阳光照射在崖壁上，上面的《踏莎行》词显得分外清晰，触目动情。张学良夫妇和刘乙光等人默不作声地看着石壁上被世纪风云染成紫褐色的词：

雾失楼台，

月迷津渡，

桃源望断无觅处。

可堪孤馆闭春寒，

杜鹃声里斜阳暮。

驿寄梅花，

鱼传尺素，

砌成此恨，

无重数。

郴江幸自绕郴山，

为谁流下潇湘去？

张学良对这阕词很熟，但此时立于"三绝碑"前，这词之字句却变得赫然惊心！这秦少游的凄婉绝唱，分明是写他此时此刻的心情啊！张学良呆若木鸡一般，只是两眼的目光在词句上反复移动，两行热泪不禁夺眶而下。

张学良在当天的日记里简短地写道："1月9日，游白鹿洞，观宋代三绝碑。"

春节快要到了，张学良对刘乙光说："弟兄们和我在一起都很辛苦，今年春节要好好地乐一乐，这座破苏仙观要有过节的气氛，扎几个灯笼挂上……"

刘乙光对张学良说的都一一记下，然后吩咐人去操办。警卫和便衣们从刘乙光的口里、从"副司令"的表情中看到喜庆征兆，人人都感到欣悦。因为平时他们的生活太单调乏味了，所以大家都希望过一个快活的春节。

除夕之夜，荒凉破旧、沉寂了不知多少年的苏仙观骤然喧闹起来。寺内，人声喧嚷，笑声、闹声不断。刘乙光命人在相连的两间大屋里摆了五桌酒宴，特务队及诸警卫人员都坐在席前。张学良事前早就准备好了"红包"，里面包的是年钱。此时，见弟兄们都已坐好了，便将"红包"逐一分发给大家。其中，刘乙光、许建业和宪兵连长所得的"红包"，里面的钱要比一般人多些。弟兄们见"副座"如此关怀体恤大家，感激之情油然而生。在刘乙光的带动下，大家纷纷高擎酒杯，向张学良敬酒。张学良从座位上站起来，举杯致谢，将酒一饮而尽。在喜庆新年的气氛中，张学良借酒兴同刘乙光等人划起拳来。

于凤至在席间时刻关心丈夫的身体情况。她怕丈夫酒喝多了吃不消，不时劝阻他少喝。刘乙光也害怕张学良酒醉伤身，便起身向"副座"提议，改换喝酒方式。当夜色已深，年席才结束，随后又玩起麻将。刘乙光劝张学良回房休息，改日再玩麻将时，张学良像是没听见似的，玩兴正浓，刘乙光只好不再劝说。直到午夜时分，张学良实觉身体疲乏，才放下手中的麻将牌，告诉刘乙光：让警卫拿鞭炮，到院里放了。于是，他们在震耳欲聋的爆竹声中，度过了首次苏仙观年宵之夜。大家互相拱手道喜，祝贺、拜年之后，才各自回屋休息。春节过后，张学良新的一年的幽居生活又开始了。在苏仙岭上，张学良每天将大部时间消磨在书刊画报之中。有时，他经不住刘乙光的再三鼓动，和于凤至、许建业玩几圈麻将。每当麻将玩烦了，张学良就改换下象棋或下围棋。下棋厌烦了，许建业又拉少帅唱京戏。因为许建业拉得一手好京胡，所以张学良也愿意和他配合。于是,二人一唱一拉,还闹得挺开心。于凤至每次听丈夫唱京戏走调时,总是笑得前仰后合,很是开心。

张学良幽居后,每次理发都由刘乙光亲自找他了解过的理发师。不久,刘乙光觉得这样太费事,就调来一个会理发的特务为"副座"及其他人理发。然而,张学良对自己的发式相当讲究,从不马虎。他在沈阳北大营时,曾训斥过头发蓬乱的军官:"男儿头颅贵值万金,乱糟糟的成何体统!"自从被蒋介石幽禁后,张学良虽然对穿衣服饰有些不讲究了,但是对发式犹如以前。所以,当警卫员为他理发后,他总是对镜反复观看,总是不满意。为此,张学良一有机会就到理发店里去理发。刘乙光对"副座"的做法也无可奈何,只有听之任之。这天,张学良提出进城理发之事,刘乙光便同意了。他吸取了上次进城的教训,没有兴师动众,只派了12名队员保卫张学良。这12名便衣簇拥在张学良周围,任听他在城里游逛之后,到卫阳街一家理发店理完发就返回苏仙岭。

张学良有爱洗澡的习惯,即便没有澡盆等设施,也要在木桶里洗一洗。由于搬迁转移,途中不便洗澡,所以张学良显得十分烦躁。一到苏仙岭,他得知这儿有泉水,便每日到泉水中泡一泡。他逢人便宣传洗泉水澡的好处。一时间,用泉水洗澡成为特务和警卫人员的时尚。后来由于气候的原因,洗泉水澡不行了,在木桶里洗澡又不方便,张学良有时不得不提出到城内东大街的浴池里去洗澡。每次去洗澡前,刘乙光都要先派人去城里浴室接洽,定下日子,老板"挂牌谢客",专门接待张学良来洗澡。

3月阳春的第二天,张学良向刘乙光提出到城里洗澡。刘乙光同意陪他进城,并按照上次进城那样,又派了12名保镖。他们行至澡堂途中,碰到一位佩戴炮兵中校军衔的军官。那军官看到张学良,突然向他恭敬地行了个军礼。然而,张学良异常镇静,若无其事地走自己的路,未予理睬。可这场景却把刘乙光吓坏了。他心想:"这里怎么会有人认识张学良?而且这人还是位炮兵中校?"刘乙光对此不敢疏忽,急忙对张学良谎说:"浴室里人多没空,请您改

天再来洗……"

张学良猜出刘乙光此话的缘由便笑着说："那就回去吧。"

刘乙光转过身，向一队员暗示：跟踪那位中校，查明他的情况。

经调查，那位向张学良敬礼的炮兵中校是少帅的旧部，现任炮兵旅炮兵团副团长。他所在的炮兵旅是由东北军炮兵改编而成的，前不久这个炮旅才调驻郴州县。

这年4月，驻郴州县炮兵旅的官兵三五成群地上苏仙岭游玩。他们沿着石板路上山，在云中庵的下面被"保护"张学良的宪兵阻拦。宪兵向炮兵声称：山上是军事要地，不准任何人上山。然而，炮兵官兵不罢休，非要上山不可，双方几乎发生冲突。幸好宪兵班长及时派人报告，刘乙光和连长童鹤连及时赶到云中庵，向要上山的炮兵官兵出示国民政府军事委员会的"国防工事要地，不准擅入"的手令，炮兵官兵才悻悻地退下山去。几天后，炮兵团的官兵又乔装打扮成游客，卷土重来。童鹤连见势不妙，命令宪兵向天空鸣枪，这才把企图上山的"游客们"吓回去。

刘乙光唯恐郴县炮兵旅知道张学良幽禁在苏仙岭而突然发生意外行动，便采取紧急措施，加强戒备，严防出事。刘乙光是郴州邻县永兴亭司镇人，他的家乡距郴州三十余公里。他怕张学良在苏仙岭发生意外，决定将张学良转移到自己家乡永兴亭司镇，安排在一个空着的小学校里暂住。这个小学名曰"文明书院"，有二十余间房舍，足以容纳下刘乙光的"队伍"。

张学良对这次突然转移，表面上没有什么反应，但是他心里清楚，此次转移与那位炮兵中校向自己敬礼有关。

永兴县没有什么名胜古迹。张学良夫妇匆匆来到亭司镇，心理上还未适应，所以没有心思外出转悠。他们一连两日闷在房子里，以阅览报刊度日。第三天，当满天的阴云消散时，温煦阳光驱散阴霾，张学良夫妇才从屋里出来，在院里晒太阳。

这时，刘乙光来到张学良面前，无话找话说："永兴这地方，气候还……"

"我不管气候好坏，"张学良有些生气地问，"我只想了解一下那天在郴州街上向我敬礼的军官是谁？"

刘乙光万万没料到张学良会问这事，支吾道："噢，副座，那个军官，是新调到郴州炮团的副团长。"

刘乙光只好把调查来的情况如实向张学良说了。

张学良听后，沉吟了一会儿，对刘乙光说："东北军里的官兵对我很尊敬，见我时敬个礼是很正常的事。刘秘书，我希望那位军官不会因为给我敬礼，日后受到什么影响。"

"副司令，"刘乙光立即接话说，"你想得多了，那人不会有什么事的。"

张学良听了刘乙光的话，心里知道他在说谎，但自己有什么办法呢？张学良嘲讽地说："既然你说'不会有什么事'，那我就回屋休息了。"说罢，转身回屋去了。

在永兴亭司镇暂住期间，刘乙光向上司汇报了将张学良转移的情况，请求戴笠指示下一步行动。大约十日后，戴笠命令刘乙光将张学良迁移湘西沅陵。张学良听说又要去沅陵，心绪闷闷不乐。在搬家前一天，张学良看着墙上挂着的地图，对夫人于凤至说："东北这块好地方，现在不知道变成什么样子了？"

然后，又指着湖南地图说："我们在这儿又能住多久呢？"

此时，刘乙光已派许建业先行出发去沅陵，选中凤凰山上一所宽敞的庙宇，作为幽禁张学良的地方。

秘密押解凤凰山

雪仇。

大姐，我想这首诗的题名，就叫《自我遗憾作》。

——张学良

1938年3月22日，张学良夫妇在刘乙光一队人员的护送下，由永兴亭司镇起程，向湘西沅陵凤凰山进发。途程遥远，他们跋山涉水，乘车坐船，旅途单调乏味，烦闷不安。

当车过桃源县时，刘乙光命全队人马下车休息。张学良在于凤至的陪伴下来到路边不远的石壁前，看到上面有"桃源洞"三个大字。张学良向经过这里的老乡询问，才知这里有个山洞，是当年陶渊明的《桃花源记》中的古迹。张学良听了，一扫全身旅途疲劳，嚷着要上山洞里参观。

刘乙光只好让警卫护送张学良上山。当他们爬到山洞前，不禁大失所望：洞小得连狗都难入其内，根本没有陶渊明描述的影子。张学良连声叹悔："上当了，上当了，这里肯定不是真正的桃花源。"

汽车队从桃源县起程，又行两日到沅陵。凤凰山，屹立在沅水江畔，沅陵县城东南岸，山势奇特，风光秀丽，酷似一只凤凰展翅，故而得名。山北临沅水，是陡峭如削的绝壁；东南西三面连着起伏如涛的山峦，俨如鹤立的群鸟，兀立在绿水和群峦环抱之中。山顶古树参天，林木奇异茂密，绿树掩映之中，有一座巍巍壮观的古寺。这古寺是明朝万历年间建造的，由山门、大佛殿、送子殿、弥陀阁、观音堂、玉皇楼等建筑组成。后来，在凤凰寺平行的对面山头上筑起了七层巍峨壮观的"凤鸣塔"。

张学良和于凤至夫人就幽禁在凤凰寺里。穿过山门，进入大佛殿，殿内陈列着"金刚"、"罗汉"等神像。穿过大佛殿，再往里走，就是送子殿，为少帅夫妇的起居室和书房。

这天，张学良诗兴大发，提笔给夫人作《致于凤至》诗一首。他以此诗表达对夫人的感激之情。诗曰：

> 卿名凤至不一般，
>
> 凤至落到凤凰山。
>
> 深山古刹多梵语，
>
> 别有天地非人间。

蒋介石为防止原东北军用飞机来凤凰山营救张学良，又恐怕日本或异部飞机轰炸凤凰山，亲自下令给戴笠，命刘乙光及宪兵连在凤凰寺少帅住地后面的高地上设置高射炮台，再往后的山坳处，凿筑防空洞。张学良在防空洞内的石壁上，刻下了"雪仇"二字，以表达自己"国难家仇"和壮志难酬的心境。

刘乙光在凤凰山上为张学良夫妇划定了活动范围：山上前后左右五里为界；沅水江上，上自洲头，下至河涨洲15里为限。少帅的散步、运动、钓鱼、游泳等活动均不得超越界限。这范围规定的执行，由跟随在少帅夫妇前后左右的便衣队员监督遵守。

张学良和于凤至在凤凰山上幽禁时，常常回忆在西安和杨虎城将军及其夫人友好共事的那些美好日子，更加思念他们。原来，当少帅离开17万东北军将士，只身护送蒋介石回南京被囚禁后，杨虎城将军也被蒋介石以"调虎离山"之计，派往欧美考察。幽禁中的张学良夫妇对此一无所知。

1938年冬，沅陵县县长王潜恒多次派人到凤凰山请求晋见张学良。张学良对来人说："不必说晋见，王县长的心意我领了。我这里身体欠佳，去处不多，能否请王县长给我在山顶修个小亭子？"

王县长听人汇报此情，得知张学良在凤凰山上游景不多，常常想登高远眺。于是，王县长派人在凤凰山顶古寺右侧，沿沅水陡峭的绝壁上，为少帅修建了一座两层楼。张学良将它命名为"望江楼"。在望江楼与凤凰寺之间，相距四十余米，为便于行走，又在寺与楼之间修了一座宽1.5米、长45米的天桥。这样，张学良和于凤至每天都能通过天桥到望江楼远眺群山和对面的沅陵古城及绝壁下碧波千里的沅水。有时，少帅凭楼远眺，转念想到自己如笼中之鸟，不禁触景伤情，暗自落泪。

一天，张学良独自登上了新建的望江楼，眺望碧波荡漾的流水缓缓北去，蔚蓝的天际帆影绰绰。少帅面对此情此景，抚今追昔，感慨万千。

张学良回到寺中书房，在心中涌出思念好友的诗句："万里碧空孤影远，故人行程路漫漫。"当他想到自己不能率军冲杀在抗日救国的战场上时，心里就极其痛苦。

张学良对凤至遗憾地吟诗道："少年渐渐鬓发老，唯有春风今又还。"

于凤至听出诗句的内涵，感慨地安慰丈夫说："汉卿，你的诗，我很喜欢，说出了我们的思念和遗憾。你给这首诗拟个题目吧。"

"大姐，我想这首诗的题名，就叫《自我遗憾作》。"

"好！汉卿。"于凤至高兴地站起来，说，"我给你拿笔墨去，把这首诗写在墙上，让我们天天看到它。"

"大姐，你的主意很好！"

于凤至兴冲冲地拿来笔墨，张学良挥舞着饱蘸墨汁的毛笔，将《自我遗憾作》的诗句写在书房的墙壁之上：

> 万里碧空孤影远，
>
> 故人行程路漫漫；
>
> 少年渐渐鬓发老，
>
> 唯有春风今又还。

张学良在凤凰寺送子殿壁上的题诗

凤凰寺旁新造的"望江楼"，引起游客们的注意。人们都想知道是谁修建了这座雕窗红柱的濒江小楼？但谁也不知道，即便知道也不会说。游客们只能从凤凰寺戒备森严的情况判断：此地住着一位非同寻常的大人物。

在天桥下面，是一方养鱼池。这个养鱼池是张学良为了消磨时光让人找民工在寺庙的右侧挖成的。养鱼池宽20米，长35米，深2米。养鱼池里的水，是刘乙光让民工从凤凰山脚下的沅水江里一担一担挑上山的。开始，民工往返四华里挑水上山，每担水刘乙光让宪兵只给五分钱。张学良对民工的辛苦很同情，知道此事后，便当着民工的面宣布："每给鱼池担水一担，给钱两角。"民工们对这位张先生非常感激。

张学良爱好钓鱼，以前从香港托人买的钓鱼竿在沅江不适用了。因为这儿钓鱼的传统工具是一个竹筒，上面缠着很长的粗线，再拴上一个很大的鱼钩，在这个大钩上又分出三个小钩。张学良对这种钓鱼方式很感兴趣。每次钓鱼前，先派人租用四五条木船，他与便衣队员乘船到江中。把船停泊在江心用竹筒钓鱼。开始几天，于凤至蛮有兴致地陪着丈夫上船钓鱼或在船舱里编织毛衣，困了就睡一觉。后来，她的兴趣慢慢减退，便独自留在寺里，看看书，帮帮厨。寂寞使她越发思念在国外的孩子，虽然她刚40岁，但发际已见白霜。

有一次，张学良钓到了一条特别大的鱼。几个人怎么也拉不上来。少帅让船夫摆船跟着鱼走，等那大鱼挣扎得筋疲力尽时，几个船夫跳下水，把鱼托上船。张学良面对自己钓上来的这条硕大之鱼，乐得嘴都合不上了。少帅钓鱼的兴趣越来越浓，都不愿上岸回寺里吃饭了。刘乙光图省心，索性把厨师也叫到船上，烹调各种可口的鱼肴，供大家在船上品尝。

每次钓鱼归来，少帅还把钓到的鱼拿回寺里，放养在鱼池里。有时，张学良和于凤至坐在养鱼池边，观赏池里的鱼自由嬉戏，会有触景生情之苦。于是，张学良想为养鱼池里的鱼儿创造一个自由的环境，让刘乙光找来民工，錾凿一只大石龟。这只石龟有六七千斤重，放进养鱼池里。张学良又让民工在池水里修建了假山、石碰子等水景，供鱼儿在水中享用。

在凤凰山幽禁时，张学良读书很专心，有时读书一坐就是半天。他潜心研究明史就是从这时开始的。在他的案头上，堆满了有关明史的书籍和资料。他时而埋头细读，时而奋笔疾书，常常写读到深夜。每当少帅读书时，于凤至总是在一旁陪伴他，或为他查查资料，或为他做好夜宵。于凤至常常劝丈夫不要太熬夜，注意身体，适时休息。张学良听后，反对她安慰说："你身子有病，你就早点歇息，不要陪我了。"见丈夫这么坚持夜读，于凤至也只好作罢。

张学良在凤凰山幽禁，按规定，他的伙食标准为每天五块大洋。上边为他配备了两名厨师：一个是四川人，会做拿手的川菜、湘菜、大菜及面食糕点；另一个是浙江人，擅长烹调下江菜。有时，于凤至要求厨师为张学良做些有营养的菜肴，他们感到很为难。因为当时沅陵城里实在买不到什么好吃的或营养丰富的东西，只好每天给少帅炖一只鸡补养身体。

张治中二探张少帅

> 抗战一年多了，全国军民都踊跃参加，我身为军人，反而旁观坐视，实在憋不住了！对我来说，这是国难家仇，我怎能忘得了皇姑屯事件！我怎能忘记九一八事变！我的部属看着我，全国人民望着我，他们哪能不问：我张学良到哪里去了？
>
> ——张学良

1938年9月间，正值抗日战争进入第二年，张治中将军由淞沪前线下来，转任湖南省主席也将一年。此时，他赴湘西视察，得知张学良在凤凰山幽禁，便到沅陵专程去拜访张学良。这是"西安事变"后张治中第二次拜访张学良，距第一次快两年了。

这天，秋高气爽，山色迷人。上午8时许，张治中身穿米黄色中山装，头戴白色礼帽，带着四个随员沿着长达两华里的红砂岩石石阶步行上山。张学良得知张治中来访的消息，便偕夫人于凤至从后殿住室出来，在凤凰寺正殿迎接。张治中与张学良相见时，彼此紧握双手，黯然相对，然后两人慢慢步入后殿。

张治中走进张学良卧室，看了看墙上的题诗和桌子上的文稿、书籍，高兴地说："汉卿，你总算宽下心来，我很高兴。你潜心研究明史，这很好，若需要什么资料、书籍，我一定帮你找。"

张学良听后，只是苦涩地一笑。他面对张治中的来访，心中又升起重回前线抗日的希望。他关心的仍是抗日战争的形势。少帅向张治中反复地表示自己想参加抗日战争的急切心情。他说："抗战一年多了，全国军民都踊跃参加，我身为军人，反而旁观坐视，实在憋不住了！对我来说，这是国难家仇，我怎能忘得了皇姑屯事件！我怎能忘记九一八事变！我的部属看着我，全国人民望着我，他们哪能不问：我张学良到哪里去了？"

张治中对少帅的这席话只能表示同情，却无能为力，只好转话题问张学良的身体情况。张学良对张治中说："你看，我的身体是不错的，为了抗战，我打篮球、划船，锻炼身体，参加抗战是没有问题的。"

张治中见少帅念念不忘抗战，非常感动。他索性和张学良谈了湖南的情况。

张学良问："万一武汉失守怎么办？"

张治中把准备的情况大致告诉了张学良。原来，基层人员大多数更换了新人，民众组训、学生组训、抗日自卫队组训都在进行，还聘请了叶剑英担任高级顾问，将来指导游击战等。

最后，张学良表示："只要我能出去，做点什么都行，务必请向委员长转达我的意思。"

张治中说："好，我建议你给蒋委员长写封信，等我看到委员长时再作详细说明。"

张学良对张治中的建议表示赞赏，然后立即伏案给蒋介石写一封短信。他在信中要求参加抗日战争，要求见面详陈一切，剩余的事请张治中代为转达。

大约10时许，张治中起身告辞。张学良夫妇送张治中将军出寺庙，在门口处二人留影纪念。临别时，张学良紧紧握住张治中的手，十分难过地说："没有人来这里看我，你这次来，我实在是万分感动。从今一别，又不知何日能再相逢。"两人热泪盈眶，依依惜别。

张治中回长沙后，即派人将信送给蒋介石。张学良得知蒋介石已收到他的信，天天盼望能早日回音。然而，他失望了，他的信如石沉大海。

此后，张学良的脾气又坏起来，常常因为一件小事而暴躁不安。平时，大家都习惯地称他"副总司令"。可是此时，他听到这称呼，立即烦恼地瞪着双眼，怒吼道："我是什么司令，你们不知道我早被撤职罢官了吗！以后不许你们叫我副总司令，叫我张老百姓、张老板！"

不久，长沙起了大火，身为湖南省主席的张治中被这场大火弄得焦头烂额。蒋介石虽然飞来召开南岳会议，可是张治中自身难保，也没有机会为张学良说情了。

为抗战挥笔书信

听说你们打得甚好，弟虽隐居山中，听了也十分快慰，但是又知鲍文樾追随汪逆做了小汉奸，闻之令人发指。盼望兄等努力抗战，用我们的血洗去这污点，为东北群众争一口气。

——张学良

1938年底，在日本的诱惑和美、英劝降下，国民党统治集团内部发生了严重分裂。以国民参政会议长汪精卫为首的亲日派公开投降了日本，在南京拼凑了伪政权。

张学良得知汪精卫叛变为汉奸的消息，气愤得大骂：抗战一再失利，就是因为政府里有许多像汪精卫这样没有民族气节的小人。他说："如此下去，抗战何时能够胜利啊！"

1939年4月，在长沙大火的第三天，戴笠和他的随从副官王鲁翘突然来到凤凰山住了两天。第一天，戴笠和张学良谈了张治中火烧长沙的经过；第二天，戴笠分别召见了刘乙光、便衣队员和厨师进行个别谈话。

戴笠走后，凤凰山周围的时局一天比一天紧张起来。大家都明白：他们在凤凰山的日子不会太久了。此时张学良也意识到这点，舍不得离开这个地方。

自从他被幽禁以来，搬迁了好几个地方，只有在溪口和凤凰山两处生活得比较开心。因为这两个地方风景好，可供游玩、消磨时间的场所多。

在同戴笠的谈话中，张学良得知东北军将领鲍文樾参加了汪精卫的伪政府，十分气愤。他说："鲍文樾这个人，一年前还在为我的自由和东北军的前途奔走，没想到才仅仅一年，就成了软骨头！"他连声长叹，"看来，我是看人看得不透啊！早知他会投敌，我一枪崩了他，也算给东北父老除害了！"

戴笠这次来凤凰山见少帅，是奉蒋介石的命令：让张学良写信给鲍文樾，劝他不要同汪精卫同流合污。鲍文樾是东北军的少壮派，曾任张学良的参谋长、东北军驻南京代表。"西安事变"后，鲍文樾被迫离开东北军，经周佛海牵线，投靠了汪精卫。张学良从国家民族利益出发，按戴笠的意思，写信给鲍文樾，叫他不要认贼作父，不要"做历史罪人，好自为之"。

鲍文樾当上了汪精卫伪南京政府的军事委员、军政部长。张学良得知后气得大骂。于凤至见丈夫脸色不好看，追问发生了什么事？当得知鲍文樾当了汉奸时，她对丈夫的怒火很理解。她知道，鲍文樾在九一八前是北平东北讲武堂的教育长；事变后，又任北平军分会办公厅主任；"西安事变"时，张学良让他代表东北军参加和蒋介石谈判；而七七事变后，他背叛了少帅的意愿，背叛了东北军，投靠了汪精卫。这怎么能不使少帅义愤填膺呢！她劝丈夫消消气，不要因鲍文樾的事而伤害了自己的身体。

张学良听了夫人的劝说，长长地叹了一口气，说："大姐，我感到高兴的是，听说我的侍卫长刘芳波和日本鬼子打得很英勇。我真想见见他呀！"

"汉卿，你想念他，就写封信，等有机会让人捎给他。"

张学良听了夫人的话，表示赞同。于凤至拿来纸墨，放在桌子上。于是张学良伏在桌前，给刘芳波写起信来：

芳波兄：

好久没有通信，时常想念。听说你们打得甚好，弟虽隐居山中，听了也十分快慰，但是又知鲍文樾追随汪逆做了小汉奸，闻之令人发指。他忘了谁是敌人，谁杀害我们的同胞，谁强占了我们的田园，谁要灭亡我们，九一八的火药气味，他已经忘了么？真是令人可恨！这真是东北人的耻辱，更是东北军人的耻辱，弟个人更是又气又愧。盼望兄等努力抗战，用我们的血洗去这污点，为东北群众争一口气，弟虽林下息影，也少有荣焉。我身心两健，可告慰故人者。颂你健康，并祝胜利！

弟良 顿首　4月5日

此后，张学良从凤凰山发出的信源源不断。他认为自己虽然不能上前线亲自杀敌，却能以笔为武器，鼓励旧部拼死抗日，责骂叛贼逆子卖国求荣的丑恶行为。

5月的一天，张学良接到原在西北总部机要组管人事档案的科长陈旭东的一封来信。从信中得知，陈旭东自"西安事变"后已转隶军统，专门负责掌握沦陷区内军政人员的动向。陈旭东在信中开列了一份滞留沦陷区内的东北军旧属名单，请求少帅分别给这些人写信，要他们万万不能投敌，告诫被迫入敌营者及早弃暗投明。

张学良看罢原部下——小小科长的来信，马上照办，数日闭门伏案疾书，有时写信到深夜。于凤至见此情景，心里为丈夫担心，劝其注意身体。张学良觉得陈旭东的请求对抗日救国有利，自己能按陈旭东的请求办，就是尽抗日的心意。他对夫人说："将士们在前方天天流血牺牲，我不过动笔写写信而已，有什么累的？"

张学良将写好的信交给许建业，让他尽快将信邮出去。许建业带着满满一包信到县城邮电所寄发时，刘乙光开玩笑地说："看来沅陵邮电所要成为副司令的个人邮电所了。"

张学良听了这话，庄重地说："如果这些信能起到作用，我张学良也算是在抗战中尽了力了。"

解囊救人于危难之际

我身上仅留下三块钱，你（高应欢）就收下吧。

凡是有木船的群众，都要先救人，救得一人，奖银元五块，由我当场兑现！

——张学良

1939年7月的一天，张学良在江边钓鱼，见凤凰山后的一位穷苦农民（名叫高应欢）在用筝网捞鱼，便上前搭话聊天。

在交谈中，张学良了解到高应欢家中人口多，生活困难，老母久病在床，无钱就医，非常同情。

少帅当即取出三块银元，送给高应欢说："我身上仅留下三块钱，你就收下吧。"高应欢被张学良的关怀所感动，但他说什么也不肯收被幽禁的少帅的钱。而张学良却执意让高应欢收下钱，还好言相慰。高应欢在盛情之下，只好收下少帅送的三块银元，激动得热泪盈眶。

这年五月，端午节过后的一个夜晚，沅江上游下了大暴雨。顿时，平地三尺洪水，冲毁了沅江两岸许多房屋，不少人畜被卷入江中，顺洪流向下江冲来。翌日，洪流殃及沅陵境地。清晨，张学良起来，站在望江楼上用望远镜观看沅江，看到水面上漂浮着无数人、畜尸体。突然，他发现洪流中有些人骑在木头上或站在屋脊上求救。而岸上的人竟不顾水中人的危难，只顾在江边打捞财物……

张学良见到这种场景，心急如焚。他喊来刘乙光队长和童鹤连连长，一反平常的神态，命令他们："赶快集合队伍下山，到江上救人。"于是，少帅和大家赶赴救灾现场，并亲自指挥救人。

少帅向大家说："凡是有木船的群众，都要先救人，救得一人，奖银元五块，由我当场兑现！"在少帅的鼓动下，大家救上了许多老百姓。

当便衣队和宪兵把老百姓转移到安全地带后，张学良并不食言，慨然从自己的积蓄中拿出一笔钱，赏给了那些救人的人。

凤凰山上没有公路，汽车上不了山。汽车停在沅陵汽车站附近。宪兵一班人和司机都住在用竹子临时搭的棚子里。

这年8月的一天中午，时值盛暑。汽车队一名司机助手从油桶中倒汽油时，因嘴上叼着燃烧的烟头，引着汽油，油桶被爆炸的气浪抛上天空，当场将司机助手烧死，而后酿成火灾，烧毁了营房。这时，正赶上司机和宪兵们在营房里睡觉，来不及抢救自己的衣物，只拿了枪支弹药，穿着短裤就逃了出来。张学良知道这事后，从自己的积蓄中拿出一笔钱，给每个司机、宪兵五块银元，供他们买衣服。

放逐西南龙岗山

我懂得你们两人对我的好心和好意。但我这为人，我想您是很清楚的。我不愿以怨报德。我盼望您的人民尽力帮助不幸的中国。我决不会消沉。请勿为我过分操心。

——张学良

1939年秋，湖南时局紧张，日本侵略军占领武汉后，直逼长沙。戴笠给刘乙光拍电报，指示将张学良转移到贵阳。路线是：沅陵——辰溪——芷江——黄屏——贵阳。在转移途中，为了防止遭受袭击或劫持，宪兵连的十多辆卡车分做两处：一部分在前面引路，一部分在后面压队。卡车座楼顶上都架着机关枪，随时准备应付突然发生的情况。

在转移途中，车队艰难地爬行在崎岖的山路上。张学良夫妇在车上饱尝了长途颠簸之苦，身体像散了架一般。在这次转移中，张学良虽没有发生身体方面的问题，于凤至却经受不住，加上一路受到不少惊吓，身体很虚弱。

刘乙光的车队到达贵阳后，张学良夫妇被安排在一家旅店里暂住。刘乙光立即与军统局戴笠联络，得到命令：将张学良转移到距贵阳以北60里的修文县龙岗山阳明洞幽禁。

在贵阳暂住时，张学良感到生活稍有平静。他想到端纳来信有些日子了，应当给端纳写封回信了。于是他拿起笔，伏案写道：

端纳先生：

　　谢谢您的来信，也谢谢您的老板。我懂得你们两人对我的好心和好意。但我这为人，我想您是很清楚的。我不愿以怨报德。我盼望您的人民尽力帮助不幸的中国。我决不会消沉。请勿为我过分操心。

汉卿
10月20日 于贵州贵阳

刘乙光按照戴笠的指示，率车队载着张学良抵达贵州修文县城北的龙岗山阳明洞。此处岩石嶙峋，古树参天，洞内宽敞明亮，可容纳百余人，石凳石桌，不假修凿，自然生成。明朝正德元年（即1506年），兵部主事王守仁因不满宦官刘瑾陷害无辜，与之分庭抗礼而得罪朝廷，被谪为龙场驿（今修文县）当驿丞，他在龙岗山东洞讲学，教当地苗汉居民学习文化，自称阳明先生，故后人称此洞为阳明洞。洞口有明代贵州宣慰史安贵荣题刻："阳明先生遗爱处"七个大字，还有明御史冯晋卿所立碑石。洞前面有两棵挺拔苍劲的柏树，传说就是阳明先生亲手栽种的。龙岗山上树木茂密，巨石矗立，其间有王文成公祠、何陋轩君子亭等古迹。刘乙光把张学良夫妇安排在王文成公祠内右侧楼下的房子里，派二十多名便衣队员住在祠内，执行"保卫"任务。从张学良来到龙岗山起，这里便划成禁区，以防范不测。刘乙光将宪兵连的大部分兵力布置在从县城至山脚的第一道防线上；在第二道防线上，兵力分布在山的四周，分设岗亭看守；而便衣队大都布置在第三道防线，负责阳明洞内外之安全。每到夜晚，张学良卧室门口还要加设警卫。

张学良到这里不久，就对龙岗山发生兴趣。这里野兽很多，特别是獐子、野猪、山兔最多。因此，张学良极喜欢上山打猎。他每次出去打猎，都有两名副官和便衣队员六人跟随。早晨8点钟出猎，太阳下山才归，中午饭由厨师把饭菜担送到山野猎场。

张学良最喜欢吃烘煎的野味，在山洞里烧起一堆柴火，把打来的野兔、山鸡或獐子烤得滴油飘香。随着打猎兴趣的增加，张学良开始不满足于打野兔、野鸡和獐子，希望撞到"大家伙"过过瘾。所以，在打猎时，张学良总是拼命地往森林里钻，害得跟随其后的副官、便衣队员个个气喘吁吁。

有一天，张学良打猎到龙岗山西北坡，听到树林深处传来野猪的哼叫声，欣喜地跑过去。"随从"们见此情景，不敢大意，立即紧随其后钻进树林。此时，张学良看到三头凶猛的野猪围着一棵老松树拱土。于是，他端枪向猎物一步步逼近。"随从"们怕野猪受惊发狂，伤害少帅，都端起卡宾枪瞄准野猪，以防不测。这时，张学良已躲在靠近野猪的树后，"啪啪"两枪，一头野猪应声倒在地上，另两头野猪见势不妙，疯狂地逃进树林深处。"随从"们跑到野猪前，只见它头部和腹部各中一弹，都称赞副司令的枪法准。张学良笑了笑说："多亏这支枪是双筒的啊！"这头野猪是他打猎以来所遇到的最大的野兽。便衣队员们轮流抬着猎物回到驻地，剥掉猪皮，挖出内脏，净肉有百余斤。张学良只留下野猪一条后腿，剩余的肉都给便衣队和宪兵连食用。这天晚上，他们高兴地吃了一顿野猪宴。

1939年10月初，日军由赣北、鄂南、湘北集中12万兵力，分三路进犯长沙。国民党军队在第十五集团军总司令关麟征指挥下，与数倍于己的日军浴血奋战，歼灭日军三万余众，恢复了原有阵地，史称长沙大捷。

关麟征，字雨东，陕西人。黄埔军校第一期学员，北伐时期曾任第三十二旅旅长，中原大战时与张学良结识。1932年，关麟征在张学良指挥下，参加了抵抗日寇南犯的古北口战役。1938年，他率领部队参加了著名的台儿庄抗日战役。

时值长沙大捷，举国欢腾。此时，张学良正幽禁在贵州山林，忽从报端看到关麟征发表的《鹧鸪天》诗赋，非常敬佩，激情难平。于是，他在菜油灯下，为关麟征抗日壮举，欣然命笔，步其所写《鹧鸪天》原韵，填写了如下诗词：

欣闻长沙传捷报，

敌骑难越旧山河。

关军能继先哲志，

碧血黄沙把敌却。

民欢庆，我亦乐。

乘胜直捣长白山，

松花江畔奏凯乐。

张学良以此诗词，抒发同仇敌忾之志。同时也暗示其企盼早日恢复自由、奔赴抗日疆场的急切心情。

患癌症，于凤至出国就医

原本我和夫人于凤至在一起。后来夫人得了乳房癌，蒋先生答应她到美国医治。蒋夫人对我很好，就招来赵四陪伴我。

——张学良

我病了，经送院，检查出患了乳癌，好似晴天霹雳打击我俩的心。对之，我们商量。汉卿沉痛地说：我们怎么办！？你要找宋美龄了，要求她帮助送你去美国做手术。

宋美龄得到特务送的信，立即伸出救援之手，对我的要求都一一办到了。赵四也将要来到修文。

——于凤至

1939年冬，是于凤至在幽禁中陪伴张学良的第二年。辗转奔波的幽禁生活，使她的身体受到伤害。经医生诊断，她患了乳房癌。于凤至躺在光线黯淡、充满霉气味的屋子里，面色蜡黄，说话没有力气。张学良守在她的床边，深情地凝视着妻子的脸，怎么也寻不到当年郑家屯那妩媚端雅的芳容。无情的岁月，使她眼角爬上了道道深深的皱纹，黑色的秀发，染上缕缕银丝。

张学良不能忘记在郴州城外苏仙岭的幽禁生活。那段苦难的生活对于凤至的摧残太重、太残酷了。蒋介石授命戴笠，将张学良、于凤至分开，张学良幽禁在山顶破烂不堪的大寺殿堂里；于凤至居住在山下城中心公园内。少帅夫妇一个在山之巅，一个在山下，遥遥相望不可及。有时，于凤至一再要求上山见丈夫，刘乙光才同意她去见张学良。

这时，于凤至突然发出一阵痛苦的呻吟。

张学良急忙问："大姐，你感觉怎样？"

"汉卿，"于凤至呼吸困难，满面憔悴，紧紧地抓住丈夫的手说，"我恐怕是不行了。"

张学良说："不会的，大姐，我张学良一定让你出去，到美国去治病！"

于凤至在口述《我与汉卿的一生》书中说：

1940年春，我病了。经送院，检查出患了乳癌，好似晴天霹雳打击我俩的心。对之，我们商量。汉卿沉痛地说：我们怎么办！？你要找宋美龄了，要求她帮助送你去美国做手术。老天爷不饿死瞎麻雀。你会康复的，一旦病好了，也不要回来。不只是需要安排子女留在国外保存我们的骨肉，而且要把"西安事变"的真相告诉世人。蒋介石忘恩负义，背弃诺言，他是一定要编造这段历史，他一伙是要千方百计伪造这不能见人的历史，你尽量努力帮我完成这个心愿吧。我说：我一定不死。老天爷会可怜你的为国尽忠，你受到如此虐待，历史一定会给你公道，我记住你说的一切，一定完成你的嘱托，把一切事情公之于世，我求老天让我看到你自由再死。

在决定我不回来之后，我说：如果宋美龄帮助我出去，你一个人生活上需要有人照料，我也请求宋美龄帮助让赵四来服侍你。汉卿思考后说：这向宋美龄说说吧，但是，现在是由戴笠来决定了，戴笠能找到她，并且能决定她来不来。戴如果认为赵四不能控制，会趁你离开的机会，派一个女的来照料我。我在讲武堂和入伍后一个时期，自己也照料得了自己，你不要惦念。

宋美龄得到特务送的信，立即伸出救援之手，对我的要求都一一办到了。赵四也将要来到修文。孔祥熙夫妇也转达他们的惦念，嘱我到美国后，有什么需要时，找他们帮助解决，这情意使我和汉卿十分感动。

这天，军统局长戴笠来探望张学良。张学良便向他提出送于凤至出国治病，改换赵一获来此照料自己的生活。

戴笠听了张学良的话，没有立即表态，声称等请示蒋委员长后再答复。入夜，戴笠对张学良的请求感到进退两难。他虽然阴险狠毒，杀人不眨眼，但是对张学良却总是惧让三分。从前，蒋介石为了拉拢张学良，组织"四维学会"时，戴笠还是少帅的部下。当时，张学良对他以诚相待，视为朋友，两人关系一直很好。由于这层关系，所以在"西安事变"后，戴笠才敢于陪同宋美龄飞往西安。他清楚地记得，当时他一下飞机，就被少帅的部下解除了武装，使他这个军统局长狼狈不堪。然而，张学良知道这事后，却将自己的手枪摘下来，送给他，挽回了他的面子。如今，张学良提出请求，让妻子出国就医，自己怎好拒绝？至于张学良让赵一获来陪护，她会来吗？想到这儿，他干脆来个顺水推舟，连夜打电话，向蒋介石报告了于凤至的病情和张学良的要求。

开始，蒋介石不同意，后来夫人宋美龄一再劝说丈夫，支持赵四小姐来替于凤至，对张学良更有益。于是蒋介石便同意于凤至出国治病。

时值深秋，戴笠以张学良之名给赵一获拍去电报，希望她来替换于凤至。

这天，于凤至从昏迷中清醒过来。守在她身边的张学良告诉她："委员长已经同意你出去看病治疗，你不要担心我，把病治好是最重要的。"于凤至得知丈夫和戴笠已给赵一荻妹妹拍去电报，知道她不要很长时间就会到达，心也就放下了。

于凤至在口述《我与汉卿的一生》书中回忆说：

生离死别将临，多少夜，（我和汉卿）二人不能成眠，边谈边泣，商议两人如何面对未来。议及我有可能不治，我要抓紧时间安置好子女在海外的生活，让他们扎根海外，不要回到蒋统治区。我说：蒋介石是要靠美国的，我在美国营救你来美国取得自由。汉卿说：这是唯一可能了，但是恐怕不成，蒋是不肯放过我的，我没有死之前，虽然因为宋美龄，对你不会下毒手，但也不会放过你，你要警惕啊！汉卿特别嘱咐：任何人，即使他是亲友故旧，乃至家人，凡是认为我是有罪的，这人就是敌人，甚至是特务，要永远记住这一点，去分辨人。要清醒啊！汉卿说：公道自在人心，你在国外也会有很多人帮助你。

汉卿应允我，任何情况决不自杀，尽一切可能委曲求全去应付蒋一伙，保全自己以求得到自由。汉卿特别明确指出：永远不会认罪，因为自己没有罪，并且是尽了力报效国家了。汉卿说：如果有一天，说他认罪了，那就是蒋一伙伪造的，不要相信并且要揭穿它。汉卿说：赵四要来了，她会照料我，但是戴笠让她来，就是说明戴能控制她，对这点我们要清醒。我们互相要求、互相许诺要努力争取他自由，一同回故乡。

这天，于凤至离开了幽禁丈夫的龙岗山，辗转赴美就医去了。然而她万万没有想到的是，此次与丈夫分手，竟是他们夫妻天各一方，再也没有相见之日。

红粉知己少帅之福

一荻，你来了，我很高兴！你来了就好，来了就好。

——张学良

红粉知己，张汉卿之福啊！

——戴笠

1939年秋，在香港的一座中西合璧的乳白色小楼里，女主人赵一荻正面对桌子上的两封电报而惆怅。两封电报，一封是重庆军统局长戴笠打来的，另一封是张学良的。两封电报的内容基本相同：于凤至将出国治病，征询赵一荻是否愿来贵州龙岗山，接替于凤至照料张学良生活。

两年前，赵一荻离开雪窦寺后，回到上海马思路张公馆居住。这段时间，张学良和于凤至所需要的日用品，均由赵一荻购买，然后请人捎送到雪窦寺。不久，上海沦陷，赵一荻迫于无奈便到了香港，在女友李兰云（原北洋政府财政总长李思浩之次女）为她购买的一幢中西合璧式的小楼居住。从此，关于张学良的消息基本断绝。有一次，她偶然从大陆来香港的熟人口中，得知一点张学良的消息，才知少帅已在湖南。她高兴地为张学良买了许多英文画报，托人带到武汉，请友人转交给张学良。然而，此后又与张学良断了音讯，不知他是否收到那些英文画报。

现在赵一荻从电报中知道凤至大姐病重，需到国外治病；张学良孤身一人在幽禁中度日。她决心要回到少帅的身边去陪伴他。决心下定了，但要付诸行动不是一件容易的事。她心爱的儿子间琳可怎么办？她知道幽禁的生活是令人难以忍受的，无辜的、不足十岁的间琳不能生活在这样的环境里。她想到张学良有一位美国朋友，在少帅主政东北时，他是座上客，与汉卿过从甚密。后来，少帅通过他把一笔财产转到美国，委托他代管。多少年来，张学良与这位美国朋友情谊深厚，彼此十分信赖。

这位美国朋友的名字叫詹森，身材颀长，一头卷曲金发，1930年以前在北平任美国驻华使馆公使。他的夫人金发碧眼，雍容华贵。詹森夫妇和张学良家人关系密切，夫妇都说一口流利的汉语。

张学良主政华北时，詹森夫妇正在北平。北平的六国饭店、北平饭店及西山酒店等场所，经常有他们和家人欢聚的身影。张学良、于凤至、赵四小姐经常和詹森夫妇一起进行跳舞、看戏、打网球等娱乐活动，因此结下深厚情谊。1936年"西安事变"后，张学良失去自由，詹森夫妇获悉非常担心，念念不忘和张学良之间的情谊。

于是，赵一荻于1939年带着心爱的儿子闾琳乘飞机到了美国旧金山，在詹森夫妇的寓所向其说明来意，将孩子交给他们照料。她嘱托美国朋友给闾琳以最好的教育，绝对不许闾琳接触外界不熟悉的人，不向任何人谈及闾琳的情况，以防有人加害于闾琳。詹森夫妇向赵一荻保证：会视闾琳为自己的儿子，抚养他长大成人，绝不辜负张将军的期望。赵一荻临别时，不满十岁的闾琳哭闹得十分厉害，紧紧抱住妈妈的腿不放松。赵一荻泪满双颊，望着爱子哀求哭闹的样子，她的心碎了，竟说不出一句话。

最后，闾琳被詹夫人强行抱走。赵一荻忍痛从美国返回香港，踏上赴龙岗山的旅程。

此时已是1940年初，当戴笠接到赵一荻给他的回电时，知道她已在赴贵州的途中。他情不自禁地赞叹："红粉知己！张汉卿之福啊！"

1940年2月，龙岗山来了一位新的女主人——赵一荻。她一到山上，就把带来的生活日用品和书报杂志掏出来，让张学良过目。张学良见她拿来这么多的东西，知道她是做好长久陪伴自己的准备了。张学良从心底感激她。此时，赵一荻打开另一个箱子，从里面拿出一些小礼物，对刘乙光队长说："请把这些小礼物分送给你的队员。"刘乙光叫人把这箱子抬出去分给众队员。

这时，赵一荻又取出一个纸箱，对刘乙光说："这纸箱里装的是玩具，送给你的几个孩子。"刘乙光欣喜地接过纸箱走了。

此时，屋里只有张学良和赵一荻两个人。赵一荻仔细端详着心爱的人：仅仅才三年多，少帅已呈现出老态，头顶的头发掉了许多；当年少帅的英姿已荡然无存了。

"汉卿，你吃苦了……"她说着，泪水已簌簌地流下来。

"一荻，你来了，我很高兴！"张学良握着赵一荻的手，拍着，轻轻地抚慰说，"你来了就好，来了就好。"

赵一荻来到龙岗山的第二天，便脱下绣花旗袍，抹去红粉，穿上乡下常见的青色旗袍和软底布鞋，时刻陪伴在张学良身边。从此，她用柔弱的双肩，分担起少帅幽禁中的巨大忧愁与痛苦，使张学良的精神面貌与生活内容都发生了很大的变化。赵一荻深知张学良精力充沛，兴趣广泛，好动不好静，只要他有要求，她都尽可能地满足。

当张学良要下围棋解闷时，赵一荻就与其下围棋；当他要去打猎、钓鱼时，她就毫不迟疑地提起枪或钓鱼竿；当他要打网球、排球时，她就快乐地陪他玩；当他研究明史写文章时，她就帮他抄写或查资料。赵一荻在生活上对张学良照料得无微不至，以缝纫、烹调等手艺，满足张学良的需要。她为心爱的人做新颖的衣服，烹调可口的菜肴。张学良最爱吃鲜蘑烧鸡、蘑油面条，赵一荻就带着两名副官到龙岗山的松林里去采拾蘑菇。为了学会做新鲜蘑油面条，赵一荻还亲自下山，向村妇请教。她的所作所为，使刘乙光和警卫们不禁为之感叹不已："这个赵四小姐，真是不简单啊！这是副座的福啊！"

张学良深知自己获释无望，索性埋头读起书来，并致力于明史的研究。因为他被幽禁在昔日王阳明受贬的龙场驿，所以深有同病相怜之感，特别专心地研究"阳明学说"。自从赵一荻来后，王阳明祠堂中因添了这位善良贤惠的女主人，比以前热闹了许多。张学良在研究明史时，案旁又有了一位喜爱明史的助手。

张学良需要做笔记，赵一荻对这项工作情趣极深，便欣然承担起来。她从早到晚埋头桌案前，为张学良整理札记，充当他的书记员，替他摘抄书卷、制作卡片，从不露出一丝倦容。这种红袖添香、佳人伴读的氛围，荡涤了昔日的苦闷与寂寞，使张学良研究明史的热情更加高涨。

1940年于凤至患病赴美就医，赵一荻由香港来陪伴张学良。这是赵一荻在香港与亲友的合影。

有一次，在研读明史时，张学良问："一荻，你还记得委员长送我的那本书吗？"

"汉卿，你说的是那部明朝的《绥寇纪略》？"

"对！对！"张学良惊叹地望着赵一荻说。

"这部书是木版印刷的，一共有四册。"赵一荻补充说。

张学良对赵一荻的非凡记忆力深感惊叹的原因是：这部《绥寇纪略》，是1934年少帅就任鄂豫皖三省"剿匪"总司令部副司令时，蒋介石专程从南京赶到汉口亲手送给他的。当时，蒋介石以为让张学良读读《绥寇纪略》，了解李自成、张献忠、牛金星等"反贼"和明将孙承宗、洪承畴等人的情况，对"剿匪"战事会大有帮助和教益。

张学良对赵一荻说："委员长当时要我认真读这本书，从中吸取历史经验。"

"是的。"赵一荻笑着说，"可你忙得没有时间看，交给我保存了一阵子，又叫应德田副官读给你听……"

"应德田这个人啊，"张学良感慨地说，"他是个激进派，读完《绥寇纪略》对我说：字里行间根本找不出绥寇的办法和经验，有的倒是一句话，'前

599

车之覆，后车夕鉴'，'书里讲的不是绥寇，倒是寇亡了明'。我当时听了他的话，受到了震动。我觉得，委员长倡行的'剿共'方针，同明朝皇帝相似，我不想亡国，不想再打内战，所以才决心发动兵谏。"

赵一荻听了，若有所悟地说："这是委员长送你书时想不到的，这部书倒起了反用。"

张学良的幽禁地山势不高，风景优美。山腰有石洞，离洞数十步，有一座木结构两层楼房的四合院落。楼上六间房，张学良用三间：一间寝室，一间书房，中间房里摆着一张乒乓球台，上面摊着报纸杂志及书籍。

时值秋季，张学良常穿一件咖啡色丝棉袍，布鞋纱袜，可是仍掩不住他那军人的勃勃英姿。负责"警卫"的队员们都说，这是赵一荻小姐的功劳。

有一次，宪兵连来了两个朋友，大家包饺子招待这两位朋友。为了随便谈笑，吃个痛快，就没有请张学良来。当队员们都入座举筷时，张学良来了。

他见大家吃饺子，说："好啊！你们吃饺子！"众人见此情景，"唰"地起立，并向张学良致敬。宪兵连长曾磊（新换任）上前，欢迎说："副座，欢迎你和大家一起吃饺子！"

张学良说："好！我吃！"队员们听了，立刻把席中首座让出来，请少帅入座。于是，众宪兵各自坐下和张学良一起吃饺子。张学良一边吃一边谈笑自若，逗得大家不时发笑，席上无任何拘谨之感。

张学良喜欢打篮球，而且球艺娴熟。每逢宪兵打篮球时，张学良都去当义务教练或当裁判。有时球兴大发，他就脱了上衣，赤膊上阵。宪兵见副座上场，打球时总有顾虑，不敢放开胆子抢球。张学良见这情景就说："上球场就是上战场，要勇敢，否则就会打败仗。"每场球下来，张学良都是全身大汗。宪兵问他累不累？他蛮有兴致地说："只有这样才过瘾！"

在龙岗山幽禁时，张学良的日常生活就是读书、看报刊、听留声机、练武术。有时赵一荻陪他散步或做其他活动。在感到寂寞时，常常到宪兵营房去看看。他特别喜欢和"宪兵娃娃"打交道。他喊宪兵时，常加上"娃娃"二字。

有一次，张学良和宪兵娃娃下棋，他先提出条件：谁输了要挨打五下手板。下第一盘棋，宪兵娃娃输了，张学良高兴地拿"米达尺"打"娃娃"手心五下。第二盘棋，张学良输了，便伸出手让宪兵娃娃打手心，可是宪兵娃娃不敢打副座。

张学良说："你不打就是不履行我们双边条约，要受罚，要罚打五板。"然而，宪兵娃娃还是不肯打少帅手板，很乐意地伸出自己的手，让副座再罚打五下手板，逗得围观的宪兵们开心大笑。

张学良在幽禁时，虽然与外界失去联系，但非常关注抗日战局的进展，每当接到报纸杂志，都首先看有关时局的消息报道。有一次，他在看报时，突然拍案而起，大声怒骂："王八蛋！饭桶！一个个该枪毙！"这时，宪兵连长曾磊从外面进院，听到副座在楼上发怒，忙问楼下的人："出了什么事？"宪兵回答："副座看到报纸上登打败仗的消息，正在发脾气。"曾连长和宪兵们每当见到少帅发生这种情况，都很同情他，深深为副座的处境而不平。

"特护"中割阑尾又逃过一劫

> 汉卿先生由盲肠炎溃烂变为腹膜炎，经割治后现已平复。自昨日起热已退清，精神甚佳。委座对汉卿先生病极关心。
>
> ——戴笠

> 小妹妹（邓兹年），你很聪明，假如我以后住医院，一定请你去当护士长。
>
> ——张学良

1941年5月底的一天，幽禁在龙岗山上的张学良突然感到腹下隐隐作痛。医生给他几粒消炎药，张学良吃药后腹痛反更加重。医生诊断后向刘乙光建议：副座恐怕是患阑尾炎，应到医院住院治疗。

刘乙光清楚地记得，临来龙岗山前，上司戴笠已指示：张学良如患病，外科病找贵阳中央医院院长沈克飞，内科病找贵阳医学院院长李宗恩，但无论如何，事前应向重庆方面请示。此时，刘乙光便电请戴笠局长指示。但不知为什么，戴笠没有回电。刘乙光担心张学良病情恶化，发生不测，责任重大，乃自作主张，去找贵州省主席吴鼎昌，请求帮助。

吴鼎昌听说张学良在龙岗山患病急需住院，觉得此事重大，立即与中央医院沈克飞联系。于是，刘乙光在吴鼎昌的帮助下，把奉命西迁到贵州的南京中央医院外科病房包了下来。此外科病房仅二十多张床位，从此，病人许出不许进，为的是保守张学良住院的秘密。

刘乙光把张学良送进中央医院外科特别病房。张学良的病床名卡和病历上只写"张先生"三个字，其他全是空白，负责特别病房的医务人员只知道患者叫"张先生"，是一位不同寻常的患者。张学良一入院，就被诊断为阑尾炎，需手术割除。

著名外科医生杨静波主刀，用了一个来小时的时间，为张学良切除了阑尾。手术期间，赵一荻守在手术室门外，坐立不安，心急如焚，泪流满腮，不住祈祷上苍，保佑张学良渡过难关。当张学良被推出手术室后，赵一荻欣喜地扑过去，同护士一道推张学良到病房。她身穿高领旗袍，脚着缎子绣花鞋，守护在张学良身边，体贴入微。

刘乙光将张学良手术情况电告上司戴笠。戴笠即回电指示：准许张学良住院，但要严加戒备。刘乙光按上司旨意，对张学良病房严加监视，除了沈克飞和"特护组"的医护人员外，其余人一律不许入内。

每当护士进病房时，赵一荻总是主动上前迎接打招呼，还对"张先生"说："换药来了。"几天后，刘乙光经观察、监视，对"特护组"医护人员很满意，便放松了对他们的监视。因为赵一荻在病房内对张学良的护理无微不至，刘乙光便知趣地退到病房外，在走廊监视，不许生人进室。

抗战开始后，中央护士学校由南京迁往贵阳。这年，周舜华18岁，正在护校学习，突然被派往医院做张学良将军的随身护士，协助医生对其进行医务及生活护理。

周舜华是"特护组"的护士。开始，周舜华护士心里非常疑惧，唯恐稍有差错担不起责任。可是经过数日护理这位"张先生"，她发现这个了不起的患者和赵一荻女士对自己很和气。张学良和赵一荻都称呼她为"小周"，后来索性就叫她为"胖儿"。周舜华护士听了不但不生气，反而感到很亲切。她非常尊敬地称张学良为"先生"。

"特护组"的医务人员对"张先生"和赵小姐都很感兴趣，他们趁刘乙光不在病房时，就跟"张先生"和赵小姐聊天。

有一次，他们见赵小姐给"张先生"翻相簿，凑上前观看。护士长邓兹年指着一张女士照片问是谁？"张先生"回答："她叫于凤至。"

邓兹年又问："她是你什么人？"张学良答："是我太太。"

突然，张学良看到邓兹年衣袖上镶有锡扣，触景生情，神色黯然地说："我以前在北平住协和医院时，曾送了一对金袖扣给照顾我的护士。现在不行了，我没法报答你们了。"

这时，护士们发现赵小姐转过身去，似乎在悄悄地擦眼泪。

张学良见此情景，便转移话题对邓兹年说："小妹妹，听你口音，好像是湖南郴州人。我在郴州苏仙观住过，那里空气很好，风景宜人。"

邓兹年听了，对"张先生"点了点头，然后讲了她在郴州读书的一些往事。"张先生"和赵小姐对她讲的很有兴趣，还不住地点头。

一天，护士李月影神秘地对周舜华说："张先生有只金壳表，精致极了，你去开开眼界吧！"

翌日，周舜华在为张学良整理床铺时，果然在枕头下看到了金表，端详了许久，大开眼界。数日后，周舜华发现，张学良病房一隅又放有数根钓鱼竿，都是外国货，漂亮而精巧。她好奇地问张学良："先生，您爱钓鱼吗？"张学良对护士的问话没有回答，只是喟然长叹，不住地摇头。

见此情景，赵一荻知道，张学良又想起他与蒋先生互赠"金表"和"钓鱼竿"暗示对方的事：前者要求释放出去抗日，后者希望前者闭门思过，修身养性。周舜华护士见张学良面色不好，开口想问些什么。赵一荻上前对护士说："胖儿，先生要休息了，这儿由我照看。"周护士只好走出病房。

此时，宋子文虽然在美国，但时刻关心张学良的情况。他曾向戴笠询问过张学良的病情。7月11日，戴笠致电宋子文报告张学良病情。12日，宋子文回电：汉卿割治经过良好，甚慰。务请逐日电示病情，并祈饬属慎护为祷！

同日，宋子文在美国又致电张学良表示慰问：

> 项闻兄患盲肠炎，割治经过良好，稍慰悬念。尚祈格外珍卫。已请雨农（戴笠）逐日电告尊况。嫂夫人（指于凤至）安吉勿念。

其实，宋子文在此电原文末尾写有"未敢通知嫂夫人，恐焦念过度，有碍健康"，这句话在发报前，宋子文将其删掉，怕张学良反过来忧虑于凤至的健康。

戴笠和宋子文有着特殊的密切关系，自从接到宋子文的"逐日电示病情"电后，不敢怠慢。7月17日，他在贵阳给宋子文发电：

> 震电奉悉。汉卿先生由盲肠炎溃烂变为腹膜炎，经割治后现已平复。自昨日起热已退清，精神甚佳。委座对汉卿先生病极关心。晚当慎护一切，请勿念。闻公盛暑过劳不适，至念，敬祝健康。晚笠。筱。贵阳叩。

然而，张学良手术后，身体并没有迅速"平复"，反而病情恶化，发高烧。医生不得不第二次为张学良做手术。

8月17日，戴笠于重庆致电宋子文：

汉卿先生创口脓尚未清，已续行开刀，但无妨碍，乞勿念。

张学良二次手术后，腹腔脓肿。医院医药器具缺少，设备差，没有引流管。护士长邓兹年想了个办法，用香烟锡箔纸卷着纱布代替。纱布不够，就用皮纸（用棉花作原料的纸）作纱布，在病房里为"张先生"做引流。邓兹年恐怕"张先生"和赵小姐不放心，便解释说："这都是经过消毒的。"

张学良听了笑着说："哦，小妹妹，你很聪明，假如我以后住医院，一定请你去当护士长。"邓兹年听了连忙点头，表示一定去。

张学良这次住院治病，拖了好几个月。由于负责治疗的"特护组"医务人员的共同努力，终于使张学良的身体逐渐康复。在张学良将要出院时，"特护组"人员商定：每人做一样拿手菜肴，庆贺张学良恢复健康，为他送行。张学良听赵一荻告诉他这一消息，十分高兴，欣然赴宴。周舜华做的是湖南家乡的"米豆腐"。少帅手艺欠佳，做的是一碗鸡蛋汤。赵四小姐做了鱼香肉丝。分手时，张将军眼圈潮红，赵四小姐伤心地哭出声来。

最后，张学良让赵一荻拿出预先买来的一本纪念册，在上面题了字，大意是：医生和护士的工作同是高尚的职业，均须怀有一颗圣洁的爱心。他把纪念册赠送给护理他的周舜华护士，感谢她为自己付出的辛勤劳动。周护士接过纪念册，热泪盈眶。她多么期望"张先生"多住些天啊！护士长邓兹年拿来一个本子，让"张先生"签字留念。张学良欣然写了"勤于事，慎于言。庵"七个字。

张学良这次秘密住院，只有一个人可以随便进入病房，他便是吴鼎昌。因为他是贵州省主席，张学良住院，他帮了刘乙光大忙，所以，他三天两头地就到病房来看张学良，并送鲜花或水果及滋补品。当张学良伤口完全愈合后，刘乙光张罗着出院。张学良把刘乙光叫到跟前说：

"我想在贵阳再住段时间，不准备回阳明洞。"

刘乙光听了，惊愕地望着张学良，半天没说什么。

"是啊。"赵一荻在一旁插话,"汉卿在阳明洞住长了,想换换环境,在贵阳多待些日子,万一有病痛在这儿治也及时,不要像这次了,可把我吓死了。"

"副司令,这事……"刘乙光有些为难地说,"您是知道的,这种事我是做不了主的,等我请示一下戴局长。"

张学良微闭双眼,没说什么。

刘乙光告辞张学良后,立即向戴笠报告请示,得到戴笠同意,指示他:让张学良暂住在黔灵山麒麟洞。

黔灵山位于贵阳市西北角,距市区约1.5公里。这是由四座山联结构成的风景区,山上气候温和,古树参天,溪泉奇异,猕猴珍鸟出入林间。清康熙二十七年,登山小路被辟为"九曲径"盘旋而上,数步一折,沿途怪石耸立,浓荫蔽日。山顶有一名为宏福寺的寺院,四周林木千重,围绕如幄。山后有圣泉,山前有数洞、清池和碑石。山后脚下有青山环抱的黔灵湖,站在石堤上或登水榭楼台上,湖光山色尽入眼底。登上宏福寺右侧的王岭,可俯视贵阳全城景色。麒麟洞位于黔灵前山,因洞内有一巨石酷似麒麟,故而得名。麒麟洞内,幽深曲折,有天然生成的石花、石幔、石椅、石榻,冬温夏凉,比阳明洞更显奇异。麒麟洞前还有一片平地,花木繁茂,一条游廊濒临鱼池,举目便可望见对面的狮子崖。

张学良就在麒麟洞内居住,休养身体。但重庆方面对张学良久留贵阳很不放心,指示贵阳的军统局有关高级人员要经常与张学良周旋,加强监视,防止出现任何意外或不测。为此,军委会监察处贵阳分处龚少陕处长、别动军司令部贵阳办事处吴仲谋主任和贵阳缉私处郭墨涛及贵州省会警察局夏松局长等人经常到麒麟洞来,陪张学良打麻将、玩扑克或进行其他娱乐活动。他们到此来表面上是同张学良娱乐,实际上是稳住张学良,使其不到外面招惹麻烦。

张学良身体康复后,应贵州省主席吴鼎昌之邀,到花溪参加了一次诗会,与会者纷纷以诗慰勉张氏。张学良对众人盛情,吟诗作答曰:

犯上已是祸当头，

作乱原非愿所求。

心存广宇壮山河，

意挽中流助君舟。

春秋褒贬分内事，

明史鞭策固所由。

龙场愿学王阳明，

权把贵州当荆州。

张学良在这首诗中，首次公开论及"西安事变"。他在诗的首联，申述自己对"兵谏"之态度，反讽蒋介石等人对他的指斥。张学良在颔联中，进一步表明"壮山河"和"助君舟"的心迹，表明发动"西安事变"的初衷，乃是帮助蒋介石更好地驾驭抗日的大舟。张学良在诗之尾联，表明自己要学王阳明，读书治学，不问其他。然而在最后一句诗中，张学良以饱含反讽之意委婉表达了他不能效命疆场的深深忧愤之情。

1941年11月，戴笠奉命来到麒麟洞。他到时，张学良和赵一荻正在球场上打网球。刘乙光即派队员将张学良从网球场上找回来。

这时，戴笠问刘乙光："张汉卿近来情绪如何？"

刘乙光回答："很好，跟我家人和宪兵玩得也开心。"他详细说了张学良玩的那些新花样。

"好，你工作得很有成绩！"戴笠称赞道，"（蒋介石）校长的目的算是达到了。"

此时，张学良和赵一荻从球场上回来。戴笠见面就说："校长命雨农前来与副司令贺寿，还带来了校长给的薄礼。"说完，他让队员把三口木箱抬进张学良的住屋里。

这天中午，张学良请戴笠共进午餐。刘乙光也应张学良和赵一荻之邀出席作陪。午餐时，张学良向戴笠问起杨虎城将军的情况。

戴笠不好实说，只好说杨虎城还在国外进行考察观光。其实，杨虎城夫妇这时正在监狱中备受虐待，并在狱中生了一个女儿。蒋介石为了摧残杨虎城，命令戴笠将杨虎城夫妇分开监禁，对他们进行更残酷的折磨。

张学良和赵一荻听了戴笠的谎言，心里感到十分欣慰。因为他们也曾到国外考察过，那样的生活比幽禁生活自由得多。

张学良请戴笠向蒋先生转达他的心愿："只要解除幽禁，出去后随便干点什么都可以。"戴笠听后，表示一定代他转达给蒋委员长。

刘育乡的养鸡王

像养鸡王有什么不好？自己养鸡，自食其力，没准我们会发财呢！

——张学良

1942年2月2日，军统局戴笠指示刘乙光：将张学良转迁到距贵阳82公里处的开阳县刘育乡。这天，天气格外阴冷。张学良身穿灰色旧棉军装坐在藤椅轿上，被抬进刘育小学。在这所小学里，县长对他的到来表示了欢迎。然后，张学良一行便去"行辕"居住。

开阳县原是一个古驿站，始建于明朝崇祯三年。后来，这个古驿站设立县治。它地处黔北，三面临河：东南是清水江，北面是乌江。为此，它成为兵家屡争之军事要地。刘育乡与开阳毗连，是贵阳到遵义、湖南的交通要冲，距"陪都"重庆420公里。刘育地区周围山峦起伏，群峰叠嶂，地势险要，可攻可守。这里曾有国民党第十六补训处、税警团和南京汤山炮校等军事单位驻扎过。此地的县长、乡长都是蒋介石的忠实心腹，他们的封建袍哥势力十分强大。所以，此地对蒋介石来说，是"管束"张学良的理想之地。

戴笠遵照蒋介石的意旨，于1941年9月，指派军统局在刘育建造"行辕"。

从表面上看，这里建造的"行辕"是蒋介石执事之地，但实际上蒋介石从未来过此地，不过是为日后长期幽禁张学良而掩世人耳目。

"行辕"地处刘育寨子以东约百米，位于黔北古道南侧。其周围有四个山头，上修造四座碉堡和数个哨位，警卫人员可清楚地看到"行辕"内的人物活动。

张学良和赵一荻来到"行辕"，被安排在正房居住。正房连着图书室、澡堂、会客厅和副官室。刘乙光将特务队的办公室、宿舍设在正房对面的房间里，以时刻观察张学良和赵一荻的活动。每当张学良与赵一荻走出正房，都能看到四面高高的围墙外，古树参天；值勤的哨兵在枝叶间的哨棚里，密切地注视着院内活动。

张学良幽禁在"行辕"后，刘乙光奉命对其进行严密监控。张学良的书信包裹，除了宋美龄和宋子文寄来的外，一律打开检查；张学良的活动范围被划定在半径10公里内，每次出门"保护"的警卫人数比过去加了四五倍，约50人。这样的严格管束使张学良很苦。他常常坐在门口处的老青桐树下沉思，或者长时间呆呆地望着远山，一言不发。每当这时，善解人意的赵一荻总是来到张学良身边，柔声地劝说："汉卿，我们散步去，心要往宽了想，钻牛角尖会毁了自己的。"于是，她轻轻地挽住他，向林中走去。

张学良在"行辕"内断绝了外界音信，连《中央日报》和《贵阳日报》都看不到。这时，赵一荻、张学良提出到县城去看看。开始，刘乙光表示不同意去县城，可以到刘育乡集市上转转。后来，张学良又几次提出到开阳县城走走，刘乙光没办法只好同意张学良化装成商人进城。

张学良和赵一荻进县城逛集市的最大收获是买了七八十只小鸡。由于幽禁生活很寂寞，张学良对养鸡产生了浓厚的兴趣。赵一荻对张学良买鸡养鸡很赞同。她说："这儿的人都说，家里不养鸡就不像过日子的样儿。等我们把小鸡养大了，一天给你炖一只，好好补补你的身体。"

张学良把小鸡运回住地，同赵一荻一起动手，在正房边的空地上，用篱笆圈起了一个鸡栏。张学良看着七八十只小鸡在鸡栏中，叽叽喳喳，欢蹦乱跳，心里感到很快活。不长时间，他对这些小鸡产生了感情。每天早晨起床，便和赵一荻到鸡栏外边喂小鸡，观看它们争抢菜叶、米粒的样子，笑容不时绽开脸上。

赵一荻见张学良开心的样子，风趣地说："你这样儿，像个养鸡王！"

"像养鸡王有什么不好？"张学良两手一摊说，"自己养鸡，自食其力，没准我们会发财呢！"

当张学良和赵一荻把小鸡养到半斤多重时，突然发生了一场鸡瘟。开始，有几只小鸡不吃食，耷拉着头，不长时间便是长喘气，然后一只接一只地死去。

张学良见这情景心里不是滋味，急忙找来兽医，将其给的药拌进鸡食里，然而效果不大，小鸡死的越来越多。就这样，不到一星期的时间，七八十只活蹦乱跳的鸡都死了。对此惨景，张学良和赵一荻忍不住落泪了。从这以后，张学良一连几天都打不起精神，孤独地闭门长叹。

刘乙光看见张学良的样子也很担心，为了不失职责，他通知宪兵连和特务队的军官轮流来"行辕"陪张学良下棋、打牌、玩麻将。刘乙光知道张学良酷爱京戏，还在晚上安排他去看京剧。渐渐地，张学良的情绪又有所好转。

转址幽禁天门洞

别来十年，时为想念，兄（周恩来）当有同感。现日寇已经驱出，实为最快心之事。迩尔兄又奔走国事，再作红娘，愿天相助，早成佳果：此良所视想者也。

——张学良

1944年冬，对中华民族来说是个阴霾密布的日子。从4月起，日军集中了几十万大军，在不到八个月的时间里，攻占了河南、湖南、福建、两广等地。日军攻占独山，贵阳告急，人心惶惶，百姓四处奔逃。

这年12月7日，刘乙光接到军统局指令：速将张学良秘密迁往开阳县北二百余里处的桐梓县。于是，张学良被幽禁在崇山峻岭中的古"夜郎郡"南门外的天门洞，以一个团的兵力对张学良进行"保护"。

天门洞很偏僻，曾是国民党兵工署第四十一兵工厂和海军学校所在地。这里群山环抱，有几十亩大的一围碧湖，湖水清澈透底。湖堤上是一溜碗口粗的杨柳，湖中有三座亭阁，在湖面水气的缭绕下，宛若仙境。

赵一荻面对此景赞美道："这简直是杭州的西湖啊！"

"四小姐说得对，"刘乙光指着湖心，"这湖的名字叫小西湖。你们看，那儿是三潭印月，那儿是湖心亭、放鹤亭和望湖亭，完全是仿照杭州西湖而建的。"

张学良听了有些不解地问："怎么在这儿建小西湖呢？"

原来，抗战开始后，国民党为了保证兵器供应，防备日军轰炸，将兵工署第四十一兵工厂从广西迁移到这里。为保证兵工厂和同时迁到此地的海军学校的用电，便在离此不远的金家岩下，筑了一道水坝，故而形成了这个湖泊。

"噢，是这样。"张学良自语道，"那水是从哪里来的呢？"

刘乙光答："水从天门洞来，金家岩后面有两眼70多米深的大溶洞，前面的叫上天门洞，后面的叫下天门洞。河水自洞中穿越而过，所以这河叫天门河。这里可是一块风水宝地。"

张学良和赵一荻的住房样式很普通，呈"U"形，有七间：左边三间住着刘乙光一家，右边三间住着张学良、赵一荻，分别布置成书房、会客室、卧室，正中是饭厅。

住下没有几天，张学良就把附近的山山水水游览个遍。然后，他向刘乙光提出要去参观天门洞发电厂。

刘乙光对张学良的要求很为难，因为工厂工人集中，情况复杂，但张学良执意要去。刘乙光为避免意外，事先到发电厂进行安排，又请兵工厂的警卫队长张亚群帮助，在关键地方安置了卫兵。在发电机组所在的地下隧洞里，哨兵林立。张学良来到发电厂时，厂内工人都已调开，只留下一位工程师为他介绍电厂情况。张学良原打算能在参观时与工人接触，然而他一个工人也没接触到，只好失望地离开发电厂。

在桐梓的日子里，张学良的幽禁生活比较平静。他除了闭门读书外，最多的事是钓鱼。赵一荻几乎是每次都陪伴在张学良身边钓鱼。每当他们在湖心亭钓鱼时，刘乙光都让警卫人员看守入口，不允许任何人再上湖心亭。

1945年4月28日，在美国纽约医院治病的于凤至，接见了来看望他的国民党外交官、蒋介石的英文老师董显光的夫人后，给张学良写了一封信。她在信中说：

汉卿：

前次你托蒋夫人代转的信件已经收到，我的病情好转很慢，月前仍在接受电疗。估计短时间不会有更大反复，我处一切均不需挂念。三个孩子去年总算回到了纽约，随信寄去他们的合影三张，这是他们特意为你照的。他们现在都在这里读大学，学费虽然很昂贵，但目前仍能维持。医疗费和孩子们的学费开支，都依靠朋友的资助和我从国内出来时带的钱款，请勿挂记。伦敦银行的存款也已汇到，估计暂时没有问题。孩子们关心的倒是你的身体，他们无时不想回国见你，只是目前这种愿望不可能实现，我想战争总有结束之日，到那时你的自由会有希望，我们也好都回去和你团聚。

代祝四小姐安好！

翔舟写于纽约

1945年4月28日

于凤至委托董夫人将信捎给丈夫张学良。此信，经董夫人辗转送到张学良手中，已是抗战胜利，"八一五"日本投降后。

张学良看了凤至大姐来信，知道闾瑛等三个孩子安全地在母亲身边生活，心中没有了担心和挂念，欣悦的泪水盈目。

1945年9月18日，张学良在日记中写道：

> 这是十四个年的九一八了，今天天气十分晴朗。今年更比往年大不相同，我虽然还不能自由地走上我的故土，可是我的故土是在压迫之下，而得到了自由。虽然故乡的老乡们，受到了日寇的奴化，可是十四年的教训，使得多少老乡们改换他们的头脑，促成了他们自发的精神，我衷心期待着解放了的故土，焕然一新。

1946年3月15日，张学良给于济川（名珍）将军写了一封信。原来，于济川（1884—1959）是辽宁铁岭县人，是东北著名爱国将领，早年留学日本，与蒋介石同学，毕业于日本陆军士官学校。九一八事变前，他先后担任东北讲武堂教官及堂长、奉天陆军学校校长、陆军第二十九师参谋长、镇威军第十军军长、北平京畿卫戍总司令等职。1934年，他拒绝伪满洲国邀请他出任军政大臣的要职；1939年，在北平期间，又拒绝华北伪政府请他担任军政部长等职。张学良敬重于济川将军的为人与品德，但由于身陷囹圄，不了解于将军的处境，以为他还在率兵作战。

1945年春，于济川居北平。这年张学良应戴笠请求，为策反在沦陷区的东北旧部，共写了200封绸函，唯独于济川将绸函保留于世。

这封给于济川将军的信，是张学良用墨笔在黄绢布上一气呵成的。书写竖字三行，四百余字。张学良以遒劲流利之书法写道：

济川我兄大鉴：

　　自九一八事变别来于今，已十有四年矣。每一念及，诚如古人所云：肠可九回。想兄亦当有此同感乎？抗战以来，八载于兹。就国内近日大势为

兄一陈：盟军迫近柏林，希特勒之败即在目前，不待计而后知之者。日军在太平洋及缅甸屡败，动则全员战死，此乃非其猛勇，是无抵抗之力、无可退之地也。日本海空两军，外强中干，不堪为盟军之对手。菲律宾之海战可以证之。现日本船只损失泰半，致海外日军孤悬，恐不久皆得为全员战死乎！我中美空军联合袭敌，万里航行，如入无人之境。此等情事，想兄早已知之矣。此不过盟军一部分力量而已。转瞬德国问题解决，盟军陆海空将联袂东来，我国五百万大军同时反攻，而我盟友苏联西方之敌已灭，其不忘张鼓峰、哈欣河之役必得行有以报之也。日本之必败，路人皆知。此之实现当在不远矣。古人云：久蛰思启。愿我兄当大军反攻之日，纠合同志，领袖群伦，扰敌后方，断其归路，使其片甲不回，建不世之功，此诚男儿报国之|时也。

最高当局宽仁下士，对人之诚，当为兄所悉，对兄当能保障，弟亦愿以人格生命担保之，切勿介介于怀，坐失良机。时乎时乎不再来！愿好图之。笔挫情深，不能叙心境于万一。谨布区区。

并祝顺利

弟张学良顿首

3月15日

张学良写完这封信后，托人带出天门洞，几经辗转送到于济川手中。

于济川看后，确认来信是张学良手迹，但对信末一段话有疑惑。他对信看思之良久，终有所悟：张学良身处幽禁环境，不违心写上几句话，这封信是很难通过检查之关，转送到自己手中的，所以便写了：

最高当局宽仁下士，对人之诚，当为兄所悉，对兄当能保障，弟亦愿以人格生命担保之，切勿介介于怀，坐失良机。时乎时乎不再来！愿好图之。

此信由济川次子于国良在新中国成立后，赠中国革命博物馆保存。

1946年4月15日，莫德惠获准去桐梓探视幽居在桐梓县天门洞草湖之滨的张学良。莫德惠是张学良被幽禁管束以来，继宋子文、戴笠、吴鼎昌等人之后的公开探访者。

莫德惠是黑龙江省双城县人，自1920年追随张作霖、张学良父子，曾任东三省保安总司令部咨议、奉天省长、北京政府农商总长等要职。皇姑屯事件，他与张作霖等人同车，身受重伤而生还。"西安事变"后，莫德惠受到蒋介石的重用，担任国民参政会参政员。1942年，担任该会主席团主席，成为东北籍政界人士的代表。他要看望张学良，蒋介石也只好同意。

此时，幽禁八年的张学良已是头发斑白。他听说莫德惠来访，心情甚为兴奋。这时，莫德惠在军统人事处长李肖白的"陪同"下来到天门洞。当张学良奔到车前，热烈欢迎莫老时，已是泪流满面了。莫德惠此行，带来蒋介石送给张学良的一只金壳怀表和好友给少帅的一些慰问信。

张学良接过蒋委员长赠送的怀表，向莫德惠半开玩笑地说："时间不短了，这块怀表很好……"

莫德惠听了，完全理解这话的含义，理解学良的心境，也半开玩笑地说："自有佳期，君莫问！"

这一夜，张学良一封接一封地阅读好友的慰问信。他感到情绪激动，不能自已，乃至彻夜不眠。

翌日吃完早饭，张学良就提笔给友人回信。他在给周鲸文的回信中，除了表示"请勿以弟个人事介介"之外，只淡淡地写下这样几句话："稳而后方能健，平而后方能正，切请勿河汉之。纸短情长，心照不宣。"他只能这样写，因为虽然是让莫老带出去，但还是要经过刘乙光检查的。

莫德惠在桐梓天门洞留居五宿，天天陪伴张学良。在这五天，张学良非常开心。因为自从离开溪口直至今天，八年中很少见到故人。莫德惠来时，戴笠派特检处处长李肖白陪行。张学良和莫德惠在一起时，李肖白寸步不离，所以二人只能谈家常事及读史心得，绝口不谈政治。

有一次，张学良和莫老在散步时，莫老悄悄问："你几时可以重获自由？"

张学良小声说："我估计有两种时机可以出来：一是对日抗战获得胜利之际；二是国民大会开会，全国各党派团结合作，一致公推蒋委员长为大总统之日。"然而，张学良的这两种估计都落空了。

4月19日，张学良写了三封信：第一封是第二次写给周恩来的密信；第二封是写给蒋介石的信；第三封是写给关心他的旧部同仁的短信。

张学良在给周恩来的信中写道：

莫德惠是黑龙江省双城县人，自1920年追随张作霖、张学良父子，曾任东三省保安总司令部咨议、奉天省长、北京政府农商总长等要职。皇姑屯事件，他与张作霖等人同车，身受重伤而生还。"西安事变"后，莫德惠受到蒋介石的重用，担任国民参政会参政员。

别来十年，时为想念，（兄）当有同感。现日寇已经驱出，实（为）最快心之事。迩尔兄又奔走国事，再作红娘，愿天相（助），早成佳果：此良所视想（者）也。近日友人惨死，数难闻之，为之一痛，只心吊而已。

良一切尚好，勿念，余不尽一。

弟良

四月十九日

张学良在写此信时，考虑到安全因素，故没有写周之称呼。由于写得匆忙，出现了漏字之处。张学良在写给蒋介石的信说：

介公钧鉴：

　　莫柳忱先生奉命来山，述及钧座爱护良之深情，一如往昔。刘秘书乙光前由渝返，转致钧谕，嘱良静养，并告读书要有系统层序，聆听之下，使良感愧莫名。除将良一切日常生活及读书情形详告莫先生外，兹略为钧座一陈：十年以来，良涉猎书籍门类甚广，自从病后，专以明史为目标，一切文艺掌故，皆以明代为着眼。本想研究明清两代史，又恐涉及过广，先未敢存此奢望。因前读《明儒学案》、《王文成公集》等等，对明代事小有印象，故先就明史着手，以后如有成就，再进一步研究清史，此良研究明史之大略来由也，兹特禀明。良眼睛见花，日增一日，一因上年腹部开刀，二因年来常在菜油灯下用眼关系，对于小字黑纸之书，不愿阅读，致滞碍不少。知公爱良，故敢如此唠叨。肃此。

　　敬叩钧安

张学良 谨禀

四月十九日

张学良在给旧部同人的短信中写道：

　　莫柳老昨忽来山，述及乡长故旧，诸多关怀良之日常生活、健康状况，听闻之下，百感交集。良每日时为游钓，而涉猎书籍不少。不能算是读书，便谈不到一成果，说来惭愧，一切盛情，衷心铭感。

张学良

四月十九日

　　4月20日，莫德惠向张学良告辞。分手前，张学良请他代捎给蒋介石礼物：一只瑞士手表。这主意还是赵一荻想出来的：她拿出少帅送给自己做纪念的"欧米茄"手表，送给蒋委员长，暗示关押"管束"时间已到。

张学良把表递给莫德惠，半开玩笑地说："时间不短了。"

莫德惠接过金表，理解张学良赠送金表的含义，微笑着表示一定将表带给蒋委员长。

张学良嘱托莫德惠，将给周恩来的信要秘密转交给周本人，以防不测。他还拿出新作《种菜》诗，让莫德惠带上，给旧部及关心他的人看。

4月22日，张学良在日记中追记道：

> 本月十五日莫柳忱（德惠）来寓探视，由处长李肖白陪同，带来家人及朋友信件多封跟亲友们赠送的甚多物品。莫在寓小住五日，谈话时李（肖白）刘（乙光）常是在座。彼告余之东北人寄予我的热情，使我感激而惭愧，心中痛快而又难过，不觉眼泪流出。我写好些信托他们带去：上蒋先生、夫人函，致T.V.、Don、Chow、Kung、岳军、铁城、力子、达铨、扩清、公剑、相庭、玉朴、若愚，和家信多件（包括寿夫人和冠英姐），临行时又嘱致何、陈、徐各一函（系莫德惠之建议），致同乡诸友一函未书上款。
>
> 日来心绪不宁疲甚，此为追记悔未详记各函及送东西者之名。（也带来了赵一荻独子宝贝及赵一狄三姐来信）

4月26日，重庆《大公报》发表了高学逵撰写的《张学良的生活——莫德惠由黔归来谈》一文称：莫德惠与阔别八年的张学良"在那环境优美的湖畔，他们共同生活了五天，20日走了，听到了东北的真消息，以及东北同乡寄予我的友爱之情"。

1946年5月4日，中共在重庆创办的《新华日报》上刊发了张学良的《种菜》诗，所不同的是，将张学良的这首诗名改为《狱中近作》，并将该诗的两段以两首诗刊发出来。

此诗，是抗日战争胜利的消息传到了小西湖时，张学良和赵一荻欢喜若狂，抱头痛哭。八年抗战，中国以死伤了3500万人的惨重代价，终于取得了最后的胜利。张学良为庆祝抗日战争胜利，欣悦作了一首新体诗《发芽》以表心境。张学良在诗中写道：

　　盼发芽早，

　　愿根叶

　　长的茂；

　　深耕种，

　　勤锄草，

　　一早起

　　直到

　　太阳晒的

　　似火烧，

　　呀！

　　芽，毕竟发了！

在这首诗中，张学良以"芽"作喻体，分三层表述：一是盼"芽"早发，二是辛勤劳作，三是"芽"发的欣喜。张学良以"发芽"之过程，表达中国人民艰苦奋斗、浴血抗战的过程。为了抗日战争早日胜利，他不惜牺牲自己的一切。张学良在该诗最后一句，把自己多年含辛茹苦的盼望，备受压抑后的喜悦，以及历尽磨难后的欣慰，表达得淋漓尽致。

当张学良得知抗战胜利后，国民党有些人抗战不积极，胜利后抢"果实"的丑行后，又即兴吟作新体诗《抢粪》一首。诗曰：

　　到处打主意

　　抢粪

偷尿

活像强盗。

在人前夸口为的

那样菜

是我的顶好

呱呱叫！

《抢粪》，本意是争夺肥料。张学良在诗中，把国民党有些人争抢抗日功绩、胜利果实的丑恶嘴脸，喻之为抢粪，而加以讽刺。

张学良吟作的《发芽》、《抢粪》两首诗讴歌了为抗日战争这株"芽"的深种、锄草流血汗的人，终使抗战获胜。而把那些在抗日战争中，不积极、怕死，抗战胜利后又到处"打主意"、"摘桃子"的人称为"抢粪"、"偷尿"，抒发了张学良的爱憎分明。不久，这两首诗被前来探望张学良的人抄带出去。

忆往事："好像是一场梦，演了一台戏。"

我身体很好，精力也充沛。我会开汽车、装甲车，能驾驶飞机，骑马上阵，带兵打仗。可现在，我只能在这里看书、写字、打球、钓鱼……

——张学良

1946年5月，赵季恒从贵州遵义调到桐梓县任县长。他听说张学良将军被幽禁在自己的县境内，很想结识。尽管他是一县之长，但要拜访张学良也是不大可能的。

6月24日，担负"警卫"张学良任务的宪兵团刘团长来县政府，找赵季恒县长解决军需物资。赵县长觉得这是个很好的机会，便十分热情地接待了刘团长，并请他共进午餐。刘团长几杯茅台酒下肚，便向赵县长倾吐了心中的积郁。他说："张学良将军对下面的人很和蔼，经常同老兵摆家常。他爱钓鱼，钓来的鱼经常分给我们吃。上边怕张将军把周围的人感化了，经常给部队换防，我已经是第三任团长了。我这个团，不全是我的兵，里面安插不少中统的人，我也在上边的监视之中。中统的人常常打我的小报告，上边也时常给我敲警钟，警告我：不要忘记张学良是阶下囚，他的一言一行都要向上级报告。所以，我每天都得写一份张学良将军的作息情况，向上边交差。"

赵县长见刘团长是个忠厚直爽的军人，便坦诚地说："老兄，我不瞒你，我想拜见张将军，希望你能帮忙。"

"你想见张将军？"刘团长有些惊讶，想了一会儿说："我倒没问题，关键是那个刘队长。再说，张将军对上边的人总是不屑理睬。有一次，省主席杨森专程来看他，可他说什么也不见。而考试院院长戴传贤来了，他高兴得不仅出去迎接，还和戴院长打了一场网球。至于你赵县长他愿不愿见，我心里可没有底，但请放心，刘乙光队长那边我包了；张将军那儿，我尽力而为。"

赵季恒陪刘团长吃完午饭，还特意准备了两份礼：一份给刘团长，一份请他捎给张学良将军。

刘团长回去后选择了一个适当的机会，把赵县长的礼物送给了张学良。身处逆境中的张学良对这位素不相识的县长很感激，欣然答应同他见面。刘团长见"副座"同意了，就去做刘乙光的工作，说明部队军需、给养还要靠赵县长帮助解决，他只想见见张学良而已。刘乙光听了，觉得不会出什么问题，对此事也就灵活处理了。

7月上旬的一天，刘团长亲自驾车到县府接赵季恒县长，到离县城五公里的黑种乡兵工厂会见幽禁在那里的张学良将军。吉普车途中经过了几个哨卡，除了看见荷枪实弹的卫兵，不见一个老百姓。当吉普车驶进兵工厂大门时，赵县长看到四周山坡上都架着电网。不多时，吉普车停在五间平房前，此处就是幽禁张学良的新地点。在张学良和赵一荻住宅左边有个小湖，人称"小西湖"；

右边是一个大广场，门前有两个花坛，屋后是几株杨槐树。

赵季恒刚下车，就见到一位身材苗条、面容端庄，身着栗色暗花绸旗袍的青年女子迎上来，她就是赵一荻小姐。她落落大方地把赵县长让进客厅，温文尔雅地说："汉卿正在练字，请赵县长稍候。"说完，她又去端来一杯茶，放在茶桌上。然后，转身进屋去叫张学良。张学良听赵一荻说赵县长来了，欣然放下手中毛笔，从屋内走出来。因为天气炎热，他身穿白色短裤，脚穿雪白拖鞋。两人见面，亲切握手后，入座畅谈。

张学良说："承蒙县长对我的一片关心，送的礼物我收到了，釜底之鱼能使素不相识的赵县长关心，学良十分感激了！"

赵县长说："张将军为驱强虏，置身家性命于度外，万人敬仰，我以区区小意略表寸心，将军何足挂齿。"于是两人便交谈起来。赵县长问：将军平时以何种爱好消磨时光？张学良苦笑了一下，请他进书房看看。赵季恒看到：书房内窗明几净，一尘不染；排排书柜靠墙而立，上面整整齐齐地陈放着各类书籍；在靠窗的书案上，一条幅上的墨迹未干，案角上摆着一部《明史》。墙上有一副张学良自己书写的自嘲的联语："两字听人呼不肖，一生误我是聪明。"

看罢书房，张学良请赵县长落座后，两人又谈了起来。赵季恒问张将军在此生活是否习惯？是否还需要什么？张学良答："我已转移了许多地方，对这样的动荡生活已经习惯了，我什么都不需要，只是夜晚听到外面的'梆梆'声，心里有些烦。不过，我这里很安全，有一般人很难得到的清静。平时，我读《明史》、看报刊，不过都是旧的、外国的，再就是练练书法。"两人聊得很投机，很随便。当谈到官场弊端时，张学良深有感触地说："自古封建王朝，亡于宦官内戚者多矣，正如你所说的裙带关系一样，若长此以往，则国将不国了。"

赵季恒见张将军毫无顾忌地抨击时政，恐被人听到，对将军不利，便站起身来，走到书案前观赏书法。他称赞："将军笔力雄厚，字如其人，儒将之风令人钦佩！"

张学良谦虚地说："县长过奖了，我是这几年才开始学习写字的。"说着，他拿出一些自己临摹书写的碑帖条幅给赵季恒看。赵县长一边翻一边看，从中选出几张，请张将军赠送留念。张学良急忙说："这怎么行，这几张写得不好，过两天我写好派人送给你。"就这样，两人像是多年故友，畅谈了一个多小时。

张学良为人做事，说到做到，从不食言。在赵季恒回到县府的第三天，果然收到了张将军送来的一条横幅，只见上面写着："先天下之忧而忧，后天下之乐而乐"，下面落款署名为"毅庵"。赵县长反复品味字幅含意，决心牢记张将军对自己的期望与教诲。

7月末，内战的硝烟已弥漫全国。赵季恒胸中愁肠百结。他抑制不住再次拜访张学良将军的渴望，凭借同刘团长和刘乙光建立的关系，又顺利地见到了张学良。

两人一见面，赵季恒就感激地说："张将军所书真乃大家手笔，字幅既有颜体之沉雄，又有赵体之俊逸；寓意深刻，令我受益匪浅。"张学良谦虚道："赵县长过誉了，赵孟頫用笔千古不易，我看有道理，我现在仍按古人用笔之道而已。练习书法对人大有益处，可以修身养性，过去却不懂这些道理，只知道尽情玩乐，我到欧亚许多国家，特别在巴黎和东京住得长，玩得身体也垮了，医治了很长一段时间才康复。"

"将军，现在身体好吗？"赵季恒问。

"现下我身体很好，精力也充沛。我会开汽车、装甲车，能驾驶飞机，骑马上阵，带兵打仗。可现在，我只能在这里看书、写字、打球、钓鱼……"张学良说着，感慨万千。

赵季恒为自己的问话又引起张将军的不快而懊悔。为了转移话题，他走到书柜前，取出几本唐诗宋词，同张学良探讨历代诗雄词圣：从屈原到李白，从柳永到苏东坡、辛弃疾。张学良越说越激昂，竟咏出"壮岁旌旗拥万夫"和

"梦里挑灯看剑来"。赵季恒知道，张将军咏出的词句是辛弃疾的，担心他又要说出抨击时政的话来。这时，赵一荻走进来，说她已包好家乡风味水饺，请赵县长品尝。这样才使张学良慷慨悲愤的情绪平静下来。

张学良请赵季恒落座，又请来刘团长和刘乙光作陪。当他们在等水饺上桌时，善解人意的赵一荻进屋来，说水饺要煮一会儿才好，并对张学良说："再增加个豆瓣鱼吧。"张学良点头应允，取出于凤至从美国捎来的套筒渔竿，邀请赵季恒到外面的"小西湖"钓鱼。只是片刻时间，张学良就钓上来四五条大鲤鱼。赵县长称赞张学良钓鱼技术高。可是张将军却诙谐地说："比起姜太公来差远了，人家的钓鱼钩是直的，专钓帝王将相。"他说着，便大笑起来。

这时赵一荻来湖边取走张学良钓上的鲤鱼，干净利落地剥鱼鳞、开膛，然后烹饪，很快就把香喷喷的"豆瓣鱼"做好了。她把张学良和赵县长叫回来就餐。当张学良、赵季恒、刘团长和刘乙光坐好后，赵一荻把豆瓣鱼、水饺和一碟泡菜辣椒端到桌上，让他们品尝。

张学良指着泡辣椒和鱼说："这是一荻亲手做的，你们可得多吃一点啊！"他说着又指着泡辣椒说："这玩意儿，我到西南来才学会吃，现在是每餐必备，不可少。"赵县长品尝着赵一荻做的菜和水饺，感到别有味道，从心里称赞她的烹调技术，更敬佩她与张将军共患难的美德。

9月9日，赵季恒第三次来看望张学良将军。他把外面的局势及自己对这场内战的前景和忧虑讲给张将军。最后，他说："百姓苦了整整八年，好不容易盼到了日本鬼子投降，可是还没喘过气来，内战又开始了。这样不只是苦了百姓，还将丧尽民心。自古以来，得民心者得天下，这样打下去，不能不让人担心啊！"

张学良说："蒋先生不是常说以不变应万变吗？天下事岂能尽如人意。唉！我但求无愧于心。想当年，冯玉祥、阎锡山讨蒋，那场中原大战，不是我拥军入关助他，仓促应战的中正兄只好束手就擒了。唉！算了，好汉不提当年勇。但是，我怎么也忘不了九一八那天，日本人打响了侵华战争的第一炮，随即侵占了东北三省，弄得我有家难归，受制于人。现在想起来好像是一场梦，演了一台戏。我们几个人当面称兄道弟，浑身是戏，如今回味起来，才解其意。"

赵县长见张将军如此悲愤，不知如何是好。这时，赵一荻上前解围说："汉卿，你自己定的规矩，现在是打牌的时间了，赵县长难得来一次，我已准备好了，请刘团长来凑个局。"这几句得体之言，使张学良和赵季恒一扫愁云。

张学良对赵县长说："我们打牌总是三缺一，今天你来了，总算凑够局了。"这天，他们玩得挺开心。

9月15日下午，张学良派人给赵季恒送去一张便条和几样礼物：两卷字画、一小罐泡辣椒和一对波斯猫。赵季恒打开纸条，上面写道：

两卷字画系我多年珍藏；泡辣椒是赵四小姐亲手所做；猫是我从国外带回来的，解绳本领很强，初到一地必须关好，不然会跑掉，喂熟后很会捕鼠。区区小意不成敬意，望笑纳。

汉卿

民国三十五年九月十四日

赵县长读罢信，又看了看礼物，心情有些不安，似乎感到张将军那儿发生了情况，不然他最喜欢的东西怎么会送人？他后悔，去张将军那里不该谈政治，给张将军带来了麻烦……

赵季恒一夜未眠，想了许多，好不容易盼到天亮，立即赶到黑种乡兵工厂看望张学良将军。然而，他来迟了，这里已经是人去屋空。原来昨天深夜，在赵季恒辗转反侧不能入眠时，张学良与赵一荻又被秘密转移他乡了。

从不说谎——拒绝有条件的"自由"

我怎么能接受这三个条件呢？"西安事变"前，我没有和共产党商量过兵谏的事。兵谏后，委员长不答应我提的要求，南京大兵压境，西安形势危险复杂，委员长的生命危在旦夕，为了解决问题，我才电请共产党的周恩来先生到西安。这怎么能说是我上了共产党的当呢？！我张学良从来不说谎，从不做对历史不负责任的事！我是中国人，我为什么要到外国去住？如果为了自由，接受三个条件，我还是张学良吗？

——张学良

1946年夏天，沈醉来到张学良的幽禁地桐梓。沈醉此时任国民党军统局西南情报站站长，系少将军衔，来此看望少帅，并非是奉戴笠之命，因为这时戴笠已经在空难中身亡了。

张学良与沈醉很熟。自从少帅幽禁在贵州后，戴笠与刘乙光之间的通讯联络均经过沈醉之手。在张学良被幽禁的头几年，戴笠每年都要亲自看望少帅，后来战事吃紧，没有时间去看望，但是联系并没有断，由沈醉代为联络。有时，戴笠还亲笔写信给张学良，或买些东西，命沈醉送到张学良手中。这样几次往来，沈醉便与张学良成了熟人。

在军统中，沈醉是戴笠的心腹和干将，他知道老板曾做过少帅的下属，为此缘由，对张学良很客气、很尊重。他每次看望张学良都要与少帅打猎。后来，他知道张学良特喜欢吃斑鸡，就给带上几只。张学良见到斑鸡兴致大增，会亲自挽袖下厨做熟鸡肉，请沈醉和刘乙光品尝。

由于沈醉来看望多次，身处逆境中的张学良很是感动。所以每次沈醉走时，他总要坚持将其送上车，并远望车子消失在路端才回住所。

这次沈醉来桐梓小西湖，一见到少帅就哭着说："副座，戴老板遇难了！"

张学良听了，一惊，他让沈醉坐下，又招呼赵一荻为沈醉倒水。然后，张学良向沈醉问起戴笠死因。原来，这年初春，南京暴雨雷电交加时，戴笠乘坐的专机撞在江板桥镇南畔戴山的山腰上，机毁人亡。此后，军统局宣告解体。蒋介石成立了以郑介民为局长、毛人凤为副局长的保密局。

张学良听了沈醉的讲述后，对戴笠之死并没有说什么。好长时间后，他才说："境况变化很大啊。"然而，沈醉对少帅说的这句话，却不解其意。

接着，张学良又说："大家都要回去了，连兵工厂也结束关门了，可我还继续留在这个夜郎国，不知什么时候能离开……"他叹息地说，"恐怕我已被人遗忘了啊！"

沈醉听了少帅的话，急忙说："哪里，副座不会被人所忘的。副座是党国要人，部属又多，哪会为人所忘呢？"

"但愿如此吧。"张学良不无感慨地说。

当沈醉向张学良告辞时，张学良还像以前那样坚持送他上车，一直望着沈醉乘坐的车影消失在路的尽头。此时，张学良预感到这也许是最后一次见面了。

自抗日战争胜利后，宋美龄与宋子文从法律观念或私人友谊出发，提议释放张学良，并建议由张学良率军挺进东北，以掌握东北的战局。然而，陈诚和杜聿明等人不仅不同意释放张学良，而且还多次向蒋介石建议：找借口杀掉张

张学良与沈醉很熟。自从少帅幽禁在贵州后，戴笠与刘乙光之间的通讯联络均经过沈醉之手。

学良。蒋介石没有采纳任何一方的意见。他决定对张学良做最后的试探：派莫德惠去探望张学良。

这年9月中旬，莫德惠又来到桐梓。他这次来看望张学良是受蒋介石之命，劝说其接受三个条件，以解除对其"管束"。

莫德惠见到张学良后，第一句话就是："汉卿，你要自由了！"

"哦，真的？"张学良的两只眼睛立刻放出神彩，"你说说，让我高兴高兴。"

莫德惠喝着赵一荻泡的茶，慢慢地说："由于各界人士一致呼吁还你自由，你的旧部也一再声言，希望你重返军中，蒋委员长迫于形势，表示愿意解除对你的'管束'。但是，委员长让我转告你，必须接受三个条件……"

"什么三个条件？"张学良急切地问。

"第一是，你要承认'西安事变'是上了共产党的当；第二是，你要交还九一八事变时委员长在南京给你发的那封电报；第三是，你自由后要出国居住。"

"这分明是不让我自由嘛！"

莫德惠劝张学良说："汉卿，你要明白，你不接受这三个条件，你就不能自由……"

"我怎么能接受这三个条件呢？"张学良猛然站起，激动地说，"西安事变前，我没有和共产党商量过兵谏的事。兵谏后，委员长不答应我提的要求，南京大兵压境，西安形势危险复杂，委员长的生命危在旦夕，为了解决问题，我才电请共产党的周恩来先生到西安。这怎么能说是我上了共产党的当呢？！我张学良从来不说谎，从不做对历史不负责任的事！我是中国人，我为什么要到外国去住？如果为了自由，接受三个条件，我还是张学良吗？"

莫德惠对张学良断然拒绝三个条件表示遗憾，因为这意味着他将永远失去获得"自由"的机会。然而，莫德惠对张学良说的话很钦佩，自由对每个人来说是无价之宝，但更可贵的还是人的气节和良心。

蒋介石得知张学良拒绝接受"三个条件"后，又想起了那件鲜为人知的事情。那就是张学良在得知抗日战争胜利的消息后，曾在一幅红绸子上写了"东山再起"四个大字，他通过关系送给了东北军高级将领；这件事被戴笠的军统特务得知，并报告了蒋介石。结果，蒋介石最担心有一天，张学良会到中共方面去。为此，蒋介石决定：不能放虎归山，将张学良押解到台湾为上策。

蒋介石密令：立即将张学良秘密移解台湾

> 早六点一刻由白市驿飞机场起飞……12点15分抵台北飞机场，陈长官派
> 周一鹗处长、刘启光县长、吴明远、连参谋、调查科长陈达元等来迎，在台
> 北午餐，下午2点15分由台北乘车出发，约五点半抵新竹下宿于招待所。
>
> ——张学良

1946年秋，蒋介石觉得要继续囚禁张学良，台湾比大陆任何地方都保险。于是，蒋介石指示保密局负责人之一郑介民："张学良应当立即秘密移解到台湾。"郑介民得密令后，于10月17日致电重庆军统局处理善后的办事处主任张严佛：

> 委员长指示：张学良应即解到台湾去。已通知刘乙光与兄接洽，先把他
> 解到重庆，候兄交涉赴台专机，然后由刘乙光起解。

刘乙光领受了上司的诸项安排之后，便返回了桐梓。

10月下旬的一天，一辆平时用来买菜的卡车发动了。张学良、赵一荻和部分随行保安人员化装后乘上这辆卡车。这辆卡车在公路上与等候的车队汇合，直奔重庆急驰而去。为了避开人们的耳目，车队在离重庆市30里的九龙坡渡口过江，在夜幕下悄悄潜入重庆市郊。

途中，张学良问："这次我们到哪里去？"

随行保安人员说："刘队长说，先到重庆，然后再去南京。"

车队载着张学良一行人，在重庆西郊歌乐山松林坡戴笠生前寓所处停下。张学良和赵一荻便在这里暂时住下。

翌日，负责张学良生活的军统上校组长侯桢祥领着保密局毛人凤局长和沈醉来见张学良。为了不使张学良产生疑心，他们一口一个"副司令"、"副座"地称谓，显现出格外恭敬的样子。

张学良在松林坡大约住了一个星期，等待刘乙光联系飞机。此间，为了稳住张学良，刘乙光和张严佛商量，请李觉夫妇来松林坡陪伴张学良和赵一荻。原来，李觉是国民党中央训练团重庆分团主任，在1935年张学良当武昌行营主任时，归少帅指挥。他的妻子何玫是湖南省主席何键之女。李觉夫妇得到通知后，大吃一惊，因为他们已有十几年不知少帅的音讯了，所以第二天便到松林坡看望张学良和赵一荻。当李觉夫妇看到张学良时，少帅已是头发花白，略具老态之人了，而赵四小姐已变得消瘦憔悴、衣着旧朴。张学良为能见到昔日之部属而高兴。这样，李觉夫妇在一周内经常来松林坡陪伴张学良和赵一荻。

11月1日清晨，张严佛匆匆来到松林坡，告诉刘乙光飞机已联系好了。两人商量一会儿，刘乙光便向张学良报告，谎称："明天拂晓，我们在白市驿军用机场上飞机，送副座去南京。"张学良信以为真，激动地站起身来，在房里来回走动，说："委员长想起我张学良了！"

刘乙光离开张学良后，不禁暗暗高兴，因为他觉得自己的谎言使张学良信以为真了。然而，当张学良把这消息告诉赵一荻时，她只是淡淡一笑："我担心，委员长对你是不是又有什么新招了？"

"小妹，你太多心了，十年期满，好多人为我奔走呼喊，我想委员长不能不有所顾忌。再说抗战胜利了，他的威望已经到了顶峰，他没理由不放我。"赵一荻听了，没有说什么，但心里总有一丝疑云。

原来，头一天上午，国民党空军上尉飞行员王赐九驾驶美制C-59型运输机，把蒋经国从重庆送到南京又返回重庆。飞机刚刚在九龙坡白市驿机场停稳，一辆美式吉普车早已等候在跑道尽头。王赐九来不及脱掉飞行帽，就被接到场部。站长用锐利的目光将王赐九从上到下打量了许久，然后说："王机长，你们的飞行任务有改变，由你'三不'，即'不准走漏任何消息；不准与任何人见面；不准打电话'。"

当天晚上，刘乙光全家陪着张学良、赵一荻吃晚饭。刘乙光的两个孩子把吃剩下的骨头往地上吐，张学良笑着对两个孩子说："这样不行，这儿不比我们在乡下，以后要留心些。将来我们住的地方都像这儿这样干净漂亮，可不能随便向地下吐东西了。"

然而，刘乙光的老婆对张学良的话很反感，怂恿两个孩子往地下吐个不停。赵一荻见此情景，只好扶张学良离席到屋里去休息，以避免发生不快之事。

这时，张严佛来找刘乙光说："毛人凤说，今晚他要来这里，为张汉卿饯行，宴席安排得越晚越好。"

刘乙光按着张严佛的意思准备好了宴席。毛人凤领着沈醉、张严佛就座。张学良想着明天就要到南京，十分兴奋。毛人凤等人见张学良没有察觉去台湾的样子，一个劲地向他敬酒。张学良对他们的敬酒应承着一饮而尽。赵一荻见汉卿喝得面红耳赤，便拉他的衣袖，劝他不要喝得太多，免得误了明天一早上路。

张严佛见张学良被蒙在鼓里，想到他在得知事实真相后的心情，心里有些不好受。他急忙打圆场说："既然是四小姐相劝，大家就不要勉强喝了吧。"

翌日拂晓，张学良、赵一荻在特务宪兵的护卫下，悄悄地离开戴笠寓所，前往距重庆60里远的白市驿军用机场。飞机临起飞前，刘乙光对张严佛说："张学良身边的那个副官是他的心腹，和宪兵特务混得很熟，对管束张学良是个障碍，绝不能让那个副官再跟在张学良身边了，请你想办法留下他，这样张学良身边除了赵四小姐就没有心腹之人了。"

这天上午6时10分，王赐九登上座机准备执行飞行任务。他向机场外远眺，

张学良与刘乙光一家

隐约见到四周有一排排荷枪实弹的士兵在把守机场。这时，一辆美式吉普车驶入机坪，一位体态魁梧的中年男子跳下车，直向机舱奔来，从公文包里取出一份放飞通知交给机长。王赐九心下暗生疑问：为什么不按常规签发说明专机运送主要人物的姓名呢？为什么外面警戒森严却又无人前来送行呢？为什么机组人员非要临时配备？为什么动用专机只是为了送一对中年的夫妇？突然，他猛地想起：这二人不是少帅张学良夫妇吗？"西安事变"后，登在报纸上的巨幅照片使他家喻户晓。他身边的女人肯定就是赵四小姐了。

王赐九仔细地看着张学良。张学良穿身藏青色中山装，明显有好长时间没好好修饰了。赵一获紧紧地挽着张学良，互相依偎着登上飞机。

6时15分，一架飞机从白市驿机场升空而起，径直向东飞去。飞机在重庆高空穿云破雾飞行，能见度仅两公里。飞到江西上空时，云雾减轻，可见地面。飞机进入福建上空时，碧空无云，能见度极佳，苍茫大地一览无遗。飞机过了福州，可遥见台湾岛。当飞机飞越海峡时，张学良感到苗头不对，气愤地责问刘乙光为什么要蒙骗他。刘乙光没有办法，只好把蒋委员长的密令说给张学良。刘乙光见少帅极为愤怒的样子，又解释说："副座，副座……"

张学良生气地截过话说："还叫什么副座，干脆把我当犯人算了！"

8时40分，王赐九驾飞机在武昌徐家棚飞机场降落，加满燃油，继续飞行。经过六个小时的飞行，飞机终于飞临宝岛南端的桃园机场上空。王赐九测定风速超过每秒12米，在机场无地面指挥、没有无线电联络的情况下降落，很容易造成机毁人亡的恶果。怎么办？王赐九在抉择。最后，他和副驾驶员商量决定向台北机场飞去并和机场进行联系并获准降落。时值中午12点15分，王赐九驾驶飞机徐徐降落在台北机场。闻讯赶到飞机场迎接张学良的是台湾行政长官兼警备司令陈仪。陈仪，浙江绍兴人，日本士官学校第五期炮兵科毕业，曾任民国政府浙江省都督府军政司长，后任五省联军第一军军长、福建省主席等职。1945年抗日胜利后，任台湾首任行政长官兼警备司令。他于20年前曾和张作霖有些交往。张作霖死后，张学良与陈仪有过往来。

在停机坪上，陈仪和张学良寒暄了几句后，便让其坐进自己的汽车。汽车载着张学良和赵四小姐，向台北近郊草山招待所驶去。

此时，正是1946年11月2日晚上，张学良就被安排在招待所下榻。睡觉前，他伏案写日记道：

> 早六点一刻由白市驿飞机场起飞，C-59，8点40分到武昌徐家棚飞机场加油，12点15分抵台北飞机场，陈（仪）长官派周一鹗处长、刘启光县长、吴明远、连参谋（号良顺）、调查科长陈达元等来迎，在台北（陈达元公馆）午餐，下午2点15分由台北（新竹县长刘光启陪同）乘车出发，约五点半抵新竹下宿于招待所。

一个星期后，陈仪派何远芬参谋长代他向张学良问候，随同而来的有谢旅长、张团长。他们陪张学良、赵一荻游览了新竹县竹东镇井上温泉的风光。

新竹是台湾最古老的城镇之一，其四面高山环绕，峰峦起伏。井上温泉在竹东山上，是一潭热气腾腾、水质优良的碳酸温泉。这里的房子原来曾是日本警察招待所。在张学良和赵一荻来台湾前，蒋介石就派陈仪选中此地作为幽禁张学良之地，并为张学良、赵一荻建造了一座平房，矗立在温泉旁。自从张学良和赵一荻住进这座平房里，周围便设置了层层岗哨，严禁外人进入囚禁地。

在这山峦起伏、树木葱郁、风景极美的环境里，张学良暂时忘掉了烦恼和不快。赵一荻为了使张学良适应新环境，将他的生活安排得很有规律。每天，她陪伴张学良看书，作札记，或到外面散步和娱乐。刘乙光对张学良的一言一行监视得很紧，张学良对此也不在意了。

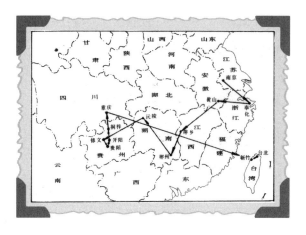

张学良被囚禁后转移路线示意图

这天，张学良望着夜空思想：以前，对台湾，只是从地图上或是在书籍里略知一二，眼下自己踏上台湾土地不久，就已深深感受到宝岛给予的温馨与温暖。在这风雨如晦的幽静子夜，张学良面对重兵把守的幽禁居所，联想到日本侵占时给宝岛留下的累累伤痕与沧桑史。于是，他突发奇想，伏案命笔，写下一首独特的新体诗《台湾——抵台夜话》：

台湾！台湾！

我信，我确信，你自会以为地长成，

成为中国大家庭中的一个好弟兄，也许是一个很得力的弟兄！

台湾！台湾！

我盼望你，我深切地盼望你快快成长。

你好比一些台湾的女性，

来台湾的人，有些败类，只贪你的色与肉，看不见你的心灵。

台湾！台湾！

你值得留恋，你的遭遇相当地可怜，当中国被异姓统治的时候，把你抛弃。

因而这不是你的过错——你有过些可歌可泣的表现——英勇地反抗。

被奴役了五十一年，也有些认贼作父。

也有些忘了自己的祖宗，当你回家的时候，

又赶上了暴风雨，所以弄得你有点模糊不清。

张学良以这首新体诗，抒发了在幽禁中的爱国情怀。

一个月后，陈仪亲自到新竹井上温泉，看望张学良。对此，张学良在日记中写道：

12月15日，陈长官公仪来寓，谈到国内、国际历史，中日各问题，彼对中日问题，有深刻认识，特殊见解。谈吉松阴对日本尊王、吞华思想之提倡，伊藤博文、后藤新平灭华之阴谋，彼认为日本侵华思想一时难为消除，美国亦将上日本人的当。并言到三十年后中日恐成联邦，但如中国人自己不自强，恐大部政权反落到日人之手，此段甚有记载留给后来之必要。午餐后再谈了一谈，始辞去。并赠给书籍、果物等。

在有限的接触中，陈仪成为张学良来台湾后较为知遇的地方长官。在此前后，宋美龄与张学良的往来信件，均由陈仪代为中转。

二二八事变中险遭毒手

刘乙光告知我，连日台北、竹东民众暴动，袭击衙署，专打外省人在台为官吏者。……竹东也出事了，把区公所烧了。连日沉闷和鬼祟，情形使我十分不痛快。

——张学良

1947年2月28日，国民党在台湾的查缉人员在查缉私烟时，用枪托毒打一卖烟老妇致伤，加之枪走火打死一无辜市民，引发了台湾人民的反抗。市民们

砸了烟酒专卖局，殴打国民党在台湾的官员，意欲夺取武器，与国民党军队抗
衡。台北市陷入一片混乱之中。

这天，刘乙光得到了上边的通报，立即对张学良幽禁地井上温泉加强了防
御，切断了同外界的一切联系。张学良在日记中写道：

> 3月1日，刘乙光告知我，连日台北、竹东民众暴动。袭击衙署，专打
> 外省人在台为官吏者。我到台湾第二日，已有此感觉，已见我所写的莅台初
> 感，非是我事后有先见之明。当局如不善处，台湾问题，真不知道成什么
> 样子。

原来，这时在台湾已经爆发了二二八事变。此时，隐居在新竹清泉山中
的张学良，还不知晓事变的由来，也没想到这次事变甚至会危及他的生命安
全。不过张学良毕竟是位远见卓识的政治家，他已看到国民党统治台湾的巨大
危机。

3月5日，张学良在日记里说：

> 昨晚竹东来一卡车米、面，菜蔬不少。这是怎么一回事，起初一点不知
> 道，后来刘队长告知了一些，但真相还不能知道。一夜十分紧张，我也未能
> 好睡。

张学良写到这儿，合上日记本。他感到心神不定，喝了一口水，坐在案边
闭目养神，然而脑中不免发生联想。由于室内无人诉说，看到案上水杯，不免
有杯弓蛇影之疑。他拿起笔，在一张白纸上写下如下文字：

> 连日沉闷，昨晚来了一辆卡车带来米面菜蔬。赵献瑞也来了，一刹工
> 夫，寓中如临大敌，我的窗前门外，全部卫兵，并皆手持武器，这是怎么一

回事？请老刘过来想问问，他说有事不来。又见他们焚烧文件，收拾行李，人员纷纷乱窜，有什么事为什么不告诉我们呢？令人烦闷，三请老刘，仍不来，余到刘的屋去看，他们十分仓皇，刘太太和孩子都改换了衣服，问刘是怎么一回事，他含混回答，仅说竹东也出事了，把区公所烧了。连日沉闷和鬼祟，情形使我十分不痛快。

　　台湾民众的暴动风潮，越来越逼近张学良居住的清泉。刘乙光等特务对张学良虽然严密封锁外面的消息，但是他们的慌张行迹已经告诉张学良大祸将至。不过张学良当时还不知自己所面临的危境。原来刘乙光已经接到上司密令：如若暴动人员前来冲击清泉，就有趁乱抢走张学良的危险，一旦发生上述情况，可对其开枪。

　　张学良来到井上温泉后，远离大陆，郑介民对其"管束"略有放松，允许其阅读台北《新生报》和隔日运到的南京《中央日报》、上海《大公报》等。然而，由于二二八事变发生，刘乙光卡断了张学良的信息来源，张学良不知道外界发生了什么事。于是，他去问刘乙光和周围的人，结果人人都对他保密，他只好闷闷不乐地回到屋里。

　　赵一荻见到张学良的不悦之情，安慰说："看他们那副凶神样子，连你打招呼都不理，你能从他们口里得到什么消息？算了，不知道更好。俗话说：'耳不听，心不烦'嘛。"

　　刘乙光之所以对张学良加强了"管束"，是因为获悉参与事变的吴克泰和一些有社会主义倾向的人，在这次事变中想救出张学良和赵一荻。他们集合一些人，前往竹东山，派人探查井上温泉的地形和警卫情况。原来，蒋介石选中这里幽禁张学良是有道理的。

　　这里四面是崇山峻岭，与外界仅靠一条狭窄小路相通，谷地最窄之处是桃山隧道，只能通过一辆车。这样的地势，可谓一夫当关，万夫莫开。刘乙光为防万一，在事变一开始就把桃山隧道封闭得严严实实，使任何企图救助张学良

赵一荻在贵州桐梓，张学良一直将这张照片带在身边。

的人都无法入内。参与事变的吴克泰等人见此情景也就放弃了解救张学良的行动。

在二二八事变期间，刘乙光将手下的200名特务宪兵全副武装起来，实行紧急状态应付事变。事后，张学良和张严佛说："今年2月，台湾人闹事，刘乙光也紧张起来，那几天，他恶狠狠地盯住了我，好像要把我吃下去，话都不和我说了。他指挥宪兵特务不分昼夜，加倍警戒，如临大敌。宪兵特务来回不停地在我房子周围巡逻，并向室内窥伺动静。夜深了，我还听得到刘乙光同他的部下时而嘈杂喧嚷，紧急集合，时而又蹑手蹑脚地窃窃传话。总而言之，是一种应付非常事件的可怕现象。就在这个时候，刘乙光的部下和宪兵方面有人偷偷告诉我说，刘乙光已经做好了准备，如果台湾事变闹到不可收拾的时候，为防止我越狱逃跑和台湾人民把我劫走，他就采取紧急处置，把我和赵四小姐开枪打死，对上面报告则称台湾乱民前来劫狱所为。我实在不甘心。你不要以为我对你说鬼话，刘乙光的部下与宪兵有大部分人我都掌握得了，他们都会听我的话。那几天老盘算，如果刘乙光真要对我下毒手，我是引颈就戮呢？还是我先下手把刘乙光杀了，或者同归于尽，这都是我所极不愿意的。我张学良就是这样下场吗？准备在混乱中把我打死。幸而台湾事变几天就平息了，否则，真难说我今天还能同你在这里见面。"

在二二八事变中，井上温泉与外界断绝音讯期间，粮食不够吃，宪兵、特务连续五天吃山芋、番薯，赵一荻也和他们一样吃，仅张学良有少量米吃。到3月4日，除了张学良每天中午可吃一顿米饭外，其他人一粒米也吃不到了。刘乙光的孩子、老婆饿得直骂娘。张学良把唯一的一顿米饭让给刘乙光的孩子，和大家一样吃起山芋、番薯来。张学良和大家熬到第九天，山下的军队才上山和刘乙光取得了联系，送来了粮食等东西。这样张学良和赵一荻才摆脱了困境。

二二八事变到第十天才渐渐平息下来。在第九天时，约有一连的兵力开到井上一带。这时，刘乙光才松了一口气，打开隧道关口。这场险些给张学良带来杀身之祸的混乱结束了，井上温泉又恢复了平静。

3月10日，张学良在日记中写道：

昨日，刘乙光告知关于事变几桩事情，我亦对他表示我的意见，并告他几件应注意的事情，以作他的参考。

在事变中，张学良的心情急切、慌张，毫无矫情掩饰，但其声悲激，其情危苦。而后，他对来访的张严佛说："现在就是明朝末年那个样子，大势已去，人心全失，政府官吏和官兵都是暮气沉沉的，积习太厉害了，我看已经无可挽回。老百姓实在是太苦了。"

二二八事变后，刘乙光对张学良和赵一荻的态度又有了很大的转变，不像事变期间那样冷酷无情了。当刘乙光主动来房内问这问那表示关心时，张学良冷冷地说："刘队长，这一次你本应该立大功的！"

刘乙光听了，脸上红一阵白一阵，支吾道："这些天，形势紧张，有不周之处，还望副座和四小姐包涵。"

赵一荻说："刘队长说哪里去了，这些天，多亏你关照了！"她说完，一转身走了。

此时，张学良瞅了刘乙光一眼，从桌子上拿起一本书看了起来。刘乙光见张学良和赵一荻如此表情，真是尴尬已极，只好悄然退出门去。

"余生烽火后，唯一愿读书"

十载无多病，故人亦未疏。余生烽火后，唯一愿读书。

——张学良

1947年5月，一直为释放张学良而奔走的莫德惠获准到新竹井上温泉探望张学良。这是莫德惠第二次来这里探望张学良。第一次是在这年3月初，他给张学良带来大姐张冠英（字首芳）的亲笔信。张学良读信后深为感动，热泪盈眶。他忘不了：当年母亲去世时，他年仅十岁，而大姐仅长他五岁，却亲自照顾他和弟弟张学铭的日常生活。如今，他已是46岁，大姐还念念不忘幽禁在台湾的弟弟。为此，张学良对大姐敬仰之情油然而生。他立即给大姐写了回信，这是他身囚台湾给大姐写的第一封信。他在信中说：

……我数年来精神甚好，身体也还不坏，唯独眼睛有点花了。那么，就是所谓过40岁才觉得老的道理吧！也许是这几年来在菜油灯下看东西的关系……我的一切请你们不用挂念，尤其是身体，我自己会照应我自己的。托尔斯泰在《战争与和平》上说过：那个混蛋才把身体弄坏哪（类似这样话，文句我记不清了）。您送来的东西，现在谢谢您。

1947年5月，一直为释放张学良而奔走的莫德惠获准到新竹井上温泉探望张学良。这是莫德惠第二次来这里探望张学良。

我晓得您手头并不松快，下次不用再带东西了，留点钱给孩子们用吧。

　　此复并叩

大弟良手奏

Edith（一荻）附笔拜年

　　莫德惠这次来探望张学良，两人的谈话内容集中在历史方面。张学良表示自己很想做一名历史教授，在台湾大学教授明史，也想在中央研究院历史语言研究所做一名研究员，甚至他想有机会效仿朱熹和王阳明……

　　张学良对莫德惠说："我读历史所得的启示，发觉世间最有权威的人，不足以治人。或者说，世间唯一可以治人者，唯学术而已矣。"

　　5月16日，张学良、莫德惠和赵一荻三个人在网球场横网前照的合影冲印出来了。莫德惠望着三人合照，爱不释手，请张学良题字。张学良欣然应允。赵一荻端来笔墨。于是，张学良挥毫在照片上写：

网球作戏于台湾井上温泉柳老纪念

毅庵

（民国）三十六、五、一六日

　　当莫德惠向张学良告辞时，张学良以"毅庵"署名，赠莫五言绝句诗曰：

十载无多病，

故人亦未疏。

余生烽火后，

唯一愿读书。

　　莫德惠在同张学良的接触中，感到他完全变了，和以前的少帅相比，简直

1947年5月16日，张学良、莫德惠和赵一荻在网球场横网前照的合影冲印出来了。莫德惠望着三人合照，爱不释手。左一为刘乙光。

是两个不同的人，其思绪已完全沉浸于历史和学术之中。莫德惠临走时，张学良托他给大姐冠英捎去第二封信。他在信中写道：

冠英大姐：

您的4月30日的信和照片十张，附函两封，俱已收到。孩子们都已婚嫁，姑老爷（即鲍育才）亦都不错，闻之欣快。您已五十之人，亦可以了却一桩心愿了。上次莫先生走时，我得写几十封信，把我写得头晕，所以给您的信写得有些简略，现在详细说一点（以下是家事，略）……我现在想托您办一件事，如果您去北平，您给我买一部好版大字的《明史》来。也许西安旧书铺里有（南辕门街有两个旧书店，很不错），如果您买到，千万用油纸包好，打箱或用他法，总之别叫它受湿，或污，或破了。我非常需要一部大字《明史》，我眼花了，开明版的《明史》我看起来太费力了。如果《明史》能在西安买得到，不一定要好版，大字就可以。我很需要，等着看，并且要在书上胡批胡写，所以纸张不可要太破的，一碰就会破的。注意是《明史》，可不是《明史纪事本末》或《明纪》、《明鉴》等。或者商务印书馆百衲本的，中华书局四部备要版的，那都十分合用。

弟良手奏

五月二十日 四小姐 附问候

"辗转眠不得，枕上泪难干"

"西安事变"，为了制止内战，为了抗日，我没有错，我不该扣留委员长，判刑十年，无话可说。但十年期限已满，如今抗战胜利，日本人都投降了，还把我关下去这是什么法律？这样对待我，无论如何是非法的。我心中不平，希望你回到南京把这些告诉郑介民，就说我要求你（张严佛）转达的。

——张学良

1947年10月初，南京保密局局长郑介民、副局长毛人凤找张严佛谈话。郑介民说："张学良现在台湾新竹井上温泉，同刘乙光的关系搞不好，而刘乙光的老婆又有神经病，夫妻吵闹。刘乙光已把她送到台北市医院去了，他要求请一个月假，到医院去照料妻病，以此休息之机，缓和同张学良之间的紧张空气。你与王新衡过去和张学良还好，但王新衡现任上海站站长，不能抽身，所以打算让你陪张学良住上个把月，并对张学良进行考察。"此时，身为保密局设计委员会主任的张严佛，实际是空头主任，没有事可做，想借此机会去台湾看看，就答应了局长交给的任务。

郑介民叫总务处处长成希超准备英国加利克香烟一大盒、白兰地酒一打以及其他食物，作为郑介民和张严佛给张学良的礼物。翌日，张严佛坐飞机由上海飞抵台北和刘乙光见了面，然后乘火车到了井上温泉。

张严佛见到张学良，两人就亲热地交谈起来。在谈到幽禁时，张学良对超过十年期限表示极大的不满。他当着赵一荻的面，向张严佛倾泻满腹幽怨。他谈到了十年幽禁生活，受尽了刘乙光夫妻的百般凌辱和精神虐待，含冤抱屈无处申诉，无理可说。当天晚上，张学良与张严佛谈到深夜，足有四五个小时。第二天早饭后，张严佛又到张学良屋里交谈，张学良用毛笔在纸上写下了夜里作的一首诗：

> 山居幽处境，
>
> 旧雨引心寒。
>
> 辗转眠不得，
>
> 枕上泪难干。

诗的上款写"严佛兄存念"，下款写"张学良敬赠"。

张学良写完后，把诗交给张严佛说："你这次来算是难得，这首诗就留作纪念吧！"

张严佛在井上温泉住了一个月，张学良和他谈了几次话。

保密局局长毛人凤负责"管束"张学良

有一次，张学良说："'西安事变'，为了制止内战，为了抗日，我没有错，我不该扣留委员长，判刑十年，无话可说。但十年期限已满，如今抗战胜利，日本人都投降了，还把我关下去这是什么法律？这样对待我，无论如何是非法的。我心中不平，希望你回到南京把这些告诉郑介民，就说我要求你转达的。"

张严佛说："老戴（笠）、老宋（子文）当初都对我说：委员长希望你休息几年，闭门修养，研究学问，派刘乙光是保护你的，为了你的安全，不得不如此。你尽可以在屋子里看书，也可以到外面去散步、打球、游泳、钓鱼，刘乙光不得限制你。"

张学良说："我相信老戴他们的话不应该是骗我的。但十多年来，刘乙光就把我张学良看做江洋大盗，唯恐我越狱逃跑，又怕我自杀，处处限制我，给我难堪，不管我受得了受不了，他要怎么干就怎么干，实在做得太过分了。"

有一次，张学良和张严佛谈到刚到这里的情况。张学良和赵一荻一到台北，陈仪就来了，陪他们到井上温泉。陈仪是台湾行政长官，对刘乙光说："这几间朝阳的房间光线和建筑都比较好，外面有宽阔的走廊，可供散步看书用，就让他们两人住，你们一家人住在背光的那几间。"刘乙光对陈仪说的话表面上愉快地接受，心里却恨得不得了。所以当陈仪走后，刘乙光立即变了卦，让老婆、儿子强占了朝阳的房间。张学良和赵一荻只好忍气吞声住在阴面的房间里。

几天后，陈仪又来井上温泉看望张学良，见情景不对，叫来刘乙光，问是怎么回事？刘乙光答不出来。陈仪让刘乙光立即将住的房间腾出来，让张学良和赵一荻搬进去住。

张学良对张严佛说："陈仪是我父亲的朋友，我父亲向来敬重他。我认为他为人比较正派。我和四小姐初来时，陈仪给我们雇来两名下女，照料生活。可是不两天，她们就被刘乙光打发走了。令人气愤的是，夫人（宋美龄）和亲友送给我们的东西，常常被刘乙光夫妇克扣，有时干脆截留一半或全部被没收。有时他们这么做让我们看到了，仿佛没事似的，毫不在乎。我们只好装做不知道的样子，怕因这些事和刘乙光夫妇闹翻了，以后就更受罪了。"

这天晚饭，张学良请张严佛共餐。赵一荻在厨房亲自动手做饭菜。他们三人围桌而坐，边吃边谈。张学良高兴地说："像今天这样高兴地吃饭，真是难得啊！"

张严佛笑着说："这是为什么？"

赵一荻说："还不是你来了，刘乙光一家暂时离开了，我们也可以吃些天清爽饭了。"

张学良说："刘乙光一家在这儿，每天我们一起吃饭，他家六七口，大的十几岁，小的一两岁。在饭桌上，他们吵吵嚷嚷，你抢我夺，把饭桌弄得太脏了。我和四小姐这饭能吃好吗？"

张严佛听了张学良的话也不好说什么，因为他明白自己来这里的任务，是替刘乙光监视张学良的。他只好劝张学良不要往心里去，要保重身体。

张学良说："我不把你当部下，你还有你的身份，算我们还是朋友吧，过去的事不过向你说说消消气。"

张治中三探张少帅

抗日战争一爆发，我就要求上战场，可是委员长却把我送到大后方；抗战胜利了，军政要员都争着回南京，而我却留在了大西南；现在中国人自己又打起自己来，又把我送到这里，以后还要把我送到什么地方去？

——张学良

1947年10月20日至11月1日，西北行辕主任张治中在解决新疆问题的极度紧张工作之后，带家属到台湾休假。在台湾期间，他向台北警备司令彭孟缉提出访问张学良的要求。彭孟缉曾是张治中的学生和部属，对这一要求很感为难，犹豫不决。

张治中因见张学良心切，便直截了当地说："你不要担心，委员长要是怪罪下来，一切责任由我承担，决不会连累你的。"

彭孟缉听罢，才勉强答应了张治中去访问张学良的要求。

10月30日，张治中携家属到台湾新竹市，随来的有：他的夫人，四弟张文心，女儿张素我，儿子张一真及其妻子。张治中一行人下火车后，新竹市市长及黄国生先生前来迎接，请他们共进早餐，然后派专车送他们到井上温泉。

汽车在山路上蜿蜒行驶了两个小时。一路上，张治中与家属看到这里风景秀美幽静，山峦环抱，树林葱茏。上午10时，汽车在一座大木桥前停下。

司机说："车不能向前走了。"原来，这已是公路的尽头。张治中一行人下了汽车，走过大木桥，上了一个小山坡，看见一块木牌，上面写着"井上温泉"四个大字。他们拾级而上，沿路警卫森严。由于警备司令彭孟缉事前安排好了，所以警卫们并不阻拦张治中一行。此时，张学良和赵一荻早已在院里迎接来访的客人。

张治中三探张少帅

张治中一走进院门，就看见了张学良，叫道："汉卿！"

张学良爽朗地迎上去说："文白兄，真的是你来了！"于是两人张开双臂拥抱在一起。片刻，他们又分开，仔细地打量着对方。

"你比以前好像黑了，大西北的风沙够厉害吧？"张学良问道。

"光是大自然的风沙倒不可怕，可怕的是……"

张治中欲言又止，转言道，"噢，你好像看上去还不错。"

"咱们一晃十年没见了，最后一次见面，还是你当湖南主席的时候，那时是你忙我闲，这回是我闲你也闲。来，咱们到屋里慢慢说。"

此间，赵一荻也热情地和张治中夫人、女儿说着话。她们也随着进入客厅里。

在客厅里落座后，张治中凝视着张学良的面容，心里不由升起一股酸楚之感。自从1938年9月他在沅陵和张学良相见，至今已是十年了。时光飞逝，岁月无情，张学良的额上、脸上已经出现了好多皱纹；人瘦多了，也老多了，眼睛也变小了。

在交谈中，张治中得知张学良的生活很有规律，每天多半时间用在读书上，晚间还要做札记，因为眼睛使用过度疲劳，视力较以前差多了。

张治中问："在这里还有什么亲人？"

张学良答："亲人都在美国，这里只有四小姐陪伴我。"接着，他又高兴地说，"我的儿子间琳已经有了孩子，我已经做爷爷了！"

张学良说到这儿，让赵一荻拿来小孙孙的照片，让张治中夫妇看。这是一张间琳全家照。赵一荻指着小孩说："这是孙子巴比，抱着他的是儿媳陈淑贞，是陈济棠的女儿。"

经过一阵家常话后，善解人意的赵一荻为让张学良和张治中自由畅谈，便对张治中夫人说："让他们谈些别的，我带你们看看这里的风景去。"张夫人点头应允，便和女儿、儿子、儿媳同赵一荻到外面游玩去了。

这时，客厅里只剩张学良和张治中两个人，这对久别重逢的知己来说是十分难得的良机。他们待副官端来茶水后，吩咐不许任何人来打扰。

张治中侧过身子一把拉住张学良的手说："这里的人对你管束得挺严呐。"

"文白兄，好眼力啊，你刚到这儿就看出来了。"

张学良说着，端起茶几上的茶碗，示意张治中喝茶："不过，你的得意门生彭孟缉还算讲师生情分，没和你摆警备司令的架子，要什么委座的手谕……"

"汉卿，你别说他了！"张治中摆摆手，"我一点儿也不领他情，要不是我拍胸脯激他，出事责任由我负，绝不连累他，这个彭司令才不同意呢！"

"原来是这样，这个彭孟缉……"

"汉卿，咱们不谈他了。"张治中转过话题，"近来你到底过得怎样？"

张学良刚要说话，不料那位倒茶水的副官进来报告："副座，四小姐一个人回来了。"

"这是什么要事吗？还要报告！"张学良不高兴地说，副官自知无趣，走出屋门。

张治中问张学良："听说你早就不许他们叫你'副座'、'副司令'了……"

"文白兄啊，你受骗了，这个副官是故意在你面前这样叫的，你看他对'副座'多么尊重！"张学良生气地说，"我现在是什么副座？干脆就是犯人嘛！"

赵一荻

这时，赵一荻走进客厅，笑着对张治中说："我让副官陪着张夫人他们到山上看看。中午了，我回来到厨房叫人准备午餐。"

午饭后，赵一荻又陪张夫人等到外面游玩去了。

张治中和张学良又继续他们的谈话。他们从家庭谈到国家，从政治、军事又讲到国内国外……最后，张学良问张治中："你说，我什么时候能恢复自由？"

对这个问题，张治中确实无法回答，他半天没有说什么。

"文白兄，你怎么不回答我？"

"啊，这个，"张治中支吾说，"这个问题，我想你就别老是想它了。"

"我为什么不想？"张学良不服气地说，"抗日战争一爆发，我就要求上战场，可是委员长却把我送到大后方；抗战胜利了，军政要员都争着回南京，而我却留在了大西南；现在中国人自己又打起自己来，又把我送到这里，以后还要把我送到什么地方去？"

"汉卿，你别失望嘛。我想，国共还会恢复和谈的，这一天来了，国家就和平统一了，你自然就恢复自由了。"

张学良听了这话，心情也平静下来。他说："我也盼着这一天早日到来，那时我还是回到东北老家去！"

张治中看到张学良像孩子似的兴奋劲儿，不由暗暗叫苦："汉卿啊，汉卿，你哪里知道蒋委员长已决心和共产党打到底了。"

"文白兄，我觉得自己受幽禁、受屈辱没什么。只要国家不打内战，能统一，人民生活得幸福，我再受苦也值得。我张学良当年把东北军带到青天白日旗下，图的就是这个，从没有想到个人的荣华富贵。现在，我的东北军也瓦解了，我不再想重掌兵权了。我只托文白兄向委员长提出两点要求：第一，我希望恢复自由，做一个老百姓，什么事也不做，哪里也不去，委员长在哪里，我就住在哪里；第二，我希望与刘乙光一家分开住，因为刘的家眷既吵又闹，和他们在一起，生活十分不方便。我希望有一定的自由和清静。"张学良说到这儿，拜托张治中，请宋美龄从旁协助，说服蒋介石应允他的两点要求。

张治中向张学良保证，一定如实向蒋委员长转达这两点要求。这天，他们一直谈到下午4时。这时，赵一荻陪张治中夫人及家属出游回来了。

张治中见时间不早，便向张学良表示：他们得下山了，还要赶乘晚6时的火车回台北。临别时，张学良把张治中拉到身边，对张治中的长女张素我说："给我们拍一张合影留纪念。"照完相后，张学良赠张治中一首诗：

总府远来义气深，

山居何敢动嘉宾。

不堪酒贱酬知己，

唯有清茗对此心。

这首情感真挚的诗句，使张治中感慨万分。

张学良与赵一荻恋恋不舍地将张治中一家人送到车旁，张学良紧紧地握着张治中的双手不放，他说："这里没人来看我，你这次来，实在使学良万分兴奋，铭感于内。从今一别，你我又不知何日再得相逢了。"

两人相对黯然，热泪盈眶……

张治中离台后，飞到南京。他找机会见到了蒋介石，报告了看望张学良的情况，并转达了张学良的两点要求。蒋介石听后，脸色一沉，以示不想再谈这个话题。张治中见状，只好告退，另找宋美龄帮助。

宋美龄听张治中说完情况后，说："唉，文白兄，我们对不起张汉卿啊！"她说着咬了一下嘴唇又说，"张汉卿的要求，第一条，我看不容易做到，现在时机不成熟，不便提出。至于第二条要求，我一定想办法尽快实现。"

这天晚上，蒋介石回到住所。宋美龄见忙碌一天的丈夫回来了，满面春风地迎上去替他摘下手套，脱下戎装。然后从侍从手中接过长衫，为他穿上。她见丈夫的情绪挺好，便把张治中来找她的意思说了。她说："我们对不起汉卿啊！我觉得汉卿的第二条要求，是不是就答应……"

蒋介石听夫人说到这，不由抬起手托住下巴，眯起眼睛，使人看不出是笑还是怒。但是，和蒋介石朝夕相处的宋美龄知道，丈夫已同意了她的建议。于是，宋美龄吩咐副官立即按委员长的意思去办。

蒋介石叫住副官，说："我再补充一条：以后非经我亲自批准，任何人不得面见张学良。"

1949年1月，蒋介石下野，李宗仁代理总统后，立刻给参谋总长顾祝同下令：释放张学良和杨虎城。同时派程思远为代总统代表专程去台湾找陈诚商量释放张学良一事。

蒋介石为了不让李宗仁知道张学良的幽禁地，就把张送到高雄寿山要塞躲藏起来。为了保密，蒋介石甚至不让一个宪兵跟随。

蒋介石坐兵舰在高雄登岸，住在要塞司令部内，立即召见刘乙光。刘乙光进屋后，见蒋介石把脚放在桌子上，不知是福是祸。蒋介石向刘乙光问了张学良的情况后，表示满意，然后叫来侍卫通知情报局发给特务队一万元。在当时，黄金一两值二三百元，一万元相当于三百多两黄金啊！刘乙光回去后，对熊仲青队副说了蒋介石的奖赏。

最后，刘乙光向全体特务队员转达了蒋介石的问候："你们辛苦了。"

程思远到台湾后，向陈诚说明来意，结果被幽禁张学良的人以此事一直归军统局管理，只听命于蒋介石一人，别人无权过问为理由予以拒绝。对此，李宗仁代总统也无可奈何。

杨虎城与夫人谢葆真、儿子杨拯中在出国途中。

这年9月，杨虎城全家被杀害。熊仲青队副说："好惨啊，用刀杀了，白布一包给埋了。"

当时，四川局势混乱，车塞人逃。特务们对杨虎城之死闭口不谈，所以张学良不知此事。不久，张学良从其海外亲友来信中方得知杨虎城死讯。

由于时局紊乱，刘乙光对张学良的管束也更严了。张学良与刘乙光为了一些行动限制和信件检扣的事产生了矛盾。保密局得知张学良与刘乙光之间的矛盾后，考虑到张的地位，委派了局内一个军校六期的副处长王恺运来到张学良处，暂代刘乙光工作。对外，他们声称刘乙光去阳明山联战班受训，以此缓和张学良的情绪。

为《孤岛野火》写序之风波

在这悠长的岁月中，我实在读了一些书，并且对于读书，发生了浓厚的兴趣。近来喜欢治史，尤其爱读变乱时期的历史，萧兄这一书稿，恰巧是一种史料，而且是关于抗战期间的一个秘密，我兴奋极了！

——张学良

1949年末，张学良在台北住所接到旧友——原北京大学教授萧承恩由日本东京辗转寄来的一本书稿：《孤岛野火——中日战争秘录》。这是一本报告文学，记录作者参加抗日时参与对日情报工作的秘事及抗日游击队的经历和后方政府腐败的种种社会现实。

张学良与萧承恩原来是旧识。萧承恩对张学良的爱国热情、抗日主张非常崇敬，希望自己的手稿能得到少帅审阅，更想得到他亲笔书写的书序。

张学良很有兴致地读完书稿，了解到萧承恩在抗日战争时期从事对日情报工作和在江南组织抗日游击队的经历，很希望《孤岛野火》这部书稿印成书。

翌年初，张学良把自己阅稿的意见汇集到一起，欣然给萧承恩写了一封信，表示以此信作为《孤岛野火》一书的序言。

张学良在信中说："……光阴如流水，转瞬已是十易寒暑，在这悠长的岁月中，我实在读了一些书，并且对于读书，发生了浓厚的兴趣。近来喜欢治史，尤其爱读变乱时期的历史，萧兄这一书稿，恰巧是一种史料，而且是关于抗战期间的一个秘密，我兴奋极了……我在二读时，想起我们国家自九一八以来，是经过几个剧变的时期：最初是'恐日病'流行的不抵抗主义时期，接着是联合抗战的高潮时期，随后是国共摩擦的低潮时期，最后是内战混乱时期，将这些往事配合起来去细研究，这里所揭露的事迹，我觉得这些见人类不平凡……全国的知识青年啊，请注意第八章里的两句话：'我突破了自己狭小的生活圈子，发现自己的知识太贫乏。我不甘落伍，不愿沮丧，所以要向劳苦大众去见习，从现实的社会需要再教育自己。'这是如何的虚心，这是何等的警惕。"

最后，张学良在信中表示支持"全民抗战"，指出中央"对世界大势的认识是正确的"，"应付侵略者的手法是高妙的"，认为中共在抗日救亡中"不临阵脱逃，不高竖白旗，自始至终是担任了实际的救亡工作"。

萧承恩得到张学良的亲笔信后，一气读完全信，高兴万分，立即将信放到书稿前作序言。由于张学良还在幽禁之中，这篇序言是费尽周折才到萧承恩手上，所以萧承恩没有张扬，将信后的"张学良"签名以"×××"隐蔽起来。很快，东京《每日新闻》便抢先连载了《孤岛野火》书稿。国民党当局获悉后，立即通过其驻日本军事代表团与麦克阿瑟的盟军总部进行干预，令《每日新闻》立即停止连载该书稿。于是，张学良为《孤岛野火》所作的序，被国民党当局视为"越轨"之举。

蒋介石知道张学良为《孤岛野火》写序后，很生气，下令：外界寄给张学良的物品不能轻易地不加检查地送到；张学良寄出的信件必须要严加检查之后才能发出。

回忆录被"相机运用"成"忏悔录"

蒋（介石）先生到台湾后，还是权势盖天，为了美化蒋先生的王者声誉和维护蒋家的统治地位，他们伪造出所谓张学良的《西安事变忏悔录》，用汉卿自己认罪的假象，什么"酿成巨祸，百身难赎"，这种荒谬无稽的反省自白，把他们的祸国殃民和失败推给汉卿和"西安事变"。颠倒历史，妄图欺世骗人，并且作为处理汉卿的根据。

——于凤至

总统钧鉴：刘乙光同志转下钧示，令良将"西安事变"前后事实，写一回忆呈阅，聆悉之下，百感交集，惶悚无似，良本下决心，永世不谈此事，所以无任何只字记载存留。

——张学良

1956年11月20日，蒋介石约张学良会面。张学良被送到蒋氏官邸。这座官邸坐落在台北衡山脚下中山北路和福建路交界处，名曰"士林官邸"，是蒋介石1949年从大陆败退台湾后一直居住的地方。

蒋介石在和张学良谈话中透露，让其再忍耐些时间，国家还有需要他的时候。此时，蒋介石想试探一下张学良对"西安事变"的看法是否有所转变，说："'西安事变'已这么多年了，你还有什么话不好说？"

原来，张学良对"西安事变"这个问题最不愿回答。他曾对一位挚友说："这要我如何回答呢？如果说我是被共产党蒙骗，显然是骂自己糊涂；如果说是我一时冲动，显然是骂我自己无能；如果说是'老先生'（蒋介石）该被扣留，显然表示我还没有承认错误，与我当时亲自护送'老先生'回南京的心愿不符。所以，我绝不见记者，因为我怎么说都不行。"

此时，蒋介石正着手编著《苏俄在中国》一书，需要多方面资料参考。他对张学良说："关于'西安事变'，我们这方面应变的计划和资料十分完整，而关于共产党方面的资料相当欠缺，你知道的应该不少，空闲的时候，写一些下来，当作史料保存下来。"

张学良听后，对蒋介石说："我原本不想再谈'西安事变'，想把那一段不愉快的回忆带进棺材算了。现在既然要我写下来，我就只好照办了。"于是，张学良迫于压力，开始写起了关于"西安事变"的回忆录。

张学良在为蒋介石写的回忆中，在叙述自己青少年时代的思想时说："良年方弱冠，屡参战事，亲见因战乱原因，满目疮痍，民生凋敝，自己同胞互相残杀，而有志有为之青年，多为牺牲，大伤国家元气，衷心时为忏悔。痛恨日本之对华侵略，年幼时亲见日人在东北之横暴；及长也，明国家之大义。先父之遇难，九一八之暴行，致痛恨无已。念自力不足，国力不强，对国事问题，遂致时生幻想。"在这段话里，张学良表达了对亲日派丧权辱国的憎恨，流露出对蒋介石一心发动内战的不满。他看到东北军上下都有抗日要求，看到共产党抗日的决心，所以赞同共产党的抗日民族统一战线政策，决心联共抗日。他在回忆录中说："当是时也，共产党之停止内战，共同抗日，高唱入云，实攻我心。不止对良个人，并已动摇大部分东北将士，至少深入少壮者之心。当进剿不能再现成功，良觉一己主张，自问失败，征询众人意见，遂有联络共产党同杨虎城合作，停止剿'匪'，保存实力，共同抗日种种献策。"

从11月20日，张学良得到蒋介石指示，写"西安事变"回忆长文，到12月5日竣笔，张学良奉嘱撰写，以16天的速度完稿复命。

当张学良写完"西安事变"回忆录后，右眼患了白内障，视力逐渐减弱。他把回忆录交给"总统府"秘书长张群，并请其转给蒋介石一封信：

总统钧鉴：

刘乙光同志转下钧示，令良将"西安事变"前后事实，写一回忆呈阅，聆悉之下，百感交集，惶悚无似，良本下决心，永世不谈此事，所以无任何只字记载存留。而近年来，更不愿自寻苦脑（恼），曾自勉连回想亦不再事回想。忽闻斯命，准良将此历史大事自白，钦佩钧座之伟大，感激对良之高厚，起而自奋，决心完白坦述，上供钧座之参考，下垂后人之昭介。不过，如今思来，但凭追忆，真不知从何下笔。即奉钧示，而如此大事，良不敢不具实以对，亦不能不具实以对，更不应不具实以对。

一、追忆往事，皆在二十年以上者，百念丛涌而来。心中十分酸痛，想起甲则忘了乙，想起乙又忘了甲，由东攀缘（援）至西，由西又转南北。而反把主题忘却，又须重新返回追溯。因之，前后或有倒置，叙述有些杂乱。

二、不愿把良个人事，言之太多，更不愿回录有关他人之事，但不说明，又不能追源其念或某事发生之由来也。

三、良少读诗书，文笔拙劣，辞不能达意，又因心气悲怆，语文多有不恭谨或有形容词之过甚之处。总之，此书主旨在真实。良从来未向任何人吐录（露），尽今日所能想到者，尽量摅诚呈述。数日来，反躬自问，再次思维。如认为西安之变，由于中国共产党之宣煽，则不如说，由于良之不学无术，鲁莽孟浪，较为真确。祸首为谁？祸首则为我心。自当由良之个人说起，方能容易明了前因后果，整个事件发生之由来也。良不计颜面问题，坦白的（地）先约略自我介绍，然后尽其能客观的（地）追述事实……

张学良写完"西安事变"回忆录后，右眼患了白内障，视力逐渐减弱。

蒋介石仔细阅读张氏长文，当看到述及联共经过、被迫采用兵谏逼蒋抗日，以及在蒋介石同意停止内战、共同抗日后立即释放蒋等重要情节时，张学良用含蓄的词语委婉说明，团结御侮不仅是他的主张，也是蒋介石同意了的：（对共产党）总觉同是中国人，不过是所见不同，权利之争。今日可以为敌，明日在某一目标下，又可为友矣。良敢武断一句，不只良个人有此错误，恐怕过去好些同志犯了这些错误的也不少。

张学良这样写是对蒋介石而言，因为蒋不仅接受了他的"停止内战，一致抗日"的要求，还亲自决定实行第二次国共合作，所以，他的主张并没有超越蒋介石的国共合作范围，为实现这一目的的"西安事变"也没有错。

蒋介石看后说："怎么张汉卿到现在还这样说！"他让张群把张学良写的回忆录摘要印发给少数高层领导人。张群只印了30份。而后，蒋介石把张学良的回忆录转给蒋经国，并批示说：该文写得很真实，可以相机运用，作为军中政治教材。

蒋经国把有蒋介石批示的"西安事变回忆录"转给了"总政战部"副主任兼执行官王升。此材料又在"总政战部"被缩编为五六千字的短文，由王升批转给主管文宣的政二处萧处长，嘱咐他在张学良的回忆录上做做润色工作，使它成为军队教材。岂料萧处长没有体会到所谓"相机运用"的真正含义，即将短文交给"总政战部"一本刊物上发表，题目为《西安事变忏悔录》。此刊还未正式公开发行，该文就被台湾《希望》杂志创刊号搞到手。于是，1964年7月7日，《希望》杂志抢先向社会披露《西安事变忏悔录》全文。而后，台北《民族晚报》又转载了这篇文章。

台湾"总政战部"副主任兼执行官王升

这天，张学良宴罢回寓，其外籍老友兼经纪人伊雅格，以刊出《西安事变忏悔录》一事，建议张学良应致函蒋夫人宋美龄，质问："西安事变"回忆文，为何成《西安事变忏悔录》公开发表?

蒋介石见张学良给夫人的信后，为《西安事变忏悔录》的公开发表而大为恼火。因为张学良执笔撰文之前"曾有过条件，即非经他（张学良）同意不能擅自公开"发表于世。他立即把蒋经国找来责问，下令把所有刊载这篇文章的杂志，按发行份数限期收缴回来。然而这是不可能的，《西安事变忏悔录》已流传到海外。

不久，在香港的王升副主任查见《西安事变忏悔录》文尾注明的转载杂志名称，竟然是"总政战部"的刊名，不觉大惊失色，知道问题出在自己部里。

最后，蒋经国只好处分了几名与此事有关的人员，这场风波才告平息。

"我认为：蒋夫人是我的知己"

蒋夫人说的，你要是对那个小家伙有不利的地方——当年，他们都喜欢称我为家伙，我立刻走开台湾，我把你的内幕都公之于世。这句话很厉害。

我的没死，完全是蒋夫人保护我，蒋先生是要把我枪毙的。

我认为蒋夫人是我的知己，蒋夫人对我这个人很认识。她说一句话，很厉害。她对外头讲，她说"西安事变"，他（张学良）不要钱，他也不要地盘，他要什么？他要的是牺牲。

——张学良

1951年12月29日，张学良在给宋美龄的信中写道：

11月27日之钧示及杂志15本和良之家书、打字机俱已受领。承蒙优厚，感戴莫名。良以罪余之身，何德得蒙垂顾之斯乎？令人愧惭无地，前贺寿之柬，得蒙总统垂青，良闻之何胜欣幸，此中温情亦夫人所赐也！

张学良信中提到的"前贺寿之柬"，系指1950年6月1日张学良50岁生日时，蒋介石特意从台北给张学良发来一封贺信。这对当时被蒋氏秘密幽禁在台湾新竹井上温泉的张学良来说，是意想不到的事情。更让张学良大出意外的是，宋美龄为他五十大寿，不但派人送来面制寿桃之类，还把蒋介石给张学良的祝寿信函一并送到。

宋美龄与张学良之间有着长达70年的情谊，张学良曾言："我认为蒋夫人是我的知己，蒋夫人对我这个人很认识，她说一句话说得很厉害，她说我'西安事变'，她说他不要金钱，他也不要地盘，他要什么？他要的是牺牲。""西安事变"后，张学良没死，"关键是蒋夫人帮我，蒋先生是要把我枪毙了"。

张学良因"西安事变"失去自由后，宋美龄并没有因为张学良反对蒋介石便忘却两人之间多年的友谊。即使后来张学良在台湾羁押期间，宋也一直与张保持着联系。

1946年宋美龄赴美时，她亦前往加州探望在此定居的于凤至。翌年，宋美龄从美国回到台湾，把于凤至给张学良的药品食品，派人送到他当时幽禁的新竹井上温泉。

1947年9月19日，宋美龄在写给张学良的信中，介绍她先后三次在美国和于凤至见面的情况，又在信中赞扬于凤至说："凤姐姐把加州的家布置得得体而气派，不但那所房子让我见了会想起你们从前在北平时的顺承王府格局，而且让我惊奇的是，她用炒股票赚得的收入，还在昂贵的美国高级居住区买了一幢带花园的房产。凤姐姐如今所烦心的，就是二公子的病了……"

1947年10月5日，张学良收到宋美龄不远万里从美国捎来的东西，心中大为感动。他亲笔给宋美龄写了回信。他在信中说：

夫人钧鉴：

9月19日的手示敬悉。附所赐果物及凤至捎来的药品统统领到，夫人对良护念周至，使良感谢无极。展读手札再三，并阅读剪报一则，闻知家乡事，心中情况难以笔述。夫人，大概您晓得海城是良的原籍，良祖父及上代的坟墓皆在该地，真不知今日是何景况，兹借东坡两句诗，可以代表良现下的心境："纵有锄犁与田亩，已无面目见丘园。"夫人，请您不要这么挂念，良这里吃穿用度倒还算周备，假如良必有所需，当再上烦钧听。请释念，谨祝健康并请代叩介公钧安。

张学良

10月5日灯下

"西安事变"后，张学良被蒋介石幽禁。杨虎城事后被撤职留任，随后也同张学良一样被软禁。

1949年，国民党政府败退台湾前，杨虎城全家惨遭蒋介石杀害，而张学良却躲过劫难。在蒋介石杀杨虎城而留张学良的问题上，重获自由的张学良是这样说的：

我的没死，完全是蒋夫人保护我，蒋先生是要把我枪毙的。这个情况，最初我也不知道。但看来我看到了一个东西，我才知道。看谁的呢？是美国的公使（美国驻华大使詹森，1929—1935年任驻华公使，1935—1941年升格为大使，他在中国任职三十多年）他写的，你们大概也知道，在图书馆里。有个朋友抄写下来，拿给我看。他说是宋子文，对蒋先生说，但我认为这决不是宋子文，而是蒋夫人说的，你要是对那个小家伙有不利的地方——当年，他们都喜欢称我为家伙，我立刻走开台湾，我把你的内幕都公之于世。这句话很厉害。

我把你的事情都给你公布了，这很厉害。蒋夫人承认我，管我叫绅士。她老抱歉我受这罪，她老说"对你不起"。蒋夫人很保护我的，我很感激她。

当年我认识她的时候，我们是在上海（1925年春，张学良两次到上海），有人请客，那时候我也不知道她是谁，人家介绍说，这是孙中山先生的小姨子。后来（1929年7月初，发动中东路事件前夕，蒋、张首次会晤），蒋先生在北京请我们吃饭、喝茶，在座的还有阎锡山等人，我见了蒋夫人，她说："汉卿，你好！"蒋先生很奇怪："你怎么认识他？"她说："我认识他比认识你还早。"

我认为蒋夫人是我的知己，蒋夫人对我这个人很认识。她说一句话，很厉害。她对外头讲，她说"西安事变"，他张学良不要钱，他也不要地盘，他要什么？他要的是牺牲！

"西安事变"是非常重大而复杂的事件，宋美龄参与密务，可以说的话很多，但她在其短短二十多页的回忆录里，竟有两处赞扬"叛乱"头目张学良说："历来叛变军人所斤斤不能去怀之主题"，即"金钱与权位问题"，而张学良始终没有"提及"。宋美龄承认张学良"无危害委员长之恶意及争夺个人权力之野心"。

1950年4月16日，张学良接到蒋夫人宋美龄欲来看望的消息。张学良怕蒋夫人因路途困顿，有损夫人健康，请求夫人千万不要前来，若有需要，宁愿亲自前往。张学良感动之，当天在日记里写道：

> 由新竹市到井上温泉汽车往返约五六个钟头，公路之坏，使夫人难以想象，竹东到井上一段，因石头露出地面，轿车不堪通行，只有吉普车或卡车方可行驶，并且险处甚多，颠簸万分，而良之寓处，对夫人供用，更有种种不便，切请夫人不可前来，何时何地，请夫人随时吩咐，良立可前往。

同年6月1日，张学良50岁生日时，蒋介石特从台北给张学良发来一封贺信。这对当时被蒋介石秘密幽禁在台湾新竹井上温泉的张学良来说，是意想不到的事情。更让张学良大出意外的是，宋美龄为他五十大寿，不但派人送来面制寿桃之类，还把蒋介石给张学良的祝寿信函一并送到……

1951年12月29日张学良写道：

> 夫人钧鉴：
>
> 11月27日之钧示及杂志15本和良之家书打字机俱已受领，承蒙优厚，感戴莫名，良以罪余之身，何德得蒙垂顾之如斯乎，令人愧惭无地，前贺寿之束，得蒙总座垂青，良闻之何胜欣幸，此中温情亦夫人所赐也。

而蒋夫人在1952年3月30日致张学良英文信中称：

汉卿：

得照片与手卷极美，多谢！早当致意，唯两周年来苦于支气管炎，不便作书，目前始渐愈。《生活》杂志拟刊一文，附余画作照片，出刊后当寄奉一本。余习石涛、沈石田甚勤，以余师谓余笔法风格近此两家之故，然台岛难得真迹亲炙，尽力而已。

"西安事变"时，张学良在美国的两个儿子在居所，受到国民党特务们的监视恐吓，不同程度受到了伤害。加之，德军对伦敦的轰炸，使闾珏由惊吓患上了精神分裂症。1944年夏，在美国治病的于凤至设法将三个儿女由英国接到美国纽约读书。

1953年，宋美龄得知张学良的儿子闾珏病势日重，便向张学良、于凤至表示：闾珏可来台湾治疗。于凤至对宋美龄的关心很感激。因为她明知台湾的医疗水平不如美国，但考虑到闾珏到台湾治疗可以和父亲张学良有见面的机会。而张学良更知道，宋美龄让闾珏来台湾治病的良苦用心：是让他们父子相见。

翌年，闾珏到了台湾基隆，治病期间，终于见到了梦寐企盼相见的父亲张学良。闾珏见到父亲后，虽然精神心情有所改变，但病情恶化已不能治愈。不久，闾珏在台湾永和医院无憾地离开人世。对此，张学良、于凤至对宋美龄深怀感激之情。

1957年7月，宋美龄在致张学良的英文信函里说：

汉卿：

闻汉卿眼疾，寄美国台灯一盏，此灯不拘位置角度，极为方便，余在美国用之，甚感满意，另奉上旧金山Blums糖果店名产些许。另附汉卿家书数札，汉卿阅后可将回信托信使带回，以便转达。

宋美龄自1936年"西安事变"后，数十年来一直对张学良倍加保护、关怀，从而使张学良避免了杀身之祸，直至获得自由，安度晚年。

张学良在半个多世纪颠沛留离的幽禁生活中，保存了五百余封信函，其中有一百多封信函是宋美龄亲笔写给他的。张学良对这百余信函尤为珍视。

宋美龄给张学良写信，大多以英文书写，并直呼"汉卿"。张学良接到信后，则以中文给她写回信，有时偶尔也用英文写信，称其为"夫人"，张学良在信中，自称"良"。

在张学良珍藏至今的百余封宋美龄的来信中，反映了蒋夫人美龄对幽禁中的张学良的生活非常关心。她还常送日用品、礼物，代转张学良在美国之家人的家书。她对张学良原配夫人于凤至托带的物品、信件，也全力代转给张学良。

张学良在给宋美龄的信中，直言抒发思乡之念。宋美龄济助少帅或送钱让他买些生活用品。有一次，她听说张学良眼睛不好，非常挂念，特送一台从美国带回来的台灯。

张学良与宋美龄通信中，涉及绘画、艺术、宗教信仰、圣经教义、互祝圣诞快乐、祝寿、拜年等，话题极其丰富。如有一次，蒋夫人宋美龄访问美国加州，特意三次与于凤至见面。然后，她将三次见面的情景写信告诉张学良，还在信中夸"凤姐姐家布置得好，有一个美丽的大花园"。

2001年10月14日，当客居美国的宋美龄获悉张学良病逝的消息后，心情沉重，一度静默不语。她通过长年照顾她起居的外甥女孔令仪的夫婿黄雄盛向张学良的家属表达了哀痛之意。

10月17日晚，宋美龄心情平静之后，随即决定由台湾妇联会秘书长、海基会董事长辜振甫的夫人严倬云女士代表她参加张学良的追思礼拜和公祭，向其告别并向其家属致意。

宋美龄在送给张学良的花圈缎带上写着：

宋美龄自1936年"西安事变"后，数十年一直对张学良倍加保护、关怀，从而使张学良避免了杀身之祸，直至获得自由，安度晚年。

送张汉卿先生远行

——蒋宋美龄敬挽

宋美龄还特意嘱咐严倬云说："预备一束十字架鲜花，署蒋宋美龄名，置于张学良灵前。"

奉蒋命撰写《杂忆随感漫录》

（蒋介石）叫我先写一本书，把我的经历、抗日情绪，对共产党的观感，对外发表，变换外间观感，然后方可进行。

我今山居幽闲，不揣冒昧，拟将亲自所经历，有关可供为历史的资料，真实记述，以供史学家之参考，或者有戒于后人。

——张学良

1956年12月25日，张学良在日记中写道：

早起，写了上总统及夫人信交老刘（乙光），请他派人送去。老刘看后认为他要自己亲送，于是我同他谈了我的心愿，彼愿传达，恐言错误事，请我写一简略给他，老刘26日去台北。

56岁的张学良在日记中，表示欲"出山"再起之心，而且亲笔给蒋介石和宋美龄写信，再次请求出山。他自被幽禁以来，尤其是在抗战初期，已经三番五次给蒋、宋写信请求出山再起。但是哪一次也没有这次强烈、迫切。此时，张学良已经意识到年岁不饶人，如果他再不恳请出山，恐怕此生再无机会了。

12月27日，刘乙光回来向张学良讲述谒见蒋介石的情况。原来昨天，刘乙光拿着张学良的信，亲自前往台北士林官邸求见蒋介石。刘乙光报告张学良希望参加阳明山高干集训班的请求，汇报了张学良的近况，然后递上张学良写的信。蒋介石看了，立刻承允，并连称"好好"。

刘乙光见蒋介石答应了，便追问一句："总裁何时下令？"

蒋介石则答："莫急，待我考虑考虑，布置布置。"这话，使刘乙光兴奋得一夜未能睡好。这时，他尚未起床，还在睡懒觉。突然，电话铃响。原来是通知：蒋介石10点30分召见他。

上午10时30分，刘乙光按时赶到，等待蒋介石召见。

蒋介石对他说："关于张学良到高干班受训之事，因恐外间有人有些不谅解，贸然从事，万一引起误会，甚或引起风潮，或有人对汉卿侮辱，反而坏事，须先有步骤。你叫张学良先写一本书，把他的经历、抗日情绪，对共产党的观感，对外发表。这样可以变换外间观感，然后方可进行。"刘乙光聆闻后，深为难过。由此不难看出：张学良和刘乙光之间的关系已经相当和谐了。

张学良听了刘乙光的这席话颇有感慨，他在当天的日记中写道："一则感到总统立即答允，见其爱护亲切，再则佩服审就周详，不过因外间问题令我写书，我心中十分难过。一夜未能成眠。"

1957年1月1日，时值新年元旦。张学良奉蒋介石之命开始伏案写作长篇自传手稿，命名为《杂忆随感漫录》。

在这篇长百页的《杂忆随感漫录》自传文中，张学良亲笔写下了他的人生。他从父亲张作霖及家世写起，从小念书就很调皮，与人不同，曾趁私塾老师下课外出，把自己的辫子剪掉，气得老师要辞职。他写与自己大的于凤至订婚，在父亲包办下，还在读书时就与凤至结婚。对此，张学良写道：我们俩在结婚后，虽然说不上美满，也就这样过了数十年的共同生活。对自己的性格自我剖析道："从善如流，知过必改，但也轻信易感，见异思迁。"他认为，自己是一个不受中国传统礼教束缚的人，"自幼就具有不柔顺的性格"，对人对事，一旦自认有理，"对任何方面也不肯屈服"。他说："这就是我桀骜不驯，玩世不恭的天性。"

张学良在《杂忆随感漫录》中，写了一些回忆片断。包括他在青年时曾受南开大学校长张伯苓以"有我在，中国不会亡"的演说之启发，激发爱国与民族热情；后来在东北崭露头角；与孙中山见面，大受激励；两次直奉战役；九一八事变；戏剧性的戒毒，而后游历欧洲及回国后受命"剿共"，担任不愿做的职务。这篇回忆杂录直写到"西安事变"为止。

4月20日，张学良在日记中说："已将《杂忆随感漫录》写完缮清。此乃我从来没写这么多字的东西，虽然不完美满意，但我是竭尽力矣。"

4月22日，张学良写信，致函蒋介石，就"杂感录"提出几点，作为该文的前言。他在前言中强调三点："一、未敢题名为回忆或自传，再三思考，勉强命名为《杂忆随感漫录》，但觉亦不甚妥，又想不上来一个较好的题名。二、关于体裁、组织、措辞，此文虽首在真实，但……苦费周折，屡加修改仍感觉不够周密。三、追随往事，忽隐忽现，又加时有伤感，思想不够绵密，文笔形容拙劣，实不能令人满意。"他将完成的《杂忆随感漫录》交给刘乙光，请他转呈给蒋介石。

张学良在4月22日的日记中记道："蒋'总统'所命写述文件已脱稿缮就，命名为《杂忆随感漫录》，装订完竣，另备统交给老刘（乙光），彼云明日去台北"，向蒋介石交稿完命。

4月23日，刘乙光到台北等候蒋介石召见。

5月10日晚上6时许，刘乙光从台北回到井上温泉。晚饭后，刘乙光对张学良说："在5月5日下午5时，蒋'总统'召见我。'总统'说，你写的《杂忆随感漫录》很有价值，很有贡献。"当天晚上，张学良在日记里郑重写道："如不到台湾，无此文。"言外感慨！

张学良在写《杂忆随感漫录》期间，即1957年2月23日写了一首仿唐诗：

客舍台湾已十霜，

忧心日夜忆辽阳；

何当共渡桑田水，

痛饮黄龙践故乡。

原来当年春，张学良在答应蒋介石写《杂忆随感漫录》时，又有了东山再起之希望。他乘诗兴，信口吟出上首仿唐诗。"忧心日夜忆辽阳"一句，真实地抒发了他对东北家乡的思念之情。

最后的会见：蒋介石召见张学良

老刘（乙光）通知我，五点"总统"在大溪召见。三点一刻，蒋经国派其座车来接，我和刘同乘，约四点三刻抵大溪……"总统"对我太客气，使我真不敢受用。经国先生行进时，我对他握手感谢，此番召见，乃是他的从中力量。

——张学良

1958年11月15日下午5时，蒋介石在大溪召见了张学良。这是自"西安事变"后，幽禁中的张学良和蒋介石的最后一次会见。

此次蒋介石在台湾召见张学良的经过，国内外曾有种种说法，有的则是捕风捉影或臆想虚构。那么，蒋、张是否会见？两人都谈了些什么呢？在张学良的日记里，就有关于此次谈话的翔实记录：

下午两点，老刘（乙光）通知我，五点"总统"在大溪召见。三点一刻，蒋经国派其座车来接，我和刘同乘，约四点三刻抵大溪，先在一空军上校家中候等。约十余分钟，"总统"已到，蒋经国同老刘来会，同至"总统"行辕，我特到客厅，老先生亲自出来，相见之下，不觉得泪从眼出，敬礼之后，老先生让我进入他的小书斋。

我说:"'总统'你老了!"

"总统"也说:"你头秃了!"

老先生的眼圈也湿润了,相对较为沉默。此情此景,非笔墨所能形容。

我恭问"总统"身体安好,精神饮食如何?

"总统"答曰:"都好。"

"总统"问我,眼痛好些否?

余详答眼疾近情。

又问我近来读些什么书?

我答:两三月来因眼疾,未能看书。自从到高雄以后,我专看《论语》。我很喜欢梁任公的东西,近来看了些梁氏著述。

"总统"说:好,好,看《论语》是好的。梁氏文字很好,希望你好好的读些书,返回大陆,你对国家还能有大的贡献。

我沉吟一下,对"总统"说:我可以陈述我的话吗?

"总统"说:"可以,可以。"

我说:我先前一直存着一个幻想……我是幼稚愚鲁,我不怨恨任何人,只恨我自己无识。前年我患病,精神颓唐,后来伊雅格告诉我夫人和"总统"对我时为关怀,我觉着我自己发生误会的观念。两年来,"总统"的传论,刘乙光都告诉了我。自从适到高雄,我自己很不安。因为那么好的环

1958年11月15日下午5时,蒋介石在大溪召见了张学良。这是自"西安事变"后,幽禁中的张学良和蒋介石的最后一次会见。张学良说:"'总统'你老了!"蒋介石说:"你头秃了!"两人的眼圈都湿润了,相对较为沉默。此情此景,非笔墨所能形容。

境、房舍，现在那些劳苦人士，而我如此享受，是不应该的。我自己奋勉，不只是为自己，同时是为了二位，不要使后之人讥笑二位所眷顾的人。我幼小读书不好好的读，现在读书有点费力，很想求教一位有道之士。

"总统"说：你想到什么人吗？

我答道：钱穆、陈大齐、劳榦等，我说我并不认识他们，只是在文字上知道他们。

"总统"未作答。转而问到我从前所知道的有些什么人吗？

我说我同那些人十数年来已断绝音讯，所以不明白那些人都哪里去了。

谈话时，赐以茶点。我问"总统"，我应该看些什么书？

"总统"说：《大学》和《阳明传习录》很好。

"总统"说："西安事变"，对于国家损失太大了！

我闻之，甚为难过，低头不能仰视。

"总统"又言：我到高雄，我们再谈。

我立起辞行。"总统"亲自送我到廊外，使我非常的不安。"总统"止步，乃招呼经国先生送至大门外。

"总统"对我太客气，使我真不敢受用。经国先生行进时，我对他握手感谢，此番召见，乃是他的从中力量。

经国讲他将南下，到高雄再会，并很关心北投的住所。问老刘可发火否，侍卫长亲自到门外送。

　　张学良的日记，较为真实、具体地记述了蒋介石在大溪行辕召见张学良的全部经过。其中，蒋、张彼此交谈的内容远比国内外民间谣传要简单得多。至于蒋介石谈到"西安事变"的问题，是这次会面中最为敏感的话题，也是张学良最为回避的问题。所以，张学良对蒋提问，以沉默相对。

　　蒋介石和张学良的这次会面是尴尬难堪的。因为他俩作为"西安事变"的主角，在事过二十多年之后，恩怨仍存。尽管蒋介石表面似乎宽厚有余，然而他在表示对张之关心同时，张学良的幽禁之期绝不会因为这次召见而解除。所以，张学良处在这样特殊境况里，在日记里写下的"感激"、"难过"等词语，应当是环境使然。

蒋介石说：囚禁是"爱"

> 头两年在新竹住，忽然一天接我到台北，让我一个人在一间大客厅等候，我以为一定是外国人或记者会见我。等了一会，进入客厅的不是别人，而是蒋"总统"，询问我生活情况和身体健康。
>
> 蒋"总统"很严肃郑重地对我说：国家还有重用你的地方，我叫经国和你经常联系，有什么事可以向他讲。你可以搬来台北住，你和经国商量，看看什么地方适宜……
>
> ——张学良

1959年3月，张群以"总统府"秘书长的身份来到张学良幽禁地，向他传达了蒋介石解除"管束"的命令；为了对张学良负责，需派警员进行"保护"。

张群和张学良人称"二张"，既是政治上的盟友，又是私交甚笃的朋友。"西安事变"前后，两人因政治原因而疏远，一直没能谋面。张学良来台湾幽禁后，张群才又与之恢复关系。1954年6月，张群担任蒋介石"总统府"秘书长，加强了张学良和蒋介石之间的沟通。

1957年9月，在蒋介石七十寿辰时，张学良委托张群向蒋赠送礼物，以表示贺寿。蒋介石通过张群向张学良还礼，回赠了一根制作精美的手杖，让张学良多走走，多看看，释心开怀。

此时，张群又带来了蒋介石的命令，解除了对张学良的"管束"。但是，张学良的住房对面增设有警务处，任何人欲见张学良都需要警务处人员的批准，否则谁也休想见到张学良。

有一次，一个五岁的王家小孩在张学良住宅附近玩耍，扒开了灌木丛和铁丝网，看到院子里坐着一位慈祥的老人——张学良。张学良看见那小孩后，笑着向他招手，示意他到院子里来玩。于是，王姓小孩就大胆地钻进院里，向张学良老人走去。这时，不知从哪儿出来一个持手枪的大汉，对小孩大声呵斥，把小孩吓得差点哭出声来。张学良见此情景，愤怒地责问那持枪大汉："你怎么对一个孩子这样？"他一边说，一边走到小孩跟前安慰，然后把小孩送出铁丝网，目送小孩消失在灌木丛后，才气冲冲地回到房里。

1961年9月1日，张学良与赵一荻的生活发生了变化，他们搬进了在台北市郊新北投复兴三路新建的住宅。在他们搬进新居的第四天，一位出乎他们意料的朋友周鲸文突然来访。张学良任东北大学校长时，周鲸文任秘书长，两人关系甚为亲密。

1945年8月15日，抗日战争胜利后，国民党又燃起内战烽火。周鲸文所领导的东北文化协会、东北政治建设协会的人士为恢复张学良的自由而积极奔走。然而，蒋介石却说：他与张学良的关系不能以国法公义来论，乃是如父子的私情，他囚禁张学良是爱。

1946年1月，在重庆举行的政治协商会议上，周鲸文以民主同盟成员的立场，向中共代表周恩来请求，希望中共能在此时为张学良的自由有所行动。周恩来接受了周鲸文的请求，在政治协商会议上，提出释放张学良和杨虎城的要求。但蒋介石拒绝了这一要求。

1947年元旦，南京中央政府公布了《中华民国宪法》和《宪法实施准备程序》，同时也公布了《大赦令》。周鲸文及东北人士在《大赦令》中找不到张学良的名字，便聚集在上海，向南京中央政府请愿。大家一致认为，张学良已被幽禁10年，期限已满，应恢复他的自由。

1948年，周鲸文举家迁往美国，在旧金山郊外一幢别墅里专心学问。周鲸文这次来台北，是出席"国民政府"邀请的阳明山会议。他向台北当局提出先决条件：批准他看望老朋友张学良。经过一段时间后，台北当局批准了他的请求。于是这对阔别25年的老友终得相见。

两人见面时，百感交集，有说不完的话题。这次会面，他们亲切交谈了六个小时，当时台风袭击了台北，电线被吹断。在没有电灯的情况下，两人还侃侃而谈。在谈话中，周鲸文了解到：张学良对明史的研究已是过

这是张学良与所有看管他和赵一荻的人员的合影

去的事了，现在他对基督教发生了浓厚的兴趣，和赵一荻一起去做礼拜，信仰极其笃诚；他还精通英文，不仅能说能写，还用笔名以英文写阐述基督教义的书出版。

张学良在向周鲸文谈与蒋家关系时说："头两年在新竹住，忽然一天接我到台北，让我一个人在一间大客厅等候，我以为一定是外国人或记者会见我。等了一会，进入客厅的不是别人，而是蒋'总统'。我没有见过他已经有数年了，这次见面我有新奇之感。蒋'总统'风姿不减当年，见到我后表情上是很亲切的，询问我生活情况和身体健康。我说：'一切很好，请不必劳神挂念。'我并请他多为国家珍重。"

张学良说，他与蒋介石经过寒暄之后，"蒋'总统'很严肃郑重地对我说：汉卿！你要多保重身体，国家还有重用你的地方。我叫经国和你经常联系，有什么事可以向他讲。你可以搬来台北住，你和经国商量，看看什么地方

适宜……"

张学良说："自从和老先生会面之后，经国先生和我往来两年时间，我们看了不少土地，这是他和我商量选定这个地方。地皮是公家的，建筑费是我自己出的。我选择这个地方，是因为它好似北京西山附近，向南望去有条河，北京城南不是有条通往卢沟桥的永定河吗？早晚眺望可引起对故国山河之思。"

张学良最后对周鲸文说："经过两年和经国先生亲切往来，我两人相处得很好，不知什么缘故，近来不相往来了，据我侧闻，好似老先生不教他再和我往来了，我们已经好久没见面了。"

1966年7月初，周鲸文又来台北，得知张学良喜搬新居，便找到新址，与张学良叙旧。这时，张学良正参加美国一家神学院的《圣经》函授学习，并且正着手翻译一本有关基督教的书，致力于宗教研究。

24年之后的父女相见

我当初研究《明史》的目的，是想弄清中国近百年来老是受外国欺凌的原因。为了弄清这个，我曾有个庞大的读书计划，先研究明史，后研究清史，最后研究民国史。

我同意夫人（宋美龄）的意见，和于凤至解除婚姻关系。

闾瑛索书：食止乎饱，衣止乎温。心止乎正，愿止乎诚。

——张学良

1961年8月初，一架"皇冠"号大型客机从美国旧金山起飞，此时已飞临台湾上空。机窗前坐着一对中年男女。他们就是张学良与于凤至的女儿张闾瑛、女婿陶鹏飞。陶年轻时就读于张学良创办的东北大学，后来赴西欧求学，与张闾瑛相识。

1941年陶鹏飞与张闾瑛喜结伉俪。陶鹏飞是美国加州圣旦克兰大学教授，他们夫妇此行来台湾，是应邀参加在阳明山中正会堂举行的首次"阳明山学术恳谈会议"。这个会议是蒋介石为垄断舆论、联络海外华人学者而召开的。张闾瑛则是受母亲于凤至嘱托，随丈夫来台湾探望幽禁中的父亲张学良。

张闾瑛不能忘记：1954年12月的一天，她收到了父亲邮来的墨迹，张学良据心境之感为女儿泼墨竖书：

闾瑛索书：

食止乎饱，衣止乎温。

心止乎正，愿止乎诚。

张学良

1954年12月

张闾瑛对父亲的墨迹很珍视，从书中的字里行间体察到父亲的心际，将这一墨迹永久地珍藏起来。

"阳明山会议"结束后，台北当局邀请与会海外华人学者游览台湾风光名胜。陶鹏飞与妻子游览了台湾的新竹八景狮子洞、嘉义县东北的阿里山和台南的日月潭。但是，他们最大的心愿是探望幽禁中的父亲。

现在，父亲幽禁处与他们近在咫尺，而台湾当局却一再拒绝他们探父的请求。为此，夫妻俩终日郁郁寡欢，愁眉紧锁。他们几乎找遍了在台湾的张学良当年的部下和朋友，连与父亲有联系的"立法委员"王新衡、"国策顾问"何世礼等国民党要人都找过了。然而，由于蒋介石早已有密令，所以探父的愿望迟迟未能实现。

这里是台湾的慈湖，蒋介石的别墅就建在这里。当年，蒋介石从大陆仓皇逃到台湾后，经过纵横百里的寻觅，终于发现了埤尾这个地方。它雄踞在险峻的角板山下，山清水秀，景色宜人；沿着绿树葱茏的角板山麓，环绕着一泓凹型的天然湖。蒋介石见埤尾这块宝地完全可与大陆奉化溪口的家乡媲美，就在这湖心岛上大兴土木，建造起和溪口别墅格局相同的丰镐房，亲自为别墅命名为"慈湖"。

此时，在慈湖里，一只小船在碧波上漂荡。船上坐着蒋介石和蒋经国父子。蒋经国一边荡着双桨，一边望着心情不悦的父亲，暗自考虑如何开口谈那件事。

"父亲，"蒋经国停止摇动双桨终于开口，"张汉卿的大女儿张闾瑛和丈夫陶鹏飞，从美国来台参加阳明山会议后，准备……"

"我晓得了。"蒋介石应了一声，又缄默无语了。

"父亲，我觉得不管您和汉卿有多深的芥蒂，按中国人的常理，您总不该拒绝他们父女相见吧？"

"什么常理短理的！"蒋介石生气地说，"我不是下令了吗？不经我同意，任何人不能和张汉卿见面。"

"父亲，您再好好考虑考虑，不然外面的舆论……"

"舆论？我当年在南京不杀他就够宽容的了！如今，要不是美、日和党国内部'第三势力'的压力，我才不考虑对张学良解除管束呢！"

"父亲，张汉卿的女婿陶鹏飞是美国圣旦克兰大学教授，在海外很有影响，人家携夫人来台湾参加您亲自举办的'阳明山会议'，他们是我们要团结的海外学者，您何不给他们个面子，让他们和汉卿见面……"

"经国，"蒋介石冷冷地说，"政治这东西奥妙莫测，'阳明山会议'不过是做做样子而已！"

"父亲，不管您怎么说，依我的看法，陶鹏飞夫妇和张汉卿见见面是应该允许的……"

"你不要再说了！"蒋介石一摆手，厉声制止说。蒋氏父子的湖上消遣，因看法不一致，闹得不欢而散。

此时，张闾瑛和陶鹏飞正在为能早日见到父亲而苦苦奔波。最后，他们决定去请求"总统府"资政张群帮助，因为他与父亲私交最深，他的地位不仅高，而且和蒋介石的私人关系甚密。

张群在前些天已接到了张学良的委托：让张群出面，使他能和女儿女婿见面。原来，张学良是从报纸上得知女儿女婿来台湾的。当张闾瑛和丈夫四处托人求情时，台湾《自立晚报》发表了一条新闻："张学良之女来台探亲，官方不理不睬。"

这天，赵一荻外出买菜，看到这消息后就买了报纸，给张学良看。张学良看罢，悲喜交集，不知如何才能见到女儿女婿。赵一荻为了分担张学良的忧愁，一连几天外出买菜，实则想寻到闾瑛夫妇居住的宾馆，和他们见面。但是由于"保安"人员的监视，她找不到机会见张闾瑛夫妇。在这种情况下，赵一荻劝张学良给宋美龄写封信，请她帮忙。张学良为了不使女儿女婿失望，便给宋美龄写了信。可是发出的信如泥牛入海，杳无音信，张学良不得不写信向张群求助。正当张群想见到闾瑛夫妇时，他们却找上门来。

张群听了闾瑛夫妇的请求后，欣然表示要去找蒋介石，说服他允许他们去探望父亲。这天，蒋介石获悉张群为张氏父女翁婿见面之事要来找他，知道张群的面子不好驳，就躲进了台北故宫博物院。

张群得知蒋介石的下落后，立即赶到故宫博物院。这时，陪同父亲在这里的蒋经国匆匆地走进大厅，向蒋介石报告："张群在外面等您。"

蒋介石不由一愣，万万没有想到张群会找到这里来。他自知避而不见张群是不可能了，只好让张群进来晤谈。

张群坐轮椅进屋来，蒋介石笑脸相迎，问："岳军兄，有什么大事，非你来不行？"

张群说："总座，汉卿在美国的女儿和女婿陶鹏飞教授，这次来参加阳明山会议，想和岳父张学良见见面。他们找到我头上了，我和汉卿的交情，您是知道的，我算了一下，他们父女翁婿有24年没见面了……"

"岳军兄"，蒋介石截过话来说，"汉卿父女见面是应该的嘛，我不是宣布结束管束恢复汉卿自由了吗？"

"总座，负责汉卿的刘乙光秘书向张闾瑛、陶鹏飞说过：没有您的准许，谁也不能见汉卿。"

蒋介石听了，脸一沉，怒道："娘希匹，那个刘队长怎么会这样说？我一定要过问这件事。"

"总座，"张群劝说，"您既然说已恢复汉卿的自由，那就让他们父女翁婿见见面吧，再说汉卿已是60岁的人了……"

"岳军兄，你就放心吧，既然你都出面了，我怎么能驳你的面子呢！"蒋介石说着，对身旁的蒋经国说，"你马上告诉那个刘乙光，以后不许胡闹，让汉卿和女儿、女婿见面！"

1961年8月30日，张闾瑛和丈夫陶鹏飞乘坐一辆雪佛莱轿车，沿着一条曲折的盘山公路，从台北直向张学良的幽禁地北投复兴岗疾驶而去。当轿车驶进张学良住处时，张闾瑛、陶鹏飞怎么也按捺不住激动的心情。特别是他们构想着怎样珍惜这24年好不容易盼来的第一次与父亲的相见。

轿车在一栋很不起眼的平房前停下。这栋房子爬满了绿藤，围满了绿荫，张学良和赵一荻就居住在这房子里。张闾瑛和丈夫看到：便衣的保安人员三三两两地站在房子四周。他们被引到一间光线黯淡的房间里，看到一位头发灰白、老态龙钟的老人坐在藤椅上，老人的脸颊上布满皱纹，举止呆然。这位老者就是张闾瑛夫妇朝思暮想的父亲，当年名震世界的"西安事变"主角张学良。

"爸爸！"张闾瑛和陶鹏飞抑制不住心头的激情，扑到父亲的膝下，述说着思念之情。

张学良被女儿、女婿千里迢迢探父的深情感动得老泪纵横，哽咽着许久说不出话来，他那双颤抖的手在女儿的秀发上爱抚着……

这时，陶鹏飞走到岳父身旁，用双手扶着老人颤抖的双肩。

"闾瑛，"张学良用泪水盈盈的双眼打量着陶鹏飞问，"我女婿叫……"

"爸爸，我叫陶鹏飞。"

"陶鹏飞，"张学良自语道。

"爸，鹏飞当年还是您的学生呢！"

"是的，爸爸，"陶鹏飞提示说，"您老一定还记得当年东北大学的校歌。"他说到这儿索性唱起来：

> 白山兮高高，
>
> 黑水兮滔滔，
>
> 有此山川之伟大，
>
> 故生民质朴而雄豪。
>
> 地所产者丰又美，
>
> 俗所习者勤与劳。
>
> 愿以此为基础，
>
> 应世界进化之洪潮……

陶鹏飞唱到这儿，对岳父说："这校歌，使我想到爸爸在任东北大学校长时的情景：您戎装佩剑，步履雄健地走上主席台，面对东北大学师生讲演：'我敬告诸生，严格地讲起来，汉卿我实在不配任校长，但在命运上、历史上造成了自己的地位和责任！为担负起这一责任，为救国的宏愿，一心一德，共同奋斗！'"

陶鹏飞自豪地说："当时，我就在台下，聆听您的讲演后，我们激动得掌声雷动，热泪涌流……"

"鹏飞，"张学良听了女婿的话面带笑容地说，"这都是过去的事了……"

"对，鹏飞，过去的事，我们不说。"张闾瑛截过爸爸的话说，然后取出母亲于凤至的照片，恭敬地递给父亲说，"爸爸，这是妈妈让我们带来给您老的照片。妈说，她在美国很好，她十分想念您。"

张学良用颤抖的手戴上花镜，然后接过照片，对着光线，泪眼凄迷地凝视照片好一会儿，悲怆地自语道："凤至大姐。"

张闾瑛和陶鹏飞深深地理解父亲此时的心境。为了让父亲从情感的愁苦中摆脱出来，张闾瑛说："爸爸，这照片是妈妈在旧金山照的。"

陶鹏飞岔开话说："对了，爸爸，妈妈说您老这些年来一直都在研究《明史》，是吗？"

"唔，研究《明史》的事，是很早以前的事了，那阵子，我确实对《明史》着了迷，可现在，我不再研究了。"

"那为什么？"

"现在，我在读《圣经》，这可是一部最光辉的经典著作啊。"

"爸爸，"张闾瑛亲昵地说，"我想知道您老放下《明史》改读《圣经》的原因……"

"这个嘛，"张学良用手抚了一下嘴巴说，"我当初研究《明史》的目的，是想弄清中国近百年来老是受外国欺凌的原因。为了弄清这个，我曾有个庞大的读书计划，先研究明史，后研究清史，最后研究民国史。但后来……"张学良说到这儿不说了。

是啊，他明白了，在蒋介石活着的时候，他是终生幽禁与世隔绝的人，休想获得真正的自由了。在出笼无望、报国无门的长期幽禁之中，他接受宋美龄的劝告，弃《明史》而读《圣经》，最后对基督教产生了浓厚的兴趣。

几天前，即9月1日，蒋介石向外界谈话：恢复张学良自由。接着，宋美龄又特意在蒋氏官邸接见了张学良与赵一荻。在宴席间，宋美龄说："汉卿，听说你对《圣经》感兴趣了，今天把你们请来，是想给你们介绍一位有名的牧师。待吃完饭后，我就陪你们去见他。"饭后，一辆美式轿车载着宋美龄、张学良、赵一荻去士林附近的一座基督教堂。在和张学良的对话中，周联华牧师已感到张学良是一个虔诚的基督教徒了。他问张学良有什么要求？张学良回答，请牧师为他举行受洗礼仪式。

这时，宋美龄对张学良说："汉卿，依你现在的情形，是不能接受洗礼的！"

张学良问："为什么？"

宋美龄说："因为你和于凤至还有正式的婚姻关系。现在你又和赵四小姐同居几十年，这就等于你有两个太太，根据基督教规，这是断然不准许的。如果你要成为虔诚的基督教徒，必须和于凤至解除婚姻关系后，才能接受洗礼。"

赵一荻听了宋美龄的这席话，觉得张学良这样做太伤凤至大姐的心，就向张学良表示：不同意他和凤至大姐解除婚姻。她说："汉卿，你真的那样做，对凤至大姐的打击太大了！说心里话，我之所以能这么长久地陪伴你，都是大姐的苦心。对这，我已经是很满足了。"

尽管赵一荻一再表示这样的意思，但是张学良还是郑重地向宋美龄表示说："我同意夫人的意见，和于凤至解除婚姻关系。"

张学良的"表态"，宋美龄听了很高兴，也很满意。其实，张学良的思维是很敏锐的，他心里很清楚：夫人的话是代表蒋介石的意思的。这么多年来，赵一荻的夫人身份，任何人都是承认的，而且是赞美的。在此期间，早已皈依基督教的赵一荻，没有哪个牧师说她因张学良有于凤至夫人而违背了教规。而眼下，当自己决定皈依基督教之际，为什么蒋夫人却提出教规问题呢？显然，是出于政治考虑的。蒋介石很清楚：在美国洛杉矶，张学良的原配夫人于凤至居住在那里；于凤至对蒋介石有看法，而且明确表过态，宁死他乡绝不回台湾。在蒋氏看来，有朝一日，于凤至就是张学良脱离台湾而在美国预留的退路；为了根除张学良走出台湾的念头，必须要张学良与于凤至离婚。于是，在适当的时候，由宋美龄抛出"离婚"之抉择，当做对张学良的试金石。对此，张学良心知肚明，遂忍着内心极大的痛苦，慨然表了态。就这样，张学良给于凤至写了一封信，向她提出解除婚姻关系的请求。他把信放进抽屉，随时准备托人带到美国转送给于凤至。现在，凤至的亲生女儿、女婿就在眼前……

晚饭时，张学良设了丰盛的家宴。蒋经国为了不影响他们共续天伦之乐，托词没有参加晚宴。

晚饭后，张学良便对他们说："我已经是虔诚的基督徒了，"他一边说着，一边颤抖地伸手取出那封写好的信，然后对女儿说，"闾瑛啊，爸爸老了，现在我最大的愿望就是成为一名虔诚的基督徒。因为你妈妈和一荻的原因，牧师不肯为我进行教徒洗礼。这封信带给你妈，就说我请求她帮助我下决心吧！"

张闾瑛从父亲的话里，明白了信中所写的内容。她面对父亲的请求能说什么呢？只好怅然地接过父亲写给妈妈的信……

幽禁：花费的是自己的钱

我父兴建东三省铁路，请了一位美籍工程专家当顾问，他返国时，我父亲送了他一大笔钱……不少朋友都误会我张学良，这些年浪费了政府很多钱，谁知道我花的都是自己的钱啊！

——张学良

张学良视钱财如粪土。他遭长期幽禁花费的巨额款项的来源，对很多人来说一直是个谜。有人甚至说张学良耗费了国库钱财。张学良对这不实之说，虽不争辩，但常常为此感到不安，耿耿于怀。

1962年春节期间，张学良患了一次轻微的心脏病，使他在荣民总医院一楼特别病房里住了较长一段时间。此间，监管人员和张学良是隔室而居。这时期，监管措施对张学良已经有许多放松。

有一天，张学良趁副官、司机出去午餐之机，突然一改沉默寡言之态，较为激动地向来访好友洛父医生说出了鲜为人知的隐秘。他说："不少朋友都误会我张学良，这些年浪费了政府很多钱，谁知道我花的都是自己的钱啊！"

张学良说到这句话时，憨态可掬，竟像一个饱受委屈的小学生。他接着对洛父说："我在美国花的钱更多，我内人于凤至长年住在医院，她用的钱就非常多。"

随后，张学良向洛父说出他的经济来源："我父兴建东三省铁路，请了一位美籍工程专家当顾问，他返国时，我父亲送了他一大笔钱，让他投资经商。这位专家确也是个理财能手，几十年后竟变成了亿万巨富。十分难得的是，这位专家为人忠厚，对我父时刻不忘。在他致富之后，曾一再打探我们家人的下落，直到'国府'迁至台湾，他才得到宋子文先生的帮助，来台北看望我，归还给我一大笔钱。这位知恩报恩的美国豪富，也就成了我的好朋友。"

张学良说："美国朋友给的钱算不了什么，我的财产主要是继承父亲在东北的产业，为数颇丰。"原来，"西安事变"后，蒋介石虽然软禁张学良，但未扣置他的财产。张学良把自己的财产，委托在美国的友人艾尔德代为在美国经营。艾尔德原是张学良家的总管，他把张学良的财产，在美国投资房地产业、股票，由于经营有方，获利丰厚。这些财产是张学良在幽禁中生活的主要经济来源。

张学良向洛父作了简短的表白后，像是完成了一件早就想完成的任务似的，随即收敛了急切的神情，恢复了他原有的平静。

刘乙光：相处 25 年的仇人恩人

刘乙光是我的仇人，也是我的恩人。仇人是他看管我，恩人是他救了我的命。我们在一起这么多年，现在他要走了，我知道他家的情况，我想送他一笔钱，算是我的一点心意。

刘乙光有他的立场，我还是很怀念他的。

——张学良

1962年，负责看管张学良的刘乙光队长已经是64岁了。这天，他被调回"安全局"任特勤室主任。在为他举行的饯别宴上，蒋经国和彭孟缉及张学良等出席了辞别仪式。

683

刘乙光，1898年出生于湖南农民家庭，是黄埔军校四期学员，北伐结束后转任军统局工作。他曾任蒋介石的侍从室警卫队长及军统特务队队长，1937年被蒋介石委派为看管张学良的特务队队长，与张学良朝夕共处25年。他对蒋介石给予的任务尽职尽责，任劳任怨，一生清廉，家徒四壁。

张学良在宴席上，幽默风趣地说："刘乙光是我的仇人，也是我的恩人。仇人是他看管我，恩人是他救了我的命。我们在一起这么多年，现在他要走了，我知道他家的情况，我想送他一笔钱，算是我的一点心意。"

蒋经国对张学良说的"心意"当即表示婉谢。

张学良说的"仇人"虽是出自幽默风趣，但还是有所指的。他与刘乙光曾经相处得很不好。刘乙光唯恐张学良逃跑或自杀，处处限制其自由，使张很难堪。刘乙光是一个忠实执行上司命令的军人，加上他那湖南人的个性，处事不够周全，和张学良那火爆性格撞在一起不免要发生冲突。但在后来的相处中，张学良理解了刘乙光，知道刘的所作所为是在奉命执行特殊任务，是在尽忠职守。在刘乙光的日记里，大量地抄录了蒋氏父子的"嘉言"和剪报，并写有许多心得体会。如蒋经国为"行政院长"的八股骈文，刘乙光都恭恭敬敬、整整齐齐地抄录在日记里。由此可见他对蒋氏父子的忠心了。所以张学良对刘乙光有着一份同情，理解他的所作所为是一个军人向"领袖"的效忠。为此，视张学良为仇雠的蒋介石对刘乙光恩遇有加，刘也只有更加地卖力了。后来，蒋介石老了，管束张学良的任务交给了蒋经国负责。然而，蒋经国对刘乙光的一些做法是不满的。这是因为时代在变化，刘乙光扮演的角色也完成了使命，只好被调回"安全局"由熊仲青队副代替刘乙光的职位。

张学良说刘乙光是"恩人"，主要是指他在贵州乡下得急性盲肠炎时，刘乙光来不及向上司请示获准，断然决定把张学良送往贵阳中央医院急救手术，使张摆脱死亡的威胁。对此，张学良常对人说："若刘乙光按部就班，请求待命，拖延了住院手术时间，那就不堪设想了。"

在台湾，特别是对张学良"解除"管束后，张学良与刘乙光及其家人相处得很好，刘乙光及其家人在感情上是偏袒张学良的，并有较深的感情。在刘乙光收藏的大量照片中，有许多照片记录了刘家与张学良及赵一荻在"山居幽处"时的密切关系，如刘乙光太太、女儿与赵四小姐合影就有许多张。这些照片都是张学良拍摄的，尽管照片都是黑白照，但在当时还是平常百姓所不敢奢望的。

刘乙光的长子刘伯涵（1992年10月去世）说："我八岁时就与张学良先生生活在一起，我的弟妹们与张相处的时间更长。张先生、四小姐待我们如亲生子女一般，我们也把他们视若父母般敬爱。张先生尤其喜欢我二弟仲璞，张的书房很整洁，藏书很多，平时别人是不准进去乱动他的书的，可是他看我二弟是个书呆子，特准他进去看书。二弟有时穿着臭袜子、脏裤子就躺在书房地上看书，张先生也不以为然，书乱了就由杜副官收拾。后来我这二弟学有所成，出国时张先生还送了旅费。二弟后来成为海水淡化专家。我妹妹则与四小姐特别亲，四小姐待她比母亲还好，她一回来就与四小姐到房中喁喁私语。她常常接到四小姐送的东西，恩情终生难忘。张先生幽默开朗，我们在西子湾的时候，他竟在院中挂个西瓜，叫我回家来吃。我那时已在海军军官校四十三班毕业，派在巡防舰上服务，老'总统'来西子湾住时我们就要锚泊外海警戒。我们住在石觉那幢半山上的房子，我在船上用望远镜就可看到院宅中的西瓜。"

1982年，刘乙光因病去世，享年84岁。

有一次，记者在问到与刘乙光的关系时，张学良说："刘乙光有他的立场，我还是很怀念他的。"

于凤至：同意"离婚"有隐情

近年来，弟超脱凡俗，习读《圣经》，似有所悟，意欲摒弃一切人间苦恼，而皈依基督。然戒律有言，不能一夫多妻，只有一位太太才能受洗。弟权衡再三，一生所剩时光苦短，且与大姐重逢无日，夫妻情名存实无。而一荻在我身边，伺奉晨昏，也有几十年光景，遂生求近而舍远之念，请求大姐与汉卿解除婚约。

——张学良

这是1963年的秋天，在美国旧金山郊区的小镇——多树城，在一处乡间别墅的台阶前，迎着轻柔的和风，伫立着一位清瘦的老妇人。她就是张闾瑛的生母于凤至。此时，她虽然已年过六旬，但容颜却比她的实际年龄年轻些，还依稀可见当年的风韵。眼下，她正和女儿观赏碧绿的草坪。

"闾瑛，你和鹏飞从台北回来大概有两年了吧？"

"是的，妈妈。"张闾瑛回答。

"孩子，说心里话，这两年，我总是怀疑，你们有事在瞒着我，我总是在想，你爸爸为什么连封信也没给我？"

"……"张闾瑛被母亲这突然的问话，弄得很紧张，不知如何回答。她确实在瞒着妈妈，并把父亲写给妈妈的信压了两年。此时她万万没有想到母亲竟又问起了这件事。

张闾瑛压下父亲的信有她的道理。她知道母亲是个不幸的女人，乳癌手术后，虽然奇迹般地活下来，但是爱子闾琪、闾玗前后病殁，对她的打击太沉重了。多少年来，母亲在远隔重洋的异国，时时刻刻在思念着台湾遭幽禁的丈夫，作为女儿，怎么能把父亲的信——要求离婚的信转交给母亲，在她受伤的心上再撒上一把盐呢！想到这，张问瑛不禁哭泣起来。

"闾瑛，你今天怎么了？你一定是有事在瞒我！"

张闾瑛见母亲那急切的面容，狠了狠心，把父亲写的信交给了妈妈。

于凤至拿到这封信时，已是迟了两年。信中写道：

凤至大姐：

闾瑛、鹏飞之来，带来了你的信息，知你生活平静，身心健康，不胜高兴，思念之情，稍得安慰。数十年了，你与我同历盛衰，共赴磨难，汉卿于心何忍。我一人获罪，却连累三人坐牢（还有一荻小妹），我心难安。然而，你从无怨言，芝魂兰韵谁人可比，昆玉秋霜再无匹敌。你对汉卿恩之深，爱之厚，关照之重，永世难忘。今生得一凤至为妻足矣！反思之，我给了你一些什么呢？只有一世辛苦、半生哀愁。忆之思之，俱汉卿之罪孽。我这一辈子，虽不得其志，至今无悔；只有一件憾事，那就是对不起大姐，欠你的实在是太多太多。想当年，弟统兵数十万，南征北剿，气吞万里如虎。也曾为开发东北，稳定中原，坚树勃勃大志，大展武运雄风。谁能想到，阴错阳差，舛途生变，无过而遭唾骂，无罪而受牢刑。此间你为我陪牢伴狱，形同犯妇。呜呼，身世浮沉，其非天意也？奋争固然可贵，成败千古莫测呀！

近年来，弟超脱凡俗，习读《圣经》，似有所悟，意欲摒弃一切人间苦恼，而皈依基督。然戒律有言，不能一夫多妻，只有一位太太才能受洗。弟权衡再三，一生所剩时光苦短，且与大姐重逢无日，夫妻情名存实无。而一荻在我身边，伺奉晨昏，也有几十年光景，遂生求近而舍远之念，请求大姐与汉卿解除婚约。大姐是至明至察之人，对汉卿之心洞若观火，一定能深加理解，遂小弟心愿。何去何从，任由大姐酌定。

弟 汉卿 手启

这时，在美国的亲友得知张学良提出离婚的消息，先后来到于凤至的住处看慰她。

于凤至称："自己的梦自己圆，表示自己挣脱了矛盾的心情。"她又对大家说："你们的心意我都明白，我是个通情达理的人。汉卿的苦处，我不是不知道。"

于凤至认为，张学良提出离婚，并非真的是为了儿女情长。于凤至是一位很懂得政治的女人，她认为张学良提出离婚请求是出于政治的考虑。

于凤至对女儿张闾瑛说："你父亲汉卿是他们笼子里的一只鸟，他们随时都会把他掐死的。几十年来，为了汉卿，我死都不怕，还怕在离婚书上签字吗？所以，我是为了汉卿更好地活下去，我同意离婚。汉卿的事情，我从来都无条件服从和支持的。"最后，她对女儿说："只要能使你父亲有安慰之欣悦，我任何事情都答应。"

于凤至在晚年的回忆录中，披露了她当时同意离婚的真实想法，她认为这是台湾当局利用离婚的手段"堵住汉卿来美国和家人团聚、取得自由的路"。她又说："我思想再三，他们绝不肯给汉卿自由。汉卿是笼中的鸟，他们随时会捏死他，这个办法不成，会换另一个办法。为了保护汉卿的安全，我给那个独裁者（蒋介石）签个字，但我也要向世人说明，我不承认强加给我的、非法的所谓离婚、结婚。汉卿对我说过，'我们永远是我们'，这就够了，我们两人不承认它。"

于凤至的豁达体谅，使得张学良提出的与她离婚之事进行得十分顺利。她很快地办妥了同意离婚的手续，于1964年3月寄到台湾张学良手中。

偕一荻探望沈鸿烈

> 从溪口算起，我与你（沈鸿烈）已是26年没见面了。
>
> 我最近到过同江，我就跟那个沈鸿烈去的。当时在同江，中国跟俄国起了一个冲突，因为界线划得不清，我奉命去调查这件事情。
>
> ——张学良

1963年初夏，张学良携赵一荻到台北荣民总医院去探望82岁的沈鸿烈先生。

沈鸿烈，字成章，湖北天门人。清朝末年在湖北新军充当文书。1904年，经两湖总督张之洞选送日本留学，入日本海军军官学校学习。毕业回国，正值辛亥革命，在湖北策动长江的海军反清。1914年，他任北京政府海军部中校科长。1919年，北京政府为了防苏反共，加强东北边疆黑龙江及松花江的江防，在哈尔滨设立江防公署，组建吉黑江防舰队，沈鸿烈被任命为舰队指挥官。

1922年第一次直奉战争，奉军在山海关内外，均受到直军海军舰上火炮的威胁，深感无海军的痛苦。

张作霖败退关外后，认为必须加强海防，建立海军。此时，沈鸿烈趁机提出兴建东北海军的意见书。为此，沈鸿烈得到张作霖的赏识与信任，委任他为东三省保安司令部航警处少将处长。于是，他建议组建了东北海防舰队。

1926年，东北海防舰队改称第一舰队，将驻青岛原北京政府的渤海舰队改称第二舰队，均由沈鸿烈指挥。他被任命为海军司令。

1928年7月，海军司令部移驻奉天，改称东北海军总司令部，张学良兼任总司令，沈鸿烈担任副司令。从此，两人关系甚密。九一八事变后，东北海军江防舰队陷落敌区。沈鸿烈指挥的三艘军舰舰长擅自行动，开船离他而去广州，投奔陈济棠。

这时，张学良将军已辞职旅居意大利。他得知这一情况后，深感东北海军是他父子两代惨淡经营培育起来的一个军种，绝不甘心这样丧失。他认为反对沈鸿烈就等于反对他，立即在欧洲电告平绥铁路局长汤国桢，设法经香港与南去广州的三艘军舰取得联系，转告务必找机会返航南京。那三位舰长在张学良的劝告下，摆脱了陈济棠的羁绊，返回沈鸿烈舰队之中。后来，沈鸿烈随国民党去了台湾。

沈鸿烈此次是因心脏病发作，住进荣民总医院。这天，张学良和赵一荻到了医院，径入病室，连呼沈鸿烈："成章、成章。"守在沈老身边的女婿被张学良的呼声惊呆了，不知此人是谁。

这时，沈鸿烈也感到有些奇怪，平时人多称他为"沈伯"、"沈公"、"老沈"，而这位年龄小自己两旬的来者却直呼其字，他注目细看，不待女婿扶持便立即起身离床，与来者握手抚肩。

沈鸿烈问张学良："您怎么来的，怎么知道我在这儿？"

张学良答："经国本拟一同来，因今天是他的生辰，饭间告诉我的。"

沈鸿烈说："我们多少年没见了？"

张学良答："从溪口算起，我与你已是26年没见面了。"

在谈话中，张学良回忆起当年同去同江的往事。他在口述历史中说：

我最近到过同江，我就跟那个沈鸿烈去的。当时在同江，中国跟俄国起了一个冲突，因为界线划得不清，我奉命去调查这件事情。同江的名字，那个地方真正的名字叫拉河苏苏。

此间，旁听者，沈鸿烈的女婿听到"经国"、"溪口"，注视来者面容、风度，断定来客一定是张学良夫妇。

红粉知己白首缔盟：少帅和赵四的婚礼

一荻，你我患难与共三十载，今日终成正式夫妻，此刻，我没有贵物相赠，只有这朵白兰花送给你。

你还是我当年的绮霞。我爱你，离不开你，你是我的一切！

——张学良

1964年春，士林官邸一片翠绿，虫鸣鸟啼。这天，张群正在和宋美龄谈论张学良和赵一荻的事情。

宋美龄对张群说："我们确实对不起汉卿和四小姐，他们30年的同居生活真是不容易。"

张群进言道："夫人，我们何不成全他们……"

"我也是这么想的，"宋美龄向张群建议，"赵四小姐53岁了，可她连'夫人'的名分都没有。当然了，这有汉卿的不对，也有我们对朋友的歉意。如今，于凤至同汉卿离婚了，你们在台湾的朋友就可以为汉卿四小姐操办婚事了。"

张群听了，理解夫人的用心，欣然道："请夫人放心，我回去就为他们准备操办暮年婚礼！"

1964年7月4日，是张学良和赵一荻终生难忘的幸福日子，这一天，他们历经三十多年坎坷岁月之后，终于向世人宣布：结成伉俪。这年，张学良刚过64岁生日，赵一荻53岁。

婚礼日期，是按照中华民族双日完婚的传统习俗，精心择定的良辰吉日。婚礼地点，鉴于张学良与赵四小姐三十载携手人生坎坷路，友人们都建议去台北市的大教堂，将婚礼举办得隆重一些，热闹一些。然而，张学良不同意，不主张参加人数太多，婚礼不宜过分张扬。他决定在好友吉米·爱尔窦的寓所举行。于是，友人都尊重张学良的选择。

良辰吉日这天，张学良和赵一荻在警卫、便衣人员的"保护"下，前往台北市杭州南路的美籍友人吉米·爱尔窦先生寓所举行结婚典礼。

寓所宽敞而明亮，客厅华丽而富有宗教色彩，正合张学良心意。前来参加婚礼的宾客有蒋介石夫人宋美龄、"总统府"资政张群、"立法委员"王新衡、"国策顾问"何世礼和画家张大千等12人。他们的证婚人是百岁高寿的博士陈维屏。由于赵一荻在台湾没有长辈可以为她做主婚人，乃请黄仁霖充当。

黄仁霖与张学良同岁，幼年在东北长大，在张作霖时代，就与张学良建立了不寻常的友谊。"西安事变"时，宋美龄派黄仁霖陪同端纳到西安与张学良接触。张学良派吉米·爱尔窦开车将黄仁霖、端纳接进城内。张学良陪蒋介石回南京后，被软禁在孔祥熙公馆。蒋介石特意召回已被宋美龄批准回上海过年的黄仁霖，委派他全权负责"照料"张学良。黄仁霖是虔诚的基督徒，为了消释张学良的孤苦寂寞，送给少帅一本《圣经》，在扉页上赠言："我希望这本书能帮助你，就像它所帮助我的一样。"张学良虽然不是基督徒，但对其赠书心领神会，很受感动。然而，在经历了28年荏苒时光后，张学良不仅皈依了基督教，而且成为虔诚的基督徒，按照教规补行婚礼。

婚礼开始时，黄仁霖太太文华弹钢琴伴奏，黄仁霖挽着赵四小姐的手臂，伴送她登上改造过的礼坛，与张学良并肩而立。牧师唱完圣歌后，便神情肃穆地开始了基督教的婚礼仪式。赵一荻沉浸在无限幸福之中，因为今天对她来说可谓终生难忘啊！三十多年来，她一直只能以"秘书"、"小姐"的身份与张学良相伴，现在，这种不明不白的身份从此宣告结束了。她的爱情之树终于结出果实，在法律上得到了承认，她将以张学良夫人的身份面对世人。

当牧师用缓慢的声调问："你愿意嫁给这个男人，由他做你的丈夫吗？"

赵一荻的双眼忽地盈满热泪，她用激动的声音说："我愿意。"

当牧师让张学良与赵一荻交换信物时，张学良拿着戒指的手抖动着，半天也套不进赵一荻的手指。此时此景，他俩不禁感慨万千。

在漫长的与世隔绝的幽禁生活里，张学良和赵一荻似乎适应了寂寞孤苦的生活。尽管今天是他们的可喜可庆的丝萝佳日，但是台北市喧哗繁杂的环境，婚礼的热闹气氛，反而使他俩感到有些不适应。然而为了不使前来祝贺的朋友们扫兴，赵一荻伴着张学良跳起舞来，这对患难夫妻的欢乐，博得人们一阵又一阵的喝彩和掌声……

婚礼当日的下午，张学良和赵一荻告别了各位朋友，驾着他们的轿车，在"随从人员"的"保护"下，沿着一条无人林荫小道，向士林地区警察署驶去。在警察署里，负责结婚登记的警官早已接到宋美龄副官的电话。警官为张学良、赵一荻办理了结婚证书，两人各持一份，只见上面印有：

结婚证

士林（警字）第03654号

现依"中华民国宪法"，准予张学良（男）、赵一狄（女）正式结婚。

特颁发此证。

台北市士林地区警察公署（盖章）

夜的帷幕垂落下来。月亮姑娘似乎也在为这对患难夫妻的良辰增辉，她把皎洁的明亮的银辉撒向复兴岗，给半山坡上那幢小楼披上了神奇的色彩。庭院南端椭圆形水池边沿上，摆放的名贵的兰花，今夜似乎开得更加艳丽，花朵在微风中频频点头，像是在祝贺他俩的婚礼。

此时，张学良和赵一荻在赏月观花，诉说着绵绵情意。张学良最喜爱兰花了，眼前盆盆兰花散发着浓郁的芳香，扑鼻沁肺，让人陶醉。他喜爱的这些兰花，今夜开得如此绚丽多姿，那上面浸透着赵一荻的汗水和心血呀。

张学良情不自禁地弯下腰，摘下一朵白兰花，深情地说："一荻，你我患难与共三十载，今日终成正式夫妻，此刻，我没有贵物相赠，只有这朵白兰花送给你。"说着，他用手将白兰花轻轻地插进赵一荻的鬓发，然后仔细端详她的面容，赞美道："今天你漂亮得就像当年的绮霞！"

赵一荻听了，欣悦地莞尔一笑，将身体投入他的怀抱，深情地说："汉卿，我多想变成当年的绮霞啊！然而，时光不饶人啊，我老了。"

"不，你还是我当年的绮霞。"张学良拥着赵一荻，字字真切地说，"我爱你，离不开你，你是我的一切！"

张学良赵一荻结婚后的第十七天，即7月21日的台湾《联合报》第三版，向世人披露了一则令人瞩目的消息：张学良与赵一荻在台北举行结婚典礼。

消息标题上款楷书：

卅载冷暖岁月

当代冰霜爱情

消息标题特大宋书：

少帅赵四正式结婚

红粉知己白首缔盟

大标题下，有两句楷书：

夜雨秋灯梨花海棠相伴老

小楼东风往事不堪回首了

张学良读着报上的消息，停了一下，对赵一荻感慨道："是啊，我们老了……"

张学良、赵一荻结婚后的第十七天，即1964年7月21日的台湾《联合报》第三版，向世人披露了一则令人瞩目的消息：张学良与赵一荻在台北举行结婚典礼。

这是张学良自幽禁台湾以来，台湾报纸刊物首次报道少帅的情况。人们不禁要问：张学良赵一狄结婚本是重大新闻，为何在半个月后才披露报端？

原来，张学良赵一狄举行婚礼的第二天，《联合报》记者获悉写了一篇两千字的新闻稿，被台湾各大报抢排备发。台湾新闻当局获悉后，急发电令：要求各报禁止披露此讯。最后，为不出意外，由秘书长张群批示："将此消息稿压缩至一千字，只允许《联合报》一家刊登。"

于是，台湾《联合报》第三版头题发表了《卅载冷暖岁月，当代冰霜爱情》的新闻。这是张学良、赵一狄在台湾被幽禁18年后，首次有台湾媒体披露他们的消息。

送给蒋介石的十六字挽联

关怀之殷，情同骨肉；政见之争，宛若仇雠。

——张学良

1972年3月，蒋介石因前列腺肥大而手术，后来演变为前列腺宿疾。由于他年事已高，身体免疫能力减弱，原有的肺炎、心脏病等旧疾相继复发。1974年8月，台湾当局不得不宣布：蒋介石因身体健康不佳，谢绝一切政治活动。

在蒋介石养病期间，张学良几次给宋美龄打电话，询问病情，多次向蒋经国表露对其父病情的关心。

1975年3月，蒋介石病情恶化。同月26日晚，蒋介石在经过三个多小时的急救后，苏醒过来。他感到自己来日不多，便急令蒋经国召集"五院"院长前来病榻，听授其遗嘱。

4月5日，蒋介石在弥留之际，手书给儿子蒋经国："以国家兴亡为己任，置个人生死于度外。"当天午夜11时50分，蒋介石突发心脏病，永远停止了呼吸。

张学良从蒋经国那里得知蒋氏病逝的消息后，不由想起最后一次见到蒋介石的情景，那是八个月前，在士林教堂的礼拜会上，张学良远远望着蒋介石坐在自己固定的座位上。这时的蒋先生十分虚弱，脸色蜡黄，神情呆滞，举足无力，需由宋美龄夫人及一名侍卫搀扶。在礼拜时，蒋介石始终没有把目光转向张学良这边。当礼拜结束后，人们都离开座位。张学良目送蒋介石的背影离去。此时，张学良不由心里升起一阵哀怜之感。四十多年的幽禁生活，他对世态炎凉，早已淡化。特别是皈依基督教后，他与世无争，对人有泛爱之胸怀。当他看到蒋先生几近不能挪动的脚步和虚弱不堪的背影时，本想前去略表慰问，但他又打消了这个念头。他担心蒋氏会因自己的健康状况，而误认为是对其嘲笑、讥讽或示威……

4月8日，张学良深感人生短暂，更觉名利权位乃过眼烟云。他不想让那些历史上的恩恩怨怨纠缠不止，便拨通蒋氏官邸的电话，向宋美龄夫人请求吊唁蒋先生。

宋美龄听到张学良的请求，很感动，答应翌日安排秘书前往张宅，陪同张学良到蒋氏灵前吊唁。

当天夜里，张学良心情久久不能平静。他在想，自己和蒋介石到底是怎样的关系？是有恩，是有怨？是朋友，是仇敌？几十年的恩恩怨怨顿时再次萦绕脑际……

张学良想到，1948年刘乙光自南京返回井上温泉，告诉张学良曾在南京见过蒋主席和夫人宋美龄。他们给张学良备了一封信和一份礼物，让刘乙光带给张氏。张学良接到礼物，看了信后，心情激动，夜不能寐。他拭泪伏案而书，写下了"爱护之深"、"关切之情"、"国事之争"、"思想主见"、"几同申（参）商"等字句。他对这些字句，字斟句酌，涂涂改改，最后还是感到难以表达心愿，便将草稿保留以备日后再修改。11年后，即1959年，张学良又拿出上述草稿，修改前文成"期许爱护，情同骨肉；谴责督教，恩越君臣"。他还是感到不满意，还要修改润色，便又将此稿保存起来。不难看出，张学良修润此文，已经经过了十余载。

眼下，张学良想到明天要去悼念蒋介石先生，应送一副挽联，便想到16年前保存的草稿，取出来修改润色。他经过一番苦思斟酌后，最后定稿为一幅16字的《挽蒋介石》。他读罢挽联，甚为满意。

4月9日，张学良在赴台北"国父纪念馆"吊唁途中，向前来接他的秘书询问有关蒋介石病逝前的情况。

秘书说：5日上午，蒋先生还和平时一样，能处理公务，身体没有异常反应。然而到午后，蒋先生称其腹部胀痛。经医生诊查，急需排尿。于是，护士为其导尿。当天午夜，蒋先生脉搏突然减弱，不久陷入昏迷。医疗小组对其全力抢救无效，终于辞世。

张学良的座车缓缓停在吊唁大厅前，他从车上下来，站了片刻。这时，在场的人看到他身穿藏青色中山装，神色严肃。宋美龄见张学良缓缓而来，便向前去，两人默默地紧握双手。

吊唁大厅肃然，蒋介石静卧在水晶棺里。灵柩四周，鲜花翠柏。张学良默默地站在灵柩前，凝视着蒋先生：他紧闭双眼，仿佛在沉睡中，但永远也不会醒来。

此时，张学良的心中漾起缕缕哀思：曾几何时，这位在中国政坛呼风唤雨，叱咤风云数十年的一代枭雄，曾经是那样独断专行，不可一世，但终究还是要履行生命的规则。

张学良在《挽蒋介石》联中写道：

关怀之殷，情同骨肉；

政见之争，宛若仇雠。

挽联，一般是用以哀挽、表彰死者的功绩和美德的，而张学良却以这16个字的挽联，从独特的角度，精确地概括了自己与蒋介石之间长达几十年的特殊关系：神交，关怀之殷；结盟，情同骨肉；离合，政见不同；决裂，宛若仇雠。

九一八少帅行踪的见证

9月18日，在平之东北军政要，为筹募辽北大水灾救灾济金，当晚举行平剧盛大义演……当演戏至精彩阶段时，忽见张副总司令随员（副官处长汤国桢），趋向张副总司令报告，谓沈阳有长途电话，请其亲往接听，张先生尚轻松地嘱该员代为接听。讵不旋踵，该员迅速返报，谓沈阳出事，务请张副总司令亲自接听。张先生始行离席，此后即未见张先生再行返座。

——何世礼

1980年6月2日，台湾电视台在联播节目播出了"大时代的故事"节目。这个节目由国民党党史会秦孝仪支持，居然又追问起关于九一八那天张学良的行踪问题。这使沉默了半个世纪的目击者、台湾"国策顾问"何世礼将军再也不能等闲视之了。

何世礼将军与张作霖、张学良关系密切。他是广东宝安县人，1926年经张作霖保送到英国陆军军官学校炮兵科，毕业后以陆军中尉资格，进入法国炮兵专门学校。当他刚由法国炮兵专门学校毕业回国时，适逢东北发生巨变，日本关东军制造皇姑屯事件，张作霖遇难，张学良继承父业执掌了东北大权。何世礼见张学良后，坚决要求参军，以学而致用。张学良视何世礼为有志青年，对其颇为重视。何世礼宁愿不做高级军官，而从低级军官干起，以获得较多的军旅经验。

在部队服务期满后，他被任命为东北边防军步兵第七旅平射炮连上尉连长。1930年，张学良被任命为全国陆海空三军副总司令时，将何世礼晋升为自己设置的北平行营少校参谋，意在将其培养成为全面的军事人才。何世礼在九一八事变中，不顾危险，坚决要求赴沈与全营官兵共患难，使张学良很受感动。此时，东北讲武堂炮兵教导队正由沈阳转迁到北平整训，改编为炮兵营，张学良选调何世礼为该营营长。由于何世礼责任心强，工作成绩突出，颇得张学良的赏识，被擢升为上校军阶，保送到美国参谋大学深造。

1935年，何世礼学成回国，张学良允派他当炮兵团长，后因人事调配问题，乃委任他为通信大队上校大队长，工作屡受嘉奖。由于"西安事变"，张学良被长期幽禁，两人不得见面。后来，何世礼升至陆军二级上将而退役，任台湾"国策顾问"。

何世礼看到了台湾电视台的"大时代的故事"在追问九一八那天张学良的行踪问题，便写文章，在《中外杂志》（10月号）上，发表了《为历史作见证：九一八之夜张学良在何处？》的文章。文中说：

民国20年9月初，本人服务于全国陆海空军副总司令北平行营参谋处，充少校参谋，嗣奉调沈阳北大营，任第七旅第六百二十团第二营营长（本人前曾在北大营该旅王铁汉先生之三十七团，新番号六百一十九团，任平射炮连连长）。正拟遄往沈阳到差之际，适先父晓生公，亦应张副总司令汉卿（学良）先生之邀赴平，洽商东北边业银行改组事宜。盖其时张先生系以全国陆海空军副总司令身份，驻节北平，仍兼东北边防司令长官，主理东北军事宜。故先父偕先母张太夫人由港赴平，祇以不谙国语，张副总司令遂命余内子留平数天，担任临时传译，以便讨论改组银行事宜。

迨9月18日，在平之东北军政要，为筹募辽北大水灾救灾济金，当晚举行平剧盛大义演，地点在开明大剧院，所有在平著名伶工，如梅兰芳等等，莫不参加演出，极一时之盛。各国驻平使节，及当地绅商名流，亦踊跃观赏，座无虚席。因先父有所捐助亦偕同先母与本人夫妇，应邀趋陪末座。当演戏至精彩阶段时，忽见张副总司令随员（当时行营副官处长汤国祯），趋向张副总司令报告，谓沈阳有长途电话，请其亲往接听，张先生尚轻松地嘱该员代为接听。讵不旋踵，该员迅速返报，谓沈阳出事，务请张副总司令亲自接听。张先生始行离席，此后即未见张先生再行返座。先父母当时亦甚诧异，不意翌日北平各报之头条新闻，均报道日寇已于"九一八"一夜之间，攻占了沈阳等地，震惊了全世界，也预点燃了第二次世界大战火种。事隔虽已半世纪，但由于印象深刻，所以至今尚历历如在目前。

本年6月初，本人适在台北，于6月2日晚间看联播节目时，听广播员报告：谓当晚张副总司令汉卿先生究在何处，尚无法查明云云，又看到老长官王铁汉先生讲述当晚情形，爰特说明事实如上，以为历史见证。

当年10月1日，陈国桢在《民生报》上，撰发《九一八之役少帅在哪里》一文。该文说："现在75岁的王铁汉先生，在接受记者电话访问时表示，张少帅在九一八之夜的行踪，他确实不清楚，只知道人在北平。他说，何世礼将军在《中外杂志》上的'见证'应属可信。"

这就是80年代初台湾政坛刮起的关于"张学良在九一八之夜行踪问题"的真相。由于众所周知的原因，这一真相在半个世纪之后，又大白于天下。

幽禁 50 年后的第一次记者采访

人不是为自己而活，而是为别人而活。

我研究明史的动机是近百年来中国为何一直受外国欺凌。我想从明清两代的历史中找出原因。因此计划先研究明史，接着研究清史，再及民国史。但当我研究明史告一段落，刚想进入研究清史时，自己却成为虔诚的基督徒，觉得《圣经》是一部最完美的经典，由于专心研读《圣经》，研究清史的工作就放弃了。

——张学良

1969年至1986年期间，台湾《联合报》记者于衡曾和张学良见面11次。第一次，在1969年7月22日，于衡在博爱路中央药房门口，见到张学良买药出来，他上前欲和张学良打招呼，但张学良没有理睬，大步进了草绿色的小轿车，匆匆离去。第二次，在1981年春，张学良来到新生南路的基督教会，参加冯庸将军追思礼拜会。会上，于衡见到张学良。第三次到第十一次见到张学良都是在荣民总医院的中正楼内。

于衡后九次同张学良见面，是因为他和张学良都在荣民总医院住院。在1986年6月17日至6月30日的14天中，于衡对张学良进行了九次采访。其中，最长的一次是56分钟，最短的一次是五分钟。

于衡因"内耳不平衡症"住进荣民总医院。6月17日下午3时许，他身穿医院发给住院患者的"号衣"在43号病房护理站看到一位穿同样"号衣"的秃顶老人正在高声与护理站的医务人员讨论病情："我已发烧到38度，高烧不退，重感冒。"于衡见老人有些面熟，仔细辨认，竟是曾见过两次面的张学良。为了以防认错人，他在43号病房护理站的服务台上，看到留有传染病科主任郑德龄的留言条："我今日赴韩国，张汉卿先生的病由施芳文大夫主治，曾文祥实习医师随时报告病情，勤量血压及体温。"

于衡暗自庆幸："等了三十多年，我要采访的对象，终于给我等到了，而且就在眼前。这次如果采访成功，不仅尽了我做职业新闻记者的职责，而且将在争取新闻的历史中留下脚印。因为全世界著名的记者，自从1936年'西安事变'后，没有一个人能访问到张学良。我感谢上帝，给予我这个机会。"

6月18日，医院耳鼻喉科主任荣宝峰大夫探视张学良。于衡也跟了进去。他听张学良告诉荣大夫说："昨天晚上，体温高到39度。"张学良还说，赵一获夫人住在病房内，护理他。她把自己睡的床移动到冷气口的位置，用床阻挡冷气直袭到张学良的身上。

这天下午，于衡在43号病房护理站的名牌上发现：张汉卿的名牌已取下，换上了"张毅庵"的名牌。晚间，于衡给张学良的好友台湾"立法委员"王新衡打电话，告诉张学良高烧住院的事。王新衡回答：他已知道了。

6月19日，于衡和张学良的侍从组长李先生及安全人员邓先生聊天，了解情况，以制订采访张学良的计划。

翌日，他又认识了张学良的侍从人员卢先生，于晚9时进张学良病房内采访。张学良因为耳有重听，讲话时嗓门特别高。他的眼睛视力不佳，但头脑清楚，对《圣经》读得极熟，能够背诵。他的东北乡音很浓，话音洪亮。自称英文程度不好。

张学良对于衡说："人不是为自己而活，而是为别人而活。"他避免谈"西安事变"和政治问题。

当于衡问他为何研究明史时，张学良说："我研究明史的动机是近百年来中国为何一直受外国欺凌。我想从明清两代的历史中找出原因。因此计划先研究明史，接着研究清史，再及民国史。但当我研究明史告一段落，刚想进入研究清史时，自己却成为虔诚的基督徒，觉得《圣经》是一部最完美的经典，由于专心研读《圣经》，研究清史的工作就放弃了。"

于衡此次采访张学良，时间长达56分钟。张学良的情绪很好，还和于衡谈了访问金门的情况。

当谈到养花时，张学良对于衡说："因为养兰，我买了有关兰花的书籍和杂志，而且向这方面的专家请教。"他还说："近年来，我家只订两份报纸，一份月刊。两份报是《中央日报》和《联合报》，一份月刊是《兰花世界》。"他最后说："兰是花中的君子，其香也淡，其姿也雅，正因为如此，我觉得兰的境界幽远，不但我喜欢，内子也喜欢。"

在于衡和张学良谈话间，赵一荻不在病房，故意躲避记者。但她还是不放心，打来电话，询问张学良的病情，叮嘱丈夫注意身体。张学良告诉她："我现在很好，正在和于先生聊天。"此间，护士沈小姐也进病房来劝告张学良勿大声讲话。住在18号病室内的杂文作家王中原也打来电话，声称谈话声高，使他不能入眠。在这种情况下，张学良向于衡提议：结束聊天，免得打扰邻室，使别人不安。

6月21日上午，于衡的女儿幼衡来医院探望父亲。于衡让女儿捧着陈宝川校长送来的一盒梨和水蜜桃，送到张学良病室内。张学良欣喜地接受了幼衡送来的礼物，并夸奖她很乖，问她在什么学校读书，功课累不累等。傍晚，于衡来到张学良病室外，正要进去，忽然一人当门而立，阻挡其入内。于衡只好转身回去。他向护理站询问：守在张学良门外的是何人？护士回答说，是保护张学良"安全"的侍从。晚餐后，于衡在43号病房及45号病房间散步，以寻机再访张学良。这时，张学良的侍从人员李先生走到他的面前，警告说："你过去写张先生的事已经够多的了，凡事不可做得过分！"而后，于衡看到何世礼将军来探望张学良。当何将军从病室内出来时，又一位侍从将何将军送到楼下。于衡感到今天访问张学良已是不可能了。

6月22日，于衡又寻机进入张学良病室。他发现张学良的态度已有变化，表现得十分不耐烦。张学良的侍从向于衡表示，希望他以后不要再来麻烦张先生，同时以十多年前卜少夫写的《与张学良纠缠经过》那件事相警告，让他自我节制。

6月23日，张学良泻肚，作直肠镜检查。侍从李先生陪同张学良去检查室。

于衡利用病房内无保安人员之机，采访了赵一荻。此时，赵一荻虽然已是75岁，但是看上去比实际年龄要年轻得多。她讲话的声音也很高，是因为张学良耳重听的缘故。于衡和赵一荻谈了大约一小时。然而，赵一荻对于衡的采访问题避而不谈，答非所问，只是向记者传教。在于衡约一个小时的采访中，赵一荻对"少帅之事"守口如瓶。她和张学良一样，能背出《圣经》的某章某节。她说："人生的旅途极短，我们真正的老家在天国。"她还告诉于衡：九年前，她罹过肺癌，由卢光舜大夫替她开刀手术，迄今未再复发，但想不到卢大夫在两年前却得了肺癌不幸逝世。听了赵一荻的话，于衡觉得她的词锋锐利，咄咄逼人。

6月24日，王新衡来医院看望张学良。他在"西安事变"时，任戴笠手下第二处处长，为人正直热情，很愿意和文人交往。45年来，他与张学良关系甚密。他在离开医院前，还到记者于衡病房内探望，赠水果一篮。临辞前，他对于衡说，不要再到张学良病室内进行采访了，否则将使张学良的侍从人员很为难。

于衡感到采访张学良遇到了阻碍，但他毕竟是位新闻记者，要得到有价值的新闻，就要付出代价。他鼓起勇气，于当天晚间7时，又进入张学良病室进行采访。面对于衡的提问，张学良有的给予回答，有的只是冥思不答。在回答记者的问题时，张学良不断地咳嗽。于衡见张学良咳嗽厉害，就不忍心再提问，只好暂停采访，告辞出了病室。

6月25日，张学良侍从人员卢先生来到病房内，赠送给张学良一盒桃。他见记者于衡在病室内，不悦地说："请你不要再采访张先生！"于衡只好退出病房。

这天，张学良的高烧退了。赵一荻为了躲避记者于衡的采访，连医院的小厨房都不进了。当晚，于衡不顾侍从人员的警告，又进入张学良病室内采访。他与张学良谈话约五分钟，侍从人员便以张学良需要休息为理由下了逐客令。于衡只得停止采访，起身告辞。张学良把自家的电话号码和邮政信箱告诉给于衡，并说："以后你可以和我通信，谈栽培兰花的问题。"

6月26日，张学良在赵一荻搀扶下，由43号病房17室转移到45号病房11室。于衡用整整一天时间企图找到机会采访张学良，由于"保安"人员加强了对张学良的"保护"，始终没有找到采访机会。翌日，于衡闯进张学良病室，访谈了20分钟，又被侍从人员发现，驱逐出病室。

6月28日，赵一荻回家。这天是侍从卢先生值班，恰巧护士不在。于衡趁机进入病房。这时，张学良正在戴耳机听评剧。开始，张学良不理他。于衡只好干坐在椅子上。过些时候，张学良摘下耳机，回答了于衡提出的几个问题，都很重要。这天晚上，于衡在走廊遇见了侍从李先生。李先生郑重警告说："于先生，我看你的病不会好了，因为你的心机太重了！"于衡问："为什么？"李先生说："清朝的刽子手看见人的头，就研究从什么地方下刀，砍人家的头；你这个新闻记者，看到张学良就想采访，你做得太过分了，到了不好看的程度了！"于衡被李先生说得面红耳赤。李先生又说："我郑重忠告你，从今天以后，不可以再访问张先生了！"

于衡反问："少帅去过金门，蒋经国先生邀他赏月，他不是自由了吗？"李先生说："他早就自由了，但共产党能放过他吗？为了万一，我们有责任保护他。"

于衡不客气地说："他既然自由了，我应该有访问的权力。"

李先生反驳说："张先生有拒绝被访问的权力。"

6月29日，记者于衡又到张学良病室内采访，他与张学良又谈了12分钟。于衡又被驱逐出病室。晚上，于衡向医生请假回家，找出张学良给刘哲的信。翌日下午，于衡又进入张学良病室。张学良正在听广播。于衡把信交给张学良。张学良用放大镜，逐字阅读，承认信是自己写的，并说："那是我一生中最辉煌的日子。"

这时，侍从李先生见于衡又进入病室，大怒："张先生本人极不愿见你，他可以到法院告你侵入私人住宅。"

于衡回敬道："我送张先生一盒桃子，张先生回送我一篮芒果，我们之间，已经礼尚往来了。"

李先生见硬的不行，就面带笑容地对于衡说："请您和我们合作，您再继续访问张学良，我们要受处分了。"

于衡听了，说："既然如此，我绝不再访问张少帅了。"

7月1日上午10时，在荣民总医院大扫除时，张学良由侍从人员"保护"，悄悄地出了院。这天晚上，记者于衡开始构思撰写《张学良访问记》。此文发表后，在港台引起轰动，各地报刊纷纷转载，掀起了一股张学良热。

同蒋经国的交往

> 你（蒋经国）有那么多钱，又不能反攻大陆，放在那做什么？我看还
> 是好好搞建设吧！我到台湾来的时候，台湾很不景气，现在台湾很有进步。
> 在这一点上我要稍微说说。台湾的进步，应该说主要是蒋经国的功劳。我对
> 蒋经国这个人非常佩服。经济问题、建设问题、军队的整顿、政治方面的整
> 理，他都下了很大的力量，很可惜他去世太早了。
>
> ——张学良

戴笠死后，蒋经国担任"国防部"总政治部主任，并负责"管束"张学良的工作。由于蒋经国在出身、经历方面与张学良有某些相似之处，同时对张学良的为人很钦佩，所以蒋经国从接受"管束"工作起就决心和张学良做知心朋友。他不仅在物质生活上仍像过去那样充分满足张学良的需要，而且在照顾张学良精神生活方面较他父亲蒋介石有所改善。

蒋经国记得，张学良与杨虎城发动的"西安事变"是促成他和俄国妻子回国的主要原因。1937年4月，他携俄籍妻子及孩子由苏联回国到南京谒见父亲后，回到老家溪口。

蒋经国夫妇在雪窦山游览时，住在妙高台蒋介石的一幢别墅内，得知张学

良幽禁在雪窦山"中旅社"内，即向刘乙光提出探望张学良的要求。刘乙光同意后，蒋经国便携妻子拜见了张学良。

1949年到台湾后，蒋经国想起父亲曾说过：他同张学良的关系如父子，不能以国法公义而论。蒋经国决定同被看管的张学良做朋友。他让"管束"的人将张学良、赵一荻从井上温泉迁到高雄、基隆暂住，然后再做安排。最后，蒋经国为张学良选定台北北郊阳明山为居所。

阳明山在七星山南，纱帽山东北，居高而眺，见磺溪水逶迤西去。日本统治时期，阳明山叫草山。台湾光复后，为纪念明代思想家而改称阳明山。阳明山海拔不高，距台北只有16公里。蒋经国之所以为张学良夫妇选中阳明山居住，是因为他心里另有意图。蒋介石夫妇早已选定阳明山为官邸，定居点为山脚下的士林镇。蒋经国想，若张学良迁到这里居住，就为其与父亲的相晤提供了地理之便。

蒋经国打定主意后，便邀请张学良前往阳明山实地采点。张学良望见山上林木葱郁，亭台楼阁掩映其中，顿生心旷神怡之感，对蒋经国满意地说："此处是修身养性的好地方！"

两人在山上转了许多地方。最后，张学良停在了半山腰的阳明公墓边的几间平房前，看了又看。

"这个地方不错，适合我住。"张学良说。

"你在说笑话吗？这公墓怎么能住呢？"蒋经国不解地问。

"我这个人，这些年寂寞惯了，在人多热闹的地方居住，会感到难受的。明朝末年有一个文人，他的名字我忘了，他就住在墓地里。我非常喜欢他的那副对联：'妻何聪明夫何贵，人何寥落鬼何多。'既然人人终归都要亡的，我住公墓有什么不好的呢！"接着，张学良又说了住在这里的好处：路上车少，出来散步，不怕遇车祸；这里好找，亲朋好友一打听就找到了，不能给人添麻烦。

不管张学良的理由有多少，蒋经国都没有答应。最后，蒋经国武断决定：

在阳明山庄附近买一幢别墅送给张学良夫妇居住。对此，张学良夫妇从心里感谢蒋经国对他们的一片真诚情谊。

1950年春，蒋经国专程来阳明山张学良别墅，看望张氏夫妇。张学良与蒋经国畅谈了许多往事，特别是在雪窦山的初次相见，雪窦寺、千丈岩等处游览的情景，仿佛就像是昨天的事。

"汉卿，"蒋经国以同辈相称，"我们住的地方相距不远，希望你我互相常来往，不然你会寂寞的。"

"我这人，对寂寞早就习惯了。你重任在身，时间宝贵，还要以公务为重啊！"

"我的公务再忙，也要抽时间看望你，论资格，你是我的前辈，我常来听你说说话，听听你对事情的看法，对我也是有收益的。"

1957年夏天，蒋经国已经从后台走向前台。他开始向蒋介石的接班人过渡。同时蒋经国负责领导国民党的情报机关，又直接负责对张学良的"管束"工作。蒋经国在国民党内这时的职务，已是由"国防部政战部"主任升为国民党中常委、"国防会议秘书长"。为此，张学良在信上称他为"秘书长"。

经国秘书长仁兄阁下：

前承惠大著，捧读之下，慈孝忠爱，溢于纸上，美兄有文，亦庆领袖有子，"生子当如孙仲谋"。史话不能专美于前矣，大著置之案头，以为座右铭……兹又承惠赠珍果，自大陆来台已多年未尝此味，……深希瞻奉教领，暑热为国珍卫。

张学良顿 再拜

六月十四日

1957年，段毓奇被调到"陪护"张学良组任副组长。在受训结业时，蒋经国指示他：随护张学良，一定要注意安全。段毓奇接任组长后，蒋经国亲自面谕：你对张学良要客气有礼貌，张先生提出的要求，有先例的按例办，对难办的请示后办，实在办不到的，要婉言拒绝。

1959年春节，张学良赠送蒋经国四盆兰花；蒋经国收到兰花后，回赠张学良夫妇年糕、火腿。

张学良与蒋经国

这年蒋介石解除了对张学良的"管束"。同年6月5日，蒋经国赠送给张学良一部轿车，供其外出乘坐。

1959年秋，张学良患眼病刚有好转，在中秋节前夕，忽又收到蒋经国派人送来的礼物。他十分感动，于是和赵四小姐回赠蒋经国一部民国时期出版的《三国志》，给蒋方良回赠一件睡袍。此时，张学良和蒋经国的关系，外界传说已格外亲密。张学良在给蒋经国的信里写道：

经国秘书长仁兄赐鉴：

　　贱眼疾承关怀选聘医（师）诸多，分神令人感愧。尚无缘致谢，适又承节赐食品，实不敢受。我在此生活一切均好，万勿再劳神赠送珍果为好！

张学良

九月二十七日

1960年，在张学良60岁生日时，蒋经国专程赴张学良住处，带着精制的生日蛋糕和贺卡，向张学良祝贺60岁生日。

蒋经国在台湾就任"行政院长"前，不论工作如何繁忙，他总是过不多久就去看望张学良与赵一荻。有时蒋经国也邀请他们夫妇到他的官邸小聚，还有几个他们共同的朋友作陪，关系甚为密切。

1961年初，张学良向前来看望他的蒋经国提出：他年纪大了，住在阳明山上下很不方便；他想自己出资，在靠近台北市郊的地方盖一幢房子，搬下山住在那里。蒋经国听了，即表示同意，并说：地基由他去选，一定让他满意。

这年9月，张学良出钱，蒋经国代其张罗勘定建房基地，在台北市新北投复兴三路70号营建了一栋二层楼房。"国安局"为了保护张学良住所的安全，在周围建筑起了三米高墙，墙外有一条护城河，上面架设有活动吊桥。住宅对面设有"警务处"的房子，以"保护"张学良的安全。

张学良夫妇登上居于山冈之上的新宅，顿感心旷神怡。这是他们自己的家啊！望着台北大道上的车水马龙和夜间的万家灯火，有说不出的愉悦。当张学良和赵一荻搬进新宅时，身为台湾"国防部"总政治部主任的蒋经国赠送给他们一套客房用的家具。

张学良的家中，挂有蒋经国亲笔书画的梅、兰字画，显示出他们之情谊非比寻常。尔后，张学良又买了一辆二手福特牌轿车，这样乘它进城访问张群、莫德惠、王新衡及其他亲友就更方便了。

张学良常去五条通与王新衡先生来往。蒋经国住四条通，张学良也常过去交谈，常常是谈到深夜。有一次，张学良对蒋经国说："你有那么多钱，又不能'反攻大陆'，放在那做什么？我看还是好好搞建设吧！"于是，加速建设台湾的构想就在他们的闲聊中诞生了。此间，张学良的管家伊雅格也常从外国带来建议。高速公路开工后，台中以北没有一段工地张学良没去看过。看过之后，他就与蒋经国长谈，常常到凌晨2点。张学良向蒋经国谈重视台湾建设，谈他在东北、西北的建设。将台湾儿童剧院改成停车场就是他向蒋经国提出建议的。张学良一有空就到处看看，他曾去苗栗，也去过台中等地。

1962年，张学良与蒋经国两次观看美国白雪溜冰团的表演。第一次，蒋经国派人买来12张票，其中有四张票的座位号码是连续的，供蒋经国夫妇和张学良及赵一荻坐。剩下的八张票是在蒋、张四人周围"插花式"的座席，由保安人员坐，负责警卫。

在蒋经国夫妇和张学良及赵一荻来剧场前，"保安"人员已和场地负责人交代清楚：第一，张学良来此，不能随意告诉观众，严防泄密；第二，不许告知新闻记者；第三，严禁背闪光灯、照相机者走进"保安人员"座席区域。由于采取了上述措施，所以张学良与赵一荻来场观看溜冰演出的消息无人知晓。两三天后，张学良又想再次观看美国白雪溜冰团的演出。蒋经国知道后，又派人买了票，座席位置和第一次时相同。

张学良夫妇与蒋经国夫人、蒋孝文、徐乃锦及他们的女友兰关系很好，常通信并互送礼品。

1964年5月22日，张学良让赵一荻代表他写了一封英文短信给经国夫妇，表示将永远珍惜他们送的生日礼物；同月26日，赵一荻又写英文信给蒋孝文夫妇，致谢赠生日礼物，这个礼物使她"每当抽烟时，就想到你们"。

1965年1月，蒋经国当上了"国防部长"，掌管军权。张学良给蒋经国打电话表示祝贺后，委婉地说："经国先生身上的担子很重，不能因为和学良交往而分散了精力。我是一个老头了，没有公务在身，打发时光的办法很多，我不想分散你的精力，耽误你的时间。"

蒋经国说："我工作再忙，也能抽出时间看看你这位老朋友啊！只要你不怕烦就行了。"

蒋经国是这么说的，也是这么做的。他时常抽时间到张宅看望张学良。他俩或是在屋里交谈，或是到附近的山林散步。有时，蒋经国还邀请张学良到府邸做客。然而，张学良每次与蒋经国会面均坚持自己的观点，主动缩短时间。

1966年，在蒋经国夫人方良过生日之际，张学良夫妇赠送礼物，以表祝贺。

5月18日，蒋方良给张学良夫妇写了一封英文短信，感谢少帅夫妇记得她的生日，送来佳礼。她在短信中称："我和经国一起祝福你们。"

这年中秋节，蒋经国邀请张学良、赵一荻参加在他官邸举行的中秋茶会。不久，"双十节"到了，蒋经国又邀请张学良与赵一荻参观阅兵大典。

1972年5月，蒋经国出任台湾"行政院长"，成为台湾当局的行政首脑。这时，张学良专程到蒋经国府邸向其祝贺。他向蒋经国说明自己的想法：为减轻你的负担，我们应当减少往来次数，否则会影响"行政院"的工作。

蒋经国直说："我不同意你的想法。我职务升迁与你往来是没有联系的，你可千万不要多虑啊。"

张学良认真地说："你若不接受我的建议，我将考虑拒绝'院长'邀请与来访。"

"汉卿啊，没想到你会如此固执，"蒋经国苦笑道，"那好吧，我每个季度去看看你总可以吧？"

张学良摇头说："不行，每季度也频了，你是'行政院长'，工作繁忙，我看一年见一次面就足矣！"

对此，蒋经国表示反对。他说："汉卿，你这不是不让我们来往吗？"

最后，张学良与蒋经国达成"君子协定"：每半年两人会面一次，平时有事可用电话联系。

1973年春天，苏格兰人伊雅格因病逝世。伊雅格是张学良夫妇挚友。1929年张学良主政东北并举行三省易帜时，伊雅格为张的私人顾问，多次奉命前往英美等国洽谈军火生意，从此成为张学良在欧美的顾问和外交代表。张家的许多私人财产均交伊雅格代管，"二战"结束后，他移居美国并定居。1940年，赵一荻准备从香港前往贵州修文县陪伴张学良之前，亲往美国将独生子张闾琳交给伊雅格代为抚养成人。

这年，伊雅格在美国去世。由于蒋经国的帮助，赵一荻如愿赴美参加了伊雅格的葬礼。赵一荻动身前，张学良给蒋经国写信请示道：

经国院长仁兄赐鉴：

良之老友伊雅格先生上周在美病逝，一荻拟于一日内去美。院长有无指

711

示或嘱办之事。

愿上帝祝福院长、方良夫人。

五月十九日

蒋经国接到信后，立即批示，使赵一荻顺利离台赴美。

1974年10月7日，张学良给蒋经国写信道：

院长仁兄方良夫人俪鉴：

承赐鲜美硕大酥梨，肃此申谢，履蒙赏赐，无任愧感，院长巡视金门，征尘仆仆，犹忆及顽朽，当前世俗薄瘠，而院长温暖厚情，被及各方，使良等感佩鼓舞者，非仅限于自身也……

1974年10月7日

蒋介石去世后，蒋经国继任"总统"，他给张学良以更大的自由。20世纪80年代初，张学良向蒋经国申请后，赵一荻即被批准去美国探望子女。

1979年10月5日下午4时，蒋经国伉俪在大直寓所举行中秋茶会。时值蒋经国就任"总统"一周年之际，邀请张群、何应钦、张大千夫妇、黄少谷夫妇、张学良夫妇、马纪壮夫妇、张宝树夫妇到寓所。张学良与赵一荻前往大直官邸，出席蒋经国的赏月晚会。会后，蒋经国陪张学良夫妇到阳明山赏月。张学良触景生情，有感于自己的身世，怀念亲人，寄托思乡之念。于是，他当场挥毫书写唐代诗人李商隐的《无题》诗。

张学良曾于1970年9月挥毫书写过此诗，赠送给台湾《自立晚报》副社长罗祖光。张学良笔书内容是：

来是空言去绝踪，

月斜楼上五更钟。

梦为远别啼难唤，

书被催成墨未浓。

蜡照半笼金翡翠，

麝薰微度绣芙蓉。

刘郎已恨蓬山远，

更隔蓬山一万重。

这年10月10日"双十节"，蒋经国又发出邀请。张学良夫妇前往"总统府"，然后参加"双十节"庆祝活动。他们夫妇就坐于观礼台贵宾区的座席上。

1980年10月10日，张学良夫妇应蒋经国之邀出席了"双十节"庆祝活动。台湾当局宣传机器对此新闻大肆张扬。同月20日上午，蒋经国满足了张学良的愿望，由"总统府"副秘书长张祖诒夫妇和"国防部"副参谋长马安澜陪同，乘专机前往金门岛参观。

这天上午9时，张学良与赵一荻抵金门，目睹了这里的各项军事设施，同官兵见了面。他看到这里民风淳朴，生气勃勃，大为赞誉：金门不仅是军事前线，也是海上乐园。

赵一荻担心丈夫的身体吃不消，不时地问这问那，是否休息或回去。张学良说："好不容易来金门一趟，得好好转转。"马安澜见张学良兴趣正浓，又带领一行人来到古宁头。

古宁头是金门岛距大陆最近的凸出部。1950年，国共两军在这里曾进行过一场激烈的战斗，眼下仍能看到当年炮火留下的痕迹。张学良与赵一荻站在滩头，面对大海汹涌的波涛，心潮起伏。他们夫妇两人长久地站立在礁石上，一句话也没有说。这是他们来台湾34年来，第一次距离大陆这么近眺望故土。

最后，马安澜带领一行人来到一架高倍望远镜前，人们依次通过望远镜观看大陆风光。当张学良夫妇看完后，马安澜问张学良："怎么样？"张学良回答："风光很好。"

这时，摄影师来到众人面前，张学良夫妇与马安澜、张祖诒夫妇留影纪念。当天下午，张学良夫妇乘机离开金门岛，返回台北。

张学良偕赵一荻的金门之行，台湾官方的"中华社"和军方的"军闻社"的报纸均作了报道。美国的一家中文报纸还刊登了题为《张学良在金门眺望故国河山》的报道，并配发了两幅照片：一幅是张学良与赵一荻的合影；另一幅是张学良的照片，他眯着眼睛，脸紧贴在高倍望远镜上，贪婪地观看着海峡对岸阔别了三十多年的祖国大陆。

张学良参观金门之后，在给亲友写信时，想到了国民党元老、著名书法家和爱国诗人于右任晚年《望大陆》的思乡诗。此诗共三节，全诗曰：

葬我于高山之上兮，

望我故乡；

故乡不可见兮，

永不能忘！

葬我于高山之上兮，

望我大陆；

大陆不可见兮，

只有痛哭。

天苍苍，

野茫茫，

山之上，

国有殇！

　　张学良以自己的亲身感受，选录了这首诗的第二节四句诗，向亲友表达了白发老人对祖国大陆的眷恋，对故乡亲人的深切思念之情和盼望海峡两岸早日统一的心愿。

1988年1月13日下午，蒋经国在台北荣民总医院去世。翌日，台湾党、政、军官员分别到荣民总医院怀远堂吊唁。其中，87岁高龄的张学良在赵一荻的搀扶下，在怀远堂里吊祭蒋经国。当这位曾经影响过中国历史的风云人物步入灵堂时，只有极少极少的官员知道他就是张学良。对此，台湾《自立早报》发文报道张学良说：

> 他的到来，并未惊动新闻界，……年轻记者不认识此老。张学良是老了，步入灵堂后，脸上神情哀伤凝重，他在经国先生灵前，深深鞠躬。就在这弯腰顿首间，多多少少纠缠的历史恩怨，从此云淡风轻……

张学良说：“我到台湾来的时候，台湾很不景气，现在台湾很有进步。在这一点上我要稍微说说。台湾的进步，应该说主要是蒋经国的功劳。我对蒋经国这个人非常佩服。经济问题、建设问题、军队的整顿、政治方面的整理，他都下了很大的力量，很可惜他去世太早了。”

蒋经国的去世，对张学良而言，就是告别一个时代，告别了一段不堪回首的历史；对同情张学良的海内外仁人志士来说，殷切盼望的是张学良能从此获得自由。于是，那些半个多世纪以来深为张学良鸣不平的人们掀起了为之恢复自由的风潮。

张学良 全传

Biography of Zhang Xueliang

第六编

夕阳时光

俞国华："我不恨张学良"

张学良没有错，我不恨，真的不恨他。

——俞国华

俞国华曾经亲身经历"西安事变"。当时，他任蒋介石助理侍从秘书，比张学良小15岁。后来随蒋介石到了台湾，曾任"央行"总裁15年，任"行政院长"5年，是台湾经济建设的有功之臣。

俞国华曾经亲身经历"西安事变"。当时，他任蒋介石助理侍从秘书，比张学良小15岁。后来随蒋介石到了台湾，曾任"央行"总裁15年，任"行政院长"5年，是台湾经济建设的有功之臣。

1936年，蒋介石身边有两个侍从：一个是秘书汪日章，另一个是助理秘书俞国华。后来，汪日章在大陆改革开放后当上了奉化政协主席；俞国华在20世纪80年代当上了台湾"行政院长"。

1936年12月，汪日章、俞国华随蒋介石到西安。在临潼居住时，蒋介石住华清池五间厅内，汪日章、俞国华以侍从秘书住在蒋之隔壁三间厅内。

"西安事变"之夜，汪日章、俞国华被张学良部队与蒋介石卫队枪战惊醒，正要出门探个究竟，被闯进屋的机要室主任毛庆祥告知："东北军造反了，张学良派兵打进来了！你们当秘书的不要乱动，就留在房间里！"

在双方激战中，蒋介石的侍卫队长钱大钧背受重伤，警卫组长蒋孝先中弹身亡；蒋介石器重的侍从秘书萧乃华被枪打死；国民党要员邵元冲在逃生时中弹而死；卫队官兵死伤众多。由于汪日章、俞国华没有出屋，故而保住了性命。天亮后，他俩被搜屋的东北军官兵抓住后，以为性命难保，心里非常害怕。他俩被东北军押送到西安市内西京招待所软禁起来。当张学良派人给被软禁的人员送来西餐供他们食用时，他们才松了一口气，不再为性命的安全而担忧了。俞国华和其他人员在招待所被软禁了约两个星期。当蒋介石被张学良送到南京后，俞国华才被告知："你可以走了。"于是，俞国华一个人乘火车赶回南京。

蒋介石回到南京后，让俞国华接替了汪日章的侍从秘书职务。从此，许多军国大计就由蒋介石口述，由俞国华书写为正式手令对外发布。到台湾后，俞国华当过15年"中央银行"总裁，任职"行政院长"5年，功在台湾经济建设。在任"央行"总裁期间，俞国华和副总裁钱纯共事12年。

张学良在台湾遭软禁期间，偶尔也会被允许参加半公开活动。1981年，中华彩色印刷公司举办周年活动，广邀台湾政界名人参加庆典。张学良应邀出席了庆典。俞国华、钱纯也应邀出场。当他俩看到张学良时，钱纯便低声向俞国华问："你现在恨不恨张学良？"

俞国华说："我不恨，真的不恨他。"

钱纯又问："张学良当年把你关了两个星期啊！"

俞国华回答："张学良没有错，我不恨，真的不恨他！"

疑云："生活行动一向自由"

学良迁居来台以后，平时生活简单宁静，与内子莳花、饲鱼、读书，怡然自乐，深足自慰。多年前信奉耶稣基督，勤于灵修，颇有领悟，不问外事。近来社会各方对良颇表关怀，至为感激，但评论报道，不无失实。

　　本人与内子日常生活行动一向自由并无受到任何限制，亦不愿改变目前宁静之生活方式。

——张学良

　　据说从1962年起，台湾当局便公开称：张学良已恢复了自由，唯他有所顾虑，自我设限，不肯对外多所接触。然而在他左右担任警卫的人，则有不同的说法。1982年7月在台北出版的《联合月刊》第12期，载有记者于衡《现代史的关键人物张学良》一文，其中有于衡和担任张学良警卫人员的对话如下：

　　于衡：少帅去过金门，蒋经国先生邀他赏月，他不是自由了吗？

　　警卫：他当然早就自由了，但是张先生的父亲在东北有些恩恩怨怨，共产党也可能要对付他，还有，为了万一，我们有责任保护他。我们得特别防范。

　　于衡：他既然自由了，我应该有访问他的权利。

　　警卫：但张先生有拒绝访问的权利。同时我们认为：凡是未经允许的，一律视为不可以访问。

　　从上述对话不难看出：张学良并不是真正自由的。

　　1988年2月，台湾舆论界的翻案风吹到了张学良头上，认为张学良长期被幽禁是不合理不合法的，台湾当局应该对此设法补救。

　　台湾"国大"代表、历史学家刘心皇撰文道："张学良1947年对张严佛说：'西安事变'，为了制止内战，为了抗日，我没有错！我不该扣留委员长，判刑十年我无话可说。但是十年期限已满，如今抗战胜利，日本人都投降了，还把我关下去，这是什么法律？这样对待我，无论如何是非法的，我心中不平！"刘心皇最后在文章中愤然写道："张学良还没有说到特赦部分，如果将特赦部分说上，就更证明关押十年之后的再关押，是更非法的！非法的关押就是冤狱。有冤狱，就有人要求翻案，要求平反！"

　　3月1日，台湾"立法委员"董正之致函"行政院"，要求开释幽禁五十多年的张学良。这是蒋介石去世13年后第一次有人这样提议。它对台湾新闻舆论界及各界人士是一针兴奋剂。宋美龄对此提议十分重视,不久即派员慰问张学良,并询问他是否愿意接受新闻界采访,是否愿意接受社会各界的邀请。

3月4日,东北大学在美国的校友会电邀张学良赴华盛顿参加将在4月16日于美国举行的东北大学建校65周年和张学良兼任校长60周年纪念大会。3月23日,东北大学在美校友会再次致电张学良,请他赴美参加纪念会,如不能前往赴会,校友会将组织一代表团亲往台湾向其表示慰问。与此同时,海外也有人邀请张学良参加各种集会。在这种情况下,新闻界的记者更是强烈要求采访张学良。

而后,在华盛顿美国天主教大学召开了"张学良将军全面自由研讨会——为纪念'西安事变'52周年"的集会。与会学者联合签名,成立了"争取张学良将军全面自由"执行委员会,致函台湾当局李登辉,希望他能体会张学良的谋国之忠,立即恢复张将军的全面自由,要求李登辉做出明确答复。

此时,上台不久的李登辉羽翼未丰,面对的是与蒋介石家族有盘根错节联系的上层关系,他自然不会为张学良而来个急转弯。李登辉迫于舆论的压力,让台湾当局有关人士同张学良进行"商讨",决定由张学良自己出面来处理解释自由的问题。

这年张学良已是88岁高龄。他对社会各界的关怀,深表谢意,特地将他最近的生活状况与感想,口授给他的侄女张闾芝,让其笔录,作为回答各界关怀的公开信,签上"张学良"的名字,注明年月日,交给台湾"中央社"代为发表。

这是张学良自幽禁五十多年来,首次发表的公开信。他在信里说:

> 学良迁居来台以后,平时生活简单宁静,与内子莳花、饲鱼、读书,怡然自乐,深足自慰。多年前信奉耶稣基督,勤于灵修,颇有领悟,不问外事。近来社会各方对良颇表关怀,至为感激,但评论报道,不无失实。

良为保持一贯之平静，虽不欲有所多言，乃连日造访寒舍人士络绎不绝，使良失去居家安宁，不得不作如下几点说明，以谢垂注：

一、本人与内子日常生活行动一向自由，并无受到任何限制，亦不愿改变目前宁静之生活方式。

二、良因年事已高，视听衰退，且往者已逝，故不愿接见宾客探视或接受访问，务恳各方善意人士勿再劳驾枉顾。

三、海内外团体对良邀请参加集会，或作讲演，遵医嘱概予谢辞，函电亦恕不答复。

四、良目下心情如保罗在腓立比书三章八节所说的："我为他已丢弃万事，看做粪土。"十四节又说："忘记背后，努力面前的，向着标杆直跑，要得上帝在耶稣基督里从上面召我来得的奖赏。"

以上各点均系出自肺腑，敬请惠谅。

张学良

1988年3月25日

张学良的《公开信》发表后的第二天，台北《自立晚报》就发表了一篇报道，提出一个问题：张学良在台湾幽居四十余年的生活到底如何？是否真的如他公开信中所写的"生活行动一向自由"呢？台湾《自由时报》也发表文章说："若干年来，直迄近月，'立法院'屡向行政当局作证质询'张学良案'，得到千篇一律'他是自由的'回答。张氏一直在'自由'中吗？还是一直受无尽期的'终身监禁'呢？公开信中的'一向自由'，与'行政院'千篇一律的回答，何其如此一致？难道立法委员董正之竟对张学良的历史和现状一无所知，就为他呼吁释放吗？"

张学良的公开信发表后，台湾刮起的为张学良翻案风总算是停息了，但是，舆论界和海外学人认为，为张学良翻案之风是不会真正停息的，因为台湾

当局对"张学良公案"还没有明确表示态度。

1988年12月10日，张捷迁等人在华盛顿纪念"双十二事变"52周年时，再度呼吁台湾当局给张学良真正的自由。《新新闻》在三天之内发表了《张学良幽囚何时了》等相关的八篇文章。

1989年初，东北大学在美国的校友会决定：组织代表团前往台北，筹备6月3日为张学良举行89岁寿辰祝寿会。该会会长张捷迁教授此前给张学良写过一封信，请求张学良和夫人赵一荻届时赴会接受校友们的祝寿。

张学良虽然在去年曾在公开信中表示自己年事已高，对各界函邀，遵医嘱概予谢辞，函电也恕不答复，但是，他对东北人民还是怀有深厚的特殊感情的。他读完张捷迁教授的信后，还是提笔写了一封婉言谢绝的回信：

捷迁弟大鉴：

来函奉悉，余何德何能，诸公对余深厚友爱关怀，良何人斯，敢以言寿。此间亲友，已酝酿为我做寿，我已严词拒绝。你们诸位，如此一来，等于推波助澜，岂不是对我内外夹攻。避寿不敢言，那么，我只好"逃之夭夭"，离开台北。良对诸位郑重恩求，千万千万不要万里奔波，虚此一行。我再郑重谈一句，诸位若是来，也绝对见不着我们俩。良绝非是不通人情的人，诸公对我如此深厚友爱，我十分了解，我也十分感愧。诸位也能了解我的心情和处境，我已惯于静默安居，逍遥自在。我年老，老眼昏花，又提笔忘字，写信有些困难，如今亲笔作书，乃为示信。兹录近作二十字如下："白发催年老，虚名误人深，主恩天高厚，世事如浮云。"良再郑重恩求一句，万里奔波，虚此一行，使我心中多少不安，诸位既然这样爱护我，自然也会体谅原宥我。天假以年，后会有期。愿上帝祝福！

张学良　手启

3月18日

首次接见"敏感性"外人

> 人家问，我不出来是否有隐情？我说，是有。因为：一、说我好，老王卖瓜；二、辩我清白，伤害别人，我不愿意，故不愿见外人。本来，我也想写写回忆录，写我亲眼看到的，亲耳听到的，亲手经办的。但是后来我还是决定放弃不写了，因为写出来，是在表功，我不干；既然写了不免要批评别人，这样会伤人；我记的不一定精确，个别的观点不一定正确。
>
> ——张学良

1989年3月，美国纽约国会图书馆中文部主任王冀教授乘飞机从华盛顿飞到台湾见到了张学良夫妇。这是张学良在台湾解除幽禁以来第一次接见较有"敏感性"的外人。

王冀是张学良原东北军部属王树常之子，是研究张学良的专家，以东北军之后为荣。多少年来，他试图能见到父亲的长官张学良，不求谈什么，只求问候张学良以了心愿。几年前，他曾向友人王一方父亲王新衡说了想拜访张学良的心愿。王新衡因王冀之父是张学良的亲信部属，便向蒋经国请求。

蒋经国说："有这个必要吗？"于是，王冀的心愿未能实现。

然而现在，多年的冰层解冻了。王冀又来台湾，见到王一方，请他问张学良先生可否让其实现多年夙愿。张学良听了，欣然应允。

这天晚上6时50分，张学良在赵一荻夫人的陪伴下与王冀见了面。此时，赵一荻夫人腿伤初愈，仍持杖而行。她的脸型如年轻时的照片一样，只是皱纹均匀地刻在面容上。

张学良夫妇坐下之后，没有把王冀当外人，便畅谈起来。

张学良首先开口说："人家问，我不出来是否有隐情？我说，是有。因为：一、说我好，老王卖瓜；二、辩我清白，伤害别人，我不愿意，故不愿见外人。本来，我也想写写回忆录，写我亲眼看到的，亲耳听到的，亲手经办的。但是后来我还是决定放弃不写了，因为写出来，是在表功，我不干；既然写了不免要批评别人，这样会伤人；我记的不一定精确，个别的观点不一定正确。我过去研究明史，发现历史是人说的，并不一定代表真实，事实在那儿，不说也不会变……"

这时，赵一荻说："不要说，不必说，上帝那有本账。"她又谈起基督教，送给客人三本证道的功课"好消息"，接着从罕教谈到了"魔鬼诗篇"事件。

对此，张学良说："我虽然不赞成霍梅尼的做法，但是若以回教徒的立场来看，霍梅尼作为教主，是有权为其教义而战的。我的宗教观念其实很开放，我太太常说我这个人是三教九流。我就是受一个喇嘛的影响很深：在汉口时，我遇到一个喇嘛教的活佛要去西康，我送他一程。这个喇嘛吃肉，我很奇怪。他说：'这有何怪？西北地区没有草木，肉食乃环境使然。天生万物以养人，何能拘泥于教义？佛为了救世，可以杀人，必要时还可以杀天下人，就看你的动机如何了。'"

时值晚7时，张学良夫妇与王冀及友人到饭厅共用晚餐。饭前，张学良夫妇率大家祷告。张学良说："今有故人王庭午（王树常号）之子在座，是平生一大快事。"

饭间，张学良讲了自己在两次直奉战争中的往事，谈了郭松龄之死，讲了枪毙杨宇霆、常荫槐的原因等真相。

当谈及台湾的民进党时，张学良说："一个党总得有个目标，民进党的目标何在呢？反对民进党为反对而反对，没有国家观念。民进党是假民主之名行'台独'之实。"

这时有人问："那国民党呢？它的目标何在？"

对此，张学良笑了。他说："谈到国民党，我是老党员了，但是我脱党已久，国民党的问题，积重难返，冰冻三尺非一日之寒，一时也说不完……"

席间，张学良极为健谈。进餐时，由于他的眼睛不好，看不清菜肴，均由赵一荻将饭菜转到他眼前并告知。她还亲手按照他的意思往其盘里添加菜肴。她坐在一旁默默地听着丈夫讲述那些今昔往事。当她发现丈夫袖口上粘有饭粒时，便轻轻拿掉，情深意切，全在不言之中。最后，张学良向大家说："你在中国社会做事，我有一字相勉：'真'，要真诚，才能成功。"

张学良夫妇向大家告辞时，已是夜间10点多了。临辞前，他送给王冀一个"傻瓜"照相机留念。

隆重庆贺九秩寿

现在，我虽然是年迈了，假如上帝有什么意旨，我为国家为人民还能效力的，我必尽我的力量，我所能做得到的，我还是照着我年轻时一样的情怀去做，只是我已经老了。

——张学良

6月4日本是张学良的生日，后因父亲张作霖是在少帅生日那天被日本炸死的，便将生日改为祭日，以哀思悼念父亲。随着年纪的增长，至爱亲朋及部属执意为其做寿，他有意避开父亲的难日，提前一两天过生日。

近些年来，台湾政局发生了极大变化。1990年5月17日，《中国时报》登载了将于6月1日在台北圆山大饭店为张学良举行庆贺90岁生日宴会的消息。主持人是国民党第一元老张群，"行政院"院长郝柏村做召集人。这次宴会不仅将成为张学良幽居54年之后第一次在公开场合庆寿，而且将意味着为他恢复名誉。

张学良的90大寿庆祝活动，是由台湾国民党元老、"总统府"资政张群发起的。张群和张学良、张大千、王新衡四人是莫逆之交，被人称为"三张一王团团会"。早时，他们就互相约定共同庆贺各自90岁的生日。但是张大千、王新衡先后辞世。于是，张群一定要为张学良做90岁生日。他让其子张继正（台湾前"财政部长"）同秦孝仪、何世礼、唐德刚等人策划九十寿庆活动。

张群把九十大寿庆祝活动告诉了张学良。张学良表示"不好"，准备拒绝。张群执意地说："去去去，我不与你辩！"张学良知道张群说了的事就一定要做。他无法推辞，因为在台湾只有张群和宋美龄的辈分比张学良高。张学良只有闭嘴，任凭张群去办了。

于是，张汉卿先生九秩寿庆请柬及发起人名录拟定：

张学良与赵一荻在祝寿宴会上

张　群	王　冀	王一方	王必成	王多年	丁　农
王禹廷	王惕吾	王寿幼兰	王铁汉	王叔铭	江兆申
衣复恩	严隽宝	宋心濂	宋长志	李国鼎	李达海
何世礼	何洪奇芬	罗　启	何鸿毅	田长辉	吴幼林
林　灯	林和鸣	林嘉政	吴　平	徐　鼐	郝柏村
金克和	易劲秋	邱进益	周联华	杭立武	徐　亨
乌　钺	殷之浩	姜必宁	夏功权	袁守谦	秦孝仪
孙运璇	倪文亚	梁肃戎	唐德刚	马安澜	马纪壮
崔垂言	郭冠英	郭婉容	马英九	冯国卿	张心一
张式纶	黄少谷	张　徐	雯波严	王宏毅	谢森中
张杜芬	温哈熊	张　诒	张捷迁	张继正	张宝树
辜振甫	辜严倬云	赵自齐熊	丸杨大中	刘绍唐	刘广凯

宁恩承　　蒋彦士　　刘安祺　　郑彦棻　　郑德龄　　罗光瑞

罗　光　　邓述微

开列上述名单，首先考虑与张学良是否相识，然后再征求本人是否同意列名为发起人。如郝柏村，以前曾安排张学良去金门参观，从此相识，话也投机，时常在一起聚餐。而梁肃戎，以前和张学良并不熟，还和东北人齐世英一起反对过张学良，此次九十寿庆，他欣然署名参加，主要是代表东北人对张学良的敬意，过去的政治思想早不计较了。

6月1日中午12时，张学良九十寿庆在台北圆山大饭店12层楼的昆仑厅举行。这天上午，宋美龄派人把庆寿花篮赠送到张学良寓所。10时，张学良容光焕发地在夫人赵一荻及其儿女的陪伴下，抵达圆山大饭店，并且先行到会场观看寿堂的布置情况：

会场大厅的墙上，悬挂着已故周恩来总理夫人邓颖超发来的贺电；正中有一个红底金字的"寿"字；悬挂着李登辉"总统"和李元簇"副总统"赠的寿屏；有103岁的张群题书的"长寿永康，福寿无疆"的条幅；有各界致赠的花篮、寿屏等。寿堂布置得高雅而喜气洋洋。

正午12时整，来自中国香港、日本、美国及台湾的百余名记者云集于圆山大饭店，采访由80位国民党元老及党政要员发起的为张学良庆祝九十寿辰的庆典。当张学良夫妇推着张群（乘坐轮椅）来到寿庆大厅时，百名记者蜂拥而上，闪光灯接连闪亮，赵一荻显得有些不知所措。只见张学良略微回头牵起夫人的手，紧握了一下。于是，赵一荻就无所惧了。人们看到：张学良身穿黑色西装，系枣红色领带，戴茶色眼镜，神采奕奕，精神矍铄；赵一荻身穿红色套装旗袍，雍容端庄。

前来祝寿的有专程从美国赶来的原"总统府"资政陈立夫，有张学良之子张闾琳、女儿张闾瑛、女婿陶鹏飞，有旅居国外的张学良的亲戚及发起庆寿活动的国民党党政要员。

在喜气洋洋的昆仑厅内，寿筵由张群担任主持人。他以发起人的身份，首先致辞，宣读了自己撰写的题为《张汉卿先生九秩寿序》。他坐在轮椅上，声音洪亮，词真意挚地说："自己和张学良在东北、华北、华中，抗日和'剿匪'，同生死共患难，是60年的老朋友，今天不但为老友祝寿，还写了篇祝寿文。"他在"寿序"中赞扬：少帅"力排众议改悬挂国旗"，"以国家之统一为重"；回忆了中央任命少帅为海陆空军副司令时，他给少帅送印信并传达中央意旨，少帅竭诚款待，从而成为莫逆之交的情景。

"资政"孙运璇也应邀在宴席上致辞。他以令人极感动的语言说："我是以学生的身份，感恩的心情来拜寿的。"他透露自己是哈尔滨工业大学的学生，而张学良是"校董"，九一八事变发生时，校内许多学生面临经济困难，有退学的危险，而校董张学良决定，凡是成绩好的学生而经济发生困难，免学杂费且每月补助60元生活费，许多学生就是因此才完成学业的。他说，自己就是其中受到眷顾的一位学生，大学毕业后，立即参加了抗日战争，到后方从事建设。他说，自己过去60年来能为"国家"贡献一分力量，成为有用的人，全依赖当年张学良先生的眷顾。他还说，张学良先生创办的东北大学造就了许多人才。他代表哈尔滨工业大学的校友祝张学良先生"福寿无疆，万事如意"。最后，他举杯敬张学良先生，感激地说："没有你就没有我。"

致辞后，牧师周联华带领大家祷告。周牧师在祷告词中，希望主赐福给张学良夫妇，也希望他们两位能替主做见证。

张学良在寿筵上，54年来首次公开答谢关心他的人。他说：

承张岳公，还有孙"资政"，这样地奖誉我，使我实在不敢当。人家古人说"虚度"，我真是虚度九十，对国家、社会、人民毫无建树，正如《圣经》上所讲的即保罗所说的话："我是一个罪人。"我不但是罪人，保罗说："我是罪人中的罪魁。"我自己感觉真是万分的惭愧。张学良何德，能够蒙诸位亲友这样来给我做寿，我怎么能做寿，我有什么寿！自己真是惭愧得无地自容。我现在可以告慰于关怀我的亲友的，就是我现在一切的生活，蒙基督耶稣的慈爱，上帝的恩典，我现在能这样子站立地活着。我自己从来没想到我还能活到90岁，这真是唯有上帝的恩典！我除了感谢上帝之外，我没有什么。我现在虽然老了，可是我还没有崩溃；我耳朵虽然是听不大好，但是我还没至于全聋；虽然是眼力减退了，但是还没至于瞎。这都是上帝的恩典，除去感谢上帝之外，我没旁的话。我现在就是在诸位亲友以及友朋之间给上帝作证。有的友人对我说：你很开心啊，你身体那么好啊！ —— 不是的，我是完全活在耶稣基督内，我有喜怒平安，是由他那里来。所以，我现在一切事情都交给主耶稣，其他我就没有所求。现在，我虽然是年迈了，假如上帝有什么意旨，我为国家为人民还能效力的，我必尽我的力量，我所能做得到的，我还是照着我年轻时一样的情怀去做，只是我已经老了。

张学良讲话完毕，寿筵上爆发了热烈的掌声，在众宾环绕与注视下，张学良夫妇一起切九层高的生日蛋糕。寿筵始终沉浸在喜悦的气氛之中，张学良夫妇一直面带笑容，与频频来敬酒的亲朋好友寒暄致意，席间只闻笑谈，无人问津往事。百名记者无人愿在这喜庆的寿筵上，去翻阅、碰触历史问题。

张学良与众人谈笑风生，席间掌故、笑话说不完。当有人问张学良为什么不写传和回忆录时，他说，他不写了，还说了三点理由：一是他读明史的经验，知道历史只是管见，言人人殊，常不正确；二是动笔写会批评到当代人物，不愿表功；三是回忆往事会激动，他人老了，受不了。

席间，张学良最喜欢谈的是他在第二次直奉战争中"月下追韩信"的故事，谈到他与郭松龄的感情及争执，常常激动得语塞。

寿筵间，人们看到赵一荻对张学良的一往情深不时地表现在她的小动作上。当客人不断地敬酒时，张学良不停地站起坐下。赵一荻见状心疼地向来客请求说："能不能不起来，张先生脚都酸了！"

后来，张学良为了礼节，干脆一直站着和客人敬酒。赵一荻在旁时时关心地问张学良"累不累"。

有的记者想从赵一荻的口里得到些什么，然而，赵一荻一律以微笑避开了话题。实在避不开记者时，赵一荻严肃认真地说："关于我丈夫的事，可以从我发表的文章去找答案。"原来，在庆祝张学良九十大寿之际，赵一荻特意撰写了《张学良是怎样的一个人》这篇文章，发表在台湾的《中央日报》上，也就是本书代序的那一篇文章。

与杜重远妻女飞鸿

御之夫人惠鉴：……我十分欣慰。你辛苦抚养子女成人，重远有知，当亦含笑地下也。我也为你骄傲。

颖毅贤侄女：……欣悉《杜重远文集》已出版，我的确希望能先睹为快，并请代我问候令堂。

——张学良

1988年末，杜重远的两个女儿——杜毅和杜颖，在香港注册了一家公司。她俩为纪念生父，给公司取名为"远源有限公司"。在该公司成立时，杜重远的夫人想到了在台湾的张学良，便提笔给他写了一封信。

杜夫人在信中讲述了丈夫遇害的经过。原来，1936年9月，杜重远刑满出狱后，带着身患疾病之躯，日夜兼程赶赴西安，与张学良共商西北联合抗日救国大计。杜重远在西安的那段时间，对促进张学良和杨虎城两位将军发动"西安事变"起了很大的作用。

为此，"西安事变"爆发后的第二天，蒋介石的特务将在江西的杜重远逮捕。特务机关为杜重远罗织的罪名是：张学良"西安事变"的幕后策划者。1943年，杜重远在新疆遇难，杜夫人和三个幼小的子女也被军阀盛世才抓起来。抗日战争胜利后，杜夫人带子女侥幸虎口逃生，回到重庆，而后又到香港。杜夫人在信中告诉张学良，她的三个子女已长大成人，家人的生活很好，随信寄去全家福照片，好让张学良放心。

1989年11月10日，杜夫人的信辗转送到张学良寓所。张学良看完了杜夫人的来信，闭目养神片刻。这时，他的脑海里，浮现出一段往事。那是1936年春，张学良去南京参加国民党"五大"后，到上海秘密会见杜重远。当时，杜重远因病获准保外就医，在上海虹桥疗养院，由法警监守。在杜夫人的安排下，张学良和杜重远在离疗养院不远处的树林里见了面。张学良向杜重远谈了对蒋介石"攘外必先安内"政策的怀疑后，请教杜先生，他今后该怎么办？于是，杜重远向张学良提出三点意见：一、东北军和红军要搞好关系；二、和杨虎城将军合作，联合红军；三、盛世才是你的东北同乡，他在新疆同苏联有关系，也可以联合。这样做，东北军、西北军就会有前途，东北失地一定能收复。

张学良想到这儿，双手伏案，提笔给杜夫人写了回信：

御之夫人惠鉴：

11月10日来信和相片八张俱已收到，我十分欣慰。你辛苦抚养子女成人，重远有知，当亦含笑地下也。我也为你骄傲。我目力衰退，书写费力，恕不多写。愿上帝保佑你们！

知名不具

由于众所周知的原因，张学良不便在信尾落下实名。随信，张学良将"翱翔远驾，御风凛然，隼击万里，鹏搏九天"之题词，一并寄出。

杜夫人收到张学良没有签名的信后，为了查明真伪，特意将它带到北京，请张学良当年的机要秘书辨认，结果证实"信及题词均是张学良之手笔"。杜夫人将张学良的墨迹视为珍宝，不时拿出观赏。

不久，杜重远的两个女儿杜毅、杜颖，将父亲的文章整理编辑，出版了

《杜重远文集》一书。姐妹俩欣喜地将出书的消息告诉了世叔张学良。

1990年10月，张学良欣喜地给故旧之女回信道：

颖毅贤侄女：

很高兴收到戴五明先生转来的书信一封，欣悉《杜重远文集》已出版，我的确希望能先睹为快，并请代我问候令堂。

祝万事如意，身体健康

张学良

此信内容，由赵一荻夫人以钢笔代写。落款"张学良"签名，由张学良本人用毛笔亲自手写。不久，张学良欣悦地收到了精装本35万字的《杜重远文集》。

"三张一王就剩我了"

张（群）"资政"说一切从简，他连治丧会也不要，只做个追思礼拜，然后火葬，葬在他太太身边，荣总摆灵堂也不要，相片都不挂。他一生都在做榜样，死了也如此。

三张一王就剩我了……

——张学良

1990年12月14日，台湾"总统府"资政张群去世。张学良闻此噩耗，悲痛欲绝，想到往日"三张一王团团会"（张群、张大千、张学良、王新衡的团聚）中的挚友先后辞世，只剩他孑然一身，不禁倍加怀念过去团聚的时光。他长久地俯视着张群的灵位，哀叹道："三张一王就只剩我了。"

1930年，张学良在任陆海空副总司令时，得知一代国画大师张大千旅居北平，便抽闲走进张大千小小的画室。

"先生，您找谁？"

"我找画师张大千。"

"不敢当。我是张大千，先生贵姓？"

"也姓张，名学良，字汉卿。"

于是两个彼此慕名的青年握手拥抱成了好朋友。这是张学良与张大千的第一次见面。五年后，张学良在西安自家公馆里收到一幅《黄山九龙潭》山水画，令他爱不释手。这画是好友张大千从千里之外寄给少帅的。

1935年10月29日，张学良赴南京参加国民党四届六中全会和"五大"会议。临出发前，忽然得知：张大千应杨虎城之邀到了西安。于是，张学良急匆匆去见张大千，并请其作画。

张大千表示时间太紧，答应日后完画补赠。张学良是个性急之人，婉言坚持作画。张大千对少帅求画之切只好满足。在少帅府内，张大千精心绘制了一幅《华山山水图》。画毕，大千执画在炉火前烘烤，不料距火太近，画被燃烧起火，还烧了胡须。这时天色已晚，张大千就秉烛重新绘画，直到一幅气势更为宏伟壮丽的《华山山水图》完成才休息。

翌日，张学良得知此事，感动地对大千说："这幅凝结着先生情意和精神的画，是我收藏珍品中不可多得的瑰宝啊！"

"西安事变"后，张学良遭到蒋介石幽禁。张大千曾到幽禁地探望张学良。1961年，张学良虽表面上被解除禁戒，但自由还是有限度的。这年，张大千从美国到台北探亲，又拜访了张学良。他俩分别数十年，见面时感慨万千。张大千离台返美时，张学良和赵一获到机场送行，还特意把清代新罗山人的真迹《红梅图》带上，准备赠送给张大千。

原来，这幅真迹，他们二人曾于30年代在北平琉璃厂互相争购过：那天，张大千逛琉璃厂，在古玩店里发现了《红梅图》，爱不释手，准备购买，可惜身上带的钱不足300块大洋，只好请店主暂替保留，待明天让人拿钱来买。谁知，张大千走后，张学良也来逛古玩店了。他虽然不是画家，可是对古书画鉴赏颇有造诣，一眼就看中了《红梅图》，便决定买走它，店主说此画不卖了，已被人出300块大洋订下了。张学良一听，争奇斗胜的兴趣上来了，说："我出500块大洋买画，你卖不卖？"就这样，张学良把《红梅图》买到手，并自鸣得意地让张大千观赏。张大千说："那天我要是带了钱，这画就是我的了！"

当张大千登机时，张学良将红绸包好的《红梅图》送给张大千。张大千拉着张学良的手依依不舍，对与其形影不离的赵一荻称赞道："你，可敬，可佩！"

飞机升空后，张大千打开红绸包一看，正是那幅失而复得的《红梅图》，异常激动。回到美国，他在画室里画了一幅《蜡梅图》并写上一首诗，回赠张学良。张学良对《蜡梅图》爱不释手，一直把它挂在书房里。

1967年秋，张大千应台湾历史博物馆邀请，在台北举办个人画展，并探望了张学良。当他一踏上台岛时，报纸在发表消息，将《张大千大师回台北观光》印成《张大千大帅回台北观光》。这一字之差，是因排版错字之故。张大千笑着对人说："要我当大帅，手无

1978年，张学良夫妇、张大千一家和张群合影。

百万兵，不敢，不敢！不过，吾老弟张学良本是个大帅，新闻界早猜到我在想念老弟学良了，这也是好事。"

这时，获"自由"但仍在"保护"中的张学良看到《张大千大帅回台北观光》的报道，不觉大惊："我的消息太闭塞了，人事多变，几年的时间，我大哥大千竟飞黄腾达成了大帅了，真是文武双全了。"他看了消息更想及早见到张大千了。此时，张大千因声望高，加上有权威人物张群的出面说情，台湾当局准其会见张学良。

他一进张学良家就张开双臂亲密地与张学良拥抱。张学良开口问："大哥，你是什么时候改了行？现在何地统率三军呀？"

张大千幽默地说："我何止统率三军，还得加一个军，即笔墨纸砚，统率'新四军'啊！"

张学良诙谐地说："新闻界敕封时，一字就抵'千军'哩！"

1978年，张大千定居台湾，张学良同他交往更密切了。有一次，张学良到张大千住所探望，正赶上他的宗弟张目寒生重病。张学良见病人惨状，痛哭不止。当时张群和王新衡见张学良、张大千一提起张目寒就落泪生忧，他俩也很伤感。他们觉得：这样的情景再也不能继续下去了。于是，他们共同倡导组织了"团团会"，相约每月聚一次。人称"三张一王团团会"。

王新衡，曾在"西安事变"的前两天到达西安，接替江雄风任复兴社特务处西北区主任。那时他刚结婚，家还在上海。1936年12月11日，他还没上任，深夜即听到西京宾馆外响起人声、枪声。他打开门想看个究竟，这时西北军士兵冲入，将他逮捕。他所带来的新婚照片、信物等全被士兵搜去，从此遗失。对此，张学良向王新衡夫妇表示抱歉。

张学良与王新衡最早是在武汉"剿总"时相识的。当时，张学良任副总司令，王新衡在调查科做科长，两个人相处很好。有一次，张学良希望王新衡到其处做事，王新衡对此则表示：自己已跟蒋先生，一人不侍二主。

"西安事变"后，王新衡被戴笠关了几个月。由于蒋介石对王新衡的信任，才被释放。后来，王新衡被委派负责"管束"张学良。在相处过程中，张学良常与王新衡开玩笑说："我说你们特务是什么特务？'西安事变'那么大的事你们一点儿都不晓得。"

王新衡听了只是笑笑。然而，他的儿子王一方有一次却对张学良说："张伯伯，那时我爸爸去晚了，他要是早到西安就晓得了。"

王新衡当台湾"立法"委员后，有时陪蒋经国去看望张学良。有时张学良约王新衡，同去看望蒋经国。

"三张一王团团会"，开始最常去的地方是张大千的摩耶精舍。张学良尤其喜欢到张大千的处所，一面赏画，一面品尝他烹调的佳肴。

后来，他们又改为轮流做东，聚会餐叙。待轮到张学良做东时，赵一荻便亲自下厨烹调，制作丰盛的佳肴。他们的"团团会"很少请外人参加。

1983年4月2日，著名画家张大千在台北去世。张群任治丧委员会主任，张学良任委员。张学良对老朋友的谢世十分悲痛。

王新衡说："最近，他（张学良）是很寂寞，老先生（指蒋介石）死了，蒋夫人去了美国，张群老了，张大千死了，他没事就往我家跑！所说的，不过是哪家餐厅什么菜好，哪家不好之类的话。有时在我家中，看到我的孙子，他会趴在地上，让我孙子骑在他背上玩。"

张大千去世后，"团团会"半年没有活动。这年10月2日，"团团会"又恢复了活动。而追忆画家的风骨人格、成就贡献，自然成为一个重要的内容。

每次聚餐后，张学良、张群和王新衡三人便到张大千先生纪念馆。他们在张大千长眠之地，面对画像，低头垂手，默祷数分钟。

张学良见到张群总是径呼其字"岳军"。王新衡曾私下对张学良说："张群比你大十多岁，现在的地位又很高，你直叫他岳军，不太好吧。"

张学良说："没办法，几十年叫习惯了，改不过来，如果改叫他岳公，我不习惯，他也不会习惯。"

张学良与张群有着很深的情谊，他在台湾行动无自由的时候，张群经常去看望他。在"三张一王团团会"时，张学良不仅会吃，还会做得一手东北菜。有一次，张群向人说起张学良的烹饪手艺，不停地称赞他是当代烹调高手。张学良听后哈哈大笑，十分得意。

张学良对张群说："岳军兄，在您面前，我不敢言老。但年纪大了，饭量小了，我相信汉代刘向的那句话：'食必常饱，然后求美；居必常安，然后求乐。'"

张群听后，很感兴趣地说："汉卿说得好，刘向的那两句话，真可写下来挂在书房里细细品味。"

"好，"张学良接过话道，"什么时候我一定写下来送到府上。"

没过多久，张学良果然写下了这个条幅，送到张群家里。张群看着张学良的墨宝，爱不释手，让家人将条幅悬挂于堂上。

1986年3月，张学良与赵一荻陪张群游新竹桃园龙潭"小人国"。这时，王新衡在病榻上正与死神搏斗，张群只能坐轮椅外出。3月14日，台湾《中国时报》在第二版上，独家刊登了照片：张学良与赵一荻手扶张群乘坐的轮椅，在"小人国"的中正纪念堂模型前合影留念。然而，第二年即1987年1月5日，王新衡去世了。

1990年12月14日，张群见到张学良已恢复了名誉，也放心似的悄悄离开了人世。

"张资政死了，你猜最不满的是谁？"张学良问，大家谁也答不出来。

张学良说："是第一殡仪馆。张资政说一切从简，他连治丧会也不要，只做个追思礼拜，然后火葬，葬在他太太身边，荣总摆灵堂也不要，相片都不挂。他一生都在做榜样，死了也如此。""那天美国友人打电话给我，叫我代送个花圈，我说他不要，我给你打个电话致意就可以了。"

在评价张群时，张学良举例说："这个人正直，有爱心，一视同仁，对自己子女也一样。我看他有一次责怪家人，就是因为家人心软，为人请托，张岳公听了非常不高兴，他不要家人给别人说人情。"他认为，"对张岳公来说，死，就是回家，回到上帝的家去了。"

最后，张学良伤感地说："三张一王就只剩我了。"但他曾向大家说，他一定和张群一样活过102岁。

信仰虔诚的基督徒

信仰是由自个儿内心发出的。但是，我个人是很希望人对基督教能够认识。我说的话，并不是劝你信教，我不过是给上帝的行为做个证据就是了。

我个人是没什么的，一切荣耀都归于上帝。

　　我为我的国家，到今天也是这样，我为我的国家！国家要用我，赴汤蹈火，在所不辞！我毫不顾惜我的生命。

——张学良

　　1955年，幽禁中的张学良与赵一荻由于长期失去自由和茫茫无期的囚禁生涯渐渐地对世事心灰意冷，后来二人同时对基督教发生了浓厚兴趣。这一年，他们在东海大学校长曾约农、蒋介石老师董显光引领下，皈依基督教。从此，张学良不再研究《明史》，一心信仰基督教，成为一名虔诚的教徒。

　　张学良在皈依基督教过程中，深得牧师周联华的启发，加之董显光、曾约农的引导，乃在三个人姓名上各取一字，组成"曾显华"为教名。赵一荻的教名为"赵多加"。这个名字，台北的基督徒们只知是一位虔诚的基督姐妹，很多人并不知道她就是赵四小姐。即使有人知道，他们也不在意，因为对他们来说那不重要，她，赵一荻，只是一个平凡的基督徒。

　　1957年9月，在蒋介石七十寿辰的前夕，张学良曾托人送表，为蒋介石祝寿。蒋介石收到表后，心领神悟：张学良在暗示，还他自由。不久，蒋介石选了手杖，派人向张学良还礼。张学良收到手杖后，也明白了其用意：还是多多散步，对自由不必抱希望了。

　　1959年，蒋介石下令解除对张学良的"管束"。其实，判处张学良有期徒

1955年，幽禁中的张学良与赵一荻由于长期失去自由和茫茫无期的囚禁生涯渐渐地对世事心灰意冷，后来二人同时对基督教发生了浓厚兴趣。这一年，他们在东海大学校长曾约农、蒋介石老师董显光引领下，皈依基督教。从此，张学良不再研究《明史》，一心信仰基督教，成为一名虔诚的教徒。

刑十年的主刑，在1937年1月4日已由国民政府明令予以赦免，而"交军事委员会严加管束"的从刑却始终没能赦免。直到22年后，这次解除"管束"，也只是口头上的，其实质并无多大改变。

1960年，台湾的退役军人医院在台北近郊石牌成立，人称石牌荣民总医院。张学良自该院成立起，每年都在此例行健康检查或住院疗养，经费全由医院负担。随后，每个星期日上午，他都由赵一荻、副官、司机等人陪同，到这个医院的第二号楼二层会议厅作基督教礼拜。自从蒋介石宣布解除对张学良"管束"后，其行动较前自由些了，对外接触也稍有扩大。张学良确实是一位虔诚的基督教信徒，每星期日上午的主日礼拜，他总是坐在一个角落里，全神贯注地听牧师讲道，并恭敬地随着众信徒起立唱赞颂耶稣救世主的诗歌，使人很难相信他竟是发动"西安事变"的风云人物张学良。

1966年，张学良参加了美国一家神学院的《圣经》函授学习，还着手翻译一本有关基督教的书，致力于宗教研究。

1990年6月，张学良接受日本NHK电视台访问后，在台湾电视台晚间的特别节目《生命等候》中，向观众讲谈他的宗教信仰、人生态度以及对台湾社会现象的看法。他向观众特别是年轻人发出忠告，发人深省。他认为现在的年轻人没有信仰，常常感到空虚。尤其是只对金钱有兴趣，但金钱并不能解决一切。他谈到爱情时，表示人之间的爱超越了"知心"才是真正的，如为了金钱、肉欲、名望、权利都不是爱。

赵一荻信奉基督教后，收获很大，成为一名多产作家。她出版了《好消息》、《新生命》、《真自由》三本书，均以简易的文字、故事向人们宣扬基督教义。

1990年夏，张学良对台湾《华视新闻》记者问作答：

记者：您觉得基督教给您什么样的支持，给您什么样的影响？

张学良：这个话说起来，我的内人总是跟我开玩笑，说我是三教九流。……佛教我也研究，当然，我本人是儒家，对宗教其实我没有这个意思。

我认为基督教是最高的，在社会学上说，我们承认基督教是基督教，但是在我身上我不承认基督教是基督教。

记者：啊？

张学良：我承认这是一千九百多年发现的一件实在真的事情。我们信仰耶稣基督，我们信仰他真有这么一个人，是他所做的事情，而由他身上显示出来上帝的实在。另外，我们从教义上说，他就是上帝的化身。我不像旁人，说你不信教你就下地狱，我不是这样的意思。信仰是由自个儿内心发出的。但是，我个人是很希望人对基督教能够认识。我说的话，并不是劝你信教，我不过是给上帝的行为做个证据就是了。我个人是没什么的，一切荣耀都归于上帝。

记者：我们知道，赵女士一直陪伴着您啊，您是不是认为这也是一个很大的支持的力量，能不能谈一谈赵女士对您的鼓励，好不好？

张学良：这都是个人的事情。

赵一荻：没有。这都是上帝的恩典，上帝的安排。

记者：张先生，您再说几句吧，您的夫人到底给了您什么样的支持和鼓励？

夫人：她说我给你支持鼓励，没有，可以说没有。

张学良：我爱吃，我好吃，她会给我做很好的吃的，她会做菜，做得很好。

记者：张先生，您谈一谈……

赵一荻：她问您生活怎么样？

记者：平常都做些什么？

张学良：要说起来我做事情，我眼睛……比如说您坐在这儿，我看不见您是谁呀。……您没听李先生常常告诉我这是谁谁谁，我看不见的。所以，我对一般朋友宣布……我在家里，看书，很难看的；看报，我都是用15倍到20倍放大镜，才能看到小字，所以看报我不看小字，我只看看大字就是了。其他的，耳朵也不太好。在家里就听听收音机，对电视，我们从来是不看的，不能看，因为眼睛看不见，离太近眼睛实在是受不了。也就是一天在屋里坐着，听听电视就是了。

记者：不，我们知道你们身体很健康啊，这是很不容易的。能不能谈谈您是怎么样子来保养啊？

张学良：很简单，并不是我们有什么修养。我，我们基督徒，是相信我的身体是殿，我们要清洁我们的殿，准备上帝的圣灵来居住，其余我没有什么修养。我个人的生活，过去可以说是荒唐浪漫的一个人。我并不讲究生活的，现在也是如此，我是如此，我是要干什么就干什么。我自己保护我的身体，不是为了我自己多活几天，或者享受，我完全是为完成上帝的使命。

记者：我听他们说，您小的时候，考试的时候，您不是很用功，可是老考第一，大家都不服气，是不是这样子啊？

张学良：我小聪明大概是有一点。我是很顽皮的，念书，我不好好念书，干什么我都是……不过，我在学校考得很好。考得很好，那也不能说明我什么，因为在我们学校里，大概都是行伍出身的。行伍，您懂这话吧？可我是一个读过几天书的。

记者：是不是您在军事方面考得特别好？

张学良：那是小节，上帝赋予的小聪明。我自己承认小聪明我是有的，但我不承认我有什么能力。

记者：（对夫人）您能不能谈一谈张先生，您最崇拜他的是什么？

赵一荻：我们没有谈到过那个。

记者：您最欣赏他哪一点？

赵一荻：他这个人就是诚实呀！他从来也不骗人，他也不说瞎话。

记者：那么，我们知道，现在夫妻感情要保持得很好，不是很容易。你们这么多年来，感情非常让人家羡慕。

赵一荻：这是上帝的恩典，他让我在这，我就在这。

记者：有没有什么夫妻相处之道啊，可以告诉我们年轻朋友的？

赵一荻：没有，什么都没有。我就是一天什么事情都做，应当做的事情我就做。

记者：那张先生，您觉得呢？您觉得夫妻要怎么样才能维持比较好的感情啊，你们两个是怎么样相处的？（夫人笑声）

张学良：这个话很难说，夫妻两个不能说天天就是好，也吵嘴，也吵架。要是有事情，各人稍微退让一点，就完了。

赵一荻：还是《圣经》上的话，要忍耐了。您把《圣经》上的话，常常念念就好了。

记者：很多人啊，这么多年来，都一直在问一个问题，就是说，张先生到底是不是有完全的自由？对于这样一个问题，您有什么答案？

张学良：人们问我这句话，我是很不高兴的。这完全是给政府安上一个名称，这是反对政府的人拿这个做名堂就是了，这是做文章。我今天要上哪儿去，我就上哪儿去。我不去就是了，我要上哪儿去就上哪儿去。

记者：（对夫人）您觉得呢？对外界的关心，您有没有要跟他们说的话？

赵一荻：没有什么话可讲（笑）。跟您一样啊。

张学良对记者：问您有自由没有自由，您怎么说？

记者：我很自由啊（记者大笑）！

张学良：您也不自由，您得做您的工作啊。

记者：啊，对对对，我得每天去上班啊（笑）。

张学良：这个话讲的，我觉得很可笑。我现在要说句话，有好多人讲话非常的幼稚，有些人问话也很幼稚，你得知道这个情形，你得知道环境。研究一个事情，你得知道过去，知道现在的环境，知道背景，你才能……现在随便张嘴说话。说这个话，我好像在批评媒体。常常写篇东西，可我看见，常常觉得好笑。旁的事情我不知道，说我自己，我常常看着它就笑了。人家愿意怎么写就怎么写。我的朋友要写我的东西，他问我，要给我看，我说不看。你愿意褒就褒，愿意贬就贬。我说，我这个人毫不在乎。您看，张学良，不但是今天，就是在历史上，我从来不申辩一件事情，随便，随便！

记者：是呀，您怎么能做到褒贬由人？

赵一荻：希望您信上帝，真理能让您自由。您信了上帝，您就不要讲了。上帝知道，你不要别人知道。你知道我怎么样没有关系，你说我好也没有什么关系，你说我坏也没有关系。

张学良：我们一点儿不在乎。

赵一荻：所以，褒贬，我们就不在乎了，任何人说我们好坏都无所谓。

记者：有一些史学家，把张先生定位成一个爱国者，对于这样子的定位，您自己心里有什么想法？

张学良：我不敢有"爱国者"三个字，我倒是愿意接受。我从小就是这样。因为我们东北人啊，您不是东北籍的，我们受日本的压迫厉害。您知道我们东北受日本的压迫，二十一条的时候，我真是痛苦，我到现在还是痛苦的。所以，我自个儿那时候决定，我内心里决定，我走一步等于人家走两步，因为我有家庭的背景，我有好的父亲，所以才出来做事，虽然那时我年轻，但也抱着牺牲的决心。

记者：您能不能谈谈您一生的理论是什么？

张学良：我为我的国家，到今天也是这样，我为我的国家！国家要用我，赴汤蹈火，在所不辞！我毫不顾惜我的生命。

1990年，赵一荻又出版了《大使命》一书。牧师周联华在《大使命》书的序中写道："……每次多加姐妹总会把信息写下来，她是一位多产的作家，因为她珍惜每一次见证的机会。她都是有写作完成的稿子，再讲话。她的态度非常严谨，她不但有充分的准备，而且有写好的底稿。而那些底稿又是写得工整、清楚，随时都可付印。"

赵一荻常常说，平常人看《圣经》，大大的一本，常常不容易吸收，我把《圣经》教义浅出地写出来，把一件好的东西介绍给朋友，而不是只送一本《圣经》就了事。她说：人活着就是要舍己，只有为了爱，才肯舍己，世人为了爱自己的国家和为了他们所爱的人才肯舍去他们的生命。

赵一荻在撰写文章中说：我们要敬神爱人，存感谢之心，就有平安喜乐，物质不能填满心灵的空虚。像玛丽莲·梦露、南西·欧纳西斯，她们有一切的荣华富贵，都以自杀结束生命，为什么？在台湾华兴育幼学院的院童为什么会自杀……所有类似的社会问题，令人们困惑不解。

赵一荻针对人们的困惑，在《万能的灵药》文中说：

"现在有许多家庭就不能称为家，在那里既没有爱亦没有温

赵一荻在撰写文章中说：我们要敬神爱人，存感谢之心，就有平安喜乐，物质不能填满心灵的空虚。

暖，只不过是一个住宿的地方而已，父母都是为自己的事情，为赚钱而忙碌，那些离婚家庭和问题家庭就使他们的儿女怨恨。有许多的青年就是因为生长在那种家庭里，没有人爱他们，也没有人关心他们，所以他们的心中只有恨没有爱。"她又说，"我们的学校除了给学生灌输知识和应付考试之外，只是用些硬性强迫的态度来对待他们，并不以爱心和为国家培养人才的心去教育"，"我们的传播媒体也没有尽到隐恶扬善的责任，为了收视率和广告费不惜播放有害青少年的那些奸淫偷盗、黑社会的讲义气和杀人报仇等节目。"她认为，"改善社会的风气，维护社会的治安，每个人都有责任，不能只靠政府的力量和法律的制裁。我们要同情他们，了解他们，疏导他们的心情，改变他们的思想，基督徒更应当用爱心去帮助他们"。

赵一荻在《女人》篇中说："女人，是上帝创造中最奇妙的杰作，一个女人从生长发育到成熟，她们身体上的变化有一定的时间和过程。因为上帝要借着她们，把他所赐的生命一代一代地延续下去"，"世界上一切的事男人都能做，唯有生养儿女这一件事只有女人能做，从怀孕开始，就有另外一个生命在她体内生长，由她身上摄取营养而且能够呼吸来维持生命。生产之后，她就可以用自己的奶来喂养她的婴儿。现在大家亦都承认母乳的成分是最适合婴儿的需要，如果没有女人，这个世界又有什么用？"

张学良对赵一荻的观点很赞同地说："我的母亲身体不好，奶水不足，我小时候是喝高粱米汤长大的。母子之爱实在太重要。现代父母常把孩子放在婴儿床里，不给他们抚抱，孩子自然不亲。我的小孙子就要我抱抱，从小我陪他睡，因此他与爷爷特别亲，这就是爱！"

1991年4月7日，张学良首次在纽约公开露面。此前，他由洛杉矶飞纽约探亲访友，秘密行动了一周时间。

这天是星期日，上午，张学良在三位友人的陪伴下出席纽约华人教会播恩堂的主日礼拜。当郝继华牧师向两百余名会员介绍首次来参加礼拜的张学良时，众人鼓掌表示欢迎。张学良对教会众人的热情盛意感动得面绽笑容，拍手表示谢意。在一个半小时的礼拜中，他始终是端正稳坐，聚精会神听道。礼拜后，许多教内兄弟姐妹和东北乡亲趋前向张学良致意。大家见张学良精神饱满，举动自如，都非常高兴。由于另有约会，他只好频频拱手作揖向众教徒道别。

在美国夏威夷，教会出版了《毅荻见证词》一书，收录了张学良、赵一荻在教会中，自1996年至1998年的感恩见证。书里面既有对往事的回忆，又有张学良对自己人生的总结。关于"毅荻"名字，赵一荻解释说："张学良，字毅庵，号汉卿，'毅'与一荻的'一'谐音，所以两人共同发表文章，就用'毅荻'这个名字。"

对日本："有话要说"

　　我的一生被日本断送了，我不希望日本的年轻人再犯过去的错误。

　　日本人在杀死我父亲的事上，态度非常暧昧，试问我如何能和日本人合作，尤其和日本合作迟早会被日本人杀掉。我不想当卖国贼，因而和土肥原发生冲突。后来，土肥原想让我当满洲皇帝，我不答应，并要求日本关东军将土肥原调回，但日本拒绝了。

　　　　　　　　　　　　　　　　　　　　　　　　——张学良

　　张学良自从1990年6月1日公开做九十寿辰后，台湾及海外新闻记者都想采访他。但是，张学良怕善门一旦开放，就会打扰了自己的清静，所以不愿接受外界访问。日本人对张学良很重视，几家电视台都准备对这位东北少帅做大幅的专访，但是，只有日本广播协会（NHK）如愿。他们首先向日本新闻局申请采访张学良，很快获得批准。在向台湾新闻局提出采访张学良的要求时，台方向台湾安全局进行查询，得到的回答是：张学良已经完全自由，他可以自行决定是否接受外界访问。以前，日本NHK、NTV、富士产经等新闻单位都曾经向台湾新闻局提出采访张学良的申请，但新闻局问安全局时，安全局总是拿出以前张学良不肯接受访问的简报，使采访张学良的愿望终成泡影。

　　此刻台湾的政治气候发生变化。或许张学良的地位太高，或许是其他的原因，突然间张学良的行动真的自由了。日本NHK没有心理包袱，派驻台湾的记者朱慧姬接近张学良好友王新衡之子王一方，请他转给张学良一封信。1990年6月15日，朱慧姬给NHK回信：张学良答应接受采访。于是NHK于6月17日访问了张学良。此前，台湾作家高阳对NHK的这次采访计划没有多大把握，然而NHK节目主持人执着地认为这次采访能成功。因为NHK是通过卫星播放节目，日本、中国大陆和台湾都可以看到：张学良对日本、中国大陆和台湾确实"有话要说"。

果然，张学良如NHK节目主持人所想，欣然接受了采访，但这次采访却很草率很匆忙。NHK总部看了电视采访很不满意，认为只派一名记者是对张学良先生的大大失敬。于是，在NHK总部特别主干矶村尚德、樱美林大学教授臼井胜美的主持参加下，带着电视片制作人来台北。他们避开了台湾新闻局，直接找到张学良，向他致歉，表示重新采访。

当张学良同意后，NHK首先于8月3日在台北的一个饭店举行宴请。这天下午3时40分，NHK同人在饭店焦急地等候张学良的到来。此时，距约定时间已过了十分钟。联络人女记者朱慧姬向同人解释："张先生午饭后总是要睡两个小时午觉，从北投的住宅到这饭店，坐汽车约一个小时，大概他就要到了。"

一会儿，只见一辆绿色的轿车无声地停到饭店前，张学良身穿浅色西服从车上下来，迈着坚实的脚步走进饭店。他看上去绝不像90岁的老人。NHK对张学良的第二次正式采访是在8月4日至6日。NHK的著名记者矶村尚德等人经过台湾著名作家高阳先生的协助，在凯悦饭店分三次一共同张学良谈了六个小时。采访期间，张学良的保安人员一直在场陪同。

日本记者最想问的是"西安事变"。张学良最想做的是，通过访问，向日本青年一代提出忠告：不要再行军国主义。他说："我的一生被日本断送了，我不希望日本的年轻人再犯过去的错误。"日本人就是抓住了张学良的这一心理，才捷足先登，取得了这首次采访张学良的机会。

在第一天访问中，日本记者提出要采访"西安事变"的情况。张学良听了，立即直说，此事我不谈，使日本记者很是尴尬。

在5日采访中，张学良对NHK记者的态度、表情有些缓和，他说了在"西安事变"中的心情，送蒋介石回南京是决心赴死……在对记者陈述历史真相时，谈了如下三个方面：

一、皇姑屯事件和东北易帜

张学良说，他父亲张作霖是被日本人杀死的，他本人也因抗日问题而受害，失去一切。他说"皇姑屯事件"发生时，他正在滦州，得知父亲被"炸伤"的消息后，立即赶回沈阳。他叙述当时的情形说，两周内未发丧，先以他父之名义发出命令，把一切安排好才宣布。他难过，而且也马上知道这是日本关东军搞的。中国有句话，父仇不共戴天，这个仇非报不可。在东北易帜前，日本顾问曾再三阻止他与南京国民政府合作。后来，张学良问日本的中国通林权助：如果你是我，你怎么办？林权助问张学良为什么？张学良告诉他："我是中国人！"

张学良在接受访问中说："日本人在杀死我父亲的事上，态度非常暧昧，试问我如何能和日本人合作，尤其和日本合作迟早会被日本人杀掉。我不想当卖国贼，因而和土肥原发生冲突。后来，土肥原想让我当满洲皇帝，我不答应，并要求日本关东军将土肥原调回，但日本拒绝了。虽然土肥原不能撤除，但我有权不见他。此时，我正在安排东北易帜的事。"张学良表示，当时他不仅是想东北好，更想国家好，因而乃致力于建设东北，投入自己的家财，包括设立东北大学，并未用公家一分钱。后来，为了抵制日本的南满铁路及大连港，乃另建新铁路及开新港。张学良说，他之所以对日本抵抗，因为知道日本真正想掀起战争。在九一八事变时，为了求取和平、不扩大战争，乃有不抵抗命令的发出。后来，日本想弄溥仪到东北当皇帝，张学良当时警告溥仪，不能再迷恋于过去的王朝了，但溥仪不听他的劝告，终于去了东北充当日本傀儡。

二、九一八事变的真相

张学良向日本NHK记者陈述了1931年9月18日的满洲事变：当时明明是日本人自己炸了满洲铁路，但诬赖是中国人炸的，而发动了关东军对我方的军事攻击。他说，事变当天，他正在北平的医院看病，而且才出院不久，当他听到日军开始攻击我方的消息时，他正和美国驻我国公使一起在听京剧，因此匆匆赶回"家"去。考虑后，他决定维持东北军原来的"不抵抗主义"。但是日军未因此停止侵略，半年内攻占了整个东三省。紧接着又提出了"满蒙问题解决方案"，推出溥仪成立了伪满洲国。

749

张学良说，当时他实在未想到日本的野心原来大到如此地步。因此，他开始兴起了中国人应抵抗日本入侵的念头。他向记者透露：那时他在北平，曾与溥仪的弟弟在茶馆见面。当时他劝溥仪去南开大学求学或赴欧美，总之一定先要努力摆脱旧时身边专利用他们兄弟谋利的那一帮人，自己应先取得国民身份，然后再以实力谋求出身，如此可能还有希望竞选中华民国总统，无论如何也比受日本人利用当傀儡侵略中国来得好。溥仪的弟弟对张学良说，他哥哥溥仪完全被日本松冈掌握利用，而不能自已。

1933年2月14日，国联派出李顿调查团，调查后发现满洲铁路被炸的真相，即宣布不承认伪满。为此日本脱离了国联。张学良说，到了这种地步，他算是彻底地了解了日本的野心与非战不可的事实。这年2月，日本由东三省发兵侵占热河。当时负责守热河的是他父辈的汤玉麟将军。张学良说，他再三命令汤作战力守，但汤倚老卖老，根本不听他的命令。他当时曾打算"换下汤来，但实际状况令他未能换得成"，热河便因汤逃走而失守。从此，张学良再次蒙上"不抵抗将军"的骂名。

三、回忆"西安事变"

张学良向日本记者回忆说，他赴欧考察回国后曾打算找机会说服当时正全力"剿共"的蒋介石，应先团结抗日。为此，他曾与周恩来见过面，密谈了一次。他说，周恩来的反应极快，谈吐及见识不凡，使他有种一见如故的亲近信赖感。会谈中，他们达成了协议，取得"中国应立即停止内战，团结一致抗日"的共识。

张学良回忆到此，向记者指出，1936年12月4日，蒋委员长至西安视察时，两人曾见面会谈，并为先"剿共"或先抗战意见不同而引起激烈争执。12月9日，西安市学生大游行，国民党下令宪兵开枪，在这样一触即发的关键时刻，他当场向游行学生承诺：在一星期内一定达到大家所要求的"力劝蒋委员长全力抗日"。12月10日他与杨虎城达成协议：西北、东北两军共同联手抗日不"剿共"。

张学良向日本记者强调："西安事变"中将蒋委员长软禁，目的并非伤害蒋，而是为了力争能全力抗日，在无法达到目的后才采取了这一激烈行动。而后他说，12月16日，他与周恩来达成协议，发表八点声明，配合中央政府提出八项呼吁，包括停止内战的"剿共"行动，团结一致抗日，排除国民党内亲日派等。但蒋介石拒与周恩来会谈，后经蒋夫人宋美龄与宋子文从中协商，蒋才态度趋缓，愿与周恩来会谈。12月24日，他陪周恩来去看蒋委员长，会谈时，他也在场。这时日本记者问会谈的内容，张学良拒绝说："那不能说"，坚持不泄露当时蒋介石与周恩来谈话的内容。

12月9日、10日，日本国家电视台NHK通过卫星播出《张学良现在有话要说》的独家专访，使十数亿电视观众看到了这位被埋没了半个多世纪、在近代中日关系史上极为重要的见证人。

张学良在这部长达75分钟的节目里，清楚完整地叙述了日本人炸死张作霖、九一八事变及"西安事变"的全部过程。90岁高龄的张学良以惊人的记忆力和清晰的思路和话语给所有看这个节目的人留下十分深刻的印象。更重要的是，张学良首度打破半个世纪以来的沉默，顿时轰动了海峡两岸。于是，两岸的各大电视台都依此制作了电视节目。台湾的著名影视艺员凌峰访问张学良时表示：大陆的东北父老十分挂念少帅。这一电视屏幕上的场景，不能不让中国大陆的观众由衷地感谢凌峰。

为大陆友人书信题诗

为宋哲元将军百年题书

1985年，是抗日将领宋哲元百年诞辰。他是山东乐陵人，字明轩，曾在冯玉祥将军部队中任师长、总指挥、热河都统。国民党统治时期，先后任二十九军军长、察哈尔省政府主席。1931年九一八事变，他通电全国，请缨杀敌，宣称："宁为战死，不做亡国奴。"1933年，他曾率部在长城一线抗击日军，歼

751

敌八千余人。1937年七七事变,他率部在卢沟桥一带抗战。翌年因病辞职,于1940年病逝。张学良为了怀念宋哲元将军,以"毅庵"署名,亲笔题字:"忠义永怀"。

给故旧卢广绩复信

1990年,在张学良九十大寿前夕,4月18日,在沈阳的张学良故旧属下卢广绩、刘鸣九、荆有岩、郭维城、张庆泰、吴家兴、杨志信七位老人,怀着故情旧绪,给张学良写了一封情真意切的祝寿信,并在信中恭请张学良回故地叙旧。可是由于众所周知的原因,张学良没能成行。

卢广绩,时任辽宁省政协副主席。九一八事变前,在沈阳总商会任副会长。事变后,在北平参加"东北民众抗日救国会"时,经常与张学良接触。1936年9月,他参与了张学良、刘澜波、孙铭九等14人在西安共同发起成立的"抗日同志会",并在张学良的第四处任行政处长,与张学良关系密切。

在张学良九十大寿前后,大陆的一些报刊都连续报道发表了有关张学良功绩的文章。卢广绩出于一种无法抑制的思念,把能收集到的有关张学良的文章精心剪裁下来,遥寄给远在台湾的张学良。张学良收到卢广绩的充满深厚情谊的信件后,感动不已,于10月9日亲笔回信:

广绩乡弟:

寄来剪报及报纸均已收到,多谢!最近甚忙,迟迟不能复信;请原谅,请代为问候各位乡弟,专此敬祝大安

　　　　　　　　　　　　　　　张学良　顿拜　十月九日

这封信是张学良经历半个多世纪后,首次给故旧的亲笔复信。此信时隔数月,辗转千里,终于飞到了卢广绩的手中。1991年2月5日上午,卢广绩十分惊喜,在家里兴致勃勃地向来访客人公布了这一消息。

给杨拯民题词

1990年12月31日，张学良在台北的寓所内，亲笔给杨拯民题词：

拯民世弟：

爱人如己

张学良的这个题词，写在一精美的上面印有凸起的圆形篆书"张"的信笺上。信笺上的篆体"张"字，是张府的专用标志。而后，张学良托人捎给杨拯民。

那么，张学良为何给杨拯民题词呢？原来，杨拯民是杨虎城将军的长子，现任全国政协常委。他面对世叔张学良的题词，不禁想起半个世纪前的往事。他说："1935年冬天，一次我和父亲、张学良，还有卢广绩、罗友玄，坐车从西安到三原县去检阅部队。一路上是张先生开车，我父亲坐在他身旁，后面是我们三人，我坐在中间。车走在失修的土路上，颠簸得厉害。可张先生却兴致很高。他对我开玩笑：'今天你最神气！我给你当司机，你爸给你当副官，还有两位保镖！'逗得大家都乐了。"还有一次，杨拯民同父亲及张学良、邵力子等十多人，乘小飞机去上海。途中，飞机被气流冲得晃动不已。邵力子头晕想吐，张学良当即用罐头锡片做了个小风车，送给邵力子，并说："老邵，你看这玩意儿！"并用嘴吹气，小风车转起来。邵力子的注意力转移了，头晕减轻了许多。杨拯民说："张先生多才多艺，人也很随和。"

"西安事变"前，杨拯民由西安去北平。"西安事变"后，张学良陪蒋介石回南京遭幽禁。从此，杨拯民与世叔张学良失去联系。

半个多世纪后，杨拯民常常思念与父亲共同发动"西安事变"的张学良将军。在张学良九十大寿时，杨拯民曾给世叔张学良去电祝贺寿辰，后来又写信去台湾，再次向世叔表示祝福之意，并请求给题字。于是，张学良题了"爱人如己"四字。杨拯民解释："爱人如己"四字，虽然是少帅皈依基督教后的心境流露，但也是他高风亮节、善良为人的真实写照，更是他企望泯灭仇怨、天下大同的古道热肠。他还抄录了张学良新近的一首诗：

白发催年老，
虚名误人深。
主恩天高厚，
世事如浮云。

这是张学良历经沧海之后，淡泊人生，超然处世的心境。1990年的最后一天，即12月31日，张学良心潮起伏，耳畔响起了20年代东北军军歌：

黄人应享黄海权，亚人应种亚洲田，青年青年，切莫同种自相残，坐教欧美着先鞭。不怕死，不爱钱，丈夫决不受人怜，洪水纵滔天，只手挽狂澜，方不负整军武后哲前贤。

张学良想到这，伏案书写了一首诗，含蓄地表明自己的心志：

不怕死，不爱钱，
丈夫决不受人怜。
顶天立志男儿汉，
磊落光明度余年。

张学良把这首诗，请一位日本艺匠，做成题匾喷涂亮漆，成为美术精品，亲自送给来访的张捷迁夫妇留念。

张学良的题字

给张德良、周毅题书

1991年2月7日，张学良亲笔写信给辽宁大学教授张德良、副教授周毅。他们分别为"张学良暨东北军史研究会"会长、副会长。信的内容为：

德良、毅二乡弟鉴：

　　来信及寄来的《东北军史》、《张学良将军诗词注释》已收到，谢谢。

　　余老矣，恕目力不佳，不能多写，写字相当困难，请原宥。愿上帝祝福！

随信，张学良还寄来"爱人如己"的墨宝。

致书"邵小妹妹"

1991年3月2日，正值张学良与赵一获离台赴美探亲观光前夕，他给海峡对岸的大陆同胞"邵小妹妹"邮寄了一封信，向她表示谢意。

张学良在信中亲昵称呼的"邵小妹妹"，原来今天已是年逾花甲的老人。她是张学良的挚友、素有"和平老人"美誉的邵力子的长孙女，名字叫邵黎黎，居南京市。

1991年春节前夕，即2月8日，邵黎黎给张学良寄去一封信，向他拜年，随信附寄了她不久前发表在南京《扬子晚报》副刊上的一篇题为《千古功臣张学良》的文章。她在文章中说：张学良将军一直是她崇拜的民族英雄；她准备与友人提议，在南京为张学良将军建塑像；还提出欲请名画家为张学良将军画一幅《寿星图》，以表达庆贺他九十寿辰之意。张学良接到邵黎黎信后，于3月2日给她写了回信：

邵小妹妹：

　　你2月8日来信已收到，详知一切，谢谢你的好意，但我不需要画作，请不必寄来国画。

　　祝你健康快乐！

张学良　启3月2日

回阎明复函

阎明复，张学良将军挚友阎宝航之子，曾任中共中央统战部部长，与王卓然（东北大学代理校长）之子王福时等人同时被邀赴美参加在纽约举行的张学良91岁祝寿会，但因时间来不及未能成行。

1991年6月6日，张学良在美国度过91岁生日后，即给阎明复回信：

明复弟大鉴：

手书奉悉，无限欣快，虽多年不见，一睹手书，如见故人。良之一切，明光妹来此，详如一切，自当述及。愿上帝祝福！

张学良　顿首再拜

6月6日

走出谜团：赴美探亲

我不排除到东北的可能性，大陆是我的国家，我当然愿意回去。

我只是平凡的人，他们太恭维我了！我这人从来是任人褒贬，你要认识我，看我过去的历史你就知道了，人家写什么我从不辩，一切毁誉由人，不但现在这样，过去也一样。

——张学良

1991年3月10日晨，台北《中央日报》发表了独家新闻，向全世界披露了张学良的消息：《张学良今访美，高层乐观其成》。霎时，一石激起千层浪，敏感的新闻媒体抓住机会，大作起文章来。几乎是同一天，台湾《中国时报》、《自由时报》、《联合报》都争相发表了有关张学良的文章。如《张学良真正有了自由》、《张学良影响历史的三件大事》等，一时间，张学良再次成为新闻焦点，在中国台湾、大陆及全世界引起了轰动。于是，隐身于我国近代史帷幕之后的91岁高龄的张学良，得台湾政治氛围清明之赐，终于从半个多世纪的历史谜团中走了出来，与和他相扶挨过艰苦岁月的赵一荻夫人开始了传奇生涯中的新转折，赴美国探亲，与子女团聚，共享天伦之乐。

张学良这次离台赴美成行，源于1988年3月27日下午，国民党"总统"李登辉在官邸会见他与赵一荻。

李登辉以台湾"总统"之身份邀请张学良夫妇到官邸来茶叙，与其说是与一位在野的前东北军上将寒暄叙旧，以显示新任"总统"礼贤下士的作风，倒不如说是迫于海内外恢复张的全面自由的越来越响的呼声。李登辉想通过此举向台湾、东南亚及美国的新闻界作出一个意味深长的姿态。

在"闲聊"时，张学良轻描淡写地表示：子女都盼望他出去走走；他本人五十多年没有出去了，对外面的世界变成什么样子都不知道，想出去看看，但不知"政府"的态度如何？李登辉当即表示说："我看出去散散心好。"他认为，张学良一直对当年的行动坦然负责，海外对他的行动是否自由都很关注，许多人对幽禁张学良十分不满。既然说张学良是自由的，对他离台赴美，出去走走，应该予以尊重。况且，张学良的亲属几乎都在美国。张学良和于凤至所生的三男一女：张闾琪、张闾玗在美国相继去世；张闾珣幼年夭折；女儿张闾瑛与女婿陶鹏飞在美国。于凤至自从1940年出国治病就居住在美国，一直未去台湾。

张闾琳也在美国。他的妻子陈淑贞为原粤军将领陈济棠之女。张闾琳夫妇生有两男：巴比和罗比。兄弟俩毕业于斯坦福大学、南加州大学，分别学电脑工程和新闻学。

3月28日，台湾《中央日报》以头版醒目的位置，刊发了消息：李"总统"登辉先生与夫人今天下午邀请张学良先生与夫人至寓所聚晤，并以茶点款待，相谈甚欢。李"总统"对张学良的健康及生活起居极为关注，并殷殷询问家庭状况。张学良对李"总统"的关怀深为感激，表示在平淡及宁静中生活颇多乐趣。由于李登辉伉俪及张学良夫妇均为虔诚的基督徒，对圣经教义都有精深研究，谈话中互抒信道哲理，气氛亲切愉快。茶会结束前，他们共同作祈祷。

张学良出国探亲，走走散散心，其另一重要原因是张大千、王新衡相继去世，而最近"总统府"资政张群的去世使他受到很大的打击，心境十分孤独与寂寞，常常为"三张一王团团会"的解体而陷入不能自拔的痛苦之中。他的脑海里，总是浮现出张群、张大千、王新衡的音容笑貌，怀念他们一起上餐馆、无所不谈的挚诚……张群谢世不久，张学良即通过"总统府"发言人邱进益向李登辉"总统"表示要出国探亲、走走散散心的想法。李登辉对张学良的想法表示支持和赞成，张学良夫妇才得以离台赴美探亲。

1991年3月10日下午3时，张学良身着灰色西装，头戴法兰西便帽，鼻梁上架着一副金边墨镜，仪态潇洒，步履稳健，由夫人赵一荻女士挽着右臂，提前两个小时步入台北桃园中正机场"华航"贵宾室，在这里等待飞往美国的班机。随同张氏夫妇赴美的还有一名长年跟着他们的厨师。此时，台湾"内政部长"许水德正巧在机场送友人，听说张学良夫妇正在等待赴美班机，也来到贵宾室向他们致意。

赵一荻虽然已年近迟暮，但其风姿神态仍然不减当年。在贵宾室里，张学良在行动上受到夫人赵一荻无微不至的照顾。他想喝茶水，赵一荻立即去端来。尽管张学良夫妇是悄悄地乘车来到飞机场，事先没有作任何透露，但是他们的行踪还是被记者发现了。原来此行前，张学良为避免新闻界打扰，让夫人赵一荻在登记买飞机票时，不要用张学

1991年3月10日下午3时，张学良身着灰色西装，头戴法兰西便帽，鼻梁上架着一副金边镜，仪态潇洒，步履稳健，由夫人赵一荻女士挽着右臂，提前两个小时步入台北桃园中正机场"华航"贵宾室，在这里等待飞往美国的班机。

良的名字。赵一荻无意中登记了"张赵一荻",结果被台湾《联合报》记者查到了他们的行踪。于是记者蜂拥而至。

在张学良夫妇等候飞往旧金山的班机时,台湾《中国时报》记者杨索捷足先登,在贵宾室里采访了张学良。

杨索问:"您马上就要踏出国门,此刻的心情如何呢?"

张学良答:"我觉得好,现在的心情很好。"

杨索问:"您是在何时和李登辉'总统'谈到希望出国的?何时获知当局准许您能出去的?'行政院长'郝柏村对您出国的事是否表示过什么?"

张学良答:"这件事你应该去问'总统府'发言人邱进益,有些话我不方便说,也不应该说。我和政治一点儿关系都没有,我也不想谈政治,郝柏村说了什么你去问郝柏村好了。"

杨索问:"您预计在美国待多久?此行的目的是什么?会不会和旧属见面或作公开演讲?"

张学良答:"我是土包子,从来没去过美国,我不一定待多久,好玩就多待一点,不好玩就少待一点……"他说到这儿指了指夫人赵一荻,"她倒是去过很多次,不过从前欧洲我可去过很多次。"

张学良补充说明都是在到台湾前去欧洲的。他在说明此行的目的时说:"我主要去看儿孙,现在全部的儿子只剩第四个还活着,我在美国的亲属加起来比在台湾的还多呢!我去美国不会作公开演讲,不只在美国不会,在中国也不会作公开演讲。"

杨索问:"您有可能转回东北老家看一看吗?"

张学良答:"我不排除到东北的可能性,大陆是我的国家,我当然愿意回去。"

杨索问:"有没有想过考虑回东北定居?"

张学良答:"考虑什么?我从来就没有'考虑'这一回事,我要什么时候去就什么时候回去,你大概不知道我这个人,孔老夫子的'三思而后行'对我一点用处都没有，我是'要干就干'！我是莽撞的军人，从来就不用'考虑'这两个字眼。"

杨索问："您说您是莽撞的军人，您回想'西安事变'的过程，和您的个性有无关联呢？"

张学良答："我这个人就是鲁莽、草芥一个……"

杨索问："研究近代史的史学家很多很推崇您，认为您在35岁以前的所作所为，其实是出自对国家统一的忠诚仁义，您自己觉得呢？"

张学良答："那是对我客气，人家抬举我。我不是那么好的人，我只是平凡的人，他们太恭维我了！我这人从来是任人褒贬，你要认识我，看我过去的历史你就知道了，人家写什么我从不辩，一切毁誉由人，不但现在这样，过去也一样。"

杨索问："'西安事变'有很多谜，您是否愿意写回忆录来解这些谜呢？"

张学良答："我从不写回忆录，也不回想。圣保罗说：'忘却背后，努力向前。'我从来不往后看，我已经91岁了，脑子已装满了，没有什么好再回想的。"

杨索问："几十年来您的行动受到限制，海内外对此事都很关心，您平常都做些什么？"

张学良答："你们为什么老要说我行动受限制，就是你们记者给我限制住的。我和政治毫无关系，平常也是和老朋友聚一聚，吃点小馆子。现在老朋友都过世了，不是他们死得早，是我活得太久了。我平常就是在院子散步走走路，北投后面的大屯山我都没有去爬。"

杨索问："听说蒋夫人对您的信仰方面影响很深，您最近还常去士林凯歌堂做礼拜吗？最近有没有看到蒋夫人？"

张学良答："蒋夫人是真正的基督徒。我年轻时对佛教很有研究，刚刚来台湾住在高雄时和佛教界印顺法师常常来往，从前也向班禅法师请教过佛法。有一次蒋夫人和老'总统'到高雄来看我，我很得意地对他们说关于对佛教的研究，蒋夫人却说："汉卿你又走错路了！"后来我和我太太在正式结婚时领洗，以后就常去凯歌堂做礼拜。从前老先生在时，每个礼拜他们夫妇都来，最近我还是到士林去，但是老夫人腿不好，已经好几个礼拜没有在凯歌堂出现。"

杨索问："谈谈您的养生之道好吗？"

张学良答："我没什么养生之道，就是好吃好喝，我内人的菜烧得很好，平常我开水、茶、咖啡都喝，走路运动，就是这样而已。"

杨索问："您曾说'两字任人呼不肖，一生误我是聪明'，'聪明'是如何误了您的一生？"

张学良答："我没有高见，就用个小聪明，人其实很鲁莽，我回答你的话也很聪明。"

记者杨索在采访张学良时，还谈到了其他有关的问题。张学良用东北俗话说"秋后的蜢子（蚱蜢），跳不了多久"，以此形容他一生所剩不多的岁月。他表示在能动的时候，要尽量到外面走一走。谈话间，他也感慨昔日"三张一王"老友的凋零。青春虽辜负他，然而岁月又似乎回报了他，使他有91岁高龄，在垂暮之年得到"行动自由"，以证平反况味。采访时，尤使人感动的是张学良做人宽厚之美德。当记者杨索问到曾负责幽禁任务的刘乙光时，张学良却说："刘乙光前几年才去世，我很想念他。"张学良从大陆到台湾，在军统特务刘乙光看管下，受了不少气，遭了不少罪。然而，他对记者强调说连夫妻相处都会吵架，何况刘乙光是在执行任务，对他也没有什么不好。最后张学良对记者杨索说："做人要厚道，我劝你不要对人苛求。"

下午5时30分，张学良夫妇乘坐"华航"004号班机离台飞往旧金山。临上飞机前"华航"董事长乌钺到飞机场送行。当张学良与赵一荻相扶准备登机时，看到那么多摄像机对准自己，便哈哈大笑说："别人都说我成了电视明星，你们采访我，我要向你们收钱啊！"赵一荻则在他身后不忘嘘寒问暖，令送行者感到他们确实是一对相携走过坎坷人生的真正伴侣。他们赴美，"华航"倍加礼遇，因为张学良与"华航"主管在蒋经国时代就熟稔，所以一路照料两位老人自不在话下。

张学良夫妇经过十九个小时的飞行，跨越了东西两个半球。他91岁高龄，加上时差的困扰，显得有些疲倦。在美国西海岸城市旧金山机场降落后，正值当地正午时光，仍然是3月10日14时23分。张学良下飞机后身披一件乳黄色风衣，坐在轮椅上，由"华航"旧金山经理刘永祥、机场主任李中选两人引路照料出海关。此时，张学良的精神状态颇佳，赵一荻显得神采奕奕。出海关后，前来迎接的是他们的儿子张闾琳、儿媳陈淑贞及孙子张居信夫妇。张学良夫妇与儿孙们一边走，一边用英语交谈。儿子、儿媳和孙儿都称赞赵一荻年轻得与实际年龄相距很大。孙女苏菲娅始终陪伴在祖母身旁，这是她与祖母第二次见面，前一次是在庆祝祖父九十寿辰时在台湾相见的。

尽管张学良千方百计避开记者视线，但是他们的行踪还是被高度敏感的记者发现了，并围上来采访。张学良对前来采访的记者提出的敏感性问题，一概以年纪大、视力不佳、耳朵听力不好为由不予回答。当记者问四十多年后首次出国有何感想时，张学良说："第一次出国，并无任何特别感想。此次来美，主要是看看儿女及孙子们。"记者见从张学良口里一无所获，就将采访目标转移到赵一荻，请她讲讲。赵一荻以"跟他在一起，一切都听他的"为由，婉言拒绝回答。

在机场欢迎张学良夫妇的亲人中，唯独没有张闾瑛、陶鹏飞夫妇，这是张学良有意这样安排的。原来，陶鹏飞、张闾瑛夫妇在美国旧金山是名人，在华侨中位尊望隆。陶鹏飞教授在旧金山几十年间任教于"明大"，现在他虽然退休了，但在旧金山组织了全球性的"中华联谊会"。他们夫妇活跃异常，华侨界无论新旧老少，几乎无人不知晓陶鹏飞、张闾瑛的名字。为了不惊动旧金山人，张学良在决定赴美前，对陶鹏飞、张闾瑛首先叮嘱："千万不要去机场迎接"，以免由于他们夫妇的"亮相"而将行踪泄露。

张学良和赵一荻在美国的亲人遍布东西岸各大城内，其中尤以赵一荻的亲属后辈为众。张学良有令,除住在洛杉矶的儿子张闾琳外,其余的亲属一律坚守原地,不得妄动,静待他们亲临登门团聚。

张学良夫妇到美国旧金山后,探亲的顺序是先张后赵。这是赵一荻的安排。他们夫妇决定先在旧金山做短暂逗留,同女儿、女婿团聚,然后前往洛杉矶,长住在张闾琳家中。这样的决定是因为在美国儿女辈中只有张闾瑛和张闾琳姐弟了;陶鹏飞、张闾瑛与侨界往来密切,而张闾琳与华侨界往来无几,不会影响他们的安宁。

"说故事的能手"

最近以来,我多次公开谈话或接受采访,该说的都说过了,所不愿说的,总归还是不能说。再者,我的耳朵有重听,若接受采访或接电话,怕因听不清对方的问题,说错了,引起误会就不好了。

——张学良

旧金山,地处美国西海岸中部,其临山面海,风光绮丽,气候宜人,一座古老而美丽的城市。人们常把旧金山称为美国西部的大门,面向太平洋的窗口。旧金山不但是国际化的城市,而且与中国有着传统的密切联系。早在美国独立以前,就有华人移居在这里。

旧金山的中国城,美誉世界。这里移民杂居,人文景观很丰富,散发着诱人的魅力。所以这里的旅游业堪称旧金山的第一大产业,每年吸引着数百万游客观光旅游。

张学良夫妇在旧金山逗留、游览了两天两夜。令陶鹏飞夫妇、张闾琳夫妇惊讶的是:91岁高龄的父亲对台湾与美国间的"时差"有极强的适应能力。张学良夫妇精神焕发,兴致勃勃。

3月11日上午,张学良兴致勃勃地嚷着外出游览。于是张学良夫妇在长女张阎瑛、女婿陶鹏飞及张闾琳夫妇陪伴下，去全城游览。他们游东河，逛金门公园，观金门大桥，"偷窥"了著名的"中国城"。

金门大桥，是世界上单跨最长的橘红色悬索桥，它如长虹飞架两岸，把旧金山和北湾区连接起来。

在金门大桥参观时，张学良兴致很高。当他看到汽车在大桥上往来如梭时，就和儿女、女婿讲了他本人在英国旅行时亲自驾驶汽车的往事。言谈间，他对于当年自己开车和驾驶飞机的往事，流露出怀旧之情。在异国他乡的蓝天白云下，张学良夫妇由儿女、女婿陪伴，在海湾风景区游历了整整一天。他精神好，兴致高，尽情地游览异国风光，不时发出爽朗的笑声。他对旧金山的风景、市场的货物，甚至水果摊上卖的金山橙，都产生浓厚的兴趣，尽情地看个够。每当他看到新玩意儿，眼睛就发出光彩，脸上绽露出孩童般的好奇。

当天晚上，张学良夫妇与儿女、女婿等六人来到旧金山湾区一家法国餐馆共进晚餐。他们吃的是法国菜肴，饮的是法国美酒。席间，张学良把他那份佳肴、汤、甜品吃个精光，还吃了面包和水果。儿女、女婿见91岁高龄的父亲有如此好的食欲，既感欣悦又自叹弗如。餐罢，当服务员小姐结账时，要了150美元。张学良说："比台北便宜多了。"

张学良的乘龙快婿陶鹏飞对人说："他老人家不但把汤、菜、甜品都吃光了，并且吃了水果和面包，比我的食量都好。"

回到住处，儿女们问父亲：旅美第一天有何感想？张学良爽快地表示，美国淳厚的人情、美丽的风光和较廉的物价，都令他赞赏。这时，张闾瑛问丈夫，陪游一天有何感觉？陶鹏飞说："岳父的身体健康状况比去年在台北做九十大寿时还好：他脑子清醒极了，对任何外来的事物反应都很快，说话非常开朗，懂的东西又多。美国市场上售卖的好多货物他都能说出来龙去脉。"

也许是返老还童的关系，也许像人们常说的"老小孩"，张学良的情绪有时像孩童。此时，他刚刚到旧金山才一天，就向夫人、儿女、女婿宣布说："过两天我要去纽约了。"

陶鹏飞、张闾瑛听了父亲的话，知道他急于想见到在纽约的亲戚朋友。但是，他们担心父亲的身体，害怕累坏他，劝他多休息几天。张学良见他们这么说，叫他们不要管。他说自己有把握，根据是他从台北长途飞行到旧金山，并不存在时间差的问题。陶鹏飞、张闾瑛听了无言以对。

旧金山平时晴朗无云，好长时间没有下雨了。在张学良到后的第二、第三天，即12日、13日，不知为什么老天爷竟一反常态两天大雨不断。这样的天气败了张学良的游玩兴趣。此间，陶鹏飞府宅内的电话铃声不断。由于张学良有令，不愿意有外人来打扰，所以电话一律不接，使那些想采访张学良的记者一连四天吃了闭门羹。

当儿女们问父亲为什么时，他说："最近以来，我多次公开谈话或接受采访，该说的都说过了，所不愿说的，总归还是不能说。再者，我的耳朵有重听，若接受采访或接电话，怕因听不清对方的问题，说错了，引起误会就不好了。"就这样，张学良夫妇在旧金山住了三天。

"父亲是说故事的能手"，女婿陶鹏飞对亲友们说，"在旧金山这些天，他每到一处，常常见景生情，谈古论今，无一不是学问。"他对人生哲理的悟识，书画名家之鉴赏，民初掌故之闲谈，政坛人物之臧否，见解独到精辟，随口道来，给儿孙们留下十分深刻的印象。

3月14日，陶鹏飞夫妇把两位老人送上飞往洛杉矶的班机。张闾琳夫妇陪伴父母前往洛杉矶家中团聚。

陶鹏飞夫妇一到家里，台北《传记文学》社长刘绍唐第一个捷"手"先得，要通了电话。陶鹏飞垂念旧情，接受了采访，在电话中告诉刘绍唐说："很多美国的中外朋友曾写信或打电话，要为张学良夫妇举行盛会表示欢迎或安排游览节目，以善尽地主之谊；特别是各地东北同乡，强调张学良夫妇此次美国之行具有深远的历史意义，务须扩大接风等热情洋溢之举，但是都被张学良一概婉言辞谢。"

与美国友人伊雅格的情谊

> 伊雅格，在我最困难的时候，你始终在我的身边。直到你发现我已经有一点自由以后，才肯返回自己的国家。
>
> ——张学良

在旧金山有许许多多地方吸引游人去观光游览，然而在仅有的几天时间里，张学良却向子女提出去凭吊一位美国友人伊雅格的墓地。

张闾瑛对父亲说："这里不比中国，伊雅格是不能有墓地的。"女儿想劝阻父亲。

张学良不相信道："伊雅格是美国绅士，他死后怎么会连墓地也没有。"

儿子解释说："在旧金山去世的人，不论你是什么地位，都要把骨灰存放在公墓里。就是说，父亲如果想去拜祭，也只能去公墓拜祭伊雅格的骨灰了。"

张学良听了儿女的话，眼含泪花说："好吧，就到公墓去拜祭他的骨灰吧，因为我实在太想念他了！"

旧金山的夜晚是平静的。此时，湾区所有楼窗的灯光都已熄灭了。然而，张学良的寓间仍然亮着灯光，他还在灯下回想着他和伊雅格的情缘交往。

1897年的一天，在美国加州卡登的一个小村子里，伊雅格出生了。男婴父亲是当地富有万资的庄园主。伊雅格长到少年，对铁路发生了浓厚的兴趣。于是考入纽约大学土木建筑专业学习。大学毕业后，伊雅格随库克叔叔来到中国，先后在广东省和东北三省监督建造铁路。后来，伊雅格随着库克叔叔在东北久住沈阳。伊雅格一边参与东北的铁路建设，一边在沈阳基督教会担任英语干事工作。

1919年，时值东三省铁路初建时期，东三省巡抚张作霖十分重视发展关东的民族工业，知道如若将东北的丰饶矿产和粮食运往全国，对改变东北落后经济面貌作用很大，但是解决东北运输落后问题则是当务之急。此时，任京奉铁路奉天办理处处长的常荫槐向张作霖引荐了伊雅格。张作霖对精通铁路建设的伊雅格格外器重。

1921年，张学良从东北讲武堂毕业后，因为经常去奉天基督教青年会学习英语，结识了在那兼职的伊雅格。从此，伊雅格与张学良结成密友。他教张学良英文，同时也把西方的文化知识、生活方式和体育锻炼方法等传授给张学良。伊雅格性情好动，喜欢打高尔夫球和网球，而张学良也有相同的爱好。由于他们共同的爱好与性格的投缘，两个出身不同、国籍不同的同龄人的友谊与日俱增，伊雅格成为张学良的常客。一般人无法进入戒备森严的张氏帅府，伊雅格则进出如履平地。

在伊雅格叔侄的支持下，张作霖重修了京奉铁路，又筑建了沈阳至赤峰、通辽以及沈阳至吉林、四平至黑龙江齐齐哈尔的铁路运输线。1924年，伊雅格的叔叔病死在四洮铁路中枢郑家屯。张作霖对伊雅格叔叔为东北修铁路而病死，极为感动，将其在奉天厚葬。翌年3月，张作霖委任伊雅格为东三省铁路局督察处首席稽查官。

1925年，张学良亲自出资筹办的远东运动会在东北大连举行，伊雅格在那次运动会上和张学良共同成为高尔夫球的冠、亚军，他们的关系更加亲密。

1928年6月张作霖在皇姑屯遇害身亡后，张学良子承父业，主持东北三省军政。伊雅格遂成为张学良最为倚重的外籍朋友，被聘为东三省铁路督察公署顾问。翌年5月，张学良委任伊雅格为与外国军火商人谈判商购军火的特别全权代表，经常代表张学良出使英国和意大利等国，大批飞机、军舰、机枪、弹药等先进兵器，均倚重于伊雅格代为购买。凡是经伊雅格出面洽谈的军火生意，无不顺利购进，并且价格公道。这样一来，就越加引起张学良对伊雅格的信任与重视。

1929年冬天，伊雅格作为东北军的军械谈判代表，常驻南京，直接与南京政府要员打交道，曾得到蒋介石的亲自接见。

1931年九一八事变发生后，中国战事将开，主要代表张学良去欧洲购买军火的就是伊雅格，而英国伦敦则是伊雅格的常驻之地，在那里伊雅格曾经为张学良采购了大量新式欧洲武器。

1933年张学良因热河失守下野，后经上海转赴欧洲考察军事。伊雅格闻讯由伦敦飞往罗马面见张学良。他在为张学良替蒋介石背负"不抵抗将军"罪名而鸣不平的同时，积极支持张学良在欧洲久居。可是，那时的张学良壮志未酬，岂肯轻信伊雅格劝其归隐的忠言。

1934年春天，张学良在意大利接到蒋介石召其回国的电报后，在即将启程前夕，决定让于凤至带着一女二子留在伦敦读书。伊雅格充当了协助于凤至购买房产、子女入学等一系列事宜的操办人。

1936年12月，张学良在西安发动兵谏，逮捕了蒋介石。于凤至闻讯毅然决定返回祖国，临行之前将三个子女委托给了伊雅格。伊雅格临危受托，对张学良三个子女尽心尽力抚养。

于凤至在国内三年，1940年因患乳腺癌离开湖南经香港转飞美国纽约医治。1943年经美国友人白尔等人的帮助，于凤至把在英国求学的三个孩子移居美国。于凤至在美国靠一些友人的资助，勉强维持生计。

1950年冬天，于凤至生活用费几近拮据。于是她决定去英国，求助于伊雅格。当年6月，于凤至只身飞到了伦敦，在索河区的牛津街142号拜会伊雅格。于凤至在小楼明亮的大客厅里，看到了迎面墙壁上悬挂的一幅大照片，正是张学良与年轻士绅伊雅格的合影。背景则是于凤至熟悉的沈阳北陵别墅前的游泳池。在国外旅居多年的她，猛然见到故人的旧照，特别是见到照片中人物背后熟悉的景物，就会忆起他们一家人当年在沈阳和伊雅格相处的日子。

伊雅格满头银发，用流利的汉语，还像从前在沈阳时期那样，对于凤至依然礼仪如旧。伊雅格对张、于伉俪始终如一地倍加敬重，并没有因为张学良失去自由，于凤至漂泊海外而表现出丝毫不恭。伊雅格向于凤至询问起她和三个孩子在美国的情况，然后话题一转，特别关注的当然还是多年失去音讯的老上司张学良。伊雅格向于凤至倾诉：自从1937年在伦敦和张学良见了一面后，转眼十几年了，他无时无刻不在关注媒体，希望从上得到有关张学良的些许信息，然而一直到国民党逃亡到台湾，他也没有得到张学良的任何消息。

特别让于凤至感动的是，在她回国的三年时间里，是这位外国友人代她照顾着在伦敦求学的三个子女。伊雅格是位重信义重感情的人。

伊雅格叮嘱厨师烧了桌中国菜，款待于凤至。席间，伊雅格才想到询问于凤至专程来到伦敦的目的，便说："夫人，您现在和孩子们在美国的生活，是不是有了什么困难？"

其实，于凤至来英国的目的是想向伊雅格暂借一些钱，以解燃眉之急。可是说"借钱"，无论如何都有些难以启齿……

伊雅格似乎猜到了于凤至的来意，说："张夫人，不管您现在有没有困难，我都要向您支付一笔钱的。也许夫人还不知道，早在'西安事变'发生前，我就有一笔钱想转交给汉卿先生。"

他说道："那就是当年我在替东北军向托拉斯维克思公司协商购买军火的时候，有一笔盈余的款子，夫人，您也许不知道吧，那笔款子始终存在我的手里。现在您来了，就是我该归还您的时候了！"

于凤至听了伊雅格的话，心里非常感动。她没想到事隔这么多年以后，张学良当年的外籍顾问依然和从前那样忠诚无私。伊雅格依然像当年那样心胸坦荡，如实相告。于凤至的心里感动得想哭，因在美国无钱便寸步难行。她想到正在治病的二儿子，还有她和孩子们的衣食住行，无钱一切都无从谈起。此时，伊雅格突然给她拿出一笔钱，而这笔钱可供她和孩子们生存无忧了。后来，于凤至在给张学良的信中，详述了与伊雅格见面的感人情景。

伊雅格多年都思念着他的中国朋友张学良。当他从于凤至那儿得知张学良幽禁在台湾后，就决定投奔他的"上司"张学良，移居台湾。

伊雅格移居台湾以后，在台北杭州路上购买了一幢小楼。那时，张学良还没有获得自由，可是伊雅格总是盼望着和他见面，在台北通过种种渠道做着努力。最后，在宋美龄的同意下，他到北投张宅和张学良见面了。

1964年张学良和赵四小姐结婚，那个旷世婚礼就是在伊雅格的家里秘密举行的。

1969年伊雅格前往旧金山定居，临行前他把自己台湾宅子里的所有文物都送给了张学良。让张学良痛苦不已的是，就在伊雅格前往美国的第三年，这位大半生都生活在中国的美国朋友，在旧金山与世长辞。

1991年3月12日，是张学良到旧金山的第二天，天空飘落着蒙蒙细雨。这天下午，张学良由子女陪着，驱车来到郊外蒙特利哈公墓。

这是一座社会公益性建筑，骨灰堂设在三层大楼里。圆柱形的大厅里，光线昏暗。一层层装置着骨灰盒的水泥廊道，一直从底层延伸到高高的楼顶。围绕着层层骨灰，是曲折盘旋的螺旋形楼梯。

张学良在儿女们的簇拥下，沿着曲折的楼梯，一级一级地缓缓上楼。

张闾瑛说："爸爸，您看，伊雅格叔叔就在这里。"

张学良看到，眼前是一排整齐的骨灰架。正中央一只骨灰盒上嵌着一幅照片，正是他梦中常常见面的伊雅格！他喃喃自语道："老朋友，没想到在这里和你见面了！"

张学良从张闾琳和陶鹏飞手里接过一束雪白的百合花，恭敬地献在伊雅格骨灰前，然后低下头，闭目凝神，似乎在回首那些遥远的往事。

这时，公墓外的沙沙细雨，忽然越下越大。密集的雨点，锵然有声地敲打着公墓楼宇高大的穹窿，发出让张学良心绪怆然的轻响。子女们都被张学良拜祭友人时流泪的场面震撼了，他们没有想到年已九旬的老人，竟然如此动感情，他们便都在伊雅格遗像前默默地致哀。

张学良喃喃地自语："伊雅格，在我最困难的时候，你始终在我的身边。直到你发现我已经有一点自由以后，才肯返回自己的国家。"他似乎在和冥冥中的故人对话，亦似在追思那些遥远的往事。

张学良的脸颊上不禁流淌下一串混浊的老泪。往事便如电影画面一样，不断从他那记忆的深井里流淌出来。此时，张学良伫立在伊雅格骨灰前，已经逝去的漫长岁月都在伊雅格的遗像前变得渐渐清晰起来。

告慰于凤至亡魂

于凤至是最好的夫人。

大姐，你去得太匆忙了。你若再等一等，我们就能见面了。

上帝啊，请保佑她在天国里幸福快乐。

——张学良

1991年3月17日，张学良夫妇在旧金山逗留几天后，乘飞机到美国西部城市洛杉矶，寻访亡妻于凤至大姐的遗踪。

张学良夫妇在女儿张闾瑛、儿子张闾琳、儿媳陈淑贞的陪同下，首先来到风景秀丽的好莱坞山。这座山上建有各种风格的别墅，交相掩映在苍松翠柏及棕榈树之中。在山顶，有一幢环境幽雅、风格独特的米黄色欧式建筑，它曾是美国影星平克劳斯贝的别墅。

1979年末，于凤至以巨金买下这幢别墅，在此度过孤独的晚年，直至走完她最后的人生之路。在此别墅的右边，有一座二层小楼，这是于凤至生前为张学良购置的，希望有朝一日能和张学良生活在这里。如今，已是人去楼空。

寻访于凤至住过的别墅后，张学良一行乘车前往洛杉矶城外的比佛利山脚下的玫瑰园公墓。这里丛生着郁郁葱葱的雪杉、红松和铁杉树，树间以绿草和鲜花点缀地面。汽车沿山麓前行，到处可见密密麻麻连成一片的墓碑。此公墓陵区内安葬的亡灵绝大多数是美籍华人。

于凤至墓地面积有十几平方米，简朴而洁净。在南面立着的两米多高的白色女神雕像下，贴地并卧嵌着两块墓碑。右面的一块用英文铸刻着：

771

"FENGTZE CHANG"（张凤至），下面是生卒年："1899—1990年"。在生卒年下还有一行小字："IN：LOVING MEMORY OF / NINI"。这行小字的意思是"为了爱的纪念 / 妮妮"。

张学良站在于凤至的墓前沉默地看着花岗岩墓碑上的文字，他的内心有说不出的伤感。

张闾瑛和陈淑贞将一只花篮安放在于凤至的墓碑前，然后大家在墓前默默祈祷，张闾瑛跪在母亲墓前点燃香烛。

张学良双目微闭，喃喃自语："大姐，你去得太匆忙了。你若再等一等，我们就能见面了。"

张闾瑛对父亲说："母亲总是憧憬有一天能和父亲在一起生活。为了父亲有朝一日获得自由后，过上富足的生活，她把自己的聪明才智全都用在炒股票和做房地产上，获得了可观的经济效益。1990年初，母亲听说父亲将来美国探亲，高兴极了，特意买了拐杖，准备迎接时用。然而，她老人家未等到父亲到来，便在当年的3月20日与世长辞了。"

于凤至在去世前，曾写信给张学良，有意将自己的一千余万美元财产给他。为此，张学良非常动情，并婉言谢绝。

于凤至在生命的弥留之际，向守候在病榻前的张闾瑛、陶鹏飞留下口头遗嘱："在我死去以后，可将我埋在洛杉矶城外最高的山上，我在那里能看到我的故乡。在我的坟墓旁边，替我再挖一个空墓穴，留给他（张学良）……"

张学良肃立在于凤至墓前，深情地凝视着碑前他和赵一获共同敬献的花篮，望着那空墓穴，双手合十，虔诚地默默祈祷："上帝啊，请保佑她在天国里幸福快乐。"

"有些事不由我说"

都劝我写东西。经过很久，我决心写，但写出了大纲以后还是决定不写。为什么？我没法写！因为我要写好的、坏的，都着实地写，我不能只说好的，而且我认为有些事不是不能说，而是不能从我嘴里说。

我做事，我负责。

——张学良

4月7日，张学良首次在纽约公开露面。这天早8时，张学良应郝继华牧师的盛情邀请，来到中华海外宣道会的播恩堂做礼拜。陪同张学良此行的有东北同乡会会长徐松林和张学良的孙子居信、居仰三人。张学良一行四人在播恩堂落座后，郝继华牧师向会员介绍张学良。张学良站起来和大家见面，全场报以热烈的掌声。张学良双手合十，面带微笑，回敬众人的友好情谊。随后，张学良以虔诚的教徒心境，自始至终地聆听布道。

一个半小时后，礼拜聚会结束。张学良接受众多教内兄弟姐妹及东北同乡对他的亲切致意。大家看他精神饱满，行动自如，都为他祝福。张学良对众人的慰问频频拱手作揖道谢。

第二天，美国各种报纸都刊登了有关张学良到纽约的消息。如《世界日报》发表了该报记者彭广扬的报道。他说："……亲切随和，是张学良在纽约首次露面给人的印象"，"老一辈的交情和小辈的热情，使得少帅在纽约的所到之处，人群簇拥，争睹风采"，"许多学术研究机构和教会邀请不断，有人希望安排他公开演讲，有人争取授权口述历史，还有教会邀他前往布道证道。"

张学良这次到美国本来就不打算参加公开活动，曾多次婉言拒绝了一些学术研究机构和教会邀请公开演讲、口述历史等活动，但实际上这已是不可能的了。

4月8日，张学良在纽约近郊一家私人住宅内，接见了美中文化交流基金会董事及哥伦比亚大学研究中国历史、文化的研究生。他容光焕发，侃侃而谈，声音洪亮，谈吐条理分明。

美中文化交流基金会会长张之丙女士说："请张先生对哥大研究中国近代史和想了解中国现代史的同学，本着您狂热的爱国心跟他们说几句话。"

张学良说："这样吧！我年轻的时候，最不喜欢年纪大的人说话，一说话就是教训。我设身处地替年轻人想，大概也不愿听我说话。不过，我可以这么说，如果同学中有人对清末民初的历史有兴趣，只要是以东北地区为主的，我知道的可能比任何人多。我耳朵听到的，眼睛看到的，亲身所经历的，老实说，不能不着重北方这一段。我可以说，我是唯一的'宝'。"

他在谈到蒋介石与蒋经国时说："都劝我写东西。经过很久，我决心写，但写出了大纲以后还是决定不写。为什么？我没法写！因为我要写好的、坏的，都着实地写，我不能只说好的，而且我认为有些事不是不能说，而是不能从我嘴里说。"

当大学生提问是否可以录音时？张学良爽快地说："无事不可对人言，你们录吧。无论什么事，私事、公事，假如有不可对人言的事，我不能说，不能做。"

这时，张之丙会长对张学良说："青年们很想向您请教，以您的经历跟他们说几句话，对他们做人与求学，都会有很大的启示。"

张学良说："我对日本青年已经由NHK的访问说了很多了，我年轻时可以说是爱国狂。"他说到这儿，把目光转向日裔青年冈本公一说，"对他们不客气地说：我恨日本！"他说完，似乎觉得应当加以注解，补充道，"不是日本人。"然后，他接着说，"我接受我父亲的栽培。我父亲有势力，所以我下决心，为什么不利用这个条件而做点什么？我本来想学医，'救人'没学成，却学会了'杀人'。"说到这儿，他不由得哈哈大笑起来。

有的大学生问张学良对过去的经历有何看法。张学良说："我自22岁领兵打仗，一直打内战，所以我对内战厌恶到头了。一次，我去河南，老百姓痛苦得不得了。我问老百姓，他们说儿子去当兵，到哪儿去了没人知道，没活劲儿了。自己打自己，只剩下老弱妇孺，我看了心痛极了。从那时起，我下了决心，一旦我能掌权，一定要尽量避免无意义的战争。"他继续说，"打了和，和了又打，到底为什么？打仗为战胜，双方不知牺牲多少有用的青年。我简单地说说我的感觉，我是很富感情的人，打仗则求必胜，要打胜仗必须派遣精锐亲信，也就是自己喜爱的部下。可是每次派出去的多半不再回来。我喜欢的部下，我现在想起来心中都难过……"他的话音有些喑哑，热泪在眼眶里涌动。好长时间，他没再说什么。后来，有人问关于"西安事变"的事。张学良只说一句："我做事，我负责。"

座谈结束后，张之丙会长给张学良几张昔日少帅府的照片。张学良欣喜地接过照片，张张看得很仔细。他说："当时，我跟我父亲住在一起，没有大帅府、少帅府之分。我记不清这是哪间屋子的窗户，像是二楼，后面小楼是我父亲住的……"

时值苍烟落照，张学良走出这家私宅的门口。他对送行的人们说，愿意与哥大的外裔研究生再谈历史，还回首高声道："有机会我来！我很高兴，我就来！"随后补充说，"公开场合，我都不来！"

偶尔露些历史真情

我宣布东北易帜，国民政府发表我为东北边防司令长官后十天……我在官邸处置了意图叛变的杨宇霆与常荫槐。这件事当时轰动全国，尤其是日本大为震骇关注。

郭松龄起事时间不长，但所造成东北军民生命财产的惨重损失，都是我一念之私，顾及自己名声所造成。

不到十二个月，我就做出了一个自己认为外为国家民族（停止"剿共"集中抗日），内可平慰东北军民的重大决定，发动了"西安事变"。

——张学良

1991年5月初，张学良在纽约的寓所接受了《世界日报》记者魏碧洲的访问。在访谈中，张学良畅所欲言，谈兴甚浓，回忆了当年东北军的两三件事。

张学良忆谈的第一件事是："我宣布东北易帜，国民政府发表我为东北边防司令长官后十天，即民国18年（1929）1月10日，我在官邸处置了意图叛变的杨宇霆与常荫槐。这件事当时轰动全国，尤其是日本大为震骇关注。"

杨宇霆曾是张作霖的总参议及参谋长，张作霖视其为左右手，地位极其重要，当时担任东三省兵工厂督办。常荫槐当时任东北交通委员会委员长，兼任黑龙江省政府主席，并且刚被南京政府在东北易帜后特任为"东北政务委员会"十三位委员之一，张学良为主任委员。当张作霖被日本关东军在皇姑屯炸死后，杨、常有与张学良争权之势。张学良将杨、常处死后，在东北政治威信显著提高，巩固了张作霖故去后他在东北的中心领导地位。张学良在事后向各界发电，说明处置杨、常原委。

张学良说到此，对记者特别强调依法处置叛变的杨、常两人之真正原因，可以说"他俩是死在郭茂宸（郭松龄）的手里"。他为了能清楚地向记者魏碧洲说出事情的来龙去脉，特地在解说处置杨、常两人之前，先讲了一段"引子"。

张学良说："茂宸可以说是我的先生，他在讲武堂教过我，我们两人可以说是亦师亦友。"他又说，"我父亲常骂我：'你对郭茂宸除了老婆不让他睡以外，什么都可以给他。'"由此可见，张学良与郭松龄关系之亲之近。然而，郭松龄不齿杨宇霆的政客作风，加上张作霖在民国14年弃郭而令杨宇霆出任江苏督办，以及张作霖手下将领久有"士官派"（杨）与"讲武堂派"（郭）之争等原因，在民国14年（1925）11月和冯玉祥签订密约，倒戈反张作霖，在滦州起兵，不到两个月，便为张作霖派兵讨平。郭松龄事败脱逃被捕，押赴沈阳途中被枪决。这件事让张学良受到很深刺激，咆哮如雷的张作霖几乎要掏枪打死张学良。

张学良说到这些，对记者魏碧洲难受地回忆说："其实茂宸要反的事，我老早就知道，我跟他那么亲，我怎么会不知道。"他说在事前他曾好好劝过郭松龄，不要做糊涂事。民国14年10月，浙江督办孙传芳联合地方驻军，假以双十阅兵为名，集重兵分路向奉军进攻。张作霖部署兵力应战，并电召时在东京的郭松龄返国。郭本应受命统率京榆驻军应战。但是，张学良说，有一天他接到前方电话说是"茂宸把部队给拉回来了"。

张学良听后大惊，想此事非同小可，"没有命令，他怎么把部队带回来呢？"他立刻传令，要郭军长部队原地停止前进。张作霖那时宣布张学良为第三方面军军团长，下辖第八军、第九军及郭松龄的第十军，准备入关沿津浦路南下迎战，张学良立即动身去找郭松龄，找了一夜，在一家小店找到正在休息的郭茂宸。郭睁眼醒来见到张学良，大吃一惊。张学良看屋里还有其他军官，不方便说话，就和郭松龄到后院，两人坐在板凳上深谈。

张学良说："我虽然是你的学生，但是在军队里，我是你的长官，你要服从命令。我看你目前只有两条路好走，一个是服从命令，给我到直隶去作战；一个是你要决心这么做，你只有把我打死。"他说到这儿，站了起来，把衣服撩开，"现在院子里就我们两个人，我身上没有带枪，你要有枪就开枪好了。"

郭松龄见少帅对他如此诚心，激动得泪如雨下，对张学良说："我给你丢脸，只求速死。"

张学良说："不要紧，老帅那儿有我去说，你若要求死，死到前线去，给我争脸。"

郭松龄听了少帅的话，猛地起身说："好，我听你的命令。"他一赌气，又把部队拉进关去。

张学良对记者说，郭松龄部队这么一来回调动，对方还以为奉军在增援兵力、加强后备呢。但进关后的郭松龄部队于11月22日在滦州起事，通电要张作霖下野，把政权交给张学良。郭松龄率领部分倒戈的东北军，沿北宁线向关外进军，和张作霖部队发生过多次交战。

张学良没有和记者魏碧洲详述战事经过，但他说这件事让他很难过，得到一个很大的教训。他说，当初他早就知道郭松龄有叛意，但他不愿意采取行动，原因是他担心人家会批评自己太狠："连郭茂宸这么亲的人都容不下，将来谁敢跟我？"张学良说，"郭松龄起事时间不长，但所造成东北军民生命财产的惨重损失，都是我一念之私，顾及自己名声所造成。若早些采取行动，战祸自然可免。"谈到这里，张学良的神色语气沉重，显得自责甚深。

接着，他把话锋转回来，向记者谈起对杨宇霆、常荫槐果断采取行动的原因。他说如果迟疑不采取行动，等到事发后再兵戎相见，不知又会造成多少东北军民伤亡，他宁可让人责备他手辣处置老帅旧部，也不愿再见东北军民又起战端，所以断然采取行动。

张学良对记者问到的处置杨、常的细节不愿多谈，仅简单表示是交由部下处理的。从这里不难体会出为什么张学良说杨、常二人"可以说是死在郭茂宸的手里"这话的真正意思。

张学良在向记者忆谈时，主动提到从未披露的两点：一是杨宇霆极力推荐，坚持要常荫槐兼任职位重要的奉天铁路督办，而常荫槐那时已经是东三省交通委员会委员长了。张学良说："他权力已经够大了，干嘛还一定要坐这个位置？这是什么居心？"更让张学良断然采取行动的直接证据是杨、常"已经从捷克弄来了几万支枪"。他说，他问常弄这些枪要干什么？常荫槐回答说是黑龙江省办民团，剩下来的再交给部队。所以张学良感到问题严重，处置杨、常已是事不宜迟了。

张学良坐在客厅沙发上，挺直了腰板，对记者继续说："你教我跟谁去商量这件事？"那年他才29岁，在他父亲故去不到一年后，做了对外通电东北易帜、对内处置意图叛变者的重大决定。

张学良谈完上述东北军旧事后，又和记者回忆了"西安事变"发生的有关原因。他说，九一八事变后，他去了一趟欧洲。回来后，民国23年，南京中央任命张学良为"豫鄂皖三省剿匪副司令"，代理蒋总司令驻节武汉指挥军事，撤进关内的东北军也就跟着少帅由华北调动。但他说："我不愿意受累"，

"我最大的包袱就是东北军"，"东北军这个包袱粘在我身上"。但东北军不跟他跟谁？为什么会有负担呢？张学良回答记者问说："是呀，问题就在这里，它要是国家的兵，我就没有这个包袱……"他接着说，"简单说一句话，我受累，甚至'西安事变'，与这个事都有关系。"他说，"我们东北的同乡就攻击我，他们说：'你对蒋某人恭敬，这我们没话说。但我们是跟你来的，你把我们带进来，我们的目的是要回家，我们不愿意'剿共'，怎么样回家？只有打倒日本才能回去……"他说，"那个时候，我有一个营长，我受他刺激非常大"，"后来我也公开说了，那个时候中央啊，实在是处置事情不太恰当。我手下这个营长，是在'剿共'时受了伤，那个时候，中央的规矩是'你负伤了，你有抚恤，你有钱拿，你要回原籍啦'，但中央却都没有批准。"

张学良对记者说："我有两个最好最精锐的师（按，此师为东北军一百零九师、一百一十师），统统打死打光了。"说到这儿，他很痛心，除了个人拿出钱抚恤外，再报请中央依"剿共"阵亡抚恤，重编两个师部，但是中央未发抚恤，两个师的番号也给撤销了。他说："中央不拨抚恤，东北老家又沦陷给日本人，伤者又回不去原籍……"他遭到来自东北军民的压力之大与自悔自责之深，心情之沉重，令他昼夜难安。他说："不到十二个月，我就做出了一个自己认为外为国家民族（停止'剿共'集中抗日），内可平慰东北军民的重大决定，发动了'西安事变'。"

答"美国之音"记者问

当然我是很愿意回到大陆，但时机尚未成熟。

我当然很痛苦，我恨日本军阀，一生主要就是抗日，心中最难过的就是日中战争我没能参加。我请求几次，蒋委员长没答应，我也想到这也是上帝的意思。假如我参加中日战争，我这人早就没有了。非我自夸，我从来不把死生放在心里。假如让我参战，我早没有了。

　　我还是一样那么做。我是军人，需要负责任。我做的事我负责。我还是那么做。别说软禁五十年，枪毙了我都不在乎。

——张学良

　　1991年5月11日，张学良在美国纽约接受了"美国之音"的"新闻广角镜"节目主持人的访问。

　　"新闻广角镜"节目主持人首先向张学良采访了关于是否怀念故土方面的问题。问："少帅，自从发动'西安事变'以后，您的住所一直漂泊不定，这些年来您一直住在台湾，现在来到美国看家人，您觉得现在您的家究竟在哪儿呀？"

　　张答："我年轻时当然是家在东北。我飘荡不定，随遇而安。我还是想我自个的大陆故土，我还是怀念故土，自九一八后我就没回过东北老家。"

　　问："您既如此想家，这次您有没有打算就便回东北去看看您的故土，看看老乡亲？"

　　张学良虽有观田园庐墓、为父迁葬之愿，但是他不想再引起政治话题，随即向记者表示说："当然我是很愿意回到大陆，但时机尚未成熟。"

　　问："在什么样的状况下您会回去？"

　　接着，"美国之音"的"新闻广角镜"节目主持人向张学良采访了关于"西安事变"的问题。

　　问："看见您就不能不谈有关'西安事变'之事，事情过了几十年啦，请您亲自告诉我们，当时为什么会发生'西安事变'？如果时光倒流您仍会做此事吗？"

　　张答："此事我不愿说太多，外边发表的也很多，大家也差不多都知道这些事情。我不说是不愿用语言伤害到他人。这件事留给历史去评论吧。它爱怎么评就怎么评，事情清清楚楚摆在那里。"

　　问："'西安事变'后您失去自由被软禁，那也是您一生当中最好的年华，如果这半世纪您没被软禁，能自由地在政治上发挥，统率您的军队，您觉得会对整个中国产生什么贡献呢？"

张学良答："此事难说。我当然很痛苦，我恨日本军阀，一生主要就是抗日，心中最难过的就是日中战争我没能参加。我请求几次，蒋委员长没答应，我也想到这也是上帝的意思。假如我参加中日战争，我这人早就没有了。非我自夸，我从来不把死生放在心里。假如让我参战，我早没有了。"

问："您说送蒋回南京是准备受死。您有没有想到一去会软禁五十年？软禁五十年这日子不好过的。假如时光能倒流，您还如此做吗？"

张答："我还是一样那么做。我是军人，需要负责任。我做的事我负责。我还是那么做。别说软禁五十年，枪毙了我都不在乎。"

当"新闻广角镜"记者采访张学良对周恩来的印象时，他向记者表示：非常佩服周恩来。

问："事变时周恩来赶到西安，周、蒋及您三人还单独见面，你们见面所谈的问题对事变的结果是否产生了关键性作用？"

张答："此事现在我应该说不应该说，你叫我想一想。周恩来见蒋先生是我领他去见的，那时蒋先生身上稍微有点伤，他们政治上并没有谈什么。外面很多是谣传。他问候蒋先生，蒋先生也见到他。他自承是先生当年的部下。可以说三个人并没有谈什么。"

问："事变中共产党究竟担当什么角色？"

张答："事变开始时共产党并没有参加。事情起来了，我们才把周恩来先生接来，谈此事该怎么办。"

问："中国共产党对事件发生的态度如何，是赞成还是反对？"

张答："他们没有预谋，他们也很惊讶忽然出来这个事情，没有赞成或反对的意思。此事我说不出来。"

问："您觉得周恩来先生怎样？您有无与毛泽东接触？"

张学良答："周恩来先生我非常佩服。我们初次见面，他说我反应很快，我认为他也反应很快。这人说话一针见血，没什么委曲婉转绕弯，虽然他是那么大的一个政治家也是外交家，但是他说话直截了当，人很聪明，我俩见面感情极好。毛泽东我没见过。"

当采访谈到两岸和平统一时，"新闻广角镜"记者问："两岸都说要和平统一，您对此有何希望？"

张答："我个人衷心希望两岸双方能和平统一起来，我非常反对中国分裂。当年我有权势在手，我就赞成统一的，如中原大战种种事我都是如此。我很反对内战的，我非常希望和平统一。这是我最大的愿望。"

问："您觉得您对和平统一能做出什么样的贡献？现在海峡两岸的领导人以年龄辈分来说，都是您的后生晚辈，您想对他们提出什么建议吗？"

张答："假如我能有所贡献，虽然我已衰老了，但仍未昏庸，我能有贡献很愿意，但我不知能贡献什么？他们需要我做什么，我很愿意尽点力，但尽得上尽不上很有问题。"

问："现在台湾经济繁荣，中国在国际上地位很高，对双方这种成就您作为一个中国人感到高兴吗？"

张说："这自然。我住在台湾等于是台湾人一样，我很希望政治蓬勃向上，能发展多快我未参加故没资格说。当然做个中国人，对台湾、对大陆我都有期望，所以我很不愿双方分裂，我希望看到双方以和平方式竞争，看谁干得好，将来还不是统一吗？"

面对毁誉：不在乎，也不计较

我不想涉及政治，但作为一个曾经与中共交过手、打过仗的人，我必须承认中共的军事力量不可忽视。当年我手下两个精锐师与中共红军对阵，他们人数虽不多，但最后还是把我的两个师吃掉，师长战死。面对这样顽强善战的军队，既然消灭不了他，最好与他合作。

——张学良

1991年5月28日，张学良在曼哈顿中城会见了来自中国大陆的东北同乡。这次会见是纽约东北同乡会会长徐松林安排的，他们谈了国共恩怨，也谈了中日战争，有国仇家恨，也有失去自由的幽怨。

张学良在和东北同乡谈东北军的往事时，非常怀念死在日寇手中的父亲张作霖。他谈到日本侵华带给中国人的灾难及杨虎城的遇害，感到十分痛心。当东北同乡向他谈到盛世才时，他略有微词地说盛世才跟着他父亲起家，他父亲当年看得起盛世才，但后来知道此人很不安分，对他在新疆杀人，甚至把他岳母、弟弟杀死的事情则一点也不知道。

在这次谈话中，张学良对"西安事变"问题很敏感。他说，过去不少新闻记者包括日本电台访问他，都绕来绕去地想从他口中探出外人想知道的东西，他是绝对不会说的，因为他不想做伤害任何人的事，也不想这段历史恩怨从他口中说出。至于外界毁誉，他一点也不在乎，也不计较。他同意当年《大公报》王芸生在"西安事变"后所说的一句话："明白的人不用辩，糊涂的人辩什么？"基于此，他觉得什么也不必说。因为，当时王芸生曾这样评价他发动的"西安事变"："换了任何人都会这样做。"

在问到张学良对蒋介石"安内攘外"的政策的看法时，张学良十分肯定地说，他仍然认为"安内攘外"政策不可取。他坚定地认为只有国共合作"攘外"才能"安内"，所以，他至今还认为"安内攘外"政策不当。

有人问："就是因为蒋老'总统'的'安内攘外'政策不能贯彻，导致中共坐大神州40年，不知张学良先生如何说？"

张学良回答："我不想涉及政治，但作为一个曾经与中共交过手、打过仗的人，我必须承认中共的军事力量不可忽视。当年我手下两个精锐师与中共红军对阵，他们人数虽不多，但最后还是把我的两个师吃掉，师长战死。面对这样顽强善战的军队，既然消灭不了他，最好与他合作。"他对中共的"两万五千里长征"颇为赞许。他说，他自己是带兵的人，深知带兵不易。中共能够在经过两万五千里的行军后，仍然保持军容实力，的确不能忽视，想消灭他们谈何容易！

哈德逊河畔谈历史

白发催年老，虚名误人深。

不怕死，不爱钱，丈夫决不受人怜。顶天立地男儿汉，磊落光明度余年。

——张学良

张学良离台赴美探亲游览，在纽约迎来了他的91岁生日。如何为张学良过生日？这是东北同乡和亲友关心的焦点。

1991年5月27日，唐德刚教授先邀了张学良与著名物理学家袁家骝、吴健雄夫妇聚餐，为张学良祝贺91岁寿辰。这天，张学良兴致甚高，席间谈了很多轶事。唐德刚教授说：这是袁世凯的孙子与张作霖的儿子见面，甚有哈德逊河畔谈历史的味道。

29日，是在美的东北同乡及张学良的亲朋好友为张学良庆祝91岁生日的日子。在这天的寿宴上，人们可以看出张学良在中国人中的影响，华人的各显赫家族都有代表出席，蒋介石的孙子蒋孝刚也参加了寿宴，另有共产党的官员也到场为张学良祝寿。

寿宴上，人人争先恐后地和张学良照相留念，向张学良祝寿的问候、握手使他应接不暇，他根本无法安静地进餐。和张学良一桌的亲友也无法清静地聚谈。年轻人全都挤到张学良的身旁，与张学良有些渊源的老人好不容易挤到张学良跟前，还来不及向他道贺致意，又被后边的人挤了出去。照相机的闪光灯照得张学良的眼睛阵阵刺痛。待包柏漪女士发表祝寿演讲时，张学良已是扶额揉眼，感到疲劳不堪了。赵一荻及其他亲友都为他捏了一把汗。

寿宴上，王永庆慷慨捐赠五万美元作为张学良九十一寿庆的贺礼。

5月30日，张学良偕夫人在曼哈顿万寿宫，6月1日在中国园餐馆举行两次寿辰。前者按西方习俗足岁做寿，称九十寿庆；后者按中国式老习俗虚岁为寿，故称九秩晋一之寿。前后四次过生日都按张学良的旨意，避开他真正的6月4日生日，因为他的父亲张作霖是1928年6月4日被日本杀害的。

近四百名中美人士参加由纽约"华美协进社"举办的祝寿。晚7时20分，张学良偕夫人乘车抵达曼哈顿万寿宫寿堂。他拒绝搀扶，步履稳健地推开旋转门步入堂内，早已挤满争睹张先生风采的宾客爆发出雷鸣般的掌声，照相机的闪光灯闪烁不断，人们泪水盈眶。

有人引颈高喊"副司令"、"校长"，场景热烈，感人心肺。张学良对宾客有问必答，甚为辛苦。

美国前驻中国大使洛德夫人包柏漪、《纽约时报》资深记者索尔兹伯里也参加了祝寿。包柏漪夫人在致辞时，赞扬张学良"无尽宽恕、忍怨含痛的美德举世罕见"。

万寿宫内近四百座位，座无虚席。张学良同桌的有包柏漪夫人，还有孔大小姐、宋二小姐；左右两桌分别是孔家、宋家、蒋家、阎家在美的后辈。在进餐中，宾客们争先恐后向张学良先生致意问候、摄影留念。张学良含笑应答，几乎无机会进餐。当张学良切割大型生日蛋糕时，全场人齐声唱生日快乐歌。然后，众人与张学良先生共同分享蛋糕。

6月1日，旅美侨界在中国园餐馆为张学良庆贺91岁华诞。在寿宴上，张学良的旧部阎宝航之女阎明光也在座。她是代表其家族特来美国纽约向张学良祝贺91岁寿辰的。

在寿宴上，虽然没有人再去问张学良是否自由的敏感问题，但对张学良来说，背着历史的包袱已经太久了。弱冠戎伍，他似乎没过过一天自己想过的日子。"白发催年老，虚名误人深"，这是张学良最喜欢引用的话，似乎说明了他只有抛弃虚名才能得到真正的自由。正如包柏漪女士在祝寿贺词中所说的，要实现张学良这些愿望几乎不可能。因为他住在一个闪耀着"荣誉"的城堡中，它限制了张学良的行动。

6月3日晚，在大约一百位亲友的陪伴下，张学良在纽约曼哈顿上城东区中国园餐馆欢度他的91岁生日。此次寿庆和头一天晚上华美协进社筹款餐会气氛完全不同，头天晚上共有350位来宾为张学良唱《生日快乐》歌，但气氛总是严肃的。张学良在餐会快结束时，已经是疲惫不堪。而今天的晚会是在轻松愉快的气氛中度过的。

参加这次晚餐会的都是张学良的亲友，并且有中兴国剧社的票友们一直在演唱京剧。这使张学良始终兴致高涨地欣赏着。他还在大家的鼓动下，亲自唱了《战太平》和《斩马谡》两出京剧的唱段。

张学良的一位朋友说："今天的庆祝生日形式，和当年在大陆时的庆祝完全一样。"有一位60岁的票友说："我很高兴听到少帅唱京剧，因为听了之后，觉得自己还会有三十多年的京剧可唱。"

在这天祝寿晚餐会上，琵琶高手汤良兴也来为张学良的九十一寿辰庆祝会助兴，弹奏了《阳春白雪》曲。张学良听了乐曲之后，十分感动，站起来和汤良兴握手道谢说："此曲只应天上有，人间哪得几回闻。"

有不少人向张学良赠送了祝寿镜框等礼物。张学良的原部下吕正操赠送的镜框上写着：

不怕死，不爱钱，

丈夫决不受人怜。

顶天立地男儿汉，

磊落光明度余年。

去年12月31日台北"中研院"院士张捷迁在探望张学良时，欲资助少帅，张学良当即赠送张捷迁这样的话。另外，宁恩承所贺的是："大仁、大勇、大智、大寿"，以此八个字向张学良祝寿。大书法家王天宇致赠张学良别具一格的"长年"两个大字。

这天祝寿晚餐会上，向张学良祝贺91岁生日的亲友中，有不少是艺术界及演艺界人士。童芷苓、王已千、童小苓、唐德刚等人及蒋纬国夫人丘如雪女士也在场向张学良贺91岁生日。

吕正操赴美拜会少帅

周恩来我熟悉，这个人很好，请替我问候邓女士。

我这个人清清楚楚地，很想回去，但现在时候不到，我一动就会牵涉到祖国大陆、台湾两方面。……我不愿意为我个人的事，弄得政治上很复杂。

我虽然九十多岁了，但是天假之年，还有用得着我的地方，我很愿意尽力。作为一个中国人，我愿意为中国出力。

——张学良

1984年6月，张学良五弟张学森之女张闾蘅从香港到北京洽谈商务，期间特意看望了吕正操。张闾蘅向吕正操介绍了大爷张学良在台湾的生活情况，并说："我大爷知道我经常来大陆经商，一次聊天时跟我讲，在大陆有两个部属他十分想念，一个是吕正操，一个是万毅，让我找机会代他去看望看望。"张闾蘅离京回港前夕，吕正操托她带给张学良一副健身球和几盒上好的新茶，以示对老师的慰问与思念。从此，张闾蘅频频往来于海峡两岸，为吕、张传递信息。他俩书信、口信、诗作唱和往来不断。

同年12月，吕正操观雪窦寺，触景生情，赋诗一首：

西安谈和安天下，
奂里课易求大同。
思君长恨蓬山远，

雪窦双楠盼汉公。

诗中的双楠，是指张学良在雪窦寺幽禁时，曾亲手栽下四棵楠树，如今只剩下这两棵了，长势茁壮，舒展青枝绿叶，恰似在迎接张将军归来。吕正操以此诗，寄托对张学良将军的思念。吕正操面对双楠树，对部下说："我有半个多世纪没见到他了。"

这些年，吕正操一直表示，只要张将军出来，不论到哪里，他都要与少帅一见，以表示对老师、长官的敬意。

1990年5月，张学良在台湾公开庆贺九十大寿前夕，吕正操又致电祝贺并和诗一首：

讲武修文一鸿儒，

千古功臣在抗胡。

盼君走出小天地，

欣看人间绘新图。

1991年3月10日，张学良偕夫人赴美探亲，为吕正操赴美重会张学良将军提供了良机。3月24日，第七届全国人大第四次会议举行新闻发布会，新闻发布人姚广代表中国共产党和政府正式宣布：张学良先生是中国现代史上一位杰出的人物，是中华民族的千古功臣，数十年来，我们对他始终是十分关切的。现在，他和他的夫人到了美国，从有关报道上得知他本人愿意回大陆看一看，我们当然非常欢迎。我们尊重他本人意愿。吕正操建议：先委托张闾蘅去美国面见张学良，摸清情况并听取他的意见。当获知张学良希望吕正操能去美国见面后，4月30日，中共中央决定委托铁道部部长吕正操代表党和人民赴美国看望张学良将军。与此同时，邓颖超受邓小平的委托，欣然命笔给张学良写了一封信，让吕正操带给张学良将军。

1991年5月23日，吕正操一行五人，飞向大洋彼岸，先到美国西海岸名城旧金山。

在这里，吕正操会见了张学良将军的夫人赵一荻女士。当时，张将军已去纽约，参加生日宴请。

5月26日下午，吕正操一行飞抵纽约。吕正操到纽约贝祖贻的太太家会见张学良将军。贝祖贻太太家就在电梯口，吕正操刚走出电梯，张将军已站在门口等候了。张将军一身西服，穿戴整齐。虽然长时间未谋面，但两人一见如故。吕正操快步上前，紧紧握住张将军的双手，半个世纪的离别思念之情尽在其中。他们进屋落座之后，吕正操送上从北京带来的生日贺礼，一整套张将军爱听的《中国京剧大全》录音带和大陆著名京剧演员李维康、耿其昌夫妇新录制的京剧带；当年新采制的碧螺春茶叶；还有一帧国内画家袁熙坤先生为张学良将军赶画的肖像和一幅由著名书法家启功先生亲笔手书的贺幛，书录着张将军的一首小诗：

> 不怕死，不爱钱，
> 丈夫绝不受人怜。
> 顶天立地男儿汉，
> 磊落光明度余年。

张学良视力较差，他掏出放大镜，认真仔细地鉴赏启功先生的墨宝。吕正操与张学良将军在轻松、愉快的气氛中进行谈话。张学良幽默地说："我可迷信了，信上帝。"吕正操说："我也迷信，信人民。"张将军笑着说："你叫地老鼠。"吕正操接话道：

张学良与吕正操

789

"地道战是人民创造的嘛，我个人能干什么，还不是人民的功劳。蒋介石、宋美龄都信上帝，800万军队被打垮了，最后跑到台湾。"张学良听到这插话道："得民者昌！"就这样，他俩谈话不知不觉到了中午。当吕正操欲告辞时，贝太太热情地挽留吕正操一行共进午餐。

5月30日下午，吕正操和张学良将军在曼哈顿一家新开业的瑞士银行总经理办公室里第二次会面。这次会面是两人单独谈话。吕正操首先向张将军郑重递交了邓颖超同志的信，并转达了中共中央领导人对他的问候。在信中，邓颖超写道：

汉卿先生如晤：

岁月不居，时节如流，数十年海天遥隔，想望之情历史弥深，恩来生前每念及先生辄叹怆然，今先生身体安泰，诸事顺遂，而有兴作万里之游，故人闻之，深以为慰。先生阔别家乡多年，亲朋故旧均翘首以盼，难尽其言，所幸近来两岸藩篱渐撤，往来日增，又值冬去春来，天气和暖，正宜作故国之游。今颖超受邓小平先生委托，愿以至诚，邀请先生伉俪，在方便之时回大陆，看看家乡故土，或扫墓，或省亲，或观光，或叙旧，或定居。兹特介绍本党专使口口口（注：吕正操）同志趋前拜候，面陈一切事宜。望先生以尊意示之，以便妥为安排。问候您的夫人赵女士。即颂春祺！

邓颖超

一九九一年五月二十日

张学良看信时，没有用放大镜，脸几乎贴到了信纸上，一字一句地认真看着。当看到信的末尾邓颖超的签名时，张学良说："周恩来我熟悉，这个人很好，请替我问候邓女士。"他说到这儿，沉思了片刻，又说，"我这个人清清楚楚地，很想回去，但现在时候不到，我一动就会牵涉到大陆、台湾两方面。……我不愿意为我个人的事，弄得政治上很复杂。"他向吕正操表示，要给邓颖超写回信。不久，张学良给邓颖超写了亲笔回信。他在信中说："寄居台湾，翘首云天，无日不有怀乡之感，一有机缘，定当踏上故土。"在谈话中，张学良将军还引用"鹤有还巢梦，云无出岫心"的诗句，以表达他既想回家乡看看，又不愿过分张扬的愿望。他们这次谈话长达三个小时之久，主要是关于大陆方面的情况。谈话结束时，他们驱车前往饭店，参加张闾蘅的妹妹张闾芳为张将军举行的祝寿宴会。于是，吕正操借暖寿之机，代表大陆同胞祝张将军健康长寿，早日返回家乡。张学良面对祝福痛快地举起酒杯，一饮而尽。

6月1日，是纽约各界为张学良将军公开祝寿的日子。吕正操身为中共高级官员，为了避免外界猜测干扰，决定不出席张将军的公开祝寿宴会。然而，张学良却把吕正操送的贺幛特别悬挂在宴会大厅显眼的地方，正式向外界透露了吕正操赴美为他祝寿的消息。在这次宴会上，张学良悄悄地委托阎明光转告吕正操：希望再见面详谈一次。

6月4日，吕正操又邀请张学良会面。这日下午，张学良来吕正操一行下榻的中国常驻联合国代表团团长李道豫大使的别墅做客。张学良是在阎明光、张闾蘅的陪伴下来到别墅的，给吕正操带来一包台湾的凤梨酥。这次会面，谈话涉及范围很广，从过去、现在到将来，从政治、经济到人物，还谈了海峡两岸将近半个世纪的风云变幻。张学良将军在谈及共同关心的问题时，朗朗出口，独有见解。张将军尤为关心祖国统一问题，他说："我过去是做这件事的，我愿保存我这个身份到那时会用上的。我虽然九十多岁了，但是天假之年，还有用得着我的地方，我很愿意尽力。作为一个中国人，我愿意为中国出力。"

吕正操将军回大陆时，张学良当着陪同吕将军的阎明光（阎宝航之女）女士的面，给邓颖超写了回信，张问阎，应该怎么称呼她？阎说，在我们大陆，通常都称她为"邓大姐"，张便借用这一称呼，但实际上，张比邓还大三岁。阎明光看着这位已90周岁的高龄老人写信，他写得很快，随写随改；其思维之敏捷精确，遣词用字之简练古雅，都给阎明光女士留下了深刻的印象。张学良在信里写道：

周夫人颖超大姐惠鉴：

口口口（注：吕正操）来美交下尊札，无限欣快，又转述中枢诸公对良之深厚关怀，实深感戴。良寄居台湾，遐首云天，无日不有怀乡之感。一有机缘，定当踏上故土。

敬请代向（中枢诸公）致敬。另转请转陈愚见。肃此敬颂　夏安

张口口（学良）　顿首　再拜

六月二日

"最喜欢的女人在美国"

唯大英雄能本色，是真名士自风流。

我最喜欢的女友在纽约。

李登辉准许我到美国探亲访友，我怎么能借机跑到大陆去呢？我是个讲义气的人，我不愿为难人。

——张学良

在张学良将军的一生中，除了于凤至、赵四小姐先后为其夫人外，在他征战各地的过程中，曾为许多漂亮的女郎所追逐所包围。张学良对自己的浪漫史，一直"供认不讳"，真是可谓"唯大英雄能本色，是真名士自风流"。

张学良晚年不止一次地说："我最喜欢的女友在纽约。"事实上，当他获得真正的自由，当他首次离开台湾赴美探亲的三个多月里，就有三个月的时间居住在纽约最喜欢的女友家里……

1990年，张学良度过九十华诞后，成为举世公认的自由人。在美国居住的祖炳民、傅虹霖博士夫妇飞到台湾，到张学良住所访问。

在谈话中，张学良向他们夫妇透露了要到美国探亲访友的想法。他说到美

国去，有两个问题：一个是回不回家（大陆）；一个是看不看女朋友。

张学良风趣地说："最喜欢的女人在美国。"

傅虹霖有些惊讶地问："在您的女朋友中，您最喜欢的不是赵四小姐吗？"

张学良听了，爽快地回答："不是，不是！她是对我最好的，但不是我最爱的，我最爱的在纽约。"他说到这儿，问祖炳民，"你说，到美国，我应当见不见？"

祖博士说："您的女儿张间瑛夫妇和儿子张间琳夫妇我都认识，他们都很有学识，您应该到那里去住。您与纽约的女朋友可以说是青梅竹马，现在大家都已白发苍苍了，见见面也未尝不可。"

1991年春节之后，张学良在接见原东北军旧部下、纽约国会图书馆中文部主任王冀教授时，张学良就说："王冀，我想出远门。"

"张老伯，您是想到香港看看吗？"

"不！去香港不算出远门。"

"那，您到什么地方去？"

"我去美国。"

"您到美国做什么？"

"看女朋友！"张学良毫不掩饰地回答。

王冀教授见张学良一本正经地说，便忍不住地笑着问："您都是91岁的人了，还要到美国去看女朋友？"

"我就是要去美国，看女朋友嘛！"张学良批评王冀说，"这有什么大惊小怪的？我在大陆还有女朋友呢！"

不久，张学良获准离台赴美。

3月10日，张学良携夫人赵一荻到旧金山后，探亲的顺序是先张后赵。张学良夫妇首先在旧金山女儿张间瑛、女婿陶鹏飞家做短暂团聚，然后到洛杉矶与儿子间琳夫妇及儿孙团聚，共享天伦之乐。

张学良这次到美国，事前做好准备：不参加公开活动，不接受媒体采访。3月下旬，张学良到于凤至墓地告慰前妻亡魂后，携赵一荻悄悄地飞往纽约。据悉，他们是应一个人称贝夫人的邀请前往的。然而不知什么原因，赵一荻很快只身返回洛杉矶的儿子家里。张学良在美国探亲访友的105天里，在贝夫人家里一住就是三个月，直到6月26日和夫人回台湾。

张学良与贝夫人到底是什么关系？外界不得而知，但有一点却是令人关注的，那就是张学良一改沉默、隐踪之态，不仅公开参加社会活动，还接受媒体采访和讲演。张学良的这一改变，就是贝夫人所为。

贝夫人，即贝祖贻的最后一任夫人。贝祖贻，字淞荪，在中华民国时期曾任中央银行行长。其祖辈是苏州望族，他亦是有世界建筑华裔"皇帝"美誉的贝聿铭之父。

贝夫人的姓名是蒋士云，祖籍是江苏吴县，1910年出生于小桥流水的古城苏州。她的父亲蒋履福（范五）是民国的外交家。蒋士云从小随父到北京，在北京长到14岁时，回苏州老家，而后又回到北京读大学，毕业于北京大学。她在家排行第四，故有蒋四小姐之称，平时说话带北方口音，在30年代是江南名媛。其父亲曾任中国驻比利时公使馆随员，后任驻意大利代办。

张学良在谈到与蒋士云最初相识时说："她还是一个梳着两条辫子的小姑娘，只有十四五岁！"当时，张学良正主政北平与少女蒋士云邂逅于顾宅堂。

1924年冬，正值第二次直奉大战结束不久的一天晚上，24岁的陆军中将张学良以津榆驻军司令身份出席了好友顾维钧在老宅举办的家庭聚会，为其母祝寿。前来为顾母助兴的京华名伶有梅兰芳、尚小云、程砚秋、马连良等。最让张学良感到意外的是，同台演出的票友中，竟有一位梳小辫的小姑娘把《贵妃醉酒》唱得极好，博得满堂喝彩。张学良一问方知，是名媛蒋四小姐。在酒宴上，张学良询问蒋士云家世，其父蒋履福代答。从此他们成了好朋友，相识相知，过从密切。

1927年3月，张学良与北伐军对阵中原大地。一天，他突然收到一封寄自海外的来信，打开信，见一清纯少女照片，竟是蒋士云！

1928年，张学良到南京开会，会间得知蒋士云在上海，于是，张学良在会后到上海与蒋士云见面。此后，蒋士云随父游宦欧洲数载。

1930年，蒋士云从欧洲回国，媒体报道她到北平"重游"。当时，张学良也在北平。张学良与蒋士云是否相见，至今未见文字报道。同年9月，媒体报道她在罗马游历。

1931年，蒋士云父亲任中国驻意大利代办，她随父到意大利。翌年，蒋士云在欧洲漫游时，与贝祖贻相识。此时，贝祖贻之妻已去世。他俩从相识到

蒋士云从小随父到北京，在北京长到14岁时，回苏州老家，而后又回到北京读大学，毕业于北京大学。她在家排行第四，故有蒋四小姐之称，平时说话带北方口音，在20世纪30年代是江南名媛。

相爱。最后，蒋士云决定嫁给贝祖贻，做他续弦夫人，成为贝氏六个子女的继母，名曰贝蒋士云。其中，贝氏长子就是贝聿铭。贝祖贻是中国外汇制度的创始人，是宋子文的得力干将，1982年病逝于纽约。蒋士云与贝氏生育一女，现在纽约供职。

贝蒋士云曾在美国、法国读过大学，因此她能操流利的英语、法语。她与张学良虽聚少离多，但彼此总是念念不忘。张学良在与蒋士云见面或通信时，总是亲昵地称她为"士云贤妹"。

1936年12月12日，张学良与杨虎城发动举世震惊的"西安事变"。当时，贝蒋士云正在上海。她在事变期间，夜不能寐，为张学良的人身安全担心。"西安事变"后，她得知张学良被蒋介石软禁在奉化溪口，就凭借关系，在军统特务头目戴笠的安排下，前往雪窦山探望张学良。

对此，贝蒋士云说："我跟戴雨农（戴笠）很熟，一切都是他安排的，包括去看张学良乘坐的飞机、轿车等。由于有戴雨农的关照，我和张学良见面很顺利。"她还说："张学良被软禁期间，曾有一段时间什么都没得吃，每天只吃水果。我觉得他心情并不快活。但张学良不在乎，毫无怨言。我很佩服他！"

贝蒋士云在奉化溪口雪窦山告别张学良后，于当天飞回上海。此后，蒋介石对张学良看管日益严格，将张学良辗转囚禁各地，蒋士云与张学良在大陆囚禁期间再没见过面。

1946年11月2日，张学良被蒋介石军统特务押往台湾，继续幽禁。1961年9月，张学良在被解除"管束"后，自己出资，由蒋经国支持帮助，搬进在台北北投新建的寓所，过着由"警务处"人员"保护其安全"的生活。

贝蒋士云在谈到与张学良再见面时说："我再见张学良就是在台湾了。当时他住在北投。我到台湾，我与张学良见面时是在饭馆。由于蒋经国对张学良不错，所以这次见面没通过有关部门，但我看出来了，张学良并不是完全自由的，有人跟着他。我们在饭馆吃完了饭，然后乘车到他家去。一路上，张学良乘坐的车后，紧跟着一辆车，在'保护安全'。"

从此，贝蒋士云多次从美国飞到台湾，专程看望张学良。她与张学良经常通信，互相告慰。有时，张学良和贝夫人彼此互赠礼物表示心意。

1998年5月，中国著名作家王朝柱到美国，访问贝蒋士云。贝蒋士云的寓所，坐落在纽约曼哈顿花园街上的一幢豪华的楼宇内。她的家里挂着或摆放着许多名贵的古董、字画。她是一位年过八十，雍容华贵，风韵仍存的女性。她在纽约居住了半个多世纪，对美国社会有很深的了解。

王朝柱问道："贝夫人，在张将军被软禁在台湾的时候，你们之间有联系吗？"

贝夫人回答："有，他经常有信来，我也常去台湾看他。"

"可以看一下吗？"

"可以。不过不在这里，我都放在乡下别墅了。"贝夫人有些遗憾地说，"等下次再来，我带你们去乡下别墅，那里存放着很多张将军送给我的东西呢！"

在张学良居住她家期间，贝夫人极力劝说张学良接触各界友人，出去看看，体验美国人的生活，在她的通联下，安排了张学良的日程。

4月7日，在贝夫人的安排下，张学良首次在纽约公开露面。这天早8时，张学良来到中华海外宣道会的播恩堂做礼拜。翌日，张学良在贝夫人寓所内，接见了美中文化交流基金会董事及哥伦比亚的研究生。

5月初，张学良在贝夫人家中，接受了纽约《世界时报》记者的采访，回忆了当年东北军的两三件事。11月，张学良又接受了"美国之音"的"新闻广角镜"节目主持人的访问。

5月26日，吕正操一行飞到纽约后，与贝夫人联系拜见张学良。贝夫人与张学良说明情况后，张学良委托她代其迎接。于是，贝夫人在自家的电梯门前，迎接吕正操进寓所。在张学良与吕正操见面后，贝夫人不愿打扰他们的谈话，便到它处干自己的事情。

5月27日，曾被张学良赏识的历史学家唐德刚，以聚餐之名义，向张学良表达了祝寿的意愿。翌日，张学良在曼哈顿中城会见了来自中国大陆的东北同乡。

5月29日，美国东北同乡及张学良的亲朋好友设宴，为张学良庆祝91岁生日。31日晚，张学良应邀参加了"庆祝生日"宴会。美国传媒对此报道说："纽约华美协进会设暖寿宴会，为张学良九十一大寿祝贺。当张学良在贝祖贻夫人的陪同下，步入位于纽约曼哈顿中城的万寿宫餐厅时，人们掌声雷动。"

6月1日，旅美侨界在中国园餐馆为张学良庆贺生日。3日，张学良又应邀参加了在曼哈顿中国城餐馆举行的晚宴。这些活动都是在贝夫人的通联下实现的。日后，美国一些媒体刊出了张学良在91岁华诞上的照片："一位雍容华贵、风韵绰约的女性坐在张学良身旁，她就是贝祖贻夫人。"

张学良在贝夫人家中，晚上没有应酬时，贝夫人便请好友陪张打麻将。有时，张学良要听京剧唱片，贝夫人就将临窗的一叠唱片拿到张的面前，任其挑选播放。张学良在贝夫人的陪伴下，日子过得很惬意。

张学良是虔诚的基督徒，贝夫人因此也改信了基督教，每到周日，她就陪伴他到教堂做礼拜。贝夫人为了让张学良开心，还联系了自己的好友，即纽约大都会艺术博物馆中国资深顾问方闻，特意邀请张学良参观大都会博物馆，并特意为张学良展示不对外公开的馆藏精品。张学良参观后，高兴地合不拢嘴，连连称赞，令他大开眼界。

张学良在贝夫人寓所居住期间，他的夫人赵一荻曾几次打电话到贝夫人家里，催促张学良回洛杉矶儿子家，但是张学良因兴致正浓而一再推迟归期。此间，赵一荻三次到贝夫人家拜访，带礼物赠送给贝夫人。每一次赵一荻来，贝夫人都热情地请赵一荻吃饭。赵一荻还把她写的做礼拜心得的书送给贝夫人留念。

张学良在贝夫人家居住期间，北京有关方面派人看望少帅并表示：大陆方面准备了一架专机，只要少帅愿意返大陆看看，专机随时飞至纽约接他返乡，实现他的夙愿。

贝夫人认为，这是张学良返乡的千载难寻的良机，力劝张学良千万不要失去这大好机会。对此，张学良总是以"夫人的身体不好"为借口。

贝夫人听了干脆直言："我陪你回去！"

张学良对贝夫人解释说："李登辉准许我到美国探亲访友，我怎么能借机跑到大陆去呢？我是个讲义气的人，我不愿为难人。"

贝夫人说："你做事一向果断、爽快，回大陆这事想那么多干什么？横下心，利用这个机会回大陆看看。"

张学良犹豫地说："我想回去跟李登辉商量商量。"

"你不用和他商量，"贝夫人说，"李登辉这个假圣人，他是不会同意你去大陆的！"

6月25日，赵一荻及其儿子飞到贝夫人家，接走张学良，于当天飞回洛杉矶。当天晚上，张闾瑛夫妇、张闾琳夫妇为父母翌日返回台湾设宴饯行。回台湾后，张学良找李登辉谈返乡之事。李登辉却让张学良打消去大陆的想法。对此，张学良无话可说。

有记者问：张学良是什么原因没回大陆？

贝夫人说："他老早就对我说赵一荻身体不好，这句话起码说了二十多年。我觉得他应该回大陆的嘛，不该有什么顾虑。在我家住时，我劝他回大陆，他要同李登辉商量，结果人家不同意，他想回也回不去了。他上李登辉的当了！"

在记者问贝夫人是因何邀请张学良到其寓所居住时，她说："我认识张学良的原配夫人于凤至，也了解赵四小姐。于凤至气量大，赵四气量小，但陪少帅幽禁几十年，她实在不易。赵四一向不喜欢少帅和外界接触，不要他和朋友往来，为图个清

张学良和蒋士云在华盛顿的合影

静。我邀请他来住就是让他见见老朋友，让他看看美国社会，体验美国生活。像少帅这种人，怎么可以不见朋友呢？"

贝夫人举例说："蒋夫人（美龄）现在102岁了，照样可以出来。有人给她安排，她就可以出来看看，当然年纪大了，这不是容易的事。"她说到这儿，有些遗憾地说，"张学良在我家住时，蒋夫人美龄此间在台北，所以他俩未能见面。"

贝夫人说："总之，张将军在我这儿住得很充实，也很愉快。"她在谈到张

学良的为人时，很动情地说："我认为张将军是那种可以终身引为朋友的人。"

"华美协进社"为张摆暖寿宴

我自问良心，觉得自己的确想为国家做一些事，但自己检讨，又没做什么好事，我内心里是真的很想为国家做一些事，但是却没有办法做。

——张学良

1991年5月底，纽约"华美协进社"在曼哈顿中城的万寿宫，为张学良举办祝贺暖寿盛宴。万寿宫是一个具有现代都市氛围和浓浓民族特色的中餐厅。当天晚6时，各界宾客陆续来到会场。

晚上7时20分，在贝祖贻夫人陪同下，91岁寿星张学良坚持不要人搀扶，健步到达宴会现场。立时，全场掌声雷动，来自全美各地的四百余来宾，纷纷争睹张学良将军的风采。与会者有张将军当年的东北同乡、部属、学生；有蒋、宋、孔家族人士；有故友和纽约的各界名流及少数大陆人士。大家见到张将军时，群情激动，热泪盈眶。有人甚至高喊"少帅"、"副司令"、"校长"……张学良对大家始终面带微笑，一一颔首答谢，场面令人动容。来自各地的记者们，频频按动快门，摄录下张学良的神采。

宴会由纽约"华美协进社"社长王碚主持。张学良在掌声中来到主桌就座。由于张夫人赵一荻在洛杉矶未能出席，对此与会者不免有些许遗憾。

张学良座位的左边是贝祖贻夫人，其右边就座的是前美国驻华大使洛德的夫人包柏漪女士。这两位夫人与张学良交谈甚多，特别是包夫人更显欢跃。同桌的还有孔家的大小姐、宋家的二小姐等人。

宴席上，包柏漪女士首先用英语向张学良将军致辞并演说。她说："张将军曾私下向我表示很希望只做一个普通的平凡的人，能够去想要去的地方，做想要做的事。"她赞颂张将军为人"无尽宽容、忍怨含痛的美德举世罕见，是一个历史性的人物"。

接着，张学良在答谢致辞表示：难挡大家的厚爱，谦称自己是个"鲁莽而胆大妄为的人"，他说："我自问良心，觉得自己的确想为国家做一些事，但自己检讨，又没做什么好事"，"我内心里是真的很想为国家做一些事，但是却没有办法做。"他致辞后，记者们乘机上前提问，张学良显示出惊人的记忆力，但又巧妙地回避了敏感的政治问题。

在宴会中，张学良的旧部田雨时先生，献上特意撰写的《大寿颂》，向张将军庆贺诞辰。与会宾客不断趋前，向张将军致意问安，和其摄影留念。对此，91岁的张学良总是含笑接应，几乎没有进食的时间。

宴席中，安排了歌唱家高歌"可爱的中华"及古筝、提琴演奏等节目。

纽约华埠的超群饼店，为这次宴会捐赠了一个可供几百人享用的巨型生日蛋糕，上面写有"寿比南山"四个大字。与会宾客齐声高唱"祝你生日快乐"，在歌声中，张学良高兴地起立吹灭蜡烛，用刀切了蛋糕，与与会宾客共享……

此次庆贺张学良91岁华诞，前后进行了四小时，宴会厅里始终洋溢着喜庆气氛。晚上10时20分，张学良在全场宾客热烈的掌声中离开宴会厅。

"不要怕和共产党谈"

> 我91岁了，从19岁开始就玩谈谈和和的政治游戏，没有诚意，能谈出什么呢？不要怕和共产党谈。
>
> ——张学良

张学良在纽约度过91岁生日之后，乘飞机飞回旧金山。

1991年6月25日晚，张闾瑛、陶鹏飞夫妇为父母第二天返台饯行。26日，旧金山时间晚8时，张学良偕夫人赵一荻乘"华航"班机返抵台北。张学良在离开旧金山时，对记者谈及在美探亲访友、旅游观光三个多月的感想时说："很好，该看的人都看到了。"

夫人赵一获也连声说："很好，很好。"但在到达台北机场时，张学良对包围他的记者提出的问题解答说："随便玩玩，没有什么感想。"

赵一获补充说："在美国看到了儿子、孙子，很好。"

当有记者问张学良未来有无可能回大陆时，张学良表示现在"还不知道，不敢说，还不能说"。

张学良携夫人赵一获返回台北寓所后，第一个社会活动是出席中华彩色印刷公司成立30周年的庆祝酒会。

中华彩色印刷公司的董事长是何世礼将军，他是东北军旧人在台湾和张学良将军保持经常往来的人，所以张学良出席该公司的庆祝酒会，祝贺何世礼事业发达。

同年9月1 8日，是九一八事变60周年纪念日。在此之际，张学良在台北接受媒体采访谈话时指出：海峡两岸之间可以开诚布公地谈谈，两岸间总要跨出谈判的第一步。

张学良在谈到上述主张时，回忆了由九一八事变到"西安事变"以及他所走过的漫长历程后强调，不仅两岸谈判需要诚意，即使国际外交谈判也是如此。他最后说："我91岁了，从19岁开始就玩谈谈和和的政治游戏，没有诚意，能谈出什么呢？"他表示赞成国民党和共产党坐下来谈。他以国民党前辈身份的口吻对台湾当权者说："不要怕和共产党谈。"

为《高崇民传》题写书名

高崇民传

忆高崇民

——张学良

1991年10月12日，张学良在台湾专门为《高崇民传》和《忆高崇民》题写了书名。

高崇民，字健国。辽宁省开原县人，生于1891年。早期同盟会员，青年时留学日本。他是我国早年参加孙中山先生领导的同盟会者之一。归国后在沈阳从事进步思想的宣传工作，组织奉天工商联合会并担任会长。东三省易帜前后，高崇民与张学良结识并深得信任，遂就任张学良的秘书。

九一八事变后，高崇民当面问张学良为何不抵抗日军？并毅然辞职抗日。

张学良为《高崇民传》题写书名

对高崇民此举，张学良很敬重他，仍发他薪金养家用。

高崇民投身抗日救亡运动，先后参与组织"东北民众抗日救国会"和"复东会"，策应东北抗日义勇军，坚决反对蒋介石"攘外必先安内"的政策。他积极参与了震惊中外的"西安事变"。他在共产党的领导下，担任东北救亡总会的领导工作。

1936年"西安事变"时，高崇民坚决支持张学良与中共联合，并起草《八项主张》通电。

1941年在重庆加入中国民主政团同盟，并秘密组织"东北民主政治协会"，积极参加反蒋抗日的民主运动。抗战胜利后，进入东北解放区，1946年经张学良弟弟张学思介绍，加入中国共产党，曾任安东省主席、东北行政委员会副主席兼司法部长。新中国成立后，高崇民就任全国政协副主席。

高崇民生前对张学良遭受蒋介石羁押幽禁深恶痛绝，多次挥毫写诗文赋，寄托对张学良的思念之情。

1991年10月14日，是高崇民百年诞辰纪念日。为了纪念这个伟大的爱国主义者、著名的社会活动家，高存信撰写出版了《高崇民传》和《忆高崇民》两本书。

这年春天，张学良到美国探亲旅游期间，高存信曾两次托人捎信给张学良，请他为《忆高崇民》、《高崇民传》两本书题写书名，因没有和张学良联系上而未能如愿。

同年9月，高存信到沈阳参加纪念九一八60周年国际学术讨论会，碰上了老朋友吴天威。吴天威是美国南伊里诺州大学历史学教授，跟张学良很熟。去年在台湾为张学良祝贺九十诞辰时，吴天威曾专程由美国去台湾参加祝寿活动。高存信向吴天威表明，欲请张学良为《高崇民传》、《忆高崇民》两书题写书名。吴天威欣然应允。高存信当即把写给张学良的信交给吴天威。

1991年9月25日，吴天威离开中国回到美国，找到适当的机会向张学良说明了情况，转交了《高崇民诗文选集》。

张学良于10月20日挥笔题写了《高崇民传》和《忆高崇民》两本书名，然后用航空信直寄给大陆著书者高存信。

仅仅才一周的时间，即10月26日，高存信就收到了题字。题字表达了张学良对老朋友、老部下的深情厚谊，表达了张学良对故乡的怀念之情。

为内江张大千纪念馆题字

内江张大千纪念馆

——张学良

1991年，台北北投复兴路三段33号，坐落着一座静谧的小院，小院里耸立着一座小楼房，另外还有着若干平房，十分安静。小院的主人就是张学良。

这时，赵一荻夫人将一封从海峡对岸大陆四川省内江市的来信，打开来放在书台上。原来，是内江张大千纪念馆筹备方寄来的信，请张学良为纪念馆题字。

赵一荻夫人在边上轻声说："汉卿，别想了，写吧，尽个心意……"

张学良听了，举着毛笔，手抖抖着，这支小小的毛笔，真好像有千斤重似的。他将笔移近纸上，准备书写。可将笔刚放下去，他又提了起来，似乎是不放心似的，又把笔毛给顺了顺。

张学良"哎"了一声，深深地长叹了一口大气，尽力按捺住内心的激动，这才俯身在写字台上，一笔一画、恭恭敬敬、工工整整，并且是满含感情地，在雪白的宣纸上面，从右到左，竖着写下了两行大字：

内江张大千纪念馆

　　　　　　　　　九一老人　张学良　书

就这几个大字，好像是用尽了老人的全部精力似的。书写完毕，张学良疲惫地放下毛笔，倒在了座椅靠背上。他的眼光，从面前的这幅题字上面，又慢慢掠到了窗外，看着外面湛蓝的天空和朵朵飘浮的白云，他的思绪如天马行空，似乎又在追忆那遥远的又是很近的过去……

在张学良的眼前，顿时又浮现出了一个"美髯公"的音容笑貌和飞扬神采，他那一口爽朗的笑声与熟悉的四川乡音，又好像回荡在了他的耳边……

这时，有几滴晶莹的泪珠，从老人的脸上缓慢落下。与此同时，张学良的嘴唇还在不住地颤动着，似在作着无声的翕动，又仿佛是在一遍又一遍地默默叨念着和呼唤着：

"哦，大千，大千，大千……我的好朋友，好兄长啊……"

农村姑娘与少帅的通信

静华妹妹：来信已收到，你很关心我们，我们很感谢。谈及往事，云水万千。我曾是一名军人，能对自己所做的事情负责。欣闻故乡好，甚慰。愿幸福降临你们，愿上帝保佑你们！

——张学良

1991年10月中旬，江苏省江阴市传出一条令人难以置信的消息：南闸镇灯塔村的一位农村姑娘张静华收到了张学良从台湾寄给她的信。

这件事是这样的：六年前，小学四年级的张静华面对语文老师出的作文题《给你敬爱的×××一封信》思考着。她的眼前展现出民族英雄张学良的形象，十分佩服将军爷爷的民族气节。于是，她写了一封给张学良爷爷的信。但这封信她一直未能寄出，始终夹在书本里。

1990年6月的一天晚上，已经在乡办工厂工作的张静华在翻阅《解放日报》时，忽然看到邓颖超祝贺张学良九十诞辰的消息。她仔细阅读，找到了张学良在台湾的住址。她欣喜若狂，当夜伏案又给张学良爷爷写下了第二封信：

将军爷爷：

您好，衷心祝愿您九十华诞快乐、健康、如意！当我从报上得知您现在的消息后，我不知有多么激动！您一直是我最敬佩的人，从小到现在，哪怕到将来。当我刚刚懂事的时候，我的爸爸便给我讲您的故事，说您是一个真正的东北汉子。我曾为您写过一封没有发出的信。今天知道了您的地址，寄上这封信，我太高兴了。最近几天，报上刊登了您的故居的消息。爷爷，您什么时候能回来看一看？我想，大概不会很远了吧！

另外，我有一个小小的愿望，希望得到您一张近照，好吗？

永远是您的孙女张静华　拜上

张静华写好信后，觉得还有什么事没办，最后想到要给张爷爷寄上自己的照片。为此，她特意乘车到无锡，在惠山脚下的二泉水边拍了一张照片。而后，她又以自己村庄的排排楼房为背景照了一张照片。

为了挂号寄出这封信，她骑自行车赶了二十多里路，到城里邮局，邮走了信，完成了自己的心愿。

自此，她的心飞到了台湾，日日盼望张学良爷爷回信。一个多月后，张静华终于收到了张学良爷爷的来信。她对爷爷对自己的厚爱喜悦极了，激动万分地展开张爷爷亲笔写的信急切地读起来：

静华小妹妹：

你的相片和信全收到了。你很关怀我们，感谢你。随信附上近照一张，以慰情怀。愿上帝祝福你！

张学良赵一荻同启

张静华对张爷爷的来信不知阅读了多少遍。她久久地望着张学良九十华诞时与赵一荻夫人的合影照片，心潮起伏，激动万分。

她又拿起笔给张爷爷写了第三封信，倾诉对他们的思念之情，又提出许多她弄不清的问题。这封信，她是平信寄出的，没有挂号。她邮完信就后悔了，不该这样寄信出去，于是就写了第四封信：

将军爷爷：您好！

上封信不知您收到没有？我很后悔寄的时候没有挂号。我为自己屡次麻烦您而感到不安，但由于很敬佩您，加上女子的好奇心不断增长，我终忍不住要向您求教。

现在家乡有关您的报道越来越多，您当年停留过的不少地方都已辟为名胜供人参观游览。我们大家都想念您啊！美不美，家乡水；亲不亲，故乡人。我们盼望您回祖国大陆来看看。

爷爷，我写了一首诗送给您，不知您喜欢不喜欢，请指教：

为国自强行兵谏，壮志虽酬陷囹圄。

辗转已过五十年，何时虎将身自由。

可恨海峡成篱藩，望眼欲穿盼团圆。

如今祖国日强盛，更盼少帅回归来。

您的孙女儿　张静华

此信写好后，张静华冒着寒风，骑车到城里用挂号信寄出去。不到一个月的时间，她就接到了张学良爷爷的回信：

静华妹妹：

来信已收到，你很关心我们，我们很感谢。谈及往事，云水万千。我曾是一名军人，能对自己所做的事情负责。

欣闻故乡好，甚慰。愿幸福降临你们，愿上帝保佑你们！

张学良　赵一荻

张静华含着激动的泪水看完了张爷爷的回信，深深地感到爷爷在台湾向她和全家人表示的一片真挚爱心。她深深地祝愿张学良爷爷和赵一荻奶奶健康长寿！

一位日本友人的访问

老朽年岁衰迈，目蒙手软，对于一般信件素不作复，感先生素昧平生，远邦厚谊，破例勉为动笔，字迹草率，文句粗陋，先生当可见及矣。

——张学良

池宫城晃是日本《每日新闻》的摄影记者。他现在已经改行，在中国大连市经济技术开发区与中方合资开办了一家彩色印刷厂，名曰大连池宫印刷。

1988年池宫城晃将在中国东北三省拍摄的一千多幅风土人情的照片装订成摄影画册。他怀着对张学良十分崇敬的心情，将这本画册寄给了张将军。翌年5月31日，张学良给池宫城晃写信道：

池宫先生：

　　华函奉悉。老朽林下幽居客，敬请原宥。老朽年岁衰迈，目蒙手软，对于一般信件素不作复，感先生素昧平生，远邦厚谊，破例勉为动笔，字迹草率，文句粗陋，先生当可见及矣。愿上帝祝福！

张学良拜复

池宫城晃收到了张学良寄自台北的回信，从此二人开始了交往。

池宫城晃从1990年4月至1995年3月，曾三次在台北及美国夏威夷张学良将军寓所，拜访了这位千古功臣，还拍下了"今日张学良"的珍贵照片。

有一次，池宫城晃在张宅将拍摄的照片一张一张地给张学良看，其中有一张照片是拍的张作霖墓地。张学良对这张照片反复看了好长时间。池宫城晃问张将军："是否想回老家看看？"

张学良点头称："有机会我是想回去看看。"

张学良向池宫城晃谈起父亲张作霖时说："父亲活着时很喜欢我，在我很小的时候，他就教给我许多国际知识。在我当兵的第一天，父亲把我叫到跟前，叮嘱我：现在你是位军人了，从今天起，脑袋就拴在腰带上了。"

1991年9月，池宫城晃先生到了沈阳，会见了张学良旧部刘鸣九先生。在交谈中，池宫城晃先生提到不日将赴台湾拜会张学良将军。

刘鸣九向池宫城晃先生说：请代我向张学良将军问候。并委托其将辽宁大学出版社的一本《张学良将军诗词注释》转呈张将军。

池宫城晃于10月飞赴台湾，在当月15日下午，到台北市北投区张将军住宅拜会了年逾九十的张学良。张学良前段时间身体欠佳刚刚痊愈。

在近一个小时的交谈中，池宫城晃先生将刘鸣九送呈的《张学良将军诗词注释》交给张学良，并拿出带来的锦州张作霖墓地的照片，递给张学良。张学良看后十分高兴。池宫城晃请张学良将他的诗作亲笔抄录一遍，以备出版其诗作手迹用。张学良对宫池城晃先生的请求欣然接受，同意挥墨抄录全诗。由于他的眼睛不太好，全部抄录完毕需要一段时间，便与池宫城晃先生约定：待他抄录完毕后，再来取。

池宫城晃有一个想法：为张学良出版诗作专辑，设想沿着张学良曾幽禁的路线，配发照片。当见到张学良后，这愿望愈烈，便将这想法和盘端出，张学良当即爽快地答应了，但早年作品多有散失，乃提供线索，请池宫找沈阳一家张氏研究会，到那里查找早年自己的作品。临分手时，张学良当即应邀为拟定的专辑《张学良写真集》题写了书名。

池宫城晃向张学良辞别后，按张学良提供的线索，飞往沈阳。在友人的协助下，池宫城晃很快就找到了张学良当年的机要秘书刘鸣九。刘老告诉他，张学良所说的张氏研究会，全称是"张学良暨东北军史研究会"，自己就兼任该会顾问。在刘鸣九的鼎力帮助下，池宫城晃如愿地投入了编辑出版张学良诗作专辑的工作。

这次，池宫城晃与夫人富永孝子一起拜访张学良。张学良闻知富永孝子不仅是日本的作家，而且还参与了《张学良写真集》的编辑工作，倍感亲切，于是双方的距离更近了。张学良与池宫城晃夫妇倾心而谈，谈父亲张作霖，说自己少年时的趣事、喜好等。

张学良还坦率地讲起自己年轻时的一些往事。父亲在世时，墨索里尼的女儿曾到北平来，父亲就让张学良陪同她参观北平，那时"二战"尚未爆发。谁知这位墨索里尼的女儿竟如痴如醉地爱上了张学良，临别时说什么也不离开北平，他好不容易才将她劝走。

张学良还向池宫城晃讲了一段珍闻。日本侵略中国之前，张将军与日本军界要人本庄繁私交很好，九一八事变后，本庄繁欲将张将军的私人财产全部奉还给张。张学良当时严厉拒绝，并转告本庄繁：张学良主张抗日不是为了个人的私利，是从民族的利益考虑。后来本庄繁还是派人用火车将张的家财送到北平，张学良将军当即让那辆火车将家财运走了，直到后来始终拒收这些家财。

池宫城晃说他有一个心愿：力邀张学良回到故乡沈阳，作为一位日本人，同他一道站在张作霖的墓前告诉他父

张学良题写书名《张学良写真》

亲：那场给中国人民、日本人民带来过巨大灾难的战争再也不会重演了。

池宫城晃请张学良为其诗作手迹一书题写封面。张学良欣然命笔，当场挥毫书写了"张学良诗集写真集"这八个大字，墨迹酣畅，笔力遒劲，昔日少帅之英姿跃然纸上。

当池宫城晃携夫人告辞时，张学良送给他们三样礼物做纪念：一块鸡血石，两盒乌龙茶，四瓶礼品酒。池宫城晃夫妇知道：这三样礼物是产于中国大陆的名贵礼品，但更贵在是张学良馈赠的，所以他们不能随意享用。

10月19日，池宫城晃携夫人东渡回日本前，给刘鸣九发出电报，告诉拜会张学良的情况。刘鸣九阅后感慨万千。

池宫城晃回到日本后，经过考虑，把张学良赠送的两盒乌龙茶，一盒给了90岁高龄的祖母，以尽孝道；一盒给了本庄繁的儿媳，池宫城晃从她处得到了许多保留的照片，以张氏乌龙茶作为回报人情。

池宫城晃在多次与张学良的交往中，产生了在张学良家乡东北投资办厂的愿望。

1993年3月17日，池宫城晃应沈阳帅府陈列馆的邀请，携女儿参加了辽宁帅府酒楼开业庆典活动。池宫城晃向帅府陈列馆转赠了张学良的亲笔题词："白发催年老，虚名误人深。"同时还转赠张学良所写的《髑髅地》一书。

池宫城晃还带来张学良赠送给他的四瓶"总统府"特制酒。这四瓶酒为春、夏、秋、冬四季称谓的组合，很有讲究。他将这四瓶酒转赠给了在沈阳的张学良旧居陈列馆。池宫城晃觉得这样完成了心愿：一是往日查阅张学良照片，收集张氏诗词，都颇得该馆倾心相助，应该有所表示；二是这四瓶酒也应成为陈列馆收藏或陈列品。他还把最新拍摄的张学良近照赠给陈列馆，他表示："我一定将大帅府开办酒楼的事告诉张学良先生。"

1993年春天，池宫城晃在夏威夷又一次见到张学良，请他为创办的工厂题写厂名，张学良听池宫城晃在故乡东北投资建厂，欣然答应题字。他在桌案前，铺好宣纸，摊开笔墨，连写三张"大连池宫印刷"题字，都不满意。于是，他又写了第四幅。

这时，坐在一旁的赵一荻终于开口称赞说："这幅写得好！"至此，张学良才满意地作罢收笔。

池宫城晃欣赏张将军墨迹，爱不释手，兴奋地向他道谢。忽然，他想到家中珍藏的张学良赠送的那块鸡血石。他知道鸡血石因其上面片状、点状、丝状、条状的红颜色酷似鸡血，故而得名。如今世界各国的收藏家对其格外钟情，使其身价陡增，竟有"一克鸡血一克金"的称誉。此时，他望着张学良写的"大连池宫印刷"字幅，不禁高兴地说："对了！用鸡血石刻制大连池宫印刷厂印章，岂不更有意义！"

在喝茶聊天时，池宫城晃又一次问到张将军是否还打算回故乡看看时，张学良用未改的乡音说："有这个心思，只是现在已93岁了，恐怕旅行不大方便。"

望着世纪老人张学良，池宫城晃陡生一个心愿：陪伴张学良站在张作霖的墓前，以一个大和民族后代的名义诚挚地告诉身边的人："中日不再战！"

然而，池宫城晃的这一愿望最终没有实现。

心愿：确保台湾入版图、回故乡

我从来都是主张中国统一的，我非常反对中国分裂。

我认为中国一定要统一，统一之后才能救中国。

我个人衷心希望两岸双方能和平统一起来，我非常反对中国分裂。

确保台湾入版图。

——张学良

1991年12月15日，张学良在台北教堂接受香港无线电视台记者的访问。他谈了自己有两大心愿：一是在适当的时机返回东北老家探亲；二是希望海峡两岸早日实现统一。这两个心愿可说是91岁高龄的张学良先生的肺腑之言。

张学良在垂垂老矣之际，怀念故土，想返乡探亲和拜祭父母之墓，这是人之常情。他曾在3月至6月赴美探亲访友期间多次流露过。他说："我年轻时当然是家在东北。我飘荡不定，随遇而安。我还是想我自个儿的大陆故土。自九一八后我就没有回过东北老家。"他强调，"大陆是我的家，我当然很愿意回去。"

这次在台北教堂接受香港无线电视台访问，张学良表示："我要在适当时候回到东北老家去看看的，主要是看看我的亲友。这事与政治无关，我本人早已退出政治，早已脱离政治。我希望人们不要把我回去探亲扫墓的事同政治连在一起，不要这样，我不喜欢这样。"

对于海峡两岸目前仍处于分裂状况，张学良深感失望。他说："我从来都是主张中国统一的，我非常反对中国分裂。"

张学良在面对台湾《时报周刊》记者采访时说："你们问我，为什么有'西安事变'，我只能这么说，我相信中国一定要统一，要枪口朝外，不要再打内战了，这是我的一贯信仰，从东北易帜到'西安事变'都如此，谈不上什么后悔不后悔"，"我认为中国一定要统一，统一之后才能救中国"。

张学良在回答美国之音记者时说："我个人衷心希望两岸双方能和平统一起来，我非常反对中国分裂。"他强调说，"对'台湾独立'，日本右翼势力是支持的，不可忽视；我明白大陆不放弃使用武力的意思，我愿保存我这个身份，到那一天会用上的"，他还说，"作为一个中国人，我愿为中国出力。"

张学良曾对人说，从踏上台湾土地时起，就爱上了祖国宝岛。

1946年秋，蒋介石认为继续囚禁张学良，台湾比大陆任何地方都保险。于是，张学良被秘密移解到台湾。张学良、赵一荻游览了新竹县竹东镇的井上温泉的风光。

新竹是台湾最古老的城镇之一，其四面高山环绕，峰峦起伏。井上温泉在竹东山上，是一潭热气腾腾、水质优良的碳酸温泉。这里的房子原来曾是日本警察招待所。在张学良和赵一荻来台湾前，蒋介石就派陈仪选中此地作为幽禁张学良之所，并为张学良、赵一荻建造了一座平房，矗立在温泉旁。自从张学良和赵一荻住进这座平房里，周围便设置了层层岗哨，严禁外人进入囚禁地。

在这山峦起伏、树木葱郁、风景极美的环境里，张学良暂时忘掉了烦恼和不快。赵一荻为了使张学良适应新环境，将他的生活安排得很有规律。每天，她陪伴张学良看书，作札记，或到外面散步和娱乐。刘乙光对张学良的一言一行监视得很紧，张学良对此也不在意了。

当年11月中旬之夜，张学良凭窗望空思想：以前，自己对台湾，只是从地图上或是书籍里略知一二，眼下自己踏上台湾这片土地虽数日，就已深深感受到宝岛给予的温馨与温暖。在这风雨如晦的幽静子夜，张学良面对重兵把守的幽禁居所，联想到日本侵占时期给宝岛留下的累累伤痕与沧桑史。于是，他突发奇想，伏案命笔，写下一首独特的新体诗《台湾——抵台夜话》：

台湾！台湾！

我信，我确信，你自会以为地长成，

成为中国大家庭中的一个好弟兄，也许是一个很得力的弟兄！

台湾！台湾！

我盼望你，我深切地盼望你快快成长。

你好比一些台湾的女性，

来台湾的人，有些败类，只贪你的色与肉，看不见你的心灵。

台湾！台湾！

你值得留恋，你的遭遇相当地可怜，当中国被异姓统治的时候，把你抛弃。

因而这不是你的过错——你有过些可歌可泣的表现——英勇地反抗。

被奴役了五十一年，也有些认贼作父。

也有些忘了自己的祖宗，当你回家的时候，

又赶上了暴风雨，所以弄得你有点模糊不清。

张学良以这首新体诗，抒发了在幽禁中的爱国情怀。

1960年初，张学良在台湾被"解除管束"，获得某些自由，如到市区看望老朋友，到郊外游览风景名胜、历史景点等。他在谒郑成功祠时，即兴赋诗一首：

孽子孤臣一稚儒，

填膺大义抗强胡；

丰功岂在尊明朔，

确保台湾入版图。

张学良此诗原题是"游延平郡王寺"，明代永历帝封郑成功（1624—1662）为延平郡王。郑成功，名森，字大木，福建南安人。清初，从事抗清活动，失败后率部转入台湾，赶走了荷兰殖民主义者，使台湾重新回到了祖国怀抱。为了纪念郑成功丰功伟绩，台湾人修建了延平郡王祠。

张学良晚年在口述历史中，对这首诗解释说：

我最得意后头两句：

丰功岂在尊明朔，

确保台湾入版图。

你看出我这诗有什么意思在里头？我是在讲我自己呢。假如我不是这样，东北不是就没有了吗？我和日本一合作，我就是东北的皇帝了，日本人真请我当皇帝了，真请过我，跟我声明了，做皇帝！

……我就因为这个跟土肥原说崩了，我就知道东北不得了了。

……他不让我跟中央合作：你当东北的皇帝，我日本捧你，日本帮你。我为这事跟他火了！

……我说，你（日本奉天高官秦真次）把土肥原换掉。

张学良以这首咏史诗，表达了他对祖国统一的渴望；他从自身感受到的国家民族的现状，以古鉴今，语义双关地发出"确保台湾入版图"的热切呼唤。

"确保台湾入版图"，可谓此诗的诗眼，既表明张学良卒章显志，点明诗的主旨所在。张学良以此诗，呼唤海峡两岸和平统一，希望海峡两岸的炎黄子孙为祖国早日统一而努力。

"后会可期"——周恩来没有实现的愿望

恩来在时，每念及先生则必云：先生乃千古功臣。先生对近代中国所作的特殊贡献，人民是永远不会忘怀的。

——邓颖超

1992年7月11日，周恩来夫人邓颖超在北京逝世，享年88岁。在北京中南海西花厅邓颖超的遗像前，摆放着一个引人注目的花圈。花圈的缎带上写着："邓大姐颖超千古"，落款是"张学良赵一荻敬挽"。张学良和周恩来彼此之间印象颇深。"西安事变"前后的接触共事，特别是张学良在幽禁中，周恩来时时挂念。

1956年，正值"西安事变"20周年之际，周恩来在北京召开的纪念座谈会上，对张学良评价："由于'西安事变'，张、杨两将军是千古功臣，这点是肯定的。有人问：当时要是把蒋介石打死了会怎么样？即使当时一枪打死了蒋介石，他们也是千古功臣。"

1961年12月12日晚，周恩来总理和邓颖超邀请张学铭、张学思夫妇和东北政坛名士高崇民、阎宝航等二十余人，在北京饭店纪念"西安事变"25周年。席间，大家很自然地谈起了张学良在台湾的近况。少帅胞弟张学思激动地向周总理敬酒，泣不成声，深情地说："当年，张汉卿主张联共抗日，他的爱国主义情操，二十多年来始终如一。因此，我们更加怀念他。"

周恩来听了海军参谋长张学思的话，动情地流下热泪，深情地说："我的眼泪是代表党的，不是我个人的。25年了，张先生还因禁在台湾，没有自由，怎么不使人想起他就落泪呢？"

纪念会结束后，周总理驱车回到寓所，总想着要给张学良将军写封信。可是，写信容易，把信送到在台湾幽禁的张学良手中，就难上加难了。为此，周总理几经思索，派人寻觅，终于找到了一位可靠理想的转信人朱湄筠（朱五）女士。

朱湄筠的父亲朱启钤曾任北洋政府交通部长和国务院总理。朱光沐曾任张学良秘书，经张学良的介绍，和朱湄筠结为伉俪。抗战胜利前，朱湄筠和丈夫一直在香港从事营救张学良的工作。但由于种种原因营救无果。朱湄筠的姐姐朱洛筠是张学铭的妻子，而她本人在天津华西女中就读时，是张学良夫人赵一荻的同班学友。正是由于朱湄筠与张学良素有家庭渊源，她后来才成为周恩来及中央有关部门重点考虑的传信人选。中央有关部门把朱湄筠在香港定居的近况，向周恩来作了汇报。周恩来遂同意中央负责台情工作部门直接派人去香港，设法与朱湄筠取得联系。

周恩来与张学铭、张学思三人各写信一封，然后送到朱湄筠的手中。朱湄筠把三封信放在一只精致糖果盒的底层，然后正式向台湾方面申请赴台探亲。当时台湾当局对香港居民赴台探亲也同样采取了严格的审查措施。最终朱湄筠在台湾亲友们的鼎力帮助下，于1962年初进入台湾。

朱湄筠来到台北后，才发现张学良的自由十分有限，身边至少有一个连的便衣担任"保护"。如果一位从香港到台的女客去面见张学良，必须先得到台湾情报部门的批准。她决定在台北住下来，慢慢等待时机。

这年5月，朱湄筠正等得心急不安之际，得知10日张学良出来公开活动。朱湄筠即通过从前在天津结识的黄仁霖（张学良挚友、宋美龄大管家），把她从香港带到台北的那盒糖果，转交给当时住在董显光家里的张学良夫妇。黄仁霖不知道糖果盒里的秘密，毫不费力地将糖果盒带到董显光家。张学良在吃糖果时，发现了糖果底下的周恩来、张学铭、张学思的三封信。

据曾是周恩来部下、"西安事变"中共代表之一的童小鹏回忆：周总理的信中既没有收信人姓名，也没有写信人署名，全信共写有16个字："为国珍重，善自养心；前途有望，后会可期。"据查，1962年5月31日的档案中记载："周恩来向中共中央报告：张学铭、张学思给张学良的信，已托朱湄筠送到台湾张学良手中。我写的'为国珍重，善自养心；前途有望，后会可期'几句话亦已带到。张学良现在住董显光家中，仅获有限度的自由。"

周恩来生前期盼的"后会可期"，再晤张学良的心愿最终没有实现。周恩来临终时，还念念不忘地对夫人邓颖超说："不要忘了台湾的老朋友！"他将罗长青部长叫到病床前叮咛嘱咐说："……千万要记住，任何时候都不要忘记台湾的老朋友，特别是姓张的朋友。"

1990年5月30日，正值张学良将军九十寿辰之际，邓颖超致电居住在台北市士林至善路二段221号的张学良先生：

汉卿先生如晤：

欣逢先生九秩寿庆，颖超特电表示深挚的祝贺。忆昔54年前，先生一本爱国赤子之忱，关心民族命运和国家前途，在外侮日亟、国势危殆之秋，毅然促成国共合作，实现全面抗战；去台之后，虽遭长期不公正之待遇，然淡于荣利，为国筹思，赢得人们景仰。恩来在时，每念及先生则必云：先生乃千古功臣。先生对近代中国所作的特殊贡献，人民是永远不会忘怀的。

所幸者，近年来，两岸交往日增，长期隔绝之状况已成过去。先生当年为之奋斗、为之牺牲之统一祖国振兴中华大业，为期必当不远。想必先生思之亦欣然而自慰也。我和同辈朋友遥祝先生善自珍重，长寿健康，并盼再度聚首，以慰故人之思耳！

问候您的夫人赵女士。

邓颖超

1990年5月30日

1992年7月11日，邓颖超逝世。张学良和夫人赵一荻从电视上看到这个消息，立即委托在北京的侄女张闾蘅代他们夫妇赴邓宅向邓颖超敬献花圈，以表达对其的哀思。

张闾蘅在回答记者采访时说："他们是好朋友，伯父、伯母从电视中看到邓颖超去世的消息，很怀念。"

"我能帮忙"—— 促进第三次国共合作

我可以促这个成功就是了。现在已经老了，在政治上也没什么了，我能帮忙。我很愿意尽我的力量，鞠躬尽瘁，死而后已。我愿意中国统一，年轻

819

时到现在，我这个人过去的事都摆着呢，凡是为国为人民的事情，我都很愿意都忙。

—— 张学良

1992年9月10日下午3时，张学良在台北北投自家住宅接受新华社四名赴台记者的采访。记者团团长翟象乾和记者来到张学良住的那幢二层红色小楼前，看到庭院绿树成荫，环境优美。

新华社记者在两位台湾海基会人士的陪同下，走进位于阳明山北投区复兴三路70号的张公馆内。张学良已在书房前欢迎他们。记者看到：张学良身穿一袭灰色长袖夏装，面色红润，精神矍铄；夫人赵一荻女士身穿紫红色碎花短袖旗袍，她虽然红颜已逝，却不失雍容典雅的风度。记者团团长翟象乾首先上前握住张学良的手，向他表达大陆人民对他的惦念与问候。张学良听了，不断颔首微笑，连连说"谢谢"。

记者欲搀扶腿脚不便的张学良坐下来，他则说："不用扶我，我自己能走。"

记者在客厅落座后，见客厅简单雅致，书房兼饭厅，墙上悬挂着几幅字画，室内错落摆放着一台14英寸旧式电视机、一架钢琴、一张写字台和几张沙发。

张学良与夫人赵一荻便和记者亲切愉快地交谈起来。这是张学良到台湾后45年来第一次接受大陆记者的采访，也是首次在台湾会见来自故乡的人。他们像一家人似的自由而无拘束地交谈着各自关心的话题。尤其是赵一荻女士兴致很高，不断地向记者谈论自己。记者很关心他们夫妇的生活情况。

张学良说：他们生活很简单，没什么大病。他不用装假牙，胃口很好。脚有些痛，是骨刺，一碰就疼，不碰不疼，有时可以走路，有时一步也走不了；一个礼拜做三次物理治疗。他们平时看看电视。他弟妹一个礼拜来一次陪他们打打桥牌。

张学良说到自己的眼睛不太好时，说："你们看我桌上放的书，要用很大的放大镜看，看报我就很为难了。你在这地方，人是看见了，你是谁我可看不清。我在美国做了检查，说是老化了，没法子，别忘了我是九十多岁了，92岁了，是1901年生的，现在我要戴助听器"，"我们两人的生活很简单，平时散散步，活动活动，有时外出兜兜风，玩玩。"

当记者问："两岸大多数人都想统一，您老人家有何看法？"

张学良说："那是大多数，我也是大多数之一。"

"您对和平统一的前景有什么看法？"记者又问。

张学良答："我看时机到了就一定会统一。历史上我是从来都赞成统一的一个人，国家当然要统一。我为统一奔走得也很多了，现在老了，没有这个力量。"

记者问："您对国共两党第三次合作有什么看法？"

张学良说："我可以促这个成功就是了。现在已经老了，在政治上也没什么了，我能帮忙。我很愿意尽我的力量，鞠躬尽瘁，死而后已。我愿意中国统一，年轻时到现在，我这个人过去的事都摆着呢，凡是为国为人民的事情，我都很愿意帮忙。"

"您对两岸关系有什么看法？"

张学良答："对于两岸关系，我觉得很不错。头一个要把敌意取消了，这是最要紧的，问题很多，也很复杂。我也不愿意谈政治敏感问题，慢慢来，我想还是往好的方面发展。我看乐观方面多。"

新华社记者向张学良表示：大陆人民非常关心少帅，去年北京播出一系列关于少帅的电视剧，形成了"张学良热"。

张学良听了哈哈大笑，说："这些都把我们戏剧化了。"他向记者表示，他知道大陆的巨大的变化，"希望回大陆，看看大陆的变化，我这个人是好动的。"他对家乡人关心他表示说："当然知道。我的家我是经常挂念的。台湾也是我的家，也是中国。可是一个人总会想到自己的老家，希望有机会回去看看。"他说到这儿，让四位记者回去时向关心他的大陆亲友问候，并感谢有意安排他们夫妇返乡的所有亲朋好友。

这时，记者们向张学良夫妇赠送了一根上面刻着100个"寿"字的手杖、几幅字画和一本大陆风光画册，祝福他们健康长寿。张学良高兴地接受了礼物，并把自己和夫人赵一荻关于《圣经》的著作赠给大陆记者。

赵一荻对大陆记者说："谢谢大家的关心，本来他不舒服，因为你们这么远来，他一定要接待你们。"

张学良则向新华社记者透露一个小小的秘密："曾显华"是他在杂志上发表文章时用的笔名。

最后，新华社记者请张学良对大陆青年说几句话。张学良语重心长地说："希望他们好好地做人做事。我是基督徒，我很希望他们有信仰。个人不要活得飘飘荡荡的，像浮萍一样，总要有一个信仰。我并不是说一定都要做基督徒，我这个人不是这样想。有个信仰自己才能定位，尤其是年轻人。"

张学良这次接受新华社记者采访历时40分钟。他一再向新华社记者说："谢谢大陆人民关心我们，祝福他们！"在和新华社记者合影留念时，张学良的眼圈发红，眼眶里噙着泪花。

问瓦房店人民好

代我为家乡瓦房店父老乡亲写信问好。

——张学良

1992年9月，台湾国文研究所何景贤先生到瓦房店市参观访问。在一次宴会上何景贤谈到自己与张学良将军交情甚笃，同时也谈到张学良将军思念家乡、盼望祖国早日统一的心情。

当时在座的瓦房店市委副书记阎世忠说：家乡人民一刻也没有忘记他。希望何先生回台以后，能当面向张将军转达家乡人民对他的深切的问候，祝福张将军健康长寿，并盼望将军早日回家乡省亲，看看家乡在改革开放新形势下所发生的变化。阎世忠当场在两张红纸上分别写下"千秋功绩"、"世人铭记"八个大字，分别贴在两瓶当地生产的龙泉老窖白酒之上，代表瓦房店百万人民委托何景贤先生转赠张学良将军。

10月8日，何景贤先生带着大陆瓦房店人民的重托，于下午3时亲自到张学良将军住宅探望。当他把两瓶龙泉老窖白酒亲手交给张学良将军，并转达家乡辽宁人民对他的美好祝愿的时候，将军与夫人赵一荻均甚愉悦，还嘱咐何先生："代我为家乡瓦房店父老乡亲写信问好。"

何景贤先生完成了瓦房店人民的重托后，遵照张将军的嘱咐，给瓦房店市委写信，并寄给一张照片：93岁高龄的张学良将军，精神矍铄；他身穿便服，面绽微笑，端坐沙发上，手里托着一瓶龙泉白酒，心里充满思乡之情。

兵马俑吸引了"花花老人"

一生都支持中国统一，为了中国的统一，放弃了做"东北王"的机会，一手策划了"西安事变"。

我从不是个花花公子，不过，现在你们也许可以说我是个花花老人。

——张学良

我国国家级文物展览《大陆古物珍宝展》到台湾与观众见面后，张学良夫妇闻讯，亦亲临展馆，观赏包括秦代兵马俑和金缕玉衣等国家级文物在内的展览。

1992年12月11日下午5时许，张学良偕夫人赵一荻在台北故宫博物院院长秦孝仪等人陪同下，到坐落在台北故宫对面的玉山庄艺术馆参观。

张学良虽然92岁高龄，但是坚持不坐轮椅、不用搀扶走着，仔细观看每一件展品。

在一楼展厅，张学良观看了展出的八个秦俑后，问它们是不是石头做的，并详细询问了它们被发现、出土的情况。

秦俑博物馆研究室副主任徐卫民向张学良介绍了兵马俑一号坑、二号坑、三号坑的发掘、修复情况。

当谈起秦皇陵时，张学良说："我去过那地方，离临潼有三十多里。"

张学良夫妇参观完一楼展厅后，乘电梯到二楼展厅。他们参观了汉代刘胜金缕玉衣。张学良不仅询问了玉衣需要用多少玉片、多少黄金，曾在哪里发掘过玉衣，有多少套，还特别关心刘胜是不是三国时刘备的祖上。

张学良与大人赵一荻在展览馆内参观了一个多小时，见到三位随展的大陆文物界人士：中国文物交流中心副研究员许青松、秦俑博物馆研究室副主任徐卫民、河北省文物研究所所长郑绍宗。

张学良连连表示："我看到兵马俑，很高兴，很高兴。"

赵一荻女士则连连表示："在几千年前做出如此精致的艺术品，很了不起！"张学良将自己写的书赠送给这三位大陆人士留念。

年近92岁的张学良先生接受了台湾《时报周刊》记者的访问。他回答了记者关心的问题，话语间表露了自己的心迹："一生都支持中国统一，为了中国的统一，放弃了做'东北王'的机会，一手策划了'西安事变'。"

记者问：有人说你是花花公子，你是怎样看的？

张学良剖白自己说："我从不是个花花公子，不过，现在你们也许可以说我是个花花老人"，"你们看，我现在花最多时间的地方就是床上，有时候早上11点才起床，吃过中饭又去睡，一觉到3点，你们说我浪不浪漫？"

当记者问到"西安事变"的有关问题之时，张学良答："'西安事变'绝对是我一手策划的。杨虎城是个好人，却也是个粗人，对事情看不清楚，英雄主义太高。"张学良还向记者透露：在跟蒋介石去南京时，周恩来曾劝阻过他。他说："我怎么会不知道去南京的结果，周恩来也劝我不要去，但我非去不可。我虽然不想做军人，可是我做了。军人就得服从命令，何况我也把我的看法向蒋先生表示得很清楚，听不听在他了。"

记者问"西安事变"后他面对军法审判时的想法，张学良笑着说："审判长是以前江西督军、参加二次革命的李烈钧，他问我为什么不服从命令，为什么反抗我的上司蒋先生。我反问他：'当初你为什么要反抗袁世凯？'所以我有没有罪，李烈钧应该最清楚。"

记者在谈到杨虎城之死时，张学良说："对蒋先生，我只有一件事不明白，他为什么要杀杨虎城？该处死的是我才对。"

记者在问到对名利财权的看法时，张学良开心地笑起来，他说："我一生最不重视物质，什么钱和权，对我都不重要。"

记者问：是否考虑回大陆看看时，张学良"哈哈"大笑，说："我现在是秋后蚂蚱，跳不了几天了，如果说还有什么事想做，大概就只有回家去看看了，看看大陆的情形，看看亲戚朋友和家乡，可是左腿很疼，没法子去，得等好一点再说了。"

最后，记者问："将军，你一直强调支持中国统一，现在的态度是否还是如此？"

张学良回答："中国统一？我一向都支持中国统一，可是现在怎么谈，只有你干你的，我干我的吧。"他还说，"我看花，花在；我不看花，花也在。"

大陆电影代表团拜访张学良

我也非常想念咱东北的老少爷们啊！

——张学良

1992年岁末，应台湾"金马奖"执委会的邀请，以著名导演谢晋为团长的大陆电影代表团一行十人，踏上祖国宝岛台湾，进行为期十天的参观访问。

拜访张学良是大陆电影人赴台的主要目的之一。下飞机时，剧作家苏叔阳就表达了探望"少帅"的意愿：周恩来临终前曾有两句话要送给张学良，苏叔阳希望有机会转达。由于张学良已过贯隐居的生活，加上该事涉及敏感政治话题，颇费周章。

18日，大陆电影人拜访台湾海基会，苏叔阳再次表达了要见张学良先生的强烈愿望。海基会先只表示愿意代为传话、转递文函，嗣后经再三交涉，海基会始表示愿意代做安排。25日，正值圣诞节，下午2时30分，在台湾著名导演李力安排下，谢晋、丁荫楠、王铁成等大陆影人，如约抵达台北市北投区复兴三路70号张宅。

此时，张学良先生已经笑盈盈地在客厅迎候大陆客人。赵一荻夫人见大陆客人到，也步入客厅与大家握手见面。于是宾主围坐在一起畅谈起来。大陆电影人怀着激动的心情向张学良夫妇转达了大陆同胞对他们的至诚问候，看到二位老人身体健康，精神矍铄，大家非常高兴。

张学良称，自己已是92岁高龄，视力减弱不能看清事物，但满口牙齿均完好如初，心情坦荡，所以身体很好。他说自己是"浪漫主义"，潜心研学《圣经》。在近两个小时的畅谈中，大陆电影人发现张学良对政治已没兴趣。张学良谈话的内容大部分是在传播福音，并将自己所译的《相遇于髑髅地》赠送来访者，还在每本书的扉页上签字留念。

赵一荻女士也将自己出版的《好消息》、《真自由》套书赠给大陆电影人。王铁成将一帧自己扮演周恩来的剧照送给"少帅"，本想表达一些慰问的意思，但是看到张学良那种已经完全超脱的样子，最后还是没有开口。

谢晋告诉张学良夫妇：东北当年的"帅府"已修葺一新，东北同胞渴望一见二老丰仪。张学良听罢，表示："看机会吧，一切由上帝决定。"

当分手时，张学良十分高兴地同大陆电影人拍照留念。

1993年7月26日，中国广播电影电视部的说唱艺术团一行30人抵达台北进行为期十余天的演出访问。

7月28日晚，说唱艺术团领导通知姜昆、黄宏、冯巩、牛群、倪萍等著名演员到台北近郊的一座六层公寓里访问张学良老人。原来，张学良将军听说大陆来了一批笑星到台北，特意从乡下的新居来到台北五弟张学森的这座六层公寓，一定要和笑星们见一面。

笑星们走进这座地处绿树环抱之中雅静的公寓里，张学良将军已在二楼客厅等候他们。他向众笑星说："欢迎，欢迎你们！"

众人为这位世纪老人的精神矍铄、谈笑爽朗和一口地道的东北话而欢欣鼓舞。小品演员黄宏大步上前，双手握着张学良的手激动地说："张将军，您好啊，我们祝您老健康高寿啊！"

张学良以幽默的话语说："别再高寿了，再高寿就成了老妖精了！"他的话逗得众人一阵大笑。这时，黄宏主动自我介绍："张老，我是东北来的。"

张学良一听"东北"两字，不禁惊喜道："啊，你是东北的？东北哪疙瘩的？"

黄宏答："我是沈阳那疙瘩的。"

"沈阳哪个区的？"

"沈阳和平区的。"张学良把座位向前凑一点又问："那个区老名字叫什么啊？"

"老名字我说不上来，反正是火车站那个区。"

张学良一听是火车站那块儿，不禁"啊"了一声，他知道那是什么区了。然后他兴致勃勃地向大家讲了沈阳老区的一些名称，什么街道上有哪些小吃土特产，什么著名建筑在哪条街道上等。

众人从张学良那浓重的乡音中，从他那深邃的目光里，看到了这位世纪老人思念故乡的殷切之情。

黄宏说："张老啊，咱们沈阳的父老乡亲都非常想念您啊！"

"我也非常想念咱东北的老少爷们啊！"张学良扬着眉头，问大家："你

827

们说对不对呀!"众人听了张将军的话,都点头笑了。

这时张学森向张学良大哥介绍来访的客人,大都是大陆的笑星。

张学良听罢连声称赞道:"你们的工作光荣啊!你们给千家万户送欢乐,这是多么有意义的事啊!"他接着说,"过去一说幽默好像说是洋人的专利,这不对!咱们中华民族历来就是一个有着幽默传统的民族,你们说对不对?"

当张学良听说黄宏演的小品颇受欢迎时,他执意要眼前的这位东北小老乡说个笑话。

黄宏欣然讲了个《打电话》的笑话。这笑话,说的是一位谢干事在打电话时把部队的代号、番号、驻地、编制、岗哨士兵的枪里有没有子弹都无意中告诉了朋友。张学良听后,咯咯笑个不停。他说:"看来这个谢干事是在乱干事,至少不能算一个合格的兵,该送教导营重新训练。"说完,他也有兴致地说:"好吧,你给我讲个笑话,我也给你讲个,这个故事的题目叫《扣子》。你们知道吧,咱东北人管扣子不叫扣子,叫疙瘩。有一天,有个东北老乡在关内一家商店买扣子。他对售货员说,我买个疙瘩,售货员愣了愣神,然后纠正他说:先生,那不叫疙瘩叫扣子。那人买完扣子出门时,冷不防一头撞到门上,结果脑门上撞了个包。他捂着脑袋回头对服务员说:你看我光顾买扣子,你看这脑门子上硬是给撞了个扣子。"众人被张将军的笑话逗得哄堂大笑。

而后,冯巩、牛群、李金斗等笑星,每人都讲了一个笑话。张学良将军听了非常开心,每听完一个笑话,他照例给还讲一个故事或唱一段京戏,最后干脆唱起了独角戏,内容几乎是清一色的东北民间小调。他唱得那么认真,那么执著;唱到动情时,他离开凳子,眼里的泪花在闪动……

"不看国剧就不算是中国人"

听京剧是我的嗜好之一。早年在东北沈阳时,家里每逢生日宴会,都要邀戏班名伶唱堂会，连唱三天方歇。我在北京念书时，更有机会上戏园子听戏，与伶人结交。我听过名家谭派老生第一代创始人谭鑫培的戏；听过30年代的京剧名家陈德霖、裘桂仙、杨小楼、郝寿臣等人的戏，我听过京剧第三代名家"四大名旦"，梅兰芳、程砚秋、尚小云、荀慧生的戏。

——张学良

1993年4月12日至5月2日，应台湾中华文化发展基金会的邀请，北京京剧团赴台演出。4月13日，著名京剧表演艺术家裘盛戎之子裘少戎随中国京剧团首次踏上宝岛台湾。在台湾机场，中国京剧团受到裘派爱好者的热情欢迎。

在首场演出的《龙凤呈祥》剧中，裘少戎每唱一句，台下观众异口同声喝彩，观众还不停地喊着"裘少戎"的名字。谢幕时，观众纷纷拥上台为裘少戎献花。在台演出期间，张学良、蒋纬国、辜振甫、陈立夫等知名人士分别宴请了裘少戎等大陆艺术家。张学良拉着裘少戎的手说："我已有几十年没看国剧（京剧）了，这次我一连看了三场。你的扮相、嗓子都酷似你的父亲裘盛戎。当年我看过你父亲不少戏。不看国剧就不算是中国人。"演出结束后，张学良先生与裘少戎合影留念。

由于中国京剧团在台演出，张学良常常去弟弟张学森家中，与在台访问的大陆名伶会面谈戏。他对大陆京剧团演出每场都前往欣赏，使台上献艺的艺术家们极受鼓舞。

当记者问张学良对大陆京剧的印象如何时，张学良称赞说："演法与以前的大致差不多，有些调新了些，也还习惯。"他强调：他还是喜欢"大陆味儿"京剧，对台湾京剧倒感到极为陌生。

张学良弟弟张学森说："哥哥有时听完一段唱，谈兴大发，会把整出戏的故事说一遍给大家听。"

在台湾《民生报》记者对张学良进行独家专访时，张学良谈了自己与京剧的深厚因缘，并畅怀说戏唱戏。他说："听京剧是我的嗜好之一。早年在东北沈阳时，家里每逢生日宴会，都要邀戏班名伶唱堂会，连唱三天方歇。我在北京念书时，更有机会上戏园子听戏，与伶人结交。我听过名家谭派老生第一代创始人谭鑫培的戏；听过30年代的京剧名家陈德霖、裘桂仙、杨小楼、郝寿臣等人的戏，我听过京剧第三代名家'四大名旦'梅兰芳、程砚秋、尚小云、荀慧生的戏。"

张学良向记者表示：自从九一八事变后，兵马征途，看戏的机会少了。而在"西安事变"后的幽禁中，京剧与他隔绝五六十年。近两年，其弟张学森每周请台北票界名琴师马应琳到家中操琴吊嗓子。张学良在家中闲着无事做，所以每周必到弟弟家。

在中国京剧院在台演出期间，张学良先生欣赏了《杨门女将》、《春草闯堂》、《文昭关》、《辛安驿》和《四郎探母》。

张学良与刘长瑜的父亲周大文交谊匪浅，两人曾结为金兰兄弟，故一见到刘长瑜便逗她说："你还认得我吗？"

刘长瑜说："父亲曾任北平市市长，当时与张将军家来往密切，两家常在一起去看戏。"张学良听后，脸上绽出微笑，并问候刘长瑜的母亲。

北京京剧团赴台湾之前，周述曾曾想到台湾后主动拜访邀请单位——中华文化发展基金会和著名爱国将领张学良先生。为表达对张学良先生的崇敬与怀念，周团长决定送张先生一件有意义的礼物——著名作家端木蕻良书写的墨宝。

4月17日傍晚，台湾"资政"陈立夫先生为北京京剧团举行了欢迎晚宴。周述曾率部分团员应邀出席。当见过陈立夫、蒋彦士、黄少谷、王叔铭等几位东道主之后，周述曾和团员们一眼就认出了正要从沙发上起身的张学良先生。周述曾急忙上前，握住老人家的双手，激动地对他说："我们从北京带来了对您的问候，带来了北京黄埔同学会给您的信件和一些礼品，希望能安排时间专去看望您。"

张学良听了周述曾团长的话，异常兴奋，连连点头应答："好，好，谢谢，谢谢！"这时，京剧团的团员们都上前来，将张学良先生围住，纷纷与张先生握手，问寒问暖，合影留念。

在欢迎晚宴中，张学良先生兴致极高。他和已故著名京剧艺术家梅兰芳之子梅葆玖交谈热烈，深情地回忆了曾与梅兰芳、金少山等艺术大师结交的往事。

宴会上，张学良先生满面红光，谈笑风生，指着比自己年长一岁的陈立夫先生说："我俩可是台湾的'活宝'——活的国宝。凡是来台湾的人都希望见见我们。"这席话逗引得与会者哈哈大笑。他向大陆来的各位艺术家表示：他很高兴能在台湾欣赏各位名家之后的精湛表演，并祝大家演出成功。

这时，梅葆玖提议每人唱一段助兴。在座的大陆京剧艺术家表示赞同。于是梅氏姐弟、谭元寿、马长礼、张学津以及台湾著名京剧演员顾正秋、戴绮霞等人一一演唱了各自的拿手唱段。

张学良先生对海峡两岸京剧演员的绝妙演唱听入了迷，不觉犯了戏瘾，情不自禁地说："我也来唱一段。"说着，他便走到曾追随梅兰芳先生多年的琴师姜凤山先生的面前："我唱《战太平》流水一段，我调门高。"可他毕竟是93岁高龄的老人了，加上听力不佳，刚一开口便唱低了。琴师姜先生见状忙把琴音压低，不料张学良先生忽又唱高了，弄得琴师只好随其音调而变换琴音。张学良唱完这段流水还觉得不过瘾，又唱了一段《失街亭》的"斩马谡"。这回他唱得字正腔圆，回肠荡气，声如裂帛，大家齐声为他叫好。

北京京剧团在台湾访问期间，先后演出了七台节目。张学良先后四次前往剧场祝贺，欣赏了《凤还巢》、《霸王别姬》、《四郎探母》和《龙凤呈祥》。张学良三次欣赏了梅葆玖领衔演出的京剧后，拉着他的手深情地说："以前在北平，我常去开明戏院、中和戏院和长安戏院听杨小楼、梅兰芳、余叔岩和金少山等人的戏。当年皇姑屯事件发生时，我正和几位外国公使在欣赏梅先生的《宇宙锋》。当副官告诉我父亲被刺，我便中途退场，悄然返回奉天处理后事。至于有些人说我当时在跳舞，纯属子虚乌有。"

北京京剧团的演员们为张学良先生的深情厚谊而感动，每场剧终谢幕后，他们都不顾一切地跳下台，与坐在前排的张先生合影留念。这情景深深地感染了台湾观众，久久不愿退场。

梅葆玖动情地说："由京剧大师梅兰芳先生创立的梅派艺术博大精深，光彩照人，它已经和斯坦尼斯拉夫斯基、布莱希特等艺术大师的辉煌成就一起载入世界戏剧史册。即便在宝岛台湾，梅派艺术依然拥有广泛知音。我们这次在台湾演出盛况空前，观众络绎不绝。每天散戏后，许多观众拥至后台和我们叙述乡情，合影留念。尤其值得一提的是93岁高龄的张学良将军几次亲临剧场，令我们终生难忘。"一天下午，北京京剧团团长周述曾和杨燕宏，按照预先约定的时间去拜访张学良先生。当负责此行接待任务的蒋先生把他们让进会客室，刚刚坐定时，张学良先生便自己扶着楼梯下来，热情地与周述曾、杨燕宏握手表示欢迎。

周述曾向张学良先生提起一周前的聚会中，张先生说过的笑话："从大陆来的朋友都要见见我和立夫先生，现在我们俩竟成了台湾的两个国宝了。"张学良先生听了发出一阵爽朗的笑声，使他们感到更加亲切。

宾主经过简短的寒暄之后，周述曾把带来的书法作品呈给张学良先生。他展开书法作品对张学良先生说："这是我求北京的东北籍老作家端木蕻良先生特意为您写的。您可能知道这位作家，他在大陆曾经发表过好几篇关于您的文章。他让我给您带好。"

张学良先生看着展开的字幅上写着"学良乡长"的亲切尊称，不由得激动起来，连连点头说："这位作家我知道，我是知道的，谢谢他。"

接着，周述曾为张学良先生大声朗读条幅上的两行诗句："复土喜酬将军志，乡亲齐唱彩云还。"读罢，他对张先生说："不仅东北的乡亲，整个大陆的同胞都是这样的心情，都盼望您能返回故里，到北京、到大陆各地走走、看看，您肯定会看到'齐唱彩云还'的动人情景的。"

张学良先生接过周述曾递上的这份条幅礼物，兴奋得连连道谢："谢谢朋友们，谢谢乡亲们，我是很想回去的，等身体好些再说。"

当周述曾向张学良先生征求对北京京剧团演出的意见时，张学良很客气地赞扬演技精深，说了三看梅葆玖的演出很自然地回想起当年在北京戏园子看梅兰芳先生演出的情景，回想起了与京剧界许多名家的交往，使他感到很愉快。张学良对北京京剧团成功地把大陆京剧介绍到台湾来，表示感谢和祝贺，认为是办了一件大好事。

由于晚上有戏，周述曾和杨燕宏还要赶回剧场，张学良先生过一会儿时间还要去看叶少兰主演的《吕布与貂蝉》，他们的会晤便告结束。

当周述曾、杨燕宏告辞时，张学良先生坚持要送到屋外。车开动了，走远了，张学良先生还在微风中向周述曾、杨燕宏频频挥手……

1993年7月，经张学森从中安排，李维康和耿其昌，另有鼓师、琴师、舞美各一人，一同赴台演出。在短短的一个月时间里，张学良看了他（她）们六场演出中的五场，彼此欢聚就达八次之多，而每次少则一小时，多则几个小时，又聊又唱，犹如家人。

张学良不仅非常喜欢听戏，而且还非常愿意唱戏。他说，当年的一位名票友曾对他说："京戏嘛，你哼哼玩玩可以，别正经唱，因为你五音不全。"可他照唱不误，可见他对京剧的热爱。

张学良的豁达幽默给艺术家们留下了深刻的印象。张学良讲的一个"段子"，说的是有位先生在别人家打牌，边打边说："哼，有人说我怕老婆，胡扯！我在家里就是只老虎。"没想到他的夫人就在他的身后，啪！拍了他一巴掌，问："你是老虎，我是啥？"这位先生脸色大变，赶忙说："你是武松啊！"逗得在座的人大笑不止。

任东北大学名誉校长

现在敝人在名义上虽然是大学校长，然而我的学问方面，非常的幼稚，尚未受过大学教育。在年龄方面与诸同学相仿，所以，我对于大学校长的位置，很有抱愧的地方。而保安委员会曾以余之地位，推以本大学校长的重任，这不过勉强而已。所以我很不愿与诸同学称为师生，不过同学罢了。

——张学良

1992年11月30日，张学良在台北寓所挥毫为将要恢复校名的东北大学题写校名。他虽然已是92岁老者，但对原东北大学的感情尤在尤深……

张学良将军年轻时虽忙于军政事务，但对东北教育事业却尤为重视。他曾在原籍辽宁海城创立私立同泽男女中学。尔后，又在奉天城办同泽男女中学各一所，并自任董事长。

1923年4月26日，张学良极力主张撤销奉天"高师"，成立东北大学。这事惹怒了日本驻奉总领事，向张学良发出"劝告"："你们不必办大学，你们要想培养理工人才，可以上我们旅顺工科；造就医学人才，可以到我们南满医大；学文、学法，可以到日本去，我们可以给予官费优待及一切便利。"张学良对日本的强权企图不予理睬，终于办起了东北大学。

张学良掌握东北全局后，向社会发表声明：不继承先父张作霖遗产，从中结算出1000万元，做东北文化教育事业经费。经征求各方人士意见，决定将这笔巨款用在办基础教育方面。首先提高中小学教师薪水。随后，他又提出一个宏伟的计划：在东北各县办一所模范小学，自成系统，名称为"新民小学"，付诸施行，使东北三省的初等、中等教育得到一定的普及和发展。

1928年8月，张学良经东三省临时保安委员会推举兼任东北大学校长。他把爱国主义思想贯穿于办学中，让人重新设计东北大学校徽，以白山黑水的盾形校徽代替建校之初的圆形校徽，以此时刻提醒全校师生勿忘祖国和家乡。

9月14日，张学良到东北大学向全体学生训话。他在《训词》中明确指出："现在，我们中国正在'风雨飘摇'之中，所以，我们中国人的中国，诸位同胞都得努力奋救他的危险。况且人才方面又特别需要呢。"他在演讲之后，向东北大学学生赠诗一首，名曰《赠东大学生》：

大好河山夕照中，

国人肩负一重重；

男儿正要闻鸡起，

一寸光阴莫放松。

张学良赠诗，勉励大学生们要坚定志向，树立"为国求学"、"造就中国人才，人民中坚"的目标。他对大学生寄以殷切希望，激励他们奋勉学习，以便将来担当起拯救国家之重任。不久，张学良特意请人作词谱曲，谱写了一首东北大学校歌："白山兮高高，黑水兮滔滔，有此山川之伟大，故生民质朴而雄豪……"以此校歌激励师生肩负起"爱校、爱乡、爱国、爱人类"的重大使命。

1928年9月14日，张学良对东北大学学生发表演讲训词：

现在敝人在名义上虽然是大学校长，然而我的学问方面，非常的幼稚，尚未受过大学教育。在年龄方面与诸同学相仿，所以，我对于大学校长的位置，很有抱愧的地方。而保安委员会曾以余之地位，推以本大学校长的重任，这不过勉强而已。所以我很不愿与诸同学称为师生，不过同学罢了。所以我更愿常与诸位青年朋友接近，就是我内人亦欲前往东北大学受教。从前我在北京民国大学的时候，每于暇时常与他们一同游戏，各方面都受了许多利益，所以我们很愿嗣后时常到校与诸同学接触。至于校长学生，不过是名义上的问题罢了。

我今天所欲与诸位说的，首先是提倡体育。说起来中国的体育界，大多数不肯注意体育，所以学生多失于软弱。我很希望本校关于体育方面要特别注意，然后用健全之身体好求精妙的学问。所以体育是不可轻忽的。

学问方面更是重要，好的要特别奋勉，劣的要极力改善。现在我们中国正在"风雨飘摇"之中，所以我们中国人的中国，诸位同胞都得努力奋救他的危险。况且人才方面又是特别需要呢。

然而中华民国的教育，不像从前为个人而求学，为家庭而求学，现在是为国家而求学的，所以必须持谨谨慎慎的态度，不要因金钱的引诱，失去了自己的人格，抛开学业而去干涉社会的政治与其他的机关。然而我不是说禁止大家关心政治，是使大家对于国家政治，应说则说，不然则不必去管，最好是安心读书。从前我在学生时代的时期，看见一般学生，对于国家观念非常的热烈，比太阳的热度还要高。至于他们进了社会，良心的温度就慢慢的降低下来。从前他在校讥讽人的话，现在他自己实行了。所以我很希望大家，将来处身社会，要本着自己的人格，拿来从前在校里时的热心，来处置社会。拿从前批评旁人的话，来整理社会。人人如此，则社会国家就没有不富强的道理。

方才我说现在中国需要人才，不是指大人物而言，恐怕大人物多了，不但国家不能富强，反倒要乱。所以现在中国，不论哪省，大人物要多，必然大乱，则人民将不幸矣。我说的才，是指专门人才而言。他学的是工，就要作工，学的是农，就要作农。不要存着当官的心理。然而现在中国的学生，如果试问他们毕业后的事业，他们都说要为国作大事业，那么岂不是就要开争端了吗？所以专门人才要作专门事业。

普通一般人都说中国人不能认清自己，我以为中国人实自己认的太重了，都要作很大的事。我很希望大家，应作什么作什么，设如中国人都作大事，就没作小事的人了。我尝由旅大乘南满车，里边一个服务的人，一身能作许多的事情，然而所作的虽然琐碎，但是他们的态度还非常快乐，就是因为他能坚忍耐劳，努力自己的工作，很能守他的本分。然而现在我们中国，则不然，东省留学欧美的学生，研究农科的也很多，可是我从未看见他们回国以后，还继续研究农业，并且能与老农一同的耕田，大半他们都改变了意志奔官途作官去了。我很望诸君，要坚定了志向，各用己之所学，全国学者都能如此，则中国自强矣。

　　总之，最重要有两条：（一）自己看守自己的人格。（二）要将自己看小些，将国家看大些。自己看守自己的人格，就是方才说的，不要失去自己的人格，被外界引诱，昧了良心，作极恶的事，贻害于同胞。要拿批评人的话，来规诫自己。要将自己看小些，将国家看大些，就是说自己不要自看的太重，而有害于国家。而国家造就人才并非专造就首领人才，而服从人才也很重要。故因为人的才智有高有低，较聪明能干的人，作大事固然（是）可以的，然而天生中才，虽令他作首领，那岂有不误大事么？昔者文王有臣十人，能治天下，所以领袖人才何必须多。最后几句话是，诸同学要专心研究，以图用之于来日，造成中国人才，人民中坚，求学事小，国家事大，才不辜负国家兴学的本质和职员教授的苦心啊！

　　张学良为阻止日本插手东北教育之野心，加速扩建了东北大学，慷慨解囊捐资300万元，拨发经费120万元（当时北京大学经费90万元、清华大学120万元），扩建校舍，购置设备。他还礼聘全国闻名的章士钊、罗文干、肖公权、刘士传等名流和黄侃、曾运乾、曾广源等学者到东北大学讲学。请老数学家冯祖荀、建筑学家梁思成及刘如松、物理学家孙国封等人在东北大学任教。此外，他还在奉天设立了萃升书院，聘请辞章家高步瀛、王树楠、吴闿生等前来讲学。张学良规定：凡在校学习期间总成绩第一名者，即保送到国外深造。

　　东北大学每举行开学或毕业典礼，张学良都亲临参加，发表演说，鼓励学生发奋学习。在1929年东北大学第一届毕业生毕业式上，张学良宣布选送八名优秀学生到英、美、德留学。

　　1931年九一八事变后，东北大学迁到北平。虽然大学范围缩小了，但是仍然保持文、法、工三个学院。另外，还招收东北流亡学生成立补习班，创办东北中学，张学良自任校长。他当时坐镇北平，处理军政大事，但常常挤出时间到东北大学视察，关心学生的学习和生活。

　　1933年张学良下野出洋前，把东北大学工作妥善安排，设秘书长代行他的校长职务。

1934年5月，张学良在南京东北大学校友分会、励志社成立会上发表讲话。他说："我要你们大家时刻不忘的有三点：第一，你们要时时想念北陵校舍是何等完备壮观；第二，你们要时时想念东北家乡是我们祖宗田园庐墓之所在，是何等丰富伟大；第三，东北重要的是我们国家，我们必须时时刻刻放在心头，去爱护她，立志去为她牺牲。"他还说，"你们要以人格为根基，要以国家为前提，要以国家最高领袖牺牲为志愿，把自己的私利私见放在后头，国家自然有办法，个人自然有出路。"

1935年初，张学良考察回国。2月28日，正值东北大学春季开学之日，张学良没有忘记东北大学，由汉口致电东北大学全体学生，勉励他们为救国而努力学习。张学良在电文中说：

东北大学，王（卓然）代表校长转全体同学鉴：

王代校长在沪晤谈，备悉校中近况，善慰远怀。余由欧观察，所得彼中者，教育印象至深。世界各国，生存竞争，无不以培养人才、阐明学术为根本之计。其教者之善诱，学者之攻苦，孜孜不倦，远非我所能及。我国文化落后，国势阽危，愿求急起直追非倍力倍速不可。诸生务须明今日教育为救国方法之出发点。今日学生，为将来国家之主人翁，从此立定志向，振奋精神，努力作人，努力向学，艰苦卓绝，恪守规纪。必须养成完美人格，求得真实学习，方不负养士之初衷，才可负救国之重任。余对诸生爱之愈深，望之愈切。

今当开学之期，不克亲临共话，特电勖勉，务望久志不忘，躬行实践。至要！至要！

张学良

张学良到西安后，对一二·九学生救亡运动很同情，当他得知东北大学的学生站在运动最前列，成为主力军，有不少人被捕后，远在西安给宋哲元打电报，让其营救东北大学学生。不仅如此，他还派原东北大学教授赵翰九由西安专程到北平慰问学生，让赵翰九带去他赠的2000元，给受伤的学生做医疗费。

赵翰九到北平后，东北大学秘书长王卓然将2000元索走，改作他用。张学良得知王卓然同北平六所大学校长一起声明阻止学生参加救亡运动时，气愤地说："迥然（王卓然）遇到这样事情，怎么分辨不清，站不起来了！"于是，他撤换了王卓然的职务，另选他人任秘书长。

1936年春，张学良因华北形势日非，首先把东北大学工学院和补习班迁到西安，拨50万元建筑新校舍并在礼堂基墙内砌立一块石碑，上面刻着几行字：

> 沈阳设校，
>
> 经始维艰。
>
> 至九一八，
>
> 痛遭摧残。
>
> 流离燕市，
>
> 转徙长安。
>
> 勖尔多士，
>
> 复我河山。

校长　张学良　立

张学良的题词，深深植根于东北大学的学生们心中。

有一次，东北大学工学院的学生为改善伙食和其他条件，发起了驱逐总务主任林耀珊的罢课风潮。张学良闻讯赶到学院，严肃地命令学生们复课。然后，他把七八个学生代表带到在金家巷一号的家里，让学生代表在自己的书房里读书看报。张学良处理完公务后，和学生代表一起谈论国家大事、抗日问题。十天来，他和学生代表同吃同乐，关心他们的个人和家乡情况。他对学生代表说："今天我送你们回校，咱们国破家亡，求学机会不易。你们吃的不好，要向我反映、写信，我替你们解决。这件事责任不在总务主任，不要再闹了。我告诉守卫了，今后不管是谁，有问题可以持学生证来找我，你们回校去吧！"就这样，张学良以至诚感动了学生，从容地解决了这场学生风潮。

"西安事变"前夕，张学良在东北大学工学院讲话时，谈到抗日问题："九一八不抵抗，不是我的决定，将来历史会证明。问题是当年无论是谁错了，今天不能一错再错。"他又说，"固然国家统一才能抗日，然今天看来，必须抗日才能求得民族统一。"

当讲到日本侵略者要灭亡全中国时，他激动地说，"同学们要记住，祖宗生下我们，不是让我们当奴隶的！"他声泪俱下的演讲，使大学生们都痛哭失声。

"西安事变"后，张学良被蒋介石幽禁，与东北大学失去一切联系。然而，东北大学的师生们积极地参加了民族解放斗争，并作出了应有的贡献。东北解放后，在东北大学工学院的基础上建立了东北工学院。

1992年11月，原东北大学秘书长、代校长、92岁的宁恩承先生从香港去台湾看望张学良先生，谈到了东北大学复校的事，张学良非常高兴。11月30日，他欣然挥毫，用他印有"张"记的专用信笺题写了"东北大学"校名。12月17日，这张写有张学良题名的墨宝，经过东北大学在美国校友会会长张捷迁先生转递到沈阳。

近年来，原东北大学的海内外校友强烈要求，希望能恢复东北大学校名。东北工学院还成立了"东北大学复校办公室"，有条不紊地筹备复校工作。

1993年3月8日，国家教委正式批准东北工学院复名为东北大学。复校后的东北大学，将逐渐建成一个集理、工、法、商、文、管理学院为一体的综合性全国重点大学，更多更好地为国家培养建设人才。

4月13日，东北大学旅美校友会会长、台湾"中央研究院"院士张捷迁教授受蒋仲乐校长的委托，专程从美国乘飞机赴台北，在张学良住宅内，当面向其赠送东北大学聘书。当张捷迁教授将聘书呈现在张学良眼前时，将军面露笑容，拿出放大镜，看得非常认真。张捷迁教授又拿出国内有关东北大学复校的报道及东北大学的信函给张将军看。

张学良非常高兴，欣然接受了聘请，同意出任东北大学名誉校长、名誉董事长，并快步走到书桌前，打开几乎贴到桌面的两支日光灯，挥笔写下"教育英才"及"东北大学70周年纪念"等题词。在题词过程中，张捷迁教授欣喜地注意到，张将军反应还是那样灵敏，思路清晰，字写得很快，使人很难相信他已是93岁高龄。

东北大学的复校典礼，定于4月22日举行。原东北大学秘书长、代理校长、93岁的宁恩承教授，受张学良先生的委托，作为张将军本人的代表，专程从美国赶到沈阳，参加复校庆典。

4月22日上午，沈阳上万名干部、教师、学生集会，庆祝东北工学院更名暨恢复东北大学校名。著名爱国将领张学良先生被聘为东北大学名誉校长、名誉董事长。宁恩承教授代表张学良先生为张将军亲笔题写的"东北大学"校牌揭幕。

全国政协副主席、著名科学家钱伟长及辽宁省、沈阳军区、沈阳市的有关领导出席了东北大学复校庆典。

哈工大名誉理事长

我非常高兴：接受聘书，为哈尔滨工业大学题写校名。

——张学良

1993年5月31日下午1时，张学良先生在93岁寿辰之际，接受了哈尔滨工业大学名誉理事长的聘书。

原来，少帅张学良与哈工大素有渊源。早在1928年至1931年间，少帅张学良曾担任哈工大理事会主席并出资设立奖学基金。

在张学良90岁生日宴会上，前国民党"行政院长"、原哈工大台北校友会总理事长孙运璇先生代表各界的哈工大校友向张学良先生祝酒。他在致辞中说：当年的穷学生们，如果没有张学良将军的资助，就没有今天的成就。

1993年4月，台湾大学机械系教授、哈工大校友会会长陈靖宇由台湾来大陆，重返阔别多年的母校哈工大。哈工大校务委员会秘书长、校友总会干事长李景煊，向陈靖宇教授表达了哈工大全体师生对张学良将军的敬仰之情，并请陈先生代向张学良问好，希望张将军有机会回故里，届时光临哈工大。与此同时，哈工大现任校长杨世勤将已准备好的名誉理事长聘书交给陈靖宇教授，委托他代交给张学良将军。

5月31日下午4时，张学良将军在自己93岁寿辰之际，会见了从大陆返台湾的陈靖宇教授。

陈先生代表哈尔滨工业大学的全体师生向张学良将军敬赠了聘书。张学良西装革履，满面春风，很高兴地接受了哈工大名誉理事长聘书。陈靖宇教授告诉张学良：哈工大未受战争破坏，1950年苏联把它移交给大陆后，学校发展很大。

张学良听了笑逐颜开地说："我非常高兴，接受聘书，为哈尔滨工业大学题写校名。"然后，他当众亲笔挥毫，题写了"哈尔滨工业大学"校名。然后，他遗憾地表示不能起程回大陆了。

尔后，陈靖宇教授给哈工大李景煊秘书长打了长途电话，详尽地介绍了上述情况。

6月1日，正值大陆和台湾两岸开放挂号邮件业务首日。张学良先生以挂号邮件将自己为哈工大题写的校名字幅、接受聘书时的照片及港台刊登的有关新闻报纸，一并寄给哈工大。

这天，台湾最大的报纸《联合报》以醒目标题刊登了张学良接受哈工大名誉理事长聘书的新闻。当晚，台北中华电视台在联播节目中播放了张学良接受聘书的录像新闻。

"爱国号"兰花送给江泽民主席

是兰之为名花，不但足以赏心悦目，更可以陶性怡情。

兰花是花中君子，其香也淡，其姿也雅。正因为如此，我觉得兰的境界幽远，不但我喜欢，内子也喜欢。

——张学良

在1993年4月21日至5月5日，北京举办的中国花卉博览会前夕，时任世界兰蕙交流协会荣誉会长的张学良撰写了一篇贺词，并通过率团来北京的黄秀球先生带到花卉博览会上。张学良在贺词里写道：

兰在中国历史上是一种品格高超的名花，自春秋时孔子自卫适鲁，作猗兰之操，誉为"王者之香"，而后历代文人雅士咏歌不绝。左氏不遗梦兰之征，屈子思君纫兰为佩，周易更谓："二人同心，其利断金，同心之言，其臭如兰"，是将君子比德于兰，而非以兰比德于君子。骆宾王上张司马启也说："博望侯之兰薰桂馥"，又将兰喻为"世德流芳"。兰在国人的心目中，可以说占了极为崇高的地位。

花卉的爱好，大致来说，与个人的秉性和品德确有关联。晋陶渊明独爱花中隐逸的菊，自李唐以来，国人多爱花中富贵的牡丹，而宋周濂溪则独爱花中君子的莲。其实兰之为品，兼三者之德，又各极其长：王者之香，是富贵之极；容古留芳，是隐逸之最；出淤泥而不染，经岁寒而不凋，它的清介坚劲之美，更非莲所能比拟。因此，凡是恫瘝为怀，而思以亮节高操，风世砺俗的人，莫不对兰花具有深切的爱好。

除了文人雅士爱兰之外，历代名将爱兰者，亦不乏人，有清中兴名将

843

左宗棠，曾题"新膝吟花逸史"，评龚梅先生"兰蕙同心灵"称："厦秀气清，王者之草；翰墨留香，我赏而宝。"画梅成痴的彭玉麟，也曾移爱题兰，留有如下的绝句："平生只解写梅花，索我题兰兴更赊，独怪孤山三百树，幻形九畹吐芳菲。"可见兰的风标，亦能倾倒叱咤风云的将帅。

唯独曹孟德别出一格，独不爱兰，曾谓："芳兰当户，不可不除。"然而自曹魏氏败，而兰之名益彰，一代之雄，竟不能于兰而行其志，此所以兰之能为中国文化史中的一部分，无人能摇撼其地位了。离却兰品不谈，即以欣赏的角度来论，兰花如在深阿幽谷，林彰筛地，皎魄当空时，兰花每飘放一种清冽的幽香，沁人心脾；如在萧斋静室，凭几晤对，则见其缤纷扶疏，争艳斗奇，如亲良友，汝饮醇醪，令人万虑惧消，有潇洒出尘之想。

是兰之为名花，不但足以赏心悦目，更可以陶性怡情。兰之为用，岂仅在于观赏而已。因此，兰艺自中国渡海，传至东瀛，进而又扩及世界园艺之林。国人应如何发扬它的幽光，以为复兴中华文化之一助，当有赖有心人士之共同努力。

张学良之所以赞赏兰花，是因为兰花在其生活中占有重要的位置，兰花使他受益匪浅。张学良在长期的幽禁岁月中，与外界隔绝，生活单调寂寞，为了排除胸中郁闷，刻意培养自己多方面爱好，养兰花便是其中之一。早在1947年，张学良在台湾的高墙深院内，自己劳作，开辟了种洋兰和植国兰两个花园，莳兰花陶冶性情。

1962年12月21日，张学良和赵一荻夫妇到蒋介石居住的士林官邸的凯歌教堂，首次与周联华牧师会面，从此周牧师和张氏夫妇成为好友。

当张学良夫妇从教堂出来，正巧遇到宋美龄。其实，他们三人的巧遇，正是张群的有意安排。此时，蒋介石在慈湖。于是，宋美龄邀请张氏夫妇到官邸家中一聚。这是宋美龄与三年前解除管束以来的张学良第一次小聚。虽然他们之间有些尴尬，但是当看到兰花时，那尴尬的气氛荡然无存了。

宋美龄把张学良夫妇引到自家的花房里。这里百花盛开，宛若鲜花的世界。张学良对这里的兰花特别感兴趣，一边观赏，一边向赵一荻讲解："这是蝴蝶兰，这是宋梅，这是荷鼎，这是桂丹梅，这是虞美人。"他如数家珍，突然兴奋地说，"想不到能在这里亲眼看到绿云！这可是兰花之王，这盆兰花可是价值连城啊！"

宋美龄听了，赞佩地说："汉卿，真看不出，你竟然成了养兰专家了。"

"夫人过奖了，这盆绿云确是珍贵的国兰啊！"

"是的，这盆绿云是从香港九龙空运来的，花价很贵的。"宋美龄说，"我还有一盆绿云，这盆就送给你吧。"

张学良没有答话，显然他正陶醉在兰花里，他痴迷地观看着这盆绿云，然后直起身来对宋美龄说："夫人，这盆绿云，少说也得万元吧？"

"汉卿，你真是识兰啊！"宋美龄称赞道，"我倒想问你，这绿云好在什么地方啊？"

"夫人，你看，"张学良指着那盆绿云兰花说："一般的兰花都是六个瓣，叶长，花瓣就像竹叶子那样尖尖的。你看，这绿云叶短且肥，花香幽雅，奇就奇在它有七个花瓣，与众不同啊！"

宋美龄说："汉卿，我服你了，这盆绿云总算遇到了识货的养兰专家了，这盆兰花归你了！"

筵席后，张学良夫妇将宋美龄赠送的兰花带回自己的住所，精心侍养。

1973年的一天，张学良夫妇在保安人员陪同下，第一次出现在台北儿童乐园举办的花展中。从此，他们经常出入兰界。

张学良与赵一荻酷爱兰花，亲手栽培了许多兰花。为了养好兰花，他们还专门订阅了《兰花世界》月刊，买了许多关于兰花的书籍。两人醉恋兰花，以兰花为乐，用兰花陶冶性情。

每当岁末年初兰花盛开的季节，台北市区及近郊的兰花养殖园经常会接到"神秘"的电话：有位"赵老先生"要前往赏兰。于是，半小时后，便会有一辆载着四男一女的白色轿车停在门口。他们从车上下来，鱼贯而入兰园。其中，那位年纪较长，身材高大，穿着西装（有时着长褂），满头灰发的"赵老先生"就是张学良，女的是赵一荻，余卜的人便是保安人员和司机。

每逢星期日，在台北的兰花交易所、花市及园艺所，常常有张学良偕赵一荻的身影。特别值得一提的是，每有办"兰花展览"，张学良和赵一荻是必到之客。

在兰花界，"赵老先生"平易近人，性情豪放，是一位儒雅的长者。他虽然头发已经灰白，但是面色红润，声若洪钟，精神矍铄，穿着红色软质平底布鞋，步履轻捷。时间久了，兰界人士终于从"赵老先生"的不凡的器宇中，知道了他就是半个世纪前叱咤风云的少帅张学良。

张学良与赵一荻喜欢观赏花卉，尤爱传统国兰。每次赏兰，张学良都极其仔细，对兰花的优劣评价得很内行。他们在花展上或私人兰圃中，常常会选到中意的兰花，付钱买回。

有一次，张学良在一处兰园中见到了一盆奇异的兰花。他向花的主人表示准备买此花回去。花主人见张学良是位温文老者，不可能花巨款买这盆兰花，便将价值8000元的名兰说成2000元。他万万没有想到，张学良毫不迟疑地当场付钱买下奇兰，弄得花主"哑巴吃黄连"，有口难言。

这位卖兰花的人曾是台北市国兰协会的会长。后来，当他知道奇兰买主是张学良时，逢人就谈及此事，满心欢喜地说："卖给张学良值得，亏了6000元也值得！"

张学良和赵一荻对兰花喜爱之深，还可从随从人员身上看到。他们也都是鉴赏兰花的内行。张学良夫妇虽然出入兰界无数次，但是接触的兰界人士问及兰花之外的事，他们绝口不谈。

有一次，张学良的老朋友问为什么如此酷爱兰花？张学良说："我家里有兰花两百多盆，养兰是一种享受。譬如浇水、施肥、移动花的位置，适度的阴凉和适度的阳光……兰花是花中君子，其香也淡，其姿也雅。正因为如此，我觉得兰的境界幽远，不但我喜欢，内子也喜欢。"

在1993年北京第三届中国花卉博览会期间，张学良还委托世界兰蕙协会会长黄秀球先生把自己亲手培育长达20年的一盆名叫"爱国号"的兰花带到博览会，送给前往参观博览会的江泽民主席。张学良以"爱国号"兰花赠送给中共中央主席江泽民，寄托了他对大陆同胞的一片深情，此举成为中国养兰史上的一则佳话。

在1997年，中国北海第七届兰花博览会期间，张学良先生送来的三盆参展兰花备受游人观赏。许多中外游客争相与此三盆兰花摄影留念。此三盆兰花：一盆是墨兰，一盆是金花三金嘴，一盆是新品种寒兰。

张学良赞美兰花是"花中真君子，风姿寄高雅"。2月26日当本届兰花博览会结束时，张学良向参加展出的30盆获奖兰花，赠送了30块刻有他印章的纯金金牌，以此寄乡情。

1998年，在沈阳张学良旧居举办了《庆祝张学良将军九十八华诞兰花特展》。此前，张学良闻讯，异常兴奋，委托黄秀球将自己培植的13盆名品兰花从台湾空运到沈阳参加展览。这13盆兰花中，有名谓"桃姬"、"婴姬"的名品，又有名称"爱国"的线艺兰花。张学良以这些名兰参展，表达对家乡父老的感谢之情。

张学良在台北寓所居住期间，亲手栽培了三百余盆兰花。他不但收集莳养台湾地区的著名兰花，如一叶兰、蝴蝶兰、缟兰、阿里山无叶兰、达摩兰等，还对大陆的传统品种尤为偏爱。他的兰花园里，有江浙的绿云、宋梅、郑同荷、环球荷鼎；有四川的大红朱砂、春剑牙黄素；有广东的报岁白黑、企叶黑墨；有福建的银边大贡、龙岩素等，共有几十个名品数百盆。

张学良对这些兰花爱护备至，亲手为兰花浇水、施肥、除害；亲手执笔为盆兰题书花名，如"宝岛仙女"、"玉雪天香"、"太阳"等。他还用英文在卡片后面注明兰花的名称。

张学良说："养兰是一种享受，譬如浇水、施肥、移动花的位置，适度的阴凉和适度的阳光等，都有学问。因为养兰，我买了有关兰花的书籍和杂志，而且常向这一方面的专家请教。"他还说："兰与我作伴多年，给了我生活的信心，给了我生命。"

离台北时，张学良和赵一荻徘徊在小楼前那一盆盆兰花前。因为是冬季，那些盆中的幽兰还没有开放，但已经枝繁叶茂，兰花含苞待放。没有冬天的台北，在他与赵四小姐临行的那天上午，阴霾的天空上淅淅沥沥地飘洒着雨雾。

"大爷，莫非您还留恋这里吗？"张闾芳以秘书的口气询问道，"这些兰花可是您多年精心培育的啊！"

"是啊，我后半生最喜欢的就是兰花了！"张学良身着西装，俯身去看那一盆盆用钞票从台北的兰花市场买来的以及朋友们赠送的兰花，心中似有难以言喻的恋情。他依次看了盆中尚未开花的荷鼎、蝴蝶兰、虞美人等几种珍贵兰花，无限深情地对侄女张闾芳说："我早就说过，兰花是花中的君子！它不同于富丽的牡丹，也不同于水仙之类。说兰花是花中君子，就是因为它不趋炎附势，肯甘于寂寞啊！"

张学良说到这儿，看了侄女闾芳一眼继续说："清代的郑板桥不是画了许多的山谷幽兰吗？我记得郑板桥有一首诗说：'兰花本是山中草，还向山中种此花，尘世纷纷樯盆盎，不如留与伴烟雾！'你懂其中的含义吗？"

张闾芳似懂非懂，茫然地问："您是说兰花讨厌纷乱的尘世？它不媚俗，是吗？"

"是啊，我恰好喜欢兰花这一点，兰花比古人常咏的梅花还讨我喜爱。因为梅花仅仅是不惧霜雪，而兰花却能长久地甘于寂寞，这很了不起啊！"张学良指着一盆绿叶肥硕的草兰说，"郑板桥为兰作画有数十幅，我唯独喜欢那幅《谷中幽兰》。还有郑燮在天头上所题写的诗：'山中兰草乱如蓬，叶暖花醋气候浓，山谷送香非不远，哪能送到俗尘中？'这四句多妙！闾芳，我们走后，待到'叶暖花醋气候浓'的时候，它还会像从前我们在时那样，将幽香送到俗尘中去的。"

"大爷，"张闾芳问张学良，"这些兰花怎么办啊？是送到天母的那套公寓里去呢？还是送到兰花市场上去卖呀？"

张学良听了侄女问话，没有马上回答，恋恋不舍地在兰花丛中，慢慢地观看，好一会儿，才摇着头说："这么好的兰花变卖了，太可惜了！当然，这些兰花也不能搬进天母的公寓里，因为室内的阳光、空气都不好，没人为兰花松土浇水，时间久了，这些兰花就会枯萎凋零死掉。闾芳啊，我想，这些兰花你最好拿去养，如你养不了这么多，你就替我送朋友吧！不过，你千万要送给那些真正懂兰花和爱兰花的人，让兰花归其主！你懂我的意思吗？"

张闾芳深为大爷爱兰花之情所感，连声应诺道："我懂，我懂！"

观"木牛流马"，促"三通"出资千万

> 木牛流马就是独轮车。是在没有路的地方才用的。
>
> 我决定出资一千万美元，支持邱兴军创办联侨三通公司。
>
> ——张学良

1993年8月6日，张学良在台北观看了"敦煌古代科技展"。这个展览是6月27日在台北开始的，受到了台湾人民的欢迎。

这天，张学良再也按捺不住观赏"敦煌古代科技展"的欲望，来到展览馆，并遇到前来观展的蒋纬国先生。于是，张学良夫妇和蒋纬国夫妇双双结伴进入展场。

自从"西安事变"后，张、蒋两家从未在公开场合携手露面，此次是首次。两家人有说有笑，依次参观展览，在观赏"木牛流马"时，张学良与蒋纬国还有一场"辩论"。

张学良说：这个"木牛流马"就是独轮车。

解说员听了马上解说："这有两种意见，一种意见认为是独轮车；另一种意见认为是四个蹄子的车。"

蒋纬国先生说："张将军，我作为一个学物理的出身，又多年从事军事，我认为'木牛流马'应该是现在这个样子。因为独轮车可以走平地、坡地，但对古代高低不平这样的路，独轮车恐怕无法走，只能用四个蹄子的方式才能走动。"

张学良对蒋纬国先生的观点，回应说："照将军说，'木牛流马'是在没有路的地方才用的。"

同年9月8日，北京联侨三通公司在人民大会堂宣告成立。这个公司之所以引人注目，是因为该公司是由张学良的慷慨资助才诞生的。

北京联侨三通公司属民办科技企业。公司的一千万美元注册资金，全部是张学良资助的。原来，去年5月，中国民办科技实业家协会赴美参加第十四届国际发明家展会期间，正在美国探亲的张学良先生特邀该协会常务理事邱兴军先生参加他的91岁寿宴，并与他长谈了五个小时。张学良祝贺大陆展团在展览会上所获奖章拔得头筹，表示要支持他们办联侨三通公司，以联合海外侨胞，促进海峡两岸"三通"。他说："我决定出资一千万美元，支持邱兴军创办联侨三通公司。"

联侨三通公司在北京成立时，张学良先生还派代表参加了该公司的成立庆典。

接见大陆飞来的"白天鹅"

60年前，我在哈尔滨看过白俄跳的"天鹅湖"。

我一早告诉医院的大夫，今天不去看病了，有客人从远方来，我们一定

要见见你（白淑湘）……

——张学良

　　1993年10月，中央芭蕾舞团赴台湾演出。该团的白淑湘女士是中国舞蹈家协会主席、中央芭蕾舞团副团长，她在年轻时因饰演芭蕾舞剧《天鹅湖》中的白天鹅而享誉天下。在台北白淑湘有幸得到海基会李庆平先生等人的帮助，在10月8日这天，在中华语言研习所董事长何景贤先生的陪同下，到张学良将军寓所拜访了她仰望已久的"千古功臣"。

　　张学良之所以欣然接见白淑湘，是因为他与她父亲白纯义是老相识。白纯义年轻时在张将军创办的东北大学担任法律教授，也是在张将军手下主管经济的专员之一。此时，白淑湘能去见中国近代史上杰出的伟人，对她这个晚辈来说，是一件多么值得高兴，值得庆幸的事啊！

　　10月8日这天，张学良将军精神格外好，一大早就在客厅里等候白淑湘一行人的到来。陪同的何景贤先生与谢冰心认识，他的中华语言研习所书刊上的几个字还是冰心题的字。白淑湘等人下车到屋里，张将军站起来同他们握手。

　　张学良身穿深色代格子的长袖衬衫，头上戴着一项小瓜皮帽子，鼻梁上架一副棕色墨镜。白淑湘上前与张将军握手，表示她真挚的敬意。何先生也握手向张将军致意。随后大家在桌子旁沙发上坐下来，白淑湘拿出带来的礼品：一张《双鹤图》，是画家石禹先生的大作。然后，她又把自己画的《出淤泥而不染》的白荷图敬送给张将军。

　　这时，张将军的夫人赵一荻女士走下楼来。她身穿一套西装长裤，边走边说，声音清脆，很高兴地告诉白淑湘："我一早告诉医院的大夫，今天不去看病了，有客人从远方来，我们一定要见见你……"

　　白淑湘听后，被将军夫妇的情意所感动。原来，张学良每个礼拜都要去检查身体，这次他特意破例等候白淑湘一行人来访。

　　张学良说："我眼睛有些不好，耳也有些背。现在腿上长了骨刺，很痛，腿脚都不利索了。要按规定时间去医院治疗，今天就不去了。"

　　听了张将军的话，在座的来访者都被眼前这位叱咤风云的人物，感染得内心激动不已。

张学良坐在那里，双手放在双膝上，腰杆很挺拔，显得很是威武。这位就是周恩来总理说的"千古功臣"啊！白淑湘由衷地说："张将军，大陆人民都很想念您，渴望您老回去看看。大家都盼您回去看看少帅府，东北的父老乡亲都很想您啊！"

张学良也表示很想回去：只是眼下行动不方便，腿痛，眼睛也不好。白淑湘又说："我们这次来台湾演出芭蕾舞，专程来请您二老前去观看。"

张学良说："60年前，我在哈尔滨看过白俄跳的'天鹅湖'。"

白淑湘听了，非常钦佩93岁的张将军有这么好的记忆力。她接着说："我是东北人，全家现在哈尔滨。老家是辽宁新宾……"

张学良截过话说："新宾最早叫新京。努尔哈赤是在那出生的。"

白淑湘表示说："我们晚辈还不知道原来的新京这个名字，张将军真是本活生生的历史百科大字典啊！"

白淑湘的话，在座者都点头赞同。这时，白淑湘把一套缎子手绣的睡袍送给赵一荻夫人。赵一荻接过睡袍，高兴得直说："太美了，太好了！"

白淑湘帮她穿上睡袍之后，大家一起与张学良夫妇合影留念。随后赵一荻拿出四本小册子送给白淑湘，告诉说："这是我学教的心得。"她的声音和张将军一样是地道的东北调，听起来如在自己家里一样。而后，张将军也送白淑湘一本书，是用他的笔名"曾显华"写的。他说："书上，这个笔名是他的英文老师、中文老师、牧师每个名字取其中一个字组成的。"

在交谈中何先生说："白淑湘女士是中国舞蹈家协会主席、中央芭蕾舞团副团长，这次来台湾演出芭蕾舞，我想您一定会欣赏的。"

张将军只是频频地点头。此时，白淑湘忽然感悟到：这是在台北北投张将军的家里，两代人面对面坐在这里，自由自在地谈心，这是多么幸运、美好的事啊！张将军就是这么平易近人、慈祥、亲切。

在交谈中，张学良兴致极高，谈笑近一个小时，这位爱国将领不时回忆起年轻时的旧事，并说等腿好些一定回故乡看看。

这时，何景贤先生看了看时间，本着为张学良身体着想，说："张将军和夫人要休息，我们告辞吧。"

于是，白淑湘一行赞同地站起来，一一与张将军和赵女士握手辞别。两位老人表示，一定要送他们到门外。白淑湘等人不好推托，只好立即上车，挥手与张学良夫妇告别。

在回驻地的路上，白淑湘思绪万千。忽然，她想到了那首《张将军之歌》：

他如松柏，惯经霜，

人虽老，意念强，

爱国情深一如既往，

他多么希望海峡两岸重携手，

表示为此不辞再次赴汤蹈火。

海外各界也誉他为祖国和平统一的象征，

我们也同样对将军抱有殷切的期望，

期望这颗在东北上空升起的明星，

再次发出灿烂的光芒，

创造更惊人的奇迹，

谱写更辉煌的篇章，

让一个更富强的中国屹立在世界东方。

让宏伟的理想，

早日成为两岸共同的行动之纲，

为人类文明增添更多光彩，

对世界和平贡献出更大的力量。

"东大"两届校长间隔65年会面

说我创办东北大学，不能这样讲，东大的第一任校长叫王永江。

我把父亲留下的钱用来办了东北大学。

——张学良

1993年11月17日至30日，东北大学校长蒋仲乐一行五人赴台湾访问。蒋仲乐此行是应台湾成功大学的邀请赴台的。

蒋仲乐校长到台湾访问期间肩负一项重要的使命，就是拜会张学良。他向记者说："张学良是原东北大学的老校长，是现在东北大学的名誉校长，可我这个校长还未与他见过面，这是极不正常的。所以这次访台一个重要目的就是拜会张学良校长。"

11月27日，蒋仲乐校长的愿望终于实现了。他在几位老朋友的安排下，拜会了东北大学名誉校长、著名爱国将领张学良，从而实现了东北大学现任校长和65年前老校长的具有深远历史意义的会晤。

张学良与蒋仲乐会见的地点，是张将军新居的客厅，那是台北市郊士林区天母中山北路一个住宅区的二楼套屋。蒋仲乐校长看到：客厅里无更多的装饰，摆着沙发、靠背椅供客人们坐。张学良对蒋校长一行人来访，表现出极大的兴奋。他慈祥地、亲切地与东北家乡客人握手、作揖表达热情欢迎之意。

蒋校长一行人见老校长虽是93岁高龄，但精神矍铄，头脑清楚，从心里感到欣慰。当蒋校长说自己是代表东北大学的全体师生，代表全东北父老乡亲看望张将军时，张学良满面绽开笑容，连连作揖表示感谢。

蒋校长谈到了当年少帅对东北建设和东北大学的重大贡献。张学良听了，一边笑，一边摇头，说："我把父亲留下的钱用来办了东北大学。"

蒋校长说："老校长创办的东北大学，为社会发展作出很大贡献。"

张学良对此，连连摆手说："说我创办东北大学，不能这样讲，东大的第一任校长叫王永江。"人们对张学良将军如此惊人的记忆力都很赞佩。

在会面中，蒋仲乐校长把带来的一本相册给张学良观看。老校长看相册极其认真。这时，蒋仲乐指着一张照片的平房院落说："这是您出生的地方。"

张学良听了，马上给予纠正："这你就说得不对了，我不是在任何房子里出生的，我是在马车上出生的，当时我头上受了伤。你看，现在我头上还有疤呢。"

张学良说到这，把头凑过去，让蒋校长等人看。接着，蒋校长让人把送给张将军的礼物拿出来，先送给老校长一个完整的鹿茸。张学良欣然接受，高兴地说："这东西我内行，因为我父亲喜欢这个东西。"

他边说边仔细看，然后满意地说："这是质地非常好的鹿茸。"

当张学良看到两幅同泽书画研究院院长王盛烈教授的字画时，张学良很感兴趣并指着一幅画说："这画得远点看。"原来，这幅油画上画的是张学良接见记者的肖像画，高二米，宽一米，他很喜欢。送给老校长的礼物还有一部周林研制的频谱治疗仪。

张学良看到频谱治疗仪兴致勃勃地问："这怎么用？"蒋仲乐校长说："说明书说得详细，一看就会用了。"

这时，一本《张学良和他的将军》的书，递到老校长的眼前。他接过书，一边翻阅，一边问："这书是谁编的？"当他听说作者是原东北大学的学生宋黎时，关心地问宋黎现在做什么。

在会见中，东北大学的代表向张学良名誉校长递交了一份邀请他1994年回校视察的信函。老校长看后，没有表态。对此，后来蒋仲乐校长说："大家都关心老校长能否回大陆来，我看关键取决于赵一荻女士。""赵一荻女士现在身体不好。老校长在最困难的时期，赵女士一直陪伴着他，如今赵一荻女士身体不好，老校长绝不会一个人回大陆。老校长能否成行，关键在于赵一荻女士。"

在会见将结束时，东北大学一行人热切要求与老校长合影留念。张学良将军满足了东北老乡的要求，不仅合影，还和每个人留影纪念。

当蒋仲乐校长一行人告别张学良校长时，张将军依依不舍、久久地握着家乡人的手，并坚持要送他们出门，一直送到电梯旁。

最后蒋校长请老校长多多保重身体，祝老校长健康长寿，张学良笑了笑，风趣地说："还长寿，再长寿，我就成妖精了。"众人听了，不禁喜笑颜开。

1995年5月末，东北大学新任校长郝冀成与上任校长蒋仲乐飞到夏威夷。6月1日早，他们到张学良名誉校长寓所祝贺其95岁华诞，赠送了由辽宁岫岩玉石雕成的玉牛。张学良观赏着家乡的玉石牛雕，连连称好。当郝校长、蒋仲乐向他问起是否能回家探亲访友时，张学良说："我会回去看看的。"

檀香山——颐养天年之地

> 人的生活要简单，简单的生活就能使人长寿。我这个人有个特点，如果明天我被枪毙，今天晚上我仍然会睡得又香又甜。我这一生有三爱：一、爱打麻将；二、爱说笑话；三、爱唱老歌。
>
> ——张学良

1993年，张学良以颅脑手术后需要儿孙护理，夫人赵一荻因患老年缺钙，导致骨质疏松，出现裂缝，需要护理休养为名，申请赴美，此行得到台湾当局批准。

同年12月16日下午，张学良夫妇在台湾桃园机场乘坐一架CH003"华航"大波音客机，飞往美国旧金山。张学良夫妇此行，并没有引起新闻媒体的关注，只是台湾《联合报》披露一条百字通讯：

张学良夫妇再度赴美探亲，若有机会或可能回东北。张学良将军和夫人赵一荻，16日下午乘飞机前往美国探亲。这次主要是到美国看儿子和孙子们。在被问及何时返回大陆老家探亲时，张表示：东北是他的家乡，有机会当然希望回去看看，但具体时间目前尚未安排。

旧金山的一家华人报纸，在头版发表了一篇《张少帅再抵美国探亲》的报道称：因为"西安事变"而闻名的张学良将军今日再次飞抵旧金山，他和赵一荻夫人各乘一辆轮椅，走出海关时，并没有像两年前来美时为大批记者所包围，他因为探望亲友而来，所以媒体及人们对此表示淡然。这正合张学良的心意。

张学良经过十多个小时飞行后，下飞机时精神很好。在海关大厅里，张学良夫妇同前来迎接的张闾瑛夫妇、张闾琳夫妇及原东北大学旧友宁恩承、方庆英等人用英语交谈寒暄。此时，不管是新闻媒体还是关心张学良的人们，谁也没有想到：这次赴美探亲，竟是张学良夫妇的结束居台之旅，他们在台湾已经度过了46个春秋。

12月23日，张学良夫妇在旧金山和女儿、女婿、儿子、儿媳、孙子们一起度过圣诞节。这是他们自"西安事变"后，首次与儿女孙子们在美国过节享受天伦之乐。

12月24日，在闾瑛、淑贞夫妇陪伴下，张学良夫妇飞到四季如春的夏威夷檀香山机场。两年前他们第一次来美国探亲返回台湾时，曾经过此机场做短暂停留。而这次，张学良夫妇则是专程来檀香山做长期疗养的。张氏伉俪初住"彩虹楼"，后迁至"咸水湖"公寓。这两处公寓均属希尔顿酒店集团所有。

檀香山市，是一座美丽的海滨城市，又称"火努鲁鲁"，坐落于瓦胡岛南端科劳山脚下。张学良夫妇乘上五弟张学森与侄女张闾芳驾驶的美国流线型轿车，沿着椰树夹道的柏油公路，观赏着两边的美丽风光。轿车在公路上行驶了一个小时，来到了张学森家中。

这天，五弟学森引导大哥、大嫂乘快艇在海上游览夏威夷的秀丽风光。

"大哥，这个地方很适合您和大嫂养病啊！"张学森坐在张学良身边大声说。

此时，张学良似乎没有听到弟弟的话，他正沉浸在对往日的回想之中……

张学良与张学森是同父异母兄弟。张学森是张作霖五姨太寿夫人所生之长子。张学良十分敬重寿夫人。因为她当年在帅府里一言九鼎，备受父亲的倚重。那时，帅府内的大小事，均由她操心料理。寿夫人对大夫人赵氏之子张学良格外器重，处处关心，所以张学良自幼与寿夫人所生的张学森四兄弟相处得很好。九一八事变后，张学森随母去了台湾。1959年，张学良在台湾初获有限的自由后，在最困难的时候，尚健在的寿夫人和张学森，给张学良、赵一荻以很多的照顾和慰藉……

张学良夫妇与张学森夫妇的合影

"大哥、大哥"，张学森紧紧地握住张学良的手。他对大哥的到来太高兴了，以东道主的口气介绍："夏威夷地处北回归线的热带地域，这里每年几乎没有什么冬夏春秋的明显变化，常温在摄氏24度左右。夏威夷岛由20多个小岛屿组成的。著名作家马克·吐温称：夏威夷是停泊在海洋里的一支最可爱的岛屿舰队。"

张学良眯缝着双眼，顺着弟弟指引的方向看去，岛屿和海水如神话般迷人。他突然问："学森，这儿，'二战'时，日本鬼子疯狂轰炸了美国珍珠港舰队？"

"是的，1941年底日本轰炸了这里的珍珠港，"张学森用手指着远处的海湾、岛屿说，"那就是当年遭遇日本狂轰滥炸的珍珠港，美国太平洋舰队几乎全军覆没。"

"日本鬼子太可恨了！"张学良激动带气愤地说。

张学森见大哥激动的样子，就收住了话题，他怕大哥再激动，对身体不利。他劝道："大哥要多注意，遇事要克制情绪，您这么大岁数了，还患有脑病……"

"没什么，"张学良不在乎地说，"我命大，多少次死里逃生了，不必大惊小怪。"

1994年1月1日，张学良刚刚到夏威夷，就答应中国留学生为主见证。原来提出此议的人是夏威夷大学的王剑波同学。他的老家是山东省青岛市。张学良刚到夏威夷时，因身边无护理人员，王剑波因同夏威夷京街华人基督教公理会方面比较熟，故受公理会委托，代为照料张学良日常护理工作。

王剑波对人兴奋地说："虽然也就是乘电梯将老人接下楼来，推着轮椅在海滩散步，可我推的是曾震惊过中外的张学良将军啊！这也够幸运的了。"他向张学良提议面对中国留学生教友，为主见证。

张学良听了，欣然答应了他的请求。于是，王剑波通知了夏威夷大学的中国留学生教友。然而这消息一传十，十传百，竟轰动了整个大学校园，信教的和不信教的数百名中国留学生，都提出参加听见证的请求。由于教堂容纳不下这么多人，只好临时改换地点，为主见证在体育馆内进行。张学良对众人说：

诸位同学，诸位弟兄姐妹：

我张学良虽然没有糊涂，但已经是过去的人了。今天看到各位，非常高兴。感谢主使我能够活到现在。我一生兵马生活，可说什么事情都做过。我能做一个基督徒，真是上帝的恩典。简单地说，在国内不幸的动乱时代，我参加过许多次的内战，像我这样的人，能够做基督徒实在是出于主的恩典。

我们做基督徒没有别的，只有从心里真正跟随基督。我现在无论大事小事，随时祷告。应该做的，求主领我。不该做的，求主拦阻。我曾是一个放荡的人，现在把我自己投入基督里面，一切事情交给主。

大家对我有种种说法，我实在不敢当。我这个人是没有用的人，像我这样出身行伍，一生在军队里混的人，能做一个基督徒，不是靠我自己，完全出于主的恩典。

在座许多同学，都比我年轻。我这样大年岁的人不知有没有？我劝诸位同学，要成为一个基督徒，很简单、最要紧的一件事，就是要真正从心里跟随基督，求基督与你同在。

主实在恩待我，我现在很自由。为什么有自由？就是耶稣基督与我同在。我什么都无所畏惧。我建议诸位同学，要做一个真正的基督徒，是要从内心里，不是在口头上，也不是在外表上来做基督徒。要把自己投入主的怀抱中。谢谢大家！

中国的留学生为何都争先恐后地参加这次见证会呢？那就是他们都知道：张学良将军是中华民族的千古功臣！大家都为一睹张将军的风采，从中受到教育和启迪。对此，程嘉禾牧师说："特别是大陆来的学生们感情更深。"

1月5日，美国夏威夷的著名京剧爱好者全玉洁和汪文娟请来了从大陆南京、北京来的几位京剧名角，以及当地一些爱好京剧的朋友为张学良举行欢迎会。

这天傍晚，张学良由他的五弟张学森夫妇陪同，乘车来赴宴。夫人赵一荻因有事未能出席。宴主全玉洁等人见张学良不要人搀扶，径直步入客室，顿时报以热烈的掌声。张学良向欢迎的人们致意，并与众人略事寒暄便坐在沙发上，一面喝茶，一面听大家唱戏。

首先演唱的是大陆江苏省京剧院的陆根章，他唱的戏是"杨延辉坐宫院"一段。接着是旧金山名旦宋祖莲和本次欢迎会的东道女主人汪文娟演唱。然后是北京京剧院的齐啸云……张学良的五弟张学森及本地的京剧爱好者也在欢迎会上表演了节目。

在欢迎会中，张学良听得津津有味，摇头击节，不断叫好。突然他站起来，众人以为他老人家要去上厕所，有人准备为他引路，可是他却摆摆手，直走到琴师沈福庆面前。他对大家说："我也唱两段，过过戏瘾！"大家听了大悦，纷纷鼓掌，欢迎他老人家唱京剧。

张学良唱戏的兴致很高，先唱《战太平》，后唱《失街亭》，再唱《空城计》，又唱《斩马谡》，一鼓作气唱了好几段京剧。他的唱腔韵调准确，戏词吐得清楚。

大家对94岁高龄的张学良不仅能记清诸多京戏唱词，而且还能唱好繁杂的腔调，不由赞叹不已。大家为他报以热烈的掌声。至此，他的戏瘾还在高涨，大有欲罢不能之势。当他要唱《斩黄袍》时，把年轻的沈琴师难住了，因为这是一出反映八百年前故事的"老戏"，沈从未听过这出戏，所以不会拉。这时，幸亏有人自告奋勇上来拉琴，才让张学良过足了唱京剧的瘾。张学良唱得有板有眼，博得众人异口同声叫好喝彩。张学良则拱手说："见笑见笑，多谢大家捧场！"

张学良唱完京戏后，女主人仝玉洁向众来宾宣布开宴，美食佳肴全是名餐馆送来的。张学良对席上的"鸡肉韭菜"水饺非常喜欢吃，并不断地赞扬烹饪名家谭莺伟及万雯的高超厨艺。

宴席结束后，张学良的兴致又起，又和大家讲故事、说笑话、猜谜语、谈往事、写字、作诗。张学良还讲了自己小名的由来，他说："小时候，我身体较弱，被送到和尚庙中做'跳墙和尚'，以求康健。跳出墙后，恰巧听到有人呼叫'小六子'，所以家人也叫我'小六子'，其实我排行不是第六，而是第一。"

有人问张学良是怎样长寿的？张学良简单而富有哲理地回答："人的生活要简单，简单的生活就能使人长寿。"他笑着说，"我这个人有个特点，如果明天我被枪毙，今天晚上我仍然会睡得又香又甜。我这一生有三爱：一、爱打麻将；二、爱说笑话；三、爱唱老歌。"

这时有人拿来笔墨，请张学良挥毫助兴。张学良欣然在纸上写下一副对联：

> 唯大英雄重本色
>
> 是真名士自风流

众来宾看着这古朴苍劲的墨迹，不由赞叹张学良书法之功力，另成一体。张学良还作了一首诗，这首诗不仅有趣，还给人以联想。诗曰：

> 自古英雄多好色
>
> 未必好色尽英雄
>
> 我虽并非英雄汉
>
> 唯有好色似英雄

大家读着这首诗，就像看到了张学良那坦坦荡荡的心怀。人们不由想起1991年5月11日，他在与"美国之音"记者的问答中有这几段话：

记者问：您被软禁半个世纪，这些日子是怎么过的，您常想些什么？是什么因素使您安度半世软禁？

张学良答：这是上帝的意思，我非常感谢上帝。我这个人很不安静，没有这个事情也许我不知道会怎样。尤其这几十年，把我的性情磨炼得有了很多变化，对我个人生活有很大的好处。我看书读书。当年我说过笑话，很盼望有人把我关起来，让我好好读书。这是上帝对我的恩典，让我安静这么多年。我的妻子曾经说，要不是这些年，你不知会怎样呢！

记者问：少帅，您刚才特别谈到您一个人。关于您的事实在太多了，一般民间最乐意谈到您的爱情。您是否回忆一下你们不平凡的爱情？

张学良答：我现在已经老了，才肯说这些话。我有两句诗："平生无遗憾，唯一爱女人。"

记者问：请您谈谈您和赵四小姐这段深刻的爱情，你们这些年相处的状况？她真的是您生命中不可缺少的倚柱吗？

张学良说：是的，原本我和夫人于凤至在一起。后来于凤至在贵州时得了乳房癌，蒋先生答应她到美国医治。蒋夫人对我很好，就招来赵四陪我，我的后半生都是她在陪伴我。

记者问：您觉得她怎么好？

张答：当年她年轻时也是个很好玩的小姐，陪我这些年也实在是不容易。

这天晚上，张学良非常高兴甚至都不想回家了。五弟张学森见夜色已深，向大哥建议回家休息。

张学良说："我不回家！"

张学森开玩笑地说："你不回家，我要报告大嫂！"（赵一荻因身体关系没出席宴请）

张学良逗乐说："那我就告诉大嫂，你不带我回家！"

兄弟两人你一句我一语，逗得来宾哈哈大笑。

张学森听大哥这么说，沉寂片刻又逗乐说："我带大哥到这里玩得这么开心，大哥应当发给我奖金啊！"

张学良闻五弟话后，真的从衣袋里取出钱包，然后慢慢地翻找什么。众来宾以为他在拿钱奖励五弟，谁知他却拿出一根牙签，面带微笑地对五弟说："这牙签，是我给你的奖金。"

见此情景，众人又是一阵笑声。

最后，张学森说："大哥！咱们回家吧！"

张学良听了弟弟的话沉思片刻，语重心长地说："你的家在哪儿啊？"这句问话，使张学森不知如何回答。

面对此景此情，众来宾感慨万千。然而有人却想到了《流亡三部曲》中的那句歌词："我的家在东北松花江上。"是啊，张学良将军何尝不思念家乡？那里有他的父老兄弟姐妹，父亲的坟墓还要他去迁移……

张学良夫妇为了不给五弟添麻烦，不久就另外租住了公寓。张学良试居的名为"礁岩塔"的公寓大楼位于檀香山市市区，该区域为希尔顿酒店集团所

863

拥有和管理的"希尔顿夏威夷村"。"礁岩塔"公寓楼依傍着一片蓝色的汪洋大海，景色十分美丽。该楼前有一巧夺天工的人工淡水湖。"礁岩塔"里居住的人只能承租住房，但不能购买。居民大多是退休颐养天年的老人。这里租金高，租者都是略有资产积蓄的退休老人。

这年6月下旬的一天，张闾琳和他的长子张居仰约好，分别从洛杉矶、纽约乘飞机到了夏威夷。他们走进张学良的公寓，先到卧室拜见生病在床的母亲和祖母赵一荻，然后到大客厅里探望父亲和祖父。

此时，张学良正倚坐在竹制的凉榻上，用放大镜浏览着《芥子园画谱》。他见儿子和孙子来看望自己，十分高兴，放下放大镜和画册。面对儿孙的问候，张学良含笑答道："这里的气候，我还适应，现在虽然热了点，但是不像台北多雨潮湿。白天太热时，我就打开空调机。傍晚天凉的时候，我还可以到海边看海潮，眺望海面。这里实在是养老养病的地方。"

半个月前，张闾琳父子二人携家人，在张学良过94岁生日时，飞来檀香山祝贺老人家寿辰。6月1日这天，在希尔顿大酒店的彩虹宴会厅里，张学良的子孙为他举行了一次小规模的庆寿宴席。赶来参加的外客只有三人：一是从中国大陆专程飞来的原东北旧部阎宝航的女儿阎明光；另两位是旅美人士宁恩承（原东北大学教育长）、雷平（张学良学生方庆英女儿）。张学良对儿子张闾琳、儿媳陈淑贞、长孙张居仰和孙媳苏菲亚从各地赶到檀香山为他祝寿感到非常开心。

张学良对儿孙说："现在，我的心情特别好，想想半个月前的生日宴，很开心，虽然宴小人少，但是天伦之乐浓烈。"

"父亲，听说您拍电视片了？"张闾琳问。

"是啊，"张学良说，"由好朋友出头不好推辞，应英国麦道公司邀请，在加拿大一边休息一边拍摄。这部电视片叫《跃升的中国》。拍完片后，我和你母亲便悄悄地飞回来了，我们感觉挺好的，身体也没受到影响。"

闾琳和居仰听了老人的述说，感到很开心。他们为老人家不顾九旬高龄，宣传中国、教育后人的精神而自豪。

张学良在"礁岩塔"公寓试住了两个月后，觉得很满意，便托闾琳，以自己年迈体弱没有依靠，投奔儿子为由，向美国移民局申请长期居留之"绿卡"。按规定，美国移民局要求张学良提供能够证明他与张闾琳具有血缘关系的详细资料。张学良便从天津有关部门拿到了闾琳1930年11月28日在天津协和医院出生的证明文件。

"闾琳，申报绿卡的事办得怎么样了？"张学良问。

"父亲，您老千万别着急，我正在办……"

"我怎么能不着急？"张学良截过儿子的话，"你母亲也着急呀！你知道吗，我们只有六个月的观光签证，现在快到期了，绿卡办不下来，我们住也不安心啊！"

"父亲，您和母亲千万不要着急，我们正在托人抓紧办绿卡。您要知道，在美国办一张永久居住绿卡并非容易。眼下，居仰正在找朋友在移民局做疏通工作，估计再待些时候就能办妥。"

"爷爷，您和奶奶都别急，绿卡肯定能办下来，只是个时间问题。"居仰蛮有把握地说。

"如果我们签证到期了，你们还没办下绿卡，那移民局赶我们走怎么办啊？"

"爷爷，这不会的，我会给您二老续办签证手续，至少爷爷奶奶还能住六个月，到时候绿卡怎么也办下来了。"

张学良听了孙子的话，心里有了底。此前，他委托张学森之女张闾芳帮自己处理台湾北投之房产及一些珍藏品。他叮嘱侄女闾芳，在处理房产和藏品时，尽量不要声张，知道的人越少越好。

不久，香港一家杂志刊登了《张学良"囚居"话旧》一文。作者唐东岸在文中说：北投复兴三路上的大宅院，是国民党软禁"西安事变"主角张学良的地方。宅院主人于1992年搬到台北天母，后又去美国探亲。不久前，该宅院已卖给台北富商。当地人都希望宅院新主人能保存宅院之原貌，以资纪念张学良将军。

前些时候，即4月11日，《台湾新生报》刊登了记者李佩云的报道：《张学良收藏品拍卖200余件均成交》。报道称：定远斋主人张学良的收藏品，本月10日，在索思比拍卖会上，果然成为世界各地收藏家最注目的焦点。拍卖过程一直在热烈的竞标下进行，结果207件收藏品全部标出，总值13289.55万元（新台币），比原预计的4000万—5300万元高出三倍。

1995年4月，张学良夫妇拿到了美国移民局核发的长久居留美国的"绿卡"。在当地人的眼睛里，张学良和赵一荻夫妇是一对安静而恩爱的中国老伴儿。邻居与公寓大楼管理员都亲昵地称他们为"张先生"、"张夫人"，对他俩的过去几乎一无所知。有的记者向邻居了解张学良夫妇定居后的生活情况，一位白人老太太说："那位中国人张先生很安静，从不打扰别人。他的夫人相对比张先生出来勤一些。"而大楼管理员则对记者说："有人向我交代过，张先生是个特别人物，我们不能随便跟外界讲他的情况。"

张学良夫妇定居后，在公寓生活一点儿也不寂寞。他以强烈的宗教信仰充实着自己的精神与心灵，闲暇时会和朋友打小牌或偶尔在夫人陪同下坐轮椅到海滨、人工湖畔晒太阳，观风景。邻居们都不相信，这位中国人张先生居然临近百岁了。

每周星期四下午，张学良照例约好友打小牌，除非有重大或特殊情况例外。和张学良打牌的人都认为他的牌技不错，他们通常是边玩牌边闲话家常。

张学良在檀香山定居的一项固定活动是到教会做礼拜。他去的教会是"华人第一教会"，该教会牧师陈家和说：张学良先生十分随和，教友们都知道他曾是大名鼎鼎的张学良将军。然而，他与教友们谈的都是有关宗教信仰的事。他生活十分单纯，宗教是他的生活重心。在做礼拜的时候，张学良的精神十分专注。他和教友们同唱诗歌、祷告和读经。宗教信仰是他现在生活最大的欢乐。他与赵一荻都很和善地对待所有人，大家都不问他们的过去，谈的都是宗教信仰。

夏威夷的早晨是迷人的，如金般的阳光洒在白净的沙滩上，各国到此旅居的男女老少在海水里戏水弄潮。人们的欢声笑语，随着海风从太阳升起的方向拂面而来。

每天早晨十时半，张学良从熟睡中醒来。他起床后，第一件事是到夫人赵一荻的卧室，看望她的病情，道一声早安。然后，赵一荻便以她那如出谷黄莺般的嗓音，为丈夫张学良诵读《圣经》。他俩共同向心中全能的上帝祷告后，再听女秘书为他俩读报，以此了解当日的世界新事件及各种关心的信息。经过简单的洗理，张学良与赵一荻由亲友或晚辈扶持坐着轮椅，从公寓大厦的15层乘电梯到一层，沿大门出行在缓坡的水泥步道，到海滩散心。每天这时，是两位老人最心旷神怡的时候。夫妇无忧无虑地眺望大海，凝视远方汹涌起伏的海涛，他们内心感到惬意。

这里的各国旅游客人中，中国、日本的游客不少，但是能够认出张学良将军的人却是凤毛麟角。这使张学良心情格外放松。

每当张学良在海滩的沙地上散心，他对来往嬉戏的少年儿童特别感兴趣。他亲近孩童，不分种族肤色及性别，一律令他开心并笑声不断。每天，他和夫人在海滩上散心半个小时后，便吩咐亲属或晚辈将他们推回公寓。

张学良公寓，除了两位老人外，就是照顾他们生活的秘书，加之常来的亲友、晚辈等。张学良夫妇吃东西从不挑食，特别注重卫生。他俩爱吃日本料理和西式餐点，对中国菜肴喜食江浙菜。他们很少自己在公寓开伙，多半是向外面餐厅订购，经包装后送到公寓食用。

每天在公寓吃完午饭，下午多半是和友人搓麻将。张学良夫妇喜爱玩麻将，但玩的钱数不大，限定只玩八圈，既健脑又健身。玩完麻将，由亲属或晚辈推轮椅到外观光风景或雇车沿街兜风。他常叫司机开车到山路上看看，据说这段山路景致和台北阳明山后山到北投的公路相似，所以他很愿意到这里兜风。

张学良夫妇的晚餐，多半是在外面吃，经常去一家西餐厅。他对这里的欧式口味甚是偏爱，还特别对夏威夷产的香蕉有食欲。每天晚上8时左右，张学良夫妇晚饭后，便回公寓，洗澡后，读一段《圣经》作祷告，然后各自入卧室睡眠休息。

心系家乡养鹿业

中国梅花鹿之乡。

细考鹿茸如林皆隽品；品尝地精似人亦奇珍。

——张学良

中国梅花鹿之乡，地处吉林省东丰县。

1994年夏，吉林省辽源市台胞台属联谊会写信给在美国夏威夷安度晚年的张学良先生。翌年5月27日，这封信几经辗转，被送到张学良的儿子闾琳之手，然后由其转交给父亲。

张学良收信后，慢慢地看起来。信中介绍的情况，使他想起当年曾莅览过东丰县梅花鹿围场的情景。

早在晚清民国时，地处长白山麓的东丰县，就以生养梅花鹿而闻名天下了。据载，光绪二十一年（1895年），慈禧太后降懿旨在东丰县长白山余脉腹地伏力哈色钦（满语地名）五朵莲花山脚下建立围场——皇家鹿苑。钦封猎户出身的赵允吉为鹿鞑官，官职为七品，专门饲养驯化贡鹿。皇宫要求赵允吉每年进贡活鹿20只，鹿产品十余种。

1912年，帝制被废除，皇家鹿苑的梅花鹿成了赵家的私人财产。梅花鹿越繁殖越多。最多时，四个鹿圈梅花鹿多达890只。后来，赵允吉和儿子赵振山在伏力哈色钦街面上，设立一个参茸药店"万寿堂"，加工制造中成药——鹿胎丸、鹿胎膏、参茸丸。这些药对妇女病疗效甚佳，在民间享有盛誉。

1926年夏天，药店30年店庆时，赵振山遍请父老乡绅、达官显贵来赴宴。

其中，就邀沈阳张氏帅府派人莅临。张学良接到请柬后，按时带领其弟张学铭和卫兵驱车赴宴祝贺。

张学良亲眼看到皇家鹿苑的恢宏气势，其周围山清水秀，森林葱郁，鹿鸣翠谷。张学良走进雕梁画栋的药店，伏在桌上，提笔展纸，写下"万寿堂"。众人见三个遒劲隽永的行书大字，齐声赞叹。

张学良谦逊地说："学良写得不好。"然后，又龙飞凤舞地写了一副楹联：

细考鹿茸如林皆隽品；

品尝地精似人亦奇珍。

而后，赵振山从沈阳请来能工巧匠，重修药店门脸，上悬黑底描金的张学良题字"万寿堂"大匾。药店廊柱，深刷红漆，阴刻描金楹联，熠熠生辉。从此，药店买卖兴隆，产品畅销内外。

此时，张学良见"鹿乡"梅花鹿饲养业有如此之发展，十分高兴，欣然提笔写下："中国梅花鹿之乡"。

同年11月2日，张学良的这幅墨宝被送到辽源市台胞台属联谊会。东丰县委县政府领导知道这个信息后，立即找来能工巧匠，将张学良的题词镌刻在南山宾馆院内雕塑——长林奔鹿图中的"树干"装饰柱上。

1996年6至7月间，东丰县举办庆祝人工养鹿二百周年纪念活动，请海内外知名人士光临。其中，张学良也在邀请之中。张学良接到请柬后，因年老行动不便等原因，未能赴"鹿乡"参观。但是，他为"鹿乡"今天的蓬勃发展而高兴。他得知"鹿乡"八个国营鹿场和集体、个人饲养存栏梅花鹿达1.8万只，年产鹿茸6000公斤，鹿产品远销日本、美国、英国、俄国、中国香港等地时很欣慰。

1996年5月8日，张学良特意委托女婿陶鹏飞专门从美国洛杉矶给东丰县人民政府发了贺信："欣闻贵县庆祝人工养鹿二百周年纪念，致我函已收知，特告请释念。借此附上我近照一张存念。"

张学良在耄耋之年还挂念东北老家的养鹿事业，被家乡人民传为佳话。"鹿乡"人决心要在短时间内，将"鹿乡"建设成为世界最大的梅花鹿饲养基地。

"我是张伯苓的私塾弟子"

老师以半百之身远涉重洋，努力于教育事业的发展，汉卿非常钦佩！我所以有今日，张校长一言之力也。

桃李满天下。

——张学良

1996年4月5日是张伯苓诞辰120周年纪念日。张学良一生中对南开大学校长张伯苓一直感念不忘。在纪念张伯苓诞辰之际，他回忆起与张伯苓的往日之交，仍历历在目。

1916年，南开大学校长张伯苓在奉天基督教青年会作演讲。他演讲的题目是：《中国之希望》，此时，张学良为国担忧，思考中国将来的希望是什么？正当他为之彷徨时，他父亲的医务处长（英国人，基督徒）给他一张票，希望他去听张伯苓演讲。他的心被打动了，便兴奋地赶到会场。

张伯苓开场说："简单地说，中国将来的希望有我。"张学良听了这话心想："哈哈！有你，你算什么？有你又怎样？有你中国就不会亡吗？"张学良想从他的演讲中找到答案。

这时，张伯苓说："我们每个中国人都要自强，只要有了自强，中国就亡不了，我们必须要有这么想的气概。不管人家怎么说，自己要有这种信念。"接着他讲了中国青年应肩负的责任。

张伯苓在演讲中最后说："作为中国人，一定不要灰心，你应该自己站起来说：中国的事就是我的事，我应该负责中国的事。大家都说中国有我，中国就有办法了！"

张学良听了，暗自赞叹："张伯苓，你是个好样的！我一定要像你说的那样做人！"

从此，张学良和奉天基督教青年会有了不解之缘。而张伯苓的演讲《中国之希望》，使张学良面对国家内忧外患，苦苦求索国家前途时，志气为之大振，奠定了救国之志。从此，张学良常以张伯苓的私塾弟子自居。

1927年8月，张伯苓在大连等地亲眼目睹了日本侵略者的野心，为揭露日本对中国东北之企图，这年10月，在南开大学成立了"满蒙研究会"（翌年10月，改名"东北研究会"）。张伯苓亲笔致信给张学良："敝校所组织之满蒙研究会，既关于时势之需要，自应赶筹进行。现在除令东北三省及其他入会各生学习应用日、俄文字外，并时常讲演满蒙问题，遇寒暑两假期，且将组织大规模之满蒙调查团，从事调查工作。我公学识超卓，熟知乡国情形，敬请屈居名誉董事，以资指导而便策进。并请便中多为介绍，群策群力，俾收大效。"张学良对张伯苓聘请他为该会名誉董事表示欣然接受。为表示支持和诚意，张学良为该会捐助五百银圆，作为活动经费。

满蒙研究会曾多次组织学生深入东北各地作实地考察，张学良都大力支持，通知东北全境各级机关协助该会考察活动。由此，满蒙研究会的调研工作成绩显著，调查成果成为张学良决策之依据，也为南开大学提供了爱国主义教育教材。

1928年12月，张伯苓为赴欧美考察教育募捐。在奉天，张学良两次与张伯苓畅谈，最后，张学良对张伯苓说："老师以半百之身远涉重洋，努力于教育事业的发展，汉卿非常钦佩！"为支持张伯苓发展教育，张学良捐了20万元，作为南开大学的发展基金。

1930年，身为陆海空副司令的张学良到南开大学视察。张伯苓邀请张学良为全校师生演讲。张学良欣然接受，在演讲中，提到自己在14年前聆听老校长张伯苓的教导时，感动地说："老校长说：'不要抱怨别人，自己去干！'这句话，我不能忘。"张学良说："我所以有今日，张校长一言之力呀！"

在张学良亲自兼任东北大学校长时，他聘请张伯苓为东北大学董事。1931年3月，张学良两次邀请张伯苓到奉天，为东北大学的校务改革出谋划策。张伯苓还派南开大学有教育经验的老师到东北大学帮助张学良管理学校。张学良任命南开校友宁恩承为东北大学秘书长，代行校长职务。张伯苓的助手、南开大学秘书长黄钰先和该校体育课主任章辑五及后勤主任孟琴襄等人都受到张学良的重用。于是，南开大学办校的成功经验在东北大学得到推广和发展。社会媒体称赞："南开精神由白河之津而展至辽河之滨矣！"

1936年4月，张学良与周恩来在陕北肤施会谈，共商救国大计时，对周恩来说："我和你同师。"再次提起他与张伯苓的师生之情。他对周恩来还说："我们都是南开的人。"

1990年，90岁的张学良在接受日本NHK记者采访时，记者问他："年轻时受谁的影响最大？"张学良不假思索地回答："是张伯苓先生。"

在张伯苓诞辰120周年纪念日之际，96岁的张学良还是念念不忘，以师礼事，在美国夏威夷檀香山寓所，为纪念恩师张伯苓，亲自执笔挥毫书写了"桃李满天下"五个大字。他委托宁恩承寄给南开大学师生，转达他"我们都是南开的人"的心声。

礁岩塔公寓迎宾送朋

我年轻的时候，在奉天认识了不少的基督徒……到了台湾后，我感觉到需要有一个信仰。有一天，蒋夫人来访。她说她希望我也研究研究基督教。

——张学良

1995年6月1日，是张学良将军95岁生日。此时，张学良夫妇在美国檀香山礁岩塔新居欣喜地迎接前来祝寿的亲朋好友。

张学良的老朋友阎宝航先生的女儿阎明光专程从上海前往美国檀香山，为张将军祝寿，并代表其弟阎明复向张将军转达祝贺。

从美国各地赶往张将军新居祝寿的还有东北大学校友张捷迁、方庆英及张将军故旧宁恩承等。

张学良和夫人赵一荻因年迈身体不如以前硬朗，平时不远行，外出大多由轮椅代步。在张将军95岁生日之际，其子女带孩子来到将军家中陪伴欢度生日。当有人问他关于"西安事变"问题时，张将军表示：回忆近一个世纪的人生历程，对1936年发动的事变无悔；如再走一遍人生路，还会做"西安事变"之事。

同年11月19日，张学良在夏威夷第一华人基督教公理会上讲了《我信基督教的经过》：

我年轻的时候，在奉天（沈阳）常到基督教青年会去打球，在那里认识了不少的基督徒。有时候我到那里去听演讲。我很敬仰南开学校的校长张伯苓先生和上海青年协会的总干事余日章先生，尤其是那时候奉天基督教青年会的总干事美国人普莱特先生，他很爱护我，并且愿意给我安排到美国去读书。他们都给了我很深刻的影响。无形中，我也对基督教有了好感。后来因为我进奉天讲武堂，毕业以后到军队去做事，就很少跟基督教的人来往。

以后，我去浙江、江西、湖南，到了贵州。在这一段时间里，都是研究明史，到了台湾后，我感觉到需要有一个信仰。那时候情报局派到我们那里负责的人是一个佛教徒。他就同我谈佛，也为我安排去见在新竹的几位佛教法师。我同他们谈了几次，也买了许多佛教的书来研究，一直到我们搬到高雄要塞。有一天，蒋夫人来访。她问我看些什么书。我告诉她我正在研究佛学。她就说："汉卿，你又走错了路，你也许认为我这信基督教是很愚蠢，但是世界各国许多有名的、伟大的人物都是基督徒，难道他们都是很愚蠢的吗？"

她说她希望我也研究研究基督教。我就告诉她，我很希望读点英文。她就去请刚从美国卸任回来的董显光"大使"来帮助我。董"大使"和他的夫人就常到我们那里来。董显光的夫人是非常虔诚的基督徒。她来了就同我们谈基督教。他们送给我一本《马丁路德传》。我看了很受感动。以后我和董先生就拿蒋夫人送给我的一本英文基督教的书《相逢在髑髅地》作为课本。后来，我就把这本书译为中文。

我们搬到台北不久，董先生夫妇就到美国去了。蒋夫人就派人来陪我到士林凯歌堂做礼拜听布道。我在那里认识了周联华牧师。以后他就来帮助我读经和研究神学。因为中译的神学书不合用，周牧师就建议申请美南浸信会的神学函授课程。从此我就研究神学。一共读了十几年，才拿到毕业证书。因为我的英文不好，每次寄来的功课必须由周牧师译为中文，录在录音带上。我听了之后，用中文回答问题，然后再由周牧师译为英文寄回神学院去。有一段时期，周牧师出国，我就自己用字典慢慢地读。所以用了这么长的时间。感谢主在我读圣经的时候，上帝的光，照到了我的心里，使我明白他的旨意和圣经里的话。他的大能改变了我。他的爱，使我知道他是爱我，为我舍己，使我因信耶稣基督而得救。我在1964年受洗。

蒋夫人宋美龄要张学良夫妇信仰基督教，是要他们安于"命运"或者说上帝的安排。张学良夫妇加入基督教，是为了自我保护。信教时间久了，他们对基督教真的产生了兴趣。

这年冬日，哈尔滨市第一医院血液病研究所所长马军教授应美国血液病学会邀请，前往檀香山，做短期研究访问。此间，马军教授很想拜见"东北老乡"张学良将军。

11月26日，张学良先生听说马军教授是来自中国大陆的"东北老乡"，是一位年轻的专家学者，于是，张学良欣然接见了马军。张学良操浓重的东北口音问："马先生，您是从东北哪疙瘩来的？"又问，"马先生去过沈阳吗？"马军教授对张先生问话一一作答。

张学良对哈尔滨有着深情的怀念，他说："20年代，我去过几次哈尔滨，道外人很多，道里有条大街，马路全是石头铺的，马车走在上面嗒嗒作响，声音可好听了！马路两边都是俄式建筑。那年，我住在'大和旅馆'，不知现在还有没有了？"他还说，"东北的高粱米、小米很好吃！"

马军教授对张将军的问话，一一给予回答。当马军介绍哈尔滨市正在筹备建立血液病基金会时，张学良先生大加赞赏："只要是为了救死扶伤，我们就要去做，咱们是同路人。"

接着，马军又介绍了中国大陆、东北三省及哈尔滨的一些情况。张学良听了，意味深长地说："社会总是在前进！"

张学良先生向马军讲了自己的情况：檀香山新居，四季如春，环境幽静，每周去一次教堂，生活得悠然惬意。平时，夫妇简衣素食为主。当马军教授辞行时，张学良先生请他代向哈尔滨、东北三省及全国人民问候。

这年，张学良将军的五弟张学森先生在北京突然病逝。这使远在美国夏威夷的张学良十分悲痛。

张学森的灵堂设在北京贵宾楼的住处，灵前摆放着诸多有关方面和亲友的花篮。张学良夫妇送的挽联居中，挽联上写道：

学森五弟安息

兄学良嫂一荻

同年12月，在香港的张学森先生夫人及长女张闾蘅，谈及与学森先生相聚往事，不胜感慨。他们本拟圣诞节前返美国与张学良夫妇同庆佳节，然而此时已成憾事。

张学良将军共有昆仲八位，四人早逝，近年来与五弟学森关系极为密切。

将军夫妇由台北移居美国后，原拟常住旧金山，其后搬到夏威夷的主要原因有：一是喜当地气候温和，环境优美，可解畏寒之虞；二是得与学森夫妇同住一地，互有照应。学森病逝的噩耗传至，将军深感悲痛。在骨灰返回时，因笃信基督，精神有所寄托，心情已较平静。

1996年5月26日，张学良的96岁生日寿庆在中华第一基督教堂举行。参加这次寿庆的人有：居住在夏威夷的美籍华裔，专程从大陆、台北、香港赶来的亲朋好友，有百余人。

教堂宽敞的大厅里，摆满了层层花篮，祝贺条幅琳琅满目。大厅正面，紫红色的帷幕上，镶嵌的金色寿字熠熠生辉。贺幛与条幅上写有诗句，反映着张学良的不平凡的经历。

9时，张学良、赵一荻夫妇分乘轮椅，被推进站满来宾的大厅，人们立刻报以热烈的掌声。在张学良夫妇身后，拥簇着他俩的子女亲戚：张闾瑛、陶鹏飞、张闾琳、陈淑真、张居仰、张居信、苏菲亚、美茜、张闾芝……

此时，张学良头戴黑色绒线盔帽，眼睛戴一副浅色茶镜，脸颊消瘦，精神矍铄。赵一荻身穿深蓝色西装，浓黑头发在脑后挽成髻。他俩面绽笑容向欢迎的宾朋好友拱手致意。宾主落座后，主持寿庆的程嘉禾（檀香山华人公理会会长）宣布寿庆贺词。然后，他请张学良向大家讲话。

此时，张学良显得格外激动，拿着话筒，许久不知说什么是好。人们看着眼前的当年少帅，现在确实是老了。

"我，年轻的时候，就恨日本鬼子，"在场的宾客谁也没料到，张学良开口就谈这个话题，"我，不愿看到，中国再被列强欺负。我，希望中国强大，盼望中国统一。我，当年，就是这么想的，这么干的……"张学良说到这儿，停住了，不再说了。

这时，大厅里一片寂静。大家都在静候张学良继续讲话。寿庆大厅出现暂时的尴尬，进而有人交头接耳，悄悄私谈。

程嘉禾主持大声说："女士们、先生们，为了不让张先生讲话费力气，为了他的健康，请大家听一下他在事前的录音讲话。"

于是，大厅静寂无声，扩音器里传出张学良的讲话。他以浓重的东北乡音，向前来参加寿庆的亲朋好友、来宾表示衷心的感谢。他讲述了自己如何从一个军人成为虔诚的基督徒，讲述了他在美国的生活。他最后表示：他爱国，希望中国早日统一。

张学良的讲话录音播后，大厅响起一阵长时间的掌声。在来宾代表致辞时，几位发言人表达了对张学良的敬爱、祝愿他长寿之情。其中致辞的金远征，是张学良亲自点名的。

原来，金远征的父亲金恩辉先生和张学良有旧情。金远征是吉林国际合作公司的职员、东北师范大学的毕业生，此次来美国夏威夷时，曾到张学良公寓拜访过两位老人家。他向张学良、赵一荻夫妇赠送了《百寿平安图》。5月15日，金远征在拜访张学良时，表达了东北师范大学师生对他老人家的诚挚祝福。张学良在金远征的请求下，挥毫题词：

东北师范大学建校五十周年纪念

培育英才

张学良书

1996年5月15日，金远征在致辞中说："……张学良先生对中华民族的贡献是巨大的，您一直执著追求着自己的爱国信念，您燃起的民族独立自由火炬，照耀着20世纪的中国。您的精神激励着几代中国人为了民族独立、自由和统一，进行着不懈的努力……我的母校，东北师范大学的前身，东北大学，就是张先生创办的……张先生不仅倡导教育，又以自己惊天动地的行为锻造了东北师大人的品格，可见功德无量……"

金远征致辞完毕，将一幅东北民间艺人用荞麦草精心编织的壁挂献给张学良夫妇，壁挂上的"祝寿"二字，表达了东北人民对张学良的祝福。

随后，华人杂技艺术家上台表演了精彩的杂技节目。数十名少女站在舞台上，用英汉两种语言诵读了歌颂张学良的诗篇。最后，少女们将一个巨大的生日蛋糕献给张学良。他运足气，将蛋糕上的蜡烛吹灭。立时，寿庆会达到了高潮。

6月1日，在张学良96岁生日时，著名京剧表演艺术家马连良之女马小曼和其他著名演员，专程前往檀香山张学良住处，为他祝寿表演节目。

马小曼为张学良演唱了《凤还巢》后，张学良即兴演唱了马连良的拿手戏《借东风》、《空城计》。他在祝寿会上兴奋地表示：希望有一天，在身体状况许可下，以老兵身份回辽宁老家看看。

张学良将军在檀香山的住所，面积不大，喜其临近海滨，凭窗可以眺海，所以经常在窗前观赏日落美景。他的健康情况从九十余高龄来说应属良好，只是耳力日减，视物模糊。原来用特制的大牌还可以打十张一仗的麻将，现在偶尔为之也只能以手摸代看了。益以双耳失聪，须高声与言，勉强可听。腿部有疾，不良于行。日常生活除夫人随身照料外，聘有两位菲佣承担整理饮食清洁等家务。另有一位随从代读报刊书信，经常推张将军乘轮椅到海边浏览散心、聊天散步。

张学良将军思乡之念，从未稍泯。惜年事已高，行动不便，致使难以成行，时时以此为憾。所以喜闻祖国大陆尤其东北近事，聊解乡思。

1996年11月，中国张学良基金会副会长赵双城专程飞往张学良住地探望。张学良再次表示：希望回东北与乡亲叙旧。

1997年9月7日中午，台湾"总统"李登辉抵达夏威夷。傍晚，他前往檀香山张学良寓所拜访，与其晤谈40分钟。此前稍早，台湾官员丁懋时、章孝严、胡志强先行到张宅赠送张学良礼物。

张学良的头脑清楚，精神状况尚好，但终归是近百岁的老人了。他只能做短距离步行，据说坐车长了会有小便失禁现象。他的视力听力减退，对故友探视交谈虽有夫人赵一荻大声转叙，但有时还听不明白。

张学良夫妇定居美国檀香山后，常受外界探视打扰。为了过安静的生活，张学良从1997年10月起郑重声明：对国内所有来访者，一概回绝拒访。

然而，几个月后，张学良居然破例为大陆黑龙江籍知名作家刘鹏越的采访大开绿灯。

刘鹏越创作了一部40万字的长篇小说《远东阴谋》。他作为一个艺术家、《远东阴谋》的编剧，怀着对历史的责任感与使命感，于1998年3月，专程到美国夏威夷，拜见张学良将军。

当刘鹏越走进张学良居住的15层寓室时，便受到张学良的热情欢迎，并为他采访提供了三天时间。这对98岁高龄的张学良来说，已是巨大的付出了。

刘鹏越对张学良的盛情付出，很是感动。他决心把握住这千载难逢的特定机遇。

此次造访当年少帅，他带着一直萦绕在内心深处无法澄清的历史积案：那就是在创作《远东阴谋》时，对看到的历史资料上留下的许多疑点亟待核实清楚；而这些疑点，在国内史学界是各执己见，众说纷纭，至今不能定论。

刘鹏越坦言向张学良将军询问了诸如"田中奏折"、"杨、常事件"、"西安事变"及老少帅之间的传说和东北内部争议等一系列重要史实之疑云。张学良对刘鹏越的询问一一作答，并披露了一些鲜为人知的史实细节。在采访中，也许是刘鹏越"少壮派"特有的采访观点与跳跃式的思维采访方式，激发了这位98岁高龄老人的无限情怀。与世纪同步的老人依然不减当年少帅戎马生涯的大将气质与风范，谈吐庄谐自如，幽默风趣，记忆非凡，在自然之中流露出一种随意的真情，浸透着几多悲壮，

张学良与李登辉的合影

洋溢着几多真情。

张学良还向刘鹏越道出自己被称为"小六子"的由来。他风趣地说：大帅与夫人感情颇深，当第一个儿子降临人世时甚喜。为了给我起个运气吉祥的乳名去灾保平安，心机费尽。后来，终于请到一位远近闻名的算命先生占卦，说我克人命太硬。欲解破，需到庙上进香拜佛，并要为我扎个纸人供在庙中，然后翻墙越出庙外，当碰到第一个人，听到的第一句话便是我的名字。于是，小小的我在大人的指示下，照章办事。当我翻过墙头落地后，不问方向，撒腿便跑，嘴里还念念有词。突然，一妇人迎面匆匆走来，她不住地喊着"六子，回家吃饭"。这就是我叫"小六子"的缘由。

张学良讲完这段往事，幽默地自嘲道："如果当时听到有人在骂人，我现在还不知道叫什么呢！"张学良的风趣和浓重的东北乡音逗得刘鹏越等人哈哈大笑。

在采访中，刘鹏越了解到，已是98岁高龄的张学良，精神、身体状况尚好，与夫人赵一荻相依为命。他们的儿子张闾琳及儿媳、两个孙子和一位跟随少帅四十多年的老厨子都生活居住在张氏夫妇的15层公寓里，共享天伦之乐。

藏书手迹捐赠哥伦比亚大学

我记得咱们首次见面时说过：世间一切都是身外之物；现在我要赠给纽约哥大的资料、手迹、日记、文物，其价值是不能用金钱来衡量的……它们都是史料，它们可以成为国际上研究中国现代史的学者们的宝贵的原始材料，他们若因此而有研究成果，岂不是比给我钱还值得吗？

——张学良

美国著名的大律师布朗姆很早就敬佩"西安事变"的主角张学良的壮举。张学良获得自由到美国后，在赵一荻亲友的引荐下，布朗姆才有幸结识这位传奇老人。由于布朗姆和赵一获亲友的关系，使张学良欣然同意委托其作为自己在美国的全权法律顾问。

此时，张学良决定将一生珍藏的文献手稿、善本图书、孤本书籍、日记、照片、字画、书信等，赠给美国哥伦比亚大学图书馆。

这天，张学良召见布朗姆来到自己的住宅，委托其代表自己到纽约哥伦比亚大学，就无偿捐赠图书、文献、资料等签约。布朗姆为能担当此任而非常高兴。

张学良向布朗姆强调这些捐赠都是无偿的，不能进行任何买卖行为。布朗姆听后，不解地说："张先生，据我所知，您带到美国来的文件、资料、文献、手札，特别是关于'西安事变'的资料，是举世难寻的珍品，有的甚至是无价之宝。这些东西对世界上许许多多研究您的人来说是用美金也买不到的。目前，您和您的夫人旅居、治病等都需要巨款，您把这些宝贵的东西，竟然无偿捐赠给哥大，真是令人不可思议。"

"布朗姆先生，"张学良口气平和地说，"我记得咱们首次见面时说过：世间一切都是身外之物；现在我要赠给纽约'哥大'的资料、手迹、日记、文物，其价值是不能用金钱来衡量的。"

布朗姆表示："您花那么多钱，把这些珍宝从台湾空运到美国夏威夷，自己不留着，又不换成钱，损失太大了！"他为此深表惋惜。

张学良听罢爽然笑道："若将这些宝贝变成美元，当然是可以的。我在美国若搞一次拍卖会，一定会获得一笔巨款。但是，布朗姆先生，这些文献资料的价值是无法估价的。它们不同于我收藏的唐宋元明清各代之书画，它们都是史料，它们可以成为国际上研究中国现代史的学者们的宝贵的原始材料，他们若因此而有研究成果，岂不是比给我钱还值得吗？"

布朗姆听到这儿，对张学良已无话可说。他为张学良的胸襟坦荡和品格之无私所折服，不由得心中赞叹："张学良将军视金钱如粪土，重历史，重情义，无愧为一代伟人！"

1996年6月5日子夜，布朗姆律师乘飞机从美国檀香山机场起飞，到达纽约机场。此时，"哥大"总图书馆副馆长彭仁贤教授，带领"张学良文斋筹备处"的同仁，正在候机大厅里恭候张学良的代表布朗姆先生。他们见面后，分乘轿车到曼哈顿帝国大厦下榻休息。

翌日早晨，布朗姆、彭仁贤等人在签约前自然以张学良为谈话中心。在谈到张学良与"哥大"的缘分时，彭仁贤说："我们'哥大'有相当多一批师生，对张学良将军怀有崇敬之情。1991年，张学良到纽约探亲时，由于尊敬的贝祖贻夫人的牵线搭桥，'哥大'师生方有幸与张学良将军结识。后来，经张之丙女士又与张将军之间建立了采访热线，保持着最友好的关系，从而拓展了哥伦比亚大学与张学良日后的合作，所以才有布朗姆先生今天受张将军的委托专程来我校之行。"

1996年10月6日上午，赠书仪式在"哥大"图书馆举行。张学良将自己珍藏多年的日记、书籍、字画、印章、照片和信札等约5000件文物以及1990年和1993年两次口述历史的录音带无偿捐给了哥伦比亚大学。在此之前，张学良已经将大部分收藏品交给了索思比拍卖行，另有大量图书捐给了台湾东海大学。

布朗姆将由张闾芳、张闾芝两人代张学良所开列的第一批赠书清单交给哥大图书馆彭仁贤副馆长。

这批中文书籍3400册，线装书156种1000余册，西文书（大部分为《圣经》）59册，手稿、读书札记1530册。上述书的珍贵性，在于是张学良自1937年后处于被幽禁的状况下，千方百计托人买进来的。而手稿和札记，则是张学良在幽禁中，在菜油灯下写下的读书心得及体会，是有价值的历史学术资料。

布朗姆律师说："这些书籍跟随张学良将军颠沛流离大半个中国，半个多世纪，最后到了美国'哥大'，可谓珍贵无比。几天后，这些书籍将由张将军的儿子闾琳、侄女闾芝从檀香山专程护送到纽约。"

彭仁贤表示："请转告张将军，我们图书馆将为世人崇敬的张将军，在收藏世界级珍贵文本和善本手稿的图书馆内，单独辟出一室，为'张学良图书室'珍藏展示他的图书与他的珍贵文物。"

张学良的代表布朗姆律师与"哥大"总图书馆签署无偿捐赠合约后，张学良分两次派张闾琳、张闾芝将图书、文稿、信函、札记、日记、照片和图片等空运到纽约哥大图书馆。

张学良要求哥伦比亚大学设专门图书馆存放他的赠品。由于哥大没有此项经费，所以张学良答应自己出资设立"毅荻书斋"。此书斋名称，是张学良的号"毅庵"与其夫人赵一荻的名字各取一字组成。

毅荻书斋设计很有特色，对开的玻璃门上嵌有英文"毅荻书斋"字样。室内呈八卦形，黄色地板依八卦形布局铺设，聚焦地面中心点，更加突出八卦整体感。八面墙，房门、阅览室各占一面墙，剩下的六面墙分别为陈列窗柜，放置张学良在东北老家、"西安事变"、软禁岁月的照片及研究明史、近代史、基督神学和重获自由的手迹等。

哥伦比亚大学在总图书馆内专门新建"毅荻书斋"，这是该大学第一次为一个外国人设立纪念图书馆。

1996年10月21日，哥大图书馆为"毅荻文斋"举行隆重开馆仪式。来自美国旧金山、华盛顿、洛杉矶和纽约的美籍华人学者，以及哥大的师生来到图书馆。参加开馆仪式的来宾有：张捷迁、张素坤、王冀、唐德刚、彭仁贤、张之丙、张闾琳、张闾芝、张闾芳、周联华、布朗姆。其中，周联华、布朗姆是张学良亲自委托代表自己参加剪彩仪式的。专程从台湾赶来的周联华牧师，受张学良委托，宣读了他的献词：

各位女士，各位先生：

　　感谢上帝，"毅荻书斋"即将开幕。我们也要谢谢哥伦比亚大学供给我们这么好的阅览室来保存和展出我们在1936年以后尚存的文物。现在所要展出的是中国近百年以来，我所参与和亲自经历的事实纪录，和我自己研究明史、中国近代史和基督教神学心得的一部分。其余的将在2002年，与哥大为我所做的口述历史，全部公开展出，希望这些文物和资料，能够供给国际上研究历史的学者们参考。我们更希望这个阅览室能传扬上帝的大能和他奇妙的安排。在我的笔记和书稿中，可以看到上帝怎么启示我和带领我，使我能成为奉他的名给世人传福音、做见证，来完成他所给我的使命。

我也要谢谢哥大的各位女士和先生，特别是苏张之丙女士、罗福先生、陆斌涛先生和傅阁森先生帮助我们建立起这个"毅荻书斋"，使之书斋对学术研究与传福音有贡献。

谢谢各位。

张学良

1996年10月21日，于夏威夷

"口述历史等我死后公开"

"毅荻书斋"，使之书斋对学术研究与传福音有贡献。

口述历史的内容，在我活在世上的时候，你们不要公开，一定在我去世后才可公开！否则，我就不接受采访了。

——张学良

1996年6月1日傍晚，海内外华裔友人在豪华的希尔顿大酒店的彩虹厅里举办了有300人参加的寿宴。来自海内外的旅美华人代表、东北同乡会与东北大学校友会的人士及从祖国大陆来的京剧团演职人员纷纷向张学良祝贺96岁生日，寿宴气氛热烈而充满情趣。

6时30分，张间芝走到张学良身旁，俯身低头，在其耳畔说："大爷，您会客的时间快要到了。"

原来，张学良与张之丙女士约好，在今晚7时会晤。张之丙女士是美国哥伦比亚大学的教授，因和赵一荻亲戚贝祖贻夫人有特殊的关系，故而在贝夫人引荐下和张学良相识。张学良得知：张之丙在台湾曾是张其昀先生的中文秘书；而张学良与浙江才子张其昀，早在大陆时就是好友。所以，张学良与张之丙之间的关系又拉近了。可以说，张学良之所以接受在哥大作"口述历史"，还是张之丙教授的功劳。

1991年5月的一天，张之丙在自己家中款待张学良，酒过三巡后，她直言道："张先生，您应该知道，哥大历来是珍藏中国近代史上重要人物档案资料最丰富的学府。哥大为了抢救或收藏健在的历史名人的珍贵的活材料，对尚在的人进行'口述历史'，用于后人研究历史之用。以前，哥大为在美国居住过的李宗仁、胡适、顾维钧、陈立夫、孔祥熙、宋子文等人，进行过'口述历史'的采访。他们的口述资料均被我大学收藏至今，对后人研究他们的历史很有益处。"

张之丙还说："张先生作为1936年'西安事变'的唯一幸存的历史见证人，您若留下'口述历史'，将是一件令人称道的好事！"她见张学良似乎有些动心，又劝道，"我记得张先生从前曾主张写回忆录，后来又发誓不写了。现在看来，您写回忆录的事是无法办到了。那么，您是否考虑采用'口述历史'的方式，将您要说明的话记录下来？例如，'西安事变'，您有许多鲜为人知的细节没有公布，您本人知道的秘密想要告诉后人等。您现在已是91岁的高龄，若现在还不肯说，那么将来机会怕是没有了，这样对您或对历史都将是遗憾。"

张学良被张教授的话感动了，接受了她关于"口述历史"的建议。他有点为难地说："我在美国逗留的时间很短，签证快到期了，'口述历史'能做完吗？"

张之丙说："做不完也没问题，我和助手可以到台北找您，您要是到别处住，我们再到新居找您。总之，我有信心将您的'口述历史'完成。"就这样，张学良同意接受"口述历史"的采访，但他声明："'口述历史'的内容，在我活在世上的时候，你们不要公开，一定在我去世后才可公开！否则，我就不接受采访了。"对此，张之丙表示：哥大历来对采访者信守诺言，一切按您说的办！

这次张之丙是专程从纽约飞来夏威夷的，已有好几天了。张学良知道后，很想和她见面，但是这几天他一直在"皇后医院"守护着住院治病的赵一荻，故而未能与张之丙谋面。五年来，张之丙教授一直为他进行"口述历史"而往返奔波于纽约、台北、夏威夷之间。张学良对她的热心忙碌很感动。今晚，无论如何也得与她见面。

张学良在寿宴上向大家说明情况，请诸位体谅，然后告辞，和侄女张闾芝回到自家公寓。张之丙教授带一名女助手按时出现在张学良的会客大厅里，她开门见山地说："这次来，请张先生鉴定几份新近从中国大陆、台北、香港发现的您的手迹、信函，是真是伪。"

张学良表示同意鉴别，他让身边的侄女张闾芝把放大镜拿过来。然后，他在原件或影印件及照片上仔细观看。鉴别后，肯定地认定都是真的。

张之丙完成了上述认定工作后，对张学良说："张先生，此行另一个任务是哥大图书馆彭仁贤副馆长让我转告您：原定的'张学良纪念图书室'现在命名为'毅荻书斋'。您对这名字有否异议？"

张学良笑着说："'毅荻书斋'，这个名字好！含义准确：其一，我的号为'毅庵'，内人的字为'一荻'，'毅荻'正是如此；其二，捐赠的书籍文稿等，有我的，也有内人的。所以，我对此表示同意。"

张之丙又说："彭仁贤教授说，张先生若同意此名，就让您亲笔写下馆名，为书斋锦上添花，届时请您偕夫人赴哥大主持揭幕剪彩。"

张学良听了，欣然同意题写"毅荻书斋"，请张女士转达自己对哥大师生及彭仁贤副馆长的谢意。

张之丙教授从夏威夷飞回纽约后不久，《亚洲周刊》报道说：

少帅除了为哥大口述历史外，也为故友之子、前美国国会图书馆中文部主任王冀录制了八小时的口述历史，同样规定在他死后才可公开。

……少帅有太多的苦闷和真心话需要发泄，但他是个余悸犹存的识时务者。所以他不愿在台湾发表回忆录，更不愿把文件留在台湾。他知道台湾仍有不少人反对他、痛恨他，甚至不满他接受媒体访问。

毅荻书斋的进门处，有一个不大的展厅，里面陈列着张学良和赵一荻二人的合影。书斋的一角是张学良用毛笔在宣纸上手书的中文诗句：

白发催年老，

虚名误人深，

主恩天高厚，

富贵如浮云。

张学良

1995年1月28日

书斋呈长方形，面积不大，里面放着一条桌和二三十把椅子。此书斋主要用作学术讲座场所。这里经常举行有关张学良的讲座或讨论活动。书斋保存的张学良口述历史，是通过合约执行的项目。哥大组织的采访整理张学良口述历史的全部工程是要把总共145盒录像带整理成中文，于2002年张学良诞辰的6月后公开发表，供学术界研究之用。此后，张学良的口述历史还要译成英文，供世界更多的学术工作者研究之用。

这是哥伦比亚大学第一次为一个外国人，设立纪念图书馆。

张学良的献词，表明他已看透世事沧桑，他只求留下的东西有益于后世研究。

他宣布："我就是共产党"

一般人都不知道我的心理，我简单地说，我可以说我就是共产党。

我可以说我就是共产党！

——张学良

1992年张学良在口述历史同张之丙教授谈话时说："一般人都不知道我的心理，我简单地说，我可以说我就是共产党。""我是同情共产党，假如我自己，我就是共产党。"

"我跟共产党有来往，早就有来往。政府是一点儿不知道。"

"换句话说，我是同情共产党，我认为共产党对中国有益处，而且认为共产党是爱国的。"

"换句话说我同情他们，不但同情他们，我拥护他们，这是我真正的内心。"

张学良为什么在口述历史时说"我就是共产党呢"？

1936年张学良在发动"西安事变"前夕，由西安亲自飞往延安，与中共领导人周恩来进行两次政治性会谈。张学良与周恩来在会晤过程中，受中共的影响，他在思想上发生了巨变，甚至同意与中共军队联合抗日，主动放弃蒋介石交给他的"剿匪"使命，完全背道而驰地和中共结成统一战线，以实现他梦想多年的抗日主张。那么，张学良是否决定改变自己多年的国民党员意识，而真正申请加入到中国共产党的先锋行列中来了？从张学良病逝前对美国哥伦比亚大学所进行的历史口述中，虽然这段史实口述不详，但是，并不能否认张学良在历史上确实有过加入中国共产党的愿望和要求。

原来，张学良曾两次提出加入中国共产党，第一次提出后，中共中央主要领导连夜在安塞举行会议，一致认为，中共当时与张建立抗日民族统一战线的目的，是为了争取整个东北军，而不是一部分，并以此推动全国抗日民族统一战线的建立，当时若接收张学良入党，势必造成东北军分裂，不利于全国抗日民族统一战线的开展。刘鼎向张学良转达中共此意后，他表示完全理解。

1936年6月30日，中共中央接到了刘鼎发来的密电。电报称：张学良再次申请加入中国共产党。中共中央对张学良申请入党的要求非常重视,召开会议讨论。中共领导一致认为,自1936年初以来,张学良对艰苦奋斗的红军给予了慷慨的帮助;中共领袖对张学良评价甚高,认为张学良不顾一切地关心民族前途,是第一位勇敢抗日的将军,所以都同意张学良入党。然而,当时中共尚属共产国际的一个支部,像张学良这样重要的人物入党,必须向在苏联的共产国际报告批准。7月2日,中共中央责成张闻天向共产国际发电报,并附带通知:"拟许其(张学良)入党"。由于苏联对张学良在中东铁路事件中的作用持有偏见,在一个半月后(即8月15日)共产国际在给中共中央发来的复电中,批评了中共拟吸收张学良入党的做法,但中共中央还是决定发展张学良入党。在中共领导人与张学良互相通信中,双方以"同志"相称。

这年7月3日(前后),张学良以"李毅"名给周恩来写信道:

恩来同志:

　　弟此间必须准备整理,须六个月工夫。如时机迫切,那就例外了。贵我两方屡生误会,必须互谅互让而调整之。外间情况等等,嘱刘同志面达。特此敬祝。努力并乞代问候诸同志为盼。

　　　　　　　　　　　　　弟　张学良启　尔后用李毅

8月9日,由张闻天、博古、毛泽东、周恩来联名以同志相称给张学良写了一封信,信尾处说:"八个月来的政治关系,证明你我之间的完全一致。""西安事变"前,张学良与中共领袖之间的来往信件中,双方互称"同志"。同志,是中共成员之间的通称。

阎明复在《忆宋叔》(宋叔即"西安事变"时曾在张学良身边工作的中共秘密党员宋黎,2002年11月22日去世)一文中称:

　　我记得,在宋叔离开北京回东北的时候,他特地邀我去,对我说,关于张学良将军是不是中共党员的问题，一直为我们所关心，当时我们党的主要领导人中，知道这件事的，如毛泽东、周恩来、李克农都已去世，尚健在的只有叶剑英同志。宋叔接着说，我最近专门写信给叶帅，请叶帅给予了肯定的答复。我把叶帅谈的内容都记录下来了，记录装在一个信封里，放在保险箱里，等我死以后再拿出来给中央。我问他，为什么现在不报告中央？他说，现在张汉公还健在，我们一定要千方百计保护他，他是中共党员的事绝对不能传出来。1995年夏天，在俄罗斯驻华大使罗高寿协助下，我得以访问了莫斯科所有的档案馆。在苏共档案馆里，我偶然发现了1936年12月初共产国际给中共中央的一份电报。电报是共产国际关于不同意中共吸收张学良入党的问题给中共中央的答复。电文说，中国共产党应该扩大自己的队伍，但是应该从工人、农民和知识分子中的先进分子去发展，而不应该靠吸收军阀入党来发展。以后的事态表明，尽管共产国际明确表示反对张学良入党，中共中央仍决定发展他入党。

张学良一生光明磊落，在摆脱了蒋氏父子对他半个世纪的幽禁之后，于1992年利用与张之丙口述历史之机，终于堂堂正正地向世界宣布："我可以说我就是共产党！"

生日感恩会上童稚般的笑容

你（张鹏举）父亲去世的事，我已经知道了。

（张怀英、张怀卿、张学铨都去世了）这消息一直没有人告诉我。

——张学良

1998年6月1日，是张学良98岁华诞。生日前夕，张学良夫妇在亲朋好友的盛情之下，同意了中国大陆、台湾和美国三地友人来夏威夷为其庆祝生日。檀香山市中华基督教教会牧师程嘉禾与张学良约定：5月31日为他举办生日感恩会，届时接见关心他的人们。

为张学良举办生日庆典的消息不胫而走，中国大陆、台湾和美国三地关心张氏生日的人们奔走相告，相约按时前往祝寿。

5月26日，大陆著名作家王朝柱作为12集大型电视专题片《张学良》总撰稿人，随该片摄制组赴美。30日夜，他采访了程嘉禾牧师。程牧师说：明天上午9时，中华基督教会为张学良将军举行的生日感恩会不变，张夫人赵一荻女士能否出席还得看基督的意思，因为她自从摔坏肩胛骨到今天晚上，一直在床上静养。

5月31日清晨，夏威夷晴空万里。中国大陆、台湾和美国三地的朋友提前赶到中华基督教会中文堂前，等候张学良夫妇到来。

出席张学良生日感恩会的有：来自中国大陆的张氏胞弟张学铭之子张鹏举夫妇，原中共中央统战部长阎明复，东北大学校长赫冀才、副校长周广有，北京工业大学校长左铁镛，沈阳市张学良归国亲属联谊会会长裴兆麟，吉林省图书馆馆长金恩晖教授，张学良家乡海城市的代表以及北京电视台《张学良》专题片摄制组等三十余人；来自中国台湾的前"立法院院长"、海峡两岸和平统一促进会会长梁肃戎，前"立法委员"汪渔洋，传记文学发行人刘绍唐等人；来自美国中国东北同乡会主席萧朝智、李树金、王现勃等人。

10时许，张学良夫妇乘坐一辆特制的中型轿车缓缓驶抵中华基督教会教堂门前。当轿车门打开后，张学良坐轮椅被人慢慢推下车。接着，赵一荻乘坐的轮椅也被推下车。大家看到赵一荻夫人戴着氧气罩，右臂用白布托吊着的情景都非常感动。立时，三地友人拥到张学良夫妇身旁，争相与之问候、合影留念。然后，人们簇拥着张学良夫妇走进教堂。

程嘉禾牧师按照生日感恩会会序，主持庆典。唱诗、献诗之后，程牧师主持宗教仪式：众人作祈祷，接着读经、感恩，而后作见证、致贺词。

由于张学良已是98岁高龄，行动不方便，他的生日感恩致辞由长女张闾瑛代其登台宣读。之后，生日感恩会进行下一项：由十几位不同种族的儿童为张学良老人演出节目。因为张学良老人平日喜爱孩子，因此教堂特意为他安排了儿童唱歌、朗诵诗、跳舞。张学良被台上儿童天真活泼可爱的精彩表演所感染，饱经风霜的脸上浮现出童稚般的笑容。生日感恩会节目演完之后，程牧师为张学良祝福生日快乐。全体与会者齐唱《荣耀颂》。最后，来自故乡沈阳的代表向张将军敬献了大幅寿联。张学良侧首仰望寿联，情不自禁地笑了。

中国东北同乡会会长、于凤至的义子萧朝智上台发表演说，郑重指出："张学良是中华民族的英雄，我们为他感到光荣、骄傲和自豪！"此时，张学良的脸上现出了笑容。这时北京电视台朱振权导演走到张学良面前，向他转交了童小鹏赠送的礼品。张将军知道，童小鹏在"西安事变"时曾是周恩来到西安的随员。他接过礼品仔细观看：这是一对为纪念周恩来诞辰百年而特制的印有周恩来和邓颖超头像的情侣表。立时，人们向张氏夫妇报以热烈的鼓掌。

生日感恩会大约进行了两个小时。会后，继续举办庆祝张学良先生98岁华诞酒会。由于张学良夫妇年迈，且赵一荻伤未痊愈，实难出席酒会，便先行辞去。众人向他们挥手致意，一直目送他们坐轮椅登上轿车而去。

中午12时，庆祝张学良98岁诞辰酒会在第一基督教堂附近的中餐厅华阁酒家开始。酒会由张将军的老部下萧振瀛之公子、于凤至夫人的义子、美国中国东北同乡会会长萧朝智先生主持。张学良之女张闾瑛和丈夫陶鹏飞及张闾琳夫妇代表父母出席酒会。数十位来自中国大陆、台湾和美国的友人频频举杯，贺张学良98岁华诞，祝福张氏夫妇健康长寿。

台湾海峡两岸和平统一促进会会长梁肃戎在酒会上道出了两岸人民共同的心声："西安事变，是惊天动地的大事，虽然两岸对该事变的评论各有不同，但是该事件却促成国共共同抗日，从这来看，张学良将军对国家有很大的贡献。虽然他被幽禁了近60年，但是他对历史的贡献，应赢得东北同乡及所有两岸人民的敬重。"

最后，来自祖国大陆的阎明复先生跟与会者相约：明年在张将军99岁华诞时，诸位再来相聚。他的提议得到了三地友人的一致赞同。

6月1日，张学良在希尔顿酒店寓所平静地度过他的98岁生日。这天只有女儿、儿子的家人在寓所陪伴父亲、母亲。按常规，张学良过生日这天，都要邀请亲朋好友来家打牌娱乐。可是这次破例，主要是赵一荻伤势未愈，让她静卧床上休养。

6月2日中午，张学良长女张闾瑛安排堂弟张鹏举夫妇一行六人到希尔顿酒店张氏公寓，拜见张学良，共叙亲情。

这次会客，张学良在自己家中，会见的都是至亲。尽管这些晚辈们的岁数也都是不小了，但毕竟是平生首次相见，所以大家的心情都很兴奋激动。

张鹏举作为张学良的亲侄子，首先向大伯行了大礼，跪地叩头。张学良坐在轮椅上，双手合十，连连作揖。然后，他与晚辈们共同叙谈家常。

张鹏举生于1941年，当时，张学良将军已被幽禁，故叔侄二人一直未能相见。他对张学良大伯说："我父亲临终曾对我说过：'我一生唯一的遗憾，就是不能与大哥（张学良）见面。将来有机会的话，你一定要把我的话告诉他。'"

张鹏举说，"为了还父亲的这个愿望，我便决定通过这次祝寿，来檀香山与从未见过面的大伯父相聚，实现父亲临终之遗愿。"

张学良听了侄子的话，叹息道："你父亲去世的事，我已经知道了。"

在谈话中，张鹏举等晚辈很赞佩98岁高龄的张学良思路清楚，身体也算硬朗。然而，最让晚辈惊叹的是：世纪老人张学良有一口好牙齿——没掉一颗，没一颗虫牙！

张学良听了侄子鹏举讲的在大陆的几个弟弟妹妹的情况，乐得直点头。他告诉大伯父：姑姑张怀英、张怀卿，八叔张学铨都去世了。

张学良听后，摇头说："这消息一直没有人告诉我。"

为了祝福张学良长寿，晚辈们将各自准备的礼物献上。张学良对晚辈的祝福笑得很开心。张鹏举临来夏威夷前，朋友们托他带礼物给张学良，以表心意。此时，他将礼物呈献在大伯父面前，向其介绍说：这件礼物是全国政协委员、天津市政协常委、中国青年美协会长、画家王书平创作的《松鹤长青图》；这件是天津佛教协会常务秘书长王剑飞写的一笔"寿"字画……张学良听着侄子鹏举的介绍，心情格外高兴。

这时，张学良的外甥孙女王秦把带来的一套京剧脸谱送给张学良。张学良平生爱好京剧，此时手拿脸谱，一边欣赏，一边乐个不停。

20世纪最后一次生日

> 感谢上帝，赐给我这么长的寿命，使我现在还能为他作见证，传福音，他的安排真是非常奇妙。他所赐给我的恩典，实在感谢不尽。经上说："信主的人有永生。"愿上帝感动这里的每一位人，使大家都信耶稣，得永生。谢谢大家来参加今天的感恩礼拜，为我祝寿。
>
> ——张学良

1999年5月30日清晨，经过精心准备的张学良在20世纪的最后一次生日庆典在美国夏威夷州檀香山市中心的第一基督教会举行。

这天早晨，数百名张学良的东北老乡及其亲朋好友，从世界各地汇聚到第一基督教会，参加这场举世难逢的生日感恩庆典。在众多的来宾中，来自中国大陆的七名人士特别引人注目。他们是：来自东北大学的二人，来自天津政协的一人，来自沈阳电视台的二人，来自哈尔滨工业大学的二人。

当时钟的指针指向9点整，张学良和夫人赵一荻乘轮椅来到教会出现在众人面前。大家向这位历经沧桑的世纪老人报以长时间的热烈的掌声。张学良的生日感恩庆典开始了。

首先，张学良的侄女张闾蘅代他向众贵宾宣读了张学良亲笔写的庆典感恩致辞，向前来祝寿的东北老乡、亲朋好友以及全世界关心张先生的人们表示衷心感谢。

张学良在感恩辞中说："感谢上帝，赐给我这么长的寿命，使我现在还能为他作见证，传福音，他的安排真是非常奇妙。他所赐给我的恩典，实在感谢不尽。经上说：'信主的人有永生。'愿上帝感动这里的每一位人，使大家都信耶稣，得永生。谢谢大家来参加今天的感恩礼拜，为我祝寿。"

致辞完毕，张学良的儿子张闾琳代表张氏家族的数十名晚辈向张学良表达了祝愿之情："祝你生日快乐！"

张学良听罢儿子的祝福，紧紧地握着夫人赵一荻的手，夫妇两人激动得竟说不出话来，他们饱经沧桑的脸上绽露笑容并频频颔首向大家致意。

而后，著名钢琴家张美仁女士（是夏威夷州长夫人之姐）为张学良夫妇演奏了钢琴曲，数十名儿童跳着舞蹈，为庆典增添了欢快气氛。

接着，人们自发地一个接着一个地上前，向张学良表达祝福之情。

哈尔滨工业大学校长杨士勤教授和张铨教授带着由书法家晁楣书写的"寿"字、一本精美的反映哈尔滨风光的画册和两支人参，敬献给张学良，以此慰藉老人的思乡之情。

在生日感恩庆典前夕，张学良曾一再向庆典组委会提出：寿礼一定不要太奢华。张学良对东北家乡两位教授的贺礼欣然接受。因为这三样寿礼，虽然值不了太多钱，但是带有浓浓的东北家乡特色，使他感受到东北哈尔滨父老乡亲对他的祝福和思念之情。

张学良夫人赵一荻因肺曾做过手术，所以一直随身带着氧气。据赵一荻夫人回忆：19年前，她被检查出患肺癌时，多亏张学良的细心和固执，让她做手术。她说："我是因为吸烟而咳嗽了很多年，也没有医治，直到搬到台北后，才去医院检查。然而检查了好几次也没查出来。有一次，汉卿问大夫：你们为什么不打开胸腔看看？然后，汉卿又找到外科大夫来会诊，结果开胸后发现了毒瘤，立即动手术，并切除了一叶右肺。"

在生日庆典席间，有人向张学良提问：为什么会选在夏威夷定居？张学良回答说："我从来也没想到夏威夷来，1993年，孙子、孙媳约我们到夏威夷和他们共度圣诞节和新年，没有想到会在这里住了这么久。几年来，我们已经习惯了夏威夷的生活，在这里做一些自己喜欢做的事。"

这时，在场的教会牧师程嘉禾说，张学良将军曾和我讲了定居夏威夷的原因有三点：一是张将军的五弟张学森生前在此地一家航空公司任职，其全家也居住于此地；二是出于宗教原因，张将军对檀香山市第一华人基督教堂一见钟情，教堂建筑具有浓郁的中华建筑风格，酷似中国南方祠堂，建在教堂大门右方的三层塔造型，极似佛教中的"浮屠"；三是十几年前，赵一获在台湾做了肺切除手术，身体一直虚弱，要吸氧，怕空气污染，而夏威夷空气清洁无污染，气候四季如春，对张氏夫妇身体都有益，所以张将军选择此地定居。

张学良1955年皈依基督教，这对他的后半生产生了相当大的影响。从那以后，他放弃研究中国历史，不谈要求释放之事，远离政治，开始读经、养花……

檀香山市长宣布：6月3日为"张学良日"

我能活到一百岁是福气，我很开心。谢谢大家对我的关心。

我只不过在过简单的生活，"什么都不放在心上"，这八个字是我的"长寿密码"。

——张学良

2000年的6月3日，是张学良的百岁华诞。中国有句古语：人生七十古来稀。张学良，这位中华民族的千古功臣，在他多灾多难的人生旅途上，能迎来百年诞辰，实为难得。

在张学良百年华诞前夕，即4月16日，《人民日报》海外版和张学良基金会在北京人民大会堂举行庆贺张学良百年华诞座谈会。与会者认为：在抗日战争胜利55周年之际，迎来了张学良百岁寿辰，可谓双喜临门；张学良为中华民族解放事业建立的卓越功勋，他的爱国主义精神，激励着两岸同胞及海外华人为祖国的完全统一而继续奋斗。

一时间，张学良的生日成为世人瞩目的焦点：张将军的百年华诞庆典选定在哪日？由谁来组织操办？张氏夫妇的态度如何？要回答这些问题，首先要弄清张学良的生日，而且庆典活动一定要得到张学良的首肯。

张学良是1901年阴历四月十七日出生，时值公历的6月3日。然而他28岁那年，即1928年的阴历四月十七日，公历则是6月4日。恰巧这一天，他的父亲张作霖被日寇暗算，在沈阳皇姑屯被炸身亡。他的生日又是父亲的难日。从此后，每逢过生日，张学良都避开6月4日这个忌日。这就是张学良过生日不固定的原因。他常在每年的6月1日或2日过生日。移居美国后，为配合礼拜作息，他均以5月的最后一个星期天过生日。如今，2000年阴历四月十七日，公历是5月20日，而5月28日又是赵一荻夫人的生日。由此以张德良为首的一批中国大陆学者建议：将张学良将军的百年华诞和赵一荻夫人的八十八寿辰庆典合为一天，即5月28日庆祝。

张德良，吉林省永吉县人，时年73岁。从1979年起至今，进行张学良研究，有关张学良的著述丰硕，被海内外公认为研究张学良的学术权威。

这年3月的一天，张德良及张学良研究会和张学良基金会领导乘飞机到美国洛杉矶，与张学良的女儿张闾瑛商谈为其父举行百岁寿庆之事。翌日，他们又与亚洲商务会会长、美国东北同乡会会长、张学良前夫人于凤至之义子萧朝智会晤，双方达成协议：张学良将军百岁华诞庆典由中国大陆张学良基金会和张学良研究会主办。于是，张德良一行又飞往夏威夷，拜见该地华人第一基督教公理会牧师、美籍华人程嘉禾。

张德良教授之所以拜见程嘉禾，是因为张学良夫妇身体欠佳，谢绝任何来访、会客，而程牧师为笃信基督教的张学良、赵一荻夫妇讲经说法，并深得他们信赖。于是，张德良一行与程牧师共同商定了张将军百岁庆典活动的各项内容，由程嘉禾向张学良征求意见。

翌日，程嘉禾牧师告诉张德良教授：张学良夫妇完全同意他们议定的活动安排，赵一荻夫人还特别提议——能否请北京的京戏班子为生日助兴？张德良教授听后，立即表示：这不成问题！

至此，张德良一行的目的达到了，但他们都有一个心愿：能亲眼见到张将军及其夫人，才不枉此行。程牧师表示对他们的心情十分理解，他庆幸地说："你们很幸运，3月12日有一个机会，张氏夫妇到教堂做礼拜，这是见面的唯一机会。"

3月12日早晨8时，张德良一行按照约定来到檀香山市第一华人教堂。信仰基督的人们在教堂里进行礼拜仪式。张学良以百岁老人抱病之躯虔诚地坐了一个小时，参加了礼拜的全部过程。

当礼拜仪式结束时，教堂的钟声在天空中悠扬地回荡。张学良坐着轮椅离开教堂大厅。他坐在轮椅上，被教堂门口的人们簇拥着，人们争着与他合影留念。当人们散去，张德良一行人上前，将张将军围住。程嘉禾牧师向张学良介绍了张德良一行人。张德良教授上前与张学良将军握手问候。张学良慈祥地微笑着，并指着自己的耳朵，示意他听不着，而后，他指着张德良的心，又指着自己的心，表示：你们的心意，我领了。

当张德良一行人表示想与他合影留念时，张学良愉快地接受了。临别时，张学良再次用手指着彼此的心，微笑着致意：我们彼此心心相印。

张德良一行人护送着坐在轮椅上的张学良夫妇上车后，赵一荻微笑着向张德良一行招手致意。她说："你们做了许多努力，谢谢你们！如果有事，可随时找程。"

张学良夫妇走后，程嘉禾牧师欣喜地对张德良一行人说："今天是近一年多来，张学良先生精神状态最佳的一次，你们的运气真好啊！"

5月29日至31日，位于北京的中国政治协商会议的礼堂里，举行了《张学良将军百岁祝寿书画展》及新近生平图片展。此次书画展，由张学良基金会、张学良研究会牵头，张学良将军旧居陈列馆等单位具体操办的张学良生平图片展、图书展、名家书画展等，亦在美国檀香山同时展出。同时，张学良将军的家乡也举行了祝寿活动。

这一天，在夏威夷一座老年公寓的交谊厅里，张学良70岁的儿子张闾琳为父亲主持了百岁华诞的暖寿宴。寿宴上，张学良身穿崭新的藏青色西装，头戴瓜皮帽，颈配花环。他面色红润，精神佳好，笑着向来祝寿的宾客招手，显露出喜气洋洋的神态。

张学良对八十来位近亲世交说："我能活到一百岁是福气，我很开心。谢谢大家对我的关心。"

此时，赵一荻夫人身着紫红色套裙，像往常一样插着氧气管。在三个多小时的寿宴中，由于张学良耳背，大家谈论之事，全靠赵一荻夫人俯耳转述。席间，从祖国大陆赶来的杨虎城之女杨拯美送上的贺礼是一尺多高的老鹰铜雕。沈阳市张学良旧居陈列馆赠送了有东北特色的工艺品，一个盛满大豆、高粱、谷子的木雕小笸箩和一个花生木雕，分别装着岫岩玉刻制的张氏夫妻二人的名章。张学良旧属阎宝航之女宣读了东北大学等祖国大陆各界的贺电。台湾前"行政院长"郝柏村和乌钺等人，专程从台湾飞抵檀香山向张学良祝寿。与会来宾观看了张学良各个时期的幻灯片，把人们带到那过去的岁月……

6月1日，中共中央总书记、国家主席江泽民致电张学良并赠送花篮，祝贺张学良百岁华诞。江泽民主席在贺电中说：

> 欣逢先生百年华诞，特致电深表贺忱！先生当年之殊勋早已彪炳史册，为海内外华夏子孙所景仰铭记。先生之爱国精神，更将发扬光大。遥祝先生善自珍重，颐养天年。

贺电和花篮于当日由中国驻洛杉矶代总领事许士国在夏威夷向张学良转交。张学良对许代总领事说，收到江泽民的贺电和花篮，非常高兴，请向江泽民先生表示衷心谢意。

同时，中国人民政治协商会议主席李瑞环也向张学良夫妇致贺信。

6月2日，张学良故乡海城市委市政府为张学良举办了隆重的百岁华诞庆典。张学良的旧部、95岁的吕正操出席了庆典。庆典后，请张学良亲属转送给张学良的四件寿礼：双龙岫玉雕、精美陶瓷看盘一对、张学良金箔画像及百寿篆刻图。

6月3日，张学良暨东北军史研究会、辽宁大学及中国大陆、台湾和美国各地的同乡、亲友等，又为张学良举办了一次规模隆重的祝寿活动，五百余人参加。其中，孙中山的孙女孙惠芳也出席了寿庆活动。檀香山市市长在庆祝会上宣布："每年的6月3日为'张学良日'。"

同日，新华社驻美国记者问及张学良将军的长寿秘诀，张学良笑答："做个小百姓，最舒服。我感谢主，给我那么长的生命。"他还说："我只不过在过简单的生活"，"什么都不放在心上"。特别是后八个字，他向人们道出了"长寿密码"。

赵四小姐突然辞世

赵一荻是最患难的妻子……

她走了，我要把她拉回来啊！她走了，真的走了，她关心我啊！七十多年来，她悉心照料来平抚我那受屈的心。

我这一生欠赵四的甚多甚多。

——张学良

2000年6月初，赵一荻身体状况大不如前，也一改平日早晨必读《圣经》的习惯。7日晨，她睡醒感觉不错，便想恢复诵读《圣经》的习惯。她穿好衣服，起身下床时，不慎跌倒在地。由于侍者不在身边，她只好忍痛踉跄站起来。经上门医生诊治，病情稍有好转。

6月11日晚，赵一荻夫人躺在床上，自觉有饥饿感。她想弄点清粥小菜，便起身到厨房。由于夜深，她不愿叫醒看护人员，到厨房后，不慎又摔倒在地，一时站不起来，此时，张学良不在家，由儿子张闾琳陪伴到美国加利福尼亚去了。

赵一荻原曾患过红斑狼疮症，有过骨折。由于她长期吸烟，肺部出现癌变，动手术切除半边肺叶，所以一直呼吸困难。这些病情是影响她晚年健康的主要原因。于是，赵一荻被送到夏威夷史特劳比医院，住进特护病房。而后，她的病情加重，引发肺炎。

6月19日，张学良与儿子张闾琳获悉后，立即启程，从加利福尼亚飞回夏威夷。

6月22日清晨，赵一荻躺在病床上，大脑还清醒，但是不能说话。她只能用目光注视着前来看望她的亲友。

这日早晨8时45分，张学良坐轮椅来到老伴病床前。他深情地握住夫人的手，喊着自己平日对老伴的亲昵称谓，脸上流露着无限依恋的神情。

赵一荻看着张学良，无法开口说话，但脸上却露出复杂的情感。然而片刻后，她的病情恶化。9时，主治医生拔掉了她的氧气管，并注射了镇静剂。赵一荻进入昏睡状态。此时，张学良依然握着老伴的右手不放。

这时，牧师程嘉禾应张学良父子的邀请，来到医院，为已陷入弥留之际的赵一荻做人生最后阶段的祷告。程牧师读了《圣经》上的路加福音与非力比书两段经文。两个小时后，即上午11时11分，监视赵一荻脉搏跳动的仪器显示——她已在安详中离开人世，享年88岁。但是，张学良不相信相依陪伴他72年的赵一荻就这样突然地离他而去，他一直握着妻子的手不放。就这样，他紧紧地握着妻子的手近一个小时，直到中午12时10分，才在众亲友的劝说下，松开手，离开医院。

百岁高龄的张学良对夫人赵一荻的去世，显现出难以言喻的哀痛。他沉默不语地坐在轮椅上，泪水缓缓地流下来。他说："七十多年来，她悉心照料来平抚我那受屈的心。"张学良曾不止一次地说："我这一生欠赵四的甚多甚多。"

赵一荻生前与丈夫张学良在檀香山北郊神殿之谷买下了一处风水绝佳的墓地，作为两人身后安息之地。

6月29日上午9时，赵一荻追思会在檀香山的波威克殡仪馆内举行。她穿着生前喜爱的中式红旗袍，胸襟佩着银光闪烁的珍珠别针，双手自然地放在胸前，安详地熟睡在鲜花丛中。她的身旁置放着一本《圣经》和她著作的几本书，这是她人生暮年时的信仰与追求。

参加赵一荻追思会的人有，夏威夷的华人，从美国各地来的亲朋好友，中国大陆和台湾、香港等地来的友人。特别令新闻媒体关注的是，蒋介石的夫人宋美龄派外甥女从纽约专飞来檀香山，送来用各种鲜花插制而成的十字架，上面有"四小姐安息吧"的悼词，落款为"蒋宋美龄敬挽"。宋美龄的使者，她的外甥女孔令仪对记者说："蒋宋美龄女士获悉赵一荻逝世的消息，十分难过。她特别交代我送花致敬，并请张学良节哀。"

张学良坐在轮椅上，凝望着灵柩中的夫人赵一荻，默默无声。张闾琳夫妇、张居信、张居仰夫妇等侍立在赵一荻灵柩旁，接受并答谢吊唁者的哀悼。

赵一荻的追思会，按她生前的愿望，以基督教礼仪进行。在台湾的周联华牧师，是她亲密的教友，不顾80岁的高龄，于28日专程乘飞机赶到檀香山为赵一荻主持追思会。这位看惯人世沧桑的牧师站在赵一荻灵前，为逝者布道致辞：

赵一荻女士当年情愿放弃人间的一切，跟随张学良将军软禁，有如《圣经》里童贞怀孕一样，是个不可能的使命。然而她却做了，而且做得那么真诚，那么至善至美，那么让世人皆惊，那么流传青史！……她这样做不是为了别的，纯粹是为了爱。这爱远比台湾最近流行的《人间四月天》更专、更纯、更久远！她当时真正和汉卿先生互许一个未来，共担一个未来，这个未来是暗淡的，是黑暗的，但是她无怨无悔。最后，在上帝的带领下，这未来竟盼到了檀香山明亮的阳光和自由的空气！

最后，追思会在全场高奏哀乐中，全体与会者向静卧在棺椁里的赵一狄默哀致敬。

赵一狄的墓地坐落在距檀香山十英里的日本寺院的山腰间。这里四周一片绿茵茵的草坪，是寻常华裔人士所不能企及的风水佳境，素有"神殿之谷"称谓。

6月30日，在檀香山举行了赵一荻的移灵仪式，五百余来自各地的人们，见证赵一荻的灵棺被移送到该市北郊的神殿之谷墓穴中，入土为安。

张学良坐在轮椅上，始终默默无声地坐在那里，观望着赵一荻被安葬的每一个细节，直到墓穴被用预制水泥板牢固封死。

此间，他不住喃喃自语："她走了，我要把她拉回来啊！""她走了，真的走了，她关心我啊！"

参加赵一荻葬礼的人们，把手中的鲜花依次敬放在她墓的周围。瞬间鲜花覆盖了墓穴，最后汇成鲜花的天地。人们在赵一荻的墓前默哀，向她告别。在墓穴的围墙上，人们看到一块磨光的花岗岩石板，镶嵌在石砌的围墙上，镌刻着赵一荻生前的座右铭——《圣经》中约翰的福音：

复活在我，生命也在我，信我的人虽然死了，亦必复活。

"西安事变"成就了张学良一世英名，而遭蒋介石幽禁半个多世纪的苦难，赵一荻义无反顾地选择陪伴追随。

问世间情为何物？只教人生死相许。回溯往昔，赵一荻对风流倜傥的张学良情如金石，全然不顾世人的议论，她的心里只有自己深爱的人，为了心爱的张学良，她心甘情愿付出自己的一切。

赵一荻晚年在所著《新生命》书中写道："为什么才肯舍己？只有为了爱，才肯舍己。世人为了爱自己的国家，和为他们所爱的人才肯舍去他们的性命。"

这写的就是她——赵一荻，70年不离不弃，谱写的人间真爱传奇。

世纪老人与邓小平之子握手

有机缘，定当踏上故土。

——张学良

2000年9月26日上午10时，中国残疾人联合会主席邓朴方和张学良的手紧紧地握在了一起。这两双手分属不同的时代，但它们却穿越了时空的界限。他俩虽然是初次相见，却彼此感受着久别重逢般的那份欣喜，因为他俩都是植根于中国大陆的沃土。其中，还有一段情缘：邓朴方——邓小平的儿子；邓小平的女儿邓楠曾在《我的父亲——邓小平》一书中披露：张学良救了邓小平的命。

事情是这样的，1936年秋，陕北甘北苏区人口稀少，由于国民党军队的封锁和"围剿"，红军的财政、粮食、食品等供应十分困难，严重地威胁着红军生存。中共中央在向共产国际电报催促紧急援助时说："不论五万、十万都要快！否则，你们多推迟一天，则红军的冻死、饿毙者即多增一人。"就在红军极其困难之际，张学良派部下送给红军一万套冬装，数万双棉鞋和大批粮食、食品，还有十万元巨款，犹如雪中送炭，令红军将士、中共中央领导人感激不尽。这时，邓小平在甘肃庆阳一带得了非常严重的副伤寒，用担架抬着，昏迷不醒，什么东西也不能吃，如若吃食物就会使肠子穿孔，生命垂危。这时，正好张学良派副官来慰问红军，送来两车慰问品，其中有一些罐装的炼乳。当时中央红军先遣队政委聂荣臻决定，把罐装炼乳全部给邓小平食用。正是这些炼乳救了邓小平的命。

此事，当时张学良并不知晓。然而，邓小平却忘不了张学良这位千古功臣。1991年，邓小平曾经委托邓颖超写信问候张学良，诚恳欢迎他在方便时回家乡看一看。张学良也回信表示："有机缘，定当踏上故土。"

这天，正在美国檀香山市访问演出的中国残疾人联合会艺术团的部分残疾人演员在邓朴方带领下，专程来到了张学良先生的寓所，拜访了这位历尽沧桑的百岁老人。

张学良和邓朴方都坐着轮椅，并排坐在张宅客厅的玻璃窗前。张学良的神态显得安详、沉静。来自中国大陆的客人使张宅小小的客厅立时热闹起来。张学良看到同是坐着轮椅的客人们，脸上露出和蔼可亲的笑容。

张学良和邓朴方互相微笑着，又一次紧紧握住对方的手。片刻之后，邓朴方大声向张老问候："您是中国人民心目中的民族英雄，大家都很敬仰和挂念您。"

张学良听了邓的问候，笑着点了点头，然后认真地听了中国残疾人艺术团来美国的演出情况介绍。他对艺术团的演出内容很感兴趣。这时，邓朴方把艺术团的节目画册递到张学良的手里。于是，张学良神情专注地翻看着画册。

当邓朴方邀请张学良老人观看现场节目演出时，张学良高兴地鼓起掌来。

在张宅小客厅里，肢残演员孙晓梅为张学良演唱了歌曲《我爱你，中国》；盲人演员毕寅生用民族乐器"葫芦丝"吹奏了《瑶族舞曲》；聋哑演员邰丽华即兴为老人表演了《雀之灵》舞蹈片断。在观看演出中，张学良为演员一次次鼓掌，脸上露出欣喜笑容。演出后，张学良对民乐"葫芦丝"非常感兴趣，虽然他的眼睛视力不佳，但还是很认真地观看乐器的构造，并发出赞叹。

节目演出之后，邓朴方和张学良聊起了家常。邓朴方了解了老人身体和日常起居情况，得知老人平时还打纸牌，精神状态不错，很是为老人高兴。

当残疾人艺术团向张学良道别时，都祝他老人家健康长寿。张学良坐在轮椅上，高兴地向客人频频挥手，依依惜别。

思念亲人

> 到了北京以后，再到东北老家，替我看看沈阳的旧居和抚顺城外你爷爷
> 的那座空陵。我现在不能回去啊！
>
> ——张学良

这天，张学良独自在那间临海客厅里，坐在轮椅上，用放大镜仔细观看着张捷迁送给他的一包照片。这些照片，是30年代拍摄的，对张学良来说很珍贵。它们是张学良的一位旧部保留的，委托张捷迁转交给他景仰的少帅。

自从赵一荻去世后，张学良倍感失去夫人的孤苦。他常常一个人坐着轮椅，面对玻璃门外的大海眺望，脑海里不时地闪现着往事……

"这是大姐冠英的照片。"张学良自语着。

照片是早年在天津法租界32路52号住时，在门前拍摄的张学良与大姐、弟弟张学铭三人和生母的合影。少年时，大姐对张学良关心备至，生母去世后，姐弟两人相依为命。张学良与大姐的亲情一直保持到1946年他去台湾而终止。24年后，即1970年，张学良在台北，从旧部周鲸文的来访中才知道：1954年，胞姐冠英因病在北京去世；在北京，她遗有三个女儿和两个儿子。

张学良的胞弟张学铭与原配夫人姚氏，生有一女，名为张闾娥。学铭出国后，闾娥始终陪伴生母在天津一起生活。张学良在湖南郴州囚禁时，从莫德惠来访知道弟弟张学铭与朱洛筠女士再婚后，两人到西欧旅行，归国后定居北平。张学良获得自由后，得知学铭的情况：他在北京当选为全国政协委员，周恩来总理对他非常关照。

张学良又拿起一张照片，这是一张"全家福"，照片上的男女，济济一堂。张作霖坐在前排正中央，他左旁坐着卢夫人，张学良生母去世后，她是少

年张学良养母，对张学良像亲生儿子一样。

1974年5月，卢夫人在天津病逝，享年93岁。张学良想到这，不由得眼睛湿润了。

此时，张学良用放大镜看着一个久违了的熟面孔。她是张作霖的三姨太宪夫人。宪夫人生得端庄秀媚，比张作霖小30岁。张学良对她的印象不深，但有一件事他记得清楚：她不堪父亲统治，离帅府到庙里落发为尼。

在宪夫人身旁的女人，张学良通过放大镜看清了，是张作霖的四姨太许夫人。她是张学思的生母，1937年后到了美国。新中国成立后，张学思恳请她老人家回国。许夫人向在纽约联合国总部任职的长子张学曾道别，回到祖国大陆，1976年，她在北京去世。

在"全家福"照片上，张作霖的五姨太寿夫人、六姨太马姨娘，均在前排就座。张学良不用放大镜看她俩，脑海中就能闪现出两位夫人的容貌。原来，寿夫人、马姨娘在40年代就到了台湾定居。1959年，张学良在台北被解除"管束"后，他和赵一荻常去拜访她们，关系处得很好。1966年，寿夫人去世。1975年，马姨娘也离开人世。

张学良用放大镜在照片上移动，看到老一辈后面站着的少男少女，他们都是父亲和太太们所生的儿女，除了他自己和妻子于凤至外，少男们是张学铭、张学曾、张学思、张学森、张学浚、张学英、张学铨；少女们是张冠英、张怀英、张怀瞳、张怀卿。这些少男少女都是张学良同父异母的弟弟、姐妹。那时，他们天真无邪地在奉天帅府、小河沿、北陵、小西关等处玩耍嬉戏……然而，九一八事变不仅东北沦陷了，张学良的家族也解体了，兄弟姐妹都天各一方逃命去了。

张学良把照片放在纸袋里，驱动轮椅到桌案前，整理堆放在案上的书籍报纸，突然在最底下看到四幅画作。他心里升起一股欢悦，这四幅画是他和于凤至所生子女的习作，很珍贵，令他爱不释手。原来这四幅画是辽宁著名画家赵震和父亲赵荫庭两代人收藏了六十多年的张学良子女少年时的画作。六十多年前，赵老先生收藏这四幅画后，视如珍宝，在抗日战争和解放战争中，赵荫庭饱经战火流离，丢失了许多珍贵的藏品，但这四幅画没有丢失，精心保存。1990年9月13日，赵震先生将这四幅画精心封好，通过邮局寄往台北张学良先生的住所，以表"完璧归赵"之意，以慰张先生思乡、念子之情。

此时，张学良拿着放大镜仔细地观看着这四幅画，思念家乡、思念子女之情油然而生。原来，张学良酷爱东北的医巫闾山。他依据《尔雅·释地》关于闾山的一段记载："东方之美者有医巫之珣玗琪焉"，乃为他与于凤至所生三个儿子分别取名闾珣、闾玗、闾琪，为女儿取名闾瑛。他教导子女要以闾山风光为本学习中国画。这四幅画就是1928年，长子闾珣画的《闾山望海峰》，次子闾玗画的《望海峰远眺》，三子闾琪画的《闾山石房屋》和长女闾瑛画的《牡丹》，均为墨画。然而如今，只有长女闾瑛还在，其他三个儿子都离开人世。

现在，当张学良真正获得自由的时候，当他要出游各地访亲探友的时候，他才发现：那些兄弟姐妹或亲朋好友大多在岁月的年轮下消失了，他永远也见不到他们了。

"我恨日本鬼子！我恨……"张学良从心底发出悲怆愤怒的自语。如今，赵一荻也离张学良而去，好在他和赵夫人的亲生骨肉还健在，他们的后代还健在。张学良与赵一荻的独生子张闾琳在美国加州大学获博士学位后，成为一名卓有成就的航空电脑专家。他长期在美国太空署担任工程师，1990年他60岁，正式办理退休手续，与妻子陈淑贞安享晚年生活。

1993年春，张闾琳经姐夫陶鹏飞的引荐，结识了中国大陆赴美访问的航天部的著名专家，两人相约在适当的时候，在北京相见。张闾琳把想回老家看看的想法告诉父亲后，张学良连连称赞，并且催促儿子尽快成行。他叮嘱儿子说："到了北京以后，再到东北老家，替我看看沈阳的旧居和抚顺城外你爷爷的那座空陵。我现在……不能回去啊！"

1994年5月，张闾琳携妻子陈淑贞带着父亲的嘱托回到祖国。他们在国务院外国专家局、国家航天工业总公司负责人的陪同下，遍访各地名胜。5月9日，张闾琳到沈阳，到他父亲故居帅府重游。他不仅代表自己，更代表父亲实现回"帅府"的夙愿。10日，张闾琳一行赴大帅陵。他亲眼目睹了父亲为爷爷建造的陵墓：一汉白玉牌坊，大青砖铺成的宽阔甬道，两旁竖立着石狮、石马、石虎、石骆驼和石象，格局以清福陵为蓝本，正前方是巍然雄踞的方城。可惜，现在仍是一座空陵。张闾琳在爷爷的空陵前，心潮起伏。他代表父子两代向祖父默默祷祈。

张闾琳回美国后，把在大陆的见闻和故乡人民对张学良的关爱之情，讲给父亲听。张学良对儿子的故乡之行很满意，那张饱经沧桑的脸上绽露出笑容。张闾琳、陈淑贞夫妇共同养育了两个儿子：长子中文名字叫居信，英文名字Bobby，毕业于美国斯坦福大学，从事研究电脑工程；次子中文名字叫居仰，英文名字Robert，毕业于美国南加州大学，从事新闻工作。

将回大陆，李登辉突来找张谈话

李登辉准许我到美国探亲访友，我怎么能借机跑到大陆去呢？我是个讲义气的人，我不愿为难人。

我现在是台湾、大陆两边不是人了。我得罪了台湾当局，大陆方面也觉得被骗了。大陆去不成了，台湾我也不想呆了……

——张学良

张学良自1949年被解往台湾幽禁，至重获自由后，一直没有回过大陆探亲访友。他非常希望在有生之年能回大陆，去沈阳老家看看。为此，他曾通过绝对信赖的密友穿针引线，眼看回访大陆就要成行，可惜最后关头出了问题……

1991年春节前，获得自由的张学良，已经从夏威夷返回台北住所。这天，王冀在华盛顿突然接到张学良从台北打来的电话。

张学良说："我有急事找你，你能不能马上来台湾一趟。"

王冀问："什么事啊，这么急？"

张学良说："你来了就知道了。"

于是，王冀买了飞机票，第二天就从华盛顿飞往台北。

原来，张学良与王冀有多年的交往，互通电话是常事。王冀曾任美国乔治城大学历史系教授，美国国会图书馆中文部主任。退休后，一直致力于中美交流事业，现任美中政策基金会共同主席。王冀家与张家有着深厚的交情，王冀的父亲王树常曾是张作霖的总参议，曾在张学良手下任东北军参谋长，后来又任河北省主席，与中共有良好之关系。为此，张学良决定将回大陆之沟通重任委托给王冀。

到了台北，王冀直奔张学良府上，当时赵四小姐不在家。

张学良对王冀说："我想在有生之年回大陆看看，不知道中国领导人会不会欢迎？"他又说，"我担心自己曾背有'不抵抗'的骂名，国民党又说我是'历史罪人'，心里有点放不下这个包袱。"王冀说，大陆当然欢迎你回去。他进而劝慰说，这么多年都过去了，大陆没有忘记你的历史功劳。

王冀说："1956年全国政协礼堂举行'西安事变'20周年纪念大会，周恩来总理亲自出席，我的父亲也应邀参加。当时周总理称张学良是中华民族的'千古功臣'。现在中国大陆对外开放，非常欢迎你回去走走。"

张学良经过一番思想工作，下定决心访问大陆。但是他还有一个顾虑，担心台湾国民党最高领导人不同意。

李登辉对张学良比较同情，也很敬重。张学良被囚禁五十多年后，是李登辉上台后解除禁令，恢复了他的自由，并允许他随意走动甚至到海外探亲访友。

张学良是个讲义气的人，心里很感激李登辉，但他觉得当时两岸关系很微妙，自己刚被解禁就提出去大陆，可能会惹李登辉不高兴。因此，张学良决定先不向李登辉说明，等联系差不多了再告诉他。张学良认为李登辉到时也会同意他回大陆探亲访友的。

张学良接着请王冀做他的特使，先去大陆，与有关部门私下沟通。张学良希望大陆领导人能写封邀请函。张学良认为，只要拿到邀请函，再亲自去向李登辉请示，一定没有问题。张学良还希望这封邀请函由杨尚昆或邓小平发出。张学良之所以点名请杨尚昆和邓小平发出邀请，一是他们两人在中国大陆位高权重，发出的邀请信分量重，台湾当局不能小视。二是张学良与杨、邓二人有交情。张学良与杨尚昆在延安时期就有过联系，关系不错。他与邓小平的交情更深，还算是邓小平的救命恩人。原来，邓小平在陕甘苏区工作时，一次患上伤寒病，身体很虚弱，医生说只有喝牛奶才能恢复健康。当时苏区的条件非常艰苦，连吃饭都成问题，更没有牛奶了。张学良知道这一情况后，专门派人送去一大箱荷兰奶粉。邓小平喝了奶粉后，身体恢复了健康。邓小平对此很感激，曾跟女儿谈起过此事。

王冀赶在春节前转道香港前往北京，凭借自己的关系很快与国内主管台湾事务的单位取得联系。北京方面宴请王冀，并把有关情况向上反映。大陆方面对于张学良回大陆访问持欢迎态度，所以王冀将此事进展得很顺利，几天后就返回了美国。

不久，张学良前往旧金山。张学良、王冀交流信息后，都很激动，进一步规划去大陆的计划。张学良的想法是这次回大陆探亲至少需要四天行程：在北京待两天，希望礼节性地会见邓小平；在沈阳也待两天。张学良说，一定要回老家沈阳，看看父老乡亲和当年的旧部。按照计划，张学良将在沈阳电视台做个简短演讲，表达对家乡人民的思念和愧疚之情。那一段时间，张学良情绪很高，在美国玩得很开心。

张学良在美国住了两个月，然后返回台北，准备等待来自大陆的好消息。

一天，张学良住所突然来人找他，称李登辉找他去谈话。此时，张学良一点心理准备都没有，便随人去了"总统府"。张学良一到，就感到情况不妙。

李登辉见到张学良，表情十分严肃。他手里拿着杨尚昆的邀请函，责问张学良道："我对你不薄吧？你为什么要背着我搞这一套呢？"

"……"张学良无言以对。

"我这么信任你，你怎么可以背地里搞这种名堂！"李登辉又说，"难道你还要搞个'西安事变'或台北事变吗？"

李登辉的话说得非常难听，令张学良感到非常难堪。

张学良后来跟王冀说："我现在是台湾、大陆两边不是人了。我得罪了台湾当局，大陆方面也觉得被骗了。大陆去不成了，台湾我也不想待了……"

返乡：爱国老人的遗憾

如果说还有什么事做，大概只有回老家去看看了。

我要在适当时候回到东北老家去看看我父母的坟墓，看看我的亲友，这事与政治无关。

我是很愿意回到大陆，大陆方面也表示，我回去绝对我一切的自由等等，但因政治时机尚未成熟。

——张学良

1946年，张学良到台湾幽禁时，19岁的台湾省籍人林渊泉，被选中服侍张学良家庭生活，这活一干就是半个多世纪。如今，林渊泉已是76岁的古稀之人了。他说："张学良先生是很想回东北家乡看看的。在台湾时，张先生数次对我说过，后来到了夏威夷，张先生又和我不止一次地说过：想回东北家乡看看。"

林渊泉还说："张先生最近一次谈到回东北是二三年前的事了。当时，两位老人身体都不太好。"

有一天，张学良到户外，林渊泉推轮椅至一个路口时，他突然开口说："我要过那边去！"

林渊泉以为张学良让推他过马路，便说："这个路口过那边不好走，下个路口好走。"

张学良大声说："我不是过马路那边！我说是要回东北！"

林渊泉听到这儿，才恍然大悟：原来张先生很想念东北啊！

1990年，张学良过90岁生日后，曾申请到香港参加好友儿子之婚礼，但因受到台湾方面的限制而未能成行。此事，张学良曾向张捷迁表示：他很想去香港参加那次婚礼，但未能如愿，非常遗憾。

1991年4月22日，张学良向《世界日报》记者表示：他"不希望再卷入政治里"，"如果回去看看，势必又要引起不必要的麻烦"，所以，"目前没有回大陆的计划"，这是张学良首次向世人公开表态。

同月，张学良在朋友贝蒋士云家中居住时，贝夫人力劝他：趁此大好时机，回东北老家看看。

对此，张学良口吐真言道："李登辉准许我到美国来探亲访友，我不能借此赴美之机会就跑到大陆去。我是个讲义气的人，不愿为难李登辉。"

贝夫人说："你不要管那么多，这是你回大陆走走的最好机会。"

张学良向贝夫人表示：待请示（李登辉）一下，再做是否回大陆的决定。

贝夫人说："你不要问他，他一定不会答应的。"

这一天，在美国旧金山居住的祖炳民、傅虹霖夫妇来台湾访问张学良。张学良对这对博士夫妇之来访，设宴欢迎。

张学良在席上说："我现在已经自由了，他们允许我到美国探亲访友。但有个问题……"

祖炳民见张学良有难言苦衷，便问："是什么问题呢？"

张学良说："我是不是应当回东北老家去看看。"

祖炳民直言不讳地说："你想回东北老家，是应该的，但我认为不应当是这次，否则，人家（李登辉）会有想法，以后就不准许你再出去了。"

"对，对。"张学良对祖炳民之说，连连称"对"。

同年5月31日，张学良在接见原东北军旧部吕正操、阎宝航之女阎明光来访时，为后者题词道："鹤有还巢梦，云无出岫心。"表露了他思乡又不能回乡的无奈情怀。但是，他并不放弃回乡的愿望，用他的话说：等待适当的时机。

1992年8月初，张学良回乡的时机来了：他的旧部东北军某军长之子、美籍华人，为实现张学良晚年回乡的最大心愿，特意自费在海峡两岸进行沟通，安排张学良回乡事宜。张学良对其安排表示同意。初定回乡路线是：由台北乘"华航"班机取道香港启德机场，再转乘由大陆特派的专机到东北。然而，8月中旬，张学良因病住院没能成行。

8月13日上午，92岁高龄的张学良因患感冒全身发烧，住进台北荣民总医院。经担任为其诊治的感染科主任刘正义主治医师诊断：张学良因感冒并发气管炎。经医务人员对症治疗、护理，控制了张学良的病情。翌日，刘正义对赵一荻夫人说：张先生病情已趋稳定，经治疗已无大碍，但仍需住院观察一星期才能出院。赵一荻听后，才松了一口气。

1991年12月15日，张学良在台北教堂接受香港记者访问时，曾说："我要在适当时候回到东北老家去看看我父母的坟墓，看看我的亲友，这事与政治无关。我本人早已退出政治，早已脱离政治。我希望人们不要把我回去探亲扫墓的事同政治连在一起，不要这样。我不喜欢这样。"

此次住院，当台湾《联合报》记者问张学良是否出院后将返回大陆看看时，张学良先以"我没有戴助听器，你说什么我听不到，很抱歉"回答。此时，陪侍在侧的张学良夫人赵一荻便接话说："他现在还躺在床上，你看他这样子怎么去？"而在场的感染科主任刘正义则接过话说："如果张先生想回大陆一游，体能上绝没有问题。"

这时《联合报》记者再次向张学良询问："外界都很关切张先生是否计划返大陆看看，能告诉我们一个明确的答案吗？"张学良和夫人赵一荻听了，都迟疑了一下没作答。此时，《联合报》记者又追问："大家对张先生是不是返回故乡一游的事情都很敏感。能不能这么说，在这次出院后，你们会慎重考虑大陆行？"对此，张学良点点头，看看夫人。于是，赵一荻告诉记者："好吧！你可以这么说：我们会在这次出院后慎重考虑是否回大陆看看。"

8月24日，张学良在夫人赵一荻陪侍下出院，返回台北北投宅邸。

8月26日，台湾《联合报》记者程川康报道：张学良决定近期内偕夫人赵一荻女士由台北搭乘"华航"班机，取道香港启德机场再转乘中国民航回东北辽宁老家，与阔别56年的家人、乡亲和旧属作短暂团聚，以了却有生之年最大心愿和怀乡之情。张学良确切返乡日期，将视其身体状况及大陆东北气候而定。

张学良告诉友人：此次偕夫人赵一荻返乡，完全以一般老兵心情回去探亲、访友、叙旧，绝不涉及传达两岸任何讯息的事，也不做长期定居大陆的打算；返抵东北老家后的第一个心愿，是前往父亲张作霖坟前拜祭，以了却几十年来未能亲自扫墓的愧疚；在大陆访问的探亲行程，将由东北亲友代为安排；时间长短完全视身体状况而定，原则上不超过三个月，因为12月的东北气候太冷。

张学良一再强调：回大陆纯为私人探亲活动，希望两岸媒体不要打扰他。然而，回乡就要付诸行动时，他获悉：日本明仁天皇将于10月访问中国。张学良想：他9月回乡，在东北老家逗留两到三个月，这期间势必与日本天皇同在大陆游访。这是张学良所不希望看到的。为此，他取消了回乡计划。

1993年4月17日，香港《明报月刊》总编辑潘耀明在机场富豪酒店采访了张捷迁先生。此时，张捷迁先生正欲乘飞机赴台北向张学良呈递复核的东北大学名誉董事长、名誉校长聘书。在谈到张学良何时返大陆和对两岸统一问题的看法时，张捷迁道出了张学良的真实想法。

潘耀明问："那么，什么时候才算是适当的时机呢？"

张捷迁答："张学良先生认为，由于两岸都急于谈判，要解决许多问题。相信要双方谈判有进一步结果，才算是适当时机，才能回大陆。"

潘耀明又问："汪辜会谈与张学良回大陆有何关系？"

张捷迁又答："关系重大。因为这次'汪辜会谈'，两岸最主要人物都出来了，加上谈判在新加坡……若双方谈判有结果，政局趋向稳定，张（学良）先生会于今秋回大陆的。"他还说，"张（学良）先生有强烈的回家乡之愿望，只是不想在两岸互相斗争的环境下回家乡，如果政治还未明朗时回去，他对以往历史的看法，他不好回答。这是张（学良）先生为什么总是推辞回大陆的重要原因。"

潘耀明最后问："张学良先生晚年最想做的是什么？"

张捷迁回答说："张学良先生和我说过：想在两岸统一问题上做点事情。不过台湾当局对他参加和平统一谈判的问题上，另有看法，至今未有打算。他和我说：他晚年最大的愿望，是希望中国和平统一，自己也可以安居乐业，回家乡看看。"

是年4月22日，东北大学复校庆典，张学良身为名誉校长和名誉董事长，因众所周知的原因而没能前往出席东大复校庆典，为此深感遗憾。但是，他表示在适当的时候回大陆故土以了夙愿。他觉得自己已是耄耋之年，不想再卷入政治的旋涡之中。如现在回大陆，肯定有许多人要问他对以前历史的看法，他觉得不好回答。为此，他愿意继续等待下去，待海峡两岸政治气候晴朗，两岸谈判有了圆满的结果和完善的协议，在安定和谐的社会环境下才有可能回大陆故乡了结心愿。

同年3月，台北房产业盛传张学良已脱手转售掉旧居，价款高达两亿台币之巨。张学良夫妇自1961年起，在这幢住宅居住了三十余载，因年老，为骨刺所苦，上下楼梯不方便，而且他们独立维持那偌大宅地也很吃力；自从他公开庆祝九秩华诞后，许多不速之客接踵而至，所有这些使张学良下决心卖掉宅地，搬到天母一幢公寓里居住。

台湾新闻媒体报道说，张学良卖掉的宅地"实际上是变相的监狱"。对此说法张学良不予置评。

张学良说：他只想作为一位爱国的民主人士，而不愿意被当作活着的历史人物或者"西安事变"的辞典，让人们翻来翻去。

当友人问张学良何日归故乡与父老乡亲团聚时，他说：返回大陆东北老家探亲与分离六十余年的乡亲父老团聚，是他晚年最大的愿望。何时回去，视情况而定。

1993年8月，张学良在台北住处接受"美国之音"记者采访时指出："台湾有一小部分人想要'独立'，这是办不到的事。"他还说，"我到台湾来没有想到其他事情，台湾也是我的家乡"，"大家不要说'台湾'，因为我们都是中国人。"当记者问张学良是否能在年底或翌年初回大陆一行时，张学良说，他现在只是一介平民，有机会当然想回东北老家走一走，看一看。

8月27日，张学良因脑膜下出血住进台北荣民总医院，接受紧急手术治疗。29日，张学良经电脑断层扫描，发现脑膜下有出血现象，主治医生神经医学中心主任李良雄对其会诊后，认为病情危急，随时可能引发昏迷甚至更严重的后果，决定当天中午进行手术。主刀医生李良雄在张学良的头上打两个洞，抽出180cc血水，稳住了病情。

张学良住院治病，一向不喜欢外人知道。这次住院仍是以"毅庵"别号入院的。他在手术后，身体复原能力极佳，三天后便可下床活动。他仅仅服用消炎药，以防伤口发炎。李良雄医生预计一周时间即可拆线。李医生说：180cc血水积存在脑中，难免会妨碍到思考及语言，也会造成行动不畅。然而，在张学良身上，这些现象均未发生，真是上天保佑，让他逃过此劫难。

如此多的磨难，如此顽强的生命力，造就了一部世纪传奇。张学良从一个不懂事的孩子成长为统率千军万马的少帅，在神州大地上有过数次轰轰烈烈的壮举。当中华民族到了生死存亡的关头，为了祖国和人民，他心甘情愿地从人生的峰巅迈入被囚禁的深渊。在经历半个多世纪的孤寂之后，他送走了蒋介石，即一个张学良改变了他的命运，而他又改变了张学良的命运的人。而后，他又送走了蒋经国，进而从囚徒回到了平民之中。

他不止一次地对人说："世人对我有不同的看法，其实我不像人们说的那么好，也不像人们说的那么差。"

千秋功罪，任凭世人评说。张学良对此，从不说明，更不辩解。这位世纪老人只希望人们忘却他。然而，历史却永远不会忘记这位千古功臣！

安详、平静地结束传奇一生

为免除父亲受痛苦折磨，同意医院将装置在他体内的心脏起搏器关闭，准备接受其自然离开人世。

——张闾琳

2000年6月22日，赵一荻在夏威夷病逝，对张学良来说无疑是一个沉重的打击。从此，张学良的身体状况一直不好。

7月6日下午5时，赵一荻的侄子赵允辛风尘仆仆地从中国秦皇岛飞到美国夏威夷。在他走进姑父张学良的居室探望他老人家之前，有亲属告知：最好不要提起赵一荻。对此赵允辛非常理解，因为姑妈刚刚去世，面对百岁老人，他不知该说什么好，只是暗自告诫：千万不要在姑父面前提姑妈。然而，这很难，他不知怎样介绍自己。经过反复思考，他只好介绍自己是居住台湾的大姐赵允宜（赵一荻的侄女）的弟弟。

姑父张学良对赵允辛的介绍，没有听懂。赵允辛只好又重复介绍几遍。姑父张学良还是没有弄明白他是谁。于是，赵允辛索性绕过这个话题，与姑父谈其他的事了。

赵允辛说："有一天，姑父竟然对来看望他的人说：她（赵一荻）在屋里睡觉，别打扰她。"

于凤至的义子萧朝智，是美国张学良研究中心的理事长。他对关心张学良先生的人说："他（张学良）有时糊涂，有时清醒，他第一天还参加了夫人的葬礼，第二天早上却问：'太太为什么没来吃早餐？'可是有时清醒起来，他也会突然冒出一句话：太太已经走了。他说这话时，神色相当平静。"

2001年9月28日，101岁的张学良先生因感染肺炎，住进了夏威夷首府檀香山的史特劳比医院。该医院是美国百家大医院之一。早他而去的赵一荻夫人就是在这个医院病逝的。张学良住院后，为了不使行踪曝光，特派医院两名保安全天值守病房门外，严禁媒体外人进入。

10月6日，中国驻洛杉矶副总领事许士国和领事薛冰，乘飞机专程飞到夏威夷医院，看望病中的张学良，向他赠送了花篮，代表中国政府向他表示慰问，祝他早日康复。然而事与愿违，张学良病情没有好转的征兆。

10月9日，张学良的病情加重，呼吸不畅，医院决定把他转到医院三楼加护病房救治。主治医生决定为张学良插入呼吸管，以缓解呼吸困难。经抢救张学良病情有所好转，他能和家人点头应答，呼唤说话。对此，张学良的亲属都很宽慰。但医生对陪伴亲属说：对张学良的病情不容乐观，不要马虎大意，有情况及时报告。在神志清醒时，他向家人再三叮嘱：再病情严重时，希望自己能够自然离世。当天晚上，张学良病情恶化，进入深度昏迷。

10月10日，张闾琳代表家属，根据父亲的要求，向医生请求：取下维持父亲生命的氧气管。对此，一些新闻媒体披露张学良的呼吸器等维生系统被拔除，张学良家属不愿意让媒体随意曝光，又在病房外加派保安人员，严禁媒体及外人探视。

10月12日，中国驻洛杉矶总领事馆领事薛冰再次飞往檀香山的医院，探望张学良的病情。这天下午，张学良之子张闾琳首次正式向外界公布了父亲的病情之后说："我们会尽一切力量确保父亲的舒适与健康，我们也感谢来自各地对父亲的支持与关切。"

据悉，张学良以前也患过肺炎，但这次情况不同，住进加护病房后，没几天，他就呼吸困难，医院只好从他嘴中插入呼吸管，将氧气直接打进肺部，维持生命。陪护父亲身旁的闾琳发现张学良血压降低，呼吸缓慢，一分钟只有六次呼吸。

10月13日下午，张闾琳与其亲属商量决定："为免除父亲受痛苦折磨，同意医院将装置在他体内的心脏启搏器关闭，准备接受其自然离开人世。"张闾琳代表家人，要求医生用吗啡点滴替老人家止痛。当日晚间8时50分，张学良呼吸渐渐沉重……

14日上午，张学良长女张闾瑛夫妇从美国加州飞到夏威夷，侄女张闾蘅从香港飞到檀香山，长期照顾张学良起居生活的侄女张闾芝等亲属，都穿着黑色衣服，在医院加护病房内默默地陪伴着张学良走完他的最后一天的人生路。

在这一天里，时间老人像是有意放慢脚步，不愿让张学良匆匆离世。张学良的亲属在哀声低泣中，陪着张学良上路。在张学良离世的最后时刻，距离医院数百米的华人第一教会会堂里，教徒们请程嘉禾牧师一起为张学良祈祷。

美国夏威夷时间10月14日晚8时50分，张学良在檀香山史特劳比医院的加护病房内，在亲人的低泣中，安详、平静地走完了他风云际会、悲壮绚丽的101年人生之路。

五湖四海的哀思悼念

张学良先生的卓越功勋和爱国风范，彪炳青史，为世人景仰。中国共产党和中国人民永远怀念张学良先生。

——江泽民

将星少帅陨落，五湖四海齐痛悼。

张学良在美国夏威夷病逝，噩耗闪电般传到中国大陆，党政军各界要人纷纷表示哀悼。

10月15日，中华人民共和国主席、中共中央总书记、中央军委主席江泽民委托中国驻美大使杨洁篪专程前往夏威夷首府檀香山，向张学良先生亲属转交了江泽民就张学良先生逝世发来的唁电：

张学良先生亲属：

　　惊悉张学良先生逝世，十分悲痛。我谨代表中国共产党和中国人民表示深切哀悼！张学良先生是伟大的爱国者。65年前，在民族危亡的紧急关头，张学良将军和杨虎城将军以爱国的赤诚之心，秉持抗日救亡的民族大义，毅然发动"西安事变"，联共抗日，为结束十年内战、促成第二次国共合作，实行全民族抗战作出了历史性的贡献，堪称中华民族的千古功臣。此后，张学良先生虽长期遭受不公正待遇，却始终淡泊荣利，晚年仍心系海峡两岸和平统一大业，企盼民族振兴和国家强盛。张学良先生的卓越功勋和爱国风范，彪炳青史，为世人景仰。

　　中国共产党和中国人民永远怀念张学良先生。

　　张学良先生千古！

中国共产党中央委员会总书记

中华人民共和国主席　江泽民

2001年10月15日

　　杨洁篪大使还向张学良亲属转交了江泽民主席、全国政协李瑞环主席和全国政协副主席、中共中央统战部部长王兆国敬献的花圈。

　　张学良的儿女张闾琳、张闾瑛表示：江主席发来的唁电及国家领导人送来的花圈，使我们深受感动，请杨大使为我们转达对江主席及其他中国领导人的衷心谢意。

　　同日，中国人民政治协商会议全国委员会也向张学良的亲属发去唁电，表示沉痛哀悼和深切怀念！唁电称：

张学良先生亲属：

　　闻悉张学良先生逝世，谨代表参加中国人民政治协商会议的各党派、各团体和各界代表人士表示沉痛哀悼和深切怀念！

作为伟大的爱国者，张学良将军曾和杨虎城将军一起，为了联共抗日，结束内战，发动了举世闻名的"西安事变"，为促成国共两党再次合作，推动全民族的抗日战争，作出了有功于国家和民族的历史性贡献。

在以后几十年的生涯中，张学良先生爱国怀乡，始终关心祖国的统一和昌盛。我们将永远铭记张学良先生的不朽功绩和爱国精神，为推动祖国和平统一和中华民族的伟大复兴不断作出新的努力。

中国人民政治协商会议全国委员会办公厅

2001年10月15日

中国国民党革命委员会中央委员会主席何鲁丽也在当天，向张学良亲属致电，表示慰问与哀悼。电文中说：

张学良将军是我国历史上著名的爱国将领和民族英雄。65年前，张学良、杨虎城两将军出于民族大义，不顾个人安危，毅然发动了震惊中外的"西安事变"，呼吁停止内战，主张联共抗日，促成了第二次国共合作，实现了全国人民要求结束内战、共御外侮的愿望。张将军当年的爱国义举，永为后人颂扬，被誉为中华民族的千古功臣。

在以后的数十年中，张将军虽身处羁境，但仍心系祖国的统一和富强，情萦中华民族的繁荣昌盛。他的爱国精神和高尚情操，永远值得我们敬佩和学习。将军生前未能亲睹两岸统一，国人亦无不为此深感痛惜。我们将依循"和平统一、一国两制"方针和江泽民主席的八项主张，团结海内外所有中华儿女，携手努力，促成台湾问题早日解决，以实现祖国统一和民族复兴的伟绩，告慰于张将军在天之灵。

张学良辞世后的翌日，北京各大报刊纷纷在显要位置刊文怀念这位伟大的中华世纪老人。《人民日报》、《解放军报》在头版登载了江泽民主席电唁张学良逝世的全文，并分别刊登了题为《千古功臣世纪老人》、《中华民族的千古功臣》的新华社电讯，盛赞张学良的历史贡献。《北京日报》除在头版刊登江泽民电唁张学良的全文外，还用一整版篇幅图文并茂地报道了张学良传奇的一生。

在《张将军的最后岁月》的文章中写道：张学良1991年接受美国记者采访时说："我个人衷心希望两岸双方能和平统一起来，我非常反对分裂，当年我有权在手，我就是赞成统一的……作为中国人，对台湾、对大陆我都有期望。所以我很不愿意双方分裂。"拳拳爱国心跃然纸上。《北京青年报》则在显著版面上，刊登了记者2000年9月在夏威夷采访张学良时拍摄的一幅老人谈笑风生的彩照。《中国青年报》、《光明日报》等媒体对张学良的逝世与其在中华民族历史上立下的不朽功绩也做了相关报道。

张学良将军的老部下、原全国政协副主席吕正操，在给张学良亲属的唁电中说："张学良将军和我既是桑梓情深，又是我的良师益友，他的一生志在国家和平统一，振兴中华民族。""张学良将军生则功盖祖国，逝则重于泰山，无愧于祖国人民称之为千古功臣、民族英雄的伟大称号。"

与此同时，北京隆重举行了张学良先生悼念会，追念这位中华民族的"千古功臣"，悼念会以"民族英雄"的名义高规格举行。前来祭拜的中外人士超过五百人，夏威夷州长夫人张美琪也代表州长前往致悼。

台湾政界要人亦纷纷表示哀悼。台湾当局领导人陈水扁在给张学良亲属发出的唁电说："张汉卿先生家属礼鉴：惊悉汉卿先生捐馆，吕胜震悼，谨电致唁，敬祈节哀。"

台湾国民党主席连战在接获张学良将军辞世的噩耗后相当震惊，他指示海外党部全力协助治丧，并表示说："张学良将军的一生在中国现代史上占有相当重要的一页，如今，张将军走入历史，留给后人无限的追思"，"国民党对于张学良将军的去世感到很遗憾。"连战还向台湾国民党驻夏威夷的党务干部发出指示：协助张学良家属处理好有关治丧事宜。

台湾国民党文化传播委员会发言人周守训说，"姑勿论其历史功过，张学良是'中华民国'的资产。张学良这位历史人物如今走入历史，国民党希望过去的恩怨也能随之走入历史，至于其历史功过，则留待世人去评价吧。"

台湾亲民党主席宋楚瑜致电张学良亲属，表示哀悼之忱。他在唁电中说：

> 敬悉张学良先生仙逝，楚瑜十分哀痛，谨代表亲民党致上最深沉悼念之意。张学良先生是一位伟大的爱国者，今年八月三十日楚瑜在檀香山有缘亲见先生，对他谦冲为怀的长者风范、真诚坦率的忧国忧民情怀，如沐春风。骤闻此事，谨此致唁，敬期节哀。
>
> 亲民党主席宋楚瑜谨悼
>
> 辛巳年十月十六日

台湾前"监察院院长"王作荣表示：张学良一生光明磊落。张学良的东北老乡，台湾前"立法院院长"及和统会会长梁肃戎亦代表在台的东北老乡向张学良家属表示哀悼，他认为张学良发动"西安事变"，使中国不再打内战，目的是抗日。

台湾多家报纸都在重要位置刊登了张学良在夏威夷逝世的消息，一些报纸还发表社论称赞张学良一生对国家民族大忠大爱，是中国现代史"颇具关键性的人物"。《联合报》在题为《世纪走过——张学良》的社论中说，翻开中国现代史，张学良曾经扮演了"关键性的角色"，特别是他发动"西安事变"逼蒋抗日，使他成为中国抗战胜利的"民族英雄"。就这个意义而言，张学良对国家统一有大功，他一生最大的遗憾莫过于未见两岸"尘埃落定"。社论援引张学良在台湾游台南延平郡王祠时曾留下的一首诗："孽子孤臣一稚儒，填膺大义抗强胡；丰功岂在尊明朔，确保台湾入版图"，由此可看出他对国家民族的大忠大爱。《中华日报》社论说，一个世纪来，张学良在历史转折点上，几度波澜壮阔、举世震荡的重击，使中国现代史为之改写，却也谱下他"跌宕起伏、充满传奇"的一生。《中国时报》也以整版篇幅刊登"张学良逝世特别报道"。

10月17日，中国沈阳市张学良的故居，举行了隆重的追悼大会。辽宁省各界人士千余人，在此悼念张学良将军。同日，在东北大学礼堂，全校师生精心布置了张学良将军灵堂，供各界人士前来祭吊张学良将军。

10月18日，在辽宁省大洼县东风镇马家村的"张氏墓园"中，举行了张学良将军追悼会。张学良的亲侄孙张志军代表张学良老家的各位亲属，盼望张学良忠骨能还乡归根。

在张氏墓园里，已安葬着张学良的高祖张永贵、曾祖张发、祖父张有财和二伯父张作孚等族人。张学良在生前得知张氏墓园被修缮一新，欣然挥墨题写了"张氏墓园"四个大字。现在已被勒石为碑，矗立在墓园。

张学良的儿女及亲属遵照张学良生前的遗嘱，决定以基督教的仪式为张学良举行告别仪式，然后将他安葬在檀香山"神殿之谷"墓园，与早逝的赵一荻夫人合葬在一起。

张学良的葬身之地"神殿之谷"，靠山面海，位于檀香山岛北，距离市区约六十公里，环境十分幽静，享有"世界最美墓园"之称。这里安葬的名人很多，如香港船王包玉刚就葬于此地。

张学良早在定居檀香山时，就在此墓园中的"中国海景"墓区觅定了一块小丘，并对这块安息之地非常满意。此地坐南朝北，约五十平方米，入口处大理石上刻着英文"上帝与你同在"；在拱形墓台外圈，另有一块大理石用中英文刻着《圣经》经文："复活在我，生命在我，信我的人虽死，亦必复活。"墓地后方正中，是一个白色的十字架。

10月19日，台湾当局代表田弘茂抵达夏威夷，给张学良的遗属颁发"褒扬令"，表彰张学良对台湾的忠心，肯定其在中国历史上的重要地位。褒扬令称："东北耆宿张学良，早预戎行，勇略聿昭，英隽秀发，蜚声于时。民国十七年，临危受命，主政东北。怀民族大义，秉爱国志节，勇拒日人威逼利诱，毅然宣布易帜，拥护中央，促成统一奠定。训政时期，建设根基，旋于中原大战期间，通电支持国民政府，调停各方，止息战祸，厥功至伟。终其生平，爱国情殷，慷慨贞固，淡泊恬静，寿登期颐。惊闻殂谢，悼惜良深，应予明令褒扬，以示'政府'笃念耆贤之至意。"

10月23日上午，张学良先生的葬礼在博恩威克殡仪馆隆重举行。来自各地的各界人士五千余人，参加了张学良的葬礼。

当地时间11时，张学良先生的葬礼，在宗教仪式中开始。中共中央总书记、国家主席江泽民敬献的花圈摆放在灵堂前排正中央，挽联上书"张学良先生千古"。中国驻美国大使馆临时代办何亚非率中方人员向张学良先生遗体告别。他代表江泽民主席、中国政府再次对张学良先生去世表示哀悼，并向张学良亲属表示慰问。

何亚非称赞说：张学良将军是伟大的爱国者，是中华民族的千古功臣，他为中华民族所作出的历史贡献将永载史册。

张学良的儿子张闾琳、女儿张闾瑛等亲属请何亚非代办转达他们对江泽民主席等中国领导人、中国政府及各界人士的衷心感谢。他们说：张学良先生非常热爱祖国，始终主张和企盼中国统一。

在葬礼上，宋美龄的代表辜严倬云女士致悼词："我与张学良夫妇是在60年代相识的，当时张学良每周日到台北凯歌堂作礼拜。如果不谈张学良年轻时的历史，我认为他是一位学者。"

原来，当客居美国多年的宋美龄获悉张学良病逝的消息后，心情沉重，一度静默不语，只是通过长年照顾她起居的外甥女孔令仪的夫婿黄雄盛表达哀痛之意。17日晚，宋美龄心情平静之后，随即决定由台湾妇联会秘书长、海基会董事长辜振甫的夫人严倬云女士代表她参加张学良的追思礼拜和公祭，向其告别并向其家属致意。宋美龄在送给张学良的花圈缎带上写着：

送张汉卿先生远行

——蒋宋美龄敬挽

宋美龄还特意嘱咐严倬云说："预备一束十字架鲜花，署蒋宋美龄名，置于张学良灵前。"

从各地汇聚到此地的人们，不分地域，海峡两岸不分党派，共同悼念一人——张学良。这种现象在中国现代史上是极其罕见的。这也是对张学良一生以民族利益为重，做事不分党派，一心为国的一种赞誉。张学良不愧是一位伟大的爱国者！

葬礼后，张学良遗体旋即移往檀岛北方神殿谷纪念公园中的"中国海景"墓地，与其已故夫人赵一荻合葬在一起。

张学良选定：2002年公开"口述历史"

口述历史的内容，在我活在世上的时候，你们不要公开，一定在我去世后才可公开！

——张学良

毅荻书斋，这是哥伦比亚大学第一次为一个外国人设立纪念图书阅览室。哥伦比亚大学领导赞同张之丙的建议：社会广为流传赵四小姐的传闻，对她这样杰出的女性，应有一个正式的历史地位；图书室应以张学良、赵一荻两人名字命名。

"哥大"最初拟定该图书阅览室以英文"Peter H.L.and Edith C.Chang Reading Room"，即译文"张学良、赵一荻阅览室"命名。对此名，张学良认为烦琐，提出最好取两人名字各一字，用"毅荻书斋"为好，有中国人风格。于是，"哥大"同意并邀请张学良题写"毅荻书斋"四个字。如今，书斋的门

第六编 夕阳时光

上写着张学良亲笔题写的"毅荻书斋"四字。

1996年，张学良对口述历史及其保存的资料公开时间，选定在2002年。此时，他似乎预见自己在这年会谢世。于是，他在录制口述历史时，曾郑重地宣称："口述历史的内容，在我活在世上的时候，你们不要公开，一定在我去世后才可公开！否则，我就不接受采访了。"

口述历史，张学良为什么选定2002年公开？原来，他最不想公开的某些历史真相，不想从他口中说出，会伤害一些人。关于"西安事变"不为人知的"重大机密"，只有张学良、蒋介石、宋美龄、宋子文、周恩来五人知情。况且这五人中已有三人作古，只剩下张学良和宋美龄健在。所以，张学良的想法是：2002年前，他和宋美龄可能全都谢世，或其中一人还健在，公开口述历史就无所谓了。

张学良说："我的没死，关键是蒋夫人帮我，蒋先生是要把我枪毙了。"而宋美龄则对蒋介石说，"你对那个小家伙要有不利的地方，我立刻走开台湾，我把你的事情都给你公布了！"

张学良认为在自己健在时，公开口述历史，会对健在的宋美龄是极大的不尊敬。他认为，自己的生命应该在2002年终结。

事实证明：张学良是先知先觉，真的是神机妙算！在他预期2002年结束前的77天，即2001年10月14日，张学良平静地离开人世。

张学良虽然离世了，但是在哥伦比亚大学里，张学良的好多称谓，如"少帅"、"彼得·张"（教名）、"张将军"等，好多师生都知道是张学良的称谓。

毅荻书斋保存的张学良口述历史及资料，是通过合约执行的项目。哥伦比亚大学组织的采访整理张学良口述历史的全部工程是要把总共145盒录像带整理成中文，张学良生前与哥大商定，于2002年张学良诞辰的六月后公开于世，供学术界研究之用。

毅荻书斋，在进门处，有一个不大的展厅，里面陈列着张学良和赵一荻二人的合影。书斋的一角是张学良用毛笔在宣纸上手书的中文诗句：

> 白发催年老，
>
> 虚名误人深；
>
> 主恩天高厚，
>
> 富贵如浮云。

毅荻书斋，呈长方形，面积不大，里面放着一条桌和二三十把椅子。此书斋主要用作学术讲座场所。这里经常举行有关张学良事迹的讲座或讨论活动。

2001年10月28日，台湾《联合报》独家报道披露《张学良口述历史首次曝光》。

2002年6月3日，在张学良诞辰102周年之际，哥伦比亚大学亦如约首次公开张学良口述历史和其捐献的部分史料，供世界学术界研究之用。此后，张学良的口述历史还要译成英文，供世界更多的学术工作者研究之用。

张学良口述历史，是其生前为历史负责亦为自己负责，是他历经数十年苦涩挣扎心情下，口述出来的史实，让后人了解历史关键时刻的种种真相，可谓弥足珍贵。

张学良与赵一荻之子张闾琳，对哥伦比亚大学公开父亲生前保存的资料和口述历史，在接受新闻媒体采访时表示："公开父亲的资料和口述历史，正是父亲的愿望。"

张学良在生前绝笔曰：

> 天也空地也空，
>
> 人生渺茫在其中；
>
> 日也空月也空，
>
> 东升西沉为谁工；

金也空银也空，

死后何曾握手中；

妻也空子也空，

黄泉路上不相逢；

采得百花成蜜后，

到头辛苦一场空。

　　张学良生于1901年，逝于2001年，其百年传奇，千秋功罪，任世人评说。对此，张学良生前从不说明，更不辩解。这位世纪老人生前只希望人们忘却他。如今，斯人已驾鹤西去，然而，中华儿女却永远不会忘记张学良这位千古功臣！张学良对中华民族的卓越功勋和爱国风范，将永远彪炳青史。

　　张学良不愧是伟大的爱国者，他将永远为世人怀念与敬仰。

POSTSCRIPT · 后 记

张学良将军是中国现代史上极富传奇色彩的爱国者,是中华民族的千古功臣。他光明磊落的一生,言行举动,时刻为世人瞻目。

本书旨在真实全面地记录张学良,从 1901 年 6 月出生到 2001 年 10 月 14 日谢世,这段长达百年的军政生涯、幽禁岁月及获得自由赴美探亲、定居的生活足迹。书中的文件、电报、书信、日记、演讲、诗词、文赋等均实录于文献、档案资料、口述历史及其墨迹、手笔等。

作者出于对张学良的崇敬,自 1980 年在《小说林》中篇纪实文学专号发表《张学良的两个女人》后,出版了多部张学良著作,至《张学良大传》,历经三十三载,对张学良生平进行广泛收集,实地采访,查阅报刊旧籍等,获得大量传主历史素材。笔者基于史料的钩沉、梳理,对张学良史实有分歧的记载,认真考证,或对照文献档案资料,核对张学良生前的发言、演讲、答记者问及口述历史等,精心研究,力求史实准确,撰成此书,让读者了解张学良究竟是怎样的一个人。

在本书出版之际,作者向为本书提供张学良口述历史、档案照片、资料、素材及信息的诸多朋友及团结出版社给予的无私帮助和支持,表示最诚挚的谢意!

作者　张永滨

2013年10月8日